全国法律硕士专业学位教育指导委员会秘书处推荐教材

总主编 曾宪义 王利明

21世纪法学系列教材

行政法案例研习教程

主 编 莫于川

撰稿人 （以撰写章节先后为序）

莫于川 王贵松
陆伟明 郑 宁
田思源 唐 璨
范春光 田文利
解志勇 李 敏

中国人民大学出版社

·北京·

编审委员会

作者简介

莫于川 法学博士，中国人民大学法学院教授、博士生导师、宪政与行政法治研究中心执行主任、中国行政法研究所所长，中国法学会行政法学研究会副会长

王贵松 法学博士，中国人民大学法学院讲师、中国行政法研究所研究员

陆伟明 西南政法大学行政法学院副教授，中国人民大学宪法学与行政法学专业在职博士生

郑　宁 法学博士，中国传媒大学法学院讲师

田思源 法学博士，清华大学法学院副教授，中国人民大学中国行政法研究所研究员

唐　璨 法学博士，北京师范大学法学院讲师

范春光 法学博士，国家质量监督检验检疫总局干部

田文利 法学博士，河北工业大学文法学院副教授，中国人民大学哲学院博士后研究人员

解志勇 法学博士，中国政法大学法治政府研究院副教授

李　敏 中国人民大学法学院宪法学与行政法学专业博士生

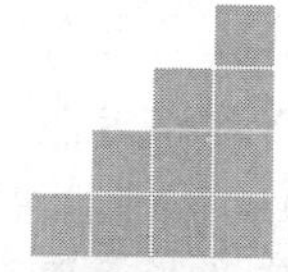

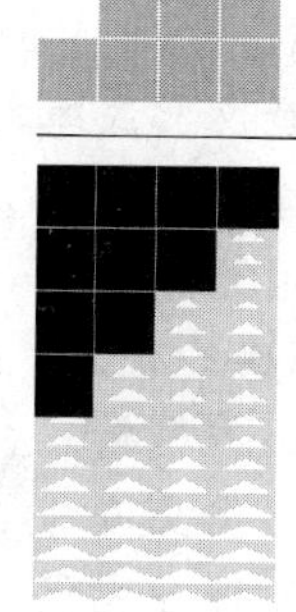

总　序

曾宪义

在人类文明与文化的发展中，中华民族曾作出过伟大的贡献，不仅最早开启了世界东方文明的大门，而且对人类法治、法学及法学教育的生成与发展进行了积极的探索与光辉的实践。

在我们祖先生存繁衍的土地上，自从摆脱动物生活、开始用双手去进行创造性的劳动、用人类特有的灵性去思考以后，我们人类在不断改造客观世界、创造辉煌的物质文明的同时，也在不断地探索人类的主观世界，逐渐形成了哲学思想、伦理道德、宗教信仰、风俗习惯等一系列维系道德人心、维持一定社会秩序的精神规范，更创造了博大精深、义理精微的法律制度。应该说，在人类所创造的诸种精神文化成果中，法律制度是一种极为奇特的社会现象。因为作为一项人类的精神成果，法律制度往往集中而突出地反映了人类在认识自身、调节社会、谋求发展的各个重要进程中的思想和行动。法律是现实社会的调节器，是人民权利的保障书，是通过国家的强制力来确认人的不同社会地位的有力杠杆，它来源于现实生活，而且真实地反映现实的要求。因而透过一个国家、一个民族、一个时代的法律制度，我们可以清楚地观察到当时人们关于人、社会、人与人的关系、社会组织以及哲学、宗教等诸多方面的思想与观点。同时，法律是一种具有国家强制力、约束力的社会规范，它以一种最明确的方式，对当时社会成员的言论或行动作出规范与要求，因而也清楚地反映了人类在各个历史发展阶段中对于不同的人所作出的种种具体要求和限制。因此，从法律制度的发展变迁中，同样可以看到人类自身不断发展、不断完善的历史轨迹。人类社会几千年的国家文明发展历史已经无可争辩地证明，法律制度乃是维系社会、调整各种社会关系、保持社会稳定的重要的工具。同时，法律制度的不断完善，也是人类社会文明进步的显著体现。

由于发展路径的不同、文化背景的差异，东方社会与西方世界对于法律的意义、底蕴的理解、阐释存有很大的差异，但是，在各自的发展过程中，都曾比较注重法律的制定与完善。中国古代虽然被看成是“礼治”的社会、“人治”的世界，被认为是“只有刑，没有法”的时代，但从《法经》到《唐律疏议》、《大清律例》等数十部优秀成文法典的存在，充分说明了成文制定法在中国古代社会中的突出地位，唯这些成文法制所体现出的精神旨趣与现代法律文明有较大不同而已。时至20世纪初叶，随着西风东渐、东西文化交流加快，中国社会开始由古代的、传统的社会体制向近现代文明过渡，建立健全的、符合现代理性精神的法律文明体系方成为现代社会的共识。正因为如此，近代以来的数百年间，在西方、东方各主要国家里，伴随着社会变革的潮起潮落，法律改革运动也一直呈方兴未艾之势。

从历史上看，法律的文明、进步，取决于诸多的社会因素。东西方法律发展的历史均充分证明，推动法律文明进步的动力，是现实的社会生活，是政治、经济和社会文化的变迁；同时，法律内容、法律技术的发展，往往依赖于一大批法律专家以及更多的受过法律教育的社会成员的研究和推动。从这个角度看，法学教育、法学研究的发展，对于法律文明的发展进步，也有着异常重要的意义。正因为如此，法学教育和法学研究在现代国家的国民教育体系和科学研究体系中，开始占有越来越重要的位置。

中国近代意义上的法学教育和法学研究，肇始于19世纪末的晚清时代。清光绪二十一年（公元1895年）开办的天津中西学堂，首次开设法科并招收学生，虽然规模较小，但仍可以视为中国最早的近代法学教育机构（天津中西学堂后改名为北洋大学，又发展为天津大学）。三年后，中国近代著名的思想家、有“维新骄子”之称的梁启超先生即在湖南《湘报》上发表题为《论中国宜讲求法律之学》的文章，用他惯有的富有感染力的激情文字，呼唤国人重视法学，发明法学，讲求法学。梁先生是清代末年一位开风气之先的思想巨子，在他的辉煌的学术生涯中，法学并非其专攻，但他仍以敏锐的眼光，预见到了新世纪中国法学研究和法学教育的发展。数年以后，清廷在内外压力之下，被迫宣布实施“新政”，推动变法修律。以修订法律大臣沈家本为代表的一批有识之士，在近十年的变法修律过程中，在大量翻译西方法学著作，引进西方法律观念，有限度地改造中国传统的法律体制的同时，也开始推动中国早期的法学教育和法学研究。20世纪初，中国最早设立的三所大学——北洋大学、京师大学堂、山西大学堂均设有法科或法律学科目，以期“端正方向，培养通才”。1906年，应修订法律大臣沈家本、伍廷芳等人的奏请，清政府在京师正式设立中国第一所专门的法政教育机构——京师法律学堂。次年，另一所法政学堂——直属清政府学部的京师法政学堂也正式招生。这些大学法科及法律、法政学堂的设立，应该是中国历史上近代意义上的正规专门法学教育的滥觞。

自清末以来，中国的法学教育作为法律事业的一个重要组成部分，随着中国社会的曲折发展，经历了极不平坦的发展历程。在20世纪的大部分时间里，中国社会一直充斥着各种矛盾和斗争。在外敌入侵、民族危亡的沉重压力之下，中国人民为寻找适合中国国情的发展道路而花费了无穷的心力，付出过沉重的代价。从客观上看，长期的社会骚动和频繁的政治变迁曾给中国的法治与法学带来过极大的消极影响。直至70年代末期，以“文化大革命”宣告结束为标志，中国社会从政治阵痛中清醒过来，开始用理性的目光重新审视中国的过去，规划国家和社会的未来，中国由此进入长期稳定、和平发展的大好时期，以这种大的社会环境为背景，中国的法学教育也获得了前所未有的发展机遇。

从宏观上看，实行改革开放以来，经过二十多年的努力，中国的法学教育事业所取得的成就是辉煌的。首先，经过“解放思想，实事求是”思想解放运动的洗礼，在中国法学界迅速清除了极左思潮及苏联法学模式的一些消极影响，根据本国国情建设社会主义法治国家已经成为国家民族的共识，这为中国法学教育和法学研究的发展奠定了稳固的思想基础。其次，随着法学禁区的不断被打破、法学研究的逐步深入，一个较为完善的法学学科体系已经建立起来。理论法学、部门法学各学科基本形成了比较系统和成熟的理论体系和学术框架，一些随着法学研究逐渐深入而出现的法学子学科、法学边缘学科也渐次成型。1997年，国家教育主管部门和教育部高校法学学科教学指导委员会对原有专业目录进行了又一次大幅度调整，决定自1999年起法学类本科只设一个单一的法学专业，按照一个专业招生，从而使法学学科的布局更加科学和合理。同时，在充分论证的基础上，确定了法学专业本科教学的14门核心课程，加上其他必修、选修课程的配合，由此形成了一个传统与更新并重、能够适应国家和社会发展需要的教学体系。法学硕士和博士研究生及法律硕士专业学位研究生的专业设置、课程教学和培养体系也日臻完善。再次，法学教育的规模迅速扩大，层次日趋齐全，结构日臻合理。目前中国有六百余所普通高等院校设置了法律院系或法律本科专业，在校本科学生和研究生已达二十余万人。除本科生外，在一些全国知名的法律院校，法学硕士研究生、法律硕士专业学位研究生、法学博士研究生已经逐步成为培养的重点。

众所周知，法律的进步、法治的完善，是一项综合性的社会工程。一方面，现实社会关系的发展，国家政治、经济和社会生活的变化，为法律的进步、变迁提供动力，提供社会的土壤。另一方面，法学教育、法学研究的发展，直接推动法律进步的进程。同时，全民法律意识、法律素质的提高，则是实现法治国理想的关键的、决定性的因素。在社会发展、法学教育、法学研究等几个攸关法律进步的重要环节中，法学教育无疑处于核心的、基础的地位。中国法学教育过去二十多年所走过的历程令人激动，所取得的成就也足资我们自豪。随着国家的发展、社会的进步，在21世纪，我们面临着更严峻的挑战和更灿烂的前景。“建设世界一流法学教育”，任重道远。

首先，法律是建立在经济基础之上的上层建筑，以法治为研究对象的法学也就成为一门实践性很强的学科。社会生活的发展变化，势必要对法学教育、法学研究不断提出新的要求。经过二十多年的奋斗，中国改革开放的前期目标已顺利实现。但随着改革开放的逐步深入，国家和社会的一些深层次问题，比如说社会主义市场经济秩序的真正建立、国有企业制度的改革、政治体制的完善、全民道德价值的重建、环境保护和自然资源的合理利用等，也已经开始浮现出来。这些复杂问题的解决，无疑最终都会归结到法律制度的完善上来。建立一套完善、合理的法律制度，构建理想的和谐社会，乃一项持久而庞大的社会工程，需要全民族的智慧和努力。其中的基础性工作，如理论的论证、框架的设计、具体规范的拟订、法律实施中的纠偏等，则有赖于法学研究的不断深入，以及高素质人才特别是法律人才的养成，而培养法律人才的任务，则是法学教育的直接责任。

其次，21世纪是一个多元化的世纪。20世纪中叶发生的信息技术革命，正在极大地改变着我们的世界。现代科学技术，特别是计算机网络信息技术的发展，使传统的生活方式、思想观念发生了根本的改变，并由此引发许多人类从未面对过的问题。就法学教育而言，在21世纪所要面临的，不仅是教学内容、研究对象的多元化问题，而且还有培养对象、培养目标的多元化、教学方式的多元化等一系列问题，这些问题都需要法学界去思考、去探索。

中国人民大学法学院建立于1950年，是新中国诞生后创办的第一所正规高等法学教育机构。在半个多世纪的岁月中，中国人民大学法学院以其雄厚的学术力量、严谨求实的学风、高水平的教学质量以及丰硕的学术研究成果，在全国法学教育领域处于领先地位，并开始跻身于世界著名法学院之林。据初步统计，中国人民大学法学院已经为国家培养法学专业本科生、硕士生、博士生一万余人，培养各类成人法科学生三十余万人。经过多年的努力，中国人民大学法学院形成了较为明显的学术优势，在现职教师中，既有一批资深望重、在国内外享有盛誉的法学前辈，更有一大批在改革开放后成长起来的优秀中青年法学家。这些老中青法学专家多年来在勤奋研究法学理论的同时，也积极投身于国家的立法、司法实践，对国家法制建设贡献良多。

有鉴于此，中国人民大学法学院与中国人民大学出版社经过研究协商，决定结合中国人民大学法学院的学术优势和中国人民大学出版社的出版力量，出版一套"21世纪法学系列教材"。自1998年开始编写出版本科教材，包括按照国家教育部所确定的法学专业核心课程和其所颁布印发的《全国高等学校法学专业核心课程基本要求》而编写的14门核心课程教材，也包括法学各领域、各新兴学科教材及教学参考书和案例分析在内，到2000年12月3日在人民大会堂大礼堂召开举世瞩目的"21世纪世界百所著名大学法学院院长论坛暨中国人民大学法学院成立五十周年庆祝大会"之时，业已出版了50本作为50周年院庆献礼，到现在总共出版了80本。为了进一步适应高等法学教育发展的形势和教学改革的需要，最近中国人民大学法学院与中国人民大学出版社决定将这套教材扩大为四个系列，即："本科生用书"、"法学研究生用书"、"法律硕士研究生用书"以及"司法考试用书"，总数将达二百多本。我们设想，本套教材的编写，将更加注意"高水准"与"适用性"的合理结合。首先，本套教材将由中国人民大学法学院具有全国影响的各学科的学术带头人领衔，约请全国高校优秀学者参加，形成学术实力强大的编写阵容。同时，在编写教材时，将注意吸收中国法学研究的最新的学术成果，注意国际学术发展的最新动向，力求使教材内容能够站在21世纪的学术前沿，反映各学科成熟的理论，体现中国法学的水平。其次，本套教材在编写时，将针对新时期学生特点，将思想性、学术性、新颖性、可读性有机结合起来，注意运用典型生动的案例、简明流畅的语言去阐释法律理论与法律制度。

我们期望并且相信，经过组织者、编写者、出版者的共同努力，这套法学教材将以其质量效应、规模效应，力求成为奉献给新世纪的精品教材，我们诚挚地祈望得到方家和广大读者的教正。

2006年7月1日

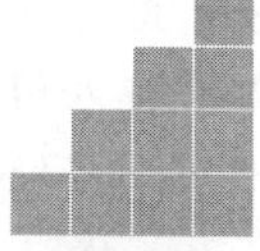

序　　言

法学教育是高等教育的重要组成部分，是建设社会主义法治国家、构建社会主义和谐社会的重要基础，并居于先导性的战略地位。在我国社会转型的新世纪、新阶段，法学教育不仅要为建设高素质的法律职业共同体服务，而且要面向全社会培养大批治理国家、管理社会、发展经济的高层次法律人才。近年来，法学教育取得了长足的进步，法科数量增长很快，教育质量稳步提高，培养层次日渐完善，目前已经形成了涵盖本科生、第二学士学位生、法学硕士研究生、法律硕士研究生、法学博士研究生的完整的法学人才培养体系，接受法科教育已经成为莘莘学子的优先选择之一。随着中国法治事业的迅速发展，我们有理由相信，中国法学教育的事业大有可为，中国法学教育的前途充满光明。

教育的基本功能在于育人，在于塑造德才兼备的高素质人才。法学教育的宗旨并非培养只会机械适用法律的"工匠"，而承载着培养追求正义、知法懂法、忠于法律、廉洁自律的法律人的任务。要完成法学教育的使命，首先必须认真抓好教材建设。我始终认为，教材是实现教育功能的重要工具和媒介，法学教材不仅仅是法学知识传承的载体，而且是规范教学内容、提高教学质量的关键，对法学教育的发展有着不可估量的作用。

第一，法学教材是传授法学基本知识的工具。初学法律，既要有好的老师，又要有好的教材。正如冯友兰先生所言："学哲学的目的，是使人作为人能够成为人，而不是成为某种人。其他的学习（不是学哲学）是使人能够成为某种人，即有一定职业的人。"一套好的教材，能够高屋建瓴地展示法律的体系，能够准

 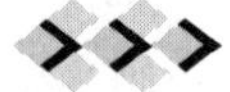

确简明地阐释法律的逻辑，能够深入浅出地叙述法律的精要，能够生动贴切地表达深奥的法理。所以，法学教材是学生学习法律的向导，是学生步入法律殿堂的阶梯。如果在入门之初教材就有偏颇之处，就可能误人子弟，学生日后还要花费大量时间与精力来修正已经形成的错误观念。

第二，法学教材是传播法律价值理念的载体。好的法学教材不仅要传授法学知识，更要传播法律的精神和法治的理念，例如对公平、正义的追求，尊重权利的观念。本科、研究生阶段的青年学子，正处在人生观、价值观形成的阶段，一套优秀的法学教材，对于他们价值观的塑造和健全人格的培养具有重要意义。

第三，法学教材是形成职业共同体的主要条件。建设社会主义法治国家，有赖于法律职业共同体的生成。一套好的法学教材，向法律研习者传授共同的知识，这对于培养一个接受共同的价值理念、共同的法律思维、共同的话语体系的法律共同体，具有重要的作用。

第四，法学教材是所有法律研习者的良师益友。没有好的教材，一个好的教师或可弥补教材的欠缺和不足，但对那些没有老师指导的自学者而言，教材就是老师，其重要作用是显而易见的。

长期以来，在我们的评价体系中，教材并没有获得应有的注重，对学术成果的形式优先考虑的往往是专著而非教材。在不少人的观念中，教材与创新、与学术精品甚至与学术无缘。其实，要真正写出一部好的教材，其难度之大、工作之艰辛、影响之深远，绝不低于一部优秀的专著，它甚至可以成为在几百年甚至更长的时间内发挥作用的传世之作。以查士丁尼的《法学阶梯》为例，所谓法学阶梯，即法学入门之义，就是一部教材。但它概括了罗马法的精髓，千百年来，一直是人们研习罗马法最基本的著述。日本著名学者我妻荣说过，大学教授有两大任务：一是写出自己熟悉的专业及学术领域的讲义乃至教科书；二是选择自己最有兴趣、最看重的题目，集中精力进行终生的研究。实际上，这两者是相辅相成的。写出一部好教材，必须要对相关领域形成一个完整的知识体系，还要能以深入浅出的语言将问题讲清楚、讲明白。没有编写教材的基本功，实际上也很难写出优秀的专著。当然，也只有对每一个专题都有一定研究，才能形成对这个学术领域的完整把握。

虽然近几年我国法学教育发展迅速，成绩显著，但是法学教育也面临许多挑战。各个学校的师资队伍和教学质量参差不齐，这就更需要推出更多的结构严谨、内容全面、角度各有侧重、能够适应不同需求的法学教材，为提高法学教学和人才培养质量、保障法学教育健康发展提供前提条件。

长期以来，中国人民大学法学院始终高度重视教材建设。作为新中国成立后建立的第一所正规的法学教育机构，中国人民大学法律系最早开设了社会主义法学教学课堂，编写了第一套社会主义法学讲义，培养了新中国第一批法学本科生和各学科的硕士生、博士生，产生了新中国最早的一批法学家和法律工作者。中国人民大学法律系因此被誉为“新中国法学教育的工作母机”。半个多世纪以来，中国人民大学法学院为社会主义法制建设培养了大批优秀的法律人才，并为法学事业的振兴和繁荣作出了卓越贡献，也因此成为引领中国法学教育的重镇、凝聚国内法律人才的平台和沟通中外法学交流的窗口，并在世界知名法学院行列中崭露头角。为了对中国法学教育事业作出更大的贡献，我们有义务也有责任出版一套体现我们最新研究成果的法学教材。

承蒙中国人民大学出版社的大力支持，我们组织编写了本套教材，其中包括本科生用书、法律硕士研究生用书、法学研究生用书和司法考试用书四大系列，分别面向不同层次法科教育需求。编写人员以中国人民大学法学院教师为主，反映了中国人民大学法学院整体的研究实力和学术视野。相信本套教材的出版，一定能够为新时期法学教育的繁荣发展发挥应有的作用。

是为序。

2006年7月10日

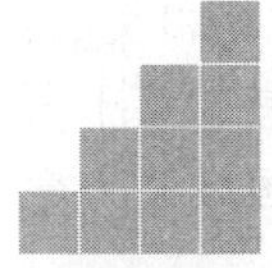

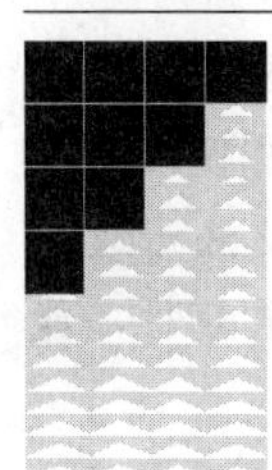

编写说明

本书是国家级重点学科中国人民大学宪政与行政法治研究中心中国行政法研究所组织中青年行政法学者完成的新成果，撰稿人均系行政法学专业的专家学者、法学博士或在读博士生。本书以典型案例作为思考线索和研讨样本，借鉴当今各国行政法学教育的有益经验，力图将行政法理论与实务结合起来。研讨内容涉及当代行政法的基本方面，包括：行政法的概念、特征、作用、法律关系、历史脉络和基本原则，行政机关、被授权组织以及受委托组织、行政相对人等方面的知识；行政主体的抽象行为和具体行为的内容，包括：行政立法行为和制定其他规范性文件等抽象行政行为，行政许可、行政确认、行政检查、行政处罚、行政强制等行政执法行为，行政裁决和行政仲裁等行政司法行为，行政合同、行政指导、行政规划等新型行为方式，以及行政程序法制的有关内容；对行政权力进行监督制约和对行政相对人合法权利予以法律救济，包括监督行政法制、行政复议、行政赔偿、行政补偿等内容。

本书脉络清晰、内容丰富、形式新颖。每个案例及其讨论分四个环节展开：(1) 基本案情；(2) 法律问题；(3) 法律链接；(4) 案例分析。案例讨论之后，设置“学理研习”栏目，深入探讨与案例有关的行政法理论问题。同时，各章章前列出本章参考资料（与本章内容相关的书目、论文和案例的索引），章后“问题与思考”列出本章探讨性案例及相关思考题。这样的安排，增强了教材的针对性、可读性和适用性，有助于读者丰富学习内容、改进学习方法、扩展学习视野，正确理解和运用依法行政、依法办事和促进依法行政所需要的行政法律知识。

本书初稿的编写分工如下：莫于川：绪言、各编导读、第一章、附录（我国行政法制常用法律文件）；王贵松：第二章、第三章；陆伟明：第四章、第五章、第六章；郑宁：第七章、第十四章；田思源：第八章、第九章、第十六章；唐璨：第十章第一节，第十一章

第一节、第二节，第十五章；范春光：第十章第二节、第三节、第五节、第六节；田文利：第十章第四节，第十一章第三节、第四节，第十二章；解志勇：第十三章；李敏：第十七章。全书由莫于川修改、补充、统稿、定稿，李敏、郭栋辉、康良辉（均系中国人民大学法学院宪法学与行政法学研究生）协助。

本教材编写过程中，得到编写组的年轻行政法学者们的大力支持，得到中国人民大学法学院、宪政与行政法治研究中心和兄弟院校的大力支持，得到中国人民大学出版社的领导同志和责任编辑的大力支持，在此谨表谢忱！在全面推进依法行政、大力建设法治政府和服务型政府的进程中，希望这一本内容丰富、方式新颖、颇多创新的行政法学教材，能为推动我国行政法治建设和法律人才培养发挥出应有的参考指导作用。

莫于川

2009年3月于日本东京一桥大学如水客舍

目　　录

绪　言

第一编　导论

第一章

第二章

第七章

第三编 行政法上的行为与程序

第八章

第十三章

第四编 行政法上的监督与救济

第十六章

第十七章

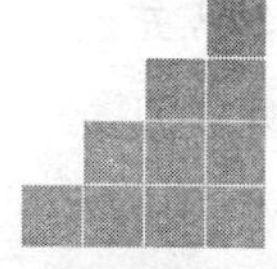

绪言

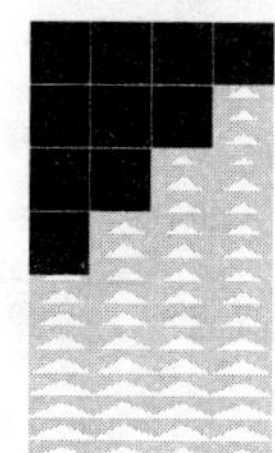

走向民主、科学、规范的中国行政法

参考资料

1. 罗豪才主编. 现代行政法制的发展趋势. 北京：中国法制出版社，2004

2. 袁曙宏主编. 建构法治政府——全面推进依法行政实施纲要读本. 北京：法律出版社，2004

3. 江必新主编. 法治政府的建构——《全面推进依法行政实施纲要》读解. 北京：中国青年出版社，2004

4. 湛中乐，傅思明主编. 依法行政培训教程. 北京：中共中央党校出版社，2004

5. 莫于川主编. 依法行政理论与实践. 北京：中国工商出版社，2007

6. 莫于川主编. 行政法与行政诉讼法. 北京：科学出版社，2008

7. 刘瀚. 论依法行政. 法学研究，1992 (5)

8. 应松年. 依法行政论纲. 中国法学，1997 (1)

9. 周汉华. 行政立法与当代行政法——中国行政法的发展方向. 法学研究，1997 (3)

10. 罗豪才. 在邓小平理论指导下走向繁荣的中国行政法学. 中国法学，1998 (5)

11. 莫于川. 中国行政法治发展进程的回顾与前瞻. 河南省政法管理干部学院学报，2004 (5)

12. 姜明安. 中国行政法治发展进程回顾——经验与教训. 政法论坛，2005 (5)

13. 莫于川. 行政法的民主化发展趋势分析. 重庆邮电学院学报（社会科学版），2005 (6)

14.《中华人民共和国宪法》(1982年12月4日第五届全国人民代表大会第五次会议通过，1982年12月4日全国人民代表大会公告公布施行)，第一章总纲的第3条、第4条、第5条，第三章国家机构

15.《全面推进依法行政实施纲要》(国发〔2004〕10号)

16. 国务院办公厅《关于贯彻落实全面推进依法行政实施纲要的实施意见》(国办发〔2004〕24号)

17. 中国行政法治发展进程回顾，见：

中国宪政网，http://www.calaw.cn；北大公法网，http://www.publiclaw.cn

18. 中国行政法与行政法学的发展趋势分析，见：

法治政府网，http://law.china.cn

【事例】国务院力推行政执法责任制量化考核办法

图片来源：新华网，http://news.xinhuanet.com/politics/007-07/02/content.6315867.htm。

2007年6月18日，国务院有关部门推行行政执法责任重点联系单位座谈会在天津召开。来自公安部、交通部、国家食品药品监督管理局和海关总署等十余家部（局）级单位的代表参加。这是2006年3月起国务院法制办举办的第五次此类座谈会。会上，在部（局）一级，如何推行行政执法责任制的考核量化制度，成为讨论热点。国务院下设部（局）级单位都设有执法机构，并拥有行政执法及处罚权，关系着社会生活的方方面面。从之前的“远华”案到近期的郑筱萸案，都说明部（局）级执法机构同样需要行政执法责任制考核及监督。与会的各部委官员反映，要解决这个问题，难度不小。因为，在一级部门内部，建立起一套行之有效的责任考核制度，有制定政策的难度，也有推行的难度。国家税务总局和海关总署等机关，将信息化技术与本系统的行政执法责任制考评结合，形成了量化指标，受到国务院法制办的好评。但在这些机关负责人的电脑上，还缺少部（局）级机关内部的执法考核情况——他们在系统中还属于上游的监督者。国务院法制办设想，尽快将量化的行政执法考评办法，纳入部（局）一级的日常运作中，为相关官员的行为套上“紧箍咒”。

行政执法责任制在全国范围已全面启动，但是，部（局）一级还停留在“文件”的层面上。“依法行政不是新名词，政府已推行了二十多年了。”国务院法制办政府法制协调司一位负责人说。依法行政的一个主要部分，便是对行政执法部门的执法质量进行考评和奖惩。但在以往的工作中，行政执法责任往往局限于对个案的监督。“大家都喊依法行政，但大多数只是开开会，传达一下文件。”海关总署政策法规司一位负责人坦言，“怎么加强日常监管，落实执法责任，都没有太多具体可行的措施”。这位负责人举“远华”案为例，厦门海关从关长到基层关员，有160人被赖昌星犯罪集团买通，占该关总人数的13%，海关系统内部都感到非常震惊。“这些犯罪分子目无法纪固然是原因，但从另一方面看，也是缺乏对海关执法程序的监控。现在，我们的执法评估系统可以堵上这些漏洞。”1999年8月，“远华”案正沸沸扬扬，海关总署决定建立这个系统，日后又恰好与中央推行行政执法责任制的工作合拍。“中央决定推行行政执法责任制，与反腐倡廉工作密不可分。”国务院法制办政府法制协调司的负责人说，从2001年起，国务院法制办就展开了一系列专题调研推行工作。2004年，国务院发布《全面推进依法行政实施纲要》，又将行政执法责任制推上风头浪尖。《纲要》直言，我国依法行政面临七个主要问题，其中有五个属于行政执法的范畴。2005年7月9日，国务院办公厅下发《国务院办公厅关于推行行政执法责任制的若干意见》，要求各级政府及所属部门全面推行行政执法责任制。当时，中央各部委（局）以及各地政府都建立了推进依法行政实施工作领导小组，全面推动行政执法责任制。

在这个座谈会上，某局法规司工作人员向同行抱怨，他向局领导上报在局内行政执法责任制考核的办法，在内部会议上讨论了10次都没通过。“各个业务司都有行政执法权，听说要考核执法责任，司长带头反对，他们都与法规司平级，甚至更强势，局领导不可能不考虑他们的意见。”他的诉苦引起了其他部（局）法制部门代表的共鸣。“制度很容易拟定，我们都是本部门法律法规的专家，可是要批准颁布，不能不听部领导和其他部门的意见。”某部法规司负责人告诉记者。对遭到的阻力，大多数与会者认为在意料之中。“多年来，大家都按部就班地工作，突然要量化考核，搞不好还要追究责任，像是要套上笼头。”而且，小部门的利益因素也不容回避，“比如行政许可权和审批权，以前就是几个领导说了算，现在你要全流程监管，还要事后追责，他们会轻易同意吗?”事实上，一些部级单位的行政执法机构，对行政执法责任制“不太感冒”，部委行政执法部门监管难，在内部已是公开的事实。

推行行政执法责任制的第一步，是梳理各部门的执法依据，对新中国成立以来的各种“红头文件”进行合法性审查和清理。根据“上位法优先，新法优先，特殊法优先”的原则，近年来各部门共清理了数以千计的法规规章，并被宣传为工作成绩。但事实并不这样简单。国务院法制办近期举行了一次调查，本来想看一下各部门清理违规执法依据的情况，没想到收回来的，大多数都是渴望“扩权”、要求“拿权”的意见。

对于推行行政执法责任制，部分国务院所属部门的热情似乎不如地方政府。2007 年上半年，国务院法制办要求有关地方政府和部门上报推行情况。58%被调研的地方政府送来了材料，而送来材料的国务院所属部门只占 22%。与会者一致认为，在当前的行政构架下，只有整合纪检、监察和人事等监管资源，由上级部门和领导出面，部委内部执法责任制的量化考核才能更好更快地推动。

定岗定责、量化考核，可以最大可能地剔除行政执法中的人为因素，使得执法过程具备科学性和公信力，还能为执法中的偏差防微杜渐，变个案监督为科学性的数据分析，降低行政体系的纠错成本，所以一直是国务院推行行政执法责任制的重点。有关部门可以引进 ISO9000 质量管理体系等，以量化考评为方式，促进行政执法水平的提高。各部门的信息化建设，也为量化考评提供了技术支持。1999 年，四十多个部委（局）的信息主管部门共同倡议发起了“政府上网工程”。海关系统的执法评估系统，便依托于原本用来办理通关等业务的“金关工程”网络。国家税务总局的“金税工程”也被嵌入执法监督的模块。

与会者认为，推进行政执法责任制，必须得到上级领导的支持，否则，即使建立起考核制度，也难以奏效。“实行首长负责制，一旦出现行政执法方面的问题，无论部门一把手事先知情与否，都要追究责任。”国务院法制办负责人说，“推行依法行政，就是要让领导干部权责合一”。各部门可以整合纪检、监察和人事等权力，推动行政执法责任制的建立和实施。本次座谈会提出，各部委（局）须在 2007 年年底以前，建立本部门内部关于推行行政执法责任制的办法。①

① 资料来源：新华网，2007-07-02，记者：孙旭阳。

上述会议引起的讨论表明，如何推进行政执法责任制度建设、完善责任机制、构建责任政府，是新时期我国行政法治发展的重要任务和重要领域，应予高度重视，大力发展。

本书在绪言部分，介绍行政法学的学科定位以及课程目标、教学方法和内容安排，希望能从总体上为读者提供学习本教材的基本方向和基本方法，从而使读者能够胸有成竹，合理安排学习。

本部分内容的学习，要求读者扩展阅读一些总论性的行政法学论著，以及法学与相关学科的方法论文献，以利于准确把握、深入理解本部分的内容和要求。

（一）学科定位

当今世界的经济、政治、社会和思想文化领域正在发生重大变革和调整，这将会是长期延续下去的发展变化进程，并将对法制建设包括行政法制建设带来广泛、深刻和持久的影响。从世界范围看，已经出现并在继续演进且将长期存在和发生影响的重大发展变化包括：新技术革命的广泛深入发展，特别是信息网络化和虚拟世界的形成发展，以及生物工程技术的飞速进展，经济全球化和模式多样化，建立资源环境保护机制和可持续发展模式的不断努力，知识经济时代的来临，人权问题日益受到人们重视和逐步得到改善，并逐步发展与接受新的人权理念，国家、社会和公民的权利（权力）关系和利益关系及其矛盾冲突之平衡协调机制的相应发展，国际冲突频发及其经济因素成分加重趋势（特别是水资源短缺矛盾）和有关协调机制的探索（例如确立并调整 WTO 的原则和规则等建立国际经济、政治新秩序的全球努力），全球范围民主化潮流的出现和深入发展，政府角色和职能的调整和转变，建立突发灾难（自然灾害、全球重大经济危机、核战争等）防御机制的不断努力，建立传统和新类型重大社会问题（贫困、粮食、毒品、癌症、艾滋病、民族矛盾、宗教冲突、人口老龄化、教育终身化、现代科技对传统伦理的挑战、婚姻家庭观念的新旧冲突和多样化、宽容化等）解决机制的各国各界的共同努力，政治意识形态矛盾冲突的变形及其矛盾冲突重心逐渐转向经济利益矛盾冲突的进程，文化的交流、作用、冲突和协调的范围和力度加强，传统文艺形式的扬弃与新型教化和娱乐形式的出现并存发展，人际交流沟通的便利性与障碍性、简单化与复杂化的并行演进，等等。这些发展变化对于法制建设包括行政法制建设的影响是极为广泛和深刻的。

从世界主要的法治国家的情况看，21 世纪行政法发展的总趋势是：因世界性民主化潮流的深刻持续的影响，而赋予行政相对人更多的主动参与行政过程的选择机会，要求政府机关在行政过程中更多地尊重、考量和表达民众的利益与愿望；因政府将承担更多的职能，故依法赋予行政机关某些方面更多的职权、职责，特别是行政指导和公共服务的职能；同时采取科学合理的方法（特别是多渠道监督和程序约束）增强对行政的监督效果和追究责任效果，以及对行政相对人的救济效果和信赖保护效果。由此逐步建立起民主法治政府，具体表现为有限政府、服务政府、阳光政府和责任政府（包括相应的行政法治理念和制度），即体现出民主精神、科学精神和法治精神的现代行政法治系统，从而实现广义的行政法文化革新。

对于我国行政法而言，行政法文化革新的主要内涵就是上述民主精神、科学精神和法治精神的逐步实现。这三种精神追求的具体表现，也就是21世纪中国行政法的三个相互联系和影响的发展进程：

其一，行政法的民主化进程。例如，行政主体和行政权力的多元化、社会化发展，行政相对人更广泛和主动地参与行政过程，在行政相对人的财产权利和人身权利受到更充分保障的前提下，其政治权利和社会权利将受到更多关注，更加注重依法保障公民参与、行政公开、非强制性行政方式的采用等各项行政民主制度的逐步扩大与有效实施，真正实现以人为本、刚柔相济的行政法制。

其二，行政法的科学化进程。例如，在行政法制实践中更加注重现代科学技术的运用和行政管理理念与方法的创新，特别是积极运用高新技术手段后电子政务的全面推行和电子政府的稳步建立，更加注重权利与义务、权力与责任、规范与效果、成本与效益的协调和平衡，行政法制模式更符合我国实际。

其三，行政法的法治化进程。例如，行政机关的行为更加规范化、制度化、透明化和具有更强的预期性，具有“双刃剑”特性的行政权力将被更严格地纳入行政法的原则和规则的约束下运作，人权保障更加受到关注和依法得到推进，对行政相对人权利的救济更加充分，行政相对人的行为也将更有效地受到行政法原则和规则的约束，从而促进建立法治政府、法治国家和法治社会。

研究行政法现象及其规律的行政法学，也必然受到这一进程的影响。总体而言，从基本理念、指导原则、基本内容、方法技术、教学研究方式等各方面来分析，我国行政法学在21世纪将进一步从机械法学向能动法学、从静态法学向动态法学、从单一工具法学向综合功能法学演进，这一变迁过程将对整个法制建设以及社会生活各个方面带来重大、深刻和长远的影响。

（二）课程目标

行政法学作为一门典型的公法，是一个非常重要的法律部门。学习掌握行政法律知识和应用知识的能力，有助于促进依法行政。当下我国正处于社会转型发展时期，行政管理和行政法制实践中正发生许多变化，这些变化的情况经常以典型案例或争议事件的形式呈现在人们面前，使得从事实务工作和理论工作的同志常感困惑。我们应当以现代法治和发展开放的眼光，来分析当下以各级政府机关为主进行的行政管理改革创新，注重捕捉并认真分析这些典型案例或争议事件所带来的丰富信息，并注意深化对有关问题的理论认识，这有利于我们的学习研究和工作进步。

本书作为讲授行政法学原理的法律专业教材，其编辑和教学目标是：以行政法典型案例作为研讨线索，研讨内容涉及当代行政法的基本方面，特别注重从行政法制实务的角度来系统认识行政法的基本理论、制度框架和操作方法，期望有助于读者系统学习研究当代行政法：把握行政法的概念、特征、作用、法律关系和基本原则；了解行政机关、被授权组织以及受委托组织、行政相对人和行政组织人员法等方面的知识；掌握行政主体的抽象行为和具体行为的内容，包括行政立法行为和制定其他规范性文件等抽象行政行为，行政许可、行政确认、行政处罚、行政强制等行政执法行为，行政裁决和行政仲裁等行政司法行为，行政合同、行政指导等非强制行政行为，以及行政程序法制的有关内容；知晓如何对行政权力进行监督制约和对行政相对人合法权利进行法律救济，包括监督行政法制、行政复议、行政赔偿、行政补偿等内容。以期有助于读者增加依法行政、依法办事和促进依法行政所需的行政法律知识和能力。

（三）教学方法

我国行政法制建设任重道远，其目标模式和理想境界是实现行政法治，即实现立法、执法、司法、守法、监督等行政法制诸要素、诸环节的民主化、科学化与规范化，而其关键又在于实现依法行政的法治化。但从现实情况看，我国行政法制建设过程中还存在一系列基础性、深层次的问题和矛盾，大大制约着行政法治目标的实现。因此，必须改进研究方法，深化行政法学研究，提升对于行政法治现实问题的认识。

鉴于行政法学正由过去的机械行政法学、静态行政法学、单纯工具行政法学，逐步演进为能动行政法学、动态行政法学、综合功能行政法学，故本书综合采用规范分析、实证研究、经验研究、统计分析、案例分析、比较研究、对策研究等现代法学研究方法，展开分析研究和理论阐述。针对法科学生的特点，本书的叙述方式有所创新，各章均设计了基本案情、法律问题、法律链接、案例分析、学理研习、参考资料、问题与思考等栏目内容，大大增强了教材的针对性、可读性和适用性。基本思路是从个别到一般，从现实的行政法现象和典型案例等具体问题出发，选择性地深入论述抽象的行政法学理论问题，以揭示问题症结、形成基本共识、引发理性思考，有助于读者掌握当代行政法和行政诉讼法的基本知识和提高运用能力。

（四）内容安排

新近的行政法学教科书大都采用广义的学科体系和包容的编排方式，故本书也将行政法与行政诉讼法合编在一起。全书在绪言之后共安排 4 编 17 章，对行政法和行政诉讼法的理论与实践问题作了比较系统、突出重点、切合现实的论述。其中：

第一编导论，从宏观层面讨论了行政法的基本问题，包括行政法的基本理念和基本原则。首先介绍了行政法上的基本概念、行政法的特征、行政法的法律渊源、行政法的分类、行政法的地位和作用、行政法律关系等基本理念，为后面的讨论奠定基础。其次介绍了行政法的基本原则，其对行政立法、行政执法、行政司法等行政法治的各类基本活动发挥着宏观指导作用，且在一定条件下具体规范着行政行为的实施及行政争议的处理。本书既对传统的行政合法性原则、行政合理性原则作了分析阐述，也介绍了近年来日益受到关注的行政信赖保护原则和行政应急性原则。

第二编行政法上的主体，涉及行政法的各个法律关系主体。行政法律关系主体包括行政主体和行政相对人这两大部分。本编从主体论的角度，分析介绍了行政机关和被授权组织等各类行政主体，分析讨论了受行政机关委托的组织，以及行政组织法制。同时，逐一讨论了各类行政公务人员和相应的行政公务人员法，特别是专章讨论了公民、法人或其他组织的法律地位和权利保障问题，侧重介绍行政相对人的地位、作用及权利和义务，这是当代行政民主化潮流下快速发展的领域。

第三编行政法上的行为与程序，讨论的是广义的行政行为及其程序，涉及的内容非常多，是全书的重点和难点。本编首先系统地介绍了行政行为理论及其发展趋势，在此基础上分析了行政立法、制定其他行政规范性文件等抽象行政行为，分析了行政命令、行政处罚、行政强制、行政征收、行政征用、行政紧急行为等依职权的行政行为，行政许可、行政确认、行政给付、行政奖励等依申请的行政行为，以及行政事实行为、行政合同、行政指导、行政调查、行政裁决、行政调解、行政仲裁等行政主体实施的其他行政管理行为。行政机关实施的这些具有或者不具有国家强制力的、刚性或者柔性的行政管理行为，构成了一个多元化和多层次的行为体系。本编还用专章研讨了现代行政程序法制的有关问题，以适应行政程序法制快速发展的客观要求。历史经验警示人们，所谓行政行为必须合法，就包括了必须符合行政程序法。该章首先探讨了行政程序的概念、特征、基本原则、分类等基本理论问题，在此基础上，逐一讨论了行政程序的启动、回避、调查、证据、说明理由、陈述意见、听证、简易程序、紧急程序、信息公开等基本制度。

第四编行政法上的监督与救济，透过一些典型案例分析讨论了对行政的监督，包括国家权力性的监督和非国家权力性的监督，专门讨论了行政违法、行政不当、监督行政、行政责任、行政救济等监督救济法制的一些重要范畴。在此基础上，重点研究了行政复议、行政赔偿、行政补偿等若干重要的广义行政救济制度。其中，行政诉讼是特别重要的行政监督救济制度，只是由于篇幅所限，本编没有专门设置行政诉讼章节，但本编以及全书已选用了许多行政诉讼案例，可结合起来思考讨论。没有监督，势必滥用权力；没有救济，也就没有权利。可见本编的内容非常重要。

书末的我国行政法制常用法律文件目录，为读者进行深入的学习研究提供了基本线索，具有参考使用价值。

【问题与思考】

1. 行政法和行政诉讼法的定位和学习意义是什么？
2. 行政法的发展趋势是什么？
3. 21世纪中国行政法的三个相互联系和影响的发展进程是什么？
4. 本书的课程目标是什么？
5. 本书的研究方法是什么？
6. 本书的体系结构和内容安排如何？
7. 本书各章构成要素是什么？

第一编

导论

导读：本编从宏观层面和总论视角讨论了行政法的一些基本问题，大致包括行政法的基本范畴与学科体系，以及行政法的法律关系和基本原则。首先介绍了行政法上的基本概念、行政法的特征、行政法的法律渊源、行政法的类型、行政法律关系等基本范畴，主要解决读者对于行政法学基本问题的认知，为后面的讨论奠定必要的基础。其次介绍了行政法的基本原则，其对行政立法、行政执法、行政司法等行政法的各类基本活动发挥着宏观指导作用，且在一定条件下具体规范着行政行为的实施及行政争议的处理。本编既对传统的行政合法性原则、行政合理性原则作了分析阐述，也具体地介绍了行政信赖保护原则、行政应急性原则等近年来日益受到关注、形成共识的基本原则。现代行政法的产生发展是建设法治国家的一个重要标志。这是因为，产生行政法的重要前提是行政活动必须服从一类有别于私法的公法规范。在国外，行政法在近几十年来出现了注重行政程序、公民参与、政务公开、经济分析、比较研究、公私（法）交融、方法创新等发展趋势，对行政法制实务和行政法学架构带来极大的影响，受到学界高度重视和研究；在我国，改革开放以来介绍国外相关成果、强化监督救济法、拓展研究视野、开掘研究深度等方面均有发展。这些都值得我们予以关注和研究，另外需要进一步关注和研究当代行政法制和行政法学的发展趋势。

第一章

行政法的基本范畴与学科体系

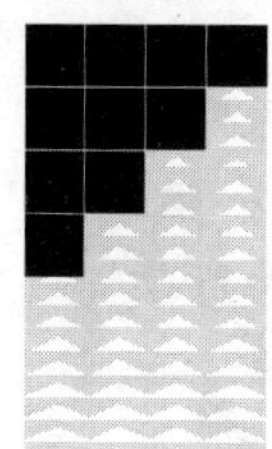

参考资料

1. 城仲模主编. 行政法之理论基础. 台北：三民书局，1991

2. 罗豪才主编. 现代行政法的平衡理论. 第2辑. 北京：北京大学出版社，2003

3. 应松年主编. 行政法与行政诉讼法学. 北京：法律出版社，2005

4. 姜明安主编. 行政法与行政诉讼法. 3版. 北京：北京大学出版社，高等教育出版社，2007

5. 杨海坤，关保英. 行政法服务论的逻辑结构. 北京：中国政法大学出版社，2002

6. 莫于川主编. 行政法学原理与案例教程. 北京：中国人民大学出版社，2007

7. 莫于川. 人权入宪对我国行政法民主化发展趋势的影响. 国家行政学院学报，2005 (2)

8. 章剑生. 现代行政法面临的挑战及其回应. 法商研究，2006 (6)

9. 胡锦光. 论行政法基本理论研究. 法学家，2007 (1)

10. 关于美国行政法的宪法背景，见：

http：//xingzhengfa. calaw. cn/article _ view. asp? id=372&menuid=2005695956855&menuname=域外法制

11. 袁曙宏：《面向新世纪的美国行政法》，见：

http：//xingzhengfa. calaw. cn/article _ view. asp? id=362&menuid=2005695956855&menuname=域外法制

12. 关于德国行政法的基本概念，见

http：//xingzhengfa. calaw. cn/article _ view. asp? id=408&menuid=2005695956855&menuname=域外法制

本章提要

行政法是对行政活动过程特别是行政权力运行过程加以规范、监督与补救，调整行政与监督行政的主体及其行为所形成的社会关系的有关法律规范和原则的总和。正确认知行政法范畴，把握行政法的学科体系，是学习行政法的第一步。本章介绍了行政法学科中最为重要的基本范畴及相关理论体系，包括行政和行政法等核心范畴、行政法的法律渊源、行政法的特征和分类、行政法的体系框架。

【案例】王某要求省教育委员会撤销学校行政科给予的“行政处罚”

【基本案情】

王某是某省一所高校外语系二年级的本科生。1996年10月下旬的一天傍晚，他在学校宿舍里私自用电炉煮饭时不慎失火，造成部分公私财物毁损，本人也被轻微烧伤。因其行为严重违反了学校关于禁止在学生宿舍使用燃煤、燃油炉具和各种用于煮饭、烧水的电热器的规定，故受到记大过的处分，同时学校总务处行政科依据学校有关规定给予其罚款100元的“行政处罚”。这期间，我国《行政处罚法》刚刚施行（自1996年10月1日起施行），各种媒体正在广泛宣传该法有关知识。王某看报后认为学校行政科不是国家行政机关，无权对他实施行政处罚，要求退还100元罚款，但校方不予退还。于是王某将此争执情况反映到省教育委员会，要求撤销学校作出的“行政处罚”，并退还该项罚款。

【法律问题】

上述案例中，学校给予王某的罚款究竟是不是我国《行政处罚法》中所规定的“行政处罚”？对这一问题的解答，涉及如何理解行政法之“行政”，也就是本章首先要讲述的基本概念之一。

【法律链接】

《中华人民共和国国务院组织法》（1982年12月10日第五届全国人民代表大会第五次会议通过）

《中华人民共和国地方各级人民代表大会和地方各级人民政府组织法》（1979年7月1日第五届全国人民代表大会第二次会议通过，根据2004年10月27日第十届全国人民代表大会常务委员会第十二次会议《关于修改〈中华人民共和国地方各级人民代表大会和地方各级人民政府组织法〉的决定》第四次修正；以下简称《地方组织法》）

《全面推进依法行政实施纲要》（国发（2004）10号）

国务院办公厅《关于贯彻落实全面推进依法行政实施纲要的实施意见》（国办发（2004）24号）

【案例分析】

行政法中，在动态上将“行政”一词定义为执行国家意志的关于国家事务和公共事务的执行性决策、组织、调控和处理等的公共管理活动或过程，这也是最常用的含义；在静态上将“行政”一词定义为执行国家意志的、承担执行性国家事务和公共事务的公共管理组织，即人们通常所说的除国家立法机关、司法机关以外的国家行政机关。“行政处罚”则是指行政机关或其他行政主体依照法定职权和程序对违反行政法规范、但尚未构成犯罪的行政相对人给予行政制裁的具体行政行为。行政处罚具有以下的特征：（1）实施行政处罚的主体是作为行政主体的行政机关和法律法规授权的组织；（2）行政处罚的对象是实施了违反行政法律规范行为的公民、法人或其他组织；（3）行政处罚的性质是一种以惩戒违法为目的、具有制裁性的具体行政行为，其制裁性具体表现在对违法的行政相对人的权益进行限制、剥夺，或对其科以新的义务。可见，本案中的某省高校行政科的罚款行为不属于行政处罚行为。

【探讨】

如何理解行政法中“行政”的内涵？行政法有哪些特征？什么是行政法的渊源？行政法有哪些渊源？

【学理研习】

（一）行政法的基本概念

行政法与民事法、刑事法一样，属于基本法律部门之一。但何谓行政法？这是一直存在争议、研究不断深入的基础性问题之一。尽管如此，多年来，德、法、英、美、日等国家有代表性的行政法概念被陆续介绍到我国，对我国行政法概念的形成和发展产生了明显的影响。以比较研究的方式对国内外有代表性的行政法概念略加考察，这有助于认识行政法学者多年来一步步探索的历程，也有助于理解和把握现代行政法的理论体系。

1. 大陆法系的行政法概念。大陆法系国家严格区分公法和私法，将行政法列入公法范畴，且部分国家设有行政法院，故大陆法系的行政法概念有其显著特点。

最早把对行政法的认识加以系统整理，使之成为一门独立的法律学科之德国著名法学家奥托·迈耶（Otto. Mayer）在其名著《德国行政法》中指出，“行政法是指调整作为管理者的国家与作为被管理者的臣民之间关系的法律规范”。另一位德国著名法学家乔治·梅叶（Georg. Meyor）则认为，“行政法是对于行政关系法规根本规定之总概念”。这些定义比较简单，且都强调行政这一个方面，定义本身几乎不包含对行政进行监督的理念。

法国著名法学家奥科（Aucoc）认为，“行政法即规范行政以及行政权对于人民关系法规之总体”。法国另一位著名的当代行政法学家术·瓦林（S. Worli）则从内容描述的角度出发，认为行政法“不仅包括行政权及其行使的程序和原则，公民受到侵害时的救济措施，还包括行政机关的组织形式、行政机关颁布规章的权力及程序、文官制度、政府对财产的征用和管理、公共事业、行政责任”。这些定义的内容，与法国实行行政法院制度的实际已较吻合。

荷兰法学家克鲁尔（Kluwer）认为，“行政法通常是宪法的延伸和具体化，它主要是关于政府行政和对行政的司法审查”。土耳其中东技术大学教授罗纳（Rona）则认为，行政法“是调整行政机关同公民之间的关系，规定国家官员的法律地位以及公民在同作为国家代表的政府官员交往中的权利和义务的法律规范的总称。同时，行政法也规定义务的程序”。这样的定义也比较符合现代行政的实际。

2. 英美法系的行政法概念。在英美法系国家，公法和私法一般不作严格区分，也不另设行政法院，行政案件同民事案件一样由普通法院审理，其行政法概念要比大陆法系国家的行政法概念窄一些。

英国著名法学家戴雪（A. V. dicey）曾坚持认为，行政法主要是用于在行政法院进行行政诉讼的、旨在保护官吏特权的法律，它与法治原则不相容，所以作为法治国家的英国没有行政法。此观点对早期英美法系行政法的影响很大，但后来受到严重批评。20世纪30年代，英国著名法学家詹宁斯（Jennings）有针对性地提出，行政法是关于公共行政的全部法律，内容不以行政诉讼为限，也包括行政机关的组织、权力、权利、义务和责任。此观点已为大部分英国行政法学者所接受。此后最有代表性、影响最大的是英国当代行政法权威学者威廉·韦德爵士（Sir William Wade）的定义，他认为行政法“是控制政府权力的法”，“是规范行政机关行使权力、履行职责的一系列普遍原则”。从这样的表述中可以看出强烈的控权法色彩。

最早把行政法作为独立的法律部门和学科来研究的美国著名学者古德诺（F. J. Goodnow）在1893年提出，“行政法是公法的一部分，它规定行政机关的组织和职权，并规定公民在受到行政行为侵害时的行政救济”，行政法“包括了有关行政机关活动的法律范围”。美国后来非常权威的一位行政法学家戴维斯（K. C. Davis）所下定义是：“行政法是有关行政机关权力和程序的法律，其中特别包括调整对行政行为进行司法审查的法律。”由此定义，可以了解到美国当代行政法的两个重要特色：一是注重司法审查及其判例；二是强调正当行政程序。

3. 日本的行政法概念。日本行政法以德国行政法为蓝本，积极学习法国行政法的判例政策、国家责任和无过失损害赔偿等内容，第二次世界大战后又深受美国行政法的行政程序、司法审查等制度的影响，所以具有吸取各家之长的特色，且因国内译介较多和文化传统相近，而对中国行政法的影响特别大。

日本著名法学家美浓部达吉认为：行政法“为国内公法之一部，规定行政权的组织和作为行政权主体的国家及公共团体与其所属人民的关系之法”；简言之，“行政法就是关于行政的国内公法”。这里所称的国内法、公法、关于行政的法，是相对于国际法、私法、关于宪法与司法的法而言的。此观点对早期日本行政法概念以及许多亚洲国家的行政法概念的影响很大。①

---

① 参见［日］美浓部达吉：《行政法撮要》（上卷），订正5版，50页，东京，有斐阁，1938。

第二次世界大战以后，日本行政法学家在认识上发生了一些变化。例如，原日本北海道大学校长今村成和认为：行政法“是指专门关于行政的法”，“除了有关行政的组织和活动的法之外，也包括关于行政行为造成损害时的补偿的法，以及解决行政纠纷的程序的法”。由东京大学名誉教授杉村章三郎等主编的《行政法辞典》所下的定义为：行政法“在广义上是指关于行政的组织、作用及争讼的法（但传统观点则仅指其中形式意义上的行政特有的国内公法），是行政组织法、行政作用法、行政争讼法及行政处罚法的总称”。

4. 我国有代表性的行政法概念。由于种种原因，我国的行政法经历了漫长而曲折的发展过程，行政法学也长期处于近乎空白的状态。1978 年中国共产党第十一届三中全会召开后，我国进入改革开放的新时期，法制建设重新起步，行政法和行政法学也迎来了难得的发展机遇。在此背景下，我国行政法学在 20 世纪 80 年代中前期开始创立起来并得到初步发展。这一初创时期所提出的行政法概念还不够完善，但为此后行政法学界对行政法概念的深入研究奠定了基础。20 世纪 80 年代后期以来我国学者提出的较有影响的行政法概念主要有：(1)“单一关系调整说”。此说认为，行政法“是指有关国家行政管理法律规范的总称，是以行政关系为调整对象的一个仅次于宪法的独立法律部门”①。此说指称的行政关系，从语义上看并不包括监督行政关系。(2)“两种关系同时调整说”。此说以 1996 年 10 月出版的高等政法院校规划教材《行政法学》的表述为代表（该教材由时任中国法学会行政法学研究会会长罗豪才教授主编），认为行政法“既调整行政关系，又调整监督行政关系，是调整这两类关系的法律规范和原则的总称”②。此定义有一个值得注意的特点在于，它将相应的法律原则也纳入行政法的概念之中，具有深远的意义。(3)“行政权力双向规范说”。此说以 1997 年 7 月出版的高等政法院校规划教材《行政法学》(修订版) 的表述为代表（该教材由时任中国法学会行政法学研究会副会长王连昌教授主编），提出“行政法是关于行政权力的组织分工和行使、运作，以及对行政权力进行监督并进行行政救济（或补救）的法律规范的总称”③。

应当指出，上述第 2 种和第 3 种定义尽管强调的重点不同，即前者着眼于行政法的调整对象，强调的是行政法所调整的两种社会关系（行政关系和监督行政关系），而后者着眼于行政法的权力源流，强调的是与行政法有关的两种权力行使过程（行政权力的行使过程和对行政权力行使的监督过程），但由于在相互关联的这两种过程中分别形成了相互关联的这两种社会关系，所以看似不同的上述两种定义实则有相通之处，即从不同的角度和环节强调了现代行政法不仅应关注“如何行政”这一面，而且应关注“如何监督行政”这一面，行政法概念应包容这两个方面。可以说，这一认识正是我国行政法学者在对行政法概念的长期探索和学习借鉴过程中取得的重要进步，是在行政法概念的既往研究成果基础上的新

---

① 张焕光、胡建森：《行政法学原理》，3 页，北京，劳动人事出版社，1989。

② 罗豪才主编：《行政法学》，9 页，北京，中国政法大学出版社，1996。

③ 王连昌主编：《行政法学》，修订版，1 页，北京，中国政法大学出版社，1997。

发展。当然也有学者对此持不同意见。

概括和借鉴上述理论观点，本书将行政法定义为：所谓行政法，是指对行政活动过程特别是行政权力运行过程加以规范、监督与补救，调整行政与监督行政的主体及其行为所形成的社会关系的有关法律规范和原则的总称。这是一种广义的概念，既调整行政关系又调整监督行政关系，即规范行政权力运行过程和规范监督行政权力运行过程。狭义的行政法，则指有关行政主体行使行政权力、实施行政管理及损害救济的法律规范和原则的总称，也即调整行政关系或者说规范行政权力运行过程的法律规范和原则的总称。

（二）行政法的主要特征

与其他部门法相比，行政法在形式上和内容上都具有一些显著的而又相互关联的特征，行政法学界对此已有比较一致的认识。（参见图1—1）

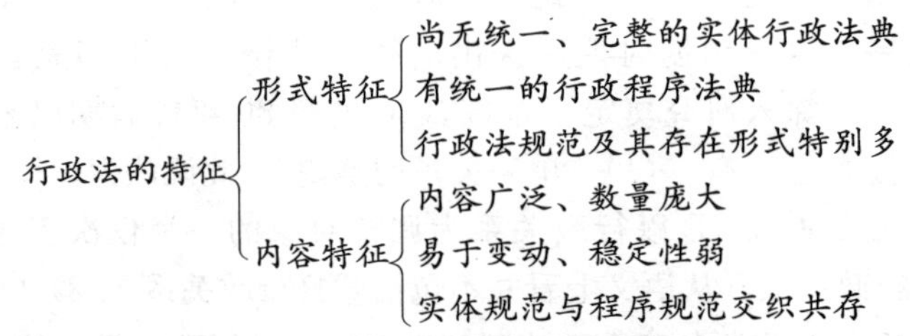

图1—1　行政法的形式特征和内容特征

1. 行政法在形式上的特征

（1）尚无统一、完整的实体行政法典。虽经长期努力，但世界上迄今尚无一部统一、完整的行政法典。这是行政法较其他部门法的一个显著特点。其原因在于，行政法涉及的社会生活领域十分广泛，内容纷繁复杂，技术性和专业性较强且行政关系变动较快，因而难以制定出一部包罗万象、完整统一的实体行政法典。虽然多年来国内外都有人提出，应像民法、刑法等部门法那样制定一部包容整个行政法领域的实体行政法典（人们甚至作过尝试），但迄今尚未获得成功。[①] 尽管如此，尚无完整、统一的实体行政法典这一特点，并不能成为否定行政法存在和发挥作用的理由。而且这一特点随着现代电子技术的发展，今后会不会发生飞跃性变化，是否可能通过采用电子版行政法典的方式获得突破加以改变，现在尚难预料。

（2）有统一的行政程序法典。众所周知，民事、刑事等法律部门都有一部与实体法典相对应的诉讼法典；而与之相比较，自19世纪末期以来，越来越多的国家在其行政法体系中不但有一部行政诉讼法典，同时还有一部行政程序法典（尽管没有统一完整的行政实体法典），而这种情况在民事、刑事等法律部门是不存在的。可以说，这是与前一特点紧密联

① 德国威敦比克邦曾用11年的时间制定过一部包括行政实体法一般原则的《德国威敦比克行政法典》，该法典共4编224条，涵括行政法的主要方面，于1936年通过后因希特勒上台而未实施。这可能是过去尝试制定实体行政法典的唯一实例，尽管未获成功。参见应松年主编：《行政法与行政诉讼法词典》，209页，北京，中国政法大学出版社，1992。此后，1994年荷兰出台了一部基本行政法典，但其实也是类似于民法通则那样的行政法通则，有许多章节还只是一些框架，仍不是真正意义上的行政法典。

系的形式上的又一重要特点。对此，已有学者进而提出，鉴于不少国家的行政程序法典中已融入了大量的行政实体规范，加之现代电子技术的超乎想象的飞速发展，将来有无可能出现统一完整的行政法典现在尚难预料，故不宜过早就下绝对否定的结论。

（3）行政法规范及其存在形式特别多。这是因为，制定行政法规范是采取多级分别立法的方式，其制定机关甚多（在我国如权力机关或行政机关，在行政机关中如国务院、国务院各部委或有制定权的地方政府），效力层次不同（法律、法规、规章等），行政法规范及其存在的法律形式和法律文件的数量特别大，居各部门法之首。

2. 行政法在内容上的特征

（1）内容广泛、数量庞大。现代行政活动领域十分广泛，已不限于传统的治安、税收、军事、外交等方面，还扩展到经济、科技、文化等社会生活的各个方面，这些方面发生的社会关系需要行政法加以调整，这就决定了行政法有着广泛的内容、庞大的数量，涉及领域几乎覆盖全社会。

（2）易于变动、稳定性弱。这主要体现在以行政法规和规章形式表现的数量巨大的那一部分行政法规范，相对而言其不够稳定，也即行政立法的稳定性较弱。其原因在于，当代社会生活节奏加快，各方面社会关系处于不断变动之中，因而具有调整这些社会关系之功能的行政法规范就呈现出较强的变动性。

（3）实体规范与程序规范交织共存。这一特点不仅表现在我国行政诉讼法这一程序法中包含了许多实体性规范，而且在我国行政法中还存在一类特有的行为规范即行政程序规范，这是根据行政民主、法治、科学、效率的要求而对行政机关依法行使职权所作的特别程序约束。行政实体性规范与行政程序性规范如此紧密地交织共存于一个法律文件中，在实施和考察行政活动时很难将其截然分开，这种现象可说是行政法区别于民事法、刑事法的一个重要特点。

（三）行政法的法律渊源

行政法的法律渊源是指行政法律规范的根本来源和外部表现形式。在不同的国家，其行政法的渊源不尽相同。例如，法国行政法绝大多数来自最高行政法院的判例（这在大陆法系国家中是非常特殊的），而我国行政法却来源于有关国家机关所创制的抽象性规范。我国行政法的渊源分为一般渊源和特别渊源。一般渊源包括：（1）宪法；（2）法律；（3）行政法规；（4）地方性法规（含一般地方法规、自治条例和单行条例、经济特区法规、特别行政区立法）；（5）规章（含部门规章、地方政府规章与联合规章）。特别渊源很多、很分散，效力等级往往视其与一般渊源的关系而定，包括：（1）法律解释（含立法解释、行政解释、司法解释、地方解释）；（2）联合法律文件（如过去常见的党政联合发布的文件，这种做法已逐渐减少）；（3）国际条约（但保留条款除外[①]）。此外还有军事法规、军事规章。

---

① 在我国，国际条约一般需要通过立法和行政立法转化为国内法加以实施。我国加入世界贸易组织（WTO）等许多国际组织后，由于加入的国际条约和作出的对外承诺日益增多，如果转化工作跟不上，国际条约与国内法的冲突问题必然会很多，并且日益突出。

我国行政规范体系的结构参见图1—2（另有相应位阶的军事法规规章、法律解释及我国参加的国际条约之条款应归附于某个层次；但虚线以下部分目前尚不属于我国的行政法律规范）。

1. 宪法

2. 法律

3. 行政法规

4. 地方性法规

（含自治条例、单行条例等）

5. 部门规章和地方政府规章

---

6. 面广、量大、层次多的其他行政规范性文件

（不属于立法、地方立法和行政立法的一类抽象行政行为）

图1—2　我国行政规范体系的宝塔形结构图

1. 宪法。宪法所包含的行政法律规范通常原则性较强，涉及行政权力的取得、行使及对其进行监督的根本性问题的规定。主要包括：(1) 关于行政权力的来源和行使权力的基本原则之规定，如规定政府由本级人大产生和对它负责并报告工作，行政机关实行民主集中制；(2) 关于行政机关的法律地位和行政体制之规定，如规定地方各级人民政府既是地方各级国家权力机关的执行机关，又是地方各级国家行政机关；(3) 关于行政组织及其权限之规定，如规定各级政府的设立程序、职责权限等制度；(4) 关于公民权利与行政权力的关系及其处理原则之规定，如公民受到行政机关侵害时有权获得赔偿等。

2. 法律。狭义的法律，是由全国人大及其常委会制定的。法律中凡涉及行政权力的设定及权限、行使及运用、对行政权力加以监督和在受到行政权力侵害时予以补救的规范，均属行政法律规范。它们是行政法最重要的渊源之一。

3. 行政法规。行政法规是国务院制定的一类规范性文件的总称，它是对比较原则的法律规定加以具体化的主要形式之一，数量较大。其效力仅次于法律，高于地方性法规、部门规章和地方政府规章。行政法规不得与宪法和法律相抵触，必须按法定程序制定。

4. 地方性法规。地方性法规是由省、自治区、直辖市以及“较大的市”的人大及其常委会制定的，其中有相当一部分涉及行政机关权力的取得、行使以及对行政权力进行监督等问题，与行政权力行使过程中行政相对人的权利和义务有关，成为地方行政机关行使行政权力的重要依据之一。①

① 在我国，“较大的市”系专门的法律用语，指享有一定的地方立法权和行政立法权的市，包括省、自治区人民政府所在地的市，经济特区所在地的市，以及若干经国务院批准的较大的市。在我国，在省、自治区人民政府所在地的市以及经济特区所在地的市以外，国务院曾经先后批准了19个较大的市，由于重庆已于1997年成为中央直辖市，故现有唐山、大同、包头、大连、鞍山、抚顺、吉林、齐齐哈尔、青岛、无锡、淮南、洛阳、宁波、淄博、邯郸、本溪、苏州、徐州等18个经国务院批准的较大的市。

5. 自治条例和单行条例。自治条例和单行条例是民族自治地方权力机关按照法定权限并依照当地民族的政治、经济和文化的特点所制定的一类规范性文件。其制定程序中有明确的按级报批和备案的规定。它与地方性法规一样，所包含的法律规范多数是行政法规范，因而也是行政法的重要渊源。

6. 行政规章。行政规章分为部门规章和地方政府规章，前者是由国务院组成部门和一部分具有行政管理职能的直属机构、直属事业单位依法制定的，后者是由省、自治区、直辖市、"较大的市"的人民政府依法制定的。在实践中，行政规章面广、量大、使用频率高，这是其他形式的行政法渊源无法相比的。但需要指出的是，行政规章的效力不及前述那些法律渊源，目前在我国的司法审查中不能作为审判"依据"，而是"参照"适用。

7. 国际条约。我国参加和批准的国际条约（但保留条款除外），凡内容涉及行政法的，也是其重要渊源。而且，随着国际交往的范围扩展、频率加大，此类渊源将会越来越多，但一般需要转化适用。

8. 法律解释。有权机关对法律、法规、规章所作的解释，包括立法解释、司法解释、行政解释和地方解释，凡涉及行政法的，通常也作为行政法的渊源。

9. 其他行政法渊源。这包括行政机关与党派、与群众团体等联合发布的法规、规章等文件。此类渊源的产生有特殊的国情和时代背景，今后将会逐步减少。

需要注意的是，在特别行政区适用的行政法渊源（包含各层次的规范）有其特殊性，包括其"原有法律"和"特别行政区立法机关制定的法律"中的行政法规范，都只适用于该特别行政区。

还要指出，各层次法律文件中的大量行政法律规范在运行中难免发生冲突，解决冲突的基本原则或者说行政法律规范的冲突解决机制是：（1）宪法中的行政法律规范具有最高效力。（2）下位法服从上位法（含同级行政立法服从同级人大立法）。（3）如系同一机关制定的法律规范，则特别法优于一般法、新法优于旧法，难以判断的，由制定机关（或其常设机构）裁决。（4）如系"效力等级相同"的法律规范，则规章之间的冲突由国务院裁决。部门规章与地方性法规之间发生冲突不能确定如何适用时，分为两种情况：由国务院裁决适用地方性法规，或因国务院认为应当适用部门规章而由国务院提请全国人大常委会裁决；省级政府规章与省内较大市地方性法规之间的冲突，由该省级人大常委会裁决。

（四）行政法的基本分类

行政法的内容十分广泛，可按不同的标准进行划分，分类的目的是更好地认识行政法。当代行政法有多种分类方式，主要是（参见图1—3）：

1. 以行政法的功能作用为标准，可分为三类：第一类是关于行政组织和人员的法律规范，包括行政组织法和行政人员法（如公务员法）；第二类是关于行政主体的行为的法律规范，包括各种专门领域的行政作用法，其数量特别多；第三类是关于对行政进行监督以及进行权利救济的法律规范，包括审计法、行政监察法、行政复议法、行政诉讼法、行政赔偿法、行政补偿法等监督救济法，此类法律规范的比重越来越大，作用日益重要。

2. 以行政法调整对象的范围为标准，可分为一般行政法与特别行政法。前者也称为行政法总论或总论行政法，如行政法基本原则、行政组织人员法、行政行为法、行政程序法等；后者也称为行政法分论或分论行政法、部门行政法，如经济行政法、工商行政法、质量技术监管法、金融监管法、教育行政法、科技管理法、文化管理法、卫生行政法、公安行政法等各个领域的行政法。

3. 以行政法规范的性质为标准，可分为实体行政法（也即行政实体法）和程序行政法（包括行政诉讼法和行政程序法）。前者是关于行政法律关系当事人的地位、资格、权能、责任等实体内容的行政法规范的总称；后者是关于诉讼程序和行政行为程序的行政法规范的总称，或者说是实施实体法的程序性行政法规范的总称。尽管二者有所交织，但现在还是能大致分开的。其中，行政程序法是最富有当代行政法特色的一类行政法规范。

行政法
- 以功能作用分：行政组织法、行政作用法、行政监督救济法
- 以调整对象分：一般行政法、特别行政法
- 以规范的性质分：实体行政法、程序行政法

图1—3 行政法的分类

（五）行政法的地位和作用

随着社会事务的不断增多，现代科技、经济、文化的迅猛发展，现代行政管理的触角已经延伸到社会生活乃至人们的衣、食、住、行等各个方面，行政权力难以遏止地日益膨胀，作为规范和保障行政权力行使的行政法，在社会生活中的地位和作用日渐突出。与刑法、民法等部门法一样，行政法已经发展成为我国法律体系中不可或缺的基本法律部门，发挥着十分重要的作用。

行政法在整个国家法律体系中的地位，主要体现在两个方面：

1. 行政法是现代法律体系中三大部门法之一。法律体系是一国的宪法和各个部门法所组成的有机整体，缺少任何一个法律部门都难以建立完整且有效的法律秩序。人们通常把一国的法律划分为宪法统率下的民事法律、刑事法律、行政法律三大部门（可将其他相近的法律部门划入这三大部门中去）。虽然也有人主张将涉及经济活动的有关法律，如税法、土地法、资源环境法、科技法等划为单独的法律部门，即经济法，但从大量经济法律所蕴涵的实质内容看，它们多数属于经济行政法。这些法律中涉及行政权力的规范多为行政法律规范。法律体系是法律部门的有机统一体，而法律部门的划分则是以规范的对象和内容为标准的。民事法律调整平等主体之间的人身、财产关系，刑事法律用于追究、惩治具有社会危害性的犯罪行为。然而，平等民事主体之间的社会关系并不是唯一的社会关系，此外还存在国家与个人的关系，尤其是行政主体与行政相对人的关系；违反公共秩序、损害社会及他人利益的行为也不止犯罪行为一种，还有尚未构成犯罪但需要追究、惩治的违反社会秩序的行为。因此，除了民事法律、刑事法律外，还应当有调整国家行政权力的取得、行使和监督其行使的一类法律规范，即行政法律。只有将所有的社会关系都纳入法律调整

范围，这个社会才可以称得上是法治社会，所有这些法律部门才构成完整的法律体系。所以说，由于调整对象的特殊性和调整内容的系统性，行政法在我国法律体系中占有十分重要的地位。

2. 行政法是宪法的实施法。行政法与民法、刑法等部门法是宪法的实施法。宪法在一个国家的法律体系中最为重要，地位最高，它调整一个国家的政治制度、经济制度、法律制度等基本制度。但是，宪法在许多方面的规定，是抽象和原则性的，需要一系列部门法来加以具体化，其中行政法是实施宪法的最重要的法律部门。宪法所规定的国家基本政治、经济、文化、社会制度和公民基本权利义务，无一不涉及行政权力的行使与监督问题，没有行政法律、法规作出具体规定，这些基本制度和权利义务就无法落实，宪法也就难以实施。从这个意义上看，行政法不仅是一国法律体系的重要组成部分，而且是完善宪政制度、维护宪法尊严、保证宪法实施的法律部门。

行政法的作用是多方面的，总体来说是“双保”：通过监督行政权力来保护公民权利、保护行政相对人的合法权益（一些西方国家称之为控权），这是重点；通过保障行政机关有效行使职权来保证行政效率（一些西方国家称之为保权）。近十多年来我国制定的行政法律、法规、规章（如《行政许可法》、《行政处罚法》、《行政复议法》、《行政诉讼法》等法律的首条规定），基本上体现了这一精神和原则。

首先，保护公民、法人和其他组织的合法权益。由于行政权力具有强制性、自我扩张性等特点，国家行政机关及其工作人员在行使行政权力过程中，极易侵犯公民、法人或者其他组织也即行政相对人的合法权益。为了保护行政相对人的合法权益不受行政侵害，及时为遭受侵害的行政相对人提供救济，有必要建立一整套保障行政相对人合法权益的法律制度，行政法就是其中最具有作用的法律制度。例如，行政复议制度为受到侵害的行政相对人提供了行政机关救济的渠道；行政诉讼制度为行政相对人提供了司法救济的渠道；国家赔偿法中的行政赔偿为遭受国家违法侵权行为损害的行政相对人提供了获取赔偿的多种渠道。这一系列行政法律制度有助于保护行政相对人的合法权益。从这一点看，行政法不仅能够起到维护公共利益和社会秩序、监督行政权力的作用，而且能够为在国家行政管理中处于弱者位置的行政相对人提供有效的权利保障。从这一角度可以说，行政法也是一种人权保障法。

其次，监督行政权力主体，防止违法行使行政权力。法律赋予行政机关及其他主体以行政权力，以维护社会秩序和社会公共利益。然而，由于行政权力客观上存在易腐性、扩张性以及对个人权利的优越性和侵犯性，故须对行政权力加以监督和制约。在各类监督方式中，最为有效或直接的监督是行政法监督。行政法通过规定行政权力的范围、行使方式及法律责任等，可以有效监督行政权力主体，防止违法行使行政权力。诸如行政复议、行政诉讼、行政赔偿等监督与救济制度，对于防止和纠正行政机关超越职权、失职渎职、贪赃枉法、滥用职权、不当行政等具有十分重要的作用，这是其他法律部门无法替代的。

再次，保障行政权力合法有效行使，维护社会秩序和公共利益。现代社会在发展进程中出现了越来越多的社会问题，诸如环境污染、人口膨胀、社会治安不良、产品质量问题等，已经成为制约经济发展、损害他人或公共利益、破坏行政管理秩序的严重社会问题，亟待政府出面解决。政府解决此类问题的主要手段之一就是行政法律规范。行政机关通过行政立法、行政执法及行政司法（裁决）等各种手段，能够有效地规范、约束行政管理相对人的行为，促使其积极履行行政法义务，制止危害他人利益和公共利益的违法行为，建立和维护行政管理秩序，确保行政机关充分、有效地实施行政管理，维护社会和公共利益。简言之，现代行政法将行政权力赋予行政机关及其他行政主体，保障行政权力合法有效行使，以维护行政管理秩序和社会公共利益。

（六）行政法学的内容框架

本书作为讲授行政法学原理的法律专业教材，研讨内容涉及当代行政法的基本方面，特别注重从行政法制实务的角度来系统认识行政法的基本理论、制度框架和操作方法。本书构想的当代行政法学的体系框架如图 1—4 所示。

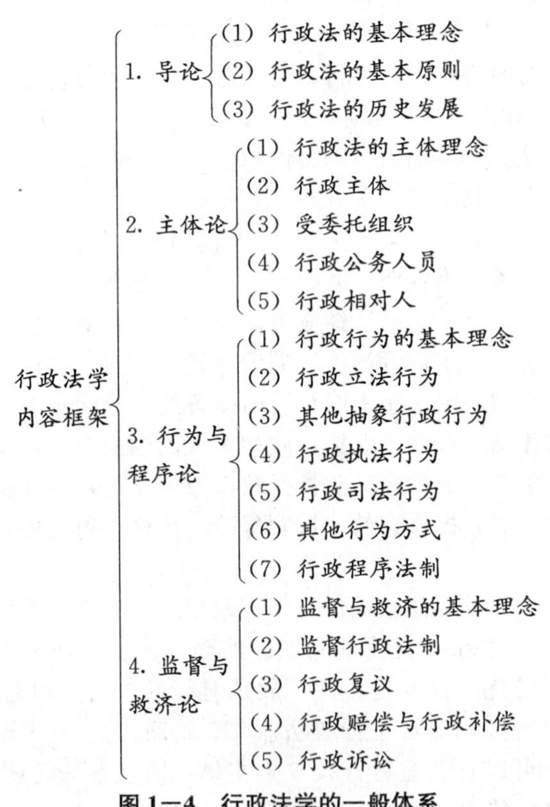

图 1—4　行政法学的一般体系

【思考】

我国的行政法产生于辛亥革命后，以 1912 年生效的《中华民国临时约法》为标志。新中国成立后，废除了“伪法统”，逐步建立起仍具有大陆法系许多特征的社会主义法律制度。新中国成立后半个多世纪以来，新中国行政法经历了曲折的发展过程：从新中国成立到1956年，是社会主义行政法创建和发展时期；1958年到1966年“文化大革命”前，是社会主义行政法建设停滞、遭到否定时期；“文化大革命”时期，是社会主义行政法被破坏殆尽时期；随着1978年中国共产党十一届三中全会的召开，沉寂多年的中国法制建设重新起步，行政法也迎来了新的机遇。新时期中国行政法的发展大致经历了恢复发展阶段和快速发展阶段。

1982年宪法是我国行政法恢复和发展的重要基础。它不仅规定了国家行政机关在国家机构中的地位、作用和职权，而且规定了行政活动的基本原则及公民的基本政治、经济、社会权利和义务，同时也规定了作为行政法渊源的法律、法规、规章的性质和效力等级等诸多行政法基本内容和原则。1982年《中华人民共和国民事诉讼法（试行）》首次明确规定了“法律规定由人民法院审理的行政案件，适用本法规定”。从1980年到1986年共有几十个法律、法规对行政诉讼作出规定。可以说，不断丰富的行政诉讼实践为我国行政法的迅速发展提供了重要契机。

近十余年是我国行政法发展最快的时期，行政法成为我国发展最快的部门法之一。其发展速度体现在立法、行政立法、行政执法、行政司法、行政审判等行政法制的各个方面和各个环节。

1. 用十余年的时间建立了行政法体系的基本框架。首先，1989年制定了具有里程碑意义的《行政诉讼法》。其次，1990年出台的《行政复议条例》、1997年出台的《行政监察法》、1999年出台的《行政复议法》，拓宽了行政内部监督救济的范围和途径，比较完整地建立起行政系统内部监督、救济体制。1994年《国家赔偿法》出台，标志着我国国家法律责任体系进一步完善。1996年颁布的《行政处罚法》则从规范行政权力及行政程序的角度揭开了行政程序立法的新篇章，2003年出台的《行政许可法》则是这一进程上新的里程碑。

2. 随着各个部门法的不断完善，我国已经形成比较健全的行政立法、执法和司法（或裁判）体系。根据现行《宪法》和《国务院组织法》等行政组织法，我国已建立起“二级三类”的行政立法体系，即在中央一级由国务院制定行政法规，国务院部委和一些直属机构、直属事业单位制定部门规章，在地方则由法定地方人民政府制定地方政府规章。行政立法程序和技术也不断完善，并于2001年分别出台了共7章37条的《行政法规制定程序条例》、共7章39条的《规章制定程序条例》。

3. 各级政府根据有关法律、法规，建立起了完整系统的行政执法机构和执法队伍，执法人员素质不断提高，执法水平也有所进步。近年来许多地方开展了相对集中行政处罚权的行政体制改革，取得了明显成效。行政机关裁决民事、行政纠纷，处理行政复议案件的机构也逐步健全。目前，县级以上行政机关已经建立起行政复议机构。尤其可喜的是，各级政府建立的政府法制机构不仅发挥了重要的政府法律顾问作用，而且在指导行政机关的行为、处理部门争议、制定各级规范性文件、开展法制宣传教育方面都发挥出不可替代的重要作用。

4. 随着《行政诉讼法》的颁布实施，我国行政审判与行政检察工作取得举世瞩目的成绩，司法审查制度促进了依法行政，不仅在国内赢得了普遍信任和拥护，而且在国际上也受到广泛关注和赞誉。以行政审判工作为例：1989年至2000年6月，全国各级法院共受理一审行政案件557 877件，共审结553 223件，此外还受理了非诉行政案件1 731 917件。受案范围也不断拓宽，案件类型达五十余种，几乎涉及所有行政管理机关的各类行政执法行为。从案件处理情况看，原告胜诉率约占结案数的40%，基本上保证了司法的公正性，行政诉讼制度的监督救济作用正日益显现出来。①

【问题与思考】

1. 如何理解行政法中的“行政”的内涵？
2. 行政法有哪些特征和渊源？
3. 如何理解行政法的地位和作用？

---

① 参见应松年、袁曙宏主编：《走向法治政府——依法行政理论研究与实证调查》，463页，北京，法律出版社，2001。

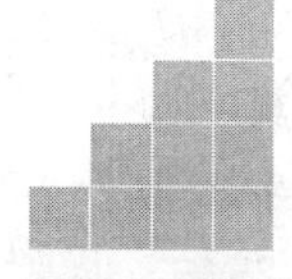

第二章 行政法律关系

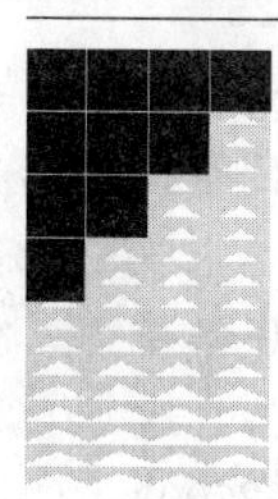

参考资料

1. 袁曙宏，方世荣，黎军. 行政法律关系研究. 北京：中国法制出版社，1999
2. 杨建顺. 日本行政法通论. 北京：中国法制出版社，1998

本章提要

行政法律关系是行政关系经过行政法规范调整后所形成的法律关系。它是研究和分析行政法问题的一把钥匙，通过它，我们就可以判断案件中的关系属于何种性质的法律关系，就可以分析案件中错综复杂的主体及其权利义务。本章着重介绍行政法律关系的特征、种类、主体、内容，以及行政法律关系的产生、变更与消灭。

【案例】孙大涛、吴志有、张文宣等101户平顶山市卫东区东高皇乡蒲城村农民诉平顶山市卫东区环保局案

【基本案情】

原告：孙大涛、吴志有、张文宣等101户平顶山市卫东区东高皇乡蒲城村农民。

被告：平顶山市卫东区环保局。

第三人：平顶山市经济技术开发区东湖炼焦厂。

平顶山市经济技术开发区东湖炼焦厂属于排污企业，在项目立项时，到平顶山市环境保护局办理了环境影响评价。1998年10月20日，东湖炼焦厂向平顶山市卫东区环保局提出了环保设施验收申请，并通过了预验收。1999年10月25日，该厂在主体工程完工的试运行阶段，委托平顶山市环境监测中心站对其排出的污染物进行了监测，东湖炼焦厂在防治污染设施未经验收的情况下，建设项目即投入生产。

2000年1月13日，平顶山市卫东区东高皇乡蒲城村村民代表向卫东区环保局提出纠纷申请，卫东区环保局根据调查认为蒲城村村民的赔偿申请应该支持，遂立案受理。当日，卫东区环保局向东湖炼焦厂送达了（平卫）环行调字（2000）01号《调处环境污染损害赔偿立案告知书》；同时又向东湖炼焦厂送达了《环境保护行政处罚告知书》。卫东区环保局于2000年2月23日召集双方当事人进行调解，东湖炼焦厂法定代表人牛国喜认为炼焦厂生产没有污染蒲城村的土地，拒绝赔偿。因此，调解没有达成协议。2000年2月29日，卫东区环保局向牛国喜送达了（平卫）环罚字（2000）01号《环境保护行政处罚决定书》。2000年3月7日卫东区环保局针对村民的赔偿请求和牛国喜拒不赔偿的理由，分别向双方送达了《平顶山市卫东区环保局通知》，要求他们双方对自己的主张提供证据，准备第二次调解。因双方当事人都不愿举证，卫东区环保局于2000年5月15日向村民们送达了（平卫）环行调告字（2000）01号《环境污染损害赔偿纠纷行政调处中止（终止）告知书》，明确告知村民可以向法院提起民事诉讼，通过司法裁定或判决途径解决此纠纷。

2000年5月9日，平顶山市卫东区东高皇乡任庄村一组、二组村民又向卫东区环保局提出东湖炼焦厂对其造成污染的赔偿申请，卫东区环保局于次日再次派员调查后立案。卫东区环保局于2000年5月10日向东湖炼焦厂送达了（平卫）环行调字（2000）02号《调处环境污染损害赔偿纠纷立案告知书》。由于牛国喜拒绝提交答辩状，被告于2000年5月30日向任庄村村民代表吴志有送达了（平卫）环行调告字（2000）02号《环境污染损害赔偿行政调处中止（终止）告知书》。同日，平顶山市环保局对第三人东湖炼焦厂的环保设施进行了验收。因此，村民们提起行政诉讼，请求判决卫东区环保局依法履行职责，依法调查处理东湖炼焦厂的违法排污及违法生产行为。

被告辩称：(1) 孙大涛等101户居民不具有提起行政诉讼的资格和条件。第三人是环保行政管理相对人，如果原告认为其在生产过程中造成污染，给居民带来人身、财产损害，只能对该厂提起民事诉讼，而不能提起行政诉讼，因为孙大涛等101户居民不具有法律所规定的提起行政诉讼的资格和条件。(2) 此案不属于行政案件，应按环境民事纠纷立案审理。原告要求赔偿经济损失的诉讼请求通过行政诉讼是不能解决的，原告为保护自己的民事权益，只能向与其处于平等地位的第三人主张自己的权利，没有法律依据和事实根据提起行政诉讼。即使部分居民曾找环保局解决环境污染纠纷，这种调解只是民间协调，调解的结果不具有强制性，调解结果也不是环保局的具体行政行为。(3)被告已履行了法定职责，行政不作为不能成立。

平顶山市卫东区人民法院认为：被告作为第三人东湖炼焦厂环保设施的预验收单位，就该厂环境保护设施未经验收就进行生产的违法生产行为，对其法定代表人个人进行处罚，处罚主体错误。《环境保护行政处罚决定书》适用法律不当，缺少处罚内容（即没有行为罚）。平顶山市环保局对东湖炼焦厂验收之后，被告没有按市环保局的意见，对东湖炼焦厂违法排污行为实施监督并限期治理，因此，原告要求被告履行法定职责，依法调查处理第三人东湖炼焦厂的违法生产、违法排污行为，理由正当，应予支持。原告要求第三人赔偿经济损失不属行政赔偿的范围，本案不予审理。

河南省平顶山市卫东区人民法院根据《行政诉讼法》第54条第3项之规定，判决限被告平顶山市卫东区环境保护局履行法定职责，在3个月内对第三人东湖炼焦厂违法生产、违法排污的行为作出处罚。①

【法律问题】

本案中存在着多方主体，其间的法律关系是分析本案的关键所在。被告的答辩确实耐人寻味，不同性质的法律关系会产生不同的实体法上的权利义务，会导致不同性质的诉讼方式。需要进一步考虑的问题是，法院将该案作为行政案件受理并支持了原告的请求，是否合理？原告是否具有要求被告履行法定职责的请求权？

【法律链接】

《中华人民共和国环境保护法》

第七条第二款　县级以上地方人民政府环境保护行政主管部门，对本辖区的环境保护工作实施统一监督管理。

【案例分析】

本案中涉及多重法律关系：第一是被告与第三人之间的行政许可关系，这一点没有引起争议；第二是被告与第三人之间的监督关系；第三是原告与被告之间的请求与被请求的关系；第四是原告与第三人之间的受害与加害的关系。后三种关系均在本案中出现，被告认为，原告应该通过民事诉讼的途径来解决污染赔偿问题，而不是通过环保局来予以监督解决。这种看法实际上是以原告存在其他救济途径为借口敷衍塞责。从三面的行政法律关系出发，村民们具有对被告的请求权，也具有行政诉讼的原告资格。如何判断法律关系的性质，何为三面的行政法律关系，在本章的学理研习部分将有详细论述。

---

①　参见"孙大涛、吴志有、张文宜等101户平顶山市卫东区东高皇乡蒲城村农民诉平顶山市卫东区环保局案"，(2001)卫行初字第52号。

【探讨】

是东湖炼焦厂侵害了孙大涛等101户居民的利益，为什么要起诉平顶山市卫东区环境保护局？卫东区环境保护局负有怎样的职责？孙大涛等101户居民是否享有请求其履行这种职责的权利？其理由何在？

【学理研习】

（一）行政法律关系的概念

所谓行政法律关系，是指行政关系经过行政法规范调整后所形成的法律关系。它一般是指行政主体与私人之间的法律关系，但在广义上也包括行政主体内部的法律关系。下面主要以前者为对象进行分析。行政法律关系的特征大致包括以下几个方面：

1. 一般而言，行政法律关系的当事人必定有一方为行政主体，即能够以自己名义行使行政职权、履行行政职责并能独立承担由此所带来的法律后果的组织。没有行政主体的存在，就没有行政法律关系。

2. 行政法律关系的主体之间法律地位的不对等性。行政法律关系主体虽对应地享有权利（力）履行义务，但各自权利（力）义务的质量却并不对等。为维持行政法律关系的正常运转，行政主体对私人享有优益权和强制权，而私人对此只能提出请求与控告。行政主体在行政法律关系中居于主导地位。行政法律关系主体的权利（力）义务在数量上也不相等，由于性质不同也无法等量衡量，更不能等价交换。①

3. 行政法律关系的内容通常都不具有可处分性。国家公权力不能随意处分，不能随意放弃、转让。行使国家公权力是行政主体的职责所在。一般而言，行政法律关系中私人的权利义务亦具有一定专属性，较少让渡性，不能抵押，不允许放弃。

（二）行政法律关系的种类

1. 行政组织法上的法律关系与行政作用法上的法律关系。这是根据行政法律关系的领域所作的划分。所谓行政组织法上的法律关系，是指行政主体之间、行政主体与其公务人员之间的行政法律关系。行政组织法上的法律关系基本上不是权利义务的关系，而是关于行使机关权限、职务权限的关系。② 所谓行政作用法上的法律关系，是指行政主体与私人之间所形成的法律关系。这种法律关系是一种权利义务的关系。

2. 权力性关系与非权力性关系。这是根据法律关系的性质对行政作用法上的法律关系所作的进一步分类。所谓权力性关系，又称之为支配关系，是指在行政主体行使单方性地对私人发布命令、采取强制措施的权力时所形成的行政主体与私人之间的法律关系。所谓非权力性关系，又称为服务关系，是指以权力为背景，但不以权力为威慑，由行政主体提供公共服务所形成的行政主体与私人之间的法律关系。

3. 二面行政法律关系与三面行政法律关系乃至多极的行政法律关系。这是根据行政法

---

① 参见袁曙宏、方世荣、黎军：《行政法律关系研究》，21～22页，北京，中国法制出版社，1999。

② 参见杨建顺：《日本行政法通论》，166页，北京，中国法制出版社，1998。

律关系的主体对行政作用法上的法律关系所作的划分。所谓二面行政法律关系是行政主体与行政行为直接指向的对象之间的法律关系。这也是传统意义上的行政法律关系。但随着经济的发展和思想的多元，利益日益分化，多元的利益主体日趋明显，行政也由消极行政向积极行政、由干预行政向服务行政转化。现代的行政法律关系与近代自由法治国时期的行政法律关系就有所差别。“最近越来越多出现的是多边或者多角的行政法律关系。它与双边法律关系的区别在于：它不是由国家作为一方、一个公民或者多个具有相同利益方向的公民或几个利益方向公民为另一方形成的关系，而是由国家为一方，不同方面的、利益冲突的公民为另一方形成的关系，其中各种不同的和相互冲突的利益复杂地交织在一起，必须予以积极的平衡，行政程序法律关系尤其如此。”① 行政法律关系的模型也由二面模式转为三面模式乃至多极模式。

在传统的二面关系模式下，行政主体与行政行为直接指向的对象或者说直接受领行政行为的人之间的行政法律关系受到重视，而受到行政行为影响的第三人则被排除于行政法律关系的视野之外。诸多制度和原理都是奠基于这种二面关系模式之上，其关注点在于如何控制行政权，例如警察法上的比例原则、警察权界限的法理等都是为限制行政权力的过度行使而设计。但在现代社会中，福利国家、服务行政盛行，这种二面关系模式就显得有些力不从心了，特别是对授益性行政这种没有受害的行政相对人（行政行为的受领人）的情形就更加缺乏解释力。现代社会利益关系较为复杂，行政行为虽然可能只是直接指向某一个主体，但是其影响往往并不限于该主体。例如，在前引案例中，炼焦厂的生产是得到环境保护局的认可的，但是获得许可的生产却产生了污染周边农田的结果。行政法律关系中就存在着三方主体：一者是行政主体，它自然必不可少；二者为直接受领行政行为的主体，可以“行政相对人”来指称，让行政相对人这一词语的含义更加明确单一；三者就是权益受到行政行为影响的主体，即第三人。有时候，私人间的利益纠葛较为复杂，可能不是两方主体之间的争端，而是多方主体之间的矛盾。这时候，行政主体介入其中进行利益调整，其所涉及的法律关系则不是三面的，而是多极性的。行政法律关系的三面性乃至多极性是现代行政法的重要特征，也是理解现代行政法构造变化的重要工具。

【思考】

三面行政法律关系与传统的二面行政法律关系之间是什么样的关系？三面关系是不是要取代二面关系呢？应该说，三面关系和二面关系之间的差别还是比较明显的，但前者不见得就能取代后者。三面关系要求行政主体在实施行政行为时充分注意可能影响到的相对人和其他利害关系人，这是极有意义的。但有时候真的就是缺乏其他的利害关系人，这时三面关系也就无法应用了。

（三）行政法律关系的主体与内容

行政法律关系的主体在上文介绍行政法律关系的多面性时已经有所介绍，主要包括行政主体、行政相对人以及行政法律关系的第三人等。行政法律关系的内容，概括地说就是

① ［德］哈特穆特·毛雷尔著，高家伟译：《行政法学总论》，165页，北京，法律出版社，2000。

公权利与公义务，即行政主体的公权力与职责、行政相对人以及第三人的公权利与公义务。其具体内容请参见本书“行政主体”与“行政相对人”两个章节的介绍。

（四）行政法律关系的成立、变更与消灭

行政法律关系的产生、变更与消灭系以行政法规范的存在为前提，以一定的法律事实为直接原因。行政法律关系的产生是指由于一定的法律事实的出现，行政主体与私人按照法定的权利义务关系形成了实际的权利义务关系，它将行政法律关系由可能转为现实。一定的法律事件（如人的出生、死亡）和法律行为（如申请行政许可、打架斗殴）的发生，均可导致行政法律关系的产生。

行政法律关系的变更是指行政法律关系在产生之后、消灭之前所发生的局部的变化。行政法律关系的变更旨在根据现实的变化而努力保持原行政法律关系的稳定，使其顺利实现。它主要有两种情形：一是行政法律关系主体的变更。主体可能在数量上发生变化，例如，原先的行政主体与另一行政主体合并，合并之后的行政主体继续行使原行政法律关系中的权利，履行其中的义务。再如，某行政相对人死亡，其权利义务由其近亲属承继。二是行政法律关系的客体的变更，即权利义务所指向的对象的变化。例如，行政罚款由实物代替，一定的劳役由金钱代替等。

行政法律关系的消灭的核心在于行政法律关系主体的权利义务不再存在。主要有两种情形：其一是主体本身消灭，例如行政相对人死亡；其二是权利义务的内容全部消灭，例如已经履行了行政法上的义务，行政决定被有权机关撤销等。

【问题与思考】

1. 在本章案例中，《环境保护法》规定的是环保局的职责，而不是私人的请求权。那么，私人为什么对此能享有请求权，即请求行政介入的权利呢？

2. 如何从行政法律关系的三面性、多极性理解行政法？行政法的构造会发生何种变化？

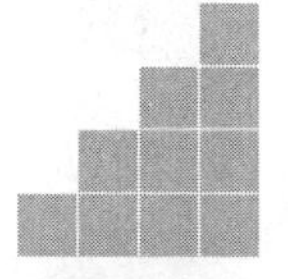

第三章 行政法的基本原则

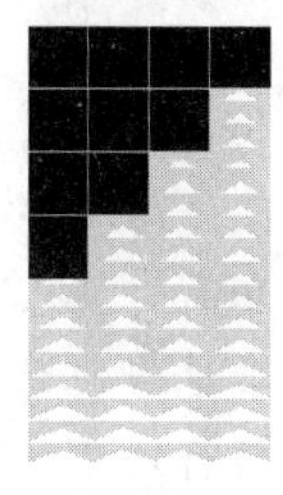

参考资料

1. 周佑勇. 行政法基本原则研究. 武汉：武汉大学出版社，2005
2. 王贵松. 行政信赖保护论. 济南：山东人民出版社，2007
3. 张兴祥. 行政法合法预期保护原则研究. 北京：北京大学出版社，2007
4. 王贵松. 行政法原则的司法适用. 行政法学研究，2007 (1)
5. 莫于川，林鸿潮. 论当代行政法上的信赖保护原则. 法商研究，2004 (5)
6. 莫于川. 公共危机管理·行政指导措施·行政应急原则——公共危机管理中的行政指导措施引出的行政法学思考. 法律适用，2004 (10)

本章提要

行政法的基本原则是贯穿于行政法之中，指导行政法律的制定、规范行政权力的运作、体现行政法基本价值的准则。行政法的基本原则是立法的准则，是行政权力运行的准则，也是司法审查的准则。在我国行政法学中，一般将行政法的基本原则总体上分为行政合法性原则与行政合理性原则两大部分。前者旨在实现形式的法治，后者则旨在实现实质的法治。如果两者都能得到实现，那就是我们所追求的行政法治。

第一节　行政合法性原则

【案例3—1】Q市药监局行政处罚案

【基本案情】

2005年6月1日，药店A从无《药品经营许可证》经营药品的个体药贩甲某处购进一批药品，货值金额300元。6月3日，药店B从无《药品经营许可证》经营药品的乙贸易有限公司处购进一批药品，货值金额为150元。药店A与药店B从非法渠道购进药品的行为，均违反了《药品管理法》第34条及《药品流通监督管理办法（暂行)》第31条规定，应按照《药品管理法》第80条与《药品流通监督管理办法（暂行)》第41条予以处罚。但是对药店A与药店B的违法行为的具体处理，Q市药监局执法人员出现了以下意见分歧：

第一种意见认为，药店A与药店B虽然都是从非法渠道购进药品，但是其购进渠道不相同，应区别对待。甲某无《药品经营许可证》经营药品系个人行为，药店A从甲某处购进药品的行为违反《药品管理法》第34条以及《药品流通监督管理办法（暂行)》第31条规定。《药品管理法》第80条规定的罚则明确适用于从无《药品经营许可证》企业购进药品的情况，并不包括从无《药品经营许可证》个人购进药品，而《药品流通监督管理办法（暂行)》则对此作出明确规定，因此，在没有相关部门作出法律解释的情况下，从无《药品经营许可证》个人购进药品的行为并不能适用《药品管理法》第80条，而应依据《药品流通监督管理办法（暂行)》第41条规定处理。乙公司无《药品经营许可证》经营药品则属于企业行为，药店B从乙公司购进药品的行为应按照《药品管理法》第80条规定予以处罚。

第二种意见认为，药店A与药店B均从非法渠道购进药品，其行为的违法性质相同。《药品管理法》第80条规定处以“违法购进药品货值金额二倍以上五倍以下”的罚款，《药品流通监督管理办法（暂行)》第41条对违法购进药品的行为则规定处以“一千元至三万元”的罚款，两者规定的罚款数额差别太大。药店B涉案金额为150元，如果按照《药品管理法》第80条处罚，则显得处罚力度不够。由于《药品流通监督管理办法（暂行)》对违法购进药品行为的规定更为具体，因而应按照《药品流通监督管理办法（暂行)》第41条规定对两药店分别予以处罚。

第三种意见认为，根据国家食品药品监督管理局于2005年5月19日作出的《关于适用〈药品管理法〉第八十条的意见》（国食药监法函（2005）59号），药店A与药店B的违法行为均发生在该意见作出之后，因此应按照该意见提出的“对从无《药品生产许可证》、《药品经营许可证》的单位或者个人等非法渠道购进药品的，应按《药品管理法》第80条规定予以处罚”来处理。[①]

【法律问题】

本案中，《药品流通监督管理办法（暂行）》是否违反《药品管理法》的规定？药监局应如何适用《药品管理法》、《药品流通监督管理办法（暂行）》、《关于适用〈药品管理法〉第八十条的意见》？

【法律链接】

《中华人民共和国立法法》

第七十一条第二款　部门规章规定的事项应当属于执行法律或者国务院的行政法规、决定、命令的事项。

【案例分析】

根据《立法法》的规定，规章是对法律的执行和具体化，不能与法律相抵触，否则即违反“上位法优于下位法”的准则。与本案相关的《药品管理法》第80条规定，“药品的生产企业、经营企业或者医疗机构违反本法第三十四条的规定，从无《药品生产许可证》、《药品经营许可证》的企业购进药品的，责令改正，没收违法购进的药品，并处违法购进药品货值金额二倍以上五倍以下的罚款；有违法所得的，没收违法所得；情节严重的，吊销《药品生产许可证》、《药品经营许可证》或者医疗机构执业许可证书。”但是，《药品流通监督管理办法（暂行）》第41条规定，“违反本办法第三十一条规定采购药品的，处以警告或者并处一千元至三万元罚款”。第31条规定，“药品经营企业、医疗机构和乡村个体行医人员不得从事下列采购活动：（一）向无《药品生产企业许可证》、《药品经营企业许可证》的单位和个人采购药品……”。这里关于药店从无证单位采购药品的行为，在处罚规则上有很大不同。原则上，《药品流通监督管理办法（暂行）》所规定的罚则只能是对《药品管理法》罚则的细化和具体化，而不能另行规定处罚。故而，《药品流通监督管理办法（暂行）》第41条的规定是违法的，不能成为处罚的依据。本案中，药监局有义务只能选择适用《药品管理法》第80条的规定，而不能适用《药品流通监督管理办法（暂行）》第41条的规定对药店进行处罚。

《药品管理法》第80条的规定适用于从无证企业购进药品的情况，并不包括从无证个人购进药品的情况。而国家食品药品监督管理局《关于适用〈药品管理法〉第八十条的意见》则将该规定扩大适用到后一种情况，这是一种扩大解释。这种解释合理合法吗？这种扩大解释应该说是有其合理性的，毕竟后一种情况也是客观存在的，不对其加以处罚规制，也确实与《药品管理法》的目的不相吻合。全国人大常委会在《关于加强法律解释工作的决议》中也明确承认行政机关在适用法律上的解释权。国家食品药品监督管理局《关于适用〈药品管理法〉第八十条的意见》的扩大解释是合法的，而且与《行政处罚法》第12条的规定也不相抵触。故而，对于药店A和B同样适用《药品管理法》的规定予以处罚应该是可能的。

【探讨】

为什么同一类行为会在《药品流通监督管理办法（暂行）》与《药品管理法》之间发生

---

① 案例来源：《中国医药报》，2005-09-17，2版。

适用依据的冲突？如何解决这种冲突？谁有权，又应依据何种程序解决呢？

【学理研习】

（一）法律优位原则

所谓法律优位原则（或曰法律优先原则），是指行政主体的一切行政活动均不得与法律相抵触。这一原则确立了行政主体在实施行政行为时所需要遵守的消极的义务，表明了行政主体要服从立法机关，故而该原则又被称为“消极的依法行政原则”。值得注意的是，这里所讲的“法律”需要从形式意义上去理解，即只是国家立法机关所制定的法律，而且首先是指全国人民代表大会及其常务委员会所制定的法律。我国《宪法》第5条规定，一切法律、行政法规和地方性法规都不得同宪法相抵触。一切国家机关和武装力量、各政党和各社会团体、各企业事业组织都必须遵守宪法和法律。一切违反宪法和法律的行为，必须予以追究。这里就确立了宪法和法律优位的原则。为什么要强调法律优位呢？强调法律优位，实际上就是强调立法机关对于行政机关的优越。行政乃对立法的执行，行政机关从属于立法机关，这是人民民主的需要，是我国宪法体制的安排，也是确保行政民主正当性的根本条件。

如何才能实现法律优位原则呢？大致需从如下两个方面着手：其一，确认规范的位阶性。法律固然可以授权行政机关发布命令，制定行政法规或规章，但这些行政规范性法律文件只具有补充法律的效力，不得抵触上位法。在法律体系内部，必须保证法制的统一性。其二，法律本身需具体而明确，一旦违反即应有制裁的效应出现。如果法律规定空洞而不具有实质含义，也就没有制裁的效应，所谓的法律优位原则也就毫无意义可言，因为将不可能发生与该法律相抵触的情形。①

（二）法律保留原则

所谓法律保留原则，是指没有法律授权，行政主体即不能合法地作成行政行为。换言之，作出行政行为需要有法律的根据。宪法已经将某些事项保留给立法机关，须由立法机关以法律的形式加以规定，行政机关不得染指。在法律保留范围内，行政行为不仅得满足于不抵触法律，而且其实施要有法律的明文规定。故而，这一原则又被称为“积极的依法行政原则”。

什么样的事项要保留给立法机关以法律的形式加以规定呢？这在学说上存在一定的分歧。（1）侵害保留说。传统学说认为法律保留系指侵害保留而言，换言之，法律保留原则仅适用于干预行政，仅在行政权侵害公民权利自由或科以公民义务负担等不利益的情形下，才要有法律根据。至于给付行政等行政活动，只要不违反法律（即遵守法律优位原则），均可自由进行，无须有法律授权。（2）全部保留说。该学说认为依据民主原则，一切国家权力源于全体人民，所有行政行为，包括给付行政，有关其应给付的对象、给付要件、给付额度与条件等重要事项，都应受此民主立法者意思的支配、引导及规范，给付行政亦须有法律依据。依据法治原则，国家为实现社会、经济及文化政策所为财产分配，亦应由法律加以规定，从而使其给付在个案情形中具有拘束力和可预见性，确保人民享有这种权利。

---

① 参见吴庚：《行政法之理论与实用》，53页，北京，中国人民大学出版社，2005。

(3) 重要事项说。该学说认为基于依法治国原则及民主原则，不仅干涉人民自由权利的行政领域应适用法律保留原则，而且给付行政原则上也应适用法律保留原则。在给付行政中，凡涉及人民基本权利的实现与行使，以及涉及公共利益尤其是影响共同生活的重要基本决定，应由具有直接民主基础的立法机关自行以法律的形式加以规定，而不得委诸行政机关的行为。(4) 机关功能说。该学说认为重要事项说无法作为界限的标准，因为所谓“重要的概念”实际上空洞无物，在具体争议中应采符合功能的机关结构的标准。由于立法程序与行政程序相比，明显较为正式、严谨，讨论得更加深入、彻底，而且立法机关有比行政机关更宽广的民意基础，立法程序拥有较高的民主正当性，因而重要的、原则性事务适合保留给立法者以法律的形式加以规定。如果在个案中能证实某特定领域的事务，只有透过立法程序才能达到尽可能有效保护与实现基本权利的目的，则应适用法律保留原则。

我国《立法法》第8条规定，国家主权的事项，各级人民代表大会、人民政府、人民法院和人民检察院的产生、组织和职权，民族区域自治制度、特别行政区制度、基层群众自治制度，犯罪和刑罚，对公民政治权利的剥夺、限制人身自由的强制措施和处罚，对非国有财产的征收，民事基本制度，基本经济制度以及财政、税收、海关、金融和外贸的基本制度，诉讼和仲裁制度，以及必须由全国人民代表大会及其常务委员会制定法律的其他事项只能制定法律。同时该法第9条又补充规定，本法第8条规定的事项尚未制定法律的，全国人民代表大会及其常务委员会有权作出决定，授权国务院可以根据实际需要，对其中的部分事项先制定行政法规，但是有关犯罪和刑罚、对公民政治权利的剥夺和限制人身自由的强制措施和处罚、司法制度等事项除外。在我国的立法法中，对于给付行政显然是没有要求法律保留的，对于干预行政也只是在限制人身自由的强制措施和处罚方面要求实行法律保留，而对于财产权、表达自由等方面则没有要求实行法律保留，这是否合乎宪法是值得进一步考量的。

【思考】

从行政与法律之间的关系来看，法律规范可分为组织规范、根据规范和规制规范。法律保留是在什么意义上来说的？考察行政给付现实和人大立法现状之后，我们在给付行政中要不要实行法律保留呢？

(三) 程序合法原则

所谓程序合法原则，是指行政主体作出行政行为时应遵守法定的方式、步骤、时限和顺序。上述两个原则主要是实体上的规定，而这一原则则是从程序上对行政行为加以规制。行政行为不同于民事行为，行政权由于其特殊性而应受到较多的拘束，除了遵守实体上的要求以外，还必须遵守法定的程序，这是行政行为合法的要件之一。北京市高级人民法院在乔占祥诉铁道部铁路旅客票价管理案中指出：铁路列车旅客票价直接关系群众的切身利益，依照《价格法》第18条的规定，政府在必要时可以实行政府指导价或者政府定价。根据《铁路法》第25条“国家铁路的旅客票价……由国务院铁路主管部门拟订，报国务院批准”的规定，铁路列车旅客票价调整属于铁道部的法定职责。铁道部上报的《实施方案》所依据的计价格（1999）1862号文已经国务院批准，其所作《通知》是在经过市场调查的基础上又召开了价格咨询会，在向有权机关上报了具体的实施方案，并得到了批准的情况下作出的，应视为履行了必要的正当程序。①

这里实际上就是运用了程序合法的原则，也就是法律所规定的程序，法院也称之为“必要的正当程序”。

(四) 行政应急性原则

近些年来我国出版的许多行政法教科书在阐述行政法的基本原则时，往往未将行政应急性原则作为行政法的基本原则加以研讨。这一认识上的误区既制约了我国公共应急法制建设，也不利于全面深入推进依法行政，不利于行政法理论的全面发展。可以说，我国公共应急法制建设滞后无疑是诸多原因使然，但从指导思想上来看，很长一个时期以来法学界和实务界忽视了行政应急性原则在整个行政法制建设中的应有地位和作用，显然也是一个不可忽视的制约因素或曰理论误区。

例如，由于忽视行政应急性原则，多年来在行政主体制度建设和理论体系上，就难免忽视突发事件应急指挥机构的地位、构成、职能、职权和工作制度（如各种应急预案）的研究和安排，也没有未雨绸缪地做好相应的专业人才队伍建设，以至于2003年SARS疫情危机出现后，许多政府机关应对危机的管理工作一时间显得非常被动，不得不支付本可避免的巨大社会成本，其中教训非常深刻。再如，在出现SARS疫情的非常规状态下，政府机关应对危机的管理工作可否根据实际需要实行紧急行政程序，灵活采取各种行之有效的手段，包括各种应急性的行政指令措施和行政指导措施？由于忽视行政应急性原则，过去对此也没有形成共识，或者不为行政管理和行政法制实务工作者普遍知晓，也造成了危机管理工作某些阶段的非常被动。又如，由于忽视行政应急性原则，关于政府机关采取的危机管理行为对行政相对人合法权益造成的损害如何加以救济，过去就未能完善有关的监督与救济规范，给实际工作造成诸多困难。例如紧急征用行政相对人的房屋、设施等财产用于SARS疫情隔离地点或防疫医务人员轮换休息场所使用，应遵循何种程序，如何予以补偿，发生补偿争议通过什么渠道和程序加以及时裁断和救济？此类财产权纠纷出现过不少，如果解决不好，难免影响到人民群众对于政府应急措施的充分理解和积极配合，不利于保持良好的官民关系和政府形象。公共危机管理的经验教训启示人们：应注意将行政应急性原则列入我国行政法的基本原则体系，发挥其应有的指导作用。

行政应急性原则是指行政主体为保障重大公共利益和行政相对人的根本利益，维护经济与社会秩序，保障社会稳定协调发展，在面临突发事件导致公共管理危机等紧急情况下特别是进入紧急状态下，可实施行政应急措施，其中既包括有行政作用法上的具体规定的行为，也包括一些没有具体法律规范甚至停止某些宪法权利和法律权利、中断某些宪法和法律条款实施或突破一般行政程序规范的行为，同时也为常态下的各种应急准备工作（应急工作机构的建设、应急队伍的日常建设、应急物资的储备更替等）提供指导和依据。当

① 参见“乔占祥诉铁道部铁路旅客票价管理案”（(2001) 高行终字第39号），载国家法官学院、中国人民大学法学院编：《中国审判案例要览（2003年行政审判案例卷）》，323页，北京，中国人民大学出版社、人民法院出版社，2004。

然，为防止行政恣意和滥用权力，现代行政法治对行政应急措施也提出了现实性、专属性、适当性和特殊程序性的要求，并非一律从简或率意而为。

应当指出：政府在公共危机管理中需要运用行政紧急权力，采取一系列紧急措施（包括大量的即时行政强制措施），必要时还可中断某些法律规范的实施，甚至暂停或限制公民的部分宪法权利（但底线是不得限制和剥夺生命权、语言权、宗教信仰权等最基本的人权），具有极大的优先性、紧急性、强制性和权威性，因而也具有恣意和滥用的特殊条件和极大可能，必须对其加以有效的监督和约束；而紧急情况下的特别行政程序、司法程序、救济程序等程序约束乃是最有效的约束机制之一，这也是现代法治的基本要求。因此，针对特殊和紧急情况的行政法治需要，首先在将要制定的我国行政程序法典中专门设立若干紧急程序条款，来规范紧急行政行为，就是一种较为有效的办法。相应地，行政应急性原则的运用还需要有更加完善的法律救济机制作为保障。

表面看来，在面临突发事件等紧急情况下实施行政应急措施，其中包括一些没有具体法律依据甚至暂停某些宪法权利和法律权利、中断某些法律规范实施的行为，似乎违背了法治原则；但实际上，这是政府为了国家、社会和全体公民的长远和根本利益而作的理性选择，是符合实质法治主义要求的、利大于弊的危机管理举措，其最终目的是通过化解危机因素，恢复和维持公共权力与公民权利之间的良性互动关系，从根本上维护公民权利。

因此，在实施依法治国方略、全面和深入推进依法行政的新形势下，我们应当按照宪政和行政法治的要求，加强公共应急法制建设，而当务之急是尽快制定出龙头性的紧急状态法作为基础，进一步完善我国应急法律规范体系，把应对突发事件的公共应急系统纳入法治化轨道；同时在突发事件导致公共危机，政府动员社会资源应对危机时，应贯彻行政应急性原则，及时采取公共危机管理所需的各种行政应急措施，同时予以及时和充分的权利救济，更加稳健地维护我国经济社会发展和人权保障所需的法律秩序，确保公民权利（特别是基本权利）获得更有效的保护，公共权力（特别是行政权力）能够有效行使并受到有效制约，使二者能够协调、持续地发展。

【思考】

从表面看，行政应急行为与依法行政的要求之间似乎有矛盾，但我们为什么在应对公共危机的行政管理过程中还要采取应急措施、实施应急行为呢？从法理和实务两个方面应作怎样的思考和阐释？

第二节　行政合理性原则

【案例3—2】田永诉北京科技大学拒绝颁发毕业证、学位证行政诉讼案

【基本案情】

1994年9月，田永考入北京科技大学应用科学学院物理化学系，取得本科生学籍。1996年2月29日，田永在参加电磁学课程补考过程中，随身携带写有电磁

学公式的纸条被监考教师发现。北京科技大学于同年3月5日认定田永的行为是考试作弊，决定对田永按退学处理，4月10日填发了学籍变动通知。但是，北京科技大学没有直接向田永宣布处分决定和送达变更学籍通知，也未给田永办理退学手续。

田永继续在该校以在校大学生的身份参加正常学习及学校组织的活动。1996年3月，原告田永的学生证丢失，未进行1995至1996学年第二学期的注册。同年9月，被告北京科技大学为田永补办了学生证。其后，北京科技大学每学年均收取田永交纳的教育费，并为田永进行注册、发放大学生补助津贴，还安排田永参加了大学生毕业实习设计，并由论文指导教师领取了学校发放的毕业设计结业费。田永还以该校大学生的名义参加考试，先后取得了大学英语四级、计算机应用水平测试BASIC语言成绩合格证书。田永在该校学习的4年中，成绩全部合格，通过了毕业实习、设计及论文答辩，其毕业论文获得优秀毕业论文，毕业总成绩列全班第九名。1998年6月，北京科技大学的有关部门以田永不具有学籍为由，拒绝为其颁发毕业证，进而也未向教育行政部门呈报毕业派遣资格表。于是田永向北京市海淀区人民法院提起行政诉讼。

北京市海淀区人民法院认为：在我国目前情况下，某些事业单位、社会团体，虽然不具有行政机关的资格，但是法律赋予它行使一定的行政管理职权。这些单位、团体与管理相对人之间不是平等的民事关系，而是特殊的行政管理关系。他们之间因管理行为而发生的争议，不是民事诉讼，而是行政诉讼。

原告田永经考试合格，由被告北京科技大学录取后，即享有该校的学籍，取得了在该校学习的资格，同时也应当接受该校的管理。教育者在对受教育者实施管理中，虽然有相应的教育自主权，但不得违背国家法律、法规和规章的规定。田永在补考时虽然携带写有与考试内容有关的纸条，但是没有证据证明其偷看过纸条，其行为尚未达到考试作弊的程度，应属于违反考场纪律。北京科技大学可以根据本校的规定对田永违反考场纪律的行为进行处理，但是这种处理应当符合法律、法规、规章规定的精神，至少不得重于法律、法规、规章的规定。国家教育委员会1990年1月20日发布的《普通高等学校学生管理规定》第12条规定：凡擅自缺考或考试作弊者，该课程成绩以零分计，不准正常补考，如确实有悔改表现的，经教务部门批准，在毕业前可给一次补考机会。考试作弊的，应予以纪律处分。第29条规定的应予退学的十种情形中，没有不遵守考场纪律或者考试作弊应予退学的规定。北京科技大学的“068号通知”，不仅扩大了认定“考试作弊”的范围，而且对“考试作弊”的处理方法明显重于《普通高等学校学生管理规定》第12条的规定，也与第29条规定的退学条件相抵触，应属无效。

按退学处理，涉及被处理者的受教育权利，从充分保障当事人权益的原则出发，作出处理决定的单位应当将该处理决定直接向被处理者本人宣布、送达，允许被处理者本人提出申辩意见。北京科技大学没有照此原则办理，忽视当事人的申辩权利，这样的行政管理行为不具有合法性。

北京科技大学实际上从未给田永办理过注销学籍，迁移户籍、档案等手续。特别是田永丢失学生证以后，该校又在1996年9月为其补办了学生证并注册，这一事实应视为该校自动撤销了原对田永作出的按退学处理的决定。此后发生的田永在该校修满四年学业，还参加了该校安排的考核、实习、毕业设计，其论文答辩也获得通过等事实，均证明按退学处理的决定在法律上从未发生过应有的效力，田永仍具有北京科技大学的学籍。

海淀区人民法院最后判令被告北京科技大学在规定期限内，向原告田永颁发大学本科毕业证书，并召集本校的学位评定委员会对田永的学士学位资格进行审核，同时履行向当地教育行政部门上报原告田永毕业派遣的有关手续的职责。

被告不服，提起上诉。北京市第一中级人民法院于1999年4月26日判决驳回上诉，维持原判。①

【法律问题】

这一判决是我国行政法上著名的判决之一，成为我国行政法学经典的研究对象。法院判决的依据在哪里？它运用了哪些行政法的原则？其司法技术是否适当？

【法律链接】

《中华人民共和国行政处罚法》（以下简称《行政处罚法》）

第六条第一款　公民、法人或者其他组织对行政机关所给予的行政处罚，享有陈述权、申辩权……

【案例分析】

法院的判决主要涉及五个方面：一是被告是否适格。换言之，原告提起行政诉讼是否合法。二是教育自主权或者说大学自治的界限在哪里。三是田永行为的性质是违反考场纪律还是作弊。四是对田永作出的退学处理决定是否合法、合理。五是学校作出退学处理决定后田永继续留在学校学习的事实是否等于学校默认保留其学籍或恢复了其学籍。与行政法原则相关的是第四、第五两个方面。关于第四个方面，对于退学处理决定，法院认为，应当“允许被处理者本人提出申辩意见”，但这一原则从何而来呢？有关大学内部处分的规定并没有这样的要求，这一要求实际上是对《行政处罚法》第6条的原则的类推，或者说是正当程序原则的应用。需要注意的是，法院运用的是正当程序原则而不是程序合法原则，因为法律上并没有明确的规定。关于第五个方面，法院认为，诸多“事实应视为该校自动撤销了原对田永作出的按退学处理的决定”。实际上，北京科技大学从来就没有撤销过其处理决定，法院何以能作出这一判断呢？法院运用的是信赖保护原则。但是，法院并没有明确阐述其推理所依据的法理，这是需要改进的。

---

① 案例来源：“田永诉北京科技大学拒绝颁发毕业证、学位证案”，载《中华人民共和国最高人民法院公报》，1999（4）。

【探讨】

行政法原则是否可以在司法中适用？换言之，行政法原则是一种法源吗？如果回答是肯定的，那么，司法在适用行政法原则的时候又要遵循怎样的规则呢？其理由何在？

【学理研习】

（一）国家辅助性作用原则

现代国家已逐渐由“自由国家”、“夜警国家”向“社会国家”、“福利国家”转变，传统的近代市民社会与政治国家的二元对峙结构受到极大威胁，国家权力日益侵入私人领域。现代行政法应采取何种态度来应对这种局面：是回避现实视而不见还是直面现实迎接挑战？我们以为，行政法既要力图保持古典自由主义的合理内核，也要面对服务行政的要求积极作为。这就是我们理解的国家辅助性作用原则。一方面，国家要把公民作“成熟公民”看待，轻易不要侵入私人领域，个人、社会能办得了的，国家权力不介入其中。这是消极的一个方面。另一方面，当个人、社会有办不了的事的时候，国家行政要积极作为，想人民之所想，急人民之所急。这是积极的一个方面。在经济领域，国家辅助性作用原则就成了私人自由的代名词，是把国家完成的任务私有化的基础；只有当私人经济没有能力有序高效地完成某一任务时，国家对经济的调控才作为最后的手段或者说作为备用力量予以考虑。另外，地方的工作优先于中央的工作，社区、地方团体和协会的自我管理工作同样优先于国家的行政管理。在政治领域，要将公民的积极参与、有效参与作为国家行政的一项基本任务。在文化领域，国家要原则上保障文化的自律性，行政只能在尊重公民的基本文化权利的前提下予以适度干预。国家辅助性作用原则在行政，尤其是给付行政中决定着行政权是否启动。行政主体在启动其权力时应对公民个人以及社会的能力予以考量。[①] 在立法层次上，国家应留下合理的空间给公民个人、公共团体、地方政府，让他们首先发挥作用；在执法层次上，行政主体在考量其他主体的能力和实际需要的情况下，积极作为。

国家辅助性作用原则实际上是宪法上的有限政府原则在行政法上（特别是给付行政）的折射。它是对行政权是否启动、为何启动、何时启动的一个限制。虽然说其中包含诸多政策性的因素，在司法的操作性上也有所欠缺，但是对它的强调和落实还是非常有必要的。这是对行政权总的一个要求。真正落实国家辅助性作用原则，既能为私人留下合理的自由空间，发挥其积极性，又能节省国家资源、减少冲突、提高效率，还能弥补私人能力的局

---

① 我国《宪法》第44、45条为在退休制度、社会救济等方面发挥社会力量的作用留下了合理的空间。在我国民政工作中，城市社会救济确立了“依靠集体，依靠基层，生产自救，群众互助，辅之以国家必要的救济”的方针；生产救灾工作中确立了“依靠群众，依靠集体，生产自救，互助互济，辅之以国家必要的救济和扶持”的方针。我国《行政许可法》也同样确立了这一原则，在其说明当中指出：“凡是通过市场机制能够解决的问题，应当由市场机制去解决；通过市场机制难以解决，但通过规范、公正的中介机构自律能够解决的问题，应当通过中介机构自律去解决；即使是市场机制、中介机构自律解决不了，需要政府加以管理的问题，也要首先考虑通过事后监督去解决。”另可参见该法第13条的规定。除此，《老年人权益保障法》第10、20、25条，《残疾人保障法》第8、9条，《城市居民最低生活保障条例》第3条等都体现了这一原则。

限，服务于私人。简言之，行政权要有限并有效地运行。

（二）平等对待原则

平等对待原则源自宪法上的平等（权）原则。宪法上的平等是一项重要价值，是一个衡量公平与正义的标准，是人民内心最易感受的概念。我国《宪法》第 33 条第 2 款规定了公民的平等权，即“中华人民共和国公民在法律面前一律平等”，并且多处体现了平等原则。[①] 作为基本权利，它能拘束立法、行政与司法。行政机关在执法时亦应做到平等对待，即同种情况同种对待，不同情况不同对待。“这种平等对待既包括不同场合的平等对待，也包括不同时间的平等对待。不同场合的平等对待，又称为一视同仁、反对歧视规则；不同时间的平等对待，也称为前后一致、反对反复无常规则。”[②] 还包括同种场合、相同时间的同等对待。正如我国台湾地区学者总结的那样，从平等原则可导出禁止恣意原则与行政自我约束原则。前者是禁止行政主体有意或疏忽以致违反宪法基本精神及事物本质的行为。后者则指行政主体作出行政行为时，如无正当理由应受其行政先例的约束，对于相同的案件不得有不同的处理，相反，如有相当的理由，自可为不同的处理。[③] 至于何为“相同”何为“不同”，主要是一个分类的问题，需要根据实践不断地总结。分类必须是合理的分类，是一种将法律目的方面处境相同的所有人都包括在内的分类。主要是看分类与政府目的关系是否合理；或者看分类是否为一种重要的政府切身利益所必需，而又找不到别的不那么苛刻的替代方法；或者看分类是否与一种重要的政府利益具有实质性的联系。[④] 概言之，平等对待原则实际上要求行政主体在执法时杜绝一切不合理的差别，而承认一些合理的差别。

平等对待要求行政行为的一致性，控制行政行为的随意性。在德国法和欧盟法上，无论是理论还是实践，都在提升对行政行为审查的强度。它们运用平等对待来禁止随意（arbitrary）的行政行为。只有在行政行为随意地作出时，才能认为差别对待构成了歧视而应被禁止。虽然还很难测算这一更严格的审查标准的实际效果，但毋庸置疑的是，平等对待比英国的合理性标准让法院更容易去证明自己干预行政的正当性。[⑤] 在司法审查强度日益加深的今天，平等对待原则恰当地适应了这种需求。

（三）比例原则

比例原则是由早期德国各邦行政法院在审理警察事件中发展起来的，现在应用范围甚为广泛，有人称之为行政法中的“帝王条款”，在理论上被视为宪法位阶的法律原则。它是法院用来控制行政裁量自由空间的重要工具。该原则在德国《联邦行政程序法》当中有所

---

① 具体为《宪法》第 4 条第 1 款、第 5 条第 4 款、第 36 条第 2 款、第 34 条、第 48 条第 1 款。

② 叶必丰：《行政法学》，96 页，武汉，武汉大学出版社，1996。

③ 参见城仲模主编：《行政裁判百选》，129 页，台北，月旦出版社，1996。

④ 参见［美］杰罗姆·巴伦、托马斯·迪恩斯著，刘瑞祥等译：《美国宪法概论》，138 页，北京，中国社会科学出版社，1995。

⑤ See Georg Nolte, “General Principles of German and European Administrative Law: A Comparison in Historical Perspective,” *The Modern Law Review*, 1994, pp. 194－195.

体现，并被我国台湾地区“行政程序法”以明文全面规定。其第7条规定，行政行为应依下列原则为之：第一，采取之方法应有助于目的达成（即学理上所称“合目的性”或“适当性”原则）；第二，有多种同样能达成目的之方法时，应选择对人民权益损害最少者（即学理上所称“必要性”原则）；第三，采取之方法所造成之损害不得与欲达成目的之利益显失均衡（即学理上所称“合比例”或“狭义的比例原则”，或者“损益均衡原则”）。比例原则具有宪法位阶，能对立法、行政和司法进行直接约束。它对于控制国家权力行使目的的正当合理、手段与目的之间的适当链接、收益与成本之间的比例均衡等，都具有重要作用。

比例原则在我国立法以及司法实践当中均有所体现。[①] 我国宪法当中有不少地方都包含了比例原则的要求。《宪法》第10条第3款规定：“国家为了公共利益的需要，可以依照法律规定对土地实行征收或者征用并给予补偿。”《宪法》第13条第3款规定：“国家为了公共利益的需要，可以依照法律规定对公民的私有财产实行征收或者征用并给予补偿。”这两条都规定了征收、征用的合目的性原则。《宪法》第14条第4款规定：“国家建立健全同经济发展水平相适应的社会保障制度。”这里的规定符合合比例的要求。第51条规定：“中华人民共和国公民在行使自由和权利的时候，不得损害国家的、社会的、集体的利益和其他公民的合法的自由和权利。”这里对限制基本权利作出了总的要求，即只能基于维护公共利益和其他人的基本权利的目的而限制基本权利。作为宪法具体化的行政法，自然应将这一原则的诸多要求落在实处。我国《行政处罚法》上的过罚相当原则即是比例原则的一个体现。

比例原则是“现代行政法确保公共行为目的理性的重要工具”[②]。这一原则实际上可以包含传统的行政合理性原则的部分内容，如不得考虑不相关的因素，要符合法律目的等。“比例原则着眼点是目的与手段之间的正当关系，要求作为实现某种目的（或结果）手段的措施，必须符合正当性。”[③] 比例原则要求行政主体合乎目的、正当合理地行使行政权。在诸多行为方式当中，行政主体需要选择成本最小、社会收益最大的方式。这样，行政权就会在很大程度上受到拘束。

（四）信赖保护原则

信赖保护原则在宪法、民商法、刑法等部门法当中均具有重要地位。行政法中的信赖保护原则在某种程度上可以理解为诚实信用原则在公法领域的折射。但是，行政法上的信赖保护原则有它自身的独特功能。在权力性行政法律关系中，行政主体与行政相对人双方常常处于不平等的法律地位，行政主体可以依职权撤销或废止自己先前所作出的行为，改变原来的法律状态。为了寻求一种平衡，信赖保护原则课以行政主体义务，要求行政主体完成作出行为、承诺或者制定规则等具有一定授益性和可预见性的活动之后，在变更由此所形成的法律状态时，应该保护行政相对人正当合理的既得利益和合理期待，否则行政主体就应承担相应的法律责任。行政行为、行政承诺、行政惯例、行政立法等均可以成为行政相对人信赖的客体。行政法上的信赖

---

① 司法实践可以参见“黑龙江省哈尔滨市规划局与黑龙江汇丰实业发展有限公司行政处罚纠纷上诉案”，最高人民法院行政判决书（1999）行终字第20号。

② Robert Thomas, *Legitimate Expectations and Proportionality in Administrative Law*, Hart Publishing Ltd, 2000, p.77.

③ 杨伟东：《行政行为司法审查强度研究》，176页，北京，中国人民大学出版社，2003。

保护原则导源于基本权利保障原则，它保障行政相对人对行政主体正当合理的信赖，保障行政相对人由信赖所生权益和处置的自由权，体现了行政法对实质正义、实质法治的追求。

一般认为，信赖保护的构成要件包括以下几个方面：（1）存在信赖基础，即存在一定的信赖客体。（2）有信赖表现，即行政相对人因信赖行政主体而作出一定的行为。（3）信赖值得保护，也就是行政相对人的信赖需基于善意，而不存在下列情况：1）以欺诈、胁迫或贿赂方法，使行政机关作成行政行为的；2）对重要事项提供不正确资料或为不完全陈述致使行政机关依该资料或陈述而作成行政行为的；3）明知行政行为违法或非因重大过失而不知的。[①] 另外，还有一个信赖利益与公共利益的权衡问题。当信赖利益具有形式合法性的时候，权衡的问题可以略去，因为法律本身即应理解为代表着公共利益。但当信赖利益不具有形式合法性的时候，则需要进行权衡。当信赖利益大于具体案件中的公共利益时，信赖保护成立；否则，信赖保护不能成立。[②]

信赖保护原则旨在拘束行政主体变更法律状态的行为。在变更时，一定要考虑相对人正当、合理的信赖，以维护信赖利益，维持整个法治秩序。政府在变革法律状态时，似乎遵循了依法行政的要求，实现了制度的正义，但无视民众对行政正当合理的信赖的存在，无视因变革而导致受影响人的重大损失，那种个别的不正义也会逐渐演化为一种整体的制度的非正义。信赖保护原则就是要求行政主体在变更法律状态时考虑行政相对人的信赖，在依法行政所体现的公共利益与信赖保护所体现的个体利益之间进行权衡，以免给个人造成重大损失，给行政带来不公正的恶劣影响。前引“田永诉北京科技大学拒绝颁发毕业证、学位证案”实质上运用了信赖保护原则。

（五）诚实信用原则

诚实信用原则（以下简称诚信原则）可谓对一切私法上的法律行为均具有规范作用的法则，有“帝王条款”之称。关于诚信原则能否直接适用于公法领域，德国、日本还有我国台湾地区的通说均持肯定态度，但也并非没有遭到质疑。在具有高权地位的行政法律关系之中引入适用于平等主体之间法律关系的诚信原则是否合适？能否不问诚信原则所适用的环境、受重视的原因而直接适用到公法之中？现今多数学者已经认同它能够适用于行政法之中，而且这也为许多国家和地区的判例所认可。我国法院也逐渐承认了诚信原则在行政法上的适用。在福州三福钢架制品有限公司诉长乐市国土资源局解除土地使用合同案中，福建省福州市中级人民法院就运用了诚信原则。该法院认为：上诉人关于“合同在征地审批前应全部无效”的诉讼理由与其作为一级人民政府的土地管理职能部门应当恪守的政府信誉极不相称，且不能解释其代表政府与外商投资企业三福公司签订“外商投资企业土地使用合同”时履行了行政法上的诚信义务，故该理由不能成立。[③]

---

① 参见我国台湾地区“行政程序法”第119条。

② 参见王贵松：《行政信赖保护论》，185～192页，济南，山东人民出版社，2007。

③ 参见国家法官学院、中国人民大学法学院编：《中国审判案例要览（2003年行政审判案例卷）》，46页，北京，中国人民大学出版社、人民法院出版社，2004。

我国台湾地区"行政程序法"第8条规定："行政行为，应以诚实信用之方法为之，并应保护人民正当合理之信赖。"这一规定有其特别之处，从其规定及"行政法院"的判决来看，它是将诚实信用作为行政过程中一种对方法的要求来看待的。行政过程中所运用的方法多种多样，将具有高度抽象特征的诚信作为一个总的要求是合适的。在李靖诉太和县政府一案中，县政府当初征地所依据的竟然是假的"太政（1997）47号文件"——《关于要求建设路王翠兰、李靖、朱良义等居民限期拆迁的决定》（落款日期是1997年7月14日），而真正的太政（1997）47号文件却是《关于将县木材公司划归县医药局管理的批复》（落款日期是1997年5月14日）。[①] 这种做法是采用虚假的方法作出征地的决定，违背的是诚信原则，而不是信赖保护原则，虽然伤害的可能都是政府的公信力。

（六）正当程序原则

正当程序（due process）原则，又称为自然公正（natural justice），它包含两项程序性要求：第一，任何人在行使权力可能使别人受到不利影响时，都应听取对方的意见，每一个人都有为自己辩护和防卫的权利。第二，任何人都不能作为自己案件的法官。[②]

在田永诉北京科技大学案中，北京市海淀区人民法院间接运用了正当程序原则作出判断。北京市海淀区人民法院认为，按退学处理涉及被处理者的受教育权利，从充分保障当事人权益的原则出发，作出处理决定的单位应当将该处理决定直接向被处理者本人宣布、送达，允许被处理者本人提出申辩意见。北京科技大学没有照此原则办理，忽视当事人的申辩权利，这样的行政管理行为不具有合法性。在大学的行政处分中本不存在《行政处罚法》中关于听取被处罚人意见的规定，故而这里所运用的不是程序合法原则，而是将正当程序原则运用于该案之中。在刘茶英诉酉阳土家族苗族自治县工伤认定行政复议决定案中，重庆市高级人民法院直接运用了正当程序原则，只是将其表述为"正当程序规则"而已。重庆市高级人民法院指出："尽管原具体行政行为的机关没有参与到诉讼中来，但是法院判决维持其具体行政行为，不属于对其不利的判决，并不违反正当程序规则。"[③] 在张成银诉徐州市人民政府房屋登记行政复议决定案中，江苏省高级人民法院直接指出其依据的是正当程序的要求，而没有法律依据。它指出："行政复议法虽然没有明确规定行政复议机关必须通知第三人参加复议，但根据正当程序的要求，行政机关在可能作出对他人不利的行政决定时，应当专门听取利害关系人的意见。"[④]

【思考】

行政合法性原则与行政合理性原则之间是怎样的关系？两者之间是补充的关系还是并

---

① 参见范利祥：《一份伪造的红头文件》，载《二十一世纪经济报道》，http：//www.nanfangdaily.com.cn/jj/20050623/zj/200506220019.asp。

② 参见王名扬：《英国行政法》，152页，北京，中国政法大学出版社，1987。

③ "刘茶英诉酉阳土家族苗族自治县工伤认定行政复议决定案"（2003年渝高法行终字第75号判决），载最高人民法院、最高人民检察院《中国案例指导》编辑委员会编：《中国案例指导》，2005年第1辑（刑事行政卷），340页，北京，法律出版社，2005。

④ 《中华人民共和国最高人民法院公报》，2005（3）。

列的关系？如果是并列的关系，两者出现不一致的情况又该如何处理？如果说行政合理性原则主要是针对行政裁量权而言的，那么它还能构成行政法的基本原则吗？只是我们也不要忘记行政裁量权是广泛存在的。

【问题与思考】

1993 年 3 月，案外人韩彩荣将坐落于纺织西路 20 号的 6 间私房（即本案争议房屋的前身）赠与彭继华。之后韩彩荣将《房屋所有权证》和《国有土地使用权申报证明书》交与彭继华。彭继华办理了房屋所有权转移登记手续并领取了《房屋所有权证》。但彭继华因故未办理土地使用权变更手续，而擅自将《国有土地使用权申报证明书》中“土地使用者”栏内的“韩彩荣”涂改成为“彭继华”，其他栏目作了相应的涂改。彭继华一直持有此涂改的《国有土地使用权申报证明书》，并当作有效证件长期使用。1998 年 8 月 25 日，彭继华将房屋卖与夏飞。10 月 26 日，彭继华与夏飞在徐州市房产管理局（以下简称徐州市房管局）办理了房屋交易及转移登记手续。11 月 6 日，夏飞领取了 98304220 号《房屋所有权证》。1999 年 2 月夏飞持 98304220 号《房屋所有权证》、彭继华的被涂改的《国有土地使用权申报证明书》、《房地产买卖契约》到徐州市国土局办理土地过户手续。徐州市国土局发现此《国有土地使用权申报证明书》上有明显的涂改痕迹，即对此进行调查并于 5 月 18 日作出《关于宣布涂改的国有土地使用权申报证明书无效的决定》。次日，徐州市国土局对彭继华作出行政处罚，宣布彭继华的《国有土地使用权申报证明书》无效，同时对彭继华罚款2 000元。彭继华在收到此处罚决定书的次日缴纳了2 000元罚款，并开始重新申办国有土地使用权证。1999 年 8 月 2 日徐州市国土局为彭继华颁发了徐土国用（1999）字第 12032 号《国有土地使用权证》，彭继华于 8 月 4 日领取此证。8 月 13 日，徐州市国土局为夏飞颁发了徐土国用（1999）字第 17017 号《国有土地使用权证》，夏飞于 8 月 20 日领取此证。在此期间，徐州市房管局开始调查彭继华的《国有土地使用权申报证明书》涂改的情况，并于 1999 年 5 月 6 日向彭继华发出《补充材料通知》，要求“收到通知后尽快补充提供纺织西路 20 号房产的土地使用证件”。但在彭继华尚未来得及补充有关材料的情况下，徐州市房管局即于 1999 年 5 月 31 日作出撤销决定。夏飞不服向法院提起行政诉讼。

江苏省高级人民法院于 2002 年 5 月 9 日最终作出再审判决认为，彭继华的《国有土地使用权申报证明书》存在涂改之情形是显而易见的。徐州市房管局明知存在此情形，仍然多次办理了相关房屋所有权转移登记手续、办理房屋抵押登记手续，并先后为相关权利人发放了房屋所有权及他项权证。在为夏飞办理房屋所有权转移登记时，对《国有土地使用权申报证明书》存在涂改情形也是明知的，但并未对此提出任何异议即办理了转移登记，并为夏飞颁发了 98304220 号《房屋所有权证》。此系列行为均说明徐州市房管局对于彭继华的《国有土地使用权申报证明书》的效力是认可的，在确认其对房屋拥有无可争议的所有权的同时，事实上亦认可彭继华对房屋所占的国有土地拥有使用权。由于争议房屋一直处于抵押状态并在徐州市房管局办理了抵押手续，因而夏飞作为普通公民有理由相信该房屋的《国有土地使用权申报证明书》不应当存在任何权利瑕疵。夏飞也没有理由怀疑徐州市房管局在数次办理转移登记中，均未发现此权利瑕疵。夏飞基于对徐州市房管局在此之前数次办理权属登记的信赖，基于对徐州市房管局核准本次交易的信赖，在办理转移登记时，提交被涂改的《国有土地使用权申报证明书》，是在不明知情况下的善意行为，不属于《徐州市房屋产权产籍管理办法》第17条第2项规定[①]的违法行为。徐州市房管局根据该规章作出撤销决定显属适用法律不当。[②]

请问：本案中，法院是依据行政法的哪个原则作出判决的？

① 《徐州市房屋产权产籍管理办法》（徐州市人民政府1995年8月20日颁布）第17条规定："房屋产权有下列情形之一的，房屋权籍管理机构可以作出撤销或变更全部或部分已核准登记事项的决定，并制作决定书发送当事人：……（二）当事人在申请登记时虚报、瞒报或伪造有关证明、证件、文件，采取欺骗手段获准登记的……"

② 参见"夏飞诉徐州市房产管理局撤销房屋所有权证纠纷案"，江苏省高级人民法院（2002）苏行再终字第002号。

第二编

行政法上的主体

导读：本编涉及行政法的各个法律关系主体，对其扮演的角色分别加以描述。行政法制包括行政管理和监督行政两个方面。在行政管理的领域，行政法律关系主体包括两大部分：行政主体一方，行政相对人一方（法学语境中称为行政相对人，法律文件常称为公民、法人或其他组织）；在监督行政的领域，行政法律关系主体包括两大部分：监督主体一方，监督对象一方，对它们的讨论放到第四编"监督与救济论"中。这里主要从行政管理领域的角度，分析介绍行政机关和法律法规授权组织等各类行政主体，以及受行政机关委托的组织。本编还专章讨论行政相对人的法律地位和权利保障问题，侧重介绍行政相对人的地位、作用及权利和义务。行政相对人主体性地参与到行政管理、行政法制过程中，这是参与式民主在行政法领域的具体表现，成为当代行政民主化潮流下快速发展的一个领域，应予更多关注和推动。"徒法不足以自行"，必须关注和研究行政法制运行的主体要素，正确把握主体理论，这样才有利于行政法制的有效运行。

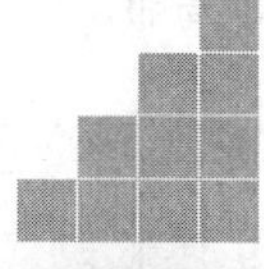

第四章

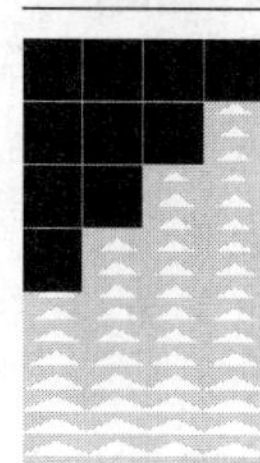

行政法上的主体与组织人员法概述

参考资料

1. 应松年主编. 当代行政法. 上卷. 北京：中国方正出版社，2005

2. 姜明安主编. 行政法与行政诉讼法. 2版. 北京：北京大学出版社，高等教育出版社，2004

3. 张越，张跃建. 论“地方政府组织法”之修改. 政法论坛，1999 (3)

本章提要

本章主要目的是对行政法上的主体的主要内容作概括性阐述，明确什么是行政法上的主体，它们应该包括哪些种类，不同的行政法主体具体应当包括哪些，行政法主体相互之间存在什么样的行政法律关系。然后对我国现存的行政组织法和公务员法的主要内容进行简单提示，以便在以下章节具体进行阐述。

【案例】张先著诉芜湖市人事局案

【基本案情】

张先著，2000年毕业于安徽皖西学院环境保护专业。大学毕业后，一直未找到正式工作。2003年6月安徽省芜湖市人事局招聘公务员，张先著到芜湖市人事局报名，报考的职位是芜湖市芜湖县县委办公室经济管理人员。在三十多名考生中，张先著成绩为行政职业能力七十多分，面试八十多分，两项成绩均名列第一。张先著在大学读书期间体检即被确定为“一、五阳”，为谨慎起见，在面试之前于2003年9月张先著先到安徽省铜陵市人民医院进行了体检，体检结果仍然是“一、五阳”，肝功能正常。但在随后由芜湖市人事局组织的体检中，张先著被芜湖市人事局委托的体检医院芜湖市人民医院诊断为“乙肝两对半小三阳”，医院在体检表上明确注明“不合格”，并有体检医生的签字。张先著对这次体检结果不服要求复检，解放军八六医院出具的第二次体检结果为“一、五阳”，但得出的结论仍然是“体检不合格”①。

随后，安徽省芜湖市人事局依据体检结果，口头通知张先著，根据《安徽省国家公务员录用体检标准实施细则（试行）》，因体检不合格对其不予录取。张先著要求芜湖市人事局出具书面答复，遭到拒绝。此后，张先著又多次到芜湖市人事局咨询，都没有得到满意的答复。2003年10月18日，张先著依据行政复议法的规定，向安徽省人事厅申请行政复议。2003年10月28日，安徽省人事厅以“体检不合格的结论是由主检医生和体检医院作出的，不是芜湖市人事局作出的行政行为”为由，作出了不予受理的行政复议决定书。

张先著依据行政诉讼法的规定，以安徽省芜湖市人事局为被告，于2003年11月10日向芜湖市人事局所在地的芜湖市新芜区人民法院提起行政诉讼。

【法律问题】

本案中有哪些法律关系主体？哪些属于行政法律关系的主体？哪些行政法律关系主体实施行政行为影响了张先著的法律权利？这些行政法律关系主体与张先著之间是一种内部行政法律关系还是外部行政法律关系？

【法律链接】

《中华人民共和国公务员法》

第二十一条　录用担任主任科员以下及其他相当职务层次的非领导职务公务员，采取公开考试、严格考察、平等竞争、择优录取的办法。

民族自治地方依照前款规定录用公务员时，依照法律和有关规定对少数民族报考者予以适当照顾。

第二十二条　中央机关及其直属机构公务员的录用，由中央公务员主管部门负责组织。地方各级机关公务员的录用，由省级公务员主管部门负责组织，必要时省级公务员主管部门可以授权设区的市级公务员主管部门组织。

《中华人民共和国行政复议法》（以下简称《行政复议法》）

第二条　公民、法人或者其他组织认为具体行政行为侵犯其合法权益，向行政机关提

---

① 按照医学定义，在乙肝两对半检查五个检测指标中，第一、三、五项呈阳性即为“大三阳”，第一、四、五项呈阳性则是“小三阳”。

出行政复议申请，行政机关受理行政复议申请、作出行政复议决定，适用本法。

第六条 有下列情形之一的，公民、法人或者其他组织可以依照本法申请行政复议：

…………

（十一）认为行政机关的其他具体行政行为侵犯其合法权益的。

第十二条第一款 对县级以上地方各级人民政府工作部门的具体行政行为不服的，由申请人选择，可以向该部门的本级人民政府申请行政复议，也可以向上一级主管部门申请行政复议。

《中华人民共和国行政诉讼法》（以下简称《行政诉讼法》）

第二条 公民、法人或者其他组织认为行政机关和行政机关工作人员的具体行政行为侵犯其合法权益，有权依照本法向人民法院提起诉讼。

第十一条 人民法院受理公民、法人和其他组织对下列具体行政行为不服提起的诉讼：

…………

（八）认为行政机关侵犯其他人身权、财产权的。

最高人民法院《关于执行〈中华人民共和国行政诉讼法〉若干问题的解释》（以下简称《行政诉讼法司法解释》）

第一条第一款 公民、法人或者其他组织对具有国家行政职权的机关和组织及其工作人员的行政行为不服，依法提起诉讼的，属于人民法院行政诉讼的受案范围。

【案例分析】

在本案中涉及的法律关系主体包括张先著本人、作出体检报告的铜陵市人民医院、芜湖市人民医院和解放军八六医院，以及实施公务员招考行为的芜湖市人事局和对张先著的申请作出复议决定的安徽省人事厅。其中张先著、芜湖市人事局和安徽省人事厅是行政法上的主体。本案发生于2003年6月，按照当时有效的《国家公务员暂行条例》第13条的规定，“国家行政机关录用担任主任科员以下非领导职务的国家公务员，采用公开考试、严格考核的办法，按照德才兼备的标准择优录用”（2006年1月1日《公务员法》正式施行，《国家公务员暂行条例》同时废止。该法在第21条同样规定：录用担任主任科员以下及其他相当职务层次的非领导职务公务员，采取公开考试、严格考察、平等竞争、择优录取的办法）。因此，安徽省芜湖市人事局发布公务员招考信息，向社会公开招考公务员是按照《国家公务员暂行条例》的规定实施的行政行为。尽管在通常情况下，人事行政机关主要针对行政系统内部的公务员实施管理行为，属于内部行政的范畴，但是招考公务员却是人事行政管理机关按照《国家公务员暂行条例》的规定针对社会上不特定的公民实施的外部行政行为。因为在公民被正式录取为公务员之前，他们与人事行政管理机关之间还没有内部管理的法律基础。芜湖市人事局根据医院出具的张先著体检报告作出的不予录取的决定（不论这一决定是否以书面的方式通知了张先著）是行政机关针对公民实施的具体行政行为。张先著作为一位普通的公民，按照《国家公务员暂行条例》和芜湖市人事局发布的公务员招考规定报考公务员，与芜湖市人事局之间形成了典型的行政法律关系，人事局的不予录取的行政决定显然影响了张先著的权利。根据我国《行政复议法》第2条和《行政诉讼法》第2条、第11条第8项以及《行政诉讼法司法解释》第1条第1款的规定，张先著可以以芜湖市人事局为被申请人和被告提起行政复议和行政诉讼。从这一点看，安徽省人事厅以“体检不合格的结论是由主检医生和体检医院作出的，不是芜湖市人事局作出的行政行为”为由，作出不予受理的行政复议决定是错误的。

【探讨】

如何判断公民成为公务员，从而使其与相关行政机关的关系从外部的行政法律关系，变为内部的行政法律关系？为什么公务员与所在行政机关之间的内部行政法律关系不接受外部的司法监督？

【学理研习】

（一）行政法主体的理念与构成

1. 行政法主体的理念。行政法学上关于行政法关系的主体，一般认为包括行政主体、行政相对人，以及监督主体和监督对象。行政法主体理念提出的意义在于，行政法律关系与一般的民事法律关系和刑事法律关系相比有其特殊之处。通常情况下，民事法律关系或者刑事法律关系往往是两个法律关系主体之间发生的权利义务关系。但是在行政法上，行政权力的运行同时会启动两种完全不同的法律关系，那就是行政主体为实现行政管理目标而发起的与行政相对人之间的行政管理或者服务关系，与此同时，为了对行政权力——对行政相对人的权利造成直接影响的公权力——进行实时有效的控制，国家法律设定的对行政权力运行的监督程序或者监督法律关系自动地开始。这时候，具有监督行政权的国家机关，比如人大或者上级行政机关与行政权力的行使者之间就形成了新的监督行政法律关系。当然两种行政法律关系之间并不是完全独立、互不联系的，实际上，除了法定的一些监督机构可以启动监督行政程序之外，受行政权力行使影响的行政相对人也可以申请监督行政主体启动监督程序。

2. 行政法主体的构成。由于行政法上的这两种法律关系，所以，行政法主体从构成上来说，主要就由这三种法律主体形成了三大行政法关系，即行使行政权力的行政主体与受行政权力影响的行政相对人之间形成的通常意义上的行政管理或者服务法律关系，也就是狭义上的行政法律关系；同时，具有监督权的国家机关（监督主体）与行使行政权力的行政主体（监督对象）之间形成的监督行政法律关系。应当指出的是，实际上监督主体和受行政权力运行影响的行政相对人之间也存在着某种行政法上的关系。一般认为，当行政相对人认为行政主体的行政行为侵害自己的合法权益时，有权向监督机关提出，要求救济或者监督审查行政主体行为的合法性。监督主体应当具有行政法上的职责和义务接受行政相对人的检举、揭发、举报、控诉，保护行政相对人的合法权利，监督和纠正行政主体的违法公权力行为。

（二）行政法主体的范围与关系

1. 行政法主体的范围。行政法主体如上所述，可以分为行政主体、行政相对人和监督行政主体。具体分述如下：

（1）行政主体。行政主体是行使国家行政权力的组织，行政机关应当是主要的行政主体。当代的行政权力渗透到了社会的方方面面，为了能够更好地促进社会的稳定和发展，国家将行政公权力划归众多的门类，并且将这些行政权力交由不同的行政机关去行使。所以行政机关是主要的行政主体。但是正如并不是所有的行政机关都能够成为行政主体一样，也并不是所有的行政主体都是行政机关，事实上还有很多的行政职能由于其技术的要求或者其他特殊要求，国家通过授权的方式将其授予行政机关以外的其他组织。这些原本不能够以自己的名义实施行政行为的社会组织，因为国家的授权而具有了与行政机关同样性质的国家权力，在授权范围内具有行政主体资格。

（2）行政相对人。行政相对人是与行政主体相对而言的行政法律关系的另一方，是相对于行政主体而言的行政法律关系主体。行政相对人是行政主体行使行政权力针对的对象或者因行政权力的行使而权利受到影响的一方当事人。具体而言，行政相对人可以分为公民、法人或者其他组织。从这种意义上说行政相对人可以是行政权力针对或影响到的任何组织和个人。既可以是普通公民，也可以是企事业单位，甚至也可以是其他国家机关。

（3）监督行政主体。监督行政主体是根据行政相对人的申请或者举报，或者根据自己的职权对行政主体实施公权力行为的合法性进行法定监督的国家机关。这些机关包括具有监督权的人大、上级行政机关以及司法机关。

2. 行政法主体之间的关系。

（1）行政管理与服务关系。具有行政权力的行政主体与行政相对人之间是一种行政管理或行政服务的法律关系。基于秩序行政的需要，行政主体需要根据法律的规定对社会实施行政管理，保证社会的正常秩序。同时随着给付行政或者服务行政的产生和发展，国家还要承担保障公民的基本生活条件的责任。就目前来看，行政主体与行政相对人之间的法律关系主要包括以上两种形式。

（2）监督行政法律关系。具有法定监督权的国家机关与行政主体之间形成的法律关系，集中表现为对行政权力的行使进行监督的监督法律关系。监督行政主体有责任对行政主体行使行政权力的情况实施监督和控制，保证行政主体完成法律规定的行政职责，以防止并救济行政权力的违法行使对行政相对人造成损害。

（三）行政组织、行政人员法律体系

我国现行宪法对于行政组织和行政人员作了基础性的规定，同时我国还存在着三部主要的行政组织法和行政人员法。

《国务院组织法》是 1982 年 12 月全国人大制定的关于我国最高行政机关国务院的组成、职权、职责等方面的法律。在地方，目前规定各级行政机关的组成及行政职权的主要是 1979 年全国人大通过的《地方组织法》，该法曾于 2004 年被部分地修改完善。在公务员制度上，一直以来实施的是国务院 1993 年通过的《国家公务员暂行条例》，2005 年 4 月全国人大常委会通过了《公务员法》，并于 2006 年 1 月 1 日起施行，该法进一步完善了我国的公务员制度。

【思考】

行政主体的行政优益权是不是行政主体的一种行政职权？

【问题与思考】

原告受聘于某股份有限公司。2004年10月29日，该公司将原告予以辞退。原告就经济补偿、社会保险等待遇问题与公司发生争议，并于2004年12月22日向劳动争议仲裁委员会申请仲裁，该委员会于当月23日发出受理案件通知书，收取处理费2 000元。由于原告经济困难，无力交纳高额处理费，向仲裁委员会申请缓交。《×市职工权益保障条例》第44条规定，仲裁机构审理劳动、人事争议案件和人民法院审理劳动争议案件或者行政诉讼案件，对于缴纳仲裁费、诉讼费确有困难的职工当事人，经本人申请和由用人单位所在地县级以上地方工会证明，可以批准其减免或者缓交。因此，原告根据该规定，于2004年12月27日向被告工会提出书面申请，请求被告出具“困难证明”，被告予以拒绝。当天原告又以特快专递的方式向被告邮寄《关于出具困难证明的申请》及“仲裁费一览表”，但被告一直没有予以答复，致使原告无法进入正常的仲裁程序。故原告以被告的行政不作为为由向法院提起行政诉讼。

请问：工会是什么组织？《×市职工权益保障条例》的规定是否可视为对工会的授权？法院应当如何判决？

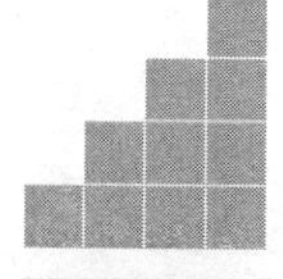

第五章 行政主体

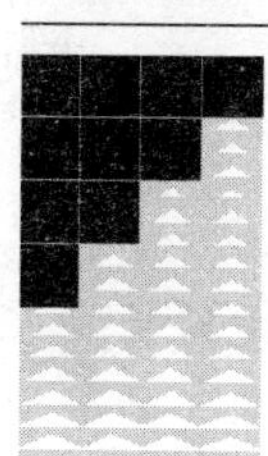

参考资料

1. 应松年主编. 当代行政法. 上卷. 北京：中国方正出版社，2005

2. 姜明安主编. 行政法与行政诉讼法. 2 版. 北京：北京大学出版社，高等教育出版社，2004

3. 罗豪才主编. 行政法论丛. 第 3 卷. 北京：法律出版社，2000

4. 罗豪才主编. 行政法论丛. 第 5 卷. 北京：法律出版社，2003

5. 沈岿. 谁还在行使权力. 北京：清华大学出版社，2003

本章提要

本章主要讲述了行政主体的含义、特征、类型、法律地位及资格确认等重要的理论问题；行政机关的法律地位、行政职权和行政职责；法律法规和规章授权的组织的含义、特征和重要分类。

第一节 行政主体概述

【案例5—1】南昌市青云谱区施尧村村委会被告案

【基本案情】

南昌市青云谱区施尧村149亩耕地被村委会卖了745万元（5万元/亩），可是补助给村民只有4 000元/亩，其余六百多万元卖地款均被村委会截留。村民们认为，邻村卖地每亩补助了2万元，而他们的耕地靠近南昌城区交通要道，却只补这么一点钱，他们以后不知靠什么“致富”？村民不服，以村委会为被告向人民法院提起行政诉讼。法院一审认为村委会是群众性自治组织，不符合受理条件，对村民的起诉不予受理。

【法律问题】

村委会是否可以作为行政诉讼的被告？

【法律链接】

《中华人民共和国村民委员会组织法》

第二条 村民委员会是村民自我管理、自我教育、自我服务的基层群众性自治组织，实行民主选举、民主决策、民主管理、民主监督。

村民委员会办理本村的公共事务和公益事业，调解民间纠纷，协助维护社会治安，向人民政府反映村民的意见、要求和提出建议。

《行政诉讼法》

第二十五条第四款 由法律、法规授权的组织所作的具体行政行为，该组织是被告……

【案例分析】

根据我国《宪法》的规定，村民委员会是基层群众性自治组织，不属于我国的基层人民政府或者其他行政机关。从这种意义上说，村民委员会应该不享有国家行政权，也就不具有行政主体资格。也就是说，一般情况下如果公民、法人或者其他组织认为村民委员会的行为违法，应当提起民事诉讼而不是行政诉讼。但是，在行政法上还存在着另外一种行政主体，就是被授权组织，经过法律、法规和规章的授权，其他的社会组织包括村民委员会这样的基层群众性自治组织，就可以具有一定的行政管理和服务的权力，从而成为行政主体。根据我国《村民委员会组织法》第2条的规定，村民委员会是村民自我管理、自我教育、自我服务的基层群众性自治组织，实行民主选举、民主决策、民主管理、民主监督。在行政法理论上一般认为这就是法律对基层群众性自治组织的行政授权，有了该法律的规定，村民委员会在实施该条法律规定的行为，影响到公民、法人或者其他组织的合法权利时，可以认为是实施了授权范围内的职权行为，公民不服的可以依法提起行政诉讼。从本案看来，南昌市青云谱区施尧村村民委员会将该村所有的149亩耕地卖出，获得收益745

万元，但是村委会只是将很少的一部分土地出让金补偿给了村民，大部分的收益被村委会截留。这是村民委员会利用职权截留村民的土地使用权出让应得的收益，是村民委员会违法实施了《村民委员会组织法》第2条的规定，构成了行政侵权。所以，我们认为村民如果认为村民委员会的上述行为侵害了自己的合法权益，应当有权根据《行政诉讼法》及相关的司法解释向人民法院提起行政诉讼。一审法院认为村委会是基层群众性自治组织而不具有行政主体资格，对案件不予受理的做法值得商榷。

【探讨】

为什么在国家的各种行政机关之外，还要授予其他社会组织行政权力，使其具有行政主体资格?

【学理研习】

（一）行政主体的概念

在行政法上，行政主体具有极为重要的意义。判断一个行政法现象的时候，人们首先关注的往往是其中的行政主体问题，所以学习和掌握行政主体的相关知识是学好行政法的基础和保障。

在我国，行政主体一般是指享有公共行政权力，能够以自己的名义进行行政活动并独立承担由此产生的法律责任的组织。这是行政法学上长久以来比较公认的概念，尽管近年来有些学者对这个概念的准确性提出讨论和质疑，但是目前为止还没有确定一个更为科学并被行政法学界普遍接受的行政主体概念。行政主体的这个概念可以分解成以下三个方面进行理解和掌握：

1. 行政主体应当依法享有公共行政权力。权力是一种强制性的支配他人的力量，而行政主体的存在是维持社会基本秩序和为公众提供帮助和服务的。为了能够达到行政目的，行政主体必须具有一定的支配性行政权力。那么行政主体的这种权力怎么来的呢？按照我国法律的规定，行政主体的权力来自法律、法规的授权。也就是说，行政主体具有并行使某种行政权力必须有法律、法规的明确授权。现实生活中有些组织和个人也在行使权力，但是他们可能并不是行政主体，因为他们有可能是接受了其他行政主体的行政委托而在行使职权。如某工商局的工作人员对市场实施检查，他是在行使行政权力，但是他是工商行政机关的工作人员，是基于职务上的委托关系而行使行政权力，真正的行政主体是他所在的工商行政机关。所以我们在判断某一个组织或者个人是不是行政主体的时候，不能只看他是不是在行使行政权力，而是要看他以谁的名义行使这种行政权力，法律、法规把这种权力授予给了谁，被授予权力的这个组织是一种行政主体。

2. 行政主体必须能以自己的名义行使行政权力。这是一个组织取得行政主体资格的重要条件，是判断一个组织是不是行政主体的外在标准。行政主体以自己的名义行使行政职权，完整地讲是指具有独立法律人格的组织以自己的名义并按照自己的判断作出独立的意思表示。必须注意这里所讲的以“自己的名义”行使权力指的是法律、法规和规章明确规定了这个组织可以以自己的名义行使行政权力。实践中，有的组织也在以自己的名义行使行政权力，比如，某县政府通过政府"红头文件"的形式成立一个"××管理办公室"，这个办公室就以自己的名义实施了某种行政行为，那么这个办公室是不是行政主体呢？当然不是的，因为县政府的文件只是一般的行政规范性文件，没有达到法律、法规的效力，依据这种规范性文件而成立的行政机构不能以自己的名义行使行政权力，它们只能以设立它们的行政机关的名义对外实施行政活动。

3. 行政主体能独立承担法律责任。独立承担法律责任是我们判断行政主体的最重要的标准。所谓的独立承担法律责任指的是某一个组织能够成为行政复议的被申请人，能够成为行政诉讼的被告，能够成为行政赔偿中的赔偿义务机关，不能成为上述法律关系中的被申请人、被告和赔偿义务机关的显然就不是行政主体。所以通常情况下行政机关的内设机构、行政机关的工作人员、受委托的组织不能成为行政主体，因为他们不能独立承担行政法律责任。他们实施行政行为的法律后果只能由他们所代表的行政主体承担。

我国行政主体概念就其渊源来说，应追溯到法国和日本的行政法。在这两个国家里，行政主体是一个很重要行政法理论概念。因此，在研究我国的行政主体理论之前，有必要了解一下大陆法系国家关于行政主体的基本规定。

在法国，行政主体是实施行政职能的组织，即享有实施行政职务的权力，并负担由于实施行政职务而产生的义务和责任的主体。从性质上讲，行政主体属于公法人。法国法律承认三种行政主体：第一种是国家。认为国家是最主要的行政主体，因为行政是国家的一种职能，国家当然具有实施行政职务的权力，并承担由此产生的义务和责任。第二种是地方团体。在法律规定的范围内，地方团体对地方性事务具有决定权，承担由此产生的义务和责任。所以地方团体是一种以地域为基础的行政主体。第三种是公务法人，法国法律称这种具有独立法律人格的公务机关为公共设施管理机构或公共机构。一般是指因某种行政职能的执行要求一定的独立性，法律把它从国家和地方团体的一般行政职能中分离出来，成立的专门实施这种公务的组织。

在日本，行政主体是行政法律关系中执行行政事务的一方，具有优越的地位，是一个技术性概念，是对行政法律关系中担当行政任务的团体的统称。为淡化特权色彩，一般称为行政体。在日本，行政主体分为三种：第一种为国家，指具体承担国家行政职能，以内阁为首的国家行政组织。这与法国不同，由于日本没有专门的地方国家行政机关，府、省、委员会、厅可以在其区域设置地方分支部、局作为国家派出机关，地方分支部、局的设置必须由法律规定。第二种是地方公共团体。日本实行地方自治制度，地方公共团体是以实行地方自治为其存在目的，由一定的土地和居民构成的自治共同体。地方公共团体的行政组织分为议事机关和执行机关。两机关相分离，并且议员以及执行机关的长官都由公民直接选举产生。长官与议员之间相互独立又相互制约。第三种是其他行政主体，也称其他公共团体。主要是公共组织和行政法人。

（二）行政主体的种类

根据不同的标准行政主体可以分为不同的种类，一般情况下有以下几种类型：

1. 根据行政主体资格的法律依据不同，可以将行政主体分为职权性行政主体和授权性行政主体。职权性行政主体，是指根据宪法和行政组织法的规定，在行政机关成立时就具有相应的行政权力并获得行政主体资格的组织。职权性行政主体包括中央和地方各级人民政府及其职能部门，其最大的特点是在其创设之日即取得行政主体资格。授权性行政主体是指根据宪法和组织法以外的单行法律、法规的授权而获得行政主体资格的组织。包括行政机构、公务组织、企业和社会组织。其特点是行政主体资格的取得不是在成立之日，而是在获得单行的法律、法规授权之时。

2. 根据行政主体的组织构成和存在的形态不同，可以将行政主体划分为行政机关、行政机构、公务组织和社会组织。行政机关在成立之时因宪法和组织法的规定而获得行政主体资格。行政机构原本不具有行政主体资格，但如果有单行法律、法规的授权就可以获得行政主体资格。公务组织是国家设立用以专门从事某种公共事务活动的，并经授权获得行政主体资格的组织。社会组织是指经授权获得行政主体资格的事业单位或社会团体等。

（三）行政主体的资格

行政主体资格是指符合法定条件的组织，经过法定途径和程序获得的行政主体法律地位。

1. 行政主体资格的构成要件。行政主体资格的构成要件，是指一定的组织取得行政主体资格所必须具备的条件。具体构成要件如下：它是依法成立也即通过法定程序由有权机关批准而成立、获得组织法或单行法授权的正式组织；它应当具备一定的组织机构和人员编制；它有法定的管辖事务范围和一定的职权与职责；它能够以自己的名义实施行政活动；它能够独立承担相应的法律责任。

2. 行政主体资格的取得。具有独立的行政职权与职责，是行政主体获得独立法律地位的核心要素与标志。根据行政主体的职权与职责的来源不同，行政主体资格的取得主要有两种途径：（1）依照宪法和行政组织法的有关规定取得行政主体资格。取得资格的对象是：国务院及其职能部门；地方各级人民政府及其派出机关；县级以上地方人民政府的各个工作部门。（2）依照宪法和行政组织法以外的单行法律、法规和授权规定取得行政主体资格。取得资格的对象是：行政机关内设的行政机构；公务组织；社会组织。

3. 行政主体资格的变更和丧失。（1）行政主体资格的变更。已取得行政主体资格的组织，若由于某种原因使得行政主体出现分解或合并，即发生行政主体资格的变更。发生变更后，涉及一系列法律问题需要处理，如职权、职责的继受，既往行为和事务的认可与继续进行以及给予救济等。（2）行政主体资格的丧失。已取得行政主体资格的组织，若由于某种原因而解散或被撤销，以及授权到期或被取消授权，就会丧失行政主体资格。丧失资格后，会发生一系列需要处理的法律问题。

（四）行政主体的职权与职责

1. 行政职权。行政职权是国家行政权的转化形式，是行政主体实施国家行政管理活动的资格及权能。行政职权主要有固有职权和授予职权两大类。固有职权，是依行政主体的依法设立而产生，并随行政主体的消灭而消灭；授予职权，是来自于有权机关的授权行为，授予职权既可因授权机关收回授权而消灭，也可因行政主体的消灭而消灭。

2. 行政职责。行政职责是行政主体在行使职权过程中必须承担的法定义务。任何行政主体在享有或行使行政职权的同时，必须履行职责。行政职责随行政职权的产生、变更或消灭而发生相应变化。行政职责是义务，不能抛弃或违反，否则将承担相应的法律责任。

行政职责的核心是“依法行政”。其具体内容主要有下列几项：(1) 行政主体必须按照法定职权，在法定的权限范围内履行职务，不得失职、越权或滥用权力。(2) 行政主体实施的行政行为，必须严格遵守法定程序，避免程序违法。(3) 行政主体还必须遵循合理、适当的原则，避免行政失当。

(五) 行政主体之间的关系

行政主体之间的关系是指行政主体之间根据法律的规定而具有的在行使行政权力、履行行政职责、实施行政活动过程中所形成的法律关系。由于这种关系要由行政法来调整，在实践中非常重要，所以必须加强研究。一般认为，行政主体之间的关系可以分为纵向和横向两种。

1. 行政主体之间的纵向关系。这是指以隶属关系为基础的行政主体之间的关系。这种关系主要表现为上下级之间的关系。主要又可分为领导关系和指导关系。

(1) 领导关系。这是指某行政主体依法有权命令、指挥和监督另一行政主体。有领导权的行政主体有权直接改变或撤销被领导行政主体的职务行为，被领导的行政主体依法接受领导并服从指挥，否则将被视为失职。根据我国的有关法律，领导关系主要存在于行政机关之间、行政机关和其他行政主体之间。

第一，行政机关之间的领导关系。它是指具有行政主体资格的行政机关之间在行使行政职权、履行行政职责的活动过程中所形成的领导关系。我国行政机关系统内部本身具有完整的体制结构和共同的行政目标，从法律规范的规定以及实际中的具体操作来讲，为了履行统一的国家行政职能，有效提高行政效率，保障稳定的社会秩序，在行政机关内部必须形成一种监督和制约机制。根据我国的行政组织原则，行政机关之间的领导关系主要可以分为两种，一是垂直领导关系，二是双重领导关系。前一种关系中的行政机关一般只接受某个上级行政机关的领导，如各地方海关只接受海关总署的垂直领导，省级以下工商行政管理部门只接受上级工商行政管理部门的领导。后一种关系中的行政机关依法要接受两个以上行政机关的领导。如地方各级监察部门，它们既要接受本级人民政府的领导，又要接受本部门系统内上级监察部门的领导。这种双重领导多数发生在地方人民政府的职能部门身上。在双重领导关系中，业务上一般主要接受上级主管部门的领导。如涉及行政复议问题，行使复议权的机关原则上是本职能部门系统的上一级行政机关。因为复议问题解决的核心是具体行政行为的合法性和合理性，而具体行政行为的合法性和合理性总是同本职能部门系统的专项行政业务紧密联系的。当然这也不是绝对的，考虑到行政相对人提起行政复议的便利，法律也规定了同级人民政府对其行政职能部门的具体行政行为进行复议的制度。如省级人民政府的职能部门实施的具体行政行为，行政相对人如要提起行政复议，可由同级人民政府的法制机构代表同级人民政府进行复议。

第二，行政机关和其他行政主体之间的领导关系。行政机关与获得法律、法规和规章授权的其他行政主体之间，一般来说是不能发生领导关系的。但是，当得到法律规范的授权后，这些行政主体依授权所从事的每项行政事务，都涉及或归属一定的行政管理领域。如市容卫生工作归属环境卫生机关，道路交通安全的监督检查归属公安机关。这些涉及公共事务的行政管理工作先前由行政机关承担，但是为了更好地完成这些公共行政事项，充分发挥社会组织在一些专业性、技术性较强领域的特长和优势，这部分工作通过法定授权的方式，从行政机关中划分出来交由一些社会组织承担，而行政机关则对它们进行业务领导和监督。行政相对人如对其他行政主体的行政行为不服可以向与其有领导关系的行政机关提出行政复议。如区卫生防疫站的直接主管机关是区卫生行政机关，因不服区卫生防疫站的具体行政行为而申请复议的，由区卫生行政机关管辖。

(2) 指导关系。是指作为指导方的行政主体对被指导方的行政主体享有指导权，但没有指挥命令权，前者无权直接改变或撤销后者的行为，如果被指导者拒绝接受命令不会引起法律责任问题。比如我国各级人民政府的职能部门的上下级之间有不少就属于行政指导关系。

2. 行政主体之间的横向关系。这是指没有相互隶属关系的行政主体之间，在行政活动中形成的关系。也可以称为公务协作关系或非隶属性关系。这种行政主体之间没有级别之分，如重庆市公安局与北京市海淀区工商局之间的关系。横向关系既可以发生在同级行政主体之间，具体包括同一职能性质的同级行政主体之间和不同职能性质的同级行政主体之间。前者如县级公安机关之间，后者如县级公安机关与县级监察机关之间。也可以发生在不同级别的行政主体之间，包括同一职能性质的不同级别行政主体之间和不同职能性质的不同级别行政主体之间。前者如甲市公安局与乙区公安局之间，后者如甲市公安局和乙市某区工商局之间。

横向关系一般又称为公务协作关系，而这又可以依法划分为两种关系，即法定公务协作关系和自由公务协作关系。前者是指法律、法规等明确规定应当进行的公务协作关系，这种关系中法律规范对公务协作的条件、范围、主体等都作了明确的规定。在法定的范围内，一方行政主体有权请求其他行政主体进行公务协作，被请求的行政主体不能拒绝，否则要承担法律责任。后者是指法律规范没有对公务协作的条件、范围、主体等作明确的规定，对于行政主体的公务协作请求，由请求机关和被请求机关根据具体情况协商解决。

【思考】

行政主体之间究竟有哪些行政法律关系？

第二节 行政机关

【案例5—2】杨小清不服新晃县公安局治安处罚案

【基本案情】

1997年3月底至4月初之间的某天中午（对于具体时间原、被告都说不清楚)，杨小清在其开办的电器修理店修某台放像机时，发现随该机送来有三本试机用的录像带，隔壁成衣店曾某即把借来的放像机拿到杨小清的店里来，并用原告的彩电放这三本录像带。杨小清、曾某、姚某等5人和邻居的几个小孩一同观看，当时杨小清的妻子、孩子都在场。大约放了十多分钟，杨小清和曾某把机子搬到隔壁成衣店中继续播放，原看录像的人都转到成衣店内继续观看。约放了二十分钟，因电压不稳、图像不清晰而停放。1997年5月11日，新寨乡派出所根据举报对杨小清进行传唤和讯问，同时扣押了曾某住房中一本片名为《惊天龙虎豹》和一本无片名的录像带。5月12日被告新晃县公安局对杨小清作出（1997）第220号治安管理处罚决定，认定：杨小清传播淫秽录像，给予罚款3 000元、没收彩电一台的处罚。此后，新晃县公安局在5月12日、13日、16日、17日、19日又向有关证人进行调查取证。怀化地区公安处对被告扣押送鉴定的《惊天龙虎豹》和无片名的录像带各一带，于6月12日才作出是“淫秽物品”的鉴定结论。6月8日被告将裁决书送达杨小清。杨小清不服，向怀化地区公安处申请复议，怀化地区公安处裁定维持原处罚决定。杨小清仍不服，于8月17日向新晃县人民法院提起诉讼。

新晃县人民法院经审理认为：公安机关作出治安处罚必须遵守法定程序，做到事实清楚、证据确凿。被告新晃县公安局于1997年5月12日对原告杨小清作出（1997）第220号治安管理处罚决定后，从5月12日到5月19日期间还多次向有关当事人及证人进行调查取证，而且此期间怀化地区公安处对被告扣押的《惊天龙虎豹》和无片名的录像带进行的鉴定结论尚未作出，即被告新晃县公安局对原告杨小清的治安管理处罚决定是在调查尚未终结时作出的，违反了法定程序；同时，本案被告新晃县公安局在诉讼中未能向法庭提供证据证明原告杨小清在1997年3月底至4月初之间某天中午在其修理店、隔壁成衣店播放的录像带，就是被告扣押后送怀化地区公安处鉴定为“淫秽物品”的录像带，对原告播放录像带的具体时间也讲不清楚。据此，被告新晃县公安局作出的（1997）220号治安管理处罚决定违反法定程序，事实不清，证据不足，应予撤销。依照《行政诉讼法》第54条第1款第2项第1目、第3目规定，该院于1998年7月20日作出判决如下：撤销被告新晃县公安局（1997）第220号治安管理处罚决定。一审宣判后，原、被告在法定期限内均未上诉。

【法律问题】

本案中的公安派出所是否具有行政主体资格？本案行政主体在实施行政管理过程中的依据是否合法？本案行政主体在实施行政管理过程中的程序是否合法？

【法律链接】

《中华人民共和国治安管理处罚法》

第三条　治安管理处罚的程序，适用本法的规定；本法没有规定的，适用《中华人民共和国行政处罚法》的有关规定。

第九十一条　治安管理处罚由县级以上人民政府公安机关决定；其中警告、五百元以下的罚款可以由公安派出所决定。

《行政处罚法》

第三条　公民、法人或者其他组织违反行政管理秩序的行为，应当给予行政处罚的，依照本法由法律、法规或者规章规定，并由行政机关依照本法规定的程序实施。

没有法定依据或者不遵守法定程序的，行政处罚无效。

【案例分析】

行政权力的行使既可能造福社会也可能侵害公民的合法权益，所以法治国家都规定了一些控制权力的法律制度，行政程序对行政权力的控制就是其中重要的制度规范。法律对行政权力的行使规定了具体的步骤和方式，行政机关或者其他行政主体必须按照法律规定的程序行使行政权力才能保证权力行使的正当性和结果的合法性。在本案中，公安机关发现杨小清有传播淫秽录像的违法行为，按照法律的规定应当进行立案侦查，只有经过必要的侦查程序并且收集足够的证据，才能够判断杨小清是否存在上述违法行为，以及这种行为是否构成《治安管理处罚法》所规定的行政违法。但是在本案中，公安机关并没有收集到足够的证据就仓促作出行政处罚决定，而在作出正式的治安处罚决定以后，又展开了对已经作出处罚决定的行政案件的调查活动，这是严重违反法律规定的行政程序的程序违法行为。

【探讨】

为什么行政处理决定的作出必须要经过法定的行政程序？

【学理研习】

（一）行政机关的概念及特征

行政机关有广义和狭义之分。狭义的行政机关是指各级人民政府，而广义的行政机关指各级人民政府及其职能部门。实践中讲的行政机关是广义上的行政机关，是指人民通过自己的代议机关依宪法和行政组织法的规定设置的行使国家行政职权、履行国家行政职能的专门国家机关。

行政机关有如下几个特征：

1. 行政机关是执行国家行政职能的专门国家机关，是依法成立的代表国家行使行政权力的组织。这是行政机关区别于其他行政主体和国家机关的重要方面。社会组织和社会团体在法律、法规的授权下也拥有一定的行政权力，对社会进行一定的管理和服务行为。但它们属于代表国家执行行政职能的专门机构，而不属于行政机关。同时，除行政机关外，国家还设立了如立法机关、司法机关等国家职能机关，分别行使立法权与监督权，审判权与检察权等国家权力。

2. 行政机关设立的依据是宪法和行政组织法，其权力来源也是宪法和行政组织法，自其依法设立之日起行使行政职权，不再需要法律的另行授权，这使它与法律、法规和规章授权的组织不同。如果没有单行法律、法规和规章的授权，其他组织就不能成为行政主体。

3. 行政机关具有固定的行政组织机构及公务员编制。为完成法定的行政职能，在行政机关成立时要设置一定的机构和职位，获得相应的编制和公务员配备，具备与其行政职能相适应的办公条件和行政经费预算。没有固定的组织机构和人员编制的组织，是临时性的组织而不是行政机关。

（二）行政机关的法律地位

行政机关的法律地位包括如下内容：

1. 行政机关在国家机关中是权力机关的执行机关。行政机关在国家机关中的地位是就其整体而言的，按照我国宪法的规定，行政机关由国家权力机关即全国人民代表大会和地方各级人民代表大会选举产生，并严格执行权力机关的各种决定和决议。在国家的公共行政中，行政机关就国家和社会公共事务领域内的管理和服务行为，在社会事务中具有主导性，当然这种主导性必须在宪法和法律的范围内进行。行政机关的执行性表现在执行法律、法规和决定、决议的过程是执行国家意志、代表人民利益的过程。当然，有的行政机关直接向权力机关负责，如各级人民政府；有的间接向权力机关负责，如政府的职能部门。但行政机关都必须依法行政，自觉接受权力机关的监督。

2. 行政机关在行政组织系统中的不同地位。在行政组织系统中不同的行政机关具有不同的法律地位，一般来讲，中央行政机关的法律地位是决策机关，地方行政机关是具体执行机关，决策机关是行政组织的核心。另外，也有的行政机关是专门的监督机关，如各级人民政府设立的监察机关。当然，决策机关和执行机关并不是截然分开的，有的决策机关本身也是执行机关，执行机关有时也可以是决策机关。行政机关在行政系统中的地位不同和等级不同使复杂的行政事务得到了具体的分工，有利于行政管理和服务的统一和高效。

3. 行政机关在对外管理中是具有主体地位的管理机关，具有行政主体资格。多数情况下行政机关具有行政权力，能以自己的名义独立行使职权并承担由此产生的法律责任，从而具有行政主体资格。在行政行为的实施过程中，行政机关拥有一些必要的强制手段，可以通过发布行政命令、采取强制措施、给予行政处罚等实现行政目的。行政相对人对行政机关的行政行为不服，只能通过法定程序救济自己认为被损害的合法权利，如行政复议、行政诉讼、国家赔偿等。需要指出的是，并非所有的行政机关都具有行政主体资格，有些行政机关是行政组织内部的机构，不能对外直接作出行政行为，如国务院办公厅就不是行政主体。

（三）行政机关的分类

在行政法上，按照不同的标准可以对行政机关作各种分类。通常将行政机关分为中央行政机关、一般地方行政机关、民族区域自治行政机关和特别行政区行政机关四类。当然，学界还有很多划分方式，现根据行政机关体系和行政权的特征作如下介绍：

1. 以行政机关的职能活动范围为标准，可以划分为中央行政机关和一般地方行政机关、民族区域自治行政机关、特别行政区行政机关。

中央行政机关的行政活动及于全国，其制定的行政法规和部门规章、发布的决定和决议在全国范围内都有约束力。这种行政机关主要是指国务院及其职能部门。一般地方行政机关是我国设立在非民族区域自治地方和特别行政区之外的行政组织，在宪法和法律规定的范围内活动。而民族区域自治行政机关的活动除了要受宪法和法律的限制外，另外的一个重要方面，就是要遵守自治条例和单行条例的规定。一般地方行政机关和民族区域自治行政机关在国家法律有统一规定的范围内一般不存在特殊性，而特别行政区行政机关是按照我国的宪法和有关的基本法而设立的行政管理机关，与前两种行政机关相比有较大的特殊性。

2. 以行政机关的管辖对象为标准，可以将其分为外部行政机关和内部行政机关。

外部行政机关，是指对社会公共事务进行管理和服务的行政机关，其对象是行政相对人。内部行政机关，是指对行政组织系统内部行政事务进行管理和领导的行政机关，其行政权力作用的对象是行政机关、行政机构和公务人员。外部行政机关和内部行政机关就组织形态而言是较难加以区分的，但是在管理、服务的手段和行为效力上却是不同的。外部行政机关与行政相对人之间形成外部行政法律关系，行政相对人对行政机关的行政行为不服，依法可以向有关国家机关提起行政复议、行政诉讼或国家赔偿。而内部行政机关依据内部权限和内部规范性文件作决定，不能对外行使行政权力。内部行政法律关系的争议也不能像外部争议一样向有关国家机关提起行政复议、行政诉讼或国家赔偿。

除此之外，还有以行政机关担任任务的性质为标准划分为决策机关、辅助参谋机关、监督机关和执行机关；以行政机关使用经费的类别为标准分为使用行政经费的行政机关和使用事业经费的行政机关；以行政机关存续时间的长短为标准划分为常设行政机关和临时行政机关；以行使职权的方式和程序为标准，将行政机关划分为首长制行政机关和委员会制行政机关。而国外，常以构成为标准将行政机关分为独任制机关和合议制机关。

（四）行政机关的职权与职责

1. 行政职权和行政职责的概念与特征

行政机关作出行政行为应当遵守的法治原则是“法无规定即禁止”。就是说行政机关必须在法律规定的范围内活动，凡是法律规范作了明确规定的，行政机关就可以为一定的行为，也必须为一定的行为。前者是行政机关的职权，后者是其职责。这一点与公民的权利正好相反，法治对公民的要求是“法不禁止即自由”，是指只要是法律没有明令禁止的，公民都有权利作出一定的行为。

行政职权，是指行政机关依法享有的对国家和社会的公共行政事务进行组织管理和服务的权力。行政职责，是指行政机关依法在行使行政职权的过程中必须承担的法定义务。行政机关依据宪法和有关法律、规范的规定，有保障国家安全、维护社会秩序、保障和促进经济的发展、文化的进步、健全和发展社会保障和社会福利、保护和改善人类生活环境和生态环境的义务。行政机关在这些方面的行政行为是行使其行政职权，但同时也是履行其行政职责。行政机关在行使职权的过程中要严格依法办事，否则就是违法行政，如果行政机关不履行行政职责，那也是违法行政。由于在行政法律关系中权利和义务的一致性和重合性，行政职权和行政职责也是重合的、一致的。

行政职权作为行政权的具体表现形式具有以下几个特点：（1）命令性。行政机关行使行政职权时，通常表现为作出某种行政决定，向行政相对人发布行政命令，禁止行政相对人作出一定的行为，要求其履行某种义务，限制其一定的权利。而行政相对人通过执行行政机关依法作出的有关命令，履行遵守法律和服从行政管理的义务。但行政指导等非强制性行政行为除外。(2) 强制性。行政职权是法定的权力，以国家强制力保障实施。行政相对人如不服从行政机关依法作出的行政行为，行政机关有权采取一定的强制措施迫使行政相对人履行义务。由于行政机关要进行社会公共事务的管理和服务，维护社会秩序，所以，其行政行为具有强制力是必要的。当然，在现代市场经济条件下，有些行政行为已呈现出非强制性的特征，如行政指导行为、行政合同行为等。(3) 不可自由处分性。行政职权是行政权的具体化，行政权则是国家政权的组成部分，其代表的是国家的意志，未经法律许可行政机关及其公务人员不得随意转移或放弃。行政机关行使行政职权的基本规则由法律明确规定，即在法定权限内根据事实和法律按法定程序行使行政职权。

行政机关在行使行政职权时，依法还享有行政优益权，其包括行政优先权和行政受益权两个方面的内容。

(1) 行政优先权。指行政机关在行使行政职权时依法享有的种种优惠条件。而行政机关欲享有行政优先权，必须具备如下三个条件：1) 行政优先权的享有主体必须是行政机关，行政相对人不能享有行政优先权。2) 行政机关必须在执行公务的过程中确为实现行政目的方能享有这种权力。3) 行政机关所享有的行政优先权必须是法律所特许的。

行政优先权的主要内容有以下几个方面：第一，先行处置权。行政机关在行使行政职权时，法律一般要求其遵循一定的法定程序，但是当发生紧急情况时行政机关可以不受行政程序的制约，先行处置，事后补齐有关的手续。先行处置权是一种强制性权力，不是对行政相对人实体权利和义务的处分。第二，获得社会协助权。它是指行政机关从事公务活动时，有关的机关、组织、个人均有协助的义务。与行政机关的先行处置权相比，获得社会协助权的义务性更强，违法拒绝协助的或妨碍其他组织或个人协助行政机关行使行政职权的，要受到行政处罚或行政处分。第三，推定有效权。是指行政机关行使行政职权的行为一经成立就承认并确定其效力的权力。行政机关的行政行为并非一经作出即具有终局效力，其中许多还要通过行政复议、行政诉讼来最终确定。但是为了保持行政权的主动性，保障行政秩序的稳定性和连续性，行政机关对国家和社会公共事务的管理必须迅速有效。所以行政法律规范特许行政机关的行政行为可以被推定有效。在有权机关通过法定程序变更、撤销之前，行政行为一直有效，法律另有规定的除外。

(2) 行政受益权。是指行政机关行使行政职权时依法享有的各种物质优益条件。为了行政机关能够有效行使行政职权、提高行政效率、维护行政秩序，国家必须向其提供各种物质条件，如行政经费、交通工具等。

2. 行政机关的行政职权

(1) 行政立法权。即行政机关制定和发布行政法规和行政规章的权力。如国务院制定行政法规、国务院职能部门和有规章制定权的地方人民政府制定部门规章和地方政府规章。必须明确，不是所有的行政机关都有行政立法权，我国宪法和组织法、立法法只赋予某些特定的行政机关以行政立法权。行政法规只能由国务院制定，行政规章只能由国务院的职能部门，省、自治区、直辖市人民政府，省、自治区人民政府所在地的市人民政府，国务院批准的较大的市人民政府、经济特区所在地的市人民政府等制定。同时应当明确行政立法权是一种从属性的权力，是从属于权力机关的一种权力。其根本上是一种执行性的行政权，行政机关拥有行政立法权的根本目的是执行权力机关的意志、执行国家的法律，它没有法律外的创设权，行政立法的内容不能与法律相抵触，否则无效。当然，行政机关可以在法律规定的权限内，制定相关法律的实施规范、解释规范或者创设性和补充性规范。

行政机关除了行政立法权外，还有制定、发布具有普遍约束力的决定、命令的权力。

（2）行政命令权。即行政机关向行政相对人发布命令，要求行政相对人为一定的行为或不为一定行为的权力。行政命令可以是抽象行政行为也可以是具体行政行为，因为它可以针对不特定多数的相对人，也可以针对特定的相对人。其外在的形式表现为通告、规定、决定、命令等。

（3）行政许可权。即行政机关依法赋予行政相对人从事某种事项的权利和资格的权力，如卫生行政管理机关颁发卫生许可证。必须明确的是，这种行政职权是非职权性的，只有在行政相对人主动向行政机关提出申请以后经审查符合法律规定的条件的，行政机关才可以通过颁发某种许可证或执照的形式允许行政相对人从事某种原为法律所禁止的行为。

（4）行政确认权。即行政机关赞同或否定行政相对人的某种法律地位或权利义务的权力。如行政机关基于行政确认权而对农村土地所有权或使用权的确认，交通警察对交通事故责任的鉴定等。

（5）行政检查权。即行政机关为保证行政管理目标的实现而对行政相对人遵守法律规范、履行法定义务情况进行监督检查的权力。作为行政职权，行政检查权同样具有强制力，行政相对人有义务接受行政机关依法进行的监督检查，否则有关行政机关有权采取某种强制措施或给予行政处罚。但是一般来说，行政监督检查并不影响行政相对人的实体权利，而只是增加相对人的程序性义务。如果行政机关在检查中发现相对人有违法的事实和证据，就可以引出另外一个行政处罚行为。由此，行政监督检查可以是独立的行为，也可以是其他行政行为的过程行为。

（6）行政奖励权。即行政机关依法给予模范守法或有重大贡献的相对人以物质或精神奖励的权力。行政机关作出行政奖励行为必须依照法律的规定，具备行政奖励的职权。其特点是行政奖励行为不具有强制力，行政相对人可以选择接受或拒绝行政奖励。

（7）行政裁决权。即行政机关对与行政管理事项有关的、具有较强专业技术性的特定民事纠纷进行审查并作出裁决的权力。现代社会事务纷繁复杂，为保证社会秩序的稳定，必须赋予行政机关以行政裁决权，以便迅速处理诸如医疗事故、专利、交通事故、运输、劳动就业、自然资源权属等方面的争议。行政裁决的对象是民事纠纷，但是这些纠纷必须是与行政管理有关的。

（8）行政强制权。行政机关在进行行政管理的过程中，对违法不履行法定义务或已生效的行政规范性文件确定的义务的行政相对人的人身或财产，采取强制措施，迫使其履行法定义务或达到与履行义务相同状态的权力。

(9) 行政处罚权。即行政机关在行政管理过程中，为维护公共利益和社会秩序，保护公民的合法权益，而对侵害行政管理秩序的行政相对人依法予以行政制裁的权力。行政机关可以对行政相对人实施申诫罚、财产罚、能力罚、人身罚等行政处罚种类。

(10) 行政合同权。即行政机关在实施行政管理和提供服务的过程中，为实现国家的某些行政目标和任务，而与其他行政机关、社会组织、个人协商一致，签订协议的权力。现代行政要求只要能达到行政目的，行政机关不一定都要采用强制命令的手段，有时采取一些与行政相对人平等协商的方式能更好地达到行政目的。而且行政机关也不可能包办一切公共事务，不少事务还需要社会组织来主导实施，行政合同便是很好的手段。

(11) 行政指导权。即行政机关享有的在其职权和管辖的范围内，为适应复杂多变的社会和经济生活的需要，基于国家法律或法律原则，适时灵活地采取非强制性措施，在行政相对人认同或协助下，实现一定行政管理目的的权力。

【思考】

行政主体的行政职权可以具体划分为哪些种类？

第三节　被授权组织

【案例5—3】田永诉北京科技大学拒绝颁发毕业证、学位证行政诉讼案①

【法律问题】

北京科技大学对田永作出按退学处理的决定是不是行使行政权力？大学是否具有行政主体资格？学校与学生之间是外部行政法律关系还是内部行政法律关系？

【法律链接】

《中华人民共和国教育法》

第二十八条第一款　学校及其他教育机构行使下列权利：

（一）按照章程自主管理；

（二）组织实施教育教学活动；

（三）招收学生或者其他受教育者；

（四）对受教育者进行学籍管理，实施奖励或者处分；

（五）对受教育者颁发相应的学业证书；

（六）聘任教师及其他职工，实施奖励或者处分；

（七）管理、使用本单位的设施和经费；

（八）拒绝任何组织和个人对教育教学活动的非法干涉；

（九）法律、法规规定的其他权利。

---

① 具体案情参见本书第一编第三章第二节的介绍。

【案例分析】

我国绝大多数高等学校都属于公立学校，都是由国家举办的事业单位。由于不是行政机关，它们原本不具有行政主体资格，不能行使行政管理权力。但是根据我国行政法原理，一个社会组织如果获得法律、法规或者规章的授权就应当具有行政管理权，成为行政主体。本案中的北京科技大学对它认为违纪的学生田永作出按退学处理的决定，应当是一种行使《教育法》规定的教育管理权力的行为。需要指出的是，学生与学校之间并不是内部行政管理关系，我们认为对于学生来讲，他只是进入学校在规定的年限内接受学校的公共服务而已，学校与学生之间应当是典型的行政合同法律关系，是一种外部的行政法律关系。因此，作为行政主体的高等学校如果行使权力违反法定的条件，就应当和其他行政主体一样承担行政法律责任。

【探讨】

学校与学生之间的法律关系究竟是何种法律关系？

【学理研习】

（一）被授权组织的概念和特征

被授权组织也常称为法律法规授权组织，是指国家宪法和行政组织法以外的单行法律、法规将某一方面的行政职权的一部分或全部，通过法定方式授予其行使的组织。一般来说，被授权组织具有以下几方面的特点：

（1）必须具有法律、法规的明确授权。被授权组织在得到法律、法规的授权之前，不具有处理被授权事项的行政主体资格。即便被授权组织在得到授权之前已是行政主体，它要获得该种事项的独立处理权，也必须有法律、规范的另行授权。在授权的法律、法规中，必须对被授权者被授予权力的内容、范围、时限等情况作明确的规定。

（2）被授权组织与行政机关不同，它是指行政机关以外的组织，主要包括行政机构和社会组织。在得到法律、法规的授权之前，其活动一般被视为民事行为，多数没有行政主体资格，而行政机关自成立之日起即享有行政职权，其职权行为是行政行为，具有行政主体资格。

（3）授权必须符合法定方式。授权方式必须要有法律、法规的具体规定，一般来说有两种：第一，是法律、法规直接授予的职权。如《植物检疫条例》第3条规定：县级以上地方各级农业主管部门、林业主管部门所属的植物检疫机构，负责执行国家的植物检疫任务。第二，是法律、法规规定由特定的行政机关授予行政职权。如《外国人入境出境管理法》第25条第2款规定：中国政府在国内受理外国人入境、过境、居留、旅行申请的机关，是公安部、公安部授权的地方公安机关和外交部、外交部授权的地方外事部门。

（二）被授权组织的类型

（1）行政机构。行政机构是行政组织的构成要素之一，是各级人民政府或其职能部门根据行政管理的需要设置的，用以协助行政机关处理和具体办理各项行政事务和机关内部事务的办公和办事机构。行政机构没有行政主体资格，所以只能以所属机关的名义对外行使职权。但是由于专业上、技术上的需要和行政事务复杂等诸多因素，为提高行政效率和维护公共利益与社会秩序，行政机构在得到法律、法规授权的条件下可获得行政主体资格，以自己的名义独立行使某项或某部分行政职权，并承担由此产生的法律责任。根据我国法律、法规的有关规定以及行政活动的实际情况，行政机构成为行政主体的情形有如下三种：1）行政机关的某些内部机构。它既包括各级人民政府的内部机构和临时机构，也包括各级政府职能部门的内部机构。其中最主要的是政府职能部门的某些内部机构。2）各级政府职能部门的派出机构。它是指政府中的职能部门根据工作需要设立的，代表该行政机关在一定的职权范围内从事某些行政事务的组织。这些派出机构原本没有行政主体资格，没有独立的法律地位，只有在获得单行法律、法规授权的情况下，才能以自己的名义独立实施行政职权，拥有行政主体资格。如《治安管理处罚法》第91条规定："治安管理处罚由县级以上人民政府公安机关决定；其中警告、五百元以下的罚款可以由公安派出所决定。"派出所经此授权就拥有了"警告、五百元以下罚款"的处罚权，从而具备了行政主体资格。3）行政机关中依法定授权而设立的行政机构。这是指由于某些行政事务专业性强、技术性强，法律、法规直接明确规定行政机关内应当设立的，并授予其相应的、独立的行政职权，负责该项行政事务的管理职能，从而获得行政主体资格的专门行政机构。

（2）其他社会组织。随着现代行政事务的增加和行政范围的扩大，产生了许多带有社会性和专业性的公共行政事务，由行政组织来"包办"难以适应现代社会新形势的需要，也无法获得良好的社会效应。根据行政法学的研究成果，现代分权理论认为，通过法律、法规授权行政组织以外的社会组织行使一些行政职能有其重要的意义和必然性，不但可以减少行政机关和公务员的数量，从而降低行政管理成本，并提高行政管理和服务的效率，而且可以发挥社会组织对公共事务参与的积极性，发挥社会组织特有的在许多专业性和技术性事务的处理上的优势。

当然，根据我国现阶段的行政法规则，其他社会组织要以自己的名义对外作出一定的公共行政行为并独立承担法律责任，就必须得到法律、法规的明确授权。一般认为，可以获得授权而成为行政主体的社会组织包括：行政性公司、有行政职能的事业单位、基层群众性自治组织、少量有行政职能的企业单位、有行政职能的社会团体等。1）行政性公司。这是指既具有公司的基本构成要件，从事经济活动，又要承担某方面行政职能的组织。在计划经济体制下，很多行业都由国家成立的大型企业垄断经营，这些企业不但从事经营性活动而且还被国家赋予了一些重要的行政职权，可以行使一定的行政管理权。比如电力公司不但可以从事电力的交易活动，而且还可以对违反电力管理规定的行为行使行政检查和处罚权。很显然，行政性公司的这种现状是不符合市场经济的规律和法治的要求的。市场经济不能容忍一个组织既是其中的竞争者又是竞争规则的裁判者和管理者，否则，该领域的市场经济主体无法获得平等的竞争权。所以，今后需要对这些行政性公司进行改革，将其行政管理的职能从其中排除，交由专门的行政执法机关或者行业组织来履行。2）具有行政职能的事业单位。如大学，由于《高等教育法》等法律规范的授权，取得了对学生在校期间学习和生活等各方面的行政管理权，从而获得了行政主体资格。3）基层群众性自治组织。根据我国宪法，基层群众性自治组织主要是农村村民委员会和城市居民委员会。按其性质来说，它们不是行政主体，但是由于相关组织法的授权而获得行政主体资格。如《村民委员会组织法》第2条第2款规定：村民委员会办理本村的公共事务和公益事业，调解民间纠纷，协助维护社会治安，向人民政府反映村民的意见、要求和提出建议。4）有行政职能的社会团体。社会团体经法律、法规的授权，可以获得行政主体资格。如《消费者权益保护法》第32条授予消费者协会对商品和服务的监督、检查和受理消费者投诉并对投诉事项进行调查、调解等职权。另外，中国足球协会得到《体育法》的授权后取得了对与足球有关的事项的行政管理权，获得行政主体资格。该法第40条规定：全国性的单项体育协会管理该项运动的普及与提高工作，代表中国参加相应的国际单项体育组织。

【思考】

哪些社会团体、事业单位可以经过授权成为行政主体？

【问题与思考】

1. 2001年10月16日，中国足球协会作出足纪字（2001）14号《关于对四川绵阳、成都五牛、长春亚泰、江苏舜大和浙江绿城俱乐部足球队处理的决定》（以下简称“14号处理决定”）。该决定第一项处罚包括取消原告长春亚泰足球俱乐部升入甲A资格，第四项处罚是取消原告足球队2002—2003年甲乙级足球联赛引进国内球员的资格。原告不服“14号处理决定”，于2001年10月19日和11月10日两次向中国足球协会提出申诉，中国足球协会未能在法定的时间内答复。2002年1月7日，长春亚泰足球俱乐部及其教练员、球员向北京市第二中级人民法院提起行政诉讼。北京市第二中级人民法院进行审查后，认为该起诉不符合行政诉讼法规定的受理条件，遂于2002年1月23日作出（2002）二中行审字第37号行政裁定书，以长春亚泰及其教练员、球员对中国足协提起的行政诉讼“不符合法律规定的受理条件”为由，裁定不予受理。2002年1月28日，长春亚泰俱乐部决定向北京市高级人民法院提出上诉，请求撤销北京市第二中级人民法院裁定，并依法裁定受理本案。2002年1月29日，吴长淑等12名人大代表联名上书全国人大常委会，要求北京市高级人民法院受理长春亚泰足球俱乐部对中国足协提起的行政诉讼。

请问：中国足球协会能否成为行政诉讼的被告？

2. 原告飞龙科技公司总经理刘某原系海达机电公司市场部经理。1999年2月，刘某以股东的名义投资23万元，成立了飞龙科技公司，并于同年3月调出海达机电公司，全权管理飞龙科技公司的一切事务。2000年11月，海达机电公司向某区工商局投诉飞龙科技公司利用不正当竞争手段损害该公司利益，某区工商局立案后由该局公平交易科对飞龙科技公司进行了检查。检查中发现，在飞龙科技公司任总经理的刘某持有的64张软盘中有14张软盘载有属于海达机电公司的有关技术资料、客户名单、合同文本以及企业管理资料等文件41份。同时认定，飞龙科技公司的合同文本及附件、系统技术指标、报价等与海达机电公司的同类文本雷同，公司同类文件在文字叙述、网络设备、示意图及规格说明所涉及的接口数据方面相同；飞龙科技公司的sp—2000无线扩频通信系统技术说明与海达机电公司jl—2000系统技术说明相比，除将jl改为sp外，在技术数据、说明、示意图、技术术语方面完全相同；飞龙科技公司与用户签订的合同书、系统技术指标及报价与海达机电公司同客户签订的合同内容相同。综上，某区工商局公平交易科认为，飞龙科技公司由于刘某的工作调动，将海达机电公司的技术合同、设计方案等文件为公司所用，并将海达机电公司并非为公众所知悉的技术作为公司的主要经营内容，该行为违反了反不正当竞争法的有关规定。据此，于2001年3月6日向飞龙科技公司送达了某公处字（2001）第5号行政处罚决定书，内容是：(1) 立即停止违法行为；(2) 罚款2万元。处罚决定书上加盖的是公平交易科的印章。飞龙科技公司不服该处罚决定，向人民法院提起行政诉讼。法院一审以行政处罚的主体不适格为由撤销了该行政处罚决定。

请问：行政行为是否由具备行政主体资格的组织作出，直接关系到行政行为的效力。本案中某区工商局所属的公平交易科能否以自己的名义作出行政处罚决定?

第六章
受委托组织

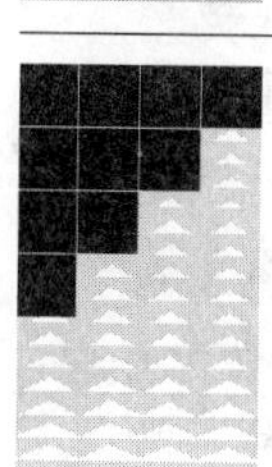

参考资料

应松年主编. 中国走向行政法治探索. 北京：中国方正出版社，1999

本章提要

受委托组织是接受其他行政主体的委托实施行政管理行为的社会组织。本章主要论述受委托组织的基本内涵、特征，受委托组织与被授权组织的区别及受委托组织的权利义务的基本问题。

【案例】王某某不服某县工商局行政委托处罚案

【基本案情】

云南省某自治州东海县李家营镇铁杉屯村地处山区，交通十分不便。该村部分村民便利用该村地理位置偏僻、工商等执法部门不便进行监管的便利，生产、加工掺有麦麸、变质植物油、霉变花生米和核桃仁的伪劣辣椒面，并使用工业染料“酸性大红”、“碱性荧光黄 GR”对产品染色。由于东海县红松食品有限公司生产的红松牌辣椒面在当地十分畅销，而且销售价格相对较高，该村生产的伪劣辣椒面的包装全部假冒红松牌商标。工商机关会同公安部门多次进行检查、打击、取缔。但是往往是执法部门前脚一走，制假生产又死灰复燃，屡禁不绝。经初步检查，2003年9月到2004年5月短短不到一年的时间，该村制假作坊共加工假冒辣椒面五百多吨，获违法所得十万多元。经检测，含有“酸性大红”、“碱性荧光黄GR”的辣椒面对人体有致癌畸变作用，不能食用。该种伪劣辣椒面由于售价比较低，经不同的渠道大批量地流入市区，给广大老百姓的生命健康造成极大的威胁，也给东海县红松食品有限公司造成了巨大的经济损失。东海县红松食品有限公司为了避免进一步的损失，不得已就派4名职工常驻铁杉屯村执行打假任务，一经发现制假企业和作坊生产假冒辣椒面就立即报告工商等执法部门。但由于地处偏远、交通不便，执法部门仍然不能有效及时地对违法生产进行打击。为了更加方便、经常地打击不法生产，东海县工商行政管理局遂与东海县红松食品有限公司签署了行政委托协议，委托该公司行使打假的行政职能。2004年5月，东海县红松食品有限公司的打假人员发现铁杉屯村村民王某某在山上隐蔽处生产假冒的红松牌辣椒面，当场查获已经加工好、未来得及外运的假冒成品一吨多。打假人员遂依据《中华人民共和国产品质量法》第49条、第50条和第60条的规定，以东海县工商局的名义对当事人王某某给予责令停止违法活动、没收产品、原料和生产工具、没收违法所得并罚款2 000元的行政处罚。王某某对此行政处罚不服，向东海县人民法院提起行政诉讼。

【法律问题】

1. 本案中东海县红松食品有限公司作为受委托组织能否成为行政主体？

2. 东海县红松食品有限公司受委托以东海县工商局的名义对王某某作出的行政处罚是否合法有效？

3. 王某某提起行政诉讼应该以谁为被告？法院应该如何处理？

【法律链接】

《行政诉讼法》

第二十五条第四款　由法律、法规授权的组织所作的具体行政行为，该组织是被告。由行政机关委托的组织所作的具体行政行为，委托的行政机关是被告。

《行政处罚法》

第十九条　受委托组织必须符合以下条件：

（一）依法成立的管理公共事务的事业组织；

（二）具有熟悉有关法律、法规、规章和业务的工作人员；

（三）对违法行为需要进行技术检查或者技术鉴定的，应当有条件组织进行相应的技术检查或者技术鉴定。

【案例分析】

本案涉及行政权力的委托问题，其关键在于行政机关可否将行政权力委托给企业等其他社会组织行使，委托需要符合哪些条件。应该指出，行政委托相比行政授权要灵活得多。

行政授权需要有法律、法规的明确规定，而行政委托只要这种委托的事项不违反法律的禁止性规定则是可行的。在本案中，由于地处偏僻，工商机关没有足够的执法力量有效地打击违法行为，而作为受委托组织的东海县红松食品有限公司又愿意接受委托，派遣工作人员常驻该村，查处违法行为，保护自己的合法权利。表面上看这种行政委托似乎是合法的，但是我国《行政处罚法》第19条明确规定，行政处罚的受委托组织必须是依法成立的管理公共事务的事业组织。而本案中的受委托组织是一个经营性的公司，是一个营利性企业，显然这种行政处罚权的委托是违反法律的强制性规定的。所以，尽管打假人员实施行政处罚是以委托机关工商局的名义作出的，但由于行政委托本身违法，所以这种处罚是不合法的。

【探讨】

受委托的组织和法律、法规授权的组织有什么不同？若受委托的组织以委托机关的名义作出行政行为，行政相对人对此不服以受委托组织为被告提起行政诉讼的，法院应该如何处理？

【学理研习】

（一）受委托组织的含义及特征

1. 受委托组织的含义

受委托组织是指受行政机关的依法委托，以委托机关的名义行使行政职权，并由委托机关承担法律责任的组织。能够成为受委托组织的主要是企业、事业单位等一些社会组织。社会组织既可以因法律、法规的授权成为行政主体，也可以通过行政机关的依法委托成为受委托组织。当然，社会组织在行政管理活动中更多时候是行政相对人，所以，社会组织一方面是行政相对人，另一方面因行政公务协助的要求，在受委托的范围内成为受委托组织。

此外还有某些特殊情况，被一些学者认为符合受委托的条件。例如，行政机关本来就具有行政主体资格，具有一定的行政职权，但它在特殊情况下会成为受委托组织，这主要是指在节约行政成本、提高行政效率的考量下，必须进行公务委托的一些情况。但对于这种观点存在争议。许多学者认为，上述情形不过是发生在行政机关内部的一种行政协作行为，协助实施某项行政管理行为的行政机关不宜被视为受委托组织。

2. 受委托组织的特征

（1）受委托组织的行政职权来自行政机关的委托。委托是由委托机关主导实施的，因而委托的发生取决于行政机关的委托决定。

（2）行政机关的委托对象应当符合法定的条件。不能将行政职权委托给不符合条件的组织行使，这一点在我国《行政处罚法》中作了明确的规定。该法第19条对受委托行使行政处罚权的组织的条件作了明确规定：一是依法成立的管理公共事务的事业组织；二是具有熟悉有关法律、法规、规章和业务的工作人员；三是对违法行为需要进行技术检查或者技术鉴定的，应当有条件组织进行相应的技术检查或者技术鉴定。

(3) 行政职权的委托不发生职权、职责、法律后果及行政主体资格的转移。前面我们已经讲到，受委托组织行使的是行政机关的行政职权，它只能在行政机关委托的权限范围内，以委托机关的名义实施行政活动，其法律后果由委托机关承担。受委托组织不会因为行使某项行政职权，就永远享有该行政职权，它并不具有行政主体资格，法律责任最后也不归属于它。

(4) 有些专有的行政权力不能进行委托。比如，公安机关具有的行政拘留权，税务机关具有的征税权等。

(二) 行政委托与相关概念的区别

1. 行政委托与行政机关之间的公务协助（也称为行政协作）。由于现代社会行政事务错综复杂，单个行政机关往往很难独自承担，所以，行政机关之间的公务协助愈来愈频繁，但是必须将行政委托和行政协作区分开来。行政协作可以分为法定公务协助和自由公务协助。前者是指由法律、法规明确规定的应当进行的公务协助；后者是指法律、法规对公务协助的条件、范围、主体等均未明确规定，对于行政机关相互之间的公务协助请求，由请求机关与被请求机关根据具体情况进行协商解决，但是，条件是不违反法律、规范有关职责与权限的规定。由此可见，行政委托的主要特征是受委托组织是以委托组织的名义作出行政行为的，而行政协作则是一种公务上的合作与帮助，被请求机关还是以自己的名义行使自己原有的行政职权。

2. 行政委托与行政授权。两者是不同的法律概念，其区别主要表现在以下几个方面：(1) 职权来源方式不同。受委托组织的行政职权来自行政机关的委托，它本身并不具备该行政职权；而被授权组织在得到法律、法规的授权后，就取得了该行政职权。(2) 针对的对象不同。行政委托的对象既可以是行政机关，也可以是其他社会组织；而行政授权的对象是行政机关以外的组织，包括行政机构和社会组织，个人不能成为法律、法规的授权对象。(3) 法律后果不同。受委托组织是以委托组织的名义实施行政行为，其行为的法律后果由委托组织承担。所以，委托组织有权力也有义务监督受委托组织行使委托的行政职权。如果受委托组织的行为违法，委托组织要承担法律责任，如果受委托组织有故意或重大过失的，委托机关也有权追究其法律责任。而被授权组织以自己的名义作出行政行为，并能够独立承担由此产生的法律责任。

(三) 行政委托的规则

行政机关进行行政职权的委托，不是任意的，一定要按照实施公共管理和服务的需要，按一定的法律规定进行。借鉴有关的法律规范对行政委托的规定，我们认为，行政机关进行行政委托一般要遵守以下几方面的规则：

1. 行政委托不得违反我国有关行政职权行使方面的法律规定和法律原则。委托行使的行政权力，要区分对行政相对人权益的影响程度，对于如行政处罚、行政强制等与行政相对人的人身权、财产权关系重大的行政职权的委托，一般要有法律、法规的明确依据，否则委托机关要承担法律责任。

2. 委托机关必须对受委托组织行使行政职权的行为进行依法监督，并承担由此产生的法律责任。委托行政机关依法将行政职权委托给一定的组织行使后，不是从此与自己没有关系了，而是必须随时对受委托组织行使行政职权的情况进行了解、指导和监督。如果发现受委托组织及其工作人员有违法行为的，可依法进行教育，责令其改正，直至取消委托。委托机关要承担由于委托行为而产生的法律责任，受委托组织有重大过失或故意违法的，委托行政机关可依法对其进行追究或追偿。

3. 受委托组织在依法接受行政委托后不能进行转委托。受委托组织要根据委托的权限认真进行一定的管理或服务活动，如果因某些情况无法完成受委托事项的，可以与委托行政机关协商取消行政委托。擅自对行政权力进行转委托的，要依法追究该组织及其负责人和直接责任人的法律责任。

4. 受委托组织必须在委托行政机关的名义下行使行政职权，受委托组织不因获得行政职权而取得行政主体资格，其行为的后果由委托机关承担，不能以自己的名义实施行政行为。

5. 行政委托是要式行政行为。应当按照规定的要求履行相应的手续，方能进行行政管理权力的委托。

【思考】

行政委托和行政协作究竟有何区别？其意义何在？

【问题与思考】

2001年11月12日，原告陈代富向五里店街道办事处提出享受低保金待遇的申请。同年12月17日，被告重庆市江北区民政局认定原告之妻月收入290元、原告月收入90元，一并计入原告家庭收入，批准原告家庭每月享受低保金130元。自2002年1月起，原告开始领取低保金。其中，一季度原告家庭实际每月领取低保金146元；二季度实际每月领取145元；三季度实际每月领取150元；四季度实际每月领取370元。2003年1月至8月，实际每月领取235元低保金。2002年8月30日，原告以被告减发其低保金为由，向区政府申请复议。区政府复议决定撤销了被告的行为，并责令被告重新作出具体行政行为。2002年12月24日，重庆江北区民政局根据"富强社区对陈代富的爱人在外打工情况的群众调查"向江北区五里店街道办事处发出《关于陈代富不服减发其低保金提起行政复议我局重新作出具体行政行为的函》，该函确认陈代富家庭每月应享受最低生活保障金235元。五里店街道办事处将该函送达陈代富。该函认定原告之妻在外打工，月收入参照重庆市最低工资标准为每月320元，对陈代富家庭享受的低保金重新计算："陈代富一家三口，按最低生活保障标准，可以每月享受555元。因为其妻有收入每月320元，实际计算555元减去320元，陈代富家庭每月应享受最低生活保障金235元。"原告从五里店街道办事处收到该函后，认为被告的行为违法，再次向区政府申请复议，区政府以江北府复（2003）5号行政复议决定书维持了被告的行为。原告仍不服，提起诉讼。

请问：五里店街道办事处向陈某送达函，是否属行政委托行为？陈某可否提起行政诉讼？应该以谁为被告？

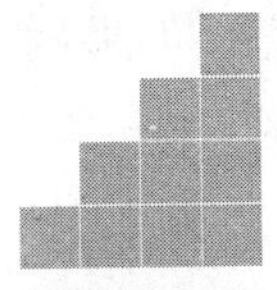

第七章

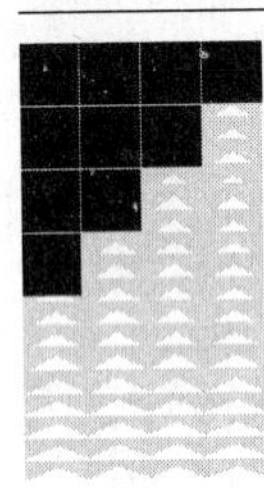

行政相对人

参考资料

1. 陈新民. 中国行政法学原理. 北京：中国政法大学出版社，2002

2. 方世荣. 行政相对人. 北京：中国政法大学出版社，2000

3. 吴庚. 行政法之理论与实用. 8版. 北京：中国人民大学出版社，2005

4. 姜明安主编. 行政法与行政诉讼法. 北京：北京大学出版社，高等教育出版社，1999

5. 莫于川. 全民法治实践的参与权利与责任——依法治理主体问题研究. 河南省政法管理干部学院学报，2003（5）

本章提要

行政相对人是行政法律关系中与行政主体相对应的一方主体，在现代行政法治中发挥着十分重要的作用，在行政法学的研习中也是一个重点和难点。本章分为两节，第一节介绍行政相对人的概念、类型，第二节阐述行政相对人的权利和义务。

第一节 行政相对人的概念与分类

【案例 7—1】孙某不服某市交警大队复议决定案

【基本案情】

2005 年 8 月，某市某县矿务局的一台铲车在过街时与中学学生孙某相撞。之后，某县交警大队作出了事故责任认定，认定孙某负全部责任。孙某不服，向某市交警支队提起复议，而某市交警支队作出复议决定，认定孙某负主要责任，矿务局负次要责任。孙某仍不服，向该县人民法院提起行政诉讼，要求撤销这一复议决定。

【法律问题】

孙某在本案中的不同法律关系中的地位是什么？

【法律链接】

《行政诉讼法》

第二条 公民、法人或者其他组织认为行政机关和行政机关工作人员的具体行政行为侵犯其合法权益，有权依照本法向人民法院提起诉讼。

《行政诉讼法司法解释》

第十二条 与具体行政行为有法律上利害关系的公民、法人或者其他组织对该行为不服的，可以依法提起行政诉讼。

《行政复议法》

第二条 公民、法人或者其他组织认为具体行政行为侵犯其合法权益，向行政机关提出行政复议申请，行政机关受理行政复议申请、作出行政复议决定，适用本法。

【案例分析】

本案存在三种不同的法律关系。首先，在行政确认这一行政管理法律关系中，孙某是被管理的行政相对人；其次，在行政复议这一行政法制监督法律关系中，孙某作为行政相对人，享有提起复议，对行政机关的行政行为进行监督的权利；最后，在行政诉讼法律关系中，孙某也是行政相对人，有权获得司法救济。

【探讨】

行政相对人在学理上可以作哪些划分？

【学理研习】

（一）概念

行政相对人是与行政主体相对应的，参与各种行政法律关系，并享有相应的权利或履行相应的义务的公民、法人和其他组织。[①] 行政法律关系包括行政管理关系、行政法制监督关

① 参见方世荣：《行政相对人》，16 页，北京，中国政法大学出版社，2000。

系、行政救济关系等。公民、法人与其他组织主要通过参与这些行政法律关系，享有权利和义务，扮演行政相对人的角色。因此，在行政管理关系中，行政相对人既可以成为行政主体的管理对象，服从行政主体的管理，履行法定义务，也可以是行政管理的参与人，通过参与立法听证会等方式参与行政立法和规范性文件的制定，通过告知、听取意见、举证等行政程序参与具体行政行为的实施。此外，在行政法制监督法律关系中，行政相对人可以通过申诉、信访、行政复议等方式对行政主体及公务员的行为进行监督。在行政救济法律关系中，行政相对人可以通过提起行政诉讼或行政赔偿、行政补偿等方式获得法律救济。

【思考】

行政相对人是行政法学中的一个重要概念。但对于行政相对人的定义却并未达成一致。关于行政相对人的概念，通常有以下三种定义模式：

1. 最狭义的行政相对人，也被称为直接相对人，即认为行政相对人是指行政行为直接指向的公民、法人和其他社会组织，德国即采这种定义模式（Adressat）。这种定义下的行政相对人有以下两个特点①：第一，必须是行政行为所指向的，也就是法律关系因行政行为而产生。第二，必须是行政行为所直接指向的公民、法人和其他社会组织，比如依申请行政行为中的申请人，行政处罚中的被处罚人，行政强制中的被强制人，等等。这种行政相对人的定义模式不仅为德国及我国台湾地区所沿用②，我国司法实务界也多在此意义上使用行政相对人这个概念。

2. 狭义的行政相对人，这种行政相对人不仅包括上述最狭义的行政相对人，同时还包括因行政行为的第三人效力（Dritten Wirkung）而涉及的利害关系人③，比如行政处罚中的受害人、申请独占许可的若干申请人中未获许可者、拆迁行政许可中的拆迁户等。狭义的行政相对人将直接的相对人与第三人（或称利害关系人）均界定为行政相对人，他们的共同特点是均具有通过行政复议或行政诉讼获得救济的权利，但在行政程序中，利害关系人参与行政程序的权利往往无法得到满足。比如在建筑规划行政许可中，行政机关只能让规划的申请者参与到行政程序中来，而这个规划可能影响到的利害关系人，一般不会成为行政程序的当事人。

3. 广义的行政相对人。即本书所采的概念。

请思考：以上三种定义模式各有什么样的适用语境？

（二）类型

1. 以行政相对人与行政主体的行政行为之间的关系为标准，可以分为直接相对人和间接相对人。前者是行政主体行政行为的直接对象，其权益受到行政行为的直接影响，比如行政处罚中的受处罚人、行政许可中的申请人。后者是行政主体行政行为的间接对象，其权益受到行政行为的间接影响，如行政处罚中的受害人、行政许可中其权益可能受到许可行为不利影响的与申请人有利害关系的人等。二者划分的意义在于：对于同一行政行为，直接相对人可以提起行政诉讼，但间接相对人则受到我国《行政诉讼法》关于受案范围规

① 参见［德］平特纳著，朱林译：《德国普通行政法》，122页，北京，中国政法大学出版社，1999。

② 参见应松年主编：《外国行政程序法汇编》，893页，北京，中国法制出版社，1999。

③ 参见姜明安主编：《行政法与行政诉讼法》，130页，北京，北京大学出版社、高等教育出版社，1999。

定的“法律上的利害关系”（通常认为是间接利害关系）的限制，难以提起行政诉讼。尽管行政程序逐步健全，越来越多的利害关系人得以参与到行政程序中来，比如《行政许可法》规定的听证制度、告知并听取利害关系人陈述和申辩制度，但这种参与仍然是有限的，因为对于涉及众多利害关系人的行政行为，几乎不可能让所有的利害关系人都参与到行政程序中。比如拆迁行政许可，拆迁户可能涉及上千人，即使采取听证也远不能保证所有利害关系人在行政行为作出之前能够陈述自己的意见。因此，最有效地保障利害关系人权益的方法就是为其打开法律救济之门，使其得以通过行政复议或行政诉讼等渠道获得权利救济。

2. 从行政行为的性质的角度，可分为抽象行政行为相对人和具体行政行为相对人。前者是指受到抽象行政行为影响的行政相对人。如《立法法》第 58 条规定：行政法规在起草过程中，应当广泛听取有关机关、组织和公民的意见。听取意见可以采取座谈会、论证会、听证会等多种形式。此时，依法参与行政法规制定的座谈会、论证会、听证会的行政相对人即是抽象行政行为相对人。在行政复议中对抽象行政行为提出复议的相对人也是抽象行政行为相对人。抽象行政行为相对人在数量上往往不特定，而且目前我国并未赋予抽象行政行为相对人以诉权。具体行政行为相对人是指作出具体行政行为的行政主体的相对方，在行政复议、行政诉讼中具有重要的意义。

3. 以行政行为对其权益影响的性质为标准，可分为授益行政相对人和侵益行政相对人。前者是指赋予公民、法人和其他组织以某种利益的行政行为的相对人，如行政奖励的相对人、行政许可的相对人。后者是指剥夺、限制权利或课以义务的行政行为的相对人，如行政处罚的受罚人。但是这一区分只是相对的，因为有些行政行为是复效的，对直接相对人是授益的，但对间接相对人却是侵益的，比如行政许可；反之，对直接相对人是侵益的，但对间接相对人却是授益的，比如行政处罚。

第二节 行政相对人的权利、义务

【案例 7—2】东丰公司诉苏州市工商局行政处罚案

【基本案情】

江苏省苏州市东丰公司根据与洛其公司的加工合同，为其加工生产系列男装 43 927件，应得加工费701 508.90元。合同履行中，由洛其公司提供款式、主辅料，东丰公司负责加工制作及整烫和包装，并由东丰公司将洛其公司提供的产地标识等佩挂于服装上，而上述服装佩挂的产地标识均标注“上海”。2004 年 3 月起，东丰公司按照与洛其公司签订的加工合同，为其加工生产系列女装计6 468件。合同履行过程中，东丰公司同样将洛其公司提供的“上海”产地标识佩挂于服装上。苏州市工商局在执法调查时，认为东丰公司涉嫌伪造产地，向东丰公司发出行政处罚告知书，告知其有陈述和申辩的权利，东丰公司也提交了书面申辩意见。苏州市工商局遂作出行政处罚决定，认定原告生产伪造产地的服装，共获取加工费加税合计

800 955.15元，扣除税款为684 577元，责令原告改正并对原告处以没收违法所得684 577元。东丰公司缴纳了该款项，但对工商局作出的处罚决定不服，向法院提起行政诉讼。东丰公司认为，苏州市工商局没有告知原告听证的权利，拒绝听取当事人的陈述和申辩，因此请求法院判决撤销被告所作的行政处罚。苏州市工商局则认为，《行政处罚法》及《工商行政管理机关行政处罚案件听证暂行规则》都没有对“没收违法所得”这一处罚要求听证，工商局曾经依法告知了当事人可以进行陈述和申辩，东丰公司也行使了该权利，所以该局的行政处罚程序合法。

【法律问题】

东丰公司作为行政处罚的行政相对人享有哪些权利?

【法律链接】

《行政处罚法》

第六条　公民、法人或者其他组织对行政机关所给予的行政处罚，享有陈述权、申辩权；对行政处罚不服的，有权依法申请行政复议或者提起行政诉讼。

公民、法人或者其他组织因行政机关违法给予行政处罚受到损害的，有权依法提出赔偿要求。

第三十五条　当事人对当场作出的行政处罚决定不服的，可以依法申请行政复议或者提起行政诉讼。

第四十二条第一款　行政机关作出责令停产停业、吊销许可证或者执照、较大数额罚款等行政处罚决定之前，应当告知当事人有要求举行听证的权利；当事人要求听证的，行政机关应当组织听证。当事人不承担行政机关组织听证的费用……

【案例分析】

本案中，东丰公司作为行政相对人，享有《行政处罚法》中规定的知情权、陈述权、申辩权、拒绝权、申请延期或者分期缴纳罚款的权利、申诉权、检举权、听证权、复议权、诉讼权及行政赔偿权等。

【探讨】

行政相对人享有哪些权利？应当履行哪些义务？

【学理研习】

(一) 行政相对人的权利

1. 类型。我国较有影响的分类方式是将行政相对人的权利划分为以下五种[①]：

(1) 参政权。这是指行政相对人参加国家行政管理的权利，是行政相对人依法以各种形式和渠道参与决定、影响或帮助行政权的依法有效行使的权利。这种参政权与宪法上的参政权不同，是宪法中公民的政治权利在行政法中的具体化。行政相对人的参政权包括：1) 批评、建议权，是指对行政主体以各种方式直接或通过其他组织、媒体反映批评、意

① 参见方世荣：《行政相对人》，82页以下，北京，中国政法大学出版社，2000。

见、建议的权利。2）控告、检举权，是指对行政主体及其公务人员的违法失职行为提出控告或检举的权利。3）知情权，是指对行政活动有关内容、资料及其他信息的了解权，行政主体则有依法向行政相对人公开自身行政活动的义务。在我国，知情权表现为：行政机关的有关会议设置旁听席允许行政相对人旁听；公布行政法规、行政规章草案让行政相对人知晓并征求意见；由行政机关代表向所在区域的行政相对人报告行政工作情况或行政相对人向行政机关了解情况等；在行政执法活动中，允许行政相对人查阅资料、档案，答复其提出的问题，公布有关行政管理的内容、标准、程序，以及通过有关媒介了解政务信息，等等。4）订立行政契约权，是指行政相对人在与行政主体订立行政契约时所具有的协商决定权。所谓行政契约，依德国及我国台湾地区之通说，乃是指"以行政法上之法律关系为契约标的（内容），而发生、变更或消灭行政法上之权利或义务之合意而言"①。现代行政管理不断地淡化行政活动的强制性，强调平等性，因此出现了通过契约方式实现行政目的的新行政手段。行政相对人参与订立行政契约，也是一种参与行政的方式。并且这种行政手段越来越受到现代行政法学的重视。

（2）受平等对待权。这是指行政相对人在行政活动中应当得到行政主体的平等对待。这一权利要求行政主体在进行行政活动时应当受到平等的对待，平等地适用法律。与一般的平等权不同，这里的平等对待仅限于行政活动中，而不包括立法和司法中的平等权，即使在行政诉讼中，当事人在司法活动中享有平等的诉讼地位亦属于司法权的平等保护，而不属于行政活动中的平等保护。我国对行政相对人受到平等保护的规定主要有：《宪法》规定了"中华人民共和国公民在法律面前一律平等"、"男女平等"、"民族平等"等；《行政处罚法》第4条规定，行政处罚遵循公正、公开的原则，设定和实施行政处罚必须以事实为依据，与违法行为的事实、性质、情节以及社会危害程度相当；《行政复议法》第28条第1款第3项第5目规定，对具体行政行为明显不当的，复议机关可以决定撤销、变更或者确认该具体行政行为违法；《行政诉讼法》第54条规定，对行政处罚明显不当的，人民法院可以判决变更。

（3）受益权。这是指行政相对人通过行政主体的积极行为而获得各种利益及利益保障的权利，其利益包括财产利益、人身利益和其他各种利益。受益权可分为三类权利类型，即保障性受益权、发展性受益权和保护性受益权。1）保障性受益权，是指因行政主体提供物质和其他条件保障而得到受益的权利。主要包括基本生活水平的受保障权、特定群体福利优先的受保障权、劳动就业和劳动安全受保障权、义务教育的受保障权、参加基本性社会生活的受保障权。2）发展性受益权，是指因行政主体提供各种条件而发展自身利益的权利。主要包括符合条件者受行政许可的权利、受到行政奖励的权利、从事某种生产经营活动而受政策优先的权利、得到行政指导的权利。3）保护性受益权，是指行政相对人的各种合法权益在受他人妨碍、侵害时，受行政主体保护的权利。包括在紧急情况下受行政主体救助的权利、合法权益受他人侵害后请求行政主体予以处理的权利、合法权益受行政主体

① 林明锵：《行政契约》，载翁岳生主编：《行政法》，748页，北京，中国法制出版社，2002。

确认的权利。

(4) 自由权。这是指行政相对人一切合法权益和自由应排除行政主体的妨碍，不受其非法侵害。这种权利不是一种具体权利，而是抽象各种权利和自由的共性而产生的一种权利。自由权与受益权的区别在于自由权是受益权的一种前提，只有享有自由权，才能享有受益权。自由权消极地要求行政机关不作为，不要侵害行政相对人的合法权益；而受益权则要求行政机关积极作为，履行其义务，为行政相对人提供利益。

我国行政相对人享有的自由权主要包括：自主享有各种合法权益和自由；国有企业(事业单位)的经营、管理自主权；排除行政主体非法侵害的权利，比如《行政处罚法》第56条规定，相对人在行政处罚机关不出具省级以上财政部门统一制发的罚款收据时，可拒缴罚款，农民拒绝政府乱摊派的权利等；合法权益受侵害后获得赔偿的权利。

(5) 程序权。行政相对人参与的与行政活动相关的程序大体可分为行政程序和救济程序。行政程序可分为行政立法程序和行政处理程序，而救济程序又可分为行政申诉程序、行政复议程序和行政诉讼程序。

行政相对人在行政程序中享有的权利主要有：1) 了解权。这是指行政相对人享有了解行政主体相关资料和信息的权利。可分为广义的了解权和狭义的了解权：广义的了解权是指所有公民、法人和其他社会组织都有权了解行政主体的相关资料和信息；狭义的了解权是指特定行政程序中的相对人为了保护自身的利益，有权了解行政主体、行政程序的相关资料和信息。2) 提出申请的权利。这是行政相对人为自身利益而向行政主体提出为或不为一定行政行为的相应申请的权利。3) 获得通知的权利。行政程序中的行政相对人有权了解行政程序的过程及自身享有的特定权利，行政主体有告知义务。4) 评论权。对特定的行政立法、行政程序，行政相对人有权发表意见和提出建议。5) 申请回避的权利。对行政程序中的公务人员，行政相对人如果认为可能涉及回避的事项，可申请回避。6) 举证的权利。行政相对人可在行政程序中为证明自己的主张提出相关证据，这个权利同时往往也是行政相对人在行政程序中的一种义务。7) 辩论权。行政相对人在可能受到行政主体不利影响时，可以申辩和发表自己的意见。8) 程序抵抗权。是指当行政机关作出严重违法的无效行政行为时，行政相对人可以拒绝服从，行使抵抗权。我国《行政处罚法》关于拒缴罚款的规定就是典型的代表。不少国家的宪法上就规定了抵抗权。最早规定公民抵抗权的是1776年美国《独立宣言》，1968年德国基本法第17次修正案中增加了第20条第4项的规定，对于任何意图排除基本法第1至第3项之秩序者，在别无其他救济程序时，任何德国公民皆拥有抵抗权。①

行政相对人在行政救济程序中享有的程序权利大概有：1) 被行政主体告知救济途径和方法的权利；2) 提出申诉、复议和诉讼的权利；3) 委托代理人的权利；4) 申请回避的权利；5) 陈述和辩论的权利；6) 上诉的权利；7) 申请执行的权利等。

---

① 参见金伟峰：《相对人抵抗权与中国的行政法治实践》，载《浙江大学学报》(人文社会科学版)，2004(3)。

随着我国行政民主化进程，行政公开和行政参与的力度日渐加大，行政相对人已经不单纯是行政管理的对象，而是更多地以主体的身份参与到行政行为的过程之中，这种参与型行政有利于促进行政相对人与行政机关之间的合作，监督行政权力的合法公正运作。

【思考】

以上即为我国理论界较有影响的对行政相对人在行政法律关系中享有的权利的一种概括和分类。这种分类模式的特点在于较为具体和明确，但其缺点也是比较明显的：

首先，这种分类与其说是分类，毋宁说是一种列举式的概括，没有将各种权利充分抽象，对权利的类型化作用不明显。法学研究中对各种概念进行分类的目的，就是抽象各种复杂法律现象的共性和特性，从而为科学化、规律化的理论研究提供基础，这种穷举式的分类方法，其为理论研究提供分类平台的意义显然也就大大下降。

其次，其分类的标准亦较混乱，比如知情权、受益权和程序权都可以细化为各种具体的权利，而受平等对待的权利和自由权则相对抽象，与其说是一种权利，毋宁说是行政法的一种原则和理念。另外，程序权利中亦包括知情权、受益权和受平等对待的权利、自由权等，所以程序权利也很难与其他四项权利相并列，实际上已经是另外一种分类标准下的产物了，与其相对应的概念，应当是实体权利。

再次，程序权利中关于行政诉讼中的权利，已经超出了行政法律关系权利的范围，实际上是诉讼法律关系中的权利，也难与其他权利类型相提并论，因此这种分类的逻辑严谨性相对较差。

最后，这种列举式的分类也很难完整地概括权利的范围和类型。行政法律关系中的权利是相当复杂和多样的，简单地列举实际上往往挂一漏万。但对初学者而言，这种分类模式更能够对公民、法人和其他社会组织在行政法律关系中的权利提供一种感性的认识，在此意义上这种分类仍然是必要的。

2. 值得保护的利益与反射利益。正所谓“无救济即无权利”，权利的实现要靠行政救济程序来加以保障，因此研究行政法律关系中行政相对人的权利，最重要的意义就在于为行政救济程序（行政复议、行政诉讼）中适格的申请人或原告提供鉴别的标准。传统行政法学要求行政相对人提起行政诉讼必须要具有“诉权”，而这里的诉权就是指一种个人化的权利，即原告必须要能够主张在系争的法律关系当中存在一种其个人享有的权利。① 原告所主张的权利，可以基于法律规定产生，也可以从基本权利中派生出来，但作为严格意义上的权利，必须要能够归入某种权利类型之中。然而事实上，行政相对人所主张的受侵害的利益在许多情况下很难准确地归入某一种权利，但不能仅仅因为其所主张的利益不能准确地归入某种“权利”类型而否定原告的诉权。因此现代行政法学发展出了“保护规范理论”(Schutznormtheorie)，只要行政相对人能够主张自己享有一种从法律上看值得保护的利益，

① 原告必须主张自己享有的一种权利可能遭受侵害，而不是他人享有的或者纯粹只是公共利益。行政诉讼排除民众诉讼（公益诉讼），“公益捍卫者”具有道德上的正当性，却不具有行政诉讼法上的原告资格。目前学术界对于公益诉讼正在展开研究。

就可以成为适格的行政诉讼原告。值得保护的利益与权利的区别在于：权利是类型化的，往往基于宪法或法律的明确规定，但值得保护的利益是多样化的，宪法和法律也并未明确加以规定，但从法律中能够引申出该利益是值得保护的。

正面界定值得保护的利益的范围比较困难，从反面来界定哪些利益不是值得保护的利益更容易使问题明了，下面列举一些不值得保护的利益：

第一，仅仅是一种不舒适感而并非一种利益，则不属于值得保护的利益。比如，某公共汽车上装有车载广告，某甲乘坐该公交车时觉得车载广告的声音过大，影响其睡觉，遂向工商机关举报公交公司，工商机关就该举报作出答复，认为车载广告的设置并未违反有关法律法规的规定，某甲不服，向法院提起行政诉讼，要求撤销该答复。某甲是否具有诉权？由于某甲所主张的是车载广告影响其睡觉，其影响仅是临时性的和不确定的，如果某甲不在公交车上睡觉，则这种影响将不存在，因而某甲所主张的并非一种从法律上值得保护的利益，其不具有诉讼法意义上的诉权。

但在另外的情况下，影响睡觉亦有可能成为一种值得保护的利益。比如，在居民小区旁边许可经营一家电子游戏厅，居民主张该游戏厅24小时营业严重影响了周围居民的正常休息和生活，遂对该行政许可提起行政诉讼。这里应当承认居民的诉权，因为这种影响是长期和确定的，从休息权等领域可以引申出这是一种值得保护的利益。

第二，仅仅是市场自由竞争中可能获得的机会利益，也不能成为值得保护的利益。比如，工商机关核准成立了一家公司，同行业的其他企业主张这个领域的市场已经十分饱和，这家公司的成立会使该地区同行业的竞争变得更为残酷。如果仅仅是主张这种市场竞争的优势，不能认为其享有值得法律保护的利益，因为市场是自由和平等的，不能基于保护先入者的垄断地位而禁止其他企业进入市场。与此相反的，如果这种许可是独占的，比如针对某一特定的矿产向若干申请者中的一个核发矿产许可证，其他申请者可以对该许可证提起行政诉讼。

第三，仅仅基于一种地理因素而取得的经营优势。比如，对某一街区进行道路改建颁发规划许可，一商户主张该改建会使其本来处于黄金地段的商店的地理上的优势大大下降，遂针对该规划许可向法院提起行政诉讼。其主张的利益不属于法律上值得保护的利益。

第四，反射利益（Reflexrech 或 Rechtsreflex）。从字面上讲，应将其翻译为法律的反射作用，是指该项利益没有被法律法规直接规定，而是利益人依法律法规的某种规定或某种具体行政行为而间接获得的不具有请求权之单纯利益。比如，某房地产因为政府的城市规划而将获得升值，如果政府决定撤销或变更该规划，该房地产开发商不得以其利益受到损害为由提起行政诉讼。较为典型的例子还包括侵犯他人商标专用权，根据《商标法》第52条之规定，侵犯他人商标专用权的情形包括：“（一）未经商标注册人的许可，在同一种商品或者类似商品上使用与其注册商标相同或者近似的商标的；（二）销售侵犯注册商标专用权的商品的；（三）伪造、擅自制造他人注册商标标识或者销售伪造、擅自制造的注册商标标识的；（四）未经商标注册人同意，更换其注册商标并将该更换商标的商品又投入市场的；（五）给他人的注册商标专用权造成其他损害的。”对于侵犯商标专用权，商标专有权人自得提起诉讼，但对于普通消费者而言，由于其仅具有反射利益，故不得提起诉讼。

（二）行政相对人的义务

行政法律关系中行政相对人享有权利，同时亦要承担义务。这些义务包括：

1. 服从行政管理的义务。对于行政相对人而言，这是最基本的义务，也是行政活动得以顺利开展的重要保证。

2. 协助公务执行的义务。行政相对人有义务协助行政主体及公务人员执行公务。比如配合行政主体的调查，为执行公务提供便利条件和设施，等等。

3. 提供真实信息的义务。尤其是在依申请的行政行为中，申请人有义务提供真实的信息。由于许多行政许可或行政登记只进行形式审查，行政主体不可能对申请人提交的材料的真实性进行审查，因而如果申请人提交虚假材料，则行政许可或登记必须予以撤销，且申请人不得主张行政补偿。①

4. 遵守行政程序的义务。法定的行政程序不仅行政主体应当遵守，行政相对人亦应遵守，包括法律法规规定的程序、手续、期限等。如果不遵守法定的行政程序，还可能承担一定的法律责任，比如不按时纳税、不在法定期限内申请商标权的续展、不提供法定的申请材料等。

5. 接受监督和调查的义务。行政主体为了对案件进行调查，可能会进行询问、讯问、勘验、鉴定以及抽样调查等，行政相对人对合法的调查行为应当予以配合。

以上这些义务并不是行政法律关系中行政相对人所要承担的全部义务，实际上现实生活中行政相对人承担的义务是非常多样化的，行政主体也可以在法律的框架内为行政相对人设定一定的义务，但必须符合法律保留原则。这种义务的设定不能侵害行政相对人的合法权益。

【问题与思考】

1. 2002年6月4日，某区公安分局以刘某殴打王某造成轻微伤害为由，对刘某作出了治安拘留5天的行政处罚决定。刘某认为处罚过重，欲提起行政诉讼；同时，受害人王某也不服，认为处罚太轻，也想提起行政诉讼。

请问：本案中的行政相对人是谁？刘某和王某是否都享有诉权？

2. 1996年12月4日下午，达县工商行政管理局公平交易执法队副队长赵某同该队工作人员冯某着便装，持达川地区工商行政管理局介绍信到达川地区电业局职工医院调查收受购药回扣问题，未出示执法证件。该院院长涂某告知管账人员休息，请明日再来。次日上午，赵某、冯某二人着便装仍持达川地区工商行政管理局介绍信前往，仍未出示行政执法

① 《行政许可法》第69条第2款规定：“被许可人以欺骗、贿赂等不正当手段取得行政许可的，应当予以撤销。”

证件，赵、冯作了现场检查记录（该记录备注栏内，事后填写了赵、冯二人的检查证号码）。下午3时许，赵、冯二人与院长涂某为了处罚问题发生分歧和争执，涂某电话告知达川电业局主管职工医院的领导刘某，刘某到职工医院后见到赵、冯所持的介绍信与其本人的实际身份、职务不一致时，对二人产生了怀疑，双方发生了争执。在争执过程中，刘某从办公桌上拿回赵、冯复制的有关记账材料，事后达县工商局索要该材料未果。1997年4月4日，达县工商局向刘某发出了拟作行政处罚告知通知书，告知对刘某拟作1 000元以上5 000元以下罚款，同时告知其享有陈述、申辩权，但未告知其享有听证的权利；刘某拒绝签收该通知书。1997年10月5日，达县工商局正式作出工商行政处罚决定书，认定刘某抢走复制好的材料，其行为违反《四川省反不正当竞争条例》第53条第2款的规定，对刘某罚款2 000元。刘某不服，向达川地区工商局申请复议，达川地区工商局维持达县工商局的行政处罚决定。刘某不服，向达县人民法院提起行政诉讼，诉称：达县工商局对达川地区电业局职工医院查处药品回扣案无管辖权，其查处行为是违法的，工作人员赵某、冯某的行为有欺诈性，原告从桌上拿走材料的行为不构成阻碍执行公务的行为，被告的行政处罚决定认定事实错误，程序不合法，适用法律、法规不当。被告辩称：其作出的行政处罚完全是依法行政，刘某阻碍执行公务的行为客观存在，应当依法受到行政处罚。达县人民法院认为，被告单位工作人员持其他单位介绍信去执行公务，原告刘某对被告单位工作人员在不信任的情况下拿走复制的有关调查材料的行为，不属于阻碍执行公务的行为。故被告的行政处罚事实证据不充分，适用法律、法规错误，判决撤销被告的行政处罚决定。被告不服，上诉至达川地区中级人民法院，二审法院认为，根据《四川省行政执法规定》第20条规定，行政执法人员在执法时，必须出示行政执法证件。第34条规定，若执法人员违反前述规定，行政管理相对人可以拒绝。《四川省反不正当竞争条例》第32条规定：监督检查部门工作人员在执行公务时，应当二人以上并出示国家统一制发的检查证件，对不出示证件的，经营者有权拒绝接受检查。赵某、冯某在向达川电业局调查案情时，未出示执法证件，刘某在对赵、冯身份产生怀疑的情况下，为保护企业的合法权益，依法拒绝接受检查，拿回复印材料的行为属合法正当的行为，达县工商局认为刘某拿走材料的行为是阻碍履行公务显属错误。《行政处罚法》第42条规定：行政机关作出责令停产停业、吊销许可证或者执照、较大数额罚款等行政处罚决定之前，应当告知当事人有要求举行听证的权利。《四川省行政处罚听证程序暂行规定》第3条规定，对非法经营活动中的违法行为处以1 000元以上罚款，为较大数额罚款，适用听证程序。达县工商局对刘某个人作出2 000元罚款的行政处罚之前，只告知了陈述、申辩的权利，未依法告知和适用听证程序，其所作出的行政处罚决定严重违反法定程序，依法应当撤销，故判决驳回上诉，维持原判。①

请问：原告刘某处于什么法律地位？享有哪些权利？刘某的行为是否构成阻碍公务的行为？

---

① 案例来源：国家法官学院、中国人民大学法学院编：《中国审判案例要览（1999年经济审判暨行政审判案例卷）》，494～498页，北京，中国人民大学出版社，2002。

第三编

行政法上的行为与程序

导读：本编讨论的是广义的行政行为及其程序，涉及的内容非常多，是全书的重点和难点。行政行为指行政主体行使行政职权、实施行政管理而作出的能够产生行政法律效果的外部行为。一般认为行政行为是德国法的特殊贡献。这是因为：虽然此概念源于法国，但1826年引入德国法学后被普遍接受和采用，成为德国行政法学的核心概念；第二次世界大战之后，行政行为在德国成为法律概念，1976年德国《行政程序法》第35条使其成为一个被普遍认知和使用的法律概念，许多国家也都接受和广泛运用此种行政行为概念，可见其影响非常广、非常大。但是，随着许多新的行政管理行为方式进入行政过程，德国式的行政行为概念正发生重大变化，今后的趋势是逐渐演变为包容性更强的广义行政行为概念，行政机关将更多、也必须更规范地采用非强制的行政管理行为。简言之，行政主体执行公务的行为包括行政行为和其他行为方式。

本编首先系统地介绍行政行为理论及其发展趋势，包括行政行为的概念、特征、分类、要件和效力，在此基础上分析行政立法、制定其他行政规范性文件等抽象行政行为，以及行政命令、行政处罚、行政强制、行政征收、行政征用、行政紧急行为等依职权的行政行为，行政许可、行政确认、行政给付、行政奖励等依申请的行政行为，以及行政事实行为、行政合同、行政指导、行政调查、行政裁决、行政调解、行政仲裁等行政主体实施的其他行政管理行为。行政机关实施的这些具有或者不具有国家强制力的、刚性或者柔性的行政管理行为，构成了一个多元化和多层次的行为体系。

本编还专章研讨了现代行政程序法律制度的一系列问题，以适应行政程序法治快速发展的客观要求。历史经验警示人们，所谓行政机关的公务行为必须合法，就包括了必须符合行政程序法。故在该章首先探讨了行政程序的概念、特征、基本原则、主体、设定、分类等行政程序理论问题，在此基础上逐一讨论了行政程序的启动、回避、调查、证据、说明理由、陈述意见、听证、简易程序、紧急程序、信息公开、电子政务、程序责任等行政程序制度。

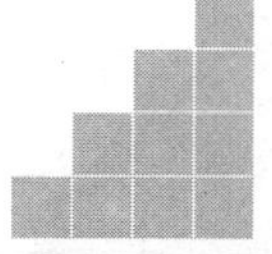

第八章

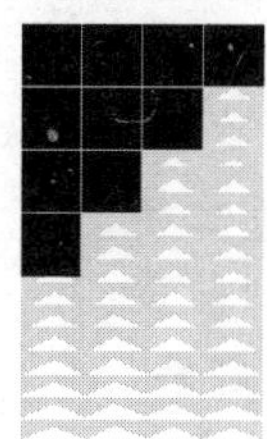

行政法上的行为与程序概述

参考资料

1. 方世荣. 论具体行政行为. 武汉：武汉大学出版社，1996
2. 余凌云. 行政自由裁量论. 北京：中国人民公安大学出版社，2005
3. 张树义. 论抽象行政行为与具体行政行为的划分标准. 中国法学，1993（1）。
4. 宋晓辉. 也谈抽象行政行为与具体行政行为的划分标准——兼与张树义同志商榷. 中国法学，1994（1）
5. 杨建顺. 论行政裁量与司法审查——兼及行政自我拘束原则的理论根据. 法商研究，2003（1）
6. 周佑勇. 行政行为的效力研究. 法学评论，1998（3）

本章提要

研究行政法，首先要对行政法上的基本概念有所了解。行政法中的行政法律行为的概念，不仅包括传统的行政行为，还包括行政事实行为和准行政行为。行政行为的概念是行政法上的核心概念，传统型行政法和行政诉讼制度都是围绕着行政行为的概念构建的。本章将探究行政行为的概念和基本特征、成立、生效、效力以及分类等。

第一节　行政法上的行为的概念与特征

【案例8—1】建明食品公司诉泗洪县政府检疫行政命令纠纷案[①]

【基本案情】

2001年4月，经被告泗洪县政府批准，原告建明食品公司成为泗洪县的生猪定点屠宰单位之一。在分别领取了相关部门颁发的企业法人营业执照、动物防疫合格证、税务登记证等证件后，建明食品公司开始经营生猪养殖、收购、屠宰、销售和深加工等业务。2003年5月18日，泗洪县政府下设的临时办事机构县生猪办向本县各宾馆、饭店、学校食堂、集体伙食单位、肉食品经营单位以及个体经营户发出《屠宰管理通知》。该通知第一项称，“县城所有经营肉食品的单位及个体户，从5月20日起到县指定的生猪定点屠宰厂采购生猪产品，个体猪肉经销户一律到定点屠宰厂屠宰生猪（县肉联厂）……”。2003年5月22日，泗洪县政府分管兽医卫生监督检验工作的副县长电话指示县兽检所，停止对县肉联厂以外的单位进行生猪检疫。建明食品公司报请县兽检所对其生猪进行检疫时，该所即以分管副县长有指示为由拒绝。建明食品公司认为，分管副县长的电话指示侵犯其合法权益，遂提起本案行政诉讼。

另查明，原告建明食品公司因对县生猪办在《屠宰管理通知》中仅标注县肉联厂为生猪定点屠宰厂不服，曾于2004年8月4日以泗洪县政府为被告，另案提起过行政诉讼。宿迁市中级人民法院（2004）宿中行初字06号行政判决书确认，泗洪县政府下设的县生猪办在《屠宰管理通知》中仅将县肉联厂标注为生猪定点屠宰厂，侵犯了建明食品公司的公平竞争权，这一行政行为违法。该行政判决已发生法律效力。

一审宿迁市中级人民法院认为该电话指示是不具有强制执行力的行政指导行为，不属于行政诉讼的受案范围，驳回了原告的诉讼请求。

一审宣判后，建明食品公司不服，提起上诉称：上诉人是经被上诉人依法批准设立的生猪定点屠宰单位之一，经营手续完备，享有与同类企业同等的权利和义务，任何单位和个人不得阻碍上诉人自主经营。上诉人报请检疫时，县兽检所不是以定点屠宰资格已在《屠宰管理通知》中被取消为由拒绝检疫，而是声称分管副县长电话指示停止对上诉人的生猪进行检疫。如果县兽检所当时是以定点屠宰资格已被取消为由拒绝检疫，则上诉人完全可以起诉县兽检所不作为。在《屠宰管理通知》中，县生猪办只是将泗洪县的定点屠宰场所标注为县肉联厂，并没有取消上诉人的定点屠宰资格，况且县生猪办的这个行政行为已被生效判决确认

---

① 案例来源：《中华人民共和国最高人民法院公报》，2006（1）。

为违法。而分管副县长的电话指示，其内容则完全剥夺了上诉人作为定点屠宰单位享有的报请检疫权利。电话指示内容与《屠宰管理通知》不同，不是落实《屠宰管理通知》，不能与《屠宰管理通知》混为一谈。事实证明，由于有分管副县长这个电话指示，县兽检所才拒绝履行对上诉人的生猪进行检疫的职责。电话指示是对内对外均具有约束力的行政强制命令，其目的是限制上诉人的正常经营，故属于可诉的行政行为。一审以电话指示属内部行政指导行为为由，裁定驳回上诉人的起诉，是错误的。请求撤销一审裁定，依法改判或发回重审。

被上诉人泗洪县政府答辩称：《屠宰管理通知》要求，所有猪肉经销户一律到定点屠宰厂（县肉联厂）屠宰生猪。分管副县长电话指示停止对县肉联厂以外单位的生猪进行检疫，正是为贯彻落实通知，这是行政机关内部的行政指导行为。电话指示没有说不对上诉人的生猪进行检疫，没有直接指向上诉人，不会对上诉人的权利义务直接产生影响，故不属于人民法院行政诉讼受案范围。在分管副县长作出电话指示后，上诉人并未向县兽检所报请检疫。一审将此认定为本案事实，缺乏证据证实。除此以外，一审裁定认定事实清楚，适用法律正确，审判程序合法。上诉人的上诉理由不能成立，应当依法驳回上诉，维持原裁定。

【法律问题】

本案的焦点在于副县长的电话指示是否属于行政诉讼中的可诉行政行为的范围。被告辩称自己的行为是不具有强制执行力的行政指导行为，如果要反驳该答辩，就必须要判断该电话指示是否对相对人的权益产生了实际影响。

【法律链接】

《行政诉讼法司法解释》

第一条　公民、法人或者其他组织对具有国家行政职权的机关和组织及其工作人员的行政行为不服，依法提起诉讼的，属于人民法院行政诉讼的受案范围。

公民、法人或者其他组织对下列行为不服提起诉讼的，不属于人民法院行政诉讼的受案范围：

（一）行政诉讼法第十二条规定的行为；

（二）公安、国家安全等机关依照刑事诉讼法的明确授权实施的行为；

（三）调解行为以及法律规定的仲裁行为；

（四）不具有强制力的行政指导行为；

（五）驳回当事人对行政行为提起申诉的重复处理行为；

（六）对公民、法人或者其他组织权利义务不产生实际影响的行为。

【案例分析】

按照农业部发布的《动物检疫管理办法》，动物、动物产品在出售或者调出离开产地前，货主必须向所在地动物防疫监督机构提前报检。[①] 建明食品公司有向该县动物防疫监督

① 参见农业部《动物检疫管理办法》（农业部 2002 年第 14 号令）第 5 条。

机构——原审第三人县兽检所报检的权利和义务；县兽检所当时以分管副县长有电话指示为由拒绝检疫，可见该电话指示是县兽检所拒绝履行法定职责的唯一依据。生猪定点屠宰场所的生猪未经当地动物防疫监督机构进行屠宰前后的检疫和检验，不得屠宰，屠宰后的生猪及其产品也无法上市销售。尽管分管副县长对县兽检所的电话指示是行政机关内部的行政行为，但通过县兽检所拒绝对建明食品公司的生猪进行检疫来看，电话指示已经对建明食品公司的合法权益产生实际影响，成为具有强制力的行政行为。再有，分管副县长在该县仅有两家定点屠宰场所还在从事正常经营活动的情况下，电话指示停止对县肉联厂以外单位的生猪进行检疫，指示中虽未提及建明食品公司的名称，但实质是指向该公司的。分管副县长就特定事项、针对特定对象所作的电话指示，对内、对外均发生了效力，并已产生了影响法人合法权益的实际后果，已经超出了不具有强制执行力的行政指导的范围，具备了可诉行政行为的特征。

【探讨】

在1998年以前，各地的生猪屠宰缺乏统一的管理，很多农村地区小商小贩自己都可以屠宰生猪并在集市上出卖生肉，后来为了保证肉类食品的安全，国务院于1997年12月颁布了《生猪屠宰管理条例》，开始对生猪实行定点屠宰、集中检疫的制度，但是该政策对于定点屠宰场的设置规则没有给予详细的规定，使得定点屠宰场的设定完全由当地政府自由裁量，权力寻租的现象也不可避免地出现。很多地方的屠宰场都是垄断性的，一个区域只存在一个屠宰场，而当地所有的生猪只能在本区域内的屠宰场屠宰，不能去其他区域的屠宰场屠宰，这使得当地的屠宰场掌握了生猪的收购价格，垄断了市场。针对实践中的问题，国务院法制办于2007年4月7日向社会公布了《生猪屠宰管理条例（修订草案征求意见稿）》①，其中规定了国家对生猪屠宰实行许可制度，并对申请的资格、条件以及受理程序作了规定。请思考：该修改稿中实行的许可制度有何意义？

【学理研习】

（一）行政行为的概念

关于行政行为的概念如何界定，学者们曾有不尽一致的理解。概括起来，主要有广义、较广义、狭义的理解：

1. 广义的行政行为。是指国家行政机关实施的行政管理活动的总称，它是国际公认的研究行政法学的专用词，实际上是行政管理活动的代称。

2. 较广义的行政行为。是指国家行政机关依法实施行政管理，直接或间接产生行政法律效果的行为。也有学者认为，行政行为是指行政机关行使行政权力所实施的一切具有法律意义、产生法律效果的行为。

3. 狭义的行政行为。仅指行政机关针对公法上的具体事件而发生直接法律效果的单方

---

① 具体内容参见中国政府法制信息网，http：//www.chinalaw.gov.cn/jsp/contentpub/browser/contentpro.jsp?contentid=co720750986-&Language=CN。

行政法律行为。该定义实际上是继承了德国行政法传统的行政行为的理论，将行政行为仅仅界定为单方的、针对具体事件、能产生法律效果的行政机关所为的行为。而对于近年来出现的行政契约、行政规划以及行政指导等行为，则同行政行为并列在一起，成为并列的法律概念。

按上述第一种理解，行政行为包括一切行政管理活动，外延极广，而且没有照顾到行政行为的法律性；第三种狭义的理解的外延较窄；第二种理解强调行政行为的法律意义，认为除了那些不产生法律后果的事实性的行政管理活动之外，行政行为包括行政主体作出的具体行为和抽象行为，其外延适中，这是我国行政法学界目前比较通行的一种理解。

【思考】

目前很多教科书在撰写行政行为一编时，通常是将行政指导、行政合同、行政事实行为等特殊行政行为放在其他行政行为一章，可见学界普遍采纳的是较广义的行政行为的概念。针对该概念，章志远博士在其《行政行为概念的科学界定》一文中提出了质疑。他认为，目前学界对行政行为概念的认识存在三个不可逾越的缺陷：首先是功能的迷失。他认为学界长期将具体行政行为的概念与行政诉讼的受案范围挂钩，使得本来就不成熟的理论承载了更多难以负担的功能，而且司法实践对受案范围的屡屡突破使得具体行政行为的概念受到挑战。其次是概念的空洞。他认为，“概念应当反映出客观事物一般的、本质的特征。行政行为亦是如此。在其概念体系当中，除了定义之外，还应当包括基本特征、内容、规则、效力等组成部分。但是，由于不同方式的行政活动差异太大，很难从中概括出一些有价值的普遍规则，从而造成了学界对行政行为基本原理的论述缺乏普适性的通病”①。最后是体系的紊乱。主要是涉及在行政行为分类上存在的诸多矛盾。

（二）行政行为的特征

根据通说，本书采较广义的行政行为的概念。行政行为有以下特征：

1. 公益性。行政行为的目的是实现国家和社会公共利益。行政管理活动是一种以社会公共事务为对象的活动。在本质上，行政行为实施的过程中形成的行政法律关系，是国家、集体、个人三方利益相协调的关系，其中起主导作用的就是行政主体所代表的国家和社会公共利益。现代的行政法思想不再将公民和政府之间的关系单纯视作对抗的关系，而是更多地关注其合作关系。政府的存在是为了向社会提供公共服务，增进社会公共利益，二者的利益是一致的，而作为政府主要执法手段的行政行为便也具有了公益性的特征。

2. 单方性。与民事行为不同，政府机关由于负有增进公共利益的责任，出于效率的考虑，多数时候行政主体的意志的实现不依赖于相对人的同意。尽管现在民主与对话在行政法领域日益兴起，行政相对人开始广泛地参与到行政程序或行政决策中来，但是最终是否采纳还有待于行政主体综合考虑其他因素，相对人的参与并没有从根本上改变行政行为单方性的特征。

3. 强制性。同法律的实施一样，行政行为是行政机关执行法律的一部分。其实施一方

① 章志远：《行政行为概念的科学界定》，载《江苏公安专科学校学报》，2002（4）。

面要借助公民自觉履行行政法义务，另一方面不管行政主体是否实施强制，强制始终是行政行为的后盾。

4. 法律效果性。行政行为是一个法律行为，其实施必然要产生行政法的效果，即能够确立、变更或终止相对人在行政法上的权利和义务。而行政机关的权力和义务则是为法律所授予和规定的，不过有时行政机关的先行行为也会产生一定的义务。

【思考】

在探讨行政行为的单方性特征时，我们会遇到很多尴尬。主要是由于目前参与行政、合作行政等多种多样的民主行政方式的兴起，如行政合同、行政指导以及听证制度的出现，对单方性理论造成了一定的冲击。大家可以思考，是继续对单方性理论进行改造，使其仍能适用于新出现的行政行为，还是对行政行为的理论进行重新构造，将不具有传统单方性的新型行政行为排除在传统行政行为概念之外，单独构建?

第二节　行政行为的分类

【案例8—2】林某诉市政府要求撤销拆迁公告案

【基本案情】

林某系下岗工人，为谋生利用自家临街房屋开设一个小吃店，因所做食物卫生可口，生意一直很好。1991年7月该市一公司欲建一技术培训中心，遂申领了建设用地规划许可证、建设用地许可证以及房屋拆迁许可证。拆迁许可证中规定的拆迁范围是林某小吃店所在街第30～39号房屋。该市拆迁管理办公室于12月17日发布拆迁公告，要求拆迁范围内的居民于1993年1月1日之前履行完搬迁义务，林某所开小吃店亦在拆迁范围内。但是林某想尽量将小吃店开的时间长一点，遂以拆迁管理办公室所给的拆迁时间过短为由提起行政诉讼。

【法律问题】

判断该案能否被法院受理的关键在于判断市政府拆迁公告是具体行政行为还是抽象行政行为。按照法律规定，如果是抽象行政行为，则法院无法受理。

【法律链接】

《行政诉讼法》

第五条　人民法院审理行政案件，对具体行政行为是否合法进行审查。

第十二条　人民法院不受理公民、法人或者其他组织对下列事项提起的诉讼：

…………

（二）行政法规、规章或者行政机关制定、发布的具有普遍约束力的决定、命令；

…………

《行政诉讼法司法解释》

第一条第一款　公民、法人或者其他组织对具有国家行政职权的机关和组织及其工作人员的行政行为不服，依法提起诉讼的，属于人民法院行政诉讼的受案范围。

第三条　行政诉讼法第十二条第（二）项规定的“具有普遍约束力的决定、命令”，是指行政机关针对不特定对象发布的能反复适用的行政规范性文件。

【案例分析】

在该案中，政府拆迁公告所涉及的对象是一定区域内的所有居民，涉及的事项是这些居民房屋的拆迁问题。尽管公告涉及很多人，但这些人在该范围内是特定的、可以识别的，即该特定区域内的所有人，且该公告只能适用一次，并不能反复适用，所以不属于抽象行政行为，而是具体行政行为。

【探讨】

目前很多政府借用通知、公告或“红头文件”等形式来发布一些行政命令，致使相对人在遭受侵害时往往被法院以不受理抽象行政行为为由拒绝受理提起的行政诉讼。能否给具体行政行为和抽象行政行为的区分标准作一个详细的界定，或者列举？另外，本案中，如法院不认可该公告是具体行政行为，而不予受理，那么还有什么救济渠道可供林某选择？

【案例 8—3】潘某不服泉州市公安局泉港分局治安管理处罚裁决案①

【基本案情】

2002 年 11 月 5 日，潘某以 5 元向同村潘庆煌庄家购买“六合彩”。11 月 7 日晚，公安局民警到潘庆煌家中抓六合彩参赌者。潘某正好也在场，当场被民警抓回派出所审查。潘某主动交代了自己前几天曾购买 5 元六合彩一次的事实。该局事后对此次涉赌人员处罚结果如下：陈庆明，当日购买六合彩 20 元，罚款1 500元；潘玉祥，当日购买六合彩 20 元，罚款2 000元；黄招恩，当日购买六合彩 30 元，罚款 300 元；潘某，罚款3 000元。事后潘某不服，向当地法院起诉。原告诉称，当日民警抓赌，其仅仅是在潘庆煌家看电视，并未参赌，民警未听其解释就当场把他抓走。另外，原告提出其在派出所，主动交代了曾在数天前购买过 5 元的六合彩一事，并且在派出所还出示了该票证。应属于初犯，且数额较小，情节特别轻微，按照《治安管理处罚条例》第 16 条，可以从轻或免予处罚，而被告却给予原告以该条规定的最高额度，即3 000元的罚款，明显有失公正，请求法院撤销该处罚。被告公安局辩称，原告潘某违法事实清楚，公安机关适用法律正确，且处罚并未超出法定额度，理应维持。至于处罚是否过重，则属于公安机关自由裁量的范围，法院不能审查。

【法律问题】

如何断定本案中公安机关的处罚是否显失公正或违法？如果相对人认为处罚过重请求法院给予救济，此时法官是否有权审查公安机关答辩中所谓的“自由裁量权”？

---

① 案例来源：最高人民法院中国应用法学研究所编：《人民法院案例选——2004 年行政·国家赔偿法专辑》，51 页，北京，人民法院出版社，2005。

【法律链接】

《行政诉讼法》

第五条　人民法院审理行政案件，对具体行政行为是否合法进行审查。

第五十四条　人民法院经过审理，根据不同情况，分别作出以下判决：

…………

（二）具体行政行为有下列情形之一的，判决撤销或者部分撤销，并可以判决被告重新作出具体行政行为：

…………

5. 滥用职权的。

…………

（四）行政处罚显失公正的，可以判决变更。

《治安管理处罚条例》①

第十六条　违反治安管理有下列情形之一的，可以从轻或者免予处罚：

（一）情节特别轻微的；

（二）主动承认错误及时改正的；

（三）由于他人胁迫或者诱骗的。

第三十二条　严厉禁止下列行为：

（一）赌博或者为赌博提供条件的；

（二）制作、复制、出售、出租或者传播淫书、淫画、淫秽录像或者其他淫秽物品的。

有上述行为之一的，处十五日以下拘留，可以单处或者并处三千元以下罚款；或者依照规定实行劳动教养；构成犯罪的，依法追究刑事责任。

【案例分析】

按照案发时施行、但目前已废止的《治安管理处罚条例》第32条的规定，参与赌博的处罚幅度为15日以下拘留，可以单处或并处3 000元以下罚款。也就是在3 000元以内，公安局有权根据情况决定处罚额度，只要不超过3 000元都是可以的。但是，这是否意味着公安局可以任意给予3 000元以内的处罚呢？这是不可以的，尽管公安局有权根据法律规定行使其自由裁量权，但是该裁量权并非是完全自由的，其行使不仅不能超过该授权裁量的范围，还要符合立法目的和立法的精神。《行政诉讼法》第5条确定了法院对行政机关的行为进行合法性审查的原则，这被很多人理解为法院不能对行政机关的自由裁量权进行审查。但是，任何原则都是有例外存在的，法院在少数情况下可以审查具体行政行为的合理性，不能一概排斥之。法律将合法性审查确立为一项基本原则，不是说为了排除合理性审查，

---

① 现已失效，被2005年8月28日第十届全国人民代表大会常务委员会第十七次会议通过的《治安管理处罚法》所取代。本案发生时，仍适用该条例。

而是旨在限制合理性审查。[①] 鉴于行政诉讼法中规定了对滥用职权行为的撤销判决和对显示公正处罚的变更判决，因此，法院在有限范围内还是可以对行政行为的合理性、行政机关的自由裁量权进行审查的。

如何确定该处罚是显失公正或滥用职权？这需要结合案中潘某的违法行为的程度，以及归案后态度等因素综合考察。在本案中，潘某被捉的当天并未购买六合彩，其在派出所内还主动交代曾购买5元六合彩的事实，这完全符合《治安管理处罚条例》第16条情节特别轻微、主动承认错误的情况，如果公安机关在处罚时无视该情节和法律规定，则其处罚不仅仅是不合理，而且还有违背立法精神（第16条的规定是为了贯彻过罚相当、公正公开的处罚原则）的嫌疑。此外，根据公安机关对其他人的处罚，我们还会发现，原告当天并未购买，而仅仅是主动交代了此前购买5元六合彩的行为，其处罚竟然比当天购买20元六合彩的陈庆明多1 500元，这是显失公正的。

【探讨】

很多行政机关以某一行政行为属于行政机关的自由裁量权的范围为由，阻止法院对其行为进行审查。然而现在越来越多的法官开始认识到行政机关自由裁量权被控制的重要性，并在个案中逐步进行审查。但是面对许多专业领域内的裁量行为（如高校颁发毕业证、授予学位的行为），法院应不应该介入审查？

【学理研习】

（一）抽象行政行为与具体行政行为

1. 具体行政行为和抽象行政行为的概念

具体行政行为与抽象行政行为原本只是一对学理上的概念，自1989年行政诉讼法颁布，这种行政行为的划分变成了立法上的用语，并直接与行政诉讼的受案范围挂钩。所谓抽象行政行为，是指行政主体依法制定和发布普遍适用的规则的行为。抽象行政行为针对不特定的行政相对人作出，具有普遍的约束力。抽象行政行为可分为三类：（1）国务院制定和发布行政法规的行为；（2）有权的国家行政机关制定和发布行政规章的行为；（3）国家行政机关制定和发布具有普遍约束力的决定、命令等的行为。其中，前两类行为被通称为行政立法行为。可见，在我国行政法学中，行政立法行为与抽象行政行为并不是完全相等的概念。所谓具体行政行为，按照最高人民法院的司法解释，是指“国家行政机关和行政机关工作人员、法律法规授权的组织、行政机关委托的组织或者个人在行政管理活动中行使行政职权，针对特定的公民、法人或者其他组织，就特定的具体事项，作出的有关该公民、法人或者其他组织权利义务的单方行为”[②]。从学理上讲，具体行政行为是行政主体

---

① 参见最高人民法院中国应用法学研究所编：《人民法院案例选——2004年行政·国家赔偿法专辑》，55页，北京，人民法院出版社，2005。

② 最高人民法院《关于贯彻执行〈中华人民共和国行政诉讼法〉若干问题的意见（试行）》（1991年5月29日最高人民法院审判委员会第499次会议讨论通过，现已失效）第一部分（受案范围）第1条。

对特定组织和个人，就特定的具体事项作出的能够产生行政法律效果的单方行为。

【思考】

针对具体行政行为和抽象行政行为的划分，学界存在分歧，有很多学者并不赞同将行政行为人为地划分为抽象行政行为和具体行政行为。我国台湾地区学者陈新民教授指出：具体行政行为的用语颇不精确。它由一个形容词和一个名词组合而成，不适合作为一个法律的专有名词。并且用6个字，属于叙述性、解说性的用语，过于烦琐累赘。实际上，我们可以从行政行为这一概念的来源来看待将行政行为划分为具体行政行为和抽象行政行为的现象。德国行政法大师奥托·迈耶的最大贡献在于用行政行为这一概念建构了行政法的框架。行政行为具有三个特征：单方性、强制性和法律效果性，而如今一些学者将行政合同、行政指导等都放入行政行为的大口袋中，这样破坏了传统的行政行为的理论，使得原先以行政行为理论为基础构建起来的行政诉讼制度变得无所适从。解决的办法，不妨在传统的行政行为外面架构新的行政行为理论，待逐渐成熟时，再将传统的行政行为与新出现的行政行为放在一起进行改造。学术研究忌讳的是在新理论不知如何建构时先把传统的理论给抛弃了。

目前学界有些学者提出用行政处分（或行政处理、行政决定）的概念来取代具体行政行为的提法，与行政立法和行政指导、行政合同等并列构成行政行为的体系。所谓行政处分，即行政机关就公法上具体事件所为之决定或其他公权力措施，而对外直接发生法律效果之单方行政行为。[①] 在引入行政处分的概念之后，行政行为的分类更加细致，有利于学者对各种行政行为的类型化研究。

2. 具体行政行为和抽象行政行为的区别标准

具体行政行为和抽象行政行为的区别，一直是困扰学界的一个难题。如何在实践中有效地对二者加以区分，将是我们此节的重点。

最高人民法院在1991年的《关于贯彻执行〈中华人民共和国行政诉讼法〉若干问题的意见（试行）》中曾尝试对具体行政行为进行界定，但是事后遭到了很多学者的批评，于是2000年的《行政诉讼法司法解释》放弃了对具体行政行为进行界定的努力，而是反过来对《行政诉讼法》中“具有普遍约束力的决定、命令”作了界定：《行政诉讼法》第12条第2项规定的“具有普遍约束力的决定、命令”，是指行政机关针对不特定对象发布的能反复适用的行政规范性文件。由此我们可以知道抽象行政行为的两大特征：对象不特定；可以反复适用。而对于具体行政行为，我们可以总结一下它的特征，亦可作为与抽象行政行为的区别标准：

（1）对象的特定性。在这里，对象的特定性不仅仅指相对人的特定，还可以指其所涉及的物是特定的；也就是说只要满足人是特定的，或物是特定的其中之一，便是具体行政行为。何谓特定？特定并非指数量少，而是指在决定作出之前，便可以基本识别和确定数量。以下举三个例子：

---

① 参见陈新民：《中国行政法学原理》，135页，北京，中国政法大学出版社，2002。

第一，相对人特定，事具体。如某县政府下发通知，禁止本行政区域内的私人屠宰厂营业，由于一个行政区域内的屠宰厂的数量是特定的，在一定时期内不可能有大的变动，所以通知所指的屠宰厂都是该行政行为的特定相对人，而事件则是一具体的禁止行为，该通知是具体行政行为。

第二，相对人特定，事不具体。如环保部门给一家化工企业下达命令，要求该企业在营业期间负责该企业周围3公里内的环境保护的所有事项。在这里，该环境保护的事项是不具体的，它可能涵盖废气、废水、噪音等的处理，但是由于相对人是特定的，所以也视为具体行政行为。

第三，事具体，但相对人不特定。某市政府林业局为保护城内一千年古树，下发通知，禁止任何人砍伐该古树，也不许任何人在该树下乘凉、晾晒衣物等。在这里，尽管通知针对的人是不特定的，指任何人，包括该市内以及外地而在该地逗留的人，都要受到该通知的约束。但是，由于该通知所针对的物是特定的，因而也应当纳入到具体行政行为的范围内。

(2) 适用的“一次性”。由于具体行政行为是针对特定的人或物作出的，因而不能像抽象行政行为一样，可以对类似的人或物反复适用。例如，县政府通知要求辖区内所有从事食品加工行业的员工必须具有相应的资质，否则不得从事该职业。在这里，该通知所面对的是无法确定的人群，因此食品行业任何人只有具备了一定资质才可以从事该职业，不管是谁，什么时候要从事该职业，都必须遵守该通知的规定，因此该通知是抽象行政行为而非具体行政行为。

(二) 羁束行政行为与裁量行政行为

1. 羁束行政行为和裁量行政行为的概念

羁束行政行为与裁量行政行为的划分标准是行政行为受法律、法规拘束的程度。凡是法律、法规对行政行为的条件、范围、内容及方式方法作出具体而明确的规定，行政主体只能严格执行而没有多少自由裁量余地的行政行为属于羁束行政行为。凡是法律、法规对行政行为的条件、范围、内容或方式方法未作硬性规定，行政主体可以在法定范围内根据自己的主观意志灵活作出的行政行为皆属裁量行政行为。

2. 区分羁束行政行为和裁量行政行为的意义

(1) 救济途径上。羁束行政行为仅涉及合法性的问题，因此相对人对该行为不服时，可以提起行政复议或行政诉讼；而裁量行政行为只要不违反法律规定，没有超出法律规定的范围，则仅存在合理性的问题，相对人不服只能提起行政复议，不能提起行政诉讼。

(2) 行政程序上。由于羁束行政行为受到法律的严格控制，所以行政机关必须完全按照法律的规定作出行为，没有商量的余地，因此体现在行政程序上，对该类行为的程序控制也相应较为严格；而对于裁量行政行为，法律给予行政主体较大的裁量的自由，程序的控制也相应较为宽松。

(3) 法院的审查上。法官对于羁束行政行为有完全的审查的权力，而对于裁量行政行为，为尊重行政权力的自我判断，法院一般仅审查该行为是否超越其法定裁量范围，而对于其是否合理、公正的问题的审查一般比较谨慎，尽量避免触及。

3. 裁量行政行为的界限

裁量行政行为，并不是说行政主体有完全的裁量的自由，而只是表明法律赋予行政主体较大的自由裁量权。在以前的教科书上，往往会使用“自由裁量”一词，然而这样往往会给人一种错觉，以为行政主体所拥有的法律授予的自由裁量权是不受限制的。现在，学者们逐渐认识到不受限制的自由裁量权所具有的危害性，开始探索对行政主体的裁量权进行规制以及审查的标准。下面我们看一下裁量行政行为应该遵循的规则，同时也可用作法院对裁量行为审查的标准：（1）裁量不能超过法定的范围。所谓裁量，须是法律授权范围内的裁量。比如法律规定，公安机关只能对相对人处以3 000元以内的罚款，则公安机关如处以4 000元罚款，则属于违法，可得撤销。（2）裁量应符合授权目的或法律精神。行政机关对于裁量权力的行使，必须符合授权目的，以实现立法者的政策和目标。有时候授权目的是很清楚的，在授权立法的开篇往往会提到，而有时候授权目的是模糊的，此时就需要行政主体在作出决定时进行判断，如何做才能符合授权目的。另外，行政主体还应当对立法的精神有所理解，能够将立法的精神贯彻到执法的过程中去。（3）裁量要基于相关的因素作出，而不应考虑不相关的因素。例如实施行政许可的行政机关决定是否授予某一公民许可，主要考虑的应是该公民是否具备一定的资质，而不是考虑其与自己关系的亲疏。（4）裁量应符合比例。我们在选择实现行政目的的手段时，应要求手段与目的相符合，手段不仅要有助于目的的达成，还要其成本不能高于目的收益，并尽可能地减少对相对人的不利影响，使收益最大化。

【思考】

如果法院在司法审查时，发现行政主体的裁量行为有违法之虞（如不符合授权目的、违背立法精神、违背比例原则等），此时法官能否直接自行取代行政机关的判断，而自行作出变更判决？

第三节　行政行为的要件

【案例8—4】王恩武诉天津市和平区人民政府侵犯经营自主权案[①]

【基本案情】

王恩武系个体工商户，在天津市滨江道光明影院旁摆摊经营。工商执照、占道许可证、税务登记证等均齐全。经营范围为烟酒、小食品及饮料。由公安机关发放的临时占用道路许可证期限为1996年1月1日至1996年12月31日。1996年10月8日，和平区人民政府委托和平区繁华地区治安综合治理办公室，对和平

① 案例来源：最高人民法院中国应用法学研究所编：《人民法院案例选》，1999年第4辑，北京，人民法院出版社，2000。

区滨江道地段的个体摊位进行清理，将王恩武确定为清理对象。被告称对原告先发通知后动员说服，在原告不撤摊的情况下，责令其停止营业。王恩武不服天津市和平区人民政府决定，于1996年11月7日向天津市第一中级人民法院起诉，诉请判令和平区人民政府停止侵犯原告合法经营权，恢复原告的合法经营权；判令被告赔偿原告经济损失1 000元，并承担诉讼费用。（滨江道为市管道路，清理占道的个体摊位应由市政管理部门和市公安交通管理部门共同实施。）

【法律问题】

判断区政府的责令停止营业的行为是否合法，关键是要分析区政府是否有权独自清理滨江道地段的个体摊位。

【法律链接】

《行政诉讼法》

第五十四条　人民法院经过审理，根据不同情况，分别作出以下判决：

…………

（二）具体行政行为有下列情形之一的，判决撤销或者部分撤销，并可以判决被告重新作出具体行政行为：

…………

4. 超越职权的；

…………

《天津市城市道路管理条例》[①]（1995年颁布）

第五条　城市道路实行统一管理与分级负责相结合的原则。

市市政工程行政主管部门是本市城市道路行政主管部门。

市城市道路管理部门和区、县城市道路管理部门分别负责市管道路和区、县管道路的管理工作。

第二十八条　任何单位和个人不准占用城市道路。确需临时占用城市道路的，必须先到城市道路管理部门办理申请和审批手续，经公安交通管理部门审批同意，并向城市道路管理部门交纳占路费和占路损坏修复保证金后，方可按照规定占用。

第三十一条　根据特殊需要，城市道路行政主管部门有权决定对临时占用城市道路的单位和个人缩小占用面积、减少占用时间或者停止占用。

《城乡个体工商户管理暂行条例》

第五条　个体工商户的合法权益受国家法律保护，任何单位和个人不得侵害。

第十四条　个体工商户所需生产经营场地，当地人民政府应当纳入城乡建设规划，统筹安排。经批准使用的经营场地，任何单位和个人不得随意侵占。

---

① 该条例已于2005年由天津市第十四届人民代表大会常务委员会第二十三次会议修改，在此列出的是案件发生时适用的旧条例。

【案例分析】

原告王恩武在和平区滨江道光明影院旁从事个体经营已经经过公安交通管理部门核准，是合法的。被告和平区人民政府为社区精神文明建设清理整顿市场、规范经营，动机良好。但因滨江道为市管道路，该道路的管理是由市政管理部门负责的，而且，原告的经营摊位是由市政管理部门和市公安交通管理部门共同核准许可的，被告并未与以上部门协调解决清理占道问题，而单独委托繁华地区治安综合治理办公室清理市场，程序上显然不合法。从主体资格上讲，清理占道应由市政工程管理部门与市交通管理部门共同行动，区政府仅起协调作用，本案中显然和平区人民政府是超越职权。

【探讨】

在一些行政案件中，一旦行政机关越权，就涉及与其他行政机关权限的划分。[①] 现在我国的行政诉讼并不解决行政机关之间权限的争议，但是在诉讼中，存有争议的一方，可以作为与案件的处理有利害关系的第三人参与诉讼。思考一下，将行政机关之间的权限争议放在行政系统中解决好，还是放在司法系统中解决更合适并有效率？

【学理研习】

（一）具体行政行为的成立要件

具体行政行为的成立要件，是指具体行政行为能够成立，并对行政相对人产生影响所应具备的要件。要注意，具体行政行为的成立要件，仅仅是对行为质的评价，而非对其合法性的评价。判断某一行为是否是具体行政行为，主要看其外观是否符合成立的要件。

具体行政行为的成立有三个要件：

1. 行政主体作出了行政决定。作出行政决定的主体必须是行政主体，或者有足够的理由让人相信是行政主体。至于其是否有权作出，则是该行为合法性的问题。

2. 行政决定已送达行政相对人。如果一个行政决定已经作出，却没有向相对人送达，那么行政主体的意志就无法被相对人知晓，其只能是一个不成熟的行政决定，不能产生法律效果。

3. 行政决定文书已为行政相对人受领。在这里的“受领”并非意味着必须要将行政决定送达到相对人手中，只要相对人处于对该决定知晓的地位（如通过留置送达、公告送达等），则可视为行政决定已经送达。

（二）具体行政行为的合法要件

具体行政行为的合法要件又称生效要件，它是行政行为在现实中发生法律效力所必须具备的要件。已经成立的行政行为未必是合法的行政行为，不具备合法要件的行政行为将有可能被有权机关予以撤销或宣告无效。

具体行政行为的合法要件包括：（1）职权合法；（2）意思表示正确、真实；（3）依据

---

① 典型的案例如：“四川夹江打假案”，载《法制日报》，1996-04-15；“福建省水电勘测设计研究院不服省地矿厅行政处罚案”，载《中华人民共和国最高人民法院公报》，1998（1）。

合法；（4）内容合法；（5）程序合法。

上述具体行政行为的合法要件还可更简明地概括为如下三项：

1. 行为主体合法。主体合法可以从三个方面理解：第一，具体行政行为的主体必须是行政主体；第二，具体行政行为必须在行政主体的职权和职责范围内作出；第三，要式行为必须具备必要的形式外观。

2. 行为内容合法。行为内容合法应有以下各层次含义：第一，正确适用了法律、法规、规章和其他规范性文件；第二，具体行政行为所依据的事实真实、证据确凿；第三，具体行政行为的目的正当。

3. 行为程序合法。具体行政行为程序合法，这是行政法治的基本要求。具体而言包括：第一，行为符合法定的步骤、顺序；第二，行为符合法定方式；第三，行为符合法定时限。

【思考】

具体行政行为的成立与具体行政行为合法是两个有区别的概念。区分二者的意义在于，只有具体行政行为成立，受其影响的行政相对人才可以因此申请行政复议和提起行政诉讼；如果一个行为不是行政行为，或者虽是，但是尚在酝酿阶段或不成熟阶段，则相对人无法将该行为诉至法院。具体行政行为的合法要件为法院审查行政行为是否合法提供了标准和尺度。

第四节　行政行为的效力

【案例8—5】仓山白湖印刷厂诉国家商标局恢复审查行为违法案①

【基本案情】

1992年7月8日，福州市台江区印刷装潢厂（以下简称台江厂）向国家工商行政管理局商标局（以下简称商标局）申请“如意”商标注册。同年9月14日，商标局向台江厂发出商标核驳通知书（以下简称核驳通知），理由是其申请的商标与已经注册的“如意PLEASURE”商标文字含义相同。台江厂自收到核驳通知后，未在15日内向商标评审委员会申请复审。1997年6月18日，福州市仓山白湖印刷厂（以下简称白湖厂）向商标局申请注册“如意”商标。商标局经过初步审定，作出初步审查公告。1998年6月，台江厂向商标局提交书面反映材料。商标局以其1992年9月14日驳回台江厂的申请是错误的为由，于1998年6月29日恢复了对台江厂的“如意”商标注册申请的审查，公告号：120463。1998年8月20日，商标局对白湖厂的注册申请提出书面异议，1998年11月2日向白湖厂送达商标注册申请异议书。同时，商标局于同年11月7日为台江厂注册了“如意”

① 案例来源：最高人民法院中国应用法学研究所编：《人民法院案例选——2004年行政·国家赔偿法专辑》，北京，人民法院出版社，2005。

商标。1998年11月9日白湖厂向商标局递交商标异议书，表示对台江厂的120463号初步审定公告提出异议。1998年11月18日，白湖厂向商标评审委员会提出撤销不当注册商标申请书，要求商标评审委员会撤销商标局为台江厂注册的商标。由于商标评审委员会一直未对白湖厂作出裁决，白湖厂于2001年9月18日向北京市第一中级人民法院提起诉讼。

原告诉称，台江厂的商标申请已经于1992年被驳回，商标局却在5年之后将台江厂的注册申请审查恢复，还保留其原申请日，并发布了审查公告，侵害了白湖厂的合法权益。该恢复审查没有法律依据，严重侵害了其合法权益，请求法院确认商标局的恢复审查行为违法。被告商标局辩称，其本着"有错必改"的原则，发现1992年对台江厂的驳回审查的决定违法，因此在事实基础上，恢复了对其审查。该行为正确合法，没有滥用权力，符合法定程序。

【法律问题】

本案的关键在于被告是否可以基于"有错必改"的理念去纠正自己原先错误的行政行为。

【法律链接】

《行政诉讼法司法解释》

第五十七条　人民法院认为被诉具体行政行为合法，但不适宜判决维持或者驳回诉讼请求的，可以作出确认其合法或者有效的判决。

有下列情形之一的，人民法院应当作出确认被诉具体行政行为违法或者无效的判决：

（一）被告不履行法定职责，但判决责令其履行法定职责已无实际意义的；

（二）被诉具体行政行为违法，但不具有可撤销内容的；

（三）被诉具体行政行为依法不成立或者无效的。

【案例分析】

行政行为具有"确定力"，一经作出，非有法定事由、非经法定程序不可任意撤销和变更。"有错必纠"一直是我们政府的优良传统，但在现代行政理念之下，"有错必纠"未必都是合法的。尤其是在行政行为作出之后已经形成确定的社会关系时，如果行政机关不遵循一定的程序和权限任意纠正自己的行政行为，不仅将严重损害对此产生信赖的公民之利益，还有可能失信于民。因此行政机关纠正自己的违法行为一定要建立在遵循合法权限、合法程序的基础上，还必须不能因此损害了第三人、集体和社会的利益。

在本案中，商标局在1992年对台江厂作出的核驳通知是已经生效的行政决定，在该决定没有被依法撤销的情况下，商标局恢复审查属于没有法律依据的行政行为。即使商标局确实想撤销原来的违法决定，也至少要满足两个条件：一是要有申请人，一般情况下当然是由台江厂提出申请；二是商标局纠正自身的违法决定，应当建立在不侵害国家、集体或者他人的合法权益的前提下。因此，虽然商标局作为国家商标管理的法定机构，其纠正错误行政行为有一定的合理性。但是，该纠正错误的行政行为不应侵害国家、集体或者他人的合法利益。商标局在对白湖厂申请的"如意"商标作出初步审定公告后，在法定期限的3

个月内无争议人的情况下，对失去注册申请权6年之久、在法律上已经不存在的申请予以恢复，并进行审查的具体行政行为缺乏法律依据，同时也严重侵犯了白湖厂的利益，该行为显然是违法的。因此法院最终判决：确认商标局于1996年6月29日对台江厂的“如意”商标注册申请恢复审查的具体行政行为违法。

【探讨】

行政机关“有错必改”的前提或条件是什么？如果行政机关基于“有错必改”的理念擅自变更了原行政行为，对相对人的权益造成损害，相对人可否就该损失要求国家赔偿？

【学理研习】

（一）行政行为的效力

行政行为的效力是一种法律上的力量。这种力量决定行政行为的存在并保障其产生预期的法律效果，也即保障行政行为的内容得到实现。行政行为的效力、行政行为合法以及行政行为的法律效果（后果）虽然是三个不同的概念，但它们是密切联系在一起的，在特定的语境下是一种“交叉复合”的关系，表现为：行政行为合法是行政行为效力的来源，而行政行为具有法律效力又是行政行为产生预期法律效果的前提。因此，人们通常所说的行政行为有效，并不单纯指行政行为具有法律效力，而是意味着行政行为合法、有效力以及能产生预期法律效果。同样，行政行为无效则意味着行政行为违法、无效力以及不能产生预期的法律效果。

行政行为的效力包括三个内容，即：确定力、拘束力、执行力。

1. 行政行为的确定力，又称公定力，也有人称之为不可变更力。对于行政行为确定力的内容，一般认为是指行政行为一经作出，不论（不知）是否合法，便推定为合法有效，任何组织和个人都应服从；而且一经生效，非依法定原因和非经法律程序不得随意更改和撤销。

2. 行政行为的拘束力，是指行政行为一经作出，其内容对相关人员或组织产生法律上的约束效力，有关组织或人员必须遵守和服从。行政行为的拘束力既针对行政主体，又针对相对方。

3. 行政行为的执行力，是指行政行为的强制执行力。当行政相对人不自觉履行行政行为所确定的义务时，行政主体可自行采取或请求人民法院采取强制措施，使义务得到履行。

【思考】

有关行政行为效力的讨论已经很多年了，但是至今学界没有形成一致的看法。姜明安教授在其教材《行政法与行政诉讼法》中，将行政行为的效力概括为公定力、确定力、拘束力和执行力。[①] 也有学者认为在此基础上还应该包括先定力。[②] 相比我国大陆，我国台湾地区行政法学界早期多采用日本的分类，将行政行为效力分为公定力、拘束力、形式确定力、实质确定力及执行力，而近期一些台湾地区学者也提出了不同的分类主张。如吴庚认

① 参见姜明安主编：《行政法与行政诉讼法》，3版，239页，北京，北京大学出版社，2007。

② 参见周佑勇：《行政行为的效力研究》，载《法律评论》，1998（3）。

为五种效力可以浓缩为存续效力、确认效力及构成要件效力。[①] 陈新民则认为行政行为（我国台湾地区称行政处分）的效力实质只有一种拘束力，它和德国行政法所称的"存续力"意义是相同的，其他原则都是该原则的延伸。[②]

（二）生效时间

行政行为生效的起始时间决定着行政行为何时开始产生法律效力并发生法律后果。因此，研究并明确行政行为生效的起始时间具有重要的法律意义。

1. 行政行为生效起始时间的确定，原则上应当以当事人知悉或应该知悉该行政行为为前提。而告知，则是相对人知悉该行政行为的必要途径，也是行政主体应当履行的程序性义务，只有行政机关履行了对相对人的告知义务，且使相对人处于获知的地位，则该行政行为方能生效。

2. 行政行为的生效起始时间可以分为即时生效和延时生效两种。即时生效，即行政行为在相对人受领该行政行为之时生效。受领有本人直接受领、他人代为受领以及推定受领等多种方式。为保证告知行为的有效性，原则上应采用直接告知当事人本人，由其直接受领的方式。

3. 推定受领只能运用于两种情况：第一，行政行为所针对的特定的相对人下落不明或无法与其联系，行政行为采用公告送达的方式；第二，行政行为的对象为不特定多数人，只能采用发布公告的形式广为告知。在上述两种情况下，不管相对人是否实际知晓该行政行为，均推定其知晓了该行政行为，相对人不得以实际不知作为抗辩理由。

4. 有的行政行为规定了生效日期或生效的特定条件，又称为附款规定。该行政行为虽然也须相对人受领，但生效起始时间从行政行为的生效日期到来之时或特定条件成就之时起算。

（三）行政行为的无效、撤销和废止

行政行为的无效、撤销与废止其结果都导向行政行为的失效，因此也是行政行为失效的原因。

1. 无效。这是最严重的违法行为，它是行政行为成立时具有明显、重大的瑕疵，因此使得行政行为自始不产生法律效力。一个行政行为是否达到无效的程度，主要考虑两个方面：一是该行为的违法是否严重，如果是行政机关严重超越职权或者行政行为的实施将导致犯罪等，都将被视作严重违法，具有重大瑕疵；二是看该行政行为的违法或瑕疵是否明显、显著，行政行为违法如此显著，以至于任何人一望便可发现该行为是违法的，即可认定该违法行为是无效的。当然，理论上虽如此，具体到个案中，其认定还是比较困难，所以需要将两个标准结合起来考察。

行政行为无效的后果是：（1）行政行为无效，即意味着其自始不发生法律效力，因此也无确定力、拘束力之效力，相对人可以不受该行政行为的拘束，不履行该行为所确定的义务，并且不必对该不履行行为承担法律责任；（2）行政相对人可以在任何时候请求有权机关宣告该行为无效；（3）有权国家机关可以在任何时候宣告该行政行为无效，同样法院

---

① 参见吴庚：《行政法之理论与实用》，8版，北京，中国人民大学出版社，2005。

② 参见陈新民：《中国行政法学原理》，173页，北京，中国政法大学出版社，2002。

在民事诉讼中同样可以宣告该行政行为无效，而不受审判权的约束。

目前，我国诸行政法规并不严格区分行政行为无效、撤销和不成立，因此在阅读法条时要注意。如我国《行政处罚法》第41条规定，行政机关及其执法人员在作出行政处罚决定之前，不依法向当事人告知给予行政处罚的事实、理由和依据，或者拒绝听取当事人的陈述、申辩，行政处罚不成立。该法第3条第2款规定，没有法定依据或者不遵守法定程序的，行政处罚无效。

【思考】

目前一些学者逐渐对行政行为的无效理论产生质疑。如清华大学法学院的余凌云教授在其《行政行为无效与可撤销二元结构质疑》一文中，从普通法的角度认为，在法官看来，“抛开救济的实际可得性，抽象地谈论行政行为是自始不存在，还是其他什么一种状态，是没有意义的。行政行为即使是‘无效’的，它也是一种客观存在，除非，要等到在法院那儿采取了某些步骤判决其无效为止”。另外他还从无效行政行为的两个核心——抵抗权和诉讼时效出发对无效理论进行批判，他对现实中公民抵抗无效行政行为的效力持质疑的态度，认为“在制度法上给予相对人对无效行政行为的抵抗权，与其说是为宪政文明进步而击节，还不如说是将相对人陷于‘以卵击石’之极度危险处境之中，并且增加了法的不安定性”。

2. 撤销。行政行为并无明显且重大的瑕疵，但是以合法性原则来审视，却又存在违法的情形，而这种违法已经无法靠补正的方式来补救，则此时需要将该行为撤销，使其失去法律效力。

行政行为的撤销不同于行政行为的无效：首先，其违法的程度不及无效的行政行为；其次，无效行政行为是自始无效，自始未发生过法律效力，不受确定力的约束；而可撤销的行政行为在撤销前是已经生效的，只有当其被法院撤销后，才发生溯及既往消灭的效力。最后，无效的行政行为的宣告不受时间的限制，且民事法庭也可在审判中对其宣告无效；而可撤销的行政行为，尤其是受益行政行为不能遵循“有错必改”的逻辑，其撤销受到时间的限制以及当事人信赖利益的限制。有权撤销的机关仅限于原作出机关、其上级机关和法院。

3. 废止。废止是因为形势、法律、政策的变化，原行政行为已不合时宜或不符合新法，由行政机关终止其效力。行政行为的废止面向未来，且适用于合法的行政行为。废止应当以法律的明文规定为依据，而不能任意废止，如果为了公共利益确需废止某行为，则必要时须对信赖的相对人给予一定的补偿。

【问题与思考】

1. 7名在沈阳市区随意涂写小广告的违法商贩，近日被“请”进了沈阳市大东区城市管理局，“邀请”他们的是一个被市民形象地称为“呼死你”的电话系统。当天，沈阳市启动语音警告提示系统，对城市“牛皮癣”制造者留下的电话号码进行长时间不间断拨打，结果8名被呼者中7人前来接受处罚。长期以来，一些商贩在公共场所乱张贴、涂写，给城市留下了一块块难看的“牛皮癣”。而这套“呼死你”系统可以对乱张贴、涂写者的电话号码实行24小时不间断拨打呼叫，直到“打爆”对方的电话为止。沈阳市大东区城管局市容办主任李骥介绍，市容管理人员发现非法小广告中的电话号码后，先拍照取证，再进行电话核实并录音，确认其行为非法后，立即输入到语音警告提示系统，进行24小时拨打，直到他们关机或停机。这套系统不仅能对本地号码进行拨叫，对外地号码也同样有效，机主申请了呼叫转移，系统也能跟踪到位。如果被拨者接听来电，就会听到让其前来接受行政处理的语音提示。

请问：采用“呼死你”电话系统的手段是一种什么行为？是不是一种行政行为？它是“以恶对恶”吗？如果在执行的过程中错误造成了相对人合法利益的损害，行政机关是否要承担责任？

2.2001年12月24日8时40分许，原告陈宁的丈夫韩勇驾驶的红旗牌出租轿车在庄河市栗子房镇林坨附近发生交通事故。庄河市公安局交通警察大队接到报警后，立即出警，赶到事故现场。在事故现场初步查明，韩勇驾驶的红旗牌轿车已被撞变形，韩勇被夹在驾驶座位中，生死不明，需要立即抢救。为了尽快救出韩勇，警方先后采用了撬杠等方法，都不能打开驾驶室车门，最后采用了气焊切割的方法，在周围群众的帮助下，将韩勇从车中救出送往医院。虽然在气焊切割车门时采取了安全防范措施，但切割时仍造成了轿车失火，因火势较大，事先准备的消防器材无法将火扑灭，扩大了汽车的损失。事后，原告陈宁要求庄河市公安局赔偿抢险警察气焊切割时造成车辆被烧毁的损失，庄河市公安局于2002年4月16日作出庄公行不赔字（2002）第1号不予赔偿决定。陈宁不服，故提出诉讼，请求行政赔偿。①

请问：被告在营救原告丈夫的行动中的裁量行为是否合法、适当？

① 案例来源：《中华人民共和国最高人民法院公报》，2003（3）。

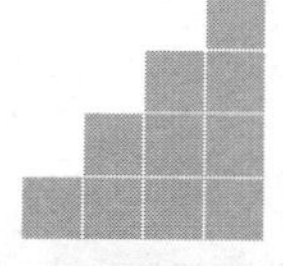

第九章 制定规范的行为

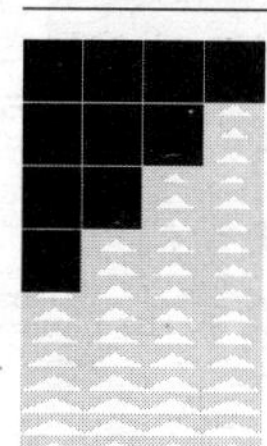

参考资料

1. 刘莘. 行政立法研究. 北京：法律出版社，2003
2. 叶必丰，周佑勇. 行政规范研究. 北京：法律出版社，2002
3. 莫于川. 程序的民主性：行政立法的关键. 法学，1995 (2)
4. 杨建顺. 行政立法过程的民主参与和利益表达. 法商研究，2004 (3)
5. 朱芒. 行政立法程序基本问题试析. 中国法学，2000 (1)
6. 陆伟明. 其他行政规范性文件的法治化初探. 法治论丛，2002 (4)

本章提要

立法、制定规范的权力本来专属于立法机关，但是随着社会的日益发展，越来越多的行政事务日益专业化，致使规范该领域的法律也必须由具有专业知识的人来制定，而立法机关由于其会期、立法者专业知识的限制等因素，他们不可能胜任如此之多的立法工作，因而他们更愿意将一些规范行政管理领域的立法权交给行政机关来行使。但是当行政机关逐渐掌握了制定规范—执行—裁决的一系列权力后，人们对于行政国的担忧也逐渐变成现实，行政机关的权力可以看作是三权的全部缩影。因此，为防止行政机关自己立法、自己执法所带来的弊端，有必要对其立法、制定规范的行为进行规范，以使立法体现公共利益。本章将行政机关制定规范的行为分为行政立法和制定其他规范性文件的行为两部分加以介绍。

第一节　行政立法行为

【案例9—1】孙志刚案

【基本案情】

2001年毕业于武汉科技学院艺术设计专业的大学生孙志刚，案发前任职于广州达奇服装公司。2003年3月17日晚上，孙志刚在前往网吧的路上，因未携带任何证件被广州市天河区黄村街派出所民警李耀辉带回派出所对其是否为“三无”人员进行甄别。孙被带回后，辩解自己有正当职业、固定住所和身份证，并打电话让成先生“带着身份证和钱”去保释他。于是，成先生和另一个同事立刻赶往黄村街派出所，到达时已接近晚12点。但成先生被警方告知“孙志刚有身份证也不能保释”。李耀辉未将情况向派出所值班领导报告，于是孙被作为拟收容人员送至广州市公安局天河区公安分局待遣所。3月18日晚孙志刚称有病被送往市卫生部门负责的收容人员救治站诊治。3月19日晚至3月20日凌晨孙志刚在该救治站206房遭连续殴打致重伤，3月20日，孙志刚死于这家收容人员救治站。医院在护理记录中认为，孙是猝死，死因是脑血管意外，心脏病突发。而法医的尸检结果表明：孙志刚死亡的原因，是背部大面积的内伤。而当晚值班护士曾伟林、邹丽萍没有如实将孙志刚被调入206房及被殴打的情况报告值班医生和通报接班护士，邹丽萍甚至在值班护理记录上作了孙志刚“本班睡眠六小时”的虚假记录，导致孙志刚未能得到及时救治。

2003年6月27日上午9时40分，广东省高级人民法院对孙志刚被故意伤害致死案作出终审判决，驳回乔燕琴等12名犯故意伤害罪被告人的上诉，维持原判。此前，广州市中级人民法院于6月9日对孙志刚被故意伤害致死案作出一审判决：以故意伤害罪，判处被告人乔燕琴死刑，李海婴死刑、缓期2年执行，钟辽国无期徒刑。其他9名被告人也分别被判处3年至15年有期徒刑。

2003年5月14日，华中科技大学法学院的俞江、中国政法大学法学院的腾彪和北京邮电大学文法学院的许志永三位法学博士以中国公民的名义，将一份题为“关于审查《城市流浪乞讨人员收容遣送办法》的建议书”传真至全国人大常委会法制工作委员会，建议全国人大常委会对收容遣送制度进行违宪审查。三位博士指出，根据《宪法》第37条规定，中华人民共和国公民的人身自由不受侵犯。任何公民，非经人民检察院批准或者决定或者人民法院决定，并由公安机关执行，不受逮捕。禁止非法拘禁和以其他方法非法剥夺或者限制公民的人身自由，禁止非法搜查公民的身体；《行政处罚法》第9条规定，限制人身自由的行政处罚，只能由法律设定；《立法法》第8条和第9条规定，对公民政治权利的剥夺、限制人身自由的强制措施和处罚，只能制定法律。因此，1982年由国务院颁布的收容遣送办法及其实施细则中限制公民人身自由的规定，违反了宪法、行政处罚法和立法法。所以建议对《城市流浪乞讨人员收容遣送办法》进行违宪和违法审查。

国务院总理温家宝6月18日主持召开国务院常务会议，审议并通过了《城市生活无着的流浪乞讨人员救助管理办法（草案）》，同时废止1982年5月发布的《城市流浪乞讨人员收容遣送办法》。

【法律问题】

警察收容审查所赖以存在的《城市流浪乞讨人员收容遣送办法》是否违法、违宪？如果其违法或违宪，公民如何挑战其合法性？又有何途径可供选择？

【法律链接】

《中华人民共和国宪法》

第三十七条　中华人民共和国公民的人身自由不受侵犯。

任何公民，非经人民检察院批准或者决定或者人民法院决定，并由公安机关执行，不受逮捕。

禁止非法拘禁和以其他方法剥夺或者限制公民的人身自由，禁止非法搜查公民的身体。

《中华人民共和国立法法》

第八条　下列事项只能制定法律：

…………

（五）对公民政治权利的剥夺、限制人身自由的强制措施和处罚；

…………

第九条　本法第八条规定的事项尚未制定法律的，全国人民代表大会及其常务委员会有权作出决定，授权国务院可以根据实际需要，对其中的部分事项先制定行政法规，但是有关犯罪和刑罚、对公民政治权利的剥夺和限制人身自由的强制措施和处罚、司法制度等事项除外。

第八十八条　改变或者撤销法律、行政法规、地方性法规、自治条例和单行条例、规章的权限是：

（一）全国人民代表大会有权改变或者撤销它的常务委员会制定的不适当的法律，有权撤销全国人民代表大会常务委员会批准的违背宪法和本法第六十六条第二款规定的自治条例和单行条例；

（二）全国人民代表大会常务委员会有权撤销同宪法和法律相抵触的行政法规，有权撤销同宪法、法律和行政法规相抵触的地方性法规，有权撤销省、自治区、直辖市的人民代表大会常务委员会批准的违背宪法和本法第六十六条第二款规定的自治条例和单行条例；

…………

《行政处罚法》

第九条　法律可以设定各种行政处罚。

限制人身自由的行政处罚，只能由法律设定。

【案例分析】

孙志刚事件是2003年度“十大宪法性事件”之一，该案之所以引起全国人民的关注，不仅因为孙志刚这个刚毕业的大学生无辜丧命，更在于人们对实行了二十多年的收容遣送制度的不满与质疑。孙志刚案虽然只是一个人的遭遇，却折射出中国法制建设中许许多多的问题：从社会治安的管理一直到中国的宪法发展以及宪政建设。所以，有必要进行更充分和更深入的讨论。

收容遣送制度20世纪50年代初就有，当时主要是收容国民党散兵游勇、妓女、吸毒者和流浪乞讨人员等，到1982年才由立法的方式确立了制度。1982年确立后又延续了二十多年。社会治安的维护、公共利益的保护、国家权益的实现，使得这个制度在制定当初有其合理性。当它演变成治安管理制度时，情况有所失控。现实社会生活中，收容站侵犯公民合法权益的事情屡屡发生。然而《行政处罚法》和《立法法》相继出台之后，都确立了有关限制人身自由的强制措施和处罚只能由法律来规定的原则，此时《城市流浪乞讨人员收容遣送办法》不仅不具有当初的合理性，也失去了其存在的合法性。

在我们判定收容审查办法是违宪、违法的前提下，普通公民有什么渠道可以对该办法要求有权国家机关进行审查呢？根据《立法法》，公民认为行政法规、地方性法规、自治条例和单行条例同宪法或者法律相抵触的，可以向全国人民代表大会常务委员会书面提出进行审查的建议，由常务委员会工作机构进行研究，必要时，送有关的专门委员会进行审查、提出意见。在这里，公民只能提起要求审查的建议，并不一定能够启动违宪审查的程序，而且从目前来看，还没有公民的违宪审查的建议启动审查程序的实例。除了公民提出审查的建议之外，国务院也可以自我审查并废止该办法，而《城市流浪乞讨人员收容遣送办法》的废止就是这样做的。全国人大常委会可以主动对该办法进行审查，最高人民法院、最高人民检察院以及军事委员会还可以向全国人大常委会提出审查的要求，然后由常务委员会工作机构分送有关的专门委员会进行审查、提出意见。

【探讨】

为什么《行政处罚法》和《立法法》都要求限制人身自由的事项只能由全国人大及其常委会制定法律？为什么上述两部法律颁行多年以后，与其相违背的《城市流浪乞讨人员收容遣送办法》仍在施行？还可思考一下在孙志刚事件中，媒体、学者在推动中国的宪政与行政法治发展进程中的作用。

【学理研习】

（一）概述

1. 概念。“行政立法”一词在不同的场合有不同的用法，但在我国行政法学理论中和一般的法律生活语境中，“行政立法”一词有其特定的含义，它是指一定范围内的国家行政机关依法制定抽象行为规则的活动，类似于一些西方国家所称的委任立法，一般不是指关于行政管理事务的人大立法。

关于有权进行立法活动的行政机关的范围，学者们的观点不尽相同。多数学者认为，行政立法是指国家行政机关依法定权限和法定程序制定行政法规、规章的活动。按照《立法法》的规定，在我国有权实施行政立法的行政机关包括：国务院及其各部委和直属机构，省、自治区、直辖市和较大的市的人民政府。

2. 行政立法的性质。行政立法权是行政权还是立法权？有的学者提出，应把“法”和“法律”区别开来：“法”是国家制定或认可并以国家强制力保证实施的调整社会关系的所有规范，包括宪法、法律、法规与规章等；而“法律”仅指由全国人民代表大会及其常委会制定的调整重要社会关系的规范。“立法”指制定所有法的规范，则立法权不仅全国人大及其常务委员会可以享有，地方权力机关及国家行政机关也享有。因而，“行政立法既有立法的性质，是一种立法行为，又具有行政权的性质，是一种抽象行政行为”。这种观点得到了许多学者的认同。

3. 行政立法的分类。中国行政法学者对于行政立法的类型主要有以下几种划分方法（参见图9—1）：

(1) 职权立法与授权立法。职权立法是行政机关依照宪法和行政组织法规定的权限所进行的立法。授权立法是行政机关根据宪法、组织法之外的其他单行法律、法规或国家权力机关、上级行政机关通过的决议、决定的授权所进行的立法。有一些学者认为，所有的行政立法都是授权立法，行政机关不能直接根据组织法规定的职权进行立法，组织法的规定只是为行政机关进行立法提供了一种可能，具体到某项法规、规章的制定，还须有法律的明确授权，使这种可能付诸实现。

(2) 执行性立法与创制性立法。执行性立法是指行政机关为贯彻实施国家权力机关制定的法律、法规而制定和发布该法律、法规的实施办法、实施细则的活动。执行性立法的特点是不创制新的权利义务，而只是进一步明确法律、法规既定之权利义务的含义、界限和适用范围，以增强法律、法规的可操作性。创制性立法是指行政机关根据法律的授权，就法律未规定的事项进行立法，创制新的权利义务规范的活动，创制性立法多属职权立法。创制性立法是中国客观存在的行政活动，试图取消创制性立法是不现实的。但是，创制性立法应当如何体现和贯彻依法行政原则，则是一个亟待中国行政法学界认真研究解决的问题。

(3) 执行性立法、补充性立法、自主性立法和试验性立法。执行性立法是指以执行法律或上级机关发布的行政立法文件为目的的行政立法。此类立法在名称中一般带有“实施办法”、“实施细则”的字样。补充性立法是指以补充法律、法规或规章的规定为目的的行政立法。此类立法在名称中一般带有“补充规定”、“补充办法”之类的字样。自主性立法是指不是为了实施某些法律或其他行政管理法规而制定，也不是为了补充某项行政管理法规而制定，而是对法律或其他行政管理法规未规定的事项加以规定的行政立法。此类立法依据宪法和组织法关于行政机关立法职能的规定而进行。试验性立法是指行政机关基于法律或有权机关的授权，对本应由法律规定的事项，在条件尚不充足、经验尚未成熟或社会关系尚未定型的情况下，暂时先由行政立法加以规定，待条件具备后，再正式制定法律的一种立法模式。此类立法一般在名称中有“暂行”或“试行”的字样。

(4) 中央行政立法和地方行政立法。中央行政立法是指国务院制定行政法规以及国务院各部委制定行政规章的活动。地方行政立法是指省、自治区、直辖市人民政府以及较大的市的人民政府制定行政规章的活动。中国是一个单一制的国家，从理论上说，中央行政立法的效力应高于地方行政立法。然而，由于国务院各部、委的行政地位与省级人民政府相同，因而刚刚施行的《立法法》第82条明确规定部门规章与地方政府规章之间具有同等效力。

行政立法
- 以权力来源分：职权立法、授权立法
- 以立法内容分：
  - 执行性立法与创制性立法
  - 执行性立法、补充性立法、自主性立法和试验性立法
- 以立法主体分：中央行政立法、地方行政立法

图9—1 行政立法的分类

4. 行政立法的原则

(1) 依法立法原则。行政立法也是行政机关按照法定权限、法定程序进行的一种行政行为，其仍然要受到合法性原则的约束，具体表现在：1) 遵守立法权限。如果是职权立法，则必须遵守法律所规定的职权范围，在此范围内立法。如果是授权立法，则不仅要遵守授权的范围，所立之法还需符合授权者的目的。2) 遵守立法程序。《行政法规制定程序条例》①、《规章制定程序条例》② 分别为行政法规和行政规章的制定设定了诸多程序，这些程序不仅仅为了确保立法的合法性，同样也为了保证立法的科学性和民主性。3) 不得违反上位法。合法性原则还要求行政机关的立法不能同其上位法相抵触，否则就是违法，甚至违宪，其合法性也就不复存在，同时这也是为了保障法制统一的需要。

(2) 民主参与原则。随着参与行政的逐渐兴起，人们的民主意识、参与意识逐渐增强，为确保《宪法》第2条的实施，保证人民依照法律规定，通过各种途径和形式，管理国家事务，管理经济和文化事业，管理社会事务的实现，同时保障立法的民主性和科学性，民主立法的原则就变得尤为重要。民主立法体现在行政立法程序上，就是行政立法的开放性和公民对立法的参与，确保公民对法案的讨论权和建议权，并逐步建立对公民所提意见、建议的答复制度。可喜的是，目前国务院将行政立法的民主性和参与性的建设纳入依法行政的重要内容之一。③

---

① 2001年11月16日经国务院批准，2002年1月1日起实施。

② 2001年11月16日经国务院批准，2002年1月1日起实施。

③ 2004年国务院颁布了《全面推进依法行政实施纲要》，这是政府依法行政的重要一步，也是新一届政府对公民作出的承诺。其中第16条规定：改进政府立法工作方法，扩大政府立法工作的公众参与程度。实行立法工作者、实际工作者和专家学者三结合，建立健全专家咨询论证制度。起草法律、法规、规章和作为行政管理依据的规范性文件草案，要采取多种形式广泛听取意见。重大或者关系人民群众切身利益的草案，要采取听证会、论证会、座谈会或者向社会公布草案等方式向社会听取意见，尊重多数人的意愿，充分反映最广大人民的根本利益。要积极探索建立对听取和采纳意见情况的说明制度。行政法规、规章和作为行政管理依据的规范性文件通过后，应当在政府公报、普遍发行的报刊和政府网站上公布。政府公报应当便于公民、法人和其他组织获取。

【思考】

如何确保在公民参与立法过程中，行政机关能够采纳公民的意见，以避免参与立法仅仅走过场和形式？

(3) 科学性原则。行政立法在很大程度上都涉及很多专业性、技术性的问题，而且这些立法都往往关系到行政机关执法的效果和成效，因此对行政立法提出科学性的要求。这往往要求行政机关在立法时要认真调研，获得立法所需要的第一手资料，同时要通过专家座谈会、听证会等形式广泛听取专家、学者、实务工作者以及普通群众的意见，确保“兼听则明”和立法的实用性、科学性和可操作性。同时法律、法规、规章和规范性文件的内容要具体、明确，具有可操作性，能够切实解决问题；内在逻辑要严密，语言要规范、简洁、准确。[①] 立法的科学性还要求立法符合经济性的要求，即政府立法不仅要考虑立法过程成本，还要研究其实施后的执法成本和社会成本，确保立法的制定、实施的成本大大小于其给社会带来的收益。

(二) 行政立法程序

根据《立法法》、《行政法规制定程序条例》、《规章制定程序条例》的规定，行政立法的一般程序包括：

1. 立项。国务院有关部门认为需要制定行政法规的，应当于每年年初编制国务院年度立法工作计划前，向国务院报请立项。国务院于每年年初编制本年度的立法工作计划。

国务院部门内设机构或者其他机构认为需要制定部门规章的，应当向该部门报请立项。

省、自治区、直辖市和较大的市的人民政府所属工作部门或者下级人民政府认为需要制定地方政府规章的，应当向该省、自治区、直辖市或者较大的市的人民政府报请立项。

2. 起草。行政法规由国务院组织起草。国务院年度立法工作计划可以确定行政法规由国务院的一个部门或者几个部门具体负责起草工作，也可以确定由国务院法制机构起草或者组织起草。

部门规章由国务院部门组织起草，地方政府规章由省、自治区、直辖市和较大的市的人民政府组织起草。国务院部门可以确定规章由其一个或者几个内设机构或者其他机构具体负责起草工作，也可以确定由其法制机构起草或者组织起草。省、自治区、直辖市和较大的市的人民政府可以确定规章由其一个部门或者几个部门具体负责起草工作，也可以确定由其法制机构起草或者组织起草。

起草规章可以邀请有关专家、组织参加，也可以委托有关专家、组织起草。

3. 审查。行政法规应由起草单位送国务院法制机构进行审查，国务院法制机构应该与起草部门协商后对行政法规送审稿进行修改，形成行政法规起草案和对草案的说明，并提交国务院常务会议审议或直接提请国务院审批。

规章的送审稿由法制机构责任统一审查。

4. 决定。国务院法制机构对行政法规审查后，应向国务院提出审查报告，与行政法规

① 参见《全面推进依法行政实施纲要》第14条。

草案一并提交国务院审议，由国务院常务会议或国务院决定是否通过行政法规草案。

部门规章应当经部门会议或者委员会会议决定。地方政府规章应当经政府常务会议或者全体会议决定。

5. 公布和备案。公布的法律意义在于让人们知道必须遵守和执行的行为规则，凡是未经公布的行政法律规范不能认为已发生法律效力。备案是指将已经发布的行政法律规范，上报法定的机关，使其知晓，并在必要时备查的程序。

行政法规由总理签署国务院令公布，并及时在国务院公报和全国范围内发行的报纸上刊登，在国务院公报上刊登的行政法规为标准文本。行政法规报全国人大常委会备案。

部门规章的发布一般由部门首长签署命令。几个部门联合发布的规章，由几个部门会签以后以一个部门的发布令发布。

地方政府的规章一般由省长、自治区主席、市长签署发布令。

部门规章和地方政府规章报国务院备案，地方政府规章应当同时报本级人民代表大会常务委员会备案，较大的市的人民政府制定的规章应当同时报省、自治区的人民代表大会常务委员会和人民政府备案。

（三）行政立法的监督

1. 立法监督。主要指各级人大及其常委会的监督。权力机关的监督可分为事前监督和事后监督。事前监督主要是指权力机关在授权立法时要明确规定授权的范围、授权的目的以及行使的条件、方法和程序，使行政立法符合授权的目的和宗旨。权力机关对行政立法的事后监督，主要指权力机关对行政立法的审查，对与宪法和法律相违背的行政法规或规章加以撤销。根据《立法法》第88条规定，全国人民代表大会常务委员会有权撤销同宪法和法律相抵触的行政法规；省、自治区、直辖市的人民代表大会有权改变或者撤销它的常务委员会制定的和批准的不适当的地方性法规；地方人民代表大会常务委员会有权撤销本级人民政府制定的不适当的规章；另外，根据《立法法》第90条，有权国家机关可以提出全国人大常委会对涉嫌违宪或违法的行政法规、地方性法规进行审查的要求，普通公民可以提出审查的建议。

2. 行政监督。这是利用行政层级的监督权，由上级机关来审查行政立法有无违法。《立法法》第88条规定，国务院有权改变或撤销不适当的部门规章和地方政府规章；省、自治区的人民政府有权改变或撤销下一级人民政府制定的不适当的规章。另外，地方性法规、自治区条例和各种规章在制定后都要向国务院备案，国务院可进行审查。

3. 司法监督。司法监督目前在我国还比较弱。我国的行政诉讼法将抽象行政行为排除在审查的范围之内，因此可以说我国目前还未建立对行政立法的司法审查制度。但是这并不是说在面对行政立法时，法院毫无作为。首先，法院有选择适用法律的权力，因此当法院在适用法律时发现行政法规或规章存在与上位法相抵触的情形，此时法院可以径直越过行政立法，而直接适用法律。其次，根据《行政诉讼法》和《立法法》，人民法院审理行政案件，依据法律、行政法规、地方性法规、自治条例和单行条例，参照规章。在参照规章时，应当对规章的规定是否合法、有效进行判断，有效的予以参照，无效的不予参照。[①] 当然，即使法院可以判断其合法性，可以选择是否适用，但是法院并没有权力宣告其违法或对其加以撤销，不过如果出现法院系统普遍不适用某一行政立法，则其实效将大大降低。

第二节　制定其他规范性文件的行为

【案例9—2】徐素华不服成都市公安局金牛区分局行政处罚案[②]

【基本案情】

1992年5月，原告徐素华经营的录像厅播放一部名为《打零我要》的录像被成都市公安局金牛区公安分局西安路派出所民警发现，将其播放设备没收。后经成都市公安局鉴定，认定《打零我要》系淫秽录像，金牛区公安分局给予原告治安罚款2 000元的行政处罚。原告不服，向成都市公安局提起行政复议，复议机关维持了原裁决。原告遂向成都市金牛区人民法院提起行政诉讼。金牛区人民法院经审理认为：金牛区公安分局认定徐素华1992年5月11日20时左右，在其经营的"羽华茶馆"播放淫秽录像事实清楚、证据确凿，根据《治安管理处罚条例》第33条第2款的规定，给予罚款2 000元的治安行政处罚正确。被告根据公安部《关于没收、处理违反治安管理所得财物和使用工具的暂行规定》第3项第4目的规定，没收原告徐素华的财物，未向徐送达裁决书，系处罚程序有误。为此，依照《行政诉讼法》第54条第1款第1项、第2项第3目的规定，作出判决：维持金牛区公安分局第1507号治安管理处罚；撤销金牛区公安分局没收徐素华G—30录像机、VPAI彩色电视机各一台的处罚。被告不服，向成都市中级人民法院提起上诉，二审法院认为金牛区公安分局对徐素华治安行政处罚的主要依据是成都市公安局对《打零我要》录像的鉴定，金牛区公安分局认为成都市公安局有权鉴定的依据有四川省省委办公厅、省政府办公厅所制定的川委办（1991）68号文件中第四项的规定，即"由省公安厅鉴定"，以及四川省公安厅公治发（1992）26号通知中省公安厅将对成都市范围内所收缴的录像是否属淫秽的鉴定权赋予了成都市公安局的规定。因此，被告认为成都市公安局有鉴定权，其鉴定结论是合法有效的。但是，该鉴定结论的作出不符合中华人民共和国新闻出版署《关于认定淫秽及色情出版物的暂行规定》第5条第2款的规定。因此，金牛区公安分局认定徐素华播放淫秽录像的事实证据不足，对徐所造成的损失，应承担行政赔偿责任；原审人民法院对被诉具体行政行为的事实证据审查不严。据此，于1993年4月20日作出判决：(1) 撤销成都市金牛区人民法院（1992）金法行字第3号行政判决第1

---

① 参见2004年5月18日最高人民法院公布的《关于审理行政案件适用法律规范问题的座谈会纪要》。

② 参见宋随军、梁凤云主编：《行政诉讼证据案例与评析》，544页，北京，人民法院出版社，2005。

项，即撤销金牛区公安分局第1507号《治安管理处罚裁决书》；（2）维持成都市金牛区人民法院（1992）金法行字第3号行政判决中第2项，即撤销金牛区公安分局没收徐素华G—30录像机、VPAI彩色电视机各一台的行政处罚；(3) 金牛区公安分局赔偿徐素华损失178元。

【法律问题】

本案的关键在于判断公安局是否有权对淫秽物品进行鉴定，以及川委办（1991）68号文件的效力。

【法律链接】

《行政处罚法》

第十五条　行政处罚由具有行政处罚权的行政机关在法定职权范围内实施。

新闻出版署《关于认定淫秽及色情出版物的暂行规定》

第五条第二款　各省、自治区、直辖市新闻出版局组织有关部门的专家组成淫秽及色情出版物鉴定委员会，对本行政区域内发现的淫秽出版物，色情出版物提出鉴定或者认定意见报新闻出版署。

《行政诉讼法》

第五十二条　人民法院审理行政案件，以法律和行政法规、地方性法规为依据。地方性法规适用于本行政区域内发生的行政案件。

人民法院审理民族自治地方的行政案件，并以该民族自治地方的自治条例和单行条例为依据。

第五十三条　人民法院审理行政案件，参照国务院部、委根据法律和国务院的行政法规、决定、命令制定、发布的规章以及省、自治区、直辖市和省、自治区的人民政府所在地的市和经国务院批准的较大的市的人民政府根据法律和国务院的行政法规制定、发布的规章。

人民法院认为地方人民政府制定、发布的规章与国务院部、委制定、发布的规章不一致的，以及国务院部、委制定、发布的规章之间不一致的，由最高人民法院送请国务院作出解释或者裁决。

【案例分析】

本案公安机关赖以作出行政处罚的依据是其对《打零我要》录像的鉴定，其鉴定权来源于川委办（1991）68号文件，而该文件只是一个规范性文件，其效力低于行政法规和规章。新闻出版署制定的《关于认定淫秽及色情出版物的暂行规定》中，明确规定由新闻出版局组织有关部门的专家组成鉴定委员会进行鉴定，并没有授权公安局进行鉴定，由于该规定是部门规章，其效力高于本案中公安局所依据的规范性文件，故在行政诉讼中，法院应参照该规章直接判断金牛区公安分局的鉴定行为是越权行为，其鉴定结论也就不能被法院采纳。另外，还需注意，尽管法院不能受理公民对行政机关制定的规范性文件不服提起的行政诉讼，但这并不表明法院在诉讼中要受规范性文件的约束。根据《行政诉讼法》，法院审理行政诉讼案件依据法律、法规，参照规章。因此法院尽管不能审查规范性文件，但可以在诉讼中对其效力进行判断，以决定依据该规范性文件作出的行政行为是否合法。

【探讨】

本案原告如果通过行政复议，是否也可以解决该规范性文件的效力问题？

【学理研习】

（一）其他规范性文件的概念

制定规范性文件的行政行为除了行政立法行为以外，还有一些是行政机关制定具有普遍约束力的决定、命令、规定等规范性文件的行为，它们不属于行政立法行为，而被称为制定其他规范性文件的行为。《行政处罚法》第14条中，已明确使用了"其他规范性文件"一词。制定其他规范性文件的行为，是指行政机关为了实施法律、执行政策，在法定权限内制定除法规、规章以外的具有普遍约束力的决定、命令、规定、通知等规范性文件的行为。

（二）其他规范性文件的性质

其他规范性文件纷繁复杂、千差万别，但其共同的性质是一样的，都属于行政机关制定的具有普遍约束力的规范性文件，都属于抽象行政行为。

（三）其他规范性文件的种类

其他规范性文件的种类从不同的角度可作不同的划分。

1. 从行政主体的角度划分为：（1）国务院规定行政措施，发布决定、命令的行为；（2）县级以上地方各级人民政府规定行政措施，发布决定、命令的行为；（3）乡、民族乡、镇的人民政府发布决定、命令的行为；（4）国务院各部门和县以上各级地方人民政府工作部门针对非特定对象制定的具有普遍约束力的规范性文件的行为。

2. 从权限上划分为：（1）享有法规制定权的行政机关发布的行政规范性文件；（2）享有规章制定权的行政机关发布的行政规范性文件；（3）不享有法规和规章制定权的行政机关发布的行政规范性文件。

（四）其他规范性文件的法律效力

从行政规范性文件的本质属性来看，它和法律、法规、规章一样，具有国家意志性和国家强制性。行政规范性文件是国家机关代表国家并且以国家的名义制定的，它当然具有国家意志的属性。同时，行政规范性文件作为国家政权重要组成部分的国家行政执法权运行的具体表现形式之一，也离不开国家强制力的保障和支持。离开了国家强制力，行政执法工作就无法进行，行政规范性文件所设定的权利和义务就成了一纸空文。因此，行政规范性文件所体现的国家意志和国家强制力，与法律、法规、规章具有一致性，这就使其具备了与法基本相同的属性，从而也就使其具备了作为行政执法依据的基础条件。

（五）对其他规范性文件的监督

1. 行政监督。首先，各级人民政府有权改变或撤销所属各工作部门的不适当的命令、指示和下级人民政府的不适当的决定、命令。其次，根据《行政复议法》第7条，公民、法人或者其他组织认为行政机关的具体行政行为所依据的下列规定不合法，在对具体行政行为申请行政复议时，可以一并向行政复议机关提出对该规定的审查申请：国务院部门的规定；县级以上地方各级人民政府及其工作部门的规定；乡、镇人民政府的规定。

2. 司法监督。我们在前面已经提到，法院审理行政案件，依据法律、法规，参照规章，因此其他规范性文件对法院没有约束力。2000年《行政诉讼法司法解释》第62条第2款规定："人民法院审理行政案件，可以在裁判文书中引用合法有效的规章及其他规范性文件。"2004年《关于审理行政案件适用法律规范问题的座谈会纪要》也对此提出了指导意见："行政审判实践中，经常涉及有关部门为指导法律执行或者实施行政措施而作出的具体应用解释和制定的其他规范性文件……行政机关往往将这些具体应用解释和其他规范性文件作为具体行政行为的直接依据，这些具体应用解释和规范性文件不是正式的法律渊源，对人民法院不具有法律规范意义上的约束力。但是，人民法院经审查认为被诉具体行政行为依据的具体应用解释和其他规范性文件合法、有效并合理、适当的，在认定被诉具体行政行为合法性时应承认其效力；人民法院可以在裁判理由中对具体应用解释和其他规范性文件是否合法、有效、合理或适当进行评述。"从上述规定中我们可以看出，尽管法院不能直接受理公民对其他规范性文件提起的行政诉讼，但却可以在诉讼中对具体行政行为所依据的其他规范性文件进行判断、评价。如果其合法，则可以在判决书中引用，反之，则不承认其效力。尽管不能对其加以撤销或宣告无效，但可以对依据该规范性文件作出的具体行政行为作出撤销或确认违法的判决。

【思考】

请思考，在最高人民法院《关于审理行政案件适用法律规范问题的座谈会纪要》中规定法院可以对其他规范性文件的合法性以及合理性进行评述，是否突破了现行《行政诉讼法》不能对抽象行政行为进行审查，以及行政诉讼只能对合法性进行审查的规定？

【问题与思考】

1.《重庆市林业行政处罚条例》（以下简称《条例》）第22条规定："木材检查站扣留的木材或规定林产品，由县级以上人民政府林业主管部门按下列规定处理：（一）无木材运输证的，予以没收；属树种、材种、品名、数量、规格与运输证填写内容不符的，没收不符部分或超运部分；没收实物有困难的，可收缴实物变价款，并出具专用收据……"《行政处罚法》第8条第3项规定："没收违法所得、没收非法财物。"对于无运输证的木材或规定林产品是否属于违法所得或非法财物，即《条例》第22条第1款第1项与《行政处罚法》第8条第3项的规定是否一致，重庆市高级人民法院审判委员会经讨论形成两种意见，并向最高人民法院请示。

请问：《条例》的规定是否违反《行政处罚法》？

2. 为保障粮油供应和市场粮油价格稳定，青海省工商行政管理局、物价局、税务局和公安厅于1994年8月1日联合发布了《关于加强粮油市场管理的通告》（以下简称《通告》），互助土族自治县人民政府于1994年10月15日作出《关于进一步加强粮油收购及市场管理工作的通知》（以下简称《通知》），规定在以县为单位完成粮油收购任务之前，除国有粮食部门以外，其他任何单位和个人都不得收购、贩运粮油。原告李发森从事个体粮油经营，他于1994年10月至11月间，多次收购和加工油菜籽，互助县工商局根据《通告》及《通知》的规定，对其作出了行政处罚，决定没收其未加工的2 826千克油菜籽，并处以六千三百余元罚款。李发森不服，提起行政复议。互助县政府作出复议决定，变更原行政处罚，仅没收未加工的2 826千克油菜籽。李发森仍不服，遂提起行政诉讼，诉称被告没收油菜籽的《通知》无法律依据，明显与上级《通告》相抵触，属滥用职权的行为，请求法院判决撤销被告的行政处罚决定，判令被告返还财物并承担扣押油菜籽所造成的损失。被告辩称，原告提出在县政府《通知》中“没收”无法律依据，与上级《通告》相抵触的问题，只能由上级国家行政机关或国家权力机关认定，对此，原告无权提出行政诉讼，请求法院驳回原告的诉讼请求。①

请问：《通知》中规定了没收的处罚手段，是否符合《行政处罚法》的规定？县工商局能否直接依据该《通知》对原告进行处罚？法院是否应当受《通知》的约束？

① 参见最高人民法院中国应用法学研究所编：《人民法院案例选（行政卷）》（上），345页，北京，中国法制出版社，2000。

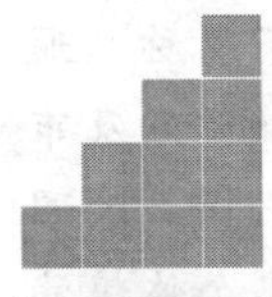

第十章 依职权的行政行为

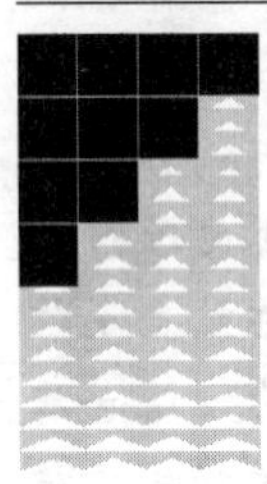

参考资料

1. 应松年主编. 当代中国行政法. 北京：中国方正出版社，2005

2. 杨建顺. 行政规制与权利保障. 北京：中国人民大学出版社，2007

3. 金伟峰，姜裕富. 行政征收征用补偿制度研究. 杭州：浙江大学出版社，2007

4. 杨建顺. 正确理解责令改正和行政处罚的关系. 中国医药报，2005-06-04

5. 莫于川. 我国的公共应急法制建设——非典危机管理实践提出的法制建设课题. 中国人民大学学报，2003 (4)

6. 莫继宏. 中国紧急状态法的立法状况及特征. 法学论坛，2003 (4)

本章提要

行政行为以是否可以由行政主体主动实施为标准，可分为依职权行政行为和依申请行政行为。其中，依职权的行政行为是指行政主体根据其所具有的法定职权，不需要行政相对人的申请即可作出的行政行为，又称主动行政行为，其类型很多。本章选择讨论其中若干常见的依职权的行政行为，包括行政命令、行政处罚、行政强制、行政征收、行政征用、行政紧急行为等。

第一节　行政命令

【案例 10—1】泸州正大饲料有限公司不服四川省工商局、泸州市工商局责令变更企业名称案①

【基本案情】

四川省工商行政管理局（以下简称省工商局）于 2002 年 8 月 1 日对泸州市工商行政管理局（以下简称市工商局）作出川工商函（2002）189 号《关于纠正企业名称的通知》，认为市工商局注册的企业“泸州正大饲料有限公司”，其名称已损害了“正大”注册商标的专用权和在先权利人的合法权利，并导致社会公众及消费者的误解、误认。根据《企业名称登记管理规定》及相关规定，请市工商局对该企业名称予以纠正。市工商局根据省工商局的通知，于 2003 年 2 月 25 日对上诉人作出川工商泸办（2003）37 号责令变更企业名称的通知，责令上诉人变更企业名称。泸州正大饲料有限公司不服，向泸州市龙马潭区人民法院提起诉讼。

泸州市龙马潭区人民法院经审理认为原告诉讼理由不能成立，判决被告省工商局的川工商函（2002）189 号《关于纠正企业名称的通知》和市工商局的川工商泸办（2003）37 号《责令限期变更企业名称的通知》合法。

泸州正大饲料有限公司不服一审判决，提起上诉。泸州市中级人民法院经审理认为上诉人的起诉不符合法定条件，一审判决错误，依法应予纠正，上诉人的上诉理由不能成立。因此裁定撤销泸州市龙马潭区人民法院的一审判决，驳回上诉人泸州正大饲料有限公司的起诉。

【法律问题】

如何认定省工商局的公函和市工商局“责令限期变更企业名称”的通知的性质？

【法律链接】

《企业名称登记管理规定》

第四条　企业名称的登记主管机关（以下简称登记主管机关）是国家工商行政管理局和地方各级工商行政管理局。登记主管机关核准或者驳回企业名称登记申请，监督管理企业名称的使用，保护企业名称专用权。

第五条　登记主管机关有权纠正已登记注册的不适宜的企业名称，上级登记主管机关有权纠正下级登记主管机关已登记注册的不适宜的企业名称。

国家工商行政管理局《关于解决商标与企业名称中若干问题的意见》

四、商标中的文字和企业名称中的字号相同或者近似，使他人对市场主体及其商品或者服务的来源产生混淆（包括混淆的可能性，下同），从而构成不正当竞争的，应当依法予

① 案例来源：http：//www. fsou. com/html/text/fnl/1174669/117466977. html。

以制止。

十、违反商标管理和企业名称登记有关规定使用商标或者企业名称产生混淆的，由有管辖权的工商行政管理机关依法予以查处。

【案例分析】

首先，省工商局的公函《关于纠正企业名称的通知》是依法要求市工商局履行工商行政管理职责的一个内部监督措施，从省、市工商局的关系上看，这应该是一个内部管理行为，是基于上下级行政机关的领导与被领导关系而作出的督促行为。因此，这个公函的作用对象是市工商局，实际作用是省工商局督促市工商局依法行使职权。

其次，市工商局根据省工商局的这个公函作出责令变更企业名称的通知，责令泸州正大饲料有限公司变更企业名称也是有法律依据的。因为《企业名称登记管理规定》第5条规定"登记主管机关有权纠正已登记注册的不适宜的企业名称"，市工商局责令本案原告变更企业名称，实际上是对相对人作出的要求其纠正错误的行政命令。从行政机关内部管理关系的角度看，该行为是市工商局执行上级机关——省工商局通知的行为，但就外部行政管理关系而言，该行为是市工商局独立地对外部相对人实施的具体行政行为。

解决了省、市工商局行为的性质后，则本案中诉讼主体问题就可以解决了。行政诉讼确定被告的一般原则是"谁行为，谁被告"，"谁主体，谁被告"。本案中，市工商局依法有独立行使纠正不适当的企业名称的权力，但该局没有行使其权力，损害了"正大"注册商标的专用权和在先权利人的合法权利。省工商局注意到这一点，基于上下级关系督促市工商局依法行使该权力。而市工商局作出责令纠正的命令，除了是接受上级机关的监督之外，最主要的还是其具有这项权力。同时，省工商局的公函是发给市工商局的，并没有外部相对人，市工商局作出的命令才是直接针对泸州正大饲料有限公司作出的。因此，本案只能以市工商局作为被告。

【探讨】

本案如果省工商局直接依据《企业名称登记管理规定》第5条"上级登记主管机关有权纠正下级登记主管机关已登记注册的不适宜的企业名称"之规定，而向泸州正大饲料有限公司直接发出纠正企业名称的命令，那么该企业能否以其为被告提起诉讼？

【学理研习】

（一）行政命令的概念

行政命令是行政机关在管理国家和社会公共事务中广泛采用的一种权力手段。宽泛地来说，行政命令泛指行政机关所作的带有强制力的一切决定或者措施。但是，从行政法角度而言，作为行政行为的一种，行政命令具有特定的含义，它是指行政主体依法要求行政相对人为或者不为一定行为（作为或者不作为）的意思表示。本部分就是在后一种意义上来讨论行政命令行为的。

也有学者为行政命令赋予了其他内涵，如有学者认为，行政命令是指各级行政机关在职权范围内对外发布的具有普遍效力的非立法性规范。它是对外抽象行政行为中排除行政立法的那一部分。[①] 西方有学者以行政命令指代国家行政机关制定和发布行政法规，并将行政命令分为执行命令、委托命令、独立命令、紧急命令四类。这种理解其实是将我们通常所说的“行政主体制定的其他规范性文件”称为行政命令，有别于学界通常对于行政命令的界定。

行政命令在形式上多种多样，似乎也包括了职务任免令、授权令等类型的各种命令。但是，要理解行政命令的实质，还需明确仅仅具有“令”之形式的行为或公文并不一定属于我们这里所说的行政命令。判断的标准在于行政命令的本质特征。

（二）行政命令的特征

1. 行政命令是行政主体作出的行为。行政命令体现国家意志，但仅指由行政主体作出的命令行为，有别于行使其他公权力的主体作出的命令行为，不包括国家权力机关、司法机关、政党组织等的命令行为。

2. 行政命令不包括行政主体制定规范的行为。行政命令是为特定的行政相对人设定某种或者某些具体的行为规则，有别于行政主体针对不特定的对象制定规范的行为。

3. 行政命令是行政主体依职权作出的行为。行政命令是行政主体为了达到一定的行政目的，直接依据其法定职权作出的，而无须行政相对人的申请。

4. 行政命令是为行政相对人设定义务或规则的行为。就命令内容而言，行政命令只涉及行政相对人的义务和负担，而不涉及行政相对人的权利，因此，有别于行政主体作出的赋权行为或授益行为。就命令对象而言，行政命令表现为行政主体要求行政相对人作出一定的行为，或者要求行政相对人不得作出一定的行为，而不需要行政主体亲自去作某种行为。

5. 行政命令通常以行政处罚或者行政强制执行为保障。行政命令虽然是要求相对人作出或者不得作出特定的行为，但是，如果相对人不令行禁止，则会引致行政主体对其进行行政处罚或者予以强制执行。正是从这个角度讲，行政命令带有强制性。例如，根据《城乡规划法》的规定，对违法建筑应当责令限期拆除，逾期不拆除的，予以强制拆除。

（三）行政命令的种类

根据内容的不同，可以将行政命令分为作为命令和不作为命令。前者是狭义上的命令，指要求行政相对人为一定行为；后者即禁令，是要求行政相对人不得为一定行为。

行政命令的作出既可能是出于社会秩序维护和公共事务管理的需要，如命令纳税、因举办赛事而设置道路禁行标志、禁止旅客携带危险品乘坐交通工具等；也可能是针对行政相对人行为违法，如责令拆除违法建筑、责令停止排污等。这后一类命令形式，通常被称为责令（限期）改正，也就是行政主体命令违法行为人停止违法行为，履行法定义务，恢复原状，弥补损害。我们认为，责令（限期）改正是一种行政命令，既包括命令停止违法行为，也包括命令消除违法行为带来的消极后果和弥补损害。

---

① 参见朱新力：《行政法基本原理》，145页，杭州，浙江大学出版社，1995。

【思考】

仅仅是下级机关执行上级机关的命令，当事人对该命令不服应该以谁为被告？这要区分不同的命令。如果该命令是具有普遍约束力的行政命令，或者是行政机关内部公文，毫无疑问应当以下级机关为被告。但如果该命令本身就是对外作出的具体行政行为，已有明确具体的行政相对人作为该命令行为的指向对象，会直接产生法律后果，那么这时候就不以执行该命令的下级机关作为被告，而应以作出该命令的上级机关作为被告；因为这时下级机关执行该行政命令的行为，可以视为接受上级机关的委托而作出的一种事实行为，当事人不服该行政命令，应以上级机关为被告提起行政诉讼。当然，如果下级机关在执行上级机关的行政命令时，本身采取的执行措施违法，致使其执行行为超出了上级机关命令的范围，则该行为应属下级机关自身的行为，受到损害的当事人可以就执行措施以该下级机关为被告提起行政诉讼。实际上，本案不属于上面讨论的情况，而是市工商局接受上级监督之后，依据职权和职责针对本案原告作出的对其权利义务产生实际影响的行政行为，虽然形式上这只是一个通知。

第二节　行政处罚

【案例10—2】A公司制作、销售假冒某名牌啤酒包装（易拉罐）案

【基本案情】

2003年12月，某市质量技术监督局稽查支队根据举报对A公司进行检查发现，2003年10月至12月，A公司受B公司委托，生产加工某名牌啤酒易拉罐2 985 186只，收取加工费20万元。B公司将该批易拉罐用于生产假冒某名牌啤酒。A公司在审查B公司提供的证明文件时，没有要求其出示原件，也没有与真正的名牌啤酒生产企业联系以核实委托人的真实身份。质量技术监督局根据《产品质量法》第61条“知道或者应当知道属于本法规定禁止生产、销售的产品而为其提供运输、保管、仓储等便利条件的，或者为以假充真的产品提供制假生产技术的，没收全部运输、保管、仓储或者提供制假生产技术的收入，并处违法收入百分之五十以上三倍以下的罚款”的规定，对A公司作出如下处罚：责令改正；没收用于制作某名牌啤酒易拉罐的树脂版4张和违法所得20万元；处以违法所得3倍罚款计60万元。

【法律问题】

判断本案中质量技术监督局对A公司作出的行政行为是否属于行政处罚。关键看它是否属于法定的行政处罚种类，是否符合行政处罚的概念和特征。

【法律链接】

《行政处罚法》

第三条　公民、法人或者其他组织违反行政管理秩序的行为，应当给予行政处罚的，

依照本法由法律、法规或者规章规定，并由行政机关依照本法规定的程序实施。

没有法定依据或者不遵守法定程序的，行政处罚无效。

第八条 行政处罚的种类：

（一）警告；

（二）罚款；

（三）没收违法所得、没收非法财物；

（四）责令停产停业；

（五）暂扣或者吊销许可证、暂扣或者吊销执照；

（六）行政拘留；

（七）法律、行政法规规定的其他行政处罚。

《中华人民共和国产品质量法》

第六十一条 知道或者应当知道属于本法规定禁止生产、销售的产品而为其提供运输、保管、仓储等便利条件的，或者为以假充真的产品提供制假生产技术的，没收全部运输、保管、仓储或者提供制假生产技术的收入，并处违法收入百分之五十以上三倍以下的罚款；构成犯罪的，依法追究刑事责任。

【案例分析】

很显然，质量技术监督局对A公司的处理属于“行政处罚”。第一，从行政处罚种类看，罚款是一种法定的基本行政处罚行为。第二，从行政处罚的基本概念和特征看，实施的主体是质量技术监督局，是法定的行政执法机关；实施的事由是A公司生产假冒产品包装，违反了行政管理规范；实施的依据是《产品质量法》。因此，这是一起典型的行政处罚案件。

【探讨】

本案中A公司并不知道B公司委托其加工包装是用于生产假冒产品，即主观上没有违法的故意。如果A公司主观上有生产假冒产品的故意，则此案应当如何处理？

【案例10—3】北京市某区公安机关交通管理部门处罚王某占道停车案

【基本案情】

2006年5月，王某将车停放在北京市天坛公园北门对面路边某商店门前空地后进入天坛公园游玩。从公园出来时发现车窗处被交通协管人员贴上了违章停车处理通知单。王某到该区交通执法站接受处理时提出申辩称：其停车的空地距道路有一定距离，属于商店门前空地，不属于道路范围，当地也没有禁停标志，且天坛公园北门附近没有停车场，不应作为占道停车。负责处理案件的民警回答：“我看你这样的就该罚，不服的话你可以到上级复议我。”并根据《道路交通安全法》（2003年）第56条“机动车应当在规定地点停放。禁止在人行道上停放机动车；但是，依照本法第三十三条规定施划的停车泊位除外”和《北京市实施〈中华人民共和国道路交通安全法〉办法》第99条“驾驶机动车有下列情形之一的，处200元罚款：（一）违反规定停放车辆的……”的规定，对王某处以200元罚款的行政处罚。

【法律问题】

判断本案中公安局交通管理部门对王某作出的行政处罚行为是否符合行政处罚的原则。

【法律链接】

《行政处罚法》

第三条　公民、法人或者其他组织违反行政管理秩序的行为，应当给予行政处罚的，依照本法由法律、法规或者规章规定，并由行政机关依照本法规定的程序实施。没有法定依据或者不遵守法定程序的，行政处罚无效。

第四条　行政处罚遵循公正、公开的原则。

设定和实施行政处罚必须以事实为依据，与违法行为的事实、性质、情节以及社会危害程度相当。对违法行为给予行政处罚的规定必须公布；未经公布的，不得作为行政处罚的依据。

第五条　实施行政处罚，纠正违法行为，应当坚持处罚与教育相结合，教育公民、法人或者其他组织自觉守法。

第六条　公民、法人或者其他组织对行政机关所给予的行政处罚，享有陈述权、申辩权；对行政处罚不服的，有权依法申请行政复议或者提起行政诉讼。

公民、法人或者其他组织因行政机关违法给予行政处罚受到损害的，有权依法提出赔偿要求。

第二十四条　对当事人的同一个违法行为，不得给予两次以上罚款的行政处罚。

第二十八条　违法行为构成犯罪，人民法院判处拘役或者有期徒刑时，行政机关已经给予当事人行政拘留的，应当依法折抵相应刑期。违法行为构成犯罪，人民法院判处罚金时，行政机关已经给予当事人罚款的，应当折抵相应罚金。

《中华人民共和国道路交通安全法》（本案发生时适用2003年《道路交通安全法》，此法2007年已修正）

第五十六条　机动车应当在规定地点停放。禁止在人行道上停放机动车；但是，依照本法第三十三条规定施划的停车泊位除外。

在道路上临时停车的，不得妨碍其他车辆和行人通行。

第八十七条　公安机关交通管理部门及其交通警察对道路交通安全违法行为，应当及时纠正。

公安机关交通管理部门及其交通警察应当依据事实和本法的有关规定对道路交通安全违法行为予以处罚。对于情节轻微，未影响道路通行的，指出违法行为，给予口头警告后放行。

第九十三条　对违反道路交通安全法律、法规关于机动车停放、临时停车规定的，可以指出违法行为，并予以口头警告，令其立即驶离。

机动车驾驶人不在现场或者虽在现场但拒绝立即驶离，妨碍其他车辆、行人通行的，处二十元以上二百元以下罚款，并可以将该机动车拖移至不妨碍交通的地点或者公安机关交通管理部门指定的地点停放。

第一百一十九条　本法中下列用语的含义：

（一）“道路”，是指公路、城市道路和虽在单位管辖范围但允许社会机动车通行的地方，包括广场、公共停车场等用于公众通行的场所。

…………

《北京市实施〈中华人民共和国道路交通安全法〉办法》

第八十条　公安机关交通管理部门及其交通警察对道路交通安全违法行为，应当及时纠正并依法予以处罚。对情节轻微，未影响道路通行的，指出违法行为，给予口头警告后放行。

第九十九条　驾驶机动车有下列情形之一的，处200元罚款：

（一）违反规定停放车辆的。

…………

【案例分析】

公安局对王某的处罚违背了多条行政处罚原则。第一，按照处罚法定原则，行政处罚必须有法定的依据。本案中交管部门适用法律进行了不恰当的选择。《道路交通安全法》第87条和《北京市实施〈中华人民共和国道路交通安全法〉办法》第80条同样作出规定：“对情节轻微，未影响道路通行的，指出违法行为，给予口头警告后放行。”本案中王某将车停放在距离道路较远的商店门前空地上，显然符合这一情节，不应予以罚款的处罚。《道路交通安全法》第119条还规定：“‘道路’，是指公路、城市道路和虽在单位管辖范围但允许社会机动车通行的地方，包括广场、公共停车场等用于公众通行的场所。”按照这一定义，商店门前距离道路较远的空地是否属于“道路”本身即可争议。从行政处罚是为了维护行政管理秩序，消除有害行为这一目的看，商店门口空地停车无损于交通秩序，不应列入“道路”范围。第二，按照处罚公正、公开原则，即使本案中王某停车行为的违法性质成立，也有很多从轻处理的因素，如停车场所无损于交通秩序、没有禁停标志等，应当从轻处理，但处罚中并未从轻。第三，交警对相对人说“我看你这样儿的就该罚”，显然不符合处罚与教育相结合的原则。

【探讨】

本案中如果王某对交管部门的处罚不服，应当如何进行权利救济？为什么交通执法中相对人不服的很多，但提起救济的却很少？现行交通管理体制中，有哪些因素制约了相对人的权利保障和救济？

【学理研习】

（一）行政处罚概述

1. 行政处罚的概念

对于行政处罚的概念的界定，目前理论界分歧不大，比较一致的表述是：行政处罚是指行政机关或其他行政主体依照法定职权和程序对违反行政法规范尚未构成犯罪的相对人给予行政制裁的具体行政行为。

【思考】

关于行政处罚概念的认识，应注意以下两个问题：

(1) 概念界定的目的和作用。界定行政处罚的概念，除便于进行行政法学研究以外，在行政处罚的设定、实施、监督与救济中也有重要意义。只有在明确概念界定的基础上，才能够判断一个行政行为是否属于行政处罚。《行政处罚法》第8条规定，行政处罚的种类包括“法律、行政法规规定的其他行政处罚”。可见，如果不对行政处罚的概念进行界定，则无法判断“法律、行政法规规定的”其他制裁性措施是否属于行政处罚，也只有先界定概念，才能决定实施、监督和救济是否适用相应的行政处罚法律规范。

(2) 上述行政处罚的概念界定中有值得商榷之处。一是将“依照法定职权和程序”作为认定行政行为是否属于行政处罚的要件。事实上，不依照法定职权和程序作出的行政处罚应当认定为“无效的行政处罚”，而“无效的行政处罚”是否不属于行政处罚，值得商榷。在司法实践中，一般对此种行政行为仍按照行政处罚判断，作出撤销行政处罚等判决，而不是认定其不属于行政处罚。二是将“尚未构成犯罪”作为适用行政处罚的条件。事实上，对已经构成犯罪的行政违法行为，在移送司法机关追究刑事责任之前，行政机关也可以予以行政处罚，只是相应的处罚在追究刑事责任时予以折抵。可见，对已经构成犯罪的相对人给予行政制裁，也是行政处罚行为。但是，以上行政处罚的概念是当前行政法学的通说，在学习中应当予以充分重视。

2. 行政处罚的特征

(1) 实施行政处罚的主体是作为行政主体的行政机关和法律法规授权的组织。行政处罚的主体是判断一项制裁性行为是“不属于行政处罚”还是属于“无效的行政处罚”的关键条件。例如，城管局对抗拒城管执法的人员作出“行政拘留”的处罚决定，即属于越权执法，但其主体是行政机关，则应作为“无效的行政处罚”处理；而一名普通公民将一名违章停车的司机关押起来，即使其声称其行为目的是制止违法行为或维护交通秩序，也不能认定其行为是行政处罚，而应追究其非法拘禁他人的责任。

(2) 行政处罚的对象是实施了违反行政法律规范行为的公民、法人或其他组织。此处，行政处罚的对象只是行政处罚主体认定为违法的相对人，而并不以事实上是否违法作为判断的依据。这是因为行政行为具有公信力，在其作出之后即应被推定为合法。即使经过行政诉讼被司法机关认定为相对人不存在违法行为，也不能改变已经作出的行政处罚行为的性质。

(3) 行政处罚的性质是一种以惩戒违法为目的、具有制裁性的具体行政行为。其制裁性具体表现在对违法的行政相对人的权益进行限制、剥夺，或对其科以新的义务。这是行政处罚的最本质特征。行政处罚的最终目的是消除违法，而惩戒和制裁则是手段。如果不具备这样的特征，则处罚的目的将无从实现。也正是因为有这一特征存在，才特别需要对行政处罚行为作出严格的限制，以免权力的滥用和相对人权利受到侵害。

3. 行政处罚的种类

《行政处罚法》第3条规定：“没有法定依据或者不遵守法定程序的，行政处罚无效。”根据这一规定，行政处罚的种类必须有法定的依据，没有法定依据不能实施行政处罚。

《行政处罚法》第 8 条规定了 7 类行政处罚：（1）警告；（2）罚款；（3）没收违法所得、没收非法财物；（4）责令停产停业；（5）暂扣或者吊销许可证、暂扣或者吊销执照；（6）行政拘留；（7）法律、行政法规规定的其他行政处罚。这是对行政处罚种类在总体上的规定。其中，第七类是对其他法定行政处罚的概括性规定。也就是说，在法律和行政法规有规定的情况下，还可以设定其他种类的行政处罚。

《行政处罚法》第 9、10、11 条对行政处罚设定的具体权限作了规定，分别是：第 9 条规定“法律可以设定各种行政处罚。限制人身自由的行政处罚，只能由法律设定”；第 10 条规定“行政法规可以设定除限制人身自由以外的行政处罚”；第 11 条规定“地方性法规可以设定除限制人身自由、吊销企业营业执照以外的行政处罚”。

将以上条款结合起来理解，法律、行政法规和地方性法规均可设定行政处罚的种类。因此，对《行政处罚法》第 8 条的理解应当进行调整，即“其他行政处罚”不仅包括“法律、行政法规规定的”，还应当包括“地方性法规规定的”。

实践中《行政处罚法》第 8 条规定的前六类行政处罚比较常见，法律、行政法规和地方性法规规定的其他行政处罚种类究竟包括哪些内容，需要在法规清理的基础上才能确定。对法律、行政法规和地方性法规规定的制裁性措施是否属于行政处罚，需要结合行政处罚的概念和特征进行分析。

（二）行政处罚的原则

根据行政处罚法的规定，目前公认的行政处罚原则有五条：

1. 处罚法定原则。《行政处罚法》第 3 条规定：“公民、法人或者其他组织违反行政管理秩序的行为，应当给予行政处罚的，依照本法由法律、法规或者规章规定，并由行政机关依照本法规定的程序实施。没有法定依据或者不遵守法定程序的，行政处罚无效。”根据这一条款，行政处罚的主体、职权、种类、内容和程序均由法定，没有法定依据的行政处罚无效。

2. 处罚公正、公开的原则。《行政处罚法》第 4 条规定：“行政处罚遵循公正、公开的原则。设定和实施行政处罚必须以事实为依据，与违法行为的事实、性质、情节以及社会危害程度相当。对违法行为给予行政处罚的规定必须公布；未经公布的，不得作为行政处罚的依据。”这一原则的含义是，处罚要公平、合理，违法行为与受到的处罚要相称，对同等情况的违法行为应当科以同等的处罚。公开原则的含义，首先是处罚的依据要公开，其次是处罚行为本身也应公开，其目的是加强对处罚行为的监督，防止行政机关滥用职权。

【思考】

如果行政处罚行为公开将对相对人名誉造成损失，则是否应当公开？这是一个存在争议的问题。目前一些地方公安机关在处理卖淫嫖娼案件时对违法人和违法行为公开（如通知单位）。这种做法的本质是在法律规定的处罚之外进一步加重了对相对人的制裁，而且这种加重的程度可能远超过法定的处罚。赞成公开的观点认为，违法行为本身即是应当予以公开的；反对公开的观点认为，这种公开是在行政执法过程中创设了新的处罚，不符合处罚法定的原则，是对法治的威胁，即使公开也应在有法定依据的基础上公开。这个问题是值得研究的，但是对于行政处罚公开原则，不应理解为对相对人的惩戒性公开，而是以对行政处罚行为进行监督为目的的公开。

3. 处罚与教育相结合的原则。《行政处罚法》第5条规定："实施行政处罚，纠正违法行为，应当坚持处罚与教育相结合，教育公民、法人或者其他组织自觉守法。"行政处罚的目的在于消灭行政违法。行政违法的原因既有主观故意，也有过失。违法相对人既有"知法犯法"的，也有因为不了解法律规范而违法的。因此，教育对于消灭违法的作用很大。《行政处罚法》第27条规定，对于有"主动消除或者减轻违法行为危害后果"等情形的违法相对人，应当依法从轻或者减轻行政处罚，这也是处罚与教育相结合原则的体现。

4. 保障相对人权利的原则。《行政处罚法》第6条规定："公民、法人或者其他组织对行政机关所给予的行政处罚，享有陈述权、申辩权；对行政处罚不服的，有权依法申请行政复议或者提起行政诉讼。公民、法人或者其他组织因行政机关违法给予行政处罚受到损害的，有权依法提出赔偿要求。"行政处罚是直接剥夺相对人权利的一种行政行为，对相对人权利的保障至关重要。现代法治国家的核心精神之一即是保障公民权利，因此，行政处罚法把保障相对人权利作为一项基本原则。《行政处罚法》第52条"当事人确有经济困难，需要延期或者分期缴纳罚款的，经当事人申请和行政机关批准，可以暂缓或者分期缴纳"的规定，第60条"行政机关违法实行检查措施或者执行措施，给公民人身或者财产造成损害、给法人或者其他组织造成损失的，应当依法予以赔偿，对直接负责的主管人员和其他直接责任人员依法给予行政处分；情节严重构成犯罪的，依法追究刑事责任"的规定，都是这一原则的体现。

5. 一事不再罚的原则。《行政处罚法》第24条规定："对当事人的同一个违法行为，不得给予两次以上罚款的行政处罚。"第28条规定："违法行为构成犯罪，人民法院判处拘役或者有期徒刑时，行政机关已经给予当事人行政拘留的，应当依法折抵相应刑期。违法行为构成犯罪，人民法院判处罚金时，行政机关已经给予当事人罚款的，应当折抵相应罚金。"行政处罚法规定的"一事不再罚"，主要是指罚款和拘留，这是因为，其他的行政处罚种类中，警告对相对人权利影响较小，故未限定不得多次警告；而没收违法所得、没收非法财物、暂扣或者吊销许可证、暂扣或者吊销执照的行政处罚无法多次执行；责令停产停业的行政处罚如果得到执行，就不必再次处罚，如果未能得到执行，则只要强制执行即可，也不必再次处罚。一事不再罚的原因是，一个行政处罚即可以达到惩戒违法相对人的目的，没有必要多次处罚。同时，这一规定也是为了防止行政机关滥用行政处罚权，对相对人合法权利构成侵害。如果对一个违法行为可以重复多次地予以处罚，则罚款的额度、行政拘留的限期等规定就都失去了意义。但是，一事不再罚的"一事"是指"一个违法行为"，而非"一种违法行为"。当相对人受到处罚后再次犯下先前的违法行为时，可以再次予以处罚。例如，某企业无营业执照经营，工商机关对其予以处罚后，该企业继续无照经营，则工商机关有权对其实施再次处罚，这并不违反"一事不再罚"原则。

【思考】

关于"一事不再罚"的原则，在实务中有时很难认定和处理。例如，一条高速公路上设有多个车辆测速器，一辆车连续超速行驶一段距离，被多个测速器测定超速。这种行为，是作为多次违法，予以多个行政处罚，还是作为一个违法，适用一事不再罚原则呢？在公安机关执法实际中，两种处理的情况都有。对此，如果认定为一个违法行为，是有缺陷的，如一辆汽车在高速公路上连续行驶多个小时，其中多次超速，而认定为一个违法行为，显然是不合理的。但是，认定为多个违法行为也是有缺陷的，最重要的缺陷是，按照这样的认定方法，则违法行为的个数取决于测速器的个数。如果在10米范围内连续安排10个测速器，则任何一辆超速车辆行经此地，都会受到10个超速的行政处罚，这显然也是不公平的。那么，应当如何认定呢？作为一种探讨，似乎应当对超速行为个数的判定原则作具体解释，即两次超速的间距小于若干距离（如5公里）的，算作一次超速。这个解决方案是从实际需要出发提出的，从纯理论研究的角度也能解释，此处略。顺带介绍一下，芬兰关于超速的处罚比较有特点，这个国家对不同的超速者处以罚款的额度是不同的，是按照违法相对人年收入的一定比例处以罚款。这样的处罚表面上看违背了"法律面前人人平等"的原则，本质上却真正体现了"人人平等"的精神，也更能达到惩戒和制止违法的行政处罚的目的。当然，由于社会经济统计制度的不完善，中国公民年收入的测算难度很大，芬兰的做法目前在中国可能很难借鉴。

（三）行政处罚的程序

行政处罚的程序，总的来说分为两大类，即决定程序和执行程序。

1. 行政处罚的决定程序

（1）简易程序。也称当场处罚程序。其适用的条件在《行政处罚法》第33条中作了规定："违法事实确凿并有法定依据，对公民处以五十元以下、对法人或者其他组织处以一千元以下罚款或者警告的行政处罚的，可以当场作出行政处罚决定。"这主要包括两方面内容：一是违法事实确凿并有法定依据；二是处罚的制裁性不强。对于这样的案件适用简易程序，是为了提高行政效率。

关于简易程序的具体内容，《行政处罚法》第34条规定："执法人员当场作出行政处罚决定的，应当向当事人出示执法身份证件，填写预定格式、编有号码的行政处罚决定书。行政处罚决定书应当当场交付当事人。前款规定的行政处罚决定书应当载明当事人的违法行为、行政处罚依据、罚款数额、时间、地点以及行政机关名称，并由执法人员签名或者盖章。执法人员当场作出的行政处罚决定，必须报所属行政机关备案。"根据这一规定，简易程序的主要内容包括：执法人员出示证件，表明身份；填写处罚决定书并当场交付相对人；执法人员事后报所属行政机关备案。

（2）一般程序。也称为普通程序。适用于除适用简易程序和听证程序以外的其他行政处罚的决定。《行政处罚法》第五章第二节是对一般程序的规定，共6条。一般程序涉及的基本过程是：行政机关发现违法行为可能存在（如接到举报）后，依法开展调查，收集证据，经调查认定相对人确实违法，应当作出处罚决定时，要告知当事人作出行政处罚决定的事实、理由及依据、当事人依法享有的权利。当事人进行陈述和申辩的，行政机关必须充分听取。在此基础上，行政机关决定给予行政处罚的，应当制作行政处罚决定书，并送达当事人。综上，一般程序中，有这样几个基本环节：一是调查；二是听取当事人意见；三是制作处罚决定书；四是处罚决定书的送达。以上四个基本环节既不能缺少，也不能颠倒。前述公安局对杨某予以行政处罚的案例中，主要的问题即是将调查环节和处罚决定环节颠倒了。这样颠倒之后，调查的意义就失去了，因而是法律所不允许的。

一般程序和简易程序都规定了应当听取相对人的意见，这是保障相对人权利的要求。《行政处罚法》第32条规定："对当事人提出的事实、理由和证据，应当进行复核；当事人提出的事实、理由或者证据成立的，行政机关应当采纳。"只有这样，才能最大限度地保证调查结论的真实性。一般来说，在调查过程中应当充分听取相对人意见，但在作出处罚决定之前，还应当再次听取相对人意见。这个过程是不能省略的。对当事人提出的事实、理由和证据进行复核不是无条件的：只有在这些事实、理由和证据确实对行政处罚决定有影响的情况下才需要复核。同时，这些事实、理由和证据应当是在调查期间没有提出或没有接受过调查的新的内容。否则，对相对人陈述的复核就会没有休止，不利于保障行政效率。

行政处罚决定书的送达不以相对人接受为标准，而是既可以直接送达，也可以留置送达或邮寄送达。实践中，很多时候相对人拒绝接受行政处罚决定书。相对人拒绝接受，不能认为行政处罚决定书未送达。

（3）听证程序。听证程序的适用条件在《行政处罚法》第42条中作了规定："行政机关作出责令停产停业、吊销许可证或者执照、较大数额罚款等行政处罚决定之前，应当告知当事人有要求举行听证的权利；当事人要求听证的，行政机关应当组织听证。当事人不承担行政机关组织听证的费用。"可见，适用听证程序的条件与简易程序刚好相反，即制裁措施严厉是适用听证程序的原因。听证以相对人要求为条件，相对人不要求的，即使符合其他条件，也不实行听证。

听证程序其实是一般程序中的一个特殊环节。在一般程序中，调查结束后处罚决定作出前，要听取相对人陈述和申辩。听证程序只是将这种陈述和申辩的程序更加严格化，可以认为是特殊的陈述和申辩程序。根据《行政处罚法》第42条、第43条的规定，听证程序包括以下主要内容：（1）除涉及国家秘密、商业秘密或者个人隐私外，听证公开举行。（2）听证由行政机关指定的非本案调查人员主持；当事人认为主持人与本案有直接利害关系的，有权申请回避。（3）举行听证时，调查人员提出当事人违法的事实、证据和行政处罚建议；当事人进行申辩和质证。（4）听证应当制作笔录，笔录应当交当事人审核无误后签字或者盖章。（5）听证结束后，由行政机关负责人作出是否予以行政处罚的决定。对情节复杂或者重大违法行为给予较重的行政处罚，由行政机关负责人集体讨论决定。

听证制度成为行政处罚的必要程序，这是中国法治的一个重大进步，体现了相对人权利保障受到的更多重视，并努力通过完善行政程序得到实现。但是，在实践中听证制度发挥的作用甚微，"听"过之后，缺乏任何实质影响。在行政处罚的领域之外，近年来在价格领域的听证也有所增加，但结果却是"逢听必涨"，听证成了作秀。这说明我国的听证制度还远不完善，远不能真正起到约束权力的作用。其主要原因是听证后的决定权仍由执法的行政机关内部掌握。在部门利益驱动下，特别是由于财政体制中罚款与执行罚款的部门收入挂钩，很多地方财政部门是根据执法部门上缴的罚没款数额按比例返还，导致执法部门以罚款为目标。在这一点上，行政机关负责人和调查人员的利益是一致的，企图通过听证，使执法的行政机关负责人站在“中立”角度保障相对人权利，但这是不可能实现的。价格听证“逢听必涨”的结果也正是由于这个原因。因此，听证程序必须加以改革，要真正通过听证，使执法更加公平和公正。

2. 行政处罚的执行程序

《行政处罚法》第六章规定了行政处罚的执行程序。

行政处罚决定依法作出后，当事人有义务在行政处罚决定的期限内予以履行。不履行处罚决定的，行政机关有权依法亲自或提请法院予以强制执行。当事人对行政处罚决定不服申请行政复议或者提起行政诉讼的，除法律另有规定的情况外，行政处罚不停止执行。罚款的执行在行政处罚法中规定得比较具体。原则上，作出罚款决定的行政机关应当与收缴罚款的机构分离。作出行政处罚决定的行政机关及其执法人员不得自行收缴罚款。当事人应当自收到行政处罚决定书之日起 15 日内，到指定的银行缴纳罚款。银行应当收受罚款，并将罚款直接上缴国库。这样，就实现了罚款收入与部门收入（即财政支出）的“收支两条线”，有利于防止行政部门为增加收入而罚款。当然，我国现行财政体制对“收支两条线”执行得不好，基本是罚款由财政“按比例返还”，造成了一些执法部门为收入而罚款的问题。

罚款决定与收缴分离有例外情况：当场作出 20 元以下罚款的行政处罚决定，或当场作出罚款决定，且不当场收缴事后难以执行的，执法人员可以当场收缴罚款；在边远、水上、交通不便地区，当事人向指定的银行缴纳罚款确有困难的，经当事人提出，行政机关及其执法人员可以当场收缴罚款。这样规定，是为了提高行政效率和减轻相对人的负担。同时，为了严格管理当场收缴罚款行为，行政处罚法还规定，行政机关及其执法人员当场收缴罚款的，必须向当事人出具省、自治区、直辖市财政部门统一制发的罚款收据；不出具财政部门统一制发的罚款收据的，当事人有权拒绝缴纳罚款。当场收缴罚款之日起 2 日内要交至行政机关；在水上当场收缴的罚款，应当自抵岸之日起 2 日内交至行政机关；行政机关应当在 2 日内将罚款缴付指定的银行。

第三节　行政强制

【案例 10—4】张建新诉丹阳市工商行政管理局扣押财产行政强制措施案①

【基本案情】

原告张建新系领有营业执照的个体工商户（家庭自营），自 1993 年 10 月起，一直在后巷镇市场内从事蔬菜经营，其摊位在市场南大门进口处。1998 年春节后，

① 案例来源：中国高级法官培训中心、中国人民大学法学院编：《中国审判案例要览（1999 年经济审判及行政审判案例卷）》，516 页，北京，中国人民大学出版社，2002。

被告根据市场规范化管理要求，重新安排市场内经营摊位，通过抽签，原告摊位被安排到市场的东北角。原告认为该处环境卫生差，多次找被告丹阳市工商行政管理局派驻的市场管理办公室的管理人员要求调回原摊位经营，遭到拒绝。1998年4月30日早晨，原告及其妻刘冬兰出摊时，发现摊位前有许多垃圾，并落满了苍蝇，刘冬兰便将部分垃圾装入方便袋，提到市场管理办公室，见室内无人，就将装有垃圾的方便袋放在了市场管理人员朱加福的办公桌上，随后离去。当日上午9时许，朱加福来到办公室，见到办公桌上放有垃圾，经过询问，来到原告摊位前，对刘冬兰进行批评和指责，双方由此发生争执，引起部分群众围观，市场秩序受到一定的影响。被告工作人员强行将原告当时经营的蔬菜全部拿到后巷工商所内，经过清点过秤，列出清单，以原告张建新违反《江苏省城乡集市贸易管理条例》为由出具暂扣凭证，予以扣押，并限原告下午2时许前来处理。下午5时半左右，原告来到工商所要求拿回蔬菜，被告工作人员要其先缴纳500元的保证金，原告不同意，致使被扣押的价值946.6元的蔬菜全部变质。原告为解决此行政争议，多次到被告及有关部门反映，在没有获得满意答复的情况下，于1998年5月18日提起诉讼。

丹阳市人民法院认为：原告张建新的妻子刘冬兰将装有垃圾的方便袋放在被告工作人员朱加福的办公桌上，想以此达到更换摊位的目的，其做法是不可取的。被告关于原告妻子的行为侮辱了人格、严重扰乱了市场秩序的认定不能成立，其借此扣押原告正在经营的蔬菜，迫使原告到被告处接受处理的行为，以及由原告先缴纳500元保证金才能拿回被扣押的蔬菜的行为，均没有法律依据，属于滥用职权。根据《行政诉讼法》第54条第2项、第68条第1款和《中华人民共和国国家赔偿法》第4条第2项的规定，应撤销被告的违法行政行为并赔偿原告的损失。丹阳市人民法院遂作出判决：被告丹阳市工商行政管理局扣押原告张建新所经营的蔬菜的行为违法；由被告赔偿给原告蔬菜损失946.6元，误工损失429元，于判决生效后10日内给付。

【法律问题】

本案中丹阳市工商行政管理局扣押张建新经营的蔬菜的行为是否属于行政强制？结合本案对行政强制行为的概念和特征进行分析。

【法律链接】

《行政诉讼法》

第五十四条　人民法院经过审理，根据不同情况，分别作出以下判决：

…………

（二）具体行政行为有下列情形之一的，判决撤销或者部分撤销，并可以判决被告重新作出具体行政行为：

…………

5. 滥用职权的。

《中华人民共和国国家赔偿法》

第四条 行政机关及其工作人员在行使行政职权时有下列侵犯财产权情形之一的，受害人有取得赔偿的权利：

…………

（二）违法对财产采取查封、扣押、冻结等行政强制措施的。

…………

【案例分析】

本案中工商行政人员的行为，是运用行政权力对相对人财产采取的强制措施，因此应当认定为行政强制。本案中，行政强制表现出来的主要特点：一是以行政权力为基础，没有行政权力作为基础的强制，就不是行政强制。如，如果是一名普通公民将原告经营的蔬菜“扣押”，在司法审判中即不能适用行政强制法律规范，而应适用相应的民事法律规范，如果触犯刑法，还应按照程序追究该公民的刑事责任。二是强制性，即不以相对人的意志为转移，而且往往是相对人所不愿意接受的行为。如果相对人愿意接受，则不需要强制。这两个方面应当是所有行政强制的共同特点。而动机是否符合行政目的、程序是否恰当等则对是否构成行政强制没有影响。综上，界定行政强制的概念应以行为主体的行政主体身份和行为方式的强制性为主要内容，而不应将行为目的、程序等事项作为概念的要素。

【探讨】

如果工商行政人员以张建新经营的蔬菜涉嫌卫生不合格为由对其采取扣押措施，是否构成滥用职权呢？如果张建新经营的蔬菜经检验确实存在卫生不合格问题，该如何认定和处理工商行政人员的行为？

【学理研习】

（一）行政强制概述

1. 行政强制的概念

我国行政法学界对行政强制的争议较多。关于行政强制的定义即有多种不同认识，在此介绍两种比较重要的概念界定：（1）行政主体为实现行政目的，对相对人的财产、身体及自由等予以强制而采取的措施，称为行政强制。[①]（2）行政主体在行政管理活动过程中，依法对拒不履行法定义务或拒不执行行政处理的行政相对人采取的强制行为。它包括行政强制措施和行政强制执行，包括所谓即时强制。

对于行政强制概念的界定，应当抓住三个根本要点：第一，行政强制行为属于行政行为，即行政强制的主体、对象等都要符合行政行为的特点，否则就不受行政法律约束，也就谈不到行政强制的问题了。第二，行政强制的基础是行政权力，离开权力的保障，强制就无法实现。如果用以保障强制的权力不是行政权力，而是其他权力，则不能界定为行政

① 参见姜明安主编：《行政法与行政诉讼法》，234～235页，北京，北京大学出版社、高等教育出版社，1999。

强制。如，司法机关对拒不执行判决的人员采取强制执行措施，即不属于行政强制行为。司法机关应行政机关的要求采取的强制执行，其基础在于行政行为的效力，而与司法权无关，因此属于行政强制行为。以行政权力为基础是所有行政行为的共同特点。第三，行政强制的根本特征是强制性。离开了强制性，也就不存在强制行为了。

【思考】

目前行政法学界关于行政强制的概念中，在以上三个问题之外，增加了一些其他内容。其中比较重要的包括：(1) 行政强制的目的。一般认为行政强制的目的是实现行政目的。但是，正如前述案例，即使不是出于行政目的，而是出于滥用职权的动机，仍然可以构成行政强制行为。(2) 行政强制的原因。概念中对强制的原因往往进行列举。一般认为，引发行政强制的原因包括相对人拒不执行行政命令、行政处罚等。但是，前述案例说明，行政机关的恣意行政行为同样可能成为行政强制的原因。尽管这种强制是违法的，但是同样必须作为行政强制行为进行研究，而且要重点研究其监督与救济机制。因此，无论何种原因引起强制，对其是否属于行政强制并无影响。(3) 行政强制的内容。即对相对人的何种事项进行强制，如人身权利、财产权利等。但是，事实上对相对人的任何事项进行的强制均应列入行政强制范畴。只有这样，才能最大限制地规范行政行为，保障相对人权利。

综上可见，行政强制的概念界定中，不应对行政强制的目的、原因和内容作具体规定，而应当仅以行政行为和强制性为全部限制。作为一种行政行为，其基础必然是行政权力，主体必然是行政主体，对象必然是行政相对人。因此，对行政强制的概念可以这样界定："行政主体对相对人采取的强制性行政行为，即行政强制。"如果要详细解释这一概念，则可以这样界定："行政强制是一种行政行为，其以行政权力为基础，由行政主体决定，对行政相对人强制实施。"

2. 行政强制在行政法律体系中的地位

行政强制在行政法律体系中的基本定位是：行政处罚和行政强制共同保障其他行政行为（如行政许可、行政命令）的效力，行政强制又进一步保障着行政处罚的效力。即相对人如果抵制行政行为，则行政主体可以通过行政处罚或行政强制的手段来保障行政行为的实行。具体选择何种手段，需要根据法律的规定。但是，如果相对人拒不执行行政处罚的决定，则行政主体只能通过行政强制的手段来实现行政处罚的决定。行政强制本身由于其强制性，相对人无法抵制。可见，行政强制在行政法律体系当中，是最基础的保障措施。可以说，行政强制是行政法律体系的最后一道防线。因此，其重要性不可替代。

3. 行政强制的特征

行政强制的特征是什么？从上述概念的界定可以看出：行政强制行为是一种行政行为，具备行政行为的一切特征，如主体是行政主体、对象是相对人、实施的基础是行政权力，等等。除此之外，其最根本的特征是强制性。一般说来，行政行为中很多都带有强制性，如行政命令、行政处罚等。行政强制的强制性与其他行政行为的强制性不同在于，行政强制的强制是其他一切行政行为强制性的最终保障和体现。如果没有行政强制，其他行政行为也就没有了强制性。这正是行政强制的根本特征。

在我国的实践中，行政强制还表现出其他几个具体特征：

(1) 司法机关是重要的具体执行机关。行政行为一般由行政主体负责执行，但行政强制不同，我国绝大多数行政强制行为由司法机关代为执行。在这种情况下，行政强制的“行政性”主要表现为它是由行政机关决定，申请司法机关执行的。由司法机关代为执行，是因为行政强制对相对人权利影响重大，如果任由行政机关执行，很难保障相对人的权利。

(2) 行政强制的领域和对象十分广泛。可以说，凡有行政管理的领域，都存在行政强制。这是因为，强制力是行政管理得以实施的基本条件，无强制则无管理。因此，行政强制的措施在我国行政法律规范中随处可见。

(3) 行政强制的监督与救济难度大。尽管我国行政诉讼法规定，对于侵犯相对人人身、财产权利的行政强制行为可以提起行政诉讼，但是因为行政强制涉及的领域极其广泛，各个领域行政强制的形式不一，加之我国行政立法体系还不完善，大量行政强制行为未能纳入行政诉讼的受案范围，由此缺少有效的监督与救济途径。

4. 行政强制与行政处罚的比较

行政强制与行政处罚是两个比较容易混淆的行政法范畴，事实上，在行政法实践中，一些具体行政行为属于行政强制还是行政处罚，是存在争议的。

这两个概念产生争议的主要原因有二：一是行政强制与行政处罚的目的比较接近，都是保证行政行为的正常运行。行政处罚是通过对违法的相对人予以制裁，来督促行政相对人遵守法律规范；而行政强制则是通过强制的手段，来迫使行政相对人遵守法律规范。二是行政强制与行政处罚都会给相对人造成一定的损害。行政处罚是以制裁为目的的，行政强制虽不明确是以制裁为目的，但在客观上往往也会给相对人造成损害，如公安机关对犯罪嫌疑人留置、盘查，即对相对人人身自由构成损害。

行政强制与行政处罚的主要区别在于：

(1) 行政强制与行政处罚的目的和作用不同。制裁性是行政处罚的本质特点，其目的和作用即通过制裁违法的行政相对人，使法律规范得到执行。而行政强制的本质目的和作用是通过强制性的措施保证行政命令、决定的执行，排除行政活动中的障碍，维护正常的行政管理秩序，行政强制在理论上不应具有制裁性。在我国行政强制执行的实践中，比较典型的一种行为是“执行罚”，即对不执行行政决定和命令的行为，科以金钱给付义务，直至其执行行政决定和命令为止。此种行政强制行为是否具有制裁性存在争议。我们认为，此种行政行为的本质是行政处罚，即“对不服从行政管理的处罚”，不应划入行政强制范畴。下文将就此问题另有论述。

(2) 行政强制与行政处罚的前提不同。行政处罚是以相对人违法为前提，是对违法者的处罚；但行政强制不以相对人违法为前提。如前述的留置、盘查中，被留置、盘查的人员仅是涉嫌违法犯罪，甚至可能只是依法有配合调查的义务，而不是明确的违法行为人。在实践中，引发行政强制的原因最主要的有两种：一是相对人不履行行政主体提出的义务，最常见的是不执行行政主体发出的行政命令和不执行行政处罚决定两种情况；二是行政主体行使职权过程中对相对人采取的强制措施，常见的有检查措施、保全措施、预防措施、制止措施，如对财物的扣押、对相对人人身的留置等。

(3) 行政强制与行政处罚的法律后果不同。一是行政处罚一定会赋予相对人以新的义务，即接受处罚的义务，如被处以罚款的相对人有缴纳罚款的义务。但行政强制可能赋予相对人以新的义务，也可能不赋予其新的义务。如对罚款的强制划拨，即不赋予新义务，而只是实现原有义务；但对相对人的留置，即暂时限制了相对人的人身自由，赋予了新的义务。二是行政处罚的结果不一定导致义务的实现，但行政强制一定导致义务的实现。如对某人处以10万元罚款的行政处罚后，该相对人不予缴纳罚款，则此项处罚仅是设定了罚款的新义务，但并未导致义务的实现，相应的行政强制是对其采取强制划拨等措施，其结果是导致缴纳罚款义务的实现。

(4) 行政强制与行政处罚对相对人权利构成侵害的风险不同。因而相应的权力监督与权利救济要求也不同。在行政行为合法的前提下，行政处罚对相对人权利的剥夺一定是基于相对人行为违法。但是，合法的行政强制对相对人权利构成侵害时，相对人未必存在违法行为。如，公安机关对涉嫌犯罪的相对人进行留置，是对相对人人身自由的侵害，无论相对人是否确实存在犯罪行为，该留置行为只要不存在滥用职权行为，就都是合法的。因而，行政强制行为对守法的行政相对人权利构成侵害在一定程度上是不可避免的。在法治的要求下，一方面要对行政强制加以更加严格的限制，避免行政权力的滥用，避免行政主体不适当的裁量行为。如前述案例中，工商机关即滥用扣押权，造成了对相对人权利的侵害。此类事件需要通过严格规定行政强制的行为模式来加以限制。另一方面要加强对行政强制行为的国家赔偿，目前限于财政能力和国家管理体制中一些具体的因素，我国的国家赔偿范围和幅度都比较小，不利于保障相对人权利，需要认真加以解决。

(5) 行为模式的独立性不同。行政处罚是一个独立的行政行为模式。但是，行政强制往往是与其他行政行为结合在一起的，有时甚至是紧密结合，以至于难以分清是否属于行政强制行为。如强制征收行为，既可以认为是行政征收，又可以认为是行政强制。其实，强制征收是行政征收与行政强制两种行为的结合，即：当行政征收遇到抵制，难以实现时，辅之以行政强制措施，使之可以顺利实施。这就是行政强制的一个基本特点，即强制的目的是保证其他行政行为的顺利实施。这就决定了行政强制总是与其他行政行为紧密结合的，是行政管理的最后一道防线，是行政行为由“国家强制力保证实施”的集中体现。

5. 行政强制的分类

关于行政强制的种类，行政法学界有很多不同的观点。比较重要的观点有两种：

(1) 行政强制分为行政强制执行、即时强制和调查中的强制。这是长期以来比较公认的分类方法。具体来讲，行政强制执行是指相对人不履行其应履行的义务时，行政主体采取强制措施的行为；即时强制是指行政主体在来不及或不应该发布命令的情况下，对相对人突然采取强制措施的行为；调查中的强制是指行政主体在进行行政调查的过程中对相对人采取的强制措施。

【思考】

这种分类在逻辑上是有缺陷的，主要问题是分类的标准不一致。行政强制执行的界定标准是引发强制的原因，即相对人不履行义务；即时强制的界定标准是强制的时机，即行政主体没有发布命令的情况下采取强制措施；而调查中的强制的界定标准则是行政行为的种类，即行政调查。由于标准不一致，就必然导致三种情况的交叉，事实上，调查中的强制也可分为即时强制和强制执行。如行政机关要求相对人配合调查（如税务机关要求纳税人提交有关纳税资料），但相对人不予配合时引发的强制，既是调查中的强制，又是强制执行；在事先没有通知的情况下对行政相对人进行的强制性调查（如质监部门强制进入制假企业现场检查），既属于即时强制，又属于调查中的强制。

(2) 行政强制分为行政强制执行和行政强制措施。行政强制执行是指行政机关对于不履行其在行政法上义务的义务人，以强制手段使其履行义务，或实现与履行义务同一内容状态的行政行为。行政强制措施，是指行政机关为了防止和制止可能发生或者正在发生的违法行为，或者进行行政调查检查，对公民、法人或者其他组织的人身、财产等采取的国家行政强制措施。

【思考】

这种分类在逻辑上的标准是一元化的，即以引发强制的事项作为分类标准。行政强制执行的引发事项是相对人不履行义务；行政强制措施的引发事项是防止违法或行政调查。但是，在行政实践中，除相对人不履行义务、行政调查和防止违法外，完全可能有其他引发行政强制的事项，这种分类无法覆盖所有的行政强制行为。而且，这种分类方法也会造成交叉，如，在行政调查中，相对人不履行配合调查的义务引发的强制，既可以认定为行政强制执行，又可以认定为行政强制措施。可见，这种分类虽然看起来是一元化标准，但在事实上分类的结果既不能穷尽，又有交叉，也是不合理的。

除以上两种观点外，关于行政强制的分类还有以下几种：

(1) 以行政强制行为的内容为标准，可分为对人身的行政强制和对财产的行政强制。对人身的行政强制即是对人身自由的强制，主要包括：强制拘留、强制扣留、限期出境、驱逐出境、强制约束、强制遣返、强制隔离、强制治疗、强制戒毒、强制传唤、强制履行等；对财产的行政强制主要有：冻结、扣押、查封、划拨、扣缴、强制拆除、强制销毁、强制鉴定、强制许可、变价出售、强制抵缴、强制退还等。

(2) 以可否请人代替履行法定义务为标准，可分为间接行政强制和直接行政强制。间接行政强制是通过间接办法强制法定义务人履行义务，又可分为代执行和执行罚；直接行政强制是迫使法定义务人履行义务或实现与履行义务相同的状态之最有效的方法，它又可依其内容分为对人身的强制、对行为的强制和对财物的强制。

(3) 以适用目的和程序为标准，可分为即时性强制和执行性强制。即时性强制是指遇有严重影响国家、集体或公民利益的人、物或行为等情形，行政机关为了维护社会秩序的稳定，依照法定职权，对违法行为人的财产或人身自由采取紧急措施予以限制的行政行为。这类强制行为有强制带离现场、盘问、约束、扣留等。执行性强制是指行政机关为了保证法律、法规、规章和其他行政规范性文件以及行政主体本身作出的行政决定所确定的行政相对人的义务的实现，所采取的一定强制行为。这类强制包括查封、扣押、冻结、划拨、扣缴、强制收购、限价出售等。

(二) 完善我国行政强制法制若干问题的探讨

1. 我国行政强制法律规范的现状及问题

我国关于行政强制没有统一的法典，具体规定散见于各法律、行政法规和规章中。其中最重要的规定有两条：第一，《立法法》第8条规定："下列事项只能制定法律：……（五）对公民政治权利的剥夺、限制人身自由的强制措施和处罚……"这是关于行政强制权力设定的规定。第二，《行政诉讼法》第11条规定："人民法院受理公民、法人和其他组织对下列具体行政行为不服提起的诉讼：……（二）对限制人身自由或者对财产的查封、扣押、冻结等行政强制措施不服的……"这是关于行政强制行为实施中法律救济的规定。除此以外，国家法律对行政强制的实施主体、程序、原则等问题均没有统一的规定。但是，在其他法律、行政法规、规章中，对各类具体的行政强制行为作了一些具体的规定，对实施主体、程序、原则、监督与救济等问题都不同程度地有所涉及。如《中华人民共和国食品卫生法》第37条规定："县级以上地方人民政府卫生行政部门对已造成食物中毒事故或者有证据证明可能导致食物中毒事故的，可以对该食品生产经营者采取下列临时控制措施：（一）封存造成食物中毒或者可能导致食物中毒的食品及其原料；（二）封存被污染的食品用工具及用具，并责令进行清洗消毒。经检验，属于被污染的食品，予以销毁；未被污染的食品，予以解封。"此条中，"封存"即属于行政强制行为。该法律条文中具体规定了行使该项行政强制权力的主体（县级以上地方人民政府卫生行政部门）、条件（已造成食物中毒事故或者有证据证明可能导致食物中毒事故的），但是，对于封存的程序、监督与救济等内容没有规定。

上述立法状况存在以下主要问题：

(1) 行政强制的范畴未厘清，一些规章、规范性文件以行政强制之名行行政处罚之实，规避行政处罚法律规范的约束。部门规章中规定的行政强制行为种类繁多，有的与行政处罚很难厘清，如拦截检查、控制措施、临时滞留（船舶）、临时隔离等，立法部门将其界定为行政强制。由于行政强制没有统一法律规范，受到的法律规范水平远低于行政处罚，从而扩大了行政权力。

(2) 立法法对行政强制设定的限制过于简单，行政部门设定行政强制的行为缺少约束。立法法仅规定"对公民政治权利的剥夺、限制人身自由的强制措施"必须由法律设定，但对于有关财产的强制则未作限制。此外，对于行政强制的其他方式（如与行政许可的不正当联结）也未作禁止性规定，导致现实中行政部门设置行政强制的行为比较混乱。特别突出的问题是，一些有管理权的部门把管理权作为行政强制的手段，如规定不履行某项义务的企业不得通过年检等。

(3) 法律层面上关于行政强制行为实施的规定严重不足，法规、规章，特别是规章中的规定混乱。行政强制是一项十分重要的行政权力，而且与相对人权利密切相关。按照行政法治的要求，其设定、实施、监督与救济应当有全面的规定。但是，目前仅立法法对其设定、行政诉讼法对其救济作了简单的规定，而对其实施的具体规定严重缺失。据初步统计，部门规章中涉及行政强制的多达145个[1]，具体的规定比较混乱，随意性较大。如，扣押的表达有"扣押"与"强制扣押"等，执行罚的表达有"加收罚款"与"加处罚款"，等等。其实，任何扣押都是强制的，而用"罚款"来表达执行罚则混淆了行政强制与行政处罚的范畴。

综上可见，行政强制法制建设的突出问题有三：一是行政强制范畴不明确，相应的法律规范体系难以建立；二是设定行政强制的权力缺少限制，各地方、各部门随意设定行政强制，强制行为缺少制约；三是行政强制行为模式规定不健全，实施行为混乱。

2. 完善我国行政强制法制的基本问题

(1) 行政强制法定原则。鉴于行政强制行为对行政相对人的重大影响，应当对其设定、实施主体、基本程序、方式和措施、监督与救济等问题作出明确的法律规定，以限制行政主体随意设定和实施行政强制的行为。因此，完善我国行政强制法制的基本思路是，要制定专门的《行政强制法》，对行政强制的范畴、设定、实施、监督和救济等问题作出全面规定，同时明确规定"行政强制法定原则"，即行政强制的设定和实施必须有法定的基础，否则无效。具体来说，我们认为，行政强制的方式和措施必须由法律、行政法规按照各自权限规定，地方性法规、部门规章及以下层级的法律规范不应享有这些事项的设定权。行政强制的主体可由法律设定，在法律授权行政机关实施行政强制措施的情况下，行政法规、地方性法规和地方政府规章也可设定行政强制的主体。行政强制的基本程序由法律设定，具体程序可由规章以上层级的法律规范设定。这样有利于最大限度地兼顾提高行政管理效率与约束行政权力两方面的要求。

(2) 行政强制的范畴。确定行政强制的范畴，目的在于确定行政强制法律的适用范围。因此，确定范畴的主要任务，一是概括性地说明行政强制的范畴，即明确行政强制的概念；二是列举式地说明行政强制的范畴，主要是对于行政强制的方式和措施，应当进行穷尽式的列举，以符合"行政强制法定原则"的要求。

关于行政强制的概念，前已述及，此处不再重复。关于行政强制的方式和措施，应当对现行法律、行政法规、规章，甚至规范性文件中设定的行政强制行为进行梳理和分类，总结出现行行政强制行为的若干种具体模式，并对各种模式是否符合依法行政的原则、是否确实属于行政强制的范畴、是否有利于达成行政监管的目标等问题进行分析评价，在此基础上，选出切实有效的行政强制方式和措施，将其确定为法定的方式和措施。同时，也可将梳理分析发现的违背依法行政原则、无法制约行政权力滥用、违背行政管理目标的行政强制措施在立法中列举为禁止采用。参照行政处罚法的规定，我们认为，可以将行政强制措施分为对人的强制、对财产的强制和对行为的强制三种。

【思考】

执行罚究竟是属于行政强制措施，还是属于一种特殊的行政处罚？一般认为，执行罚与行政处罚不同，如执行罚的目的是促使已经作出的行政决定得到实现，而且可以反复

---

① 参见《中国现行法律法规规章所涉行政强制措施之现状及实证分析》，载www.10662580.com。

适用等。但是，从逻辑上，也可以将执行罚理解为对“拒不执行”者的一种行政处罚。将执行罚认定为行政强制或行政处罚在逻辑上均无不可，但按照依法行政的要求，如果将执行罚认定为行政强制，将造成行政处罚与行政强制两种行政模式的交叉，使行政处罚法律规范体系出现漏洞。就中国现实情况而言，将执行罚排除于行政处罚之外将带来一个突出的问题，即行政机关可以以规定行政强制措施的形式扩大行政处罚的设定权。这是因为，我国现行法律规定，行政处罚必须的法定方有效，但并未规定行政强制措施必须法定方为有效。行政强制措施的种类、额度、程序等方面的规定均不如行政处罚严格。如果将执行罚纳入行政强制措施，则行政机关在规定执行罚时，就不受行政处罚法的约束，从而可以恣意规定执行罚的方式、种类、额度和程序等，对相对人权利构成侵害。以缴纳滞纳金这种典型的执行罚为例，法律对部门规章规定滞纳金并未有额度等方面的限制，如某部门规章规定，到期未缴纳罚款的，每日以罚款额度的1%缴纳滞纳金，如果一起案件应处罚款为100万元，某人到期后10日未缴纳罚款，则按照该部门规章规定，滞纳金即多达10万元。如果将滞纳金作为行政处罚看待，则10万元的处罚额度超过了部门规章的立法权限，该规定是无效的。但如果将其作为行政强制看待，则这一规定是有效的。可见，将滞纳金列入行政强制范畴，不利于促使政府依法行政和保障相对人的权利。以往执行罚的手段主要限于滞纳金，但随着行政权力的扩张，执行罚的对象完全可能扩大到行为领域。事实上，一些拥有许可权力的行政机关在设定许可条件时，往往将执行本部门的规章的规定作为许可的条件，即凡是不履行本机关要求其履行的义务的，都不能获得行政许可。这在事实上即是将不能获得行政许可变成一种执行罚的手段。因此，按照依法行政的要求，应当将执行罚视为行政处罚，依据行政处罚法律规范来约束，同时明确规定在行政强制中不得设定新的处罚，这样有利于避免行政权力的滥用和扩张。

(3) 行政强制的主体。目前行政强制实践中，实施主体主要是两类，一是行政管理主体，二是法院。由行政管理主体实施行政强制的好处是有利于保障行政效率，弊端是造成侵权和行政权力滥用的可能性相对较大。由法院实施行政强制的利弊刚好与此相反。此外，有些行政强制行为是只能由行政主体实施的，如公安机关对犯罪嫌疑人的留置盘查；有的行政强制行为由法院实施更加方便，如对罚款的强制划拨，冻结账户等。总的来说，需要行政管理主体以外的其他部门配合的行政强制行为，由法院实施比由行政管理主体实施更加方便；可以由行政管理主体单独完成的行政强制行为，由其自身实施较为方便。还有一种行政强制的实施方式，即将各部门的行政强制权限适度集中，由一个专门的行政部门负责。也就是，将现由法院负责的行政强制实施事项，移交到一个专门的行政机关由其负责实施。这样做的好处是有利于减轻法院的负担，提高行政强制的效率，同时，在相对人对行政行为提起诉讼的情况下，有利于避免法院既是执行者又裁判者的尴尬地位。

【思考】

我们认为，应以行政管理主体自己执行强制为原则，以集中行使强制权为例外，尽量不由法院执行行政强制。理由是：由法院行使强制权，一是效率过低；二是法院负担过重；三是既做执行者又做裁判者违背行政法治的基本原则。目前由法院执行行政强制主要是考虑法院在执行行政强制前可对行政行为的合法性作初步审查，而实践证明法院是没有人力进行这种审查的。从理论上分析，这种初步审查是建立在“法院通过初步审查即能比行政主体深入研究更加准确地把握合法性”的假设上的。这种假设在20世纪80年代有其正确性，但在我国法治水平不断提高，特别是各个专门执法部门执行法律水平已经大幅度提高的情况下，已经与实际情况严重不相符合。因此，由法院统一执行的做法应该改变。为防止执行部门侵犯相对人的权利，可以规定在相对人提起诉讼的情况下，必须中止强制执行，但同时应采取强制执行对象的保全措施，以免相对人通过诉讼的途径逃避执行。在行政管理主体不具备行政强制能力的情况下，可以由专门的执行部门来负责行政强制执行。按照这样的原则确定行政强制执行主体，有利于兼顾行政效率与权利保障。

（4）行政强制的种类和程序。行政强制的程序与种类有关，不同的行政强制行为种类，其程序也不一样。正如前文所述，目前法学界关于行政强制分类的观点仍有分歧，占主流的观点有两种：一种认为行政强制可以分为行政强制执行、即时强制和调查中的强制三种；另一种认为行政强制分为行政强制执行和行政强制措施（即即时强制）两种。我们认为，行政强制可以分为三种，分别是执行性强制、当然强制和即时强制。其分类标准是行政强制前是否向相对人发布命令和告知。具体分析如下：

第一类，行政主体向相对人发布了某项命令，相对人不予执行，因而引发的行政强制，此即行政强制执行。在强制执行前，还应当对相对人予以正式告知。这种情况下，相对人不执行行政命令是引起行政强制执行的必要条件。此类行政强制执行程序中，必须规定发布命令的程序以及判断相对人是否“不执行行政命令”的标准。在这种情况下，无论行政主体发布的命令是否合法，只要行政主体发布了命令而相对人不执行，即可引起行政强制执行。行政主体发布命令的形式可能是行政处罚决定，也可能是一项行政命令，如拆迁决定等。

第二类，行政主体在执行行政强制行为前未发布命令，但对相对人进行了正式告知，此类行政强制主要是调查中的强制，但不限于此。我们称此类强制为“当然强制”，如保全性的强制行为（最典型的是扣押、封存等）、检查性的强制行为（典型的如强制产品检验）、制止性的强制行为（典型的如强制带离现场）等。其与第一类的主要区别是：第一，引发此类行政强制的原因不是行政相对人不执行行政命令。无论行政相对人是否执行行政命令，行政强制均会发生，因而其强制性为行政行为固有的。如扣押行为，行政主体决定采取扣押措施，一般与相对人是否执行了某项行政命令无关，而是基于调查案件等方面的需要，必须采取这项措施。第二，此类行政强制行为中，行政主体仅向相对人通知一次，即正式强制前的通知。但第一类强制行为中，行政主体至少要向相对人通知两次：第一次是要求其执行行政命令；第二次是在其不执行行政命令后，正式通知其要采取强制行为。

第三类，行政主体在行政强制前不向相对人进行告知，此即即时强制。在行政强制前不向相对人告知是其即时性的主要表现，与行政主体事先有没有向相对人发出行政命令无关。无论是否存在相对人不执行行政命令，只要在行政强制前不予告知，即属于即时强制，如公安机关抓捕犯罪嫌疑人。这种行政强制行为中不向相对人告知一般有两种原因，一是由于时间紧迫，来不及告知；二是由于行为自身的特性，不宜告知。公安机关抓捕行为即是由于后一种原因。

相比而言，上述三种情况的程序，行政强制执行需要两次告知，执行程序最严谨；第三类行政强制，即即时强制程序最简单，因而对相对人权利构成侵犯的可能性也最大，需要严格限制其范围。

（5）行政强制的法律救济。基于行政强制对相对人权利的重大影响，所有的行政强制行为都应该纳入司法审查，而目前仅对侵犯公民人身权、财产权的行政强制进行司法审查。其主要原因是对行政强制问题未作系统的梳理，尚未清晰地界定行政强制行为的范畴。如果概括性地规定对所有行政强制行为进行司法审查，则将导致在实践中因为无法判定一项行政行为是否属于行政强制而难以实施审查。此外，还有一个重要的原因是，现行法律未规定“行政强制法定原则”，因此，对于没有法律规定的行政强制行为，在司法审查中无法判定其是否合法。在制定统一的行政强制法的基础上，以上两个障碍将被消灭，对所有的行政强制行为进行司法审查将可以实现。

第四节 行政征收

【案例10—5】叶家明不服新乡市新华区国家税务局征税及处罚决定案

【基本案情】

原告：叶家明，男，1963年11月7日出生，新乡市金利来购物中心个体工商户，住新乡市新华区中同大街133号。

被告：河南省新乡市新华区国家税务局。地址新乡市健康路23号。

法定代表人：张文平，局长。

原告诉称：原告是在新乡市金利来购物中心经营的未建账个体工商户，被告自1998年7月以来对其取消“定期定额”方式而实行“自行申报，内部评估”方式征税，既无书面通知也没有法律依据。1997年6月19日，国家税务总局《关于印发〈个体工商户建账管理暂行办法〉和〈个体工商户定期定额管理暂行办法〉的通知》，明确规定未建账的个体工商户适用“定期定额”管理办法。1999年4月2日国税发（1999）59号《关于对实行定期定额征收税款的个体工商户进行重新核定和调整定额的通知》，要求在全国范围内对实行定期定额征收税款的个体户统一重新核定和调整定额，从而实现平衡税负、促进公平竞争的目的。1998年5月19日，豫国税发（1998）137号文件《个体工商户自行申报、内部评估的征收管理暂行办法》第2条规定：“自行申报，内部评估”征收方式是对已建账簿，但尚不具备查账征收条件的个体工商户税收管理采取的由“定期定额”征收向查账征收过渡的一种征收管理方式。据此，未建账的个体工商户曾多次向被告和有关部门反映，要求被告依法对未建账的个体工商户按“定期定额”方式征收税款，并对被告2000年3月至4月重复征收税款和多征收税款及滞纳金行为提出复议，但问题均未解决，故诉请判令被告对原告按“自行申报，内部评估”方式征收税款的行为违法，撤销被告2000年3月至4月对原告采取的相关征收税款的行政行为和处罚行为。

原告向法院提交的证据材料有：国家税务总局《关于印发〈个体工商户建账管理暂行办法〉和〈个体工商户定期定额管理暂行办法〉的通知》(国税发(1997) 101号)、国家税务总局《关于对实行定期定额征收税款的个体工商户进行重新核定和调整定额的通知》(国税发（1999）59号)、河南省国家税务局《关于印发〈个体工商户自行申报、内部评估的征收管理暂行办法〉的通知》(豫国税发(1998) 137号)、新乡市国家税务局税务行政复议决定书（新税复决字（2000）第1号)。

被告河南省新乡市新华区国家税务局辩称：(1)“自行申报，内部评估”是税务机关征收税款的一种方式，这种方式是由有关税收征收管理法律、法规、规章及其他规范性文件规定的，是税务机关可以选择的，对原告的权利义务并未造成实际的影响，原告对这种征管方式提起诉讼不符合《行政诉讼法》有关受案范围的规定。(2) 原告要求法院撤销被告相关的征收税款的行政行为不能成立，因为其没有举出被告征收税款行政行为错误的理由和事实。(3) 原告要求法院撤销被告的行政处罚行为不能成立，因为原、被告之间就行政处罚的争议已被法院生效裁定所确认，原告起诉已按撤诉处理，其再行起诉应予驳回。(4) 采取“自行申报，内部评估”还是“定期定额”的税款征收方式，完全是被告征收行为的方式方法问题，也是程序问题，不是具体行政行为，原告对此提起诉讼不符合行政诉讼的受案范围。被告有权依据豫国税发（1999）063号文件第18条对原告按二、三类税源使用“自行申报，内部评估”的征收方式。被告在一审期间向法院提交的证据材料有：(1) 增值税纳税申报表。(2) 新乡市新华区人民法院行政裁定书。上述证据已制作了证据清单。

法院根据上述有效证据可以认定以下事实：自1998年7月1日起，被告对在新乡市金利来购物中心经营的尚未建立账簿的个体工商户（包括原告）由实施“定期定额”的税款征收方式改为实施“自行申报，内部评估”的税款征收方式。2000年3月和4月，金利来商场一些个体工商户（包括原告）未按被告规定的期限申报缴纳2000年2月或3月税款，在被告先后向其送达《限期改正通知书》、《应纳税款核定书》、《催缴税款通知书》后，其向被告申报缴纳了所属税款，被告按照《中华人民共和国税收征收管理法》的规定，从其确定的税款缴纳期限届满次日起至其实际缴纳税款之日止加收了滞纳金。2000年3月至4月，被告按照河南省国税局（1998）137号文件的有关规定，对这些个体工商户（包括原告）所属税款的申报缴纳进行核定，发现原告申报经营收入较以往大幅度下降，根据《中华人民共和国税收征收管理法》的规定，被告向原告送达了《应纳税款核定书》，对原告所属税款进行核定，在原告申报缴纳了差额税款后，被告按照《中华人民共和国税收征收管理法》的规定加收了滞纳金，处罚了原告。因原告不服被告的处理决定，曾向法院提起诉讼，庭审中，原告委托代理人违反法庭规则且中途退庭，法院下达行政裁定书，裁定按撤诉处理。原告因不服被告2000年4月实施的征收税款及加收滞纳金行为，以重复征收和多征收税款及滞纳金为由，曾依法向新乡市国家税务局申请复议，要求依法对定期定额户的定额进行核定，退回重复征收和多征收的税款及滞纳金并赔偿经济损失，新乡市国家税务局于2000年8月18日以新税复决字（2000）第1号行政复议决定书，维持了被告对原告所确定的"自行申报，内部评估"的税款征收方式，并维持了被告作出的征收税款及加收滞纳金行为。

法院认为：被告作为税款征收机关，有权对原告依法选择征税方式实施征收税款，国家税务总局《个体工商户建账管理暂行办法》、《个体工商户定期定额管理暂行办法》、《关于对实行定期定额征收税款的个体工商户进行重新核定和调整定额的通知》及河南省国家税务局豫国税发（1998）137号文件《个体工商户自行申报、内部评估的征收管理暂行办法》第2条，明确规定"自行申报，内部评估"的税款征收办法的适用对象是已建立账簿、尚不具备查账征收条件的个体工商户，这是在对已建账户进行试点并取得一定成功经验的基础上作出的规定。在豫国税发（1999）063号文件《河南省国家税务局市场税收征收管理办法》中，在将市场税源进行分类的基础上，明确规定对三类税源实行"自行申报，内部评估"征收方法或定期定额征收方式。但该规定并未废止"自行申报，内部评估"税款征收方式的适用对象是已建账簿的个体工商户的规定。被告在不能提供原告已建立账簿的证据的情况下，即对原告实施"自行申报、内部评估"的税款征收办法，不符合税务机关有关规定的操作程序，被告今后对原告的税款征收方式应按规定程序办理。但原告要求撤销被告2000年3月和4月的相关征收税款的行政行为和处罚行为，因其已提起诉讼并已按撤诉处理，再行起诉理由不足，应予驳回。被告的税款征收方式对作出具体行政行为起决定性作用，并涉及税款额度，因此对原告的权利义务造成了影响，属于法院受案范围。被告辩称税款征收方式不是一个具体行政行为，对原告的权利义务并未造成实际影响，原告对税收征管方式提起诉讼不属法院受案范围的理由，法院不予采纳。

【法律问题】

法院判决认为："被告在不能提供原告已建立账簿的证据的情况下，即对原告实施'自行申报、内部评估'的税款征收办法，不符合税务机关有关规定的操作程序，被告今后对原告的税款征收方式应按规定程序办理。"法院的意见是否合理?

【法律链接】

《中华人民共和国税收征收管理法》

第三十五条 纳税人有下列情形之一的，税务机关有权核定其应纳税额：

（一）依照法律、行政法规的规定可以不设置账簿的；

（二）依照法律、行政法规的规定应当设置账簿但未设置的；

（三）擅自销毁账簿或者拒不提供纳税资料的；

（四）虽设置账簿，但账目混乱或者成本资料、收入凭证、费用凭证残缺不全，难以查账的；

（五）发生纳税义务，未按照规定的期限办理纳税申报，经税务机关责令限期申报，逾期仍不申报的；

（六）纳税人申报的计税依据明显偏低，又无正当理由的。

第三十七条 对未按照规定办理税务登记的从事生产、经营的纳税人以及临时从事经营的纳税人，由税务机关核定其应纳税额，责令缴纳；不缴纳的，税务机关可以扣押其价值相当于应纳税款的商品、货物。扣押后缴纳应纳税款的，税务机关必须立即解除扣押，并归还所扣押的商品、货物；扣押后仍不缴纳应纳税款的，经县以上税务局（分局）局长批准，依法拍卖或者变卖所扣押的商品、货物，以拍卖或者变卖所得抵缴税款。

《中华人民共和国税收征收管理法实施细则》

第三十条 税务机关应当建立、健全纳税人自行申报纳税制度。经税务机关批准，纳税人、扣缴义务人可以采取邮寄、数据电文方式办理纳税申报或者报送代扣代缴、代收代缴税款报告表。

第二十二条 从事生产、经营的纳税人应当自领取营业执照或者发生纳税义务之日起15日内，按照国家有关规定设置账簿。

前款所称账簿，是指总账、明细账、日记账以及其他辅助性账簿。总账、日记账应当采用订本式。

第二十三条 生产、经营规模小又确无建账能力的纳税人，可以聘请经批准从事会计代理记账业务的专业机构或者经税务机关认可的财会人员代为建账和办理账务；聘请上述机构或者人员有实际困难的，经县以上税务机关批准，可以按照税务机关的规定，建立收支凭证粘贴簿、进货销货登记簿或者使用税控装置。

第四十七条 纳税人有税收征管法第三十五条或者第三十七条所列情形之一的，税务机关有权采用下列任何一种方法核定其应纳税额：

（一）参照当地同类行业或者类似行业中经营规模和收入水平相近的纳税人的税负水平核定；

（二）按照营业收入或者成本加合理的费用和利润的方法核定；

（三）按照耗用的原材料、燃料、动力等推算或者测算核定；

（四）按照其他合理方法核定。

采用前款所列一种方法不足以正确核定应纳税额时，可以同时采用两种以上的方法核定。纳税人对税务机关采取本条规定的方法核定的应纳税额有异议的，应当提供相关证据，经税务机关认定后，调整应纳税额。

【案例分析】

本案是由于税款征收方式的变化而引起的行政纠纷案例，涉及行政征收的若干关键问题。

在税款的征收方面，显然被告拥有税款核定权和征缴权，但这一权力必须在法律规定的范围内行使。本案中，由于被告所使用的征收方式在程序上存在错误，因而被法院认定违反了操作规程。

在征收方式上，我国传统上多采取行政强制的方式，但是随着我国规范化、民主化的法治进程，越来越多的行政行为日趋采取非强制性的手段。即使是在经常使用强制手段的行政征收领域也是如此。在本案中，之所以出现“自行申报”的情形，就与国家广泛推行非强制性管理手段紧密相关，国家希望公民能够自觉、自愿、真实、客观地进行纳税申报。自2001年5月1日起施行的《中华人民共和国税收征收管理法》及2002年10月15日起施行的《中华人民共和国税收征收管理法实施细则》都反映出从强制到自觉这一价值导向的变化。

在征收过程中，涉及相对人的财产权利、经营权、知情权等多项基本权利，但由于我国法治建设当中长期存在着重实体、轻程序的意识，造成在征收的程序方面，我国至今还没有一部完整的行政征收程序法典，这也是造成目前逃税、偷税、漏税等诸多问题的一个重要原因。

在行政征收的救济方面，我国的司法救济制度亦存在着严重的不足。由于《行政诉讼法》规定的受案范围局限于具体行政行为，往往造成很多行政机关以其行为不是具体行政行为作为逃避法律监督的理由，本案被告的答辩意见中可以清楚地看到这样的“技巧”，这种现象的存在也暴露了我国行政诉讼受案范围制度的“软肋”。

【探讨】

1. 相对人的自行申报与税务机关的自行核定之间的界限应如何把握？

2. 行政征收的程序具有哪些突出的特征？是否可以容纳于一部一般意义的行政程序法典当中？

3. 行政征收中有哪些制度设计可以保障相对人的合法权益？

【学理研习】

（一）行政征收的概念

行政征收是指行政主体根据法律、法规的规定，以强制方式无偿取得相对人财产所有权的一种具体行政行为。它与行政征用是有区别的。

（二）行政征收的特征

1. 主体的特定性。在行政征收的法律关系中，征收主体与征收对象都是特定的。行政征收只能由享有法定征收权力的行政主体实施，而且行政征收的实施必须以相对人负有行政法上的缴纳义务为前提，换言之，行政征收只能指向在行政法上负有缴纳义务的特定相对人。

2. 强制性。由于行政征收是维持国家机器运转的最为重要的行政手段，所以任何国家都需要运用这一手段来保证国家的财政收入。因此，实施行政征收无须取得相对人的同意，甚至有时是在违反相对人意愿的情况下进行的。行政征收的对象、数额及具体的征收程序都由行政机关依法单方面决定。行政相对人必须服从行政征收的命令，否则将承担相应的法律后果，甚至受到刑罚制裁。

3. 无偿性。行政征收所具有的这种特征与民事行为所遵循的“平等有偿”原则形成鲜明对比。行政征收是行政主体代表国家无偿地从相对人一方取得货币或实物。虽然行政征收是国家存在与社会发展的必要前提，且从所征收的钱款的使用来看，也是取之于民而用之于民的。但是，单从行政行为的本身来看，行政征收对于每个相对人来说又确实是无偿的。这一特征使得行政征收与行政征用等相关概念区分开来。

4. 法定性。由于行政征收直接指向行政相对人的经济利益，而且它具有强制性和无偿性的特点，这就决定了行政征收这种行为对于相对人的权益有很大影响。行政征收的运用甚至在很大程度上决定了国家与社会之间关系的紧张程度，它也是国家进行宏观调控的重要手段，关系到国计民生。因此，世界各国无不对行政征收进行严格的法律规制。无论从保护相对人的角度出发，还是从确保经济、社会的健康有序发展的角度出发，都应当对行政征收的项目、征收金额、征收机关、征收范围、征收程序等在法律上作出明确规定。

（三）行政征收的程序

行政征收的程序，是指行政机关应通过何种方式、步骤进行征收。目前我国尚未制定统一的行政征收程序法，有关行政征收的程序性规定散见于一些法律、法规和规章当中。行政征收的方式主要有两种，一种是相对人主动缴纳、自觉履行，另一种是行政机关采取强制征收的措施。

1. 自愿缴纳程序。自愿缴纳，即缴纳主体按照法律、法规规定的期限或征收主体确定的期限全部、主动地履行缴纳义务。自愿缴纳是常见的征收方式，包括以下几个环节：(1) 事项登记。凡从事国家行政机关依法应予以征收事项的活动，无论是公民个人，还是法人或其他组织，都应向行政主体进行征收事项的登记。(2) 缴纳鉴定。即征收主体依据有关法律和缴纳主体的实际情况，对缴纳主体应缴对象的种类、比率、缴纳环节、征收依据、缴纳方式等进行的鉴定。(3) 缴纳申报。即缴纳主体自动申报应该缴纳的事项，主动办理缴纳事宜。在现实中缴纳主体往往处于被动的地位，应提倡由被动变主动，使缴纳主体的主体地位得以真正的确立。(4) 税费征收。即征收主体依法向缴纳主体征收各种税费，将应征款项及时、足额地收齐解缴国库。(5) 监控稽查。随着经济的发展和征收业务量的扩大，应当依靠科技对税费征收工作进行监控，根据监控所获得的信息和证据，监督检查和修正缴纳行为，使之合法化。

2. 强制缴纳程序。强制缴纳，指缴纳主体如果有逃避缴纳义务的行为，或者没有按照规定期限履行缴纳义务，征收主体就应当对其进行强制征收。为了避免给缴纳主体造成不应有的损害，实施强制征收也应遵循法定的程序：(1) 缴纳担保。当征收主体有根据认为缴纳主体有逃避缴纳义务的行为时，责令其提供担保，以保证其履行缴纳义务。(2) 征收保全。当缴纳主体不能提供缴纳担保时，征收主体可以通过冻结银行账户、查封、扣押财产等方式进行征收保全，以促使缴纳主体履行义务。（3）催缴。缴纳主体未按规定期限履行缴纳义务时，征收主体可以通过加征滞纳金，促使其限期缴纳。（4）强制执行。缴纳主体未按规定期限缴纳税费，征收主体催缴后仍未缴纳的，征收主体就可以采取划拨、查封、扣押、拍卖等强制执行措施。

【思考】

1. 讨论行政相对人自行申报的利与弊。
2. 我国在行政征收方面哪些制度还存在问题，应当如何解决？

第五节　行政征用

【案例10—6】重庆“最牛钉子户”事件

【基本案情】

重庆“钉子户”事件真正进入公众的视野是始于2007年3月初网上各大论坛流行的“史上最牛的钉子户”的帖子。此后，通过记者的调查报道，“钉子户”事件的全貌得以展现在人们面前。事件所涉房屋地址为重庆杨家坪鹤兴路17号。杨家坪鹤兴路片区地处九龙坡区商业核心地段，紧邻杨家坪步行商业区和轻轨杨家坪站，有住宅204户、非住宅77户。住宅户全部为非成套住宅，无厨房无厕所，无天然气和下排系统，其中有159户面积不足35平方米，最小的不足8平方米。该片区80%的房屋系20世纪40、50年代前修建，多数为穿透夹墙等简易结构建筑，年久失修，危旧破烂。经专业技术部门鉴定，72.2%的建筑系危房，并多次发生火灾和垮塌事故，近十年来被市、区两级列为消防安全、房屋安全重点监控及整改片区，安全隐患极为严重。同时，该地段是连接步行商业区内外的重要通道，人、车流量较大，在未实施拆迁以前，人行道路狭窄且破损严重，最窄处不足1米，导致交通拥堵。广大群众急切盼望对该片区实施改造。市、区人大代表、政协委员也多次呼吁政府加大力度，为消除该片区安全隐患、确保人民群众的人身和财产安全、提升杨家坪中心区域城市形象而早日对鹤兴路进行彻底改造。按照杨家坪步行商业区城市建设总体规划，2004年重庆智润置业有限公司与重庆南隆房地产开发有限公司以联建的方式启动了对该片区的改造，开发建设“正升一百老汇广场”项目。该项目原批准用地面积为2.35万余平方米，其中实施杨家坪环道、大件路、轻轨、公交换乘站等市政设施建设用地约1万平方米，办公、商用、住宅综合建设用地为1.3万余平方米。该项目建成后，对提升城市形象、完善城市功能、繁荣杨家坪商业圈具有十分重要的意义。2004年8月31日，开发商取得拆迁许可证，启动拆迁。此后经过开发商和被拆迁户协商，至2006年8月，该片区281户中有280户接受了安置补偿方案，同意拆迁。但17号房屋业主杨武与开发商虽经多次协商却未能达成一致意见。

2007年1月11日，开发商向重庆市九龙坡区房管局（以下简称房管局）申请行政裁决。当日，房管局即裁决被拆迁方在15日内自行搬迁并将房屋交由开发方拆除。但杨武并没有按该裁决书履行义务，房管局遂于2007年2月1日向九龙坡区人民法院（以下简称法院）提交了《先予强制执行申请书》，申请法院强制拆迁。法院受理该申请，于3月19日举行听证会后作出《重庆市九龙坡区人民法院非诉行政执行裁定书》，裁定杨武在2007年3月22日前履行房管局裁决书第三项所确定的义务，即自行搬迁并将房屋交付拆迁人拆迁，逾期不履行法院将依法强制执行。但杨武并没有履行该裁定，经法院多次组织协商仍未与开发商达成协议。3月30日，法院发出执行公告：责令被执行人杨武在4月10日前自行搬迁，若到期仍不履行，法院将择期依法实施强制拆除。4月2日下午，在九龙坡区委负责人进行相应工作的前提下，开发商和被拆迁人杨武的代理人吴苹在九龙坡法院的主持下，最终达成异地产权调换安置的和解协议：杨武位于鹤兴路片区17号的房屋按照评估价价值为247万余元，此外开发商还得补偿杨武房屋装修费10万元、搬家费2万元和屋内设备费2 222元，总计近260万元；由于开发商提供的位于沙坪坝区的异地安置房价值为306万余元，故杨武需补足46万余元的结构价差。同时，双方还就因断水断电断交通给杨武造成的营业损失达成了赔偿协议，杨武获得90万元赔偿。协议达成的当天下午，杨武从开发商专门制作的梯子走下“孤岛”，当天晚上10点36分“孤岛”在机器的轰鸣声中颓然倒塌，至此旷日持久的拆迁矛盾终于化解，备受关注的重庆“钉子户”事件以和解的方式成功解决。

【法律问题】

1. 本案所涉及的“拆迁”从行政法的角度来看，是一种什么性质的行政行为？是否属于行政征用行为？

2. 本案中涉及了哪些法律关系？各是什么性质的法律关系？

【法律链接】

《中华人民共和国宪法 》(2004)

第十条第三款　国家为了公共利益的需要，可以依照法律规定对土地实行征收或者征用并给予补偿。

第十三条　公民的合法的私有财产不受侵犯。

国家依照法律规定保护公民的私有财产权和继承权。

国家为了公共利益的需要，可以依照法律规定对公民的私有财产实行征收或者征用并给予补偿。

《城市房屋拆迁管理条例》

第四条　拆迁人应当依照本条例的规定，对被拆迁人给予补偿、安置；被拆迁人应当在搬迁期限内完成搬迁。

本条例所称拆迁人，是指取得房屋拆迁许可证的单位。

本条例所称被拆迁人，是指被拆迁房屋的所有人。

第五条　国务院建设行政主管部门对全国城市房屋拆迁工作实施监督管理。县级以上地方人民政府负责管理房屋拆迁工作的部门（以下简称房屋拆迁管理部门）对本行政区域内的城市房屋拆迁工作实施监督管理。县级以上地方人民政府有关部门应当依照本条例的规定，互相配合，保证房屋拆迁管理工作的顺利进行。县级以上人民政府土地行政主管部门依照有关法律、行政法规的规定，负责与城市房屋拆迁有关的土地管理工作。

第十五条　拆迁补偿安置协议订立后，被拆迁人或者房屋承租人在搬迁期限内拒绝搬迁的，拆迁人可以依法向仲裁委员会申请仲裁，也可以依法向人民法院起诉。诉讼期间，拆迁人可以依法申请人民法院先予执行。

第十六条　拆迁人与被拆迁人或者拆迁人、被拆迁人与房屋承租人达不成拆迁补偿安置协议的，经当事人申请，由房屋拆迁管理部门裁决。房屋拆迁管理部门是被拆迁人的，由同级人民政府裁决。裁决应当自收到申请之日起30日内作出。当事人对裁决不服的，可以自裁决书送达之日起3个月内向人民法院起诉。拆迁人依照本条例规定已对被拆迁人给予货币补偿或者提供拆迁安置用房、周转用房的，诉讼期间不停止拆迁的执行。

第十七条　被拆迁人或者房屋承租人在裁决规定的搬迁期限内未搬迁的，由房屋所在地的市、县人民政府责成有关部门强制拆迁，或者由房屋拆迁管理部门依法申请人民法院强制拆迁。实施强制拆迁前，拆迁人应当就被拆除房屋的有关事项，向公证机关办理证据保全。

《城市房屋拆迁工作规程》

第三条　城市房屋拆迁管理工作程序是：拆迁计划管理、拆迁许可审批、拆迁补偿安置；必要时还应当依法进行行政裁决或者强制拆迁。城市房屋拆迁管理应当严格按照上述程序进行，前一程序未进行或者未达到规定要求的，不得进入后一程序。

第十二条　拆迁当事人应当按照《城市房屋拆迁管理条例》等有关法律法规规定，就补偿方式和补偿金额、安置用房面积和安置地点、搬迁期限、搬迁过渡方式和过渡期限等事项进行协商，订立拆迁补偿安置协议。

第十三条　对于达不成补偿安置协议的，应当按照《城市房屋拆迁管理条例》、《城市房屋拆迁行政裁决工作规程》的规定进行裁决。

第十四条　当事人对裁决不服的，可以依法申请行政复议或者向人民法院起诉。但拆迁人已按规定对被拆迁人给予货币补偿或者提供安置用房、周转用房的，诉讼期间不停止拆迁的执行。

第十五条　被拆迁人或者房屋承租人在裁决规定的搬迁期限内未搬迁的，由市、县人民政府责成有关部门强制拆迁，或者由房屋拆迁管理部门依法申请人民法院强制拆迁。

第十六条　房屋拆迁管理部门申请行政强制拆迁前，应当邀请有关管理部门、拆迁当事人代表以及具有社会公信力的代表等，对行政强制拆迁的依据、程序、补偿安置标准的测算依据等内容进行听证。房屋拆迁管理部门申请行政强制拆迁，必须经领导班子集体讨论决定后，方可向政府提出强制拆迁申请。

【案例分析】

对任何案件来说，我们只有把它的性质认识清楚，才能准确无误地适用法律。

城市房屋拆迁活动的法律属性是什么？是国家行为还是民事行为？法律尚无明确规定。有学者认为，应区分为两类：第一类是为了公共利益的需要，由国家对私有房屋征收或对国有房屋征用，这一类应属国家行为；第二类是为了非公共利益，系房地产项目开发或以旧城改造或土地储备名义搞的房地产开发，这一类均属民事行为。

城市房屋拆迁的法律属性应从其活动本身来分析。城市房屋拆迁活动主要是根据《城市房屋拆迁管理条例》的规定分作几个阶段来进行，这几个阶段前后相接、相辅相成。第一阶段：在城市国有土地上划定规划区。第二阶段：房屋所在地的市、县人民政府下发建设项目批准文件、建设用地规划许可证、国有土地使用权批准文件。第三阶段：拆迁人向被拆迁房屋所在地的市、县人民政府拆迁管理部门申请领取房屋拆迁许可证。第四阶段：房屋拆迁管理部门发布房屋拆迁公告。第五阶段：拆迁人实施房屋拆迁。

在这里，我们要着重分析第五个阶段。拆迁人实施房屋拆迁的活动的法律属性是什么？从拆迁人实施房屋拆迁的活动来看，我们又可以将其划分为几个步骤。第一步，拆迁人与被拆迁人订立拆迁补偿协议；第二步，拆迁人对被拆迁人给予补偿、进行安置；第三步，拆迁人实施房屋拆迁活动。在这三个步骤中，从表面来看，似乎都是拆迁人与被拆迁人之间的民事活动或拆迁人自己的民事活动，但我们深入地进行分析，真实情况是这样的吗？城市房屋拆迁的本质是征收，而征收只能是国家行为，除了国家之外，任何单位、组织和个人均不得为之。既然对公民私有房屋和集体土地所有权的征收是国家行为，协议就只能由国家与公民和集体经济组织签订，对公民财产和集体土地所有权征收的补偿、对被拆迁人的安置也只能由国家来承担。而《城市房屋拆迁管理条例》中的规定却将这一责任转由拆迁人来承担。如不认为是国家转嫁责任，就只能认为拆迁人是受国家委托来与被拆迁人发生关系。

从以上分析中我们可以得出结论：对房屋进行具体拆迁活动的第一、第二两个步骤只是徒具民事活动的外形，其实质仍是国家的公力行为。唯一纯属民事行为的就只有第三个阶段——对被征收的房屋进行拆迁，但就是此民事活动，法律的天平也是朝拆迁人倾斜的，并且在拆迁人背后站着的也是政府部门。《城市房屋拆迁管理条例》第15条规定："拆迁补偿安置协议订立后，被拆迁人或者房屋承租人在搬迁期限内拒绝搬迁的，拆迁人可以依法向仲裁委员会申请仲裁，也可以依法向人民法院起诉。诉讼期间，拆迁人可以依法申请人民法院先予执行。"而对达不成协议的，经当事人申请，由房屋拆迁管理部门裁决。当事人对裁决不服的，《城市房屋拆迁管理条例》第16条规定："可以自裁决书送达之日起三个月内向人民法院起诉。拆迁人依照本条例规定已对被拆迁人给予货币补偿或者提供拆迁安置用房、周转用房的，诉讼期间不停止拆迁的执行。"基于此规定，我们才真正看到"钉子户"们所面临的严峻局面。

从对城市房屋拆迁几个阶段的分析，我们已经不难得出结论了，那就是：城市房屋拆迁的法律属性是国家行为而不是民事行为。至于前面学者所作的划分中的第二种，房地产项目开发虽也涉及房屋拆迁和补偿，但由于拆迁人并无征收之权，其行为只能是平等民事主体之间的民事行为，完全可以适用《民法通则》或者《合同法》的规定，因此，从严格意义上讲，不能或无必要将其纳入城市房屋拆迁法律制度中来规范。至于该学者所说的以旧城改造或土地储备名义搞的房地产开发，由于活动的主体是政府，其行为更是一种公力行为了，且涉及对公民私人财产或集体土地的征收，再将其认为是民事行为就属牵强了。

【探讨】

1. 行政征用制度与行政征收制度有哪些区别和联系？
2. 行政征用的程序具有哪些突出的特征？是否需要单独制定一部行政征用法？
3. 能否简单总结出认定公共利益的几条标准？

【学理研习】

（一）行政征用的概念

行政征用在我国并不是一个明确的法律概念，我国行政法学对该问题的研究也比较薄弱。目前我国没有一部统一的行政征用法典，行政征用制度主要散见于《土地管理法》及其实施条例、《传染病防治法》、《城市房屋拆迁管理条例》、《戒严法》、《草原法》、《国家安全法》等单行法律法规中。

对于行政征用的含义目前学术界还存在争议。一般而言，行政征用是指行政主体出于公共目的，为满足公共利益需要，依法强制转移相对人财产所有权或使用权，并给予合理经济补偿的一种具体行政行为。

行政征用是一种独立的法律制度。行政征用与行政征收都是以公益为目的而以强制方式取得相对人的财产权益。但二者之间的区别也是显而易见的：(1) 行政征收是无偿取得相对人的财产所有权；行政征用是取得相对人财产所有权或使用权，并给予经济补偿。(2) 行政征收的相对人非特定，范围广泛；行政征用的相对人相对特定，范围比较窄。(3) 行政征收的相对人在法律上负有法定义务；而行政征用的相对人则无此义务，一般是基于“公益重于私益”原则而作出个人牺牲。(4) 行政征收是固定、经常的行政行为，是国家重要的财政收入来源，由法律对征收范围、标准、程序等作详细的规定；行政征用非固定，是偶尔为之，是特定时期基于公益需要的特殊行为，法律规定一般较为原则、抽象。

（二）行政征用的性质及特征

根据我国相关法律法规的规定，城市房屋主要指的是存在于城市国有土地之上的房屋，既可以是城市私有（包括共有）房屋，也可以是城市公有房屋；既可以是城市私有自用房屋，也可以是城市公（私）有他用（如出租）房屋。从财产权的角度看，城市房屋财产权既可以表现为公民的城市私房所有权，也可以表现为公民的城市公（私）房的使用权，还可以表现为公民的与房屋有关的其他财产权利等。从现象上看，城市房屋拆迁是拆房，是公民的城市房屋所有权、房屋使用权等财产权的灭失。但从实质上看，城市房屋拆迁是征地，是一种对城市房屋所有人的房屋及其国有土地使用权的行政征用行为。

行政征用具有以下几个方面的特征：(1) 强制性。行政征用的强制性是由其所涉及利益的公共性所决定的。(2) 一定的补偿性。行政征用在取得相对人财产所有权或使用权时，应给予相应经济补偿。这是由于相对人因公共利益而牺牲私人利益的缘故所得到的财产补救。(3) 权属变更性。在相对人的财产所有权或使用权被征用之后，相关权属变为国家所有。(4) 法定性。对于相对人的财产进行征用，必须严格按照有关法律、法规的规定进行。

(三) 行政征用中的几个制度关键

1. 行政征用的目的。行政征用必须是为了公益，即征用得来的财产无论交由政府机构使用，还是由私人企业使用，只要能够实现公共利益，就符合公共目标要求。我国《宪法》第10条第3款规定："国家为了公共利益的需要，可以依照法律规定对土地实行征收或者征用，并给予补偿。"但是其中并没有明确什么是公共利益，哪些属于公共利益，哪些不属于公共利益。

何谓公共利益？不管在立法上，还是在学理解释上，公共利益的概念都是不确定的。

现在，大多数国家和地区的立法都认为，公共利益应包括两层含义：一是须有公共使用的性质，二是须有公共利益的用途。在立法上，一些国家和地区以列举的方式规定公共利益的范围。如香港的《收回官地条例》和《土地征用条例》同时规定，官地收回和征用土地须以"公共用途"为目的，并规定以下几种情况的"收回"和"征用"属于"公共用途"：(1) 为使物业欠佳的卫生情况得以改善，或重新修建经改善了卫生情况的居所或建筑物；(2) 由于建筑物接近或连接其他建筑物，严重干扰空气流通或建筑物的状况不适合人居住；(3) 与军队有关部门的任何用途；(4) 行政长官会同行政局决定为公共用途的任何类别用途而作的收回。

【思考】

判断"公共利益"的六条标准。①

概括国内外学界和实务界的共识与经验，我们认为在理解和运用公共利益这个概念时，应坚持如下六条判断标准：

(1) 合法合理性。财产权是公民不可侵犯的基本权利，只有在法定条件下才可出于公共利益的考虑依法对基本权利加以克减和限制，故须坚持法定与合法原则，也即法律保留和法律优先。各国立法中关于公共利益的表述，主要有概括规定、列举规定、概括与列举相结合的规定等三种方式，其共性是必须具有"公众的或与公众有关的使用"之内涵。此外，关于公共利益的考虑，还应符合比例原则，具有必要性与合理性。如果征收征用之目的可通过其他代价较小的方式实现，则无必要征收征用。

(2) 公共受益性。纵观各国立法和行政实务，许多国家对于公共利益之"公共性"的理解都日益宽泛，凡国家建设需要、符合一般性社会利益的事业，都被认为具有公共性，例如国民健康、教育、公共设施、公共交通、公共福利、文物保护等公共事业发展的需要。公共利益的受益范围一般是不特定多数的受益人，而且该项利益需求往往无法通过市场选

① 参见莫于川：《判断"公共利益"的六条标准》，载《法制日报》，2004-05-27，8版。

择机制得到满足，需要通过统一行动而有组织地提供。政府就是最大的、有组织的公共利益提供者，它运用公共权力征收征用土地为全社会提供普遍的公益性服务。

(3) 公平补偿性。天下没有免费的午餐。运用公共权力追求公共利益必然会有代价，这就造成公民权利的普遍牺牲（损害）或特别牺牲（损害）。有损害必有救济，特别损害应予特别救济，才符合公平正义的社会价值观，这是现代法治的一个要义。这种救济主要表现为法定条件下的公平补偿和事先补偿，它体现了现代法治的基本要求——实体公正。与正当补偿、适当补偿等提法相比，公平补偿的提法也许更合乎市场机制的要求，更接近私权利与私权利之间的交往法则。事先补偿则体现了政府诚信和法安定性的要求。

(4) 公开参与性。以公共利益为由采取强制规划、征收、征用等特殊行政措施，会严重影响到公民的基本权利，必须做到决策和执行全过程的公开透明，依法保障行政相对人的知情权、听证权、陈述权、申辩权、参与决策权等程序权利和民主权利的有效行使。如果在考量土地、财产征收征用措施的必要性、公益性及补偿的公平性的过程中，利害相关的民众却不能表达意愿、协商条件、参与决策、寻求说法，这肯定不符合现代法治的又一基本内涵——程序公正和参与民主的要求。

(5) 权力制约性。以公共利益为由强制克减和限制公民权利，极易造成政府与人民之间的紧张关系，尤其是在出现公共危机而行使行政紧急权力时更易于以公共利益之名越权和滥用公权力，故须进行有效的监督制约，这是建设有限政府、法治政府的要求。除了把以公共利益为由行使公权力纳入舆论监督、社会监督等民主监督视野中，更需要加强对于这一公权力行使过程的违宪审查、司法审查、上级监督、专门监督等国家权力性监督，这是“以权力监督权力”的机制和判断标准。国内外的行政诉讼实践证明，通过司法审查来监督和判断行政征收征用措施是否真正符合公共利益的要求，就是一种有效的监督制约机制。

(6) 权责统一性。如果行使公权力后不承担责任，任何公权力掌控者都会滥用权力，故须完善相应的责任机制。当某个公权力掌控者以公共利益为由克减和限制公民的基本权利，之后通过监督机制判定所谓公共利益之理由不成立，则应严格追究且能够追究其责任，包括法律责任、政治责任、道义责任、社会责任，使其付出相应代价。这是建设责任政府、法治政府的要求，也是最有威慑效力和普遍适用、自动适用的控权机制与判断标准。

2. 行政征用的补偿。行政补偿制度源于公用征收，它是在人权观念日渐彰显的民主立宪国家产生的，其最初起源于自由法治国家宪法保障财产权的规定。没有人权保障观念、没有私有财产不可侵犯的规定，就不可能产生行政补偿制度。

(1) 行政补偿原则的变迁。从自由资本主义时期到垄断资本主义时期，行政补偿原则也在发展变化。资产阶级在夺取政权之后，大都在宪法之中明确规定财产权是公民的一项基本权利。反映在行政征用补偿制度上，体现的是所谓“古典征收补偿”原则即全额补偿原则。

随着资本主义的发展，19世纪后期垄断资本主义至第二次世界大战结束的现代时期，适当正当补偿观念随即提出并为多数国家所认可，但对于适当补偿的范围仍莫衷一是。

在当代西方国家又出现一种新的补偿理论。这一理论认为，如果作为征用对象的财产具有财产权人生活基础的意义，那么，对其损失的补偿，就不仅限于对其财产的市场价格予以评估，还应考虑对其附带性的损失补偿，甚至有必要给付财产权人为恢复原来的生活状况所必需的充分的生活补偿。例如，因公共建设的需要，一般市民的土地或房屋被征用，在此情形下，仅仅给付市价补偿，有可能不足以恢复与原来同等的生活状况，为此必须实行上述生活补偿。这就是所谓“生活权补偿”的观点。

（2）行政补偿数额的确立。在因政府建设发展的需要而征地的情况下，居民必须为大局作出让步，但是政府必须提出需要征地的足够理由及提供公平补偿。在西方国家，一般都有社会化的估价机构，如所有者对此价格不满意，还可以采取一系列措施进行补救和协商，最重要的是最终决定权在法官手中。

（3）行政征用的正当程序。当政府行使权力的行为可能对个人的权利与自由构成剥夺、限制、侵害或减损时，就应当由代表民意的机关根据宪法原则与要求，经过充分辩论，制定必要的法律规则；再由行政机关依照法定权限与程序，并在法律规则约束下行使权力；在行使权力的政府行为作出后，认为自己的权利与自由被非法剥夺、受到限制、侵害或减损的个人，有权诉请司法机关撤销行政机关采取的措施，司法机关依照法定程序审查争议双方的事实与理由后作出最终裁决。可以说，如果没有正当程序，政府权力的滥用就不会遇到任何障碍，一切法定权利都将因其不可操作性而变得毫无意义。

政府对私有财产的征用必须借助严格的法律程序完成，全面经受正当程序检验，具体包括：征用程序——行政征用立法程序、听证程序、强制拆迁程序等；救济程序——行政裁决程序、诉讼程序等。

第六节　行政紧急行为

【案例10—7】美国钢铁公司占领案

【基本案情】

1950年朝鲜战争爆发，就在战争激烈进行过程中的1952年4月，美国钢铁行业的工会与资方的谈判最终破裂，工会宣布它准备从4月9日中午12点开始，发动一场全国性的钢铁行业大罢工。在此情况下，美国总统杜鲁门为了保证作为重要战略物资的钢铁的连续供应和其价格的稳定，在4月8日下达行政命令，要求商业部长索耶介入这起劳资纠纷，占领并运作无法达成集体劳资协议的钢铁公司的厂房和设备。次日，杜鲁门总统致函国会通报了他的决定，12天后再次报告。国会没有作出任何反应。1952年4月29日，哥伦比亚特区联邦地方法院法官派恩判决总统的接管钢铁业命令违宪，本案原告胜诉，并颁发初步禁令，禁止政府占用钢铁公司的行为。该案上诉后，5月3日联邦最高法院正式受理此案，5月11日开庭，6月2日即宣布判决，最终，联邦最高法院以6比3的表决结果判定原告胜诉，总统命令违宪无效。这就是美国历史上具有较大影响的“钢铁公司占领案”①。

【法律问题】

本案中占领钢铁公司的行为是否属于行政紧急行为？总统命令败诉的原因是什么？本案对我国行政紧急行为的法制建设有何启示？

【法律链接】

《美国宪法修正案》

第五条　任何人不经正当法律程序，不得被剥夺生命、自由或财产。不给予公平补偿，私有财产不得充作公用。

【案例分析】

如何判定政府占领钢铁公司的行为是否属于行政紧急行为的性质？首先，要看其是否有现实的紧急危险存在，答案是肯定的。如不采取这一措施，即会影响钢铁供应，进而可能导致战争失败的严重后果。这是紧急行为必要性和前提所在。其次，要看该行为是否有别于常态下的行政行为，答案也是肯定的。平常状态下工人有权利进行罢工，政府不得采取强行占领工厂的手段进行干预。可见，紧急行为往往会导致公民权利受到一定的侵犯或限制。以上两个方面是行政紧急行为的根本特征。紧急危险的存在决定了必须采取一定的紧急行为，否则国家利益、公民的重大基本权利就得不到保障。因而，采取紧急行为的权力从根本上来源于国家机关保障国家安全和公民基本权利的职责。但是，在行使该权力时，往往又会直接导致公民某些权利甚至基本权利（如言论权、知情权）受到侵犯或限制，也就是说，为了保障公民的某些权利，必须限制公民的另外一些权利。在特殊形势下，公民的权利无法得到全部保障时，行政机关通过紧急行为对公民权利的保障作出选择。这就是行政紧急行为与公民权利之间的本质关系。但是，这种对公民权利进行选择的行为必须得到授权方可作出，否则就可能成为国家机关滥用职权、侵犯公民权利的借口，在民主国家就有沦为专制的危险。正是基于这种考虑，由于现代法治要求，行政紧急行为的作出必须有法的授权，至少也要有宪法的一般授权。本案中，总统的做法正是由于没有宪法和法律的授权而败诉。任何人都可以看到，杜鲁门总统作出的是正确的决定，那么，为什么法院要作出其行为违宪的判决呢？这是因为，对于一个国家而言，来自战争的危险是不常有的，而政府违宪的危险时刻都存在。而且，在战争时期为应对紧急危险如果必须采取突破常规的做法，也可以通过制定专门的《战争法》等紧急状态法律来预先作出法律规范，从而将突破常规的做法纳入法治轨道之内。因此，判决政府违宪，既无损于政府应对紧急问题的能力，又有利于维护国家的法治。可见，这一判决的着眼点是国家长治久安的大局。看到这一点，就可以理解为什么总统在作出该行为后国会不予表态的做法了。国会不予表态的本质就在于，在眼下（以纵容的形式）支持政府的做法，过后又可以通过追究政府责任来维护法治。可以肯定，即使在这次判决之后，如果再次出现同样的问题，政府再次向国会

① 陈恒志：《试析我国的应急行政行为及其司法审查》，载中国法院网，http：//www.chinacourt.org/。

通报，国会仍然会采取同样的做法，而事后的审判也仍将是同样的结果。

那么，在没有法律明文规定的情形下作出的紧急行为，是否应当认定为行政紧急行为呢？这是个复杂的问题。没有法律规定的行政处罚行为仍然是行政处罚，只是违法或无效而已，相应的司法审查仍然要适用行政处罚法律规范；行政强制也是如此。但是，没有法律基础的行政紧急行为即不成为行政紧急行为，而只能认定为违法的其他行政行为。这是因为，行政紧急行为同时具有双重性质，既是紧急行为，又是某种特定的行政行为。如果完整地表述，应该是诸如“行政强制紧急行为”、“行政处罚紧急行为”等。可见，如果没有法定的基础，就只能认定为违法的行政强制行为或违法的行政处罚行为等。本案中，政府的行为是一种综合性的违法行为，其中既有违法的行政征用，又有违法的行政强制，等等。所以，综上可以认为，本案中美国政府的行为虽有行政紧急行为的本质特征，但仍不能归属于行政紧急行为。关于行政紧急行为的具体特征，下文将具体分析，简单地讲，应该包括紧急性、法定性和对常态下法律的突破性等。

【探讨】

本案带来的最主要启示是：行政紧急行为虽然是对常态下行政行为的突破，但仍应当纳入法治的范畴。只有通过立法，对紧急状态下采取行政行为的权力进行明确的规定，包括授权、限制和约束等方方面面的规定，才能真正保证行政机关履行好应对紧急状态、紧急危险的职责。

【学理研习】

行政紧急行为是现代行政法治的一个重要课题，但是我国这方面的研究目前还处于起步阶段，系统的研究成果尚未出现，相应的法律规定也很不完善。因此，关于行政紧急行为的基本理论都还有待完善。下文一方面对比较成熟的基本理论进行介绍，另一方面将对一些重要的理论问题进行探讨性的阐述。

（一）行政紧急行为的概念和特征

行政紧急行为的概念，是行政紧急行为研究的最重要内容之一。这决定着行政紧急行为法制研究的基本范畴，也影响着今后行政紧急行为立法的基本对象。正因为这一问题特别重要，学者在研究中存有一些不同意见。下文采用莫于川教授的观点，所谓行政紧急行为，是指针对战争、内乱、各种恐怖活动、严重的自然灾害、严重的经济危机等紧急情况，由行政机关（其中主要是最高行政机关）依据宪法及有关法律所采取的紧急处置的行政行为。

按照这一概念，行政紧急行为第一，是法治下的行为，并不是说紧急行为不受法治的约束，而是要依据宪法和有关法律采取紧急处置；第二，是在特殊条件下的行为，如战争、内乱等，没有明确的特殊条件，就没有行政紧急行为；第三，是特殊的行政行为，此种行政行为中，行政主体的权限和行为方式不同于一般情况。一般来说，在这种情况下行政主体得到的授权往往大于平时，这是因为，在特殊的紧急状况下，行政主体履行职能的要求提高了，难度加大了，必须得到更多的授权方能达到行政目的。但是，也不排除行政权力受到比平时更多限制的可能，如在紧急状态下，可能暂时停止某些部门行使某些权力，而将权力集中由若干部门行使。

理解行政紧急行为的概念，要与“紧急状态下的行政行为”和“应对紧急状态的行政行为”概念予以区分。并不是所有的紧急状态下的行政行为都是行政紧急行为，也不是所有用于应对紧急状态的行政行为都是行政紧急行为。在紧急状态下，或为应对紧急状态而采取的行政行为中，有紧急行为，也有一般的行政行为。只有为应对紧急状态，而对行政行为的常态予以改变时，采取的新的与常态下不同的行政行为才是行政紧急行为。具体地讲，只有在行为主体、措施、程序、监督与救济等方面较之常态下的法律规定有所变更和突破的行政行为，而且该种行政行为的目的是应对行政紧急状态或出现的紧急问题的，才是行政紧急行为。

【思考】

我们认为，“只有为应对紧急状态，而对行政行为的常态予以改变时，采取的新的与常态下不同的行政行为才是行政紧急行为。具体地讲，只有在行为主体、措施、程序、监督与救济等方面较之常态下的法律规定有所变更和突破的行政行为，而且该种行政行为的目的是应对行政紧急状态或出现的紧急问题的，才是行政紧急行为”。这一观点应当作为对前述“所谓行政紧急行为，是指针对战争、内乱、各种恐怖活动、严重的自然灾害、严重的经济危机等紧急情况，由行政机关（其中主要是最高行政机关）依据宪法及有关法律所采取的紧急处置的行政行为”概念的补充，共同作为界定行政紧急行为的标准。

据此，可以认为行政紧急行为有以下特征：

1. 目的是应对法定的紧急状态或解决法定的紧急问题。行政紧急行为必须有明确的紧急状态作为前提，这种紧急状态的确定不能是行政主体随心所欲的，而必须是有法的明确规定的。

2. 行政紧急行为对常态下法的规定有所突破。区分一个行政行为是紧急行为还是常态下的行政行为，不仅要判断其是否处于紧急状态下，也不仅要判断其目标是否是应对紧急问题，还要判断其具体行为是否对常态下的法律有所突破，如主体、措施、程序等方面的突破。有所突破的才是紧急行为，没有的就不是，而只是在紧急状态下的一般行政行为。

3. 行政紧急行为的主体和具体措施的授权受到严格的法的约束。需要注意的是，紧急行为的授权受到严格约束，而不是行为本身受到严格约束。恰恰是因为法律规范难以对行政紧急行为作出具体的约束，也就是说，行政紧急行为受到的法律约束要少于常态下的行政行为，因此，必须对紧急行为的授权作出严格的法律约束。原则上，只有在有具体的关于紧急状态的规定时，行政机关才能够行使采取紧急行为的权力，作出行政紧急行为。但是，考虑到在法律没有具体规定的情形下，有时对常态下的法律规范作出突破，即作出行政紧急行为是必须的，而且这种情形在立法中无法全部预料和作出规定，因此，不得不对行政主体给予自行判断紧急状态的授权。对这种一般性的授权应当严格限制，如，可以仅授权国务院按照一定的程序（如报全国人大常委会批准）确认紧急状态，而其他行政主体

(如地方政府或国务院部委）仅能根据法律、法规或规章中关于行政紧急行为的具体规定，作出具体的行政行为，而无权决定紧急状态和作出行使紧急权力的一般授权。

4. 行政紧急行为的法治永远只能是有限法治。从理论上讲，法治永远也不能达到完备的程度，永远只是有限的法治。但是，行政紧急行为与其他行政行为相比，法治水平还要更低一些。主要原因是两个方面：一是法的具体规定不可能完备。行政紧急行为是不可能完全预料的。如果可以完全预料，就可以未雨绸缪，也就不是紧急行为了，因而具体的规定总是会有所欠缺。二是监督与救济相对更加困难。行政主体作出紧急行为时，拥有的行政权力往往要大于平时，所受的监督与制约要少些。一些权力失去监督和制约就会导致滥用。因而，行政紧急行为的权力被滥用的可能性相对更大，而且很难避免。这个问题，只能有限地改进，而不可能根本解决。

（二）行政紧急行为的设定

关于行政紧急行为的设定问题，即哪一层级的法律规范可以授权行政主体作出行政紧急行为，一般认为这应当属于宪法和法律保留事项，即除非宪法和法律有规定，行政机关不得自行授权作出行政紧急行为。具体地讲，对行政紧急行为的设定必须包括条件的设定、主体的设定、内容（即行为方式、手段和措施）的设定、权力边界的设定和程序的设定。如有可能，还应当对监督与救济作出设定。

行政紧急行为的设定有三种方式：一是在立法中就紧急行为的条件、主体、内容、程序等事项作出具体的规定；二是采取确认和宣布进入紧急状态的办法，决定执行紧急状态下的法律规范，或对紧急状态下某些事项作出统一具体的规定，如宣布公民某些权利受到限制，或对行政机关作出某些特殊授权等；三是授权行政机关判断和确认紧急状态，由行政机关在自身权限范围内决定采取行政紧急行为。

【思考】

我们认为，将紧急行为的设定认为全部属于宪法和法律保留事项是不恰当的，也是不符合我国法治实践的。如《突发公共卫生事件应急条例》即规定了，在“突然发生，造成或者可能造成社会公众健康严重损害的重大传染病疫情、群体性不明原因疾病、重大食物和职业中毒以及其他严重影响公众健康的事件”时，“突发事件应急处理指挥部有权紧急调集人员、储备的物资、交通工具以及相关设施、设备；必要时，对人员进行疏散或者隔离，并可以依法对传染病疫区实行封锁”。这一规定即是典型的紧急行为规定，而且规定了紧急行为中的特殊权力。《突发公共卫生事件应急条例》只是一个行政法规，但是由于其规定的事项、主体和权力等所有内容均在行政机关（国务院）有权决定的范围内，因而这项规定是合法有效的。同理，规章也可以规定紧急行为。也就是说，只要是在行政主体自身的权限范围内，对紧急行为作出规定也是完全允许的。因此，不能认为行政紧急行为全部属于宪法和法律保留的事项。

具体地讲，前述三种行政紧急行为的设定方式应当分别有不同的权限和程序。第一，在立法中就紧急行为的条件、主体、内容、程序等事项作出具体规定的设定方式，法律、法规和规章都可以作出规定。如公共安全、卫生等行政管理领域中，法律既可以规定一般状态下的管理制度、措施、程序等，也可以专门立法规定紧急状态下的特殊制度和程序，但是应当在各自的权限范围之内。除非有上位法的授权，否则不能对自身权限予以突破。第二，采取确认和宣布进入紧急状态的办法，决定执行紧急状态下的法律规范，或对紧急状态下某些事项作出统一具体的规定，如宣布公民某些权利受到限制，或对行政机关作出某些特殊授权等。紧急状态是一种拟制的法律状态，会带来法律关系和法制运行的重大复杂变化。无论该种紧急状态是全面的，还是某一特殊领域（如公共卫生领域）的，这种宣布紧急状态并对现有法律规范体系作出大幅度变更的做法都应当属于宪法和法律保留的事项。第三，授权行政机关判断和确认紧急状态，由行政机关在自身权限范围内决定采取行政紧急行为。对最高行政机关（国务院）的授权应由法律作出；对地方政府和国务院部门的授权可由国务院通过行政法规的形式作出。

无论如何，凡是宪法和法律有明确规定，但需要在紧急状态下作出突破的事项，均属于宪法和法律的保留事项。如对人身实施行政处罚的规定，行政法规即不得通过紧急行为立法来予以突破，而只能由法律规定。

在立法中设定行政紧急行为，有以下重要的意义和作用：

1. 有利于将行政紧急行为纳入法治轨道。即使没有行政紧急行为的法律规范，在国家面临紧急状态时，国家机关还是不得不突破法制体系，采取事实上的紧急行为，甚至在宪法没有规定的情况下，这种突破也是必须进行的。在没有法律规范的情形下，这种突破是没有约束的，是对法治的重大破坏。但是在有法律规范的情形下，这种突破就有法可依，必须按照一定的规则进行。因此，行政紧急行为法律规范的作用，不是创设行政紧急行为，而是按照法治的要求规范行政紧急行为。

2. 有利于提高应对紧急状态的效率和效果。紧急状态的发生是难以预料的，同时，由于其不属于行政管理中的常态，一般情况下，行政管理机关对应对紧急状态、紧急问题准备往往不足。在紧急状态发生时，可能会无所适从，应对的效率和效果都会比较差。通过在立法过程中对行政紧急行为进行研究，对应对紧急状态作出预见性的准备，有利于提高应对紧急状态的效率和效果。

3. 有利于保障公民权利。紧急状态下行政行为对公民权利的保障力度是减弱了，这是因为，行政主体必须更偏向于解决突出的紧急问题，如战争、恐怖事件等。可以认为此种情况下，对公民权利保障的减弱是因为对公民某项或某几项权利进行保障的需要（如战争期间限制公民某些权利的目的是保障其生存权、发展权等更加基本的权利）。可见，紧急状态下对公民权利进行限制的理论基础是权利冲突理论，即公民的各项权利之间发生了冲突，如为了保障生存权，必须放弃言论自由权。紧急状态下，如果一定要对公民的权利进行限制，那么，按照法治主义的要求，这种限制应当最小化，即除非必要，不得限制公民权利。为了实现这一目标，必须在立法中明确行政紧急行为的权力边界和公民权利的保障与救济。如果没有紧急行为立法，则当紧急状态发生时，公民权利受到侵害的风险将大大增加。

（三）行政紧急行为的实施

行政紧急行为的实施，涉及的基本问题包括：实施行政紧急行为的条件、主体、内容和程序。

1. 实施行政紧急行为的条件。启动行政紧急行为必须满足两个基本条件，一是必须有法的规定；二是必须有法定的实施行政紧急行为的情形出现，一般来说，即是要有明确的紧急状态、紧急事件发生。在不能满足上述两个基本条件的情形下，如果确有对现行法律规范进行突破的必要性，则必须由有权的国家机关作出决定，才可以启动行政紧急行为。如，在没有法定情形的条件下，如果根据行政管理的需要，确需要对行政处罚法的某项规定作出突破，即必须由全国人大常委会作出决定，否则作出的行政行为就不是行政紧急行为，而是违法的行政行为。

2. 实施行政紧急行为的主体和内容。前文已经述及，行政紧急行为的主体和内容必须法定。实施行政紧急行为的主体必须由法律规范作出规定或由有权机关决定，否则行为即构成违法或无效。行政紧急行为的内容是指行为的具体方式和措施，也即达成行政目标的手段。与紧急行为的主体一样，行政紧急行为的内容也必须法定。

3. 实施行政紧急行为的程序。行政紧急行为种类多样，不可能就其所有行为的程序在立法中提前作出统一的规定，但是，必要的基本程序还是应当遵守一些共通的要求。如紧急状态的确认和宣告程序即是一个必要的程序，紧急状态预案的制定也应当在设计行政紧急行为程序时予以考虑。另外，有学者提出一个观点："防止紧急状态权力被滥用的最佳方法似乎是：有权宣告紧急状态的机构，必须据此放弃它在正常状态下所享有的那些权力，而仅保有这样一项权力，即任何时候都有权废除它授予某个权力机构的紧急状态权。"这也是行政紧急行为程序设计中可以考虑的一个原则。

（四）行政紧急行为的监督与救济

行政紧急行为的监督与救济是一个难点。这是因为，在紧急状态下，必须赋予行政主体更大的权力，以保证其有效地应对紧急状态、紧急问题和紧急事件。但是，权力越大，监督与制约的难度也就越大。而且，行政紧急行为的种类多样，事前难以预料，都决定了监督与制约难度很大。没有监督的权力必然引起腐败，相应地引发的事后救济问题也会很多。无论是司法审查还是国家赔偿，都会面临案件数量大、取证难等问题，从而很难实现监督与救济的目的。

但是，监督与救济仍然是行政紧急行为研究的重点问题。没有权力的监督与权利的救济，就没有法治。行政紧急行为的监督与司法审查的重点问题应当是两个：一是滥用职权，主要是行政主体作出行政紧急行为的目的是否合理与正当；二是违反法的规定，主要是主体是否恰当，是否存在越权、程序违法等问题。此外，在监督与司法审查中还应当兼顾比例原则，即行政行为对公民权利构成的侵害是否控制在必要的幅度内，但是这是比较难以实现的。

【问题与思考】

1.1997年7月28日，河南省焦作市被单厂向昆明市工商局提起申诉，称朱宝焕在昆明市经销"全芳"牌床单的行为已严重侵犯其"金芳"牌床单的注册商标专用权，请求对朱宝焕予以查处。为此，昆明市工商局对朱宝焕立案调查，认定朱宝焕在1997年6月至7月间，以个人名义从河南平顶山市棉织厂购买坯布委托河南省汝阳县毛巾被单织布厂加工床单，其经销的"全芳"牌是朱宝焕以个人名义与河南省汝阳县毛巾被单厂签订床单加工承揽合同加工生产的。"全芳"牌床单的名称、规格、包装袋等均系朱宝焕本人选择、确定、认可的。其在定做床单时，选用了与知名商品"金芳"被单相近似的名称，选用了图案、排列、色彩、字体相近似"金芳"被单的包装袋，造成"全芳"和"金芳"被单相混淆，使购买者认为是知名商品，而且在商品的外包装袋上的生产厂家是一个未经登记的"河南省豫汝印染有限公司"，因此根据《公司法》第224条的规定于1998年8月17日作出昆工商处字（1998）第203号行政处罚决定书对朱宝焕进行行政处罚。朱宝焕不服，向云南省工商局申请复议，省工商局未在法定期限内作出复议决定。朱宝焕即向五华区人民法院提起行政诉讼，五华区人民法院判决维持市工商局的（1998）第203号行政处罚决定。朱宝焕不服，上诉至昆明市中级人民法院，昆明市中级人民法院以（1999）昆法行终字第5号判决书确认被告对原告进行处罚依据《公司法》第224条属于适用法律、法规错误，故判决撤销行政处罚决定并责令被告重新作出具体行政行为。2000年11月23日，昆明市工商局作出（2000）第99号行政处罚决定书，认定朱宝焕有冒用有限责任公司的名称和不正当竞争的违法行为，依据《反不正当竞争法》第5条第2项和《公司法》第224条的规定，决定对其作出如下处罚：（1）责令朱宝焕停止违法行为；（2）处以罚款15 000元。作出处罚前，昆明市工商局将工商标字（2000）第002号听证告知书于2000年10月9日送达给赵乃存签收，2000年11月23日作出的（2000）第99号行政处罚决定书中，未明确告知当事人朱宝焕向人民法院提起行政诉讼的具体期限。朱宝焕不服，于2001年1月3日向云南省工商行政管理局申请复议，云南省工商局维持了原行政处罚决定。

朱宝焕不服，向昆明市五华区人民法院提起行政诉讼，诉称，被告的行政处罚决定的内容和程序与法律相悖，其认定事实不清，适用法律错误，送达程序不符合法律规定，请求撤销被告作出的行政处罚决定。五华区人民法院经审理认为，原告以自己的名义与河南省汝阳县毛巾被单厂签订并实际履行床单加工承揽合同的过程中，其自己确定选择认可的床单的名称、规格、包装等行为构成事实上的冒用有限公司名义伪造生产厂家的违法行为，理应承担相应法律责任，被告仅以原告在销售活动中擅自使用印有未依法登记的"河南省豫汝印染有限公司"字样外包袋的行为认为其是冒用有限责任公司名义的行为，并依据《公司法》第224条规定作出的（1998）第203号行政处罚决定书已经被昆明市中级人民法院撤销，现被告依据其享有的行政处罚权和其他行政执行权对原告的违法行为重新作出了相应的处罚，所举证据能证明其具体行政行为的合法性，故判决维持（2000）第99号行政处罚决定书的具体行政行为。

原告不服，上诉至昆明市中级人民法院，诉称：市工商局不具备行政处罚主体资格；所作出的昆工商处字（2000）第99号行政处罚决定并未记载朱宝焕有过冒用有限公司名义的行为却让其承担责任，且处罚决定中的具体处罚数额不知如何计算出来，认为处罚决定书认定事实不清；采用《公司法》第224条进行处罚属适用法律错误；听证通知书送达程序不符合有关听证程序送达的法律规定，属程序违法；认为一审法院在原审判决中仅用“被上诉人所举证据能证明其具体行政行为合法性”一句话，就作出维持的行政判决，缺乏依据，请求二审法院对被上诉人的行政处罚的合法性进行全面审查，并依法撤销昆工商处字（2000）第99号行政处罚决定书和五华区人民法院（2001）五法行初字第7号行政判决书。

被上诉人辩称：其对朱宝焕的违法行为有处罚权，具备本案的行政处罚主体资格；上诉人朱宝焕在河南加工床单时，自己选择印有“有限公司”字样的包装袋并在昆明进行销售，其行为是冒用有限责任公司的行为；对朱宝焕的处罚数额是根据《公司法》规定进行的自由裁量；适用两部法律对朱宝焕进行处罚不等于对朱宝焕进行两次处罚；听证程序中的送达符合法律规定。认为其行政处罚决定事实清楚，适用法律正确，处罚适当，请求二审法院驳回朱宝焕的上诉请求，维持原行政处罚决定。

二审法院经审理认为，被上诉人市工商局作出的（2000）第99号处罚决定对朱宝焕实施处罚行为，认定上诉人朱宝焕既有违反《公司法》的违法行为，又有违反《反不正当竞争法》的违法行为的事实，这一认定与被上诉人提交的本案证据所证明的事实相悖，其所依据的处罚事实不清；被上诉人的处罚所依据的证据不足；先前（1999）昆行终字第5号判决已对市工商局采用《公司法》第224条规定进行行政处罚属于适用法律法规错误进行了确认，但被上诉人仍依据《公司法》第224条规定重新作出新的行政处罚，属于适用法律法规错误；被上诉人未严格履行法律法规等规范性文件关于告知及文书送达的程序性规定，作出的行政处罚决定违反法定程序。因此，认为市工商局作出的（2000）第99号处罚决定所依据的处罚事实不清、证据不足，适用法律、法规错误，依法予以改判，撤销一审判决，撤销市工商局作出的（2000）第99号处罚决定。

请问：

（1）本案中昆明市工商局作出的（2000）第99号行政处罚决定书中的第一项“责令朱宝焕停止违法行为”的性质是什么？是否是行政处罚呢？如何界定行政处罚的概念和分类？

（2）原告认为昆明市工商局不具备法定处罚权，而被告则主张自己有法定处罚权，那么，昆明市工商局是否具备法定处罚权呢？

（3）二审法院认为昆明市工商局适用《公司法》第224条作出行政处罚决定属于适用法律、法规错误，那么，本案中行政处罚的法律依据究竟是否错误呢？昆明市工商局同时适用《反不正当竞争法》和《公司法》的规定对朱宝焕进行行政处罚是否违反一事不再罚的原则？

（4）原告主张听证通知书送达程序不符合有关听证程序、送达的法律规定，属程序违法，那么，本案中行政处罚的程序是否违法呢？

2.2003年6月23日下午，某城区因夏雨不断，洪水下泄造成湖港爆满，为确保该地工业园防洪安全，市防汛指挥部命令市水产局开启A水闸、区防汛指挥部开启B水闸泄洪。24日上午，区防汛指挥部领导受命现场督办，发现B水闸只开启1/2，即通知下属街道办和水保站负责人立即开启闸门，由于保管该闸摇把的甲一时难以找到，闸门不能提起。此时，区防汛指挥部接市防汛指挥部命令，全部开起了A水闸，湖水直泄而下，导致湖沟水急剧上涨。这时，恰碰市防汛指挥部领导巡视检查、督办防汛工作到达B水闸，见此险情重大，情况十分紧急，市防汛指挥部领导电话命令区领导立即赶赴B水闸处开闸，随即区领导相继赶到现场，并迅速将闸门开启，避免了一场责任事故的发生。

但事后甲认为，24日上午，区防汛指挥部接市防汛指挥部通知，开启A湖沟闸门泄洪，致使其在A湖沟放养的鱼流失，造成其经济损失，便以区政府为被告，向市法院起诉，要求确认开启A湖沟闸门的行为违法，并由区政府赔偿其经济损失。市法院受理后，主持了调解，双方自愿达成协议：(1)区政府2006年全年免收甲在A湖沟养鱼的承包费（如甲2006年不承包就由政府支付其一部分费用）；(2)政府分期补偿甲与第一项费用同等数额的经济损失。甲遂撤诉。[①]

请结合此案对行政紧急行为的权限、行为方式及对公民权利保护中应注意的问题进行分析。

① 案例来源：http：//www.mykh.net。

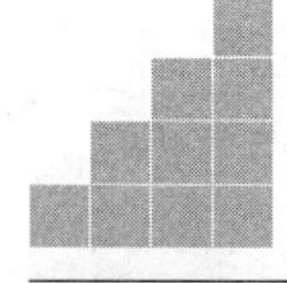

第十一章

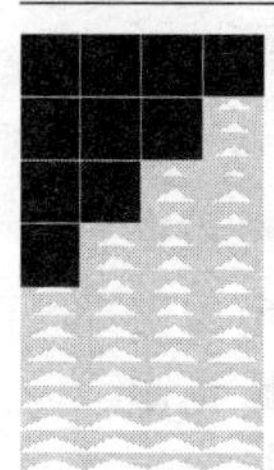

依申请的行政行为

参考资料

1. 张正钊，韩大元主编. 中外许可证制度的理论与实务. 北京：中国人民大学出版社，1994

2. 张兴祥. 中国行政许可法的理论和实务. 北京：北京大学出版社，2003

3. 杨建顺. 行政规制与权利保障. 北京：中国人民大学出版社，2007

4. 杨小君. 关于行政认定行为的法律思考. 行政法学研究，1999 (1)

5. 裘坚建. 行政补贴概念辨析——WTO和行政法学的两维视野. 行政法学研究，2005 (1)

6. 莫于川，林鸿潮. 行政机关借助市民力量取证，证据是否有效——“广州市民被拍违章状告公安局”案评析. 人民检察，2005 (8)

本章提要

依申请的行政行为是指行政主体根据行政相对人的申请才能实施的行政行为，又称被动行政行为。一般来说，非基于行政相对人的申请，行政主体不能主动作出这种行政行为。如果行政相对人未申请或撤回申请，行政主体却实施了行政行为，将导致行政行为的违法。但是，行政相对人的申请与行政主体的行政行为之间并非存在必然联系，是否准予申请，最终决定权仍在行政主体。因此，依申请的行政行为仍是单方行为而不是双方行为。本章选择讨论若干常见的依申请的行政行为，包括行政许可、行政确认、行政给付、行政奖励等。

第一节 行政许可

【案例11—1】丁某诉某区公安分局不予颁发驾驶证案

【基本案情】

丁某，现年25岁，打算申领轻便摩托车驾驶证。根据该市公安局对于需要办理各类机动车驾驶证的人员需进行交通规则和驾驶技术合格考试，并到指定医院进行身体检查的要求，丁某先后参加了该市公安局组织的交通规则和轻便摩托车驾驶技术的考试，均取得了优异的成绩。经该市公安局指定的人民医院体检，左右眼裸视1.5，无色盲，听力正常，无任何疾病和身体缺陷，体检结论为"身体健康，符合机动车驾驶员的条件"。随后，丁某持考试成绩单和体检表到该市郊区公安分局申领轻便摩托车驾驶证，然而，区公安分局按照该区人民政府《关于我区机动车辆驾驶员管理的通知》的规定，要求丁某先交纳风险保证金200元，才能更换轻便摩托车驾驶证。丁某不服，遂以"其符合法定条件，区公安分局不依法为其颁发驾驶证"为由，向人民法院提起诉讼，要求判令区公安分局向其颁发驾驶证。法院经审查认为，丁某符合取得轻便摩托车驾驶证的条件，区公安分局不予颁发驾驶证的行为违法，责令区公安分局在判决生效后7日内，为丁某颁发轻便摩托车驾驶证。

【法律问题】

本案涉及区公安分局的行为是否构成行政不作为，以及区政府有关通知的内容是否合法等问题，解决问题的关键在于明确行政机关是否负有相应的行政职能和履职状况，还要弄清行政许可设定权的行使主体。

【法律链接】

《中华人民共和国道路交通安全法》

第十九条　驾驶机动车，应当依法取得机动车驾驶证。

申请机动车驾驶证，应当符合国务院公安部门规定的驾驶许可条件；经考试合格后，由公安机关交通管理部门发给相应类别的机动车驾驶证。

…………

公安部《机动车驾驶证申领和使用规定》

第十一条　申请机动车驾驶证的人，应当符合下列规定：

(一) 年龄条件：

1. 申请小型汽车、小型自动挡汽车、轻便摩托车准驾车型的，在18周岁以上，70周岁以下；

2. 申请低速载货汽车、三轮汽车、普通三轮摩托车、普通二轮摩托车或者轮式自行机械车准驾车型的，在18周岁以上，60周岁以下；

3. 申请城市公交车、中型客车、大型货车、无轨电车或者有轨电车准驾车型的，在21周岁以上，50周岁以下；

4. 申请牵引车准驾车型的，在24周岁以上，50周岁以下；

5. 申请大型客车准驾车型的，在26周岁以上，50周岁以下。

（二）身体条件：

1. 身高：申请大型客车、牵引车、城市公交车、大型货车、无轨电车准驾车型的，身高为155厘米以上。申请中型客车准驾车型的，身高为150厘米以上；

2. 视力：申请大型客车、牵引车、城市公交车、中型客车、大型货车、无轨电车或者有轨电车准驾车型的，两眼裸视力或者矫正视力达到对数视力表5.0以上。申请其他准驾车型的，两眼裸视力或者矫正视力达到对数视力表4.9以上；

3. 辨色力：无红绿色盲；

4. 听力：两耳分别距音叉50厘米能辨别声源方向；

5. 上肢：双手拇指健全，每只手其他手指必须有三指健全，肢体和手指运动功能正常；

6. 下肢：运动功能正常。申请驾驶手动挡汽车，下肢不等长度不得大于5厘米。申请驾驶自动挡汽车，右下肢应当健全；

7. 躯干、颈部：无运动功能障碍。

第十二条　有下列情形之一的，不得申请机动车驾驶证：

（一）有器质性心脏病、癫痫病、美尼尔氏症、眩晕症、癔病、震颤麻痹、精神病、痴呆以及影响肢体活动的神经系统疾病等妨碍安全驾驶疾病的；

（二）吸食、注射毒品、长期服用依赖性精神药品成瘾尚未戒除的；

（三）吊销机动车驾驶证未满二年的；

（四）造成交通事故后逃逸被吊销机动车驾驶证的；

（五）驾驶许可依法被撤销未满三年的；

（六）法律、行政法规规定的其他情形。

《行政诉讼法》

第五十四条　人民法院经过审理，根据不同情况，分别作出以下判决：

…………

（三）被告不履行或者拖延履行法定职责的，判决其在一定期限内履行。

…………

《行政许可法》

第十四条　本法第十二条所列事项，法律可以设定行政许可。尚未制定法律的，行政法规可以设定行政许可。

必要时，国务院可以采用发布决定的方式设定行政许可。实施后，除临时性行政许可事项外，国务院应当及时提请全国人民代表大会及其常务委员会制定法律，或者自行制定行政法规。

第十五条　本法第十二条所列事项，尚未制定法律、行政法规的，地方性法规可以设定行政许可；尚未制定法律、行政法规和地方性法规的，因行政管理的需要，确需立即实施行政许可的，省、自治区、直辖市人民政府规章可以设定临时性的行政许可。临时性的行政许可实施满一年需要继续实施的，应当提请本级人民代表大会及其常务委员会制定地方性法规。

地方性法规和省、自治区、直辖市人民政府规章，不得设定应当由国家统一确定的公民、法人或者其他组织的资格、资质的行政许可；不得设定企业或者其他组织的设立登记及其前置性行政许可。其设定的行政许可，不得限制其他地区的个人或者企业到本地区从事生产经营和提供服务，不得限制其他地区的商品进入本地区市场。

第十六条第四款　法规、规章对实施上位法设定的行政许可作出的具体规定，不得增设行政许可；对行政许可条件作出的具体规定，不得增设违反上位法的其他条件。

第十七条　除本法第十四条、第十五条规定的外，其他规范性文件一律不得设定行政许可。

【案例分析】

本案当事人丁某申请区公安分局颁发轻便摩托车驾驶证，属于公安机关办理的行政许可事项，涉及的是行政主体的行政许可行为。根据《道路交通安全法》第19条的规定，“驾驶机动车，应当依法取得机动车驾驶证，申请机动车驾驶证，应当符合国务院公安部门规定的驾驶许可条件；经考试合格后，由公安机关交通管理部门发给相应类别的机动车驾驶证。”这条规定说明，公安机关交通管理部门是法律规定的授予机动车驾驶资格的行政许可主体，负有相应的行政许可职责和权限。

《道路交通安全法》的这一规定同时还明确了另一点，即任何人要获得机动车驾驶资格，都应当符合公安部规定的驾驶许可条件，同时还要通过相关考试。根据公安部《机动车驾驶证申领和使用规定》第11条，对于机动车驾驶人员的资格仅作了年龄和身体方面的条件限制。在本案中，丁某通过了该市公安局组织的交通规则和轻便摩托车驾驶技术的考试，而且在指定医院体检合格，丁某是符合这些法定条件的，而且丁某也不具备该规定第12条所列举的不得申请机动车驾驶证的几类情形。应当说，根据相关法律、规章的规定，丁某完全符合相应类型机动车驾驶证的申请条件。

丁某符合法定条件申请颁发驾驶证，而区公安分局不予颁发。本案中的行政主体存在行政不作为的情形，行政许可机关不履行法定职责，根据《行政诉讼法》第54条的规定，人民法院依法应当判决其在一定期限内履行。因此，本案中法院的判决是恰当的。

此外，本案还有一个不容忽视的问题。该区人民政府《关于我区机动车辆驾驶员管理的通知》的内容不符合行政许可设定权和规定权的立法规定。行政许可规定权不同于行政许可设定权。行政许可规定权是根据上位法关于行政许可的规定，对实施行政许可作出具体规定的权力。行使规定权的主体相对宽泛，法规、规章、其他规范性文件都可以对法律、法规等上位法所设定的行政许可作出具体规定。但是，这种规定权仍然不能突破上位法设定的行政许可事项的范围和条件，否则就是变相行使设定权了。根据《行政许可法》的规定，“对行政许可条件作出的具体规定，不得增设违反上位法的其他条件”。增设许可条件，属于设定权的范畴。根据前述介绍，本案中该区人民政府不具有行政许可设定权，其《关于我区机动车辆驾驶员管理的通知》属于其他规范性文件，虽然可以为实施行政许可作出具体规定，但是该规定不得违反上位法的规定增设许可条件。然而，根据该区人民政府上述通知的规定，申请办理各类机动车辆驾驶证，均需交纳不同数额的风险保证金，其中，申领轻便摩托车驾驶证需交纳200元。显然这一规定不符合行政许可法的相关要求。从另一个角度来讲，区公安分局以该通知规定的内容为由拒绝为丁某颁发驾驶证，也违反了行政许可法定原则。

【探讨】

《行政许可法》将行政许可的设定权仅赋予法律、行政法规和地方性法规，而对规章的设定权作出极其严格的限制。这虽然在一定程度上有利于克服行政许可中存在的地方保护主义和部门保护主义的弊端，但与现代国家行政事务的庞杂性、多样性和多层性所决定的行政主体的多元化趋势是否相符，是否有利于调动基层政府的积极性，还有待考察和研究。因此，有学者提出，问题的关键不在于哪一级机关设定行政许可，而在于通过怎样的程序设定许可，设定什么内容的许可，以及设定何种层级的许可。《行政许可法》的使命应该致力于探讨设定不同层级和内容的许可所应该遵循的不同程序。[①] 对此，你是如何看待的？

【案例11—2】张振隆诉徐州市教育局注销社会办学许可证案[②]

【基本案情】

上诉人（原审被告）：徐州市教育局。被上诉人（原审原告）：张振隆。第三人（原审第三人）：张永民。

1998年5月张振隆以个人联合办学的形式申请创办沛县汉台高级中学（以下简称汉台中学）。1998年6月1日，徐州市教育局向张振隆颁发了徐教社字980316号江苏省社会办学许可证，批准汉台中学为全日制普通高中，学校负责人为张振隆。2001年2月6日，张振隆、朱全本与张永民签订“关于汉台中学前期遗留账务清理意见”（以下简称“清理意见”），但未实际履行。2001年11月12日徐州市教育局为汉台中学颁发了徐教社证字011217号社会力量办学许可证。该办学许可证将学校法定代表人变更为张永民。张振隆以徐州市教育局变更法定代表人的行为侵权为由提起行政诉讼。在诉讼中，徐州市教育局于2003年3月4日主动撤销了徐教社证字011217号社会力量办学许可证。张振隆于同年3月10日向法院申请撤诉，徐州市中级人民法院于当天作出（2003）徐行初字第3号裁定准许撤诉。2003年3月11日，徐州市教育局又以张振隆自愿辞去校长职务且不再是投资人为由，注销了载明张振隆为负责人的徐教社字980316号江苏省社会办学许可证。张

---

① 参见杨建顺：《行政规制与权利保障》，358～361页，北京，中国人民大学出版社，2007。

② 案例来源：祝铭山主编：《典型案例与法律适用（行政类）——行政许可类行政诉讼》，1～99页，北京，中国法制出版社，2004。

振隆以徐州市教育局的注销通知无事实根据和法律依据且是对其进行打击报复为由，向法院提起行政诉讼。

上诉人（原审被告）诉称：张振隆与朱全本在2001年2月6日与张永民签订的“清理意见”已表明张振隆与朱全本已不是汉台中学的投资人，汉台中学已经变成由张永民独立投资的民办学校。基于张振隆已经不是投资人的事实，且张振隆现又持有徐教社字980316号江苏省社会办学许可证拒不上交，扰乱汉台中学的正常办学秩序，徐州市教育局作为教育行政主管机关，在目前我国对此类情形尚无明确管理规范的情况下，注销其社会办学许可证并未违反法律规范的原则精神。

被上诉人（原审原告）辩称：1998年6月1日，被告徐州市教育局为原告等人核发了徐教社字980316号江苏省社会办学许可证。根据该办学许可证原告为汉台中学法定代表人。2001年2月6日签订“清理意见”虽是事实，但因发现其中有问题而未实施。2001年11月12日，被告徐州市教育局违法办理了徐教社证字011217号社会力量办学许可证。该许可证将汉台中学法定代表人变更为第三人张永民。原告依法提起诉讼后，被告于2003年3月4日主动撤销了徐教社证字011217号社会力量办学许可证。出于对原告打击报复的目的，被告又于2003年3月11日，对原告持有的徐教社字980316号江苏省社会办学许可证决定予以注销，该决定没有事实根据及法律依据。

第三人（原审第三人）述称：张振隆不具备原告主体资格；其投资扩大了办学规模；张振隆实际上已自愿退出了投资，并签订了“清理意见”。“清理意见”一经签订就有效，虽然未履行但应当继续履行。张振隆已不再是汉台中学的投资人，其持有的办学许可证已无实际法律效力，在此情况下对其予以注销是正确的。请求撤销一审判决，维持注销通知，或者判令行政机关重新处理。

一审法院江苏省徐州市中级人民法院依照《行政诉讼法》第54条第2项第2目的规定，判决如下：撤销徐州市教育局2003年3月11日徐教社字（2003）4号“关于注销社会办学许可证的通知”。案件受理费100元，由被告徐州市教育局负担。

二审法院江苏省高级人民法院依照《行政诉讼法》第61条第1项之规定，判决如下：驳回上诉，维持原判。二审案件受理费人民币100元，由上诉人徐州市教育局负担。

【法律问题】

本案涉及徐州市教育局注销社会办学许可证的行为是否合法的问题，解决问题的关键在于明确注销许可证的情形，以及行政许可机关注销许可行为与撤销许可行为的区别。

【法律链接】

《社会力量办学条例》（2003年9月1日已失效）

第十五条　举办实施学历教育和文化补习、学前教育、自学考试助学的教育机构，由县级以上人民政府教育行政部门按照国家规定的审批权限审批；举办实施以职业技能为主的职业资格培训、技术等级培训的教育机构，举办实施劳动就业职业技能培训的教育机构，由县级以上人民政府劳动行政部门按照国家规定的审批权限审批，并抄送同级教育行政部门备案；举办其他教育机构，经有关行政主管部门按照国家规定的审批权限审核同意后，由同级教育行政部门审批。

第十八条　审批机关对批准设立的教育机构发给办学许可证

…………

第三十九条　教育机构改变名称、性质、层次，应当报审批机关批准；变更其他事项，应当报审批机关备案。

《中华人民共和国民办教育促进法》

第五十四条　民办学校举办者的变更，须由举办者提出，在进行财务清算后，经学校理事会或者董事会同意，报审批机关核准。

《行政许可法》

第七十条　有下列情形之一的，行政机关应当依法办理有关行政许可的注销手续：

（一）行政许可有效期届满未延续的；

（二）赋予公民特定资格的行政许可，该公民死亡或者丧失行为能力的；

（三）法人或者其他组织依法终止的；

（四）行政许可依法被撤销、撤回，或者行政许可证件依法被吊销的；

（五）因不可抗力导致行政许可事项无法实施的；

（六）法律、法规规定的应当注销行政许可的其他情形。

《行政诉讼法》

第五十四条　人民法院经过审理，根据不同情况，分别作出以下判决：

…………

（二）具体行政行为有下列情形之一的，判决撤销或者部分撤销，并可以判决被告重新作出具体行政行为：

1. 主要证据不足的；

2. 适用法律、法规错误的；

3. 违反法定程序的；

4. 超越职权的；

5. 滥用职权的。

第六十一条　人民法院审理上诉案件，按照下列情形，分别处理：

（一）原判决认定事实清楚，适用法律、法规正确的，判决驳回上诉，维持原判；

…………

【案例分析】

根据我国法律规定，对于社会力量举办教育机构实行许可证管理制度。本案中，徐州市教育局是其辖区内履行该项职责的主管机关。解决徐州市教育局注销社会办学许可证的行为的合法性问题，首先我们应当明确注销许可行为的性质。注销许可证是有关行政机关基于许可事项及其效力的消除而依法进行登记注销的管理行为，是行政许可机关对于已经失效的行政许可，在程序上办理的注明取消的手续。由此可知，注销行为本身并不具有惩戒性，只是由于有关许可已无实际意义，而在文书档案中履行"销号"手续而已。显然，注销许可证不同于撤销许可证。撤销许可证一般是因为许可行为存在违法情形，最终将导致行政机关注销相关许可证；而注销许可证既可能出于因违法而被撤销、吊销许可证，也可能是其他合法原因导致的。在本案中，徐州市教育局如果要证明其注销张振隆所持的社会办学许可证合法，就应当提供证据证明该社会办学许可证已被依法撤销或者基于其他原因而失效。根据本案发生时实行的《社会力量办学条例》第39条的规定，教育机构变更负责人的，应当报审批机关备案。（该条例已于2003年9月1日失效，取而代之的是《民办教育促进法》，该法第54条对这方面作出了更为明确和严格的规定："民办学校举办者的变更，须由举办者提出，在进行财务清算后，经学校理事会或者董事会同意，报审批机关核准。"）尽管张振隆、朱全本与张永民签订的"清理意见"表明张振隆将不再担任该学校的负责人，但未实际履行，有关学校负责人的变更手续等也未依法办理。因此，事实上，载明张振隆为负责人的该社会办学许可证尚未依法失去法律效力。徐州市教育局在社会力量办学许可证尚未失效的情况下对其进行注销的行为是违法的。另外，本案中，徐州市教育局其实是意图通过注销张振隆持有的社会办学许可证，达到使该办学许可证失效的目的，对相对人的合法权益产生重大影响。根据正当程序原则的要求，应当听取相对人的意见，但其在作出对原举办人、学校负责人张振隆不利的注销通知时，既未提前告知，也未听取其申辩，违反了行政程序的基本原则。因此，徐州市教育局注销许可证所依据的证据明显不足、程序违法，依法应予撤销。两审法院的裁判是正确的。

【探讨】

根据《行政许可法》的规定，行政许可在哪些情形下可以撤销、应当撤销、不得撤销？行政许可的吊销与注销是否等同？

【学理研习】

（一）行政许可概述

1. 行政许可的概念

行政许可是行政主体根据行政相对人的申请，按照一定的程序，通过颁发许可证、执照等形式，依法赋予行政相对人从事某种活动的法律资格或实施某种行为的法律权利的行政行为。我国《行政许可法》所规定的行政许可，是指行政机关根据公民、法人或者其他组织的申请，经依法审查，准予其从事特定活动的行为。作为一种具体行政行为类型，行政许可不包括行政系统内部审批行为，例如上级行政机关按照隶属关系对下级机关请示报告事项的审批；行政许可也不包括行政机关对其直接管理的或其所属的事业单位的人事、财务、外事的审批，例如教育行政管理部门对于部属院校人事、财务、外事的审批。《行政许可法》明确规定该法不适用于有关行政机关对其他机关或者对其他直接管理的事业单位的人事、财务、外事等事项的审批。①

---

① 参见《行政许可法》第3条。

【思考】

关于行政许可的性质大致有以下几种观点：一是“赋权说”，即认为行政许可是赋权行为，相对人本没有此项权利，只是因为行政机关的允诺和赋予，才使其获得该项一般人不能享有的特权。二是“权利恢复说”，该观点认为，“应受许可的事项，在没有此种限制以前是任何人都可以作为的行为，因为法令规定的结果，其自由受到限制，所以许可是对自由的恢复，即不作为义务的解除，并非权利的设定。亦即许可是恢复相对人权利的行为，而非权利的授予”。三是“解禁说”，认为行政许可是对禁止的解除，行政许可的内容是国家一般禁止的活动，为适应社会生产生活的需要，对符合一定条件者解除禁止，允许其从事某项特定活动，享有特定权利和资格。四是“折中说”，即认为上述观点并非截然对立，只是认识角度不同而造成的。从表面上看，许可的确表现为政府赋予相对人某种权利，称之为赋权行为未尝不可；但从根本上讲，许可不仅是国家处分权力的形式，而且是对原属于公民、法人的某种权利自由的恢复，是对特定人解除普遍禁止的行为。五是“赋权—限权说”，认为行政许可在性质上具有“赋权”与“限权”双重性质，这种双重性是一个问题的两个方面。对于从许可中受益的相对人来讲，行政许可是一种赋权行为，但对于未经许可或不予许可的相对人来讲，则是一种限制和排斥权利的行为。

我们认为，从本源上来讲，行政许可是国家在公共事务管理中的一种事前控制手段。如果从行政许可的设定来看，行政许可更强烈地表现出设禁的目的和特征；如果从行政许可的实施来看，行政许可则更明显地表现为一种解禁的行为。因此，站在不同的立场，行政许可表现出不同却有关联的复合性质。

2. 行政许可的特征

（1）行政许可是依申请的行政行为。行政许可职权是相应行政机关的法定职权，但是，行政机关实施行政许可要以行政相对人的申请为前提，行政许可程序必须应公民、法人或其他组织的申请而启动。

（2）行政许可是外部行政行为。行政许可是行政主体管理社会、经济事务的一种行为，针对的是特定的行政管理事务中的行政相对人。而行政机关对其他机关或者对其他直接管理的事业单位的人事、财务、外事等事项的审批行为，则属于行政系统的内部管理行为。

（3）行政许可是一种要式行政行为。行政主体实施行政许可一般采用颁发许可证、执照等形式。

（4）行政许可是行政主体赋予行政相对方某种法律资格或法律权利的行政行为。行政许可的结果是，相对人获得了从事某一特定活动的权利或资格。行政许可的本质在于对特定的事项或活动设立普遍性禁止，在通常情况下，不经法定程序，人们是不能从事该特定事项或活动的。但是这种禁止并非绝对，只是一种相对禁止。当特定的相对人向主管机关提出申请，经行政机关的审查，认为符合法定条件，准予其从事该项活动时，该相对人就获得了从事该事项或活动的资格或权利。

3. 行政许可的类型

（1）根据许可的分享程度，可以将行政许可划分为排他性许可和非排他性许可。排他性许可是指某一（或特定限额内的）个人或者组织获得此项许可后，则其他任何个人或者组织都不能再申请获得该项许可，也称为独占许可。如专利许可、商标许可等。非排他性许可是指某一行政相对人申请获得了此项许可并不妨碍他人也可以获得此项许可，该项许可可以为所有具备法定条件的申请者获得。如营业执照、驾驶证等。

（2）根据法律法规对于申请人是否有除一般性条件之外的特殊限制，可以将行政许可划分为一般许可和特殊许可。一般许可是指法律法规对于获得许可只设定了一般的条件，申请人只要具备一般条件即可申请许可。如律师资格许可、驾驶许可等。特殊许可是指法律法规对于获得许可在一般条件之外还对申请人设置了特别限制。如持枪许可、烟草专卖许可等。

（3）根据获得许可是否负有必须履行的义务，可以将行政许可分为权利性许可和附义务的许可。权利性许可是指许可获得者可以根据自己的意愿决定是否以及何时行使该许可所赋予的权利或资格。如营业执照、驾驶证、持枪证等。附义务的许可是指许可获得者必须在一定时期内从事该许可内容的活动，否则要承担一定的法律责任。如专利许可、商标许可、建设用地许可等。

（4）行政许可立法将行政许可划分为五类，大致可归纳为普通许可、特许、认可、核准、登记。普通许可是运用最为广泛的一种行政许可，只要申请人依法提出申请并且经审查符合法定条件，行政机关就准予其从事特定活动。对于“直接涉及国家安全、公共安全、经济宏观调控、生态环境保护以及直接关系人身健康、生命财产安全等特定活动，需要按照法定条件予以批准的事项”设定的行政许可，就可归类为普通许可，一般不限数量。特许是指行政机关代表国家依法将某种特定权利赋予经审查符合条件的申请人的行为。主要适用于有限自然资源开发利用、公共资源配置以及直接关系公共利益的特定行业的市场准入等，需要赋予特定权利的事项，通常有数量控制。认可是指行政机关对申请者是否具备特定技能和资质的认定。主要适用于提供公众服务并且直接关系公共利益的职业、行业，需要确定具备特殊信誉、特殊条件或者特殊技能等资格、资质的事项，一般没有数量限制。核准是指行政机关对某些设施、物品是否达到特定技术标准和规范的要求进行判定的行为。主要适用于直接关系公共安全、人身健康、生命财产安全的重要设备、设施、产品、物品，需要按照技术标准、技术规范，通过检验、检测、检疫等方式进行审定的事项。这类行为专业性、技术性较强，一般也没有数量限制。登记是指行政机关确立相对人特定主体资格的行为。主要适用于企业或者其他组织的设立等，需要确定主体资格的事项。登记事项没有数量限制，行政机关对申请材料一般也只作形式审查。

（二）行政许可的原则

1. 许可法定原则。行政许可直接涉及相对人的活动领域和行为自由，因此，行政许可的设定和实施都必须符合合法性要求。行政许可法定原则是行政合法性原则的具体化，要求特定机关按照法定的权限、范围、条件、程序来设定并实施行政许可。行政许可的设定主体、事项范围、设定程序、实施机关、实施程序、责任承担等都应遵循这一原则。同时，许可法定原则也是实现政府职能转变，从无限政府向有限政府过渡，将政府对社会公共事务的管理方式从直接管理转向间接管理的必然要求。许可的设定和实施须有法律依据，政府管好该管的事，不涉足不得设定行政许可的事项，在政府、市场、社会之间形成相对优势和互补机制。

2. 公开、公平、公正原则。《行政许可法》明确规定，设定和实施行政许可，应当遵循公开、公平、公正的原则。许可公开原则的确立就是要通过信息、过程、结果等的公开确保相对人权益和民主价值的实现。从许可的设定到实施，都应当有公众的参与和认同。例如，凡是行政许可的规定都必须公布，否则不得作为实施行政许可的依据；许可程序和具体操作应当公开、透明，接受公众监督；对利益相关人要及时告知有关信息和权利；除非属于法定保密范围，公众对于相关信息资料有查阅权，等等。公平、公正原则强调行政机关实施行政许可要没有偏私、正当合理。行政许可权的行使要做到一视同仁，平等地对待所有符合法定条件和标准的申请人及其申请事项，相同情况相同处理，不同情况不同对待。认真听取申请人和利益相关人的意见，形成一个畅通的言论信息、排解纠纷的渠道，克服官僚作风、暗箱作业。

3. 便民原则。便民原则要求在公民、法人和其他组织提出申请到获得许可的全过程中，行政机关提供经济、便捷、优质、高效的服务。便民是突破传统行政观念、创新服务行政体系的一个重要方面，业已成为我国行政法律制度建设的重要价值取向。《行政许可法》不仅总体性地规定，“实施行政许可，应当遵循便民的原则，提高办事效率，提供优质服务”，还在诸多具体规定上体现了便民的原则。在行政许可实施机关和方式上，如果行政许可依法需要行政机关内设的多个机构办理的，该行政机关应当确定一个机构统一受理行政许可申请，统一送达行政许可决定；如果行政许可依法由地方人民政府两个以上部门分别实施的，本级人民政府可以确定一个部门受理行政许可申请并转告有关部门分别提出意见后统一办理，或者组织有关部门联合办理、集中办理；而且经国务院批准，省、自治区、直辖市人民政府根据精简、统一、效能的原则，可以决定一个行政机关行使有关行政机关的行政许可权。在申请许可的形式和途径上，允许并鼓励申请人以信函、电报、电传、传真、电子数据交换和电子邮件等方式提出申请。在行政许可的整体流程中，要求行政机关建立和完善电子政务制度，共享有关行政许可信息，提高办事效率。在许可程序的时间方面，严格限定了作出行政许可或者办毕有关事项的法定期限，并且对于能够当场决定是否受理申请或者能够当场作出决定的事项，要求当场受理或者当场作出书面许可决定。

4. 权益保护原则。权益保护原则首先要求行政许可相对人的合法权益受法律保护，并且为其提供相应的救济途径。公民、法人或者其他组织对行政机关实施行政许可，享有陈述权、申辩权；有权依法申请行政复议或者提起行政诉讼；其合法权益因行政机关违法实施行政许可受到损害的，有权依法要求赔偿。[①] 陈述权、申辩权源自公民的表达自由，是宪法提供给行政相对人的权利类型。而行政复议、行政诉讼、国家赔偿则是由专门立法确立的救济制度。《行政许可法》规定了行政相对人对行政机关的许可行为享有陈述权、申辩

① 参见《行政许可法》第7条。

权、申请复议权、起诉权、求偿权，明确了对行政相对人权益维护和救济的要求。

此外，作为行政许可立法的亮点之一，对信赖利益的保护也成为行政许可相对人权益的重要保障。信赖利益保护原则在第二次世界大战后的德国获得充分的发展，逐渐成为世界许多国家行政法的重要原则。公民、法人或者其他组织依法取得的行政许可受法律保护，行政机关不得擅自改变已经生效的行政许可。如果行政许可所依据的法律、法规、规章修改或者废止，或者准予行政许可所依据的客观情况发生重大变化的，为了公共利益的需要，行政机关才可以依法变更或者撤回已经生效的行政许可，而且由此给公民、法人或者其他组织造成财产损失的，行政机关应当依法给予补偿。① 行政机关基于情势变化对公共利益影响的考虑，有理由也有必要对生效行政许可的效力重新考量，但是，并不能因而消弭由此给相对人造成损失的责任承担。建设法治政府、诚信政府、责任政府，就必须对信赖利益给以合理的照顾。

5. 许可监督原则。许可监督原则要求加强和健全对行政机关实施行政许可和被许可人从事行政许可事项活动的监督机制。该原则包括两个层次：一是，县级以上人民政府应当建立健全对行政机关实施行政许可的监督制度，加强对行政机关实施行政许可的监督检查，落实权责统一的要求，及时纠正行政许可实施过程中的违法行为；二是，行政机关应当对公民、法人或者其他组织从事行政许可事项的活动实施有效监督，改变以往“重许可、轻监管”的状况。

（三）行政许可的设定

行政许可的设定，是指有关国家机关依照法定权限、范围创设行政许可的行为，属于立法行为的范畴。

1. 行政许可的设定范围。行政许可的设定范围界定的是哪些事项可以设定行政许可，哪些事项不可设定行政许可。鉴于行政许可制度的双重作用，行政许可的创设就必须是慎重而必要的，以充分发挥其配置资源、维护社会经济秩序、保障公共安全的积极作用，尽可能弱化其限制竞争、抑制创新、诱发腐败等消极后果。

根据《行政许可法》的规定，可以设定行政许可的事项范围是：直接涉及国家安全、公共安全、经济宏观调控、生态环境保护以及直接关系人身健康、生命财产安全等特定活动，需要按照法定条件予以批准的事项；有限自然资源开发利用、公共资源配置以及直接关系公共利益的特定行业的市场准入等，需要赋予特定权利的事项；提供公众服务并且直接关系公共利益的职业、行业，需要确定具备特殊信誉、特殊条件或者特殊技能等资格、资质的事项；直接关系公共安全、人身健康、生命财产安全的重要设备、设施、产品、物品，需要按照技术标准、技术规范，通过检验、检测、检疫等方式进行审定的事项；企业或者其他组织的设立等，需要确定主体资格的事项；法律、行政法规规定可以设定行政许可的其他事项。② 此外，可以不设定行政许可的事项范围是：公民、法人或者其他组织能够

---

① 参见《行政许可法》第8条。

② 参见《行政许可法》第12条。

自主决定的；市场竞争机制能够有效调节的；行业组织或者中介机构能够自律管理的；行政机关采用事后监督等其他行政管理方式能够解决的。①

可见，政府有必要通过行政许可的方式进行调控的，主要是涉及公共安全、社会秩序、有限资源配置等公共利益的事项，但是如果通过相对成熟的市场机制和社会力量的因素能够更好地实现的话，相应的事项也并非必须设定行政许可。

2. 行政许可的设定主体及其权限。总的来说，有权创设行政许可的法律规范是法律、行政法规、地方性法规和省级地方政府规章，而且下位法设定许可不得违反上位法的有关规定。具体地讲，全国人大及其常委会可以法律的形式对依法规定可以设定行政许可的事项创设行政许可。依法规定可以设定行政许可的事项，如果尚未制定法律的，国务院的行政法规可以设定行政许可。必要时，国务院可以采用发布决定的方式设定行政许可。实施后，除临时性行政许可事项外，国务院应当及时提请全国人民代表大会及其常务委员会制定法律，或者自行制定行政法规。依法规定可以设定行政许可的事项，尚未制定法律、行政法规的，地方性法规可以设定行政许可。尚未制定法律、行政法规和地方性法规的，因行政管理的需要，确需立即实施行政许可的，省、自治区、直辖市人民政府规章可以设定临时性的行政许可。临时性的行政许可实施满一年需要继续实施的，应当提请本级人民代表大会及其常务委员会制定地方性法规。但是，地方性法规和省、自治区、直辖市人民政府规章，不得设定应当由国家统一确定的公民、法人或者其他组织的资格、资质的行政许可；不得设定企业或者其他组织的设立登记及其前置性行政许可。其设定的行政许可，不得限制其他地区的个人或者企业到本地区从事生产经营和提供服务，不得限制其他地区的商品进入本地区市场。②

除了上述设定主体外，国务院部门规章、省级以下地方政府规章以及其他规范性文件则一律不得设定行政许可。

（四）行政许可的实施

行政许可的实施，是指国家行政机关和有关组织依法为公民、法人或者其他组织具体办理行政许可的行为，属于行政执法的范畴。

1. 行政许可实施机关。行政许可应当由具有行政许可权的行政机关在其法定职权范围内实施。但《行政许可法》考虑到行政机关之外的一些组织机构掌握着一部分公共事务的管理职权或者具备更加便利的实施条件，又作了两点补充性规定。因而，立法和实务中存在着三种类型的实施机关：一是法定职权实施机关，是主要的实施机关，依法在其职权范围内实施行政许可；二是法定授权实施机关，在法定授权范围内，以自己的名义实施行政许可；三是行政委托实施机关，依照其他有权行政机关的委托，以委托机关名义实施行政许可。

2. 行政许可实施方式。我国行政许可制度的实施中，长期以来存在多头审批、重复审批、拖延审批、低效审批的问题，有关部门职权不清、职能交叉，手续烦琐，工作效率低

① 参见《行政许可法》第 13 条。

② 参见《行政许可法》第 14、15 条。

下，腐败滋生，申请人苦不堪言。为此，在一般的实施方式之外，《行政许可法》还作了三个方面的创新机制规定，以利于建立起符合社会主义市场经济发展要求的行政审批体制。一是“一个窗口”统一办理，如果行政许可依法需要行政机关内设的多个机构办理的，该行政机关应当确定一个机构统一受理行政许可申请，统一送达行政许可决定；二是联合、集中办理，如果行政许可依法由地方人民政府两个以上部门分别实施的，本级人民政府可以确定一个部门受理行政许可申请并转告有关部门分别提出意见后统一办理，或者组织有关部门联合办理、集中办理；三是相对集中行政许可权，经国务院批准，省、自治区、直辖市人民政府根据精简、统一、效能的原则，可以决定一个行政机关行使有关行政机关的行政许可权。

3. 行政许可的实施程序。行政许可的实施程序是指为保障行政许可权的公正和有效行使而规定的实施行政许可行为必须遵循的方式、步骤、时限和顺序。许可程序设置适当，对于保护申请人的合法权益，提高行政效率，规范行政许可行为，防止行政机关及其工作人员权力“寻租”，具有重要意义。

(1) 行政许可的一般程序。

第一，申请与受理程序。行政许可是依申请行政行为，申请人的申请行为是启动行政许可程序的前提条件。公民、法人或者其他组织从事特定活动，依法需要取得行政许可的，应当向行政机关提出申请。申请人也可以委托代理人提出行政许可申请。但是，依法应当由申请人到行政机关办公场所提出行政许可申请的除外。(申请书需要采用格式文本的，行政机关应当向申请人提供行政许可申请书格式文本。申请书格式文本中不得包含与申请行政许可事项没有直接关系的内容。) 申请人申请行政许可，应当如实向行政机关提交有关材料和反映真实情况，并对其申请材料实质内容的真实性负责。行政机关不得要求申请人提交与其申请的行政许可事项无关的技术资料和其他材料。

对于申请事项属于本行政机关职权范围，申请材料齐全、符合法定形式，或者申请人按照本行政机关的要求提交全部补正申请材料的，行政机关应当受理行政许可申请，并出具加盖本行政机关专用印章和注明日期的书面凭证。申请材料存在可以当场更正的错误的，应当允许申请人当场更正；申请材料不齐全或者不符合法定形式的，应当当场或者在5日内一次告知申请人需要补正的全部内容，逾期不告知的，自收到申请材料之日起即为受理。对于申请事项依法不需要取得行政许可的，应当即时告知申请人不受理；申请事项依法不属于本行政机关职权范围的，应当即时作出不予受理的决定，并告知申请人向有关行政机关申请。[1]

第二，审查与决定程序。针对不同的许可类型和内容，行政机关对许可申请存在形式审查和实质审查的区分。对于依法不需要进行实质审查的许可申请，申请人提交的申请材料齐全、符合法定形式的，行政机关能够当场作出决定的，应当当场作出书面的行政许可决定。根据法定条件和程序，需要对申请材料的实质内容进行核实的，行政机关应

---

① 参见《行政许可法》第32条。

当指派两名以上工作人员进行核查。依法应当先经下级行政机关审查后报上级行政机关决定的行政许可，下级行政机关应当在法定期限内将初步审查意见和全部申请材料直接报送上级行政机关。上级行政机关不得要求申请人重复提供申请材料。在审查过程中，如果发现行政许可事项直接关系他人重大利益的，行政机关应当告知该利害关系人，申请人、利害关系人有权进行陈述和申辩，行政机关应当听取申请人、利害关系人的意见。除当场作出行政许可决定的外，行政机关应当在法定期限内按照规定程序作出行政许可决定。如果行政机关依法作出不予行政许可的书面决定，则应当说明理由，并告知申请人享有依法申请行政复议或者提起行政诉讼的权利。

值得注意的是，和行政处罚类似，行政许可立法也引入了听证程序规则。法律、法规、规章规定实施行政许可应当听证的事项，或者行政机关认为需要听证的其他涉及公共利益的重大行政许可事项，行政机关应当向社会公告，并举行听证。如果行政许可直接涉及申请人与他人之间重大利益关系，行政机关在作出行政许可决定前，应当告知申请人、利害关系人享有要求听证的权利；申请人、利害关系人在被告知听证权利之日起5日内提出听证申请的，行政机关应当在20日内组织听证。[①]

（2）行政许可的特别程序。

除了一般程序之外，立法还为特殊的行政许可事项设置了特别程序。不过，这些特别程序并非完全脱离一般程序的整套许可程序，有特别程序规定的，优先适用特别程序；对于特别程序未加规定的，仍然应当适用一般程序的规定。

特许特别程序适用于特许事项。行政机关应当通过招标、拍卖等公平竞争的方式作出决定。但是，法律、行政法规另有规定的，依照其规定。

认可特别程序适用于资格、资质认可事项。赋予公民特定资格，依法应当举行国家考试的，行政机关根据考试成绩和其他法定条件作出行政许可决定；赋予法人或者其他组织特定的资格、资质的，行政机关根据申请人的专业人员构成、技术条件、经营业绩和管理水平等的考核结果作出行政许可决定。但是，法律、行政法规另有规定的，依照其规定。

涉及特定的设备、设施等的事项适用核准特别程序，应当按照技术标准、技术规范依法进行检验、检测、检疫，行政机关根据检验、检测、检疫的结果作出行政许可决定。

企业等需要确定主体资格的事项适用登记特别程序。申请人提交的申请材料齐全、符合法定形式的，行政机关应当当场予以登记。需要对申请材料的实质内容进行核实的，行政机关依照有关规定办理。

（五）行政许可的变动

1. 行政许可的变更与延续。行政许可的变更与延续都是基于被许可人的需要而通过法定程序实现的。被许可人要求变更行政许可事项的，应当向作出行政许可决定的行政机关提出申请；符合法定条件、标准的，行政机关应当依法办理变更手续。

被许可人需要延续依法取得的行政许可的有效期的，应当在该行政许可有效期届满30

① 参见《行政许可法》第46、47条。

日前向作出行政许可决定的行政机关提出申请。但是，法律、法规、规章另有规定的，依照其规定。行政机关应当根据被许可人的申请，在该行政许可有效期届满前作出是否准予延续的决定；逾期未作决定的，视为准予延续。

2. 行政许可的撤销、吊销与中止。行政许可的撤销是指作出行政许可决定的行政机关或其上级行政机关，依职权或者根据利害关系人的请求对已生效的行政许可作出的使其自始失去法律效力的决定。《行政许可法》第69条规定了作出行政许可决定的行政机关或者其上级行政机关，根据利害关系人的请求或者依据职权，可以撤销行政许可的情形：(1) 行政机关工作人员滥用职权、玩忽职守作出准予行政许可决定的；(2) 超越法定职权作出准予行政许可决定的；(3) 违反法定程序作出准予行政许可决定的；(4) 对不具备申请资格或者不符合法定条件的申请人准予行政许可的；(5) 依法可以撤销行政许可的其他情形。如果被许可人的合法权益因撤销许可而受到损害的，行政机关应当依法给予赔偿。此外，被许可人如果是以欺骗、贿赂等不正当手段取得行政许可的，应当予以撤销，而且被许可人基于行政许可取得的利益不受保护。《行政许可法》还规定了撤销行政许可的例外情形。如果撤销行政许可，可能对公共利益造成重大损害的，不予撤销。

行政许可的吊销则是行政处罚的一种形式，是被许可人违反许可管理规定的内容，从事违法活动，而被行政机关取消其相关许可证，以示惩戒。吊销许可证使得许可从被吊销时起失去法律效力。

行政许可中止是指许可证持有人有违法行为，行政机关命令其暂停被许可活动，有关行政许可暂时失去法律效力。引起行政许可中止的最主要原因就是被许可人存在违法行为，因而导致其行为资格受到限制，有时也是通过处罚的方式实现，例如暂扣许可证或者执照。

行政许可的撤销、吊销均会导致行政许可的注销。根据《行政许可法》的规定，有下列情形之一的，行政机关应当依法办理有关行政许可的注销手续：(1) 行政许可有效期届满未延续的；(2) 赋予公民特定资格的行政许可，该公民死亡或者丧失行为能力的；(3) 法人或者其他组织依法终止的；(4) 行政许可依法被撤销、撤回，或者行政许可证件依法被吊销的；(5) 因不可抗力导致行政许可事项无法实施的；(6) 法律、法规规定的应当注销行政许可的其他情形。

第二节 行政确认

【案例11—3】夏善荣诉徐州市建设局行政证明纠纷案①

【基本案情】

原审上诉人：夏善荣。原审被上诉人：江苏省徐州市建设局。原审第三人：江苏省徐州市恒信房地产开发有限公司。

① 案例来源：《中华人民共和国最高人民法院公报》，2006 (9)，41～48页。

2001 年 6 月 18 日，原审被上诉人徐州市建设局给原审第三人恒信房地产开发有限公司颁发徐建验证（15）号《住宅竣工验收合格证书》（以下简称 15 号验收合格证），认定：恒信房地产开发有限公司建设的世纪花园 1—6 号、11 号住宅楼经专家组验收，验评得分 80.5 分，符合验收标准，具备入住条件。原审上诉人夏善荣系世纪花园住宅小区的安置住房户，其认为该证书侵犯其合法权益，先后向江苏省徐州市泉山区人民法院和江苏省徐州市中级人民法院提起行政诉讼和上诉，两级法院均维持了原审被告颁发的 15 号验收合格证。二审宣判后，夏善荣仍不服，向江苏省高级人民法院申请再审。再审查明原审第三人提交的徐市规建 20010108 号《建设工程规划许可证》（以下简称 108 号规划许可证）的复印件与徐州市规划局 108 号规划许可证的存根等相关资料的内容完全不同。2006 年 3 月 6 日，江苏省高级人民法院作出判决，撤销二审行政判决，撤销一审行政判决；撤销原审被上诉人徐州市建设局于 2001 年 6 月 18 日颁发的 15 号验收合格证。

原审上诉人主张：原审第三人承建世纪花园从未办理过建设工程规划许可证，在申请住宅小区竣工综合验收时，只向原审被上诉人提交过 108 号规划许可证的复印件。经了解，108 号规划许可证复印件与徐州市规划局留存的同一编号规划许可证存根内容不一致；徐州市规划局证明，原审第三人承建世纪花园从未办理过建设工程规划许可证，该局拟对其进行处罚；充分证明原审第三人提交的 108 号规划许可证复印件是伪造的证据。原审被上诉人依据伪造的规划许可证给原审第三人颁发 15 号验收合格证，颁证的主要证据不足。

原审被上诉人辩称：世纪花园住宅小区所在土地仍然是集体土地，其为保护旧村改造过程中拆迁安置户的利益，根据广大拆迁安置户的要求，并应原审第三人申请，才对世纪花园组织竣工综合验收，进行此项工作不属于其履行法定职责。另外，在竣工综合验收中，其仅对《建设工程规划许可证》进行形式审查，不负责验证真伪，因此不知道原审第三人未办理《建设工程规划许可证》；况且在综合验收时，对世纪花园落实规划设计方面的情况，是由综合验收小组中的徐州市规划局工作人员负责检查的。徐州市规划局的工作人员从未在综合验收时提出规划许可证存在问题，事后该局虽然发现了规划许可证存在问题，并据此对恒信房地产开发有限公司进行了行政处罚，但未将有关情况向其通报。其虽然是依据原审第三人提交的复印件进行综合验收，但只要该复印件得到规划部门的认可，其就可以认定世纪花园住宅小区落实了规划设计。该复印件如果被证明是假的，责任也只能由认可该复印件的徐州市规划局承担。其根据综合验收小组提交的竣工综合验收报告颁发 15 号验收合格证，并无不当。

原审第三人在再审中称：原审上诉人的房屋建造在集体土地上，对集体土地上建造的房屋，原审被上诉人没有组织竣工综合验收的法定职责。原审被上诉人为保护拆迁安置户的利益才组织世纪花园的竣工综合验收，这不是依法行使职权的具体行政行为，不属于人民法院行政诉讼受案范围。

一审法院徐州市泉山区人民法院认为：被告徐州市建设局是徐州市的建设行政主管部门，具备组织实施城市住宅小区竣工综合验收的法定职责；验收合格证是建设行政主管部门履行综合验收职责、确认住宅符合验收标准的载体，徐州市建设局具有颁发验收合格证的主体资格，判决维持被告徐州市建设局于2001年6月18日颁发的15号验收合格证。

二审法院徐州市中级人民法院经审理，认定的案件事实与一审无异。2003年4月14日判决驳回上诉，维持原判。

再审法院江苏省高级人民法院依照《行政诉讼法》第54条第2项第1目、第2目，第61条第2项，《行政诉讼法司法解释》第76条第1款、第78条的规定，于2006年3月6日判决：(1) 撤销二审行政判决；撤销一审行政判决；(2) 撤销原审被上诉人徐州市建设局于2001年6月18日颁发的15号验收合格证。

【法律问题】

本案涉及不服原审被上诉人徐州市建设局颁发的住宅竣工验收合格证书的行为是否属于法院受案范围以及该行为是否合法等问题。解决问题的关键在于确定颁证行为的性质、行为主体的职权职责问题。

【法律链接】

建设部《城市住宅小区竣工综合验收管理办法》

第三条　国务院建设行政主管部门归口管理全国住宅小区竣工综合验收工作；省、自治区人民政府建设行政主管部门归口管理本行政区域内住宅小区竣工综合验收工作；城市人民政府建设行政主管部门负责组织实施本行政区域内城市住宅小区竣工综合验收工作。

第八条　住宅小区竣工综合验收应当按照以下程序进行：

(一) 住宅小区建设项目全部竣工后，开发建设单位应当向城市人民政府建设行政主管部门提出住宅小区综合竣工验收申请报告并附本办法第六条规定的文件资料；

(二) 城市人民政府建设行政主管部门在接到住宅小区竣工综合验收申请报告和有关资料一个月内，应当组成由城建（包括市政工程、公用事业、园林绿化、环境卫生）、规划、房地产、工程质量监督等有关部门及住宅小区经营管理单位参加的综合验收小组；

(三) 综合验收小组应当审阅有关验收资料，听取开发建设单位汇报情况，进行现场检查，对住宅小区建设、管理的情况进行全面鉴定和评价，提出验收意见并向城市人民政府建设行政主管部门提交住宅小区竣工综合验收报告；

(四) 城市人民政府建设行政主管部门对综合验收报告进行审查。综合验收报告审查合格后，开发建设单位方可将房屋和有关设施办理交付使用手续。验收合格并已办理交付使用手续的住宅小区，开发建设单位不再承担工程增建、改建费用。

《行政诉讼法》

第五十四条　人民法院经过审理，根据不同情况，分别作出以下判决：

…………

（二）具体行政行为有下列情形之一的，判决撤销或者部分撤销，并可以判决被告重新作出具体行政行为：

1. 主要证据不足的；

2. 适用法律、法规错误的；

3. 违反法定程序的；

4. 超越职权的；

5. 滥用职权的。

第六十一条　人民法院审理上诉案件，按照下列情形，分别处理：

…………

（二）原判决认定事实清楚，但适用法律、法规错误的，依法改判；

…………

《行政诉讼法司法解释》

第七十六条　人民法院按照审判监督程序再审的案件，发生法律效力的判决、裁定是由第一审人民法院作出的，按照第一审程序审理，所作的判决、裁定，当事人可以上诉；发生法律效力的判决、裁定是由第二审人民法院作出的，按照第二审程序审理，所作的判决、裁定是发生法律效力的判决、裁定；上级人民法院按照审判监督程序提审的，按照第二审程序审理，所作的判决、裁定是发生法律效力的判决、裁定。

第七十八条　人民法院审理再审案件，认为原生效判决、裁定确有错误，在撤销原生效判决或者裁定的同时，可以对生效判决、裁定的内容作出相应裁判，也可以裁定撤销生效判决或者裁定，发回作出生效判决、裁定的人民法院重新审判。

【案例分析】

1. 关于被告颁发住宅竣工验收合格证书的行为的可诉性问题

原审被上诉人和第三人以建房土地属集体土地为由，认为原审被上诉人的行为不在其法定职责范围内，进而认为其行为不可诉。我们认为这种主张是不成立的。

首先，原审被上诉人基于广大拆迁安置户的要求和原审第三人的申请，代表国家行使对住宅小区竣工综合验收的权力，并且通过颁发15号验收合格证的方式确认该住宅小区符合交付使用的条件，而原审第三人正是基于上述事实得以进行交房，原审被上诉人的行为直接影响到原审原告等小区居民的利益，属于我国《行政诉讼法》规定的人民法院受理的具体行政行为的范围。而所谓建房土地的性质之争与法院应否受理并无关系。其次，虽然根据建设部《城市住宅小区竣工综合验收管理办法》的规定，城市人民政府建设行政主管部门负责组织实施本行政区域内城市住宅小区竣工综合验收工作，但是并不能据此推断城市人民政府建设行政主管部门不得对集体土地上的住宅小区组织竣工综合验收工作。原审被上诉人组织世纪花园小区的竣工综合验收工作并且颁发15号验收合格证的行为与其法定职责并不冲突。

2. 关于原审被上诉人颁发住宅竣工验收合格证书的行为的合法性问题

以上的分析也说明了被诉具体行政行为在职权依据上并不存在违法性，那么该行为是否就是合法的了？我们说，判断一项具体行政行为是否合法，一个重要的方面就是要看作出该具体行政行为的事实依据是否真实，也就是说主要证据是否充分。原审上诉人申请再审时，提出了新的证据，即徐州市规划局的一份《答复》，再审法院也根据原审原告的申请调取了相关处罚决定书和108号建设工程规划许可证的存根及相关材料。通过比对，该许可证存根与原审被上诉人提交的108号规划许可证复印件虽然编号一致，但是所载内容完全不同，这些证据说明原审第三人提交给原审被告的108号规划许可证复印件是虚假的、伪造的。那么对于原审第三人提交的伪造的规划许可证的复印件，原审被上诉人是否负有审查责任呢？根据建设部《城市住宅小区竣工综合验收管理办法》的规定，有关验收资料应当由综合验收小组来审阅，对住宅小区建设、管理的情况进行全面鉴定和评价，进而提出验收意见并向城市人民政府建设行政主管部门提交住宅小区竣工综合验收报告，然后由城市人民政府建设行政主管部门对综合验收报告进行审查，最后确定验收是否合格。据此，本案中，对108号规划许可证等验收资料的审查责任首先并且主要在于综合验收小组（其中包括市规划局的人员），建设行政主管部门主要审查的是综合验收小组提交的综合验收报告。但是，综合验收报告本身并不直接对相对人产生法律效力，而必须经建设行政主管部门的审查，对相对人具有法律效力的是建设行政主管部门颁发的合格证，因此综合验收小组对108号规划许可证等资料的审阅，对建设、管理情况的鉴定、评价、报告等行为，都是建设行政主管部门作出确认合格行为的前提，大致可以归为行政内部行为。因此，原审被上诉人不能摆脱对108号规划许可证的审查责任，尤其是在原审第三人没有提交原件而只是提交复印件的情况下，原审被上诉人就更应当谨慎审查。可见，原审被上诉人颁发15号验收合格证的主要证据不足，依法应当予以撤销。

本案原审被上诉人颁发验收合格证涉及行政法上的行政行为的一种具体类型，即行政确认行为，以下对其进行学理研习。

【探讨】

徐州市规划局应否承担责任？

【学理研习】

（一）行政确认的概念

行政确认行为，亦被有些学者称为行政认定行为，作为行政主体活动的一种重要方式，它为行政机关的公共事务管理和服务、司法机关的审裁活动，甚至为私主体间的行为，提供了一种确定、有效的依据。虽然有部分学者认为确认行为类似于通知、受理等行为，与直接设定相对人权利义务的行政行为有所不同，因而将之作为“准行政行为”对待，但是更明确的共识是将行政确认归入行政行为的范畴。对于行政确认的内涵，一般认为，行政确认是指行政主体依法对行政相对人的法律地位、法律关系或者有关法律事实进行甄别，给予确定、认可、证明（或者否定）并予以宣告的具体行政行为。① 主要采取确定、认可、

---

① 参见姜明安主编：《行政法与行政诉讼法》，2版，282页，北京，北京大学出版社、高等教育出版社，2005。

证明、登记、鉴定等方式（参见图 11—1）。

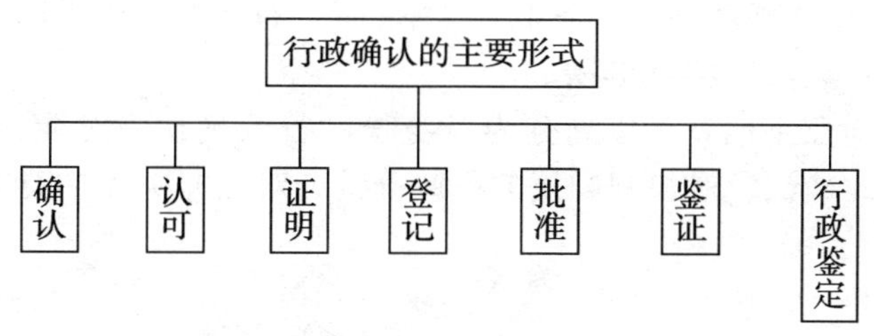

图 11—1　行政确认的主要形式

【思考】

德国行政法将行政行为区分为命令性行政行为、权利形成性行政行为和确认性行政行为，其中确认性行政行为就是对权利或者具有法律意义的资格进行确认的行为，基本等同于我们这里的行政确认的概念。

（二）行政确认的特征

1. 行政确认是行政主体实施的行政行为。行政确认是行政主体依据法定职权、根据法定条件、按照法定程序作出的确认行为，区别于立法确认、司法确认等其他确认形式。

2. 行政确认是对与行政相对人有关的法律事实、法律地位、法律关系进行认定的行为。行政确认是通过对行政相对人的法律地位、法律关系、相关法律事实进行审查、鉴别，进而判断并宣告是否存在某种特定的法律事实、该相对人是否具备某种法律地位、是否处于某种法律关系当中、是否享有某种权利、是否应当承担某种义务。

3. 行政确认是要式行政行为。行政确认之所以具有较强的确定性，能够作为其他行为的前提或依据，也正是因为它具有一种严肃的表现形式。因此，行政确认须以书面形式依法作出。

（三）行政确认的内容

行政确认所确认的内容主要在于三个方面，即法律事实、法律地位、法律关系。对于法律地位的确认，是指对于行政相对人的身份、资格等的确认，如对居民身份的证明、对烈士家属的确认、对国有企业下岗职工的认定、对劳动就业服务企业性质的认定等。对于法律关系的确认，是指对于某种权利义务关系是否存在或者是否合法有效的确认。目前，我国法律、法规规定的有关特定法律关系的行政确认大致包括对不动产所有权的确认、对不动产使用权的确认、对合同效力的确认、对专利权、商标权等工业产权的确认等。对于有关法律事实的确认，是指对于与法律地位或法律关系有关的某项事实的状态、性质、真伪、量度等的确认，如对货物原产地的证明、对某种商品质量的检验认证、对企业职工工伤的认定等。

（四）行政确认的种类

1. 根据行为的动因不同，可以划分为依申请的行政确认和依职权的行政确认。

绝大多数的行政确认是根据行政相对人的申请而作出的，如果没有相对人申请，行政主体不得主动为之，例如婚姻登记、企业工商登记等。行政主体依职权主动实施行政确认相对较少，例如审计鉴定、纳税鉴定等。

2. 根据行为的对象不同，可以划分为对身份的行政确认、对能力（资质）的行政确认、对事实的行政确认、对权利归属的行政确认、对法律关系的行政确认。（参见图11—2）

按行政确认的对象不同来划分：
- 对身份的行政确认
- 对能力（资质）的行政确认
- 对事实的行政确认
- 对权利归属的行政确认
- 对法律关系的行政确认

图11—2 行政确认的基本分类

3. 根据行为的表现形式不同，可以划分为鉴定、认证、证明、登记等。

行政鉴定是行政主体对特定的法律事实或客体的性质、状态等进行客观评价。认证是指行政主体对所确认事项是否符合法律要求进行判断。证明是指行政主体表明证明对象既存的法律地位、权利义务、事实状态等。登记是指行政主体在相关政府登记簿册中记载并确认相对人的某些情况。

【思考】

以往，公证处作为国家公证机关实施公证行为，依法受司法行政机关领导，也就是说，公证主体是司法行政部门，其证明行为亦被纳入行政确认的范畴。但是根据2006年3月1日起实施的《公证法》的规定，公证机构是依法独立行使公证职能、承担民事责任的证明机构，公证处已不再隶属于司法行政部门。通过公证制度的改革，公证职能已经从司法行政部门剥离出去。

第三节 行政给付

【案例11—4】张国淡诉仙游县社硎乡人民政府扣押救灾补贴款上诉案

【基本案情】

上诉人（原审原告）：张国淡，男，1964年10月3日出生，汉族，农民，住所地仙游县大济镇山岑村新风小组。

被上诉人（原审被告）：仙游县社硎乡人民政府（以下简称社硎乡政府），住所地仙游县社硎乡社硎村。

法定代表人：蔡国照，乡长。

原审法院查明：1994年间，仙游县人民政府将社硎乡定为发展山羊生产的主要乡镇，之后被告社硎乡政府成立社硎山羊基地及社硎乡山羊养殖基地领导小组。1997年2月起，原告张国淡在仙游县社硎乡塔头顶万亩草山开发区养殖山羊，并修建了羊舍和管理房。1999年冬季，受特大霜冻冰冻侵袭，原告养殖的部分山羊受灾死亡。2000年夏季，受第10号强台风暴雨袭击，原告养殖的山羊又部分死亡，修建的羊舍和管理房倒塌。之后，原告以“社硎乡塔头顶养殖专业户张国淡”的名义，由被告社硎乡政府干部林元涌起草书面“报告”一份，并盖上“社硎乡山羊养殖基地领导小组”公章，于2000年12月10日由原告递交给仙游县副食品生产供应协调小组，具体反映其受灾情况，并请求支持资金3.5万元，用以重建羊舍、购买母羊恢复生产。2001年3月26日，莆田市副食品生产协调领导小组和莆田市财政局为支持部分重点副食品基地灾后重建工作，根据福建省副食品生产协调领导小组、财政厅闽副（2000）38号、闽财建（2000）51号文件通知精神，分别以莆市副基（2001）9号和莆市财商（2001）20号文联合发出“关于下达副食品基地救灾补贴款的通知”，决定下拨给社硎乡山羊基地救灾补贴款3万元，用于灾后生产补助。2001年8月14日，仙游县经贸局在原告起草的请求仙游县人民政府发放已下拨到县财政局的救灾补贴款3万元的“报告”上签上“情况属实，莆市副基（2001）9号和莆市财商（2001）20号文给予下拨救灾补贴款叁万元正”，并盖上公章。2002年3月23日，原告向被告社硎乡政府递交“报告”一份，请求被告及时解决下拨的救灾补贴款3万元，被告社硎乡政府干部林元涌于当日在该报告上签字证明“日前到塔头顶，经核实只剩下五只羊”，陈志坚2002年3月28日在该报告上签上“同意元涌意见”，但被告社硎乡政府至今仍拒绝发放。原告不服，于2002年12月13日向仙游县人民法院提起行政诉讼请求处理。

原审法院认为，本案被告违反最高人民法院《关于行政诉讼证据若干问题的规定》第1条第1款的规定，超过举证期限向法院提供证据，视为被诉具体行政行为没有相应的证据。本案原告所举的证据可以证明原告是社硎乡山羊基地的养殖户之一，及原告在受灾后向仙游县副食品生产供应协调领导小组书面报告并请求支持，以及莆田市副食品生产领导小组和莆田市财政局下拨给社硎乡山羊基地救灾补贴款3万元的事实，但不足以证实讼争的救灾补贴款3万元系下拨给其所有，故原告请求确认被告扣押讼争的救灾补贴款3万元的具体行政行为违法，事实依据不足，应予驳回。据此，原审人民法院依照《行政诉讼法司法解释》第56条第4项之规定，判决驳回原告的诉讼请求。

一审判决后，上诉人张国淡不服提起上诉的主要理由是：(1) 上诉人为山羊基地的唯一养殖户，上诉人在原审提供的四份证据足以证明3万元救灾补贴款是属上诉人所有；(2) 本案为行政诉讼，被上诉人负有举证责任，但被上诉人举不出证据证实其行政行为的合法性，因此被上诉人扣押救灾补贴款3万元的具体行政行为是违法的，原审认定事实错误，应予撤销。为此请求二审法院依法撤销原判，重新作出公正的裁决。

被上诉人社硎乡政府在法定期限内提交书面答辩状，其答辩的主要理由是：(1) 社硎乡山羊基地是覆盖全乡14个行政村，上诉人认为山羊专业户只是上诉人一家，是歪曲事实的；(2) 仙游县经贸局签的意见只能说明市副食品生产供应领导小组、市财政局有下拨救灾款一事，不能证明该救灾款属上诉人；(3) 被上诉人在上诉人的报告上所签的意见只能证明上诉人当时有五只羊，而不能证明上诉人的羊受台风袭击而死亡；(4) 市副食品生产协调领导小组出具的证明材料，证明社硎乡山羊基地救灾补贴款3万元，由乡政府统筹安排，救灾款没有具体指定给某个养殖场；(5) 下拨救灾款的救灾主体是社硎乡山羊基地而不是上诉人个人，请求二审法院驳回上诉，维持原判。

经开庭审理，被上诉人向法院提供的证据材料有：

(1) 仙社政（2000）222号文件一份，欲证明当时是全乡受灾，并请求仙游县委办解决救灾资金。上诉人对证据的真实性没有意见，但对内容有异议，认为报告内容都是虚构的，且举证超过期限。

(2) 仙社政（2000）216号文件，欲证明社硎乡当时受灾的情况与请求救灾补贴款的情况。上诉人对证据的真实性没有意见，但对内容有异议，认为与诉争的3万元没有联系，且该证据已超过举证期限。

(3) 2002年12月23日莆田市副食品生产供应协调领导小组出具的“证明”一份，欲证明3万元救灾补贴款是拨给社硎乡政府，应由社硎乡政府统筹安排。上诉人认为该证据为一审诉讼期间收集的，不予质证。

上诉人向法院提供的证据有：

(1) 2000年12月10日上诉人向仙游县副食品生产供应协调领导小组递交的报告一份，欲证明救灾款是上诉人申请的，并盖有社硎乡山羊养殖基地领导小组的公章，救灾款是给上诉人的补贴。被上诉人对该证据没有异议。

(2) 2001年8月14日上诉人向仙游县人民政府递交的报告一份，欲证明仙游县经贸局证明3万元救灾补贴款是下拨给上诉人的。被上诉人对证据真实性没有异议，但认为该证据只能证明救灾补贴款有下拨，不能证明是下拨给上诉人的。

(3) 2002年3月23日上诉人向被上诉人递交的报告一份，欲证明社硎乡政府分管干部陈志坚、林元涌在“报告”上签字，他们有到现场勘察，下拨的3万元救灾补贴款是给上诉人的。被上诉人对证据的真实性没有异议，但不能证明救灾补贴款是下拨给上诉人的，认为他们原任书记、乡长拨款7 000元后有到现场勘察，但只见到5只山羊，数量少，故决定不对上诉人拨款。

(4) 莆市副基（2001）9号、莆市财商（2001）20号通知一份，欲证明救灾补贴款下拨后还在乡财政局及救灾补贴款是下拨给上诉人的。被上诉人对该证据的真实性没有异议，但认为该证据没有说明救灾补贴款是下拨给上诉人的。

(5) 2000年2月22日荣誉证书一份，欲证明上诉人是社硎乡政府承认的山羊基地养殖户。被上诉人对该证据的真实性与内容没有异议，但认为同时表彰的还有一户陈亚华。

(6) 2001 年 1 月 20 日协议书一份，欲证明7 000元是迁场的补贴，与本案诉争的 3 万元无关。被上诉人对该证据真实性没有异议，但认为7 000元是给上诉人买羊的，而后去现场看时只剩下 5 只羊。

(7) 1999 年 5 月 7 日上诉人与游炳高的协议书一份，欲证明 2000 年受灾时养殖基地只剩下上诉人一户，其他养殖户的羊都转让给上诉人了。被上诉人对该证据的真实性有异议，但认为养殖户间相互寄养是很正常的，且 1999 年其他养殖户没有倒闭。

(8) 养殖场现场照片两张及现场草图一份，欲证明当时上诉人养殖场受灾的情况。被上诉人对该证据的真实性有异议，且认为被上诉人没有量过面积。

上述证据经庭审举证、质证，法院认证如下：

对被上诉人提供的上述证据，因被上诉人在一审收到起诉状副本之日起 10 日内没有正当事由逾期向法院提供相关的证据材料，违反最高人民法院《关于行政诉讼证据若干问题的规定》第 1 条第 1 款的规定，不予采纳。

上诉人提供的证据 (1)，被上诉人没有异议，且符合证据合法有效的特征，予以采信，可以证明上诉人为社硎乡山羊基地的养殖户之一的事实；上诉人提供的证据 (2)、(3)、(4)，被上诉人对真实性没有异议，且符合证据合法有效的特征，予以采信，可以作为案件事实经过的证据，但不能证明下拨的 3 万元是给上诉人的；上诉人提供的证据 (5)、(6)、(7)、(8)，因上诉人在一审无正当事由未提供而在二审中提供，根据最高人民法院《关于行政诉讼证据若干问题的规定》第 7 条的规定，法院不予接纳。

根据上述认定的合法有效证据及双方当事人在一、二审庭审中的陈述，法院认定的事实与一审法院认定的事实基本相同。

同时据一、二审庭审查明，莆市副基 (2001) 9 号和莆市财商 (2001) 20 号文所拨发给社硎乡山羊养殖基地的 3 万元救灾补贴款已在被上诉人社硎乡政府财政所。

二审法院认为：被上诉人违反最高人民法院《关于行政诉讼证据若干问题的规定》第 1 条第 1 款的规定，无正当事由超过举证期限向原审法院提供证据，视为被诉具体行政行为没有相应的证据。本案上诉人所举的证据可以证明上诉人为社硎乡山羊基地的养殖户之一，及上诉人在受灾后向仙游县副食品生产供应协调领导小组书面报告并请求支持，以及上诉人得知莆田市副食品生产协调领导小组和莆田市财政局下拨给社硎乡山羊基地救灾补贴款 3 万元后，向被上诉人申请解决的事实，但不足以证明讼争的 3 万元救灾补贴款系均下拨给其所有。被上诉人在收到讼争的 3 万元救灾补贴款后，由于在诉讼过程中没有在法定期限内提供其扣押合法或已分配的相关证据，应视为其扣押行为没有证据和依据，同时对上诉人申请解决的报告没有明确予以答复，因此被上诉人扣押讼争的3万元救灾补贴款是违法的，上诉人上诉理由部分有理。一审法院认定事实清楚，证据充分，但适用法律错误，依法应予纠正。为促进行政机关依法行政，落实救灾补贴款的使用和安排，依照《行政诉讼法》第54条第2项、第3项及第61条第2项之规定，二审法院判决：

(1) 撤销仙游县人民法院(2003)仙行初字第03号行政判决；

(2) 被上诉人仙游县社硎乡人民政府扣押3万元救灾补贴款的行为违法；

(3) 被上诉人仙游县社硎乡人民政府应在判决生效之日起30日内对诉争的3万元救灾补贴款作出具体行政行为。

本案一、二审案件受理费各100元，由被上诉人仙游县社硎乡人民政府负担。

【法律问题】

1. 从行政行为的角度分析本案社硎乡政府扣押3万元救灾补贴款的行为的性质。

2. 行政给付与行政补贴、政府救灾这三者之间的关系如何?

3. 从这一案件中可以发现我国在救灾方面存在哪些问题?

【法律链接】

《中华人民共和国突发事件应对法》

第三条　本法所称突发事件，是指突然发生，造成或者可能造成严重社会危害，需要采取应急处置措施予以应对的自然灾害、事故灾难、公共卫生事件和社会安全事件。

第六十一条　国务院根据受突发事件影响地区遭受损失的情况，制定扶持该地区有关行业发展的优惠政策。

受突发事件影响地区的人民政府应当根据本地区遭受损失的情况，制定救助、补偿、抚慰、抚恤、安置等善后工作计划并组织实施，妥善解决因处置突发事件引发的矛盾和纠纷。

第六十三条　地方各级人民政府和县级以上各级人民政府有关部门违反本法规定，不履行法定职责的，由其上级行政机关或者监察机关责令改正；有下列情形之一的，根据情节对直接负责的主管人员和其他直接责任人员依法给予处分：

…………

(七) 截留、挪用、私分或者变相私分应急救援资金、物资的；

…………

【案例分析】

1. 本案上诉人张国淡向被上诉人仙游县社硎乡人民政府申请救灾补贴款的行为是申请行政给付的行为，而被上诉人仙游县社硎乡人民政府向上诉人发放救灾补贴款的行为是实施行政给付的行政行为。

2. 行政给付是与行政立法、行政命令、行政许可、行政处罚、行政调解等具体行政行为相并列的一种行政行为。行政补贴是“国家或其他行政主体为引导经济发展作出的、能使私人直接受益的财政资助行为”[①]。政府救灾是政府针对自然灾害和人为灾害进行抢救、帮助、安抚的一系列政府活动。这些活动的方式和内容很多，但救济物资的发放是最为主要的，而且往往是以行政给付的方式实施的。在灾害之中和灾害之后，政府会启动不同级别和不同项目的救助计划，对受灾的相对人进行救济，因而受灾的相对人经常能够得到政府的财政补贴。

【探讨】

1. 行政给付制度与行政资助、政府补贴之间是什么关系？这几种行政行为是否可以纳入到一种行政行为方式当中？

2. 你认为我国在行政给付方面的哪些制度还存在问题，应当如何解决？

3. 行政给付与行政奖励之间如何区别？

【学理研习】

（一）行政给付的概念与特征

行政给付又称行政物质帮助、行政资助，它是指行政机关对公民在年老、疾病或丧失劳动能力等情况或其他特殊情况下，依照有关法律、法规、规章或政策等规定，赋予其一定的物质权益（如金钱或实物）或与物质有关的权益的具体行政行为。

行政给付具有以下特征：

1. 行政给付是行政机关所作的一种具体行政行为。行政给付是由行政机关具体承担的一项物质帮助职能，这种物质帮助因其特定的实施主体而成为一种履行国家行政管理法定职责的活动，具有行政行为的性质，故区别于由社会或一定社会组织进行的物质帮助。

2. 行政给付的对象是特定的公民或组织。行政给付只对出现了特殊困难和特殊情况的公民个人或组织作出，其对象是特定的。如抚恤金的发放对象是因战、因公伤残的人员；救灾物资及款项是发放给灾民；社会福利金是发放给社会福利机构或者直接发给残疾人、鳏寡孤独的老人和孤儿；而独生子女补贴、有特殊贡献专家补贴、城市居民最低生活保障金等均是分别发放给相应的特定对象的。行政给付的对象无须具备为国家、社会作出了特别贡献这样的条件。换言之，行政奖励的实质是国家给予奖励对象的一种补偿或对价，而行政给付并不是国家给予给付对象的一种补偿或对价，可以说这是行政给付与行政奖励的根本区别。随着社会的不断发展与进步，国家经济实力的整体增强和福利政策理念的不断扩展，行政给付行为将会得到更加广泛的运用。

3. 行政给付是应当事人的申请并依据法律和行政法规实施的行政行为。当然，只有在自然灾害等紧急情况出现的时候才可以由行政机关基于职责主动实施（即使此种情况发生，实践中也往往要履行简单的登记或申请手续等）。通常情况下，行政给付往往根据当事人的申请并应按法律、行政法规的规定实施，而非任意给付，这就决定了行政给付行为的法律属性。也就是说，获得行政给付，对于符合给付条件的行政相对人来说，是法律上的一项

① 裘坚建：《行政补贴概念辨析——WTO和行政法学的两维视野》，载《行政法学研究》，2005（1）。

权利，至于是否行使该项权利，完全取决于相对人自己。如果相对人意欲获得给付，则需向行政机关申请。对于行政机关来讲，如果符合条件的行政相对人提出申请，则必须作出给付行为。

4. 行政给付的内容是赋予被帮助人以一定的物质权益或与物质相关的权益。行政给付的内容主要体现在物质权益上，被帮助人通过行政给付获得一定的物质以帮助自己解决困难。这种物质可以是直接的财物，也可以是与财物相关的其他利益，如免费受教育等。

5. 行政给付通常情况下属于羁束行政行为。一般来说，法律规范对行政给付的对象、条件、标准、项目、数额等都作出具体规定，行政机关不能任意给付。如有关最低社会保障费的数额、抚恤金数额等都是法律明确规定的，行政机关没有自由裁量的权力。

(二) 行政给付的内容和形式

1. 行政给付的内容。行政给付的内容是指行政机关通过行政给付行为赋予被帮助人的权益。它不同于行政奖励的内容，不具有精神上和职务上的权益，一般只具有物质上的权益和与物质有关的权益两部分内容。

(1) 物质上的权益。表现为被帮助人获得一定数量的金钱或实物，如一定数额的货币、物品等。

(2) 与物质有关的权益。这是赋予被帮助人以一定的权利，即需具备一定物质条件才能实现的某些权利，如免费入学受教育、享受公费医疗等。

2. 行政给付的形式。行政给付的形式较为复杂，这主要是因为我国有关行政给付的法律、法规的规定较为零散，各种具体的行政给付散见于法律、法规之中，名称各异，含义不一，致使行政给付的形式很难准确界定。目前，我国有关行政给付形式的法律、法规、规章主要有：《残疾人保障法》、《森林法》、《消防法》、《军人抚恤优待条例》、《中国人民解放军志愿兵退出现役安置暂行办法》、《退伍义务兵安置办法》、《革命烈士褒扬条例》、《国营企业行业职工保险暂行规定》、《城市生活无着的流浪乞讨人员救助管理办法》①、《城市生活无着的流浪乞讨人员救助管理办法实施细则》② 等。此外，还有近年来国务院发布的《关于在全国城市建立居民最低生活保障制度的通知》(1997 年 9 月)，以及民政部发布的《关于全面普及城市居民最低生活保障制度的通知》(1999 年 2 月) 等政策性文件。综合这些法律、法规、规章和政策的规定，可将行政给付的形式概括为以下几种：

(1) 抚恤金。这是最为常见的一种行政给付形式。一般包括对特定牺牲、病故人员的家属的抚恤金，残疾抚恤金，烈军属、复员退伍军人生活补助费，退伍军人安置费等。

(2) 特定人员离退休金。这里指由民政部门管理的军队离休、退休干部的离休金或退休金和有关补贴。

(3) 社会救济、福利金。这里包括农村社会救济、城镇社会救济、精简退职老弱病残

① 国务院 2003 年 6 月 20 日第 381 号令发布，自 2003 年 8 月 1 日起施行。1982 年 5 月 12 日国务院发布的《城市流浪乞讨人员收容遣送办法》同时废止。

② 2003 年 7 月 16 日民政部第 24 号令公布，自 2003 年 8 月 1 日起施行。

职工救济以及对社会福利院、敬老院、儿童福利院等社会福利机构的经费资助。

（4）自然灾害救济金及救济物资。这里包括生活救济费和救济物资、安置抢救转移费及物资援助等。

（三）行政给付的原则

1. 国家责任原则。国家责任原则是指救助贫困群体、保障社会弱者的基本生活是国家和政府的法定义务。行政给付的目的在于保障人民的"最低生活水准"，因为个人的尊严、自由发展等权利都必须以人的继续生存为前提，保障人民的最低生活要求是国家无可回避的义务，给付请求权是公民生存权的必然延伸。政府承担首要的救助义务是由国家的职责所决定的，国家作为社会的管理者，其职能要求国家以缓和社会矛盾、谋求社会安定、保障社会成员生存权利、增进社会福利为己任，其中保障公民生存权是政府的重要职责之一。强调行政给付是政府的义务，是现代国家区别于传统国家的特点之一。现代社会救助制度是以国家责任为主体的制度性救助，它强调救助是国家义不容辞的责任，公民获得救助是一项不可剥夺的权利，任何公民依法应获得救助而不能得到满足时均可诉诸法律。

2. 基本生活保障原则。基本生活保障原则是指国家和政府为贫困者提供的救助仅能维持他们的最基本生活。一般认为，在我国目前经济发展水平下，最低生活保障线除了包含维持人口再生产的生存费用外，还应包括部分发展费用，但不包括享受费用。我国《城市居民最低生活保障条例》第6条第1款规定："城市居民最低生活保障标准，按照当地维持城市居民基本生活所必需的衣、食、住费用，并适当考虑水电燃煤（燃气）费用以及未成年人的义务教育费用确定。"行政给付的目的在于保障人民的基本生活，而基本生活的标准随着经济发展和社会进步在不断变化，因此，行政主体应做好科学的调查和分析，确定一个合理的给付标准，并使这一标准随着生活水平的提高不断上升。① 绝大多数国家的社会保障实践都证明这样一个规律，即社会保障项目能增不能减，社会待遇能升不能降，否则便会遭到获益阶层的强烈反对，甚至酿成严重的社会危机。

3. 公平、公开原则。公平原则是指行政机关应一视同仁、无差别地平等对待相对人。行政给付以人权保障为基本出发点，不把贫困当成罪恶，不歧视贫困群体，也不把贫困的主要原因归咎于个人和特定的家庭，原则上对那些需要救助的对象都给予经济援助。"只要没有特别正当的理由，就不得对特定人实施有利的给付，或者不适当地拒绝提供服务。"② 从宪法的层面而言，给付对象是所有的公民，这是一种潜在的权利，真正能享受到这一权利的公民是那些收入低于贫困线的家庭。行政公开原则是现代行政法的基本原则之一，它要求政府信息以公开为原则、不公开为例外，只有属于法定的例外情形，行政机关才可以拒绝公开政府信息，其中个人隐私属于受法律保护的不予公开的政府信息之一。作为现代

---

① 最低生活保障线是建立最低生活保障制度的基础。常用的确定贫困线的方法有"市场菜篮法"、"恩格尔系数法"、"国际贫困标准"、"生活形态法"、"线形支出系统模型法"以及"马丁法"。目前我国各地确定贫困线的方法不一致，例如厦门市采用市场菜篮法、上海市采用恩格尔系数法、广州市采用比例法，用不同的方法计算出的最低生活保障标准略有差别。

② 杨建顺：《日本行政法通论》，333页，北京，中国法制出版社，1998。

政府行政活动之一的行政给付过程自然也需贯彻这一原则。

4. 补充性原则。补充性原则是指国家或政府对社会弱者承担次位的救助义务。行政给付虽然是行政主体应承担的责任，但这种救助是第二位的给付义务，对于自身生存权的继续，个人负有第一位的责任。“行政主体以一般纳税人的负担所进行的给付活动，原则上是对私人或家庭、市町村等共同体无法充分实现其生活上的重要利益时，实施的补充性活动。”[①] 生存权作为一项人权，要求公民个人承担救助自己的义务。对于有劳动能力而且有就业机会的公民应首先鼓励其自己救助自己，避免将行政给付变为一种“养懒汉”的制度。[②]

5. 补足性原则。补足性原则又称差额救助的原则，凡未达到最低生活水平的公民，不论其困难大小，均由政府补足其差额，保障他们的基本生活。补充性原则与补足性原则虽只是一字之差，但两者却不同。补充性原则确定了国家救助责任的性质。补足性原则说明行政主体具体实施给付行为时，给付数额的多少。行政给付制度是将贫困者的家庭生活补足至最低的水平，因此根据贫困家庭的困难程度不同，其获得的救助也不同。表面看起来，对贫困者的救助数额不同，但却体现了实质公平，将所有社会弱者的生活都维持在最低水平。这就是最低生活保障线的意义，也是行政给付的重要特点。

6. 及时性原则。及时性原则是行政法效率原则在行政给付中的体现。为了保障及时性原则，应在以下三个方面完善行政给付的程序：首先，完善行政时限制度；其次，增设简易程序；再次，增加特别程序。

传统行政法理论以行政行为是否可由行政主体主动实施为标准，将其分为依职权行政行为和依申请行政行为。这种分类方法又与授益行政行为和侵益行政行为挂钩，一般而言，依申请行政行为是授益行政行为，而依职权行政行为是侵益行政行为。依据上述理论，行政给付行为是一种典型的依申请行政行为，“除了在发生自然灾害等紧急情况下由行政主体主动予以实施以外，就绝大多数行政给付行为来说，给付对象的申请是其必不可少的步骤。即使在紧急情况下，有时也要求履行相应的申请手续，只不过其手续相对来说比较简单而已”[③]。我们认为，行政给付行为是一种依申请和依职权相结合、以依申请为主的行政行为。日本《生活保护法》在程序上规定了依申请和依职权两种启动方式的生活保护，其中依申请开始的程序适用于一般情况，依职权启动的程序仅适用于被保护人处于“急迫”的情况。这种规定既符合行政行为的基本理论，又充分保护了需救助者的合法权益。基于服务型政府的理念，一般情况下，相对人应向行政主体提出救助的申请，特殊情况下为了保护处于紧急情况下相对人的合法权益，行政主体可以主动实施救助。因此，我们建议，我国行政给付应增加依职权开始的程序作为补充。

---

① 杨建顺：《日本行政法通论》，333页，北京，中国法制出版社，1998。

② 日本《生活保护法》第1条规定：“本法律的目的为：国家基于《日本国宪法》第25条规定的理念，对于一切生活贫困的国民，相应其贫困程度实施必要的保护，在保障其最低限度生活之同时，以帮助其本人的自立。”

③ 姜明安：《行政法与行政诉讼法》，190页，北京，北京大学出版社、高等教育出版社，1999。

（四）行政给付的作用

行政给付的作用主要表现在赋予行政相对人一定的物质权益或者与物质权益有关的权益，是一种典型的授益性行政行为。行政给付的实施，对于保障行政相对人的合法权益，尤其是对于确保贫困人群过上有尊严和人格的生活，对于维护社会稳定、构建和谐社会，保证各项改革的顺利进行，具有极其重大的意义。行政给付能否很好地展开，直接关系到行政法所保护和追求的国家利益和社会公共利益能否实现，关系到广大民众能否很好地享受人权，关系到国家政治和经济能否稳定发展的大局。所以世界各国都在努力通过制定有关法律、法规及政策等手段来实施行政给付，以确保行政给付真正发挥其应有的作用。

（五）行政给付的程序

行政给付作为行政机关的一种法律行为，须按一定程序实施。尽管我国目前在行政给付方面尚无统一的法律规定，但在不同的法律、法规、规章中对不同形式的行政给付程序均作了一些简单规定。

各种不同的行政给付程序存在一些差别。比如，对于定期性行政给付，通常应由给付对象本人或所在组织、单位提出申请，主管行政机关对之进行审查（评定等级），有时还需要进行专门鉴定，确定标准，以后则定期（按月或按年）发给。对于一次性行政给付，通常由给付对象提出申请，主管行政机关予以审查核实，然后按法律、法规、规章明确规定的标准一次性发给。至于临时性行政给付，有的是先由给付对象提出申请，有的则是由有关基层组织确定给付对象，并提出申请报告，主管行政机关进行审查、批准后，再直接发给给付对象或经有关基层组织分发。

各种行政给付的具体程序应由有关法律、法规、规章规定。不同形式的行政给付程序也存在一些共同程序规则，主要有申请、审查、批准、实施，并要求书面形式。由于行政给付的标的多为一定的财物，因而在程序上还要求办理一定的财务手续和物品登记、交接手续。

在国外，有的国家通过《行政程序法》或《行政法通则》对有关行政给付的程序作原则性的规定。我们认为，今后我国制定《行政程序法》也可借鉴荷兰的《行政法通则》的模式，对行政给付的程序作原则性的规定，为行政给付行为的实施提供统一的程序规则。

【思考】

2008年年初的一场低温雨雪冰冻灾害，再一次让我国的救灾机制经历了一次大考验。各级政府的积极应对和各相关单位、灾区民众的积极抗灾，确保了抗灾工作的有序进行和尽量减少了灾害的破坏力，不过，如民政部救灾救济司司长王振耀所言，南方冰灾的救灾准备还不够充分，很多基础设施的建设标准没有达到防灾水平。事实上，在灾后重建中，除完善基础设施、提高应灾水平外，建立更加完备有效的救灾法律机制，也是灾后重建工作的重要组成部分。据介绍，2003年，当时特大洪灾正肆虐南方几省，民政部便启动了救灾基本法——《救灾法》的起草工作，但是时至今日，《救灾法》仍然呼之不出。《救灾法》起草小组组长、现任汕头大学法学院院长杜钢建教授指出，灾前防范、灾中应急和灾后救助，三者应该紧密相连，不能脱节。但是我国现有的救灾机制，是注重灾中应急和灾后救济，而轻灾前防范和特殊人群救助，而且三者往往是脱节的。灾中应急依靠行政命令、成立一个指挥中心协调各部门行动，是完全可以解决问题的。但是，要做好灾前防范和灾后救助，就不能依靠行政命令了，而必须通过救灾基本法，对救灾物资储备、灾害预报、部门分工、救灾预算、灾民利益保护等问题进行规范，而且打通灾前防范、灾中应急和灾后救助之间的体制障碍。救灾基本法所要解决的重要问题之一，就是加强救灾装备与信息系统建设，实现预案法制化。依据救灾基本法的要求，各级政府必须安排救灾装备经费，为紧急救援配备必需的交通、通讯、救援等装备；灾区政府及各职能部门必须及时向上级部门汇报情况，各职能部门必须及时向社会发布灾情；各级政府必须先制定预案，且通过日常演练确保整个救助系统运转畅通。如果我国能依法建立灾前防范制度，绝不会出现类似“非典”时候口罩紧缺、雪灾灾区找不到扫雪机、能源供应中断的现象。①

请思考：我国是否需要制定一部《救灾法》？如果需要，该法需要着重解决哪些问题？它对我国的救灾体制可能带来怎样的变化？

第四节　行政奖励

【案例11—5】深圳市龙岗区公安分局龙新派出所行政奖励不当案

【基本案情】

2005年年初，深圳市龙岗区公安分局龙新派出所在其辖区怡丰路上悬挂“坚决打击河南籍敲诈勒索团伙”和“凡举报河南籍团伙敲诈勒索犯罪、破获案件的，奖励500元”的大横幅，此举引起了社会上的广泛争议，许多人质疑警方这种打击犯罪的方式存在地域歧视。②

2005年4月15日，居住在郑州市的两位河南籍公民任诚宇、李东照，以龙岗区公安分局的行为侵害了二人的名誉权为由起诉该局。原告二人在诉状中称，他们均是河南籍爱国守法公民。河南是中华文明的发祥地，二人从小在这块土地上生长，像爱护自己的生命一样热爱自己的家乡和家乡的声誉，并以自己是河南人而骄傲。二原告在郑州看到歧视河南人横幅的报道后，感觉受到极大侮辱。二人认为，龙新派出所对两人家乡的地域歧视和对整个河南籍人群的否定性社会评价，不仅严重违背了《宪法》第33条确立的“法律面前一律平等”原则，而且直接损害了二原告家乡及所有河南籍中国公民和河南籍侨民的声誉，粗暴伤害了二原告

① 资料来源：http：//epaper. thebeijingnews. com/。

② 参见秦鸿雁、李朝红：《深圳挂横幅打击“河南帮”，专家称存在歧视》，载《新京报》，2005-03-31。

对家乡的感情及对家乡应有的荣誉感。因此，二人认为，龙新派出所的行为已侵害了他们作为公民所应享有的名誉权和精神健康权，故请求法院判令被告对二原告公开赔礼道歉，并将道歉内容在国家级新闻媒体上公开发表；同时判令被告承担本案受理费。郑州市高新区人民法院经研究决定，受理了该案。①

【法律问题】

本案主要涉及确定深圳市龙岗区公安分局龙新派出所的行为的性质。这是一种什么样的行政行为？我国对于这种行政行为的立法约束是否完善？如何认定这种行政行为的合法性？

【法律链接】

《中华人民共和国宪法》

第二十条　国家发展自然科学和社会科学事业，普及科学和技术知识，奖励科学研究成果和技术发明创造。

《中华人民共和国自然科学奖励条例》

第一条　为鼓励科学工作者的积极性和创造性，加速我国科学事业的发展，促进社会主义现代化建设，特制订本条例。

第二条　凡集体或个人的阐明自然的现象、特性或规律的科学研究成果，在科学技术的发展中有重大意义的，可授予自然科学奖。

第三条　自然科学奖分为一等奖、二等奖、三等奖、四等奖四个等级，分别授予证书、奖章和奖金。

自然科学奖的奖金数额，由国家科学技术委员会会同财政部另行规定。

第四条　凡属本条例第二条所规定的科学研究成果中有特别重大意义的，可给予特等奖。由国家科学技术委员会（以下简称国家科委）报国务院批准，另行奖励。

第五条　各研究机构、高等院校、全国性学术团体和由副研究员或相当于副研究员以上水平的科技工作者十人以上联名，均可推荐请奖项目。

第六条　请奖项目分别由中国科学院、教育部、中国科学技术协会、国家农业委员会、卫生部、国家经济委员会以及国防科学技术委员会、国务院国防工业办公室等单位归口组织初审，初审时应通过同行审议，进行评选，并对奖励等级提出建议。

【案例分析】

此案是2005年引起社会公众普遍关注的案件之一，各界人士、各种观点围绕此案的方方面面展开了激烈争论。就此案与本章有关的内容而言，我们认为，下列问题是值得研究分析的：

1. 案中深圳警方的行为应当如何定性？案中深圳警方悬挂的横幅内容有两方面：一为“坚决打击河南籍敲诈勒索团伙”，二为“凡举报河南籍团伙敲诈勒索犯罪、破获案件的，

---

① 参见韩俊杰、郭文政、刘学：《歧视横幅惹怒河南人，两公民怒告深圳警方》，载《中国青年报》，2005-04-15。

奖励500元”。前者在性质上属于行政机关的一种宣传口号，并没有确定任何法律上的权利义务关系，显然不在具体行政行为之列。而后者则具有较为详细的内容，主要是提出了对特定案件有效举报者的奖励，显然属于行政奖励的内容。但我们也应当注意到，就横幅的内容来看，它并非奖励的实施（即不是宣告因某事对某一特定对象给予奖励），而是奖励的创设。当然，无论如何，有一点是可以肯定的，那就是深圳市警方悬挂横幅的行为是其履行职权的行为，这种行为所能引起的并非民事侵权纠纷，而只是一种行政侵权纠纷。①

2. 案中有关行政奖励的内容是否合法？案中横幅所述第二项内容实际上设定了一个奖励事项，我们可以对该奖项略作分解。其一，该奖项的奖励主体是有关警方；其二，其奖励客体是举报河南籍团伙敲诈勒索犯罪并有助于破获案件的行为；其三，其奖励对象是实施奖励行为的公民；其四，其奖励内容为500元；该奖项的其他要素，如奖励依据、奖励程序等则未见其详。那么，从这一奖项的已知要素来看，该奖项是否合法呢？答案是否定的。这一奖项违法在于其合法奖励客体的缺失，即其鼓励公民实施的行为包含了不法内容，构成了对河南籍居民的歧视。因此，本案深圳警方所挂横幅中的行政奖励内容是违法的。

3. 这一违法的行政奖励是否可诉呢？首先应当指出，此案中郑州市高新区法院将其作为民事案件受理，是由于对案件性质根本错误的判断。行政机关因履行职权而造成的侵权，应当通过行政诉讼而非民事诉讼解决，因此，郑州市高新区法院以民事案件受理此案，属于明显错误。

既然如此，那么，这一案件是否可以作为行政案件受理呢？我们以为不能。对照行政诉讼的基本受案要件，我们可以发现，尽管案中深圳警方的行为具有履行职权的属性而符合行政诉讼受案的职权标准，但其在行为标准与结果标准上却均不符合有关要求。一方面，就行为标准而言，警方在横幅中表述的内容属于行政奖励的创设而非实施，是向非特定的公民发出的号召与鼓励，并可反复、多次地适用于符合横幅宣告条件的公民，故其性质应属抽象行政行为而非具体行政行为，而抽象行政行为显然不在行政诉讼受案范围之内。另一方面，就结果标准而言，警方悬挂横幅的行为并未确定地损害两位原告的利益。注意到横幅内容的指向并非所有的河南籍居民，而是处于龙新派出所管辖内并有敲诈勒索犯罪嫌疑的河南籍居民，而案件的原告任诚宇、李东照显然不在后者之列，其利益（依其主张为名誉权和精神健康权）与龙新派出所的行为并未构成足够的利害关系。因此，尽管案中深圳警方悬挂横幅中的奖励内容有违法之嫌，但依照我国现行法律规定，此案尚不能够通过诉讼途径获得救济。

【探讨】

行政奖励的合法要件包括哪几个方面？在我国现有法律救济制度框架内，行政奖励的救济途径主要有哪些？

【学理研习】

（一）行政奖励的概念

在对各种行政行为的研究中，行政奖励向来较受冷落，对此问题虽有著述，但数量不

① 参见刘飞宇：《对于“河南地域歧视案”的规范分析》，载《法制日报》，2005-04-28。

多，研究的深度、广度也不足。在不同时期研究行政奖励的著述中，关于其定义的前后变化较大，这既反映了人们对它的认识在不断深化，也反映出这些认识在大部分的时间里还仅仅是停留在幼稚阶段。

比较多数主流行政法教材对行政奖励的定义，可以发现它们之间有明显的相互沿用的痕迹，或者说这只是“一种定义、各自表述”，它们之间的分歧并未构成实质性的差别。这些定义多强调行政奖励的目的在于“表扬先进、鞭策后进”等，而奖励的主体乃是“行政机关”或“行政主体”，奖励的客体是诸如“进行创造性劳动”、“为国家和社会作出显著贡献”、“严格遵纪守法”、“认真完成国家计划与任务”等某种先进行为，奖励的对象自然是实施了上述行为的“单位和个人”或称“行政相对人”，奖励的形式则主要包括“物质鼓励”和“精神鼓励”①。这些要素构成了主流教科书行政奖励定义的主要内容。

毫无疑问，这些教科书式的语言带有浓重的时代痕迹，并由于没有得到及时的革新而保留至今。正是受这些因素的约束，使得此类定义下的行政奖励，其范围明显过于狭窄，且和现实脱节严重，因此有予以更新的必要。傅红伟博士的《行政奖励研究》一书将行政奖励归结为“行政主体为实现行政目标，通过赋予物质、精神及其他权益，引导、激励和支持行政相对人实施一定的符合政府施政意图行为的非强制行政行为”②。作此创新努力值得肯定，但尚可进一步推敲。例如，按此定义，难以包括行政主体针对某些行为作出的带有事后追认性质的奖励。

综上分析，我们认为行政奖励可定义如下：对于符合行政目标或意图的行为，行政主体为表示对该种行为的肯定、鼓励、支持与倡导，赋予行为人以某种物质或精神上的利益的行为。

（二）行政奖励的特征

1. 行政奖励是一种授益性行政行为。这一点显而易见，行政奖励给予相对人的是某种物质或精神上的权益，这便是它的内容。至于相对人为了获得奖励而作出贡献的行为，则是奖励的客体，相对人为此而进行的努力和付出并不能否定奖励行为的授益性特征。

2. 行政奖励可以是依申请的行为，也可以是依职权的行为。这一点也容易理解。行政奖励设定之后，便可能产生符合奖励条件的人，行政主体既可能因其提出授奖申请而给予奖励，也可能在当事人没有申请的情况下主动给予奖励。当然，某些奖励在设定的时候便要求以当事人的申请为前提，此时便排除了行政主体依职权授予该种奖励的可能。正因为如此，行政奖励行为的定性、定位都比较复杂。

---

①　这些定义参见罗豪才主编：《行政法论》，215页，北京，光明日报出版社，1988；罗豪才主编：《行政法学》，245页，北京，北京大学出版社，1996；应松年主编：《行政法学新论》，285页，北京，中国方正出版社，1998；姜明安主编：《行政法与行政诉讼法》，193页，北京，北京大学出版社、高等教育出版社，1999；杨海坤：《中国行政法基本理论》，369页，南京，南京大学出版社，1992。

②　傅红伟：《行政奖励研究》，33～34页，北京，北京大学出版社，2003。

3. 行政奖励是一种单方行为。行政奖励的作出是由行政主体单方决定的，尽管行政奖励的作出必须以相对人实施了受奖行为，某些情况下还必须以相对人的申请为前提，但这并不影响它的单方性。必须注意，只要符合法定条件，行政主体在作出奖励决定的时候，是无须考虑相对人的意志也无须取得相对人合意的。这就如同行政许可一样，虽然相对人要获得许可必须努力具备相关的许可条件并必须提出申请，但这并不影响行政机关在作出许可时单方决定的权力。对于行政奖励的这一属性，已有学者作出分析与肯定。①

4. 行政奖励是一种非强制性的行为，但不排除在特殊情况下的弱强制性。在行政奖励的诸多属性中，这一特殊之处值得关注。通说认为行政奖励是一种非强制性的行为，主要是鉴于一方面当事人申请奖励的行为是自愿的，另一方面奖励对象是否接受奖励也是自愿的。② 但现在有学者对此提出质疑，认为从行政实务来看，许多依申请作出的行政奖励中，授奖者为了维护其自身以及奖项的权威性，不允许受奖者放弃奖励，否则受奖者便有可能遭受行政机关的不利对待，故可说行政奖励并非绝对地不具有强制力，而是一种弱强制性的行为。③

行政奖励还有一个特殊之处，即行政奖励法律关系的主体有可能在形式上是不完整的。例如，受奖者已经因实施受奖行为（如见义勇为）而死亡，或其在申请奖励后决定奖励前死亡，此时行政机关有可能仍向死者颁发奖励，如追赠各种荣誉称号，由其家属领受。无疑，自然人死亡必然导致其作为法律关系主体的地位丧失，因为死者不能成为行政法律关系中的一方当事人，此时的法律关系当事人只有一方，也即只有奖励人，但已故受奖者某些权利是存续的，并由继受者承受。

【思考】

2005 年，辽宁省公安厅《奖励提供重要信息人员暂行办法》开始实施。根据该办法，举报人可以通过电话、信函等方式进行实名或匿名举报。举报信息包括发生在辽宁境内、能对公安机关侦查破案起直接或重要作用的案件线索，还有影响社会稳定事件的信息，包括刑事案件、治安案件、交通肇事逃逸、在逃人员，违反《信访条例》，围堵、冲击国家机关，拦截铁路、公路，携带危险物品，非法限制他人人身自由等。举报奖金从 100 元到 50 000元不等。举报人可以根据意愿，通过银行转账、邮政汇款、直接领取等方式兑现奖金。奖励实行的是首报奖励制度，一案（事）一奖，不重复奖励。对于恶意骗取奖金的行为，公安机关将对其进行教育训诫，情节严重的要依法进行处置。

请思考：此种悬赏是否是行政奖励？你对此有何评价？

（三）行政奖励的合法要件

对一种行政行为作静态上的分析，主要在于考察它的合法要件。一种行政行为的合法

---

① 参见沈开举主编：《行政实体法与行政程序法学》，317 页，郑州，郑州大学出版社，2004。

② 参见姜明安主编：《行政法与行政诉讼法》，94 页，北京，北京大学出版社、高等教育出版社，1999；熊文钊：《现代行政法原理》，320 页，北京，法律出版社，2000；傅红伟：《行政奖励研究》，45 页，北京，北京大学出版社，2003。以上著述均认为行政奖励是非强制性的行为。

③ 参见沈开举主编：《行政实体法与行政程序法学》，318 页，郑州，郑州大学出版社，2004。

要件，是行政法治原则在这种行为中的具体体现。一种行政行为的合法要件有多少，就意味着这种行为必须在多少个方面符合法的要求，只有这种行为的全部合法要件同时且完全地被满足，我们才可以将这种行为称作一个合法的行为。

我们认为，在现代行政活动中，行政行为的整个谱系是庞大而复杂的，每一种行为都有自己的特征与构成，则每一种行政行为的合法要件也就必然各不相同。行政奖励是行政主体通过奖赏的形式鼓励相对人去实施受奖行为，也就是说，这种行为实际上是行为人在鼓励别人从事另外一种行为。因此，分析行政奖励的合法要件，除了分析奖励行为本身，还要关注奖励的客体——受奖行为的合法要件。总的来讲，行政奖励的合法要件至少应当包括以下几个方面：

1. 奖励的依据合法。行政奖励与许多其他行政行为一样，都包括设定与实施两个主要阶段，只有依法设定的奖励，才能够成为行政主体实施的合法依据。奖励的依据合法，主要指的是该奖励必须是由合法的主体通过法定程序以合法的形式（包括法律、法规、规章等）设定的，一项奖励的产生和存在必须符合奖励设定权的法定配置。

2. 奖励的主体合法。也就是说，奖励者应当是一个适格的行为主体，奖励的实施应当在实施者的法定权限之内。具体而言，奖励的主体应当是有权的行政机关或者依法获得授权的社会组织。一般情况下，为了强调其权威性，行政奖励不应由奖励者委托其他机关、机构、组织或个人实施，除非其亲自实施在客观上存在困难。应当注意，某些在政府的倡导或支持下，由社会组织发起、设立并实施的奖励并非行政奖励，而属于社会奖励。

3. 奖励的客体合法。奖励的客体即受奖行为，行政主体通过奖赏方式鼓励、提倡或支持相对人实施的应当是合法的行为。即使有利于实现行政目的，行政主体也绝不能奖励相对人从事犯罪、违法、侵犯他人合法权益或者违背社会善良风俗的行为。近年来，某些引起社会普遍关注的行政奖励案件，其主要争议多集中于奖励客体的合法性上。①

4. 奖励的对象合法。即受奖者合法，也就是说，受奖者应当是实施了符合奖励条件的行为的单位或个人。对没有符合条件的对象而给予奖励，对符合条件的人不予奖励，由他人冒领奖励或参与接受奖励，遗漏对实施受奖行为的共同行为人的奖励，凡此种种，均属奖励对象上的错误。

5. 奖励的内容合法。无论行政主体给予相对人的是物质利益、精神利益还是其他利益，这种作为奖励内容的利益必须是合法的。在物质奖励上，主要是禁止奖励者将不法财物作为奖励内容，如给提供违法行为线索者以罚款的提成；在精神奖励上，主要是防止因奖励行为对他人已有荣誉造成损害；在其他奖励上，如赋予受奖人某种资格或为其提供某种便利等，要特别注意不能因为对某个对象的奖励而影响他人与受奖者的公平竞争权。

6. 奖励的等级和标准合法。即应当按照不同受奖者的条件给予正确等级和标准的奖

① 如发生在广州市的“市民被拍违章诉公安局案”，参见余亚莲：《广州法院：市民拍违章照片不能做处罚依据》，载《信息时报》，2004-12-03；又如发生在深圳市的“河南人地域歧视案”，参见秦鸿雁、李朝红：《深圳挂横幅打击“河南帮”，专家称存在歧视》，载《新京报》，2005-03-31。

励，如赋予条件较低者以高于条件较高者的奖励，赋予条件相同者以不同等级标准的奖励，或者赋予条件有差异的人以同等的奖励，均属奖励的等级和标准违法。

7. 奖励的程序合法。即应当根据合法程序作出奖励，较为完整的奖励程序应当包括申请（针对依申请的奖励）或提议（针对依职权的奖励）、受理（针对依申请的奖励）或接受（针对依职权的奖励）、审查、决定、公布、颁奖等步骤，未经合法程序而授予的奖励应视为违法。由于奖励属于授益性行为，且涉及受奖者与他人间重大利益的可能性较小，因而在程序上一般没有听证的必要。

（四）行政奖励的程序

如果说分析一种行政行为的合法要件是对它作静态的考察，那么，研究它的运行过程就是对它作动态的考察。静态考察的重点在于关注这种行为如何方能合法，动态考察的重点则在于关注这种行为如何方能有效——通过何种运行方式，可以使它最有效地达到行政主体运用它的目的。

1. 行政奖励的创设。一种行政行为的创设是它发生的逻辑起点。行政奖励的创设，主要指有权主体通过一定形式对奖励主体、奖励权限、奖励条件、奖励程序等方面作出的规定。有学者认为，行政奖励创设的可能途径主要有二：一是通过法律规范创设，二是通过行政合同约定，同时认为后者只是一种例外。① 我们对此基本同意，但同时认为，以行政合同方式约定奖励不应当仅仅被视为例外，而应当成为其主要方式之一，这一点在行政机关对经济事务的管理中表现尤其突出，如地方政府对招商引资行为的奖励。与行政处罚、行政许可等行为强调其创设的集中、严格有所不同，行政奖励作为行政主体用于激励相对人的利益杠杆，其创设应当体现灵活、机动、多样的原则。

一方面，我们不应对创设行政奖励的法律规范的层次要求过高。法律与行政法规这样较高阶的规范有权创设行政奖励，同时，即使是地方性法规、行政规章等较低阶的规范也应当在上位法缺位的情况下享有奖励创设权，包括在没有正式法律规范的情况下，也应允许其他行政规范性文件创设行政奖励。不仅如此，较高阶的规范可以只对奖励的创设作原则性的规定，而由其下位法作出进一步的具体规范。当然，我们并不同意在没有任何规范依据的情况下仍可创设奖励的观点。② 因为行政奖励实际上是一种国家资源或公共资源向个体分配的过程，如无任何规范依据便允许行政主体向他人分配这种资源，则极有可能损害其他社会成员的利益，并为滥设奖励开方便之门。

另一方面，应允许行政主体在不违背法律原则的前提下通过合同约定奖励。当然，以合同方式约定的奖励由于没有具体法律规范作为依据，往往较易导致纠纷，则合同中对奖励条件、奖励程序、奖励内容等方面的约定应当更为详尽，如无法作详细约定，也可约定参照其他奖励的规定而实施。

2. 行政奖励的实施。关于行政奖励的实施，多数观点认为主要包括提出奖励、审查批

---

① 参见傅红伟：《行政奖励研究》，182页，北京，北京大学出版社，2003。

② 参见胡芬：《行政奖励的创设权分析》，载《行政与法》，2003（8）。

准、公布评议、授予奖励四个主要阶段。实际上，由于奖励类型的不同，其实施的阶段与步骤也是不尽相同的。行政奖励的实施过程可以大致归纳如下：

(1) 奖励程序的启动。由于行政奖励包括依申请的奖励与依职权的奖励，则奖励程序的启动必然有所不同。依申请的奖励，必然以当事人的申请、申报为启动程序的条件，此时应当允许当事人使用灵活、多样的方式申请奖励，并严格设定行政主体受理申请的期限；依职权的奖励，则可以通过提名、推荐乃至实施机关自我发现等方式启动奖励程序；某些既可依申请也可依职权作出的奖励，则可以并采以上方式启动奖励的实施。总之，奖励程序的启动应当不拘一格，以便利、高效为原则。

(2) 对奖励的实质审查。奖励的实施者必须对当事人的有关材料进行真实性、有效性等方面的实质审查，为保证公正，审查应当由两名以上行政工作人员进行。审查完毕之后，必须完成审查结论，并由审查人员签名盖章并报送决定者。

(3) 奖励的决定与公布。奖励的决定应当由奖励主体的负责人作出，重大奖励的决定应当由其负责人集体讨论作出，对于奖励程序启动到作出奖励决定之间的期限应当有所限定。除非涉及国家秘密，否则行政奖励在决定之后，均应在一定期限内公布其内容。

(4) 对奖励的公众评议。公众评议不是奖励的必经阶段，因为一般的奖励不至于对他人利益构成重大影响，但通过竞争决定的奖励在公布后应当接受评议，以便有关的利害关系人提出异议。

(5) 奖励的授予。奖励授予的形式应当多样化，颁发奖励证书或证明、奖状、奖金、奖品等固然是最为主要的授奖方式，但减免受奖人负担或义务、为受奖人提供便利等奖励方式则往往不存在一个明显的授奖环节。

(6) 特殊情况下的听证。奖励的实施一般没有听证的必要，但对于某些为多个申请人所竞争的重大奖励，在必要的情况下可以适用听证程序，以此作为一种例外。

(五) 行政奖励的救济

多数著述在论及行政奖励的法律救济时，都无一例外地肯定它的可救济性并指出了对它的救济途径，尤以肯定行政奖励的可诉性为重点。① 对此，我们不打算作应然层面上的分析，而是以我国现有的救济制度为前提，讨论行政奖励在现实条件下获取救济的可能。

1. 行政诉讼。对于行政奖励是否可诉的问题，我们同样持肯定态度。同时认为，这一结论的得出并不需要其他的论证，而是依据我国行政诉讼制度的现有规定便可当然得到。尽管《行政诉讼法》第11条第1款第1～7项中并未明确将行政奖励纳入其受案范围，但其第8项作为一个兜底条款规定“行政机关侵犯其他人身权、财产权的”行为同样可诉。那么行政奖励是否属于该项规定的范围之内呢？这就应当根据《行政诉讼法》所规定的受案标准来加以判断。《行政诉讼法》第2条规定：“公民、法人或者其他组织认为行政机关和行政机关工作人员的具体行政行为侵犯其合法权益，有权依照本法向人民法院提起诉

① 参见傅红伟：《行政奖励研究》，200页以下，北京，北京大学出版社，2003；林莉红：《行政奖励诉讼初探》，载《法学杂志》，2002 (2)。

讼”；第5条规定：“人民法院审理行政案件，对具体行政行为是否合法进行审查”。《行政诉讼法司法解释》第1条规定：“公民、法人或者其他组织对具有国家行政职权的机关和组织及其工作人员的行政行为不服，依法提起诉讼的，属于人民法院行政诉讼的受案范围。”结合前述《行政诉讼法》第11条第1款第8项的规定，我们可以将行政诉讼的受案标准归结为以下几点：(1) 职权标准，即被诉的行为必须是具有国家行政职权的机关和组织及其工作人员实施的；(2) 行为标准，这包括两个方面，一方面要求被诉的是一个具体行政行为，另一方面法院只受理因行为违法而引发的争议；(3) 结果标准，被诉的行为必须侵犯了公民、法人或其他组织的合法权益，结合《行政诉讼法》第11条第1款第8项的规定，这种合法权益应当表现为人身权或财产权。

那么，行政奖励是否符合上述的行政诉讼受案标准呢？我们不妨对此作一分析：

(1) 行政奖励符合上述职权标准。这一点显而易见，行政奖励是行政主体履行职权的行为，自然符合有关规范在这一标准上的规定，对此无须赘言。

(2) 行政奖励符合上述行为标准。毫无疑问，行政奖励是一种具体行政行为，即使套用最狭义的具体行政行为标准，也不能否认它作为一种具体行政行为的属性。原最高人民法院《关于贯彻执行〈中华人民共和国行政诉讼法〉若干问题的意见（试行）》曾对具体行政行为作出如此定义：“具体行政行为”是指国家行政机关和行政机关工作人员、法律法规授权的组织、行政机关委托的组织或者个人在行政管理活动中行使行政职权，针对特定的公民、法人或者其他组织，就特定的具体事项，作出的有关该公民、法人或者其他组织权利义务的单方行为。① 我们将这一定义概括为具体行政行为的四个属性：第一，处分性，即该行为应当能够引起公民、法人或者其他组织权利义务上的变动；第二，特定性，该行为是针对特定的公民、法人或者其他组织，就特定的具体事项作出的；第三，单方性，即该行为是一种单方行为；第四，外部性，即该行为是对行政组织外部实施的管理活动。很明显，行政奖励完全符合上述性质，自然应当被认为是具体行政行为的一种。②

当然，就行为上的标准而言，必须是由于行政奖励的合法性引起的争议，才属于行政诉讼受案范围。行政奖励的合法要件已如前述，其合法要件中的任何缺失都构成行政奖励的违法，当事人即可据此提起行政诉讼。而由于行政奖励的合理性引起的争议，主要是行政主体裁量不当引起的争议，便不能被纳入行政诉讼之中。③

(3) 行政奖励也符合上述的结果标准。如引起纠纷的行政奖励属于物质奖励或属于可

---

① 尽管这一司法解释目前已经失效，但它对具体行政行为的这一定义却是目前公认的最为严格、狭窄的定义，由于对具体行政行为的界定多有争论，此处我们使用“官方”定义为准，即便如此，行政奖励也完全符合这一标准。

② 就行政奖励的“外部性”这一属性而言，必须明确我们这里所谈论的行政奖励，并不包括行政组织对其内部工作人员的奖励，因为这属于公务员管理的范畴，是行政学、组织学而非行政法学研究的对象。对此，可以参见崔卓兰：《行政奖励若干问题初探》，载《吉林大学学报》，1996 (5)。

③ 参见林莉红：《行政奖励诉讼初探》，载《法学杂志》，2002 (2)。

以带来物质利益的其他奖励，则其违法便可能损害当事人的财产权；如引起纠纷的行政奖励属于精神奖励或属于可以带来精神利益的其他奖励，则其违法往往损害当事人的荣誉权，而荣誉权显然属于人身权。在这一方面，行政奖励与行政诉讼的受案标准也是相符的。

因此，根据现行规定，由于行政奖励违法而损害当事人合法权益的情形，当事人通过行政诉讼寻求救济是完全可能的，现实中也已有为数众多的案例发生。

2. 行政复议。由于行政复议的受案标准较之行政诉讼更为宽松，则行政复议理所当然地也是行政奖励的法律救济途径之一。值得指出的是，由于行政复议不仅审查行政行为的合法性，还可以审查其合理性，因而对于因行政主体裁量失当而引起的行政奖励纠纷，虽然不能提起行政诉讼，但可以通过行政复议加以解决。同时，行政复议具有附带审查的功能，对于规章以下的其他行政规范性文件因奖励的设定而引起的纠纷，也可一并在复议中解决。

3. 行政赔偿。通过法定途径被确认为违法的行政奖励行为中，有关合法利益受到该行为损害的人均可申请国家赔偿。但必须指出，由于《国家赔偿法》规定国家赔偿的范围仅限于物质损失，以及因公民人身自由被限制而同时发生的名誉、荣誉等精神损失，因而在精神奖励中，由于行政主体的违法行为给当事人带来的精神损失是无法获得国家赔偿的。

【问题与思考】

1. 原告谢迪军与第三人谢建新系同村村民。第三人谢建新自1979年开始担任本村赤脚医生，1984年12月转为乡村医生，并获得湖南省乡村医生证书，1993年4月25日更换了乡村医生证书，从事专业为“乡医”。1998年12月18日上午10时左右，第三人谢建新应原告之邀，前往原告家为原告之子谢星辉诊治，用药一段时间后，谢星辉突然出现休克症状，不久死亡。12月23日，原告谢迪军向被告衡山县卫生局提出申请，要求对其儿子死因进行医疗责任事故鉴定，衡山县医疗事故鉴定委员会认为谢建新是非法行医，因此，在其报告上签署“经核查该同志属非法行医，不属我委鉴定范畴”的意见，故没有进行医疗责任事故鉴定，同时建议原告作法医学技术鉴定。12月23日下午，原告向衡山县公安局报案，请求公安机关追究第三人非法行医致其子死亡的法律责任。县公安局填写了预审受案登记表，随即对第三人是否构成非法行医罪进行调查取证。1999年3月18日被告衡山县卫生局根据群众举报，对第三人非法行医作了行政处罚。处罚决定书认定第三人所执业的白果镇茶园村卫生室未取得医疗机构执业许可证，从事防保、诊疗活动违反了《医疗机构管理条例》第24条之规定，依据该条例第44条之规定，应停止执业活动，申报办理医疗机构执业许可证。1999年3月28日衡山县白果镇茶园村卫生室向被告卫生局递交了医疗机构申请执业登记注册书，其主管单位白果镇棠兴卫生院在上面签署了“同意申报，请给予办理医疗机构执业许可证”的意见。1999年6月1日被告衡山县卫生局给第三人所执业的茶园村卫生室颁发了430423001933号“中华人民共和国医疗机构执业许可证”，许可证规定诊疗科目为“预防保健、全科医疗”，有效期自1999年6月1日至2000年5月31日。1999年7月4日衡山县公安局向被告取证时，被告据此出具了一个证明，证明全文是“衡山县白果镇茶园村卫生室已经《衡山县医疗机构区划规划》予以设置，乡村医生谢建新亦通过全省乡村医生考试合格，是该村唯一的乡村医生，其防保、医疗活动是合法的”。尔后，衡山县公安局停止了调查活动，也未向检察机关提起公诉。原告认为由于被告衡山县卫生局的证明行为，才导致公安机关对其子死亡原因及第三人非法行医行为的调查活动停止，故向法院起诉，请求依法撤销被告的“证明”这一行政行为。一审法院湖南省衡山县人民法院认定：被告1999年7月4日的证明行为，是一种具体行政行为，其合法有效。二审法院衡阳市中级人民法院认定：衡山县卫生局出具证明的行为不是行政管理行为，它仅是一种在公安机关刑事侦查活动中的作证行为，该行为受《刑事诉讼法》调整，不属行政诉讼受案范围，原告起诉不符合起诉条件。因而，撤销一审法院的行政判决，驳回起诉。[①]

请问：被告衡山县卫生局所出具的证明的性质为何？

2.2004年3月5日，广州市民赖先生收到广州市公安局交警支队机动大队开具的一份《公安交通管理行政处罚决定书》，称其在2003年12月13日上午10时5分驾车经广州大道某路段时，违反交通标线行车，因而要处以100元的罚款。而交警方面出示的证据，就是另一市民拍摄的赖某所驾车辆违章的照片。在该市，普通市民之所以能够对车辆违章行为进行拍摄并向公安机关提供，其依据就在于市公安局2003年7月发布的《关于奖励市民拍摄交通违章的通告》。赖某认为，交警不能以普通市民拍摄的照片作为证据对他进行处罚，因为这等于由市民行使了交警部门的调查权，并据此向法院提起行政诉讼。[②]

请问：

(1) 广州市公安局发布《关于奖励市民拍摄交通违章的通告》在行政法上属于何种行为？

(2) 就上述行为的各种构成要件而言，是否存在违法内容？

(3) 为了提高行政效率，行政机关是否可以通过奖励形式吸收市民参与行政管理过程？

---

① 案例来源：国家法官学院、中国人民大学法学院编：《中国审判案例要览（2000年商事审判暨行政审判案例卷）》，北京，中国人民大学出版社，2002。

② 参见余亚莲：《广州法院：市民拍违章照片不能做处罚依据》，载《信息时报》，2004-12-03。

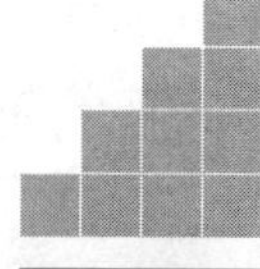

第十二章 行政主体实施的其他行为

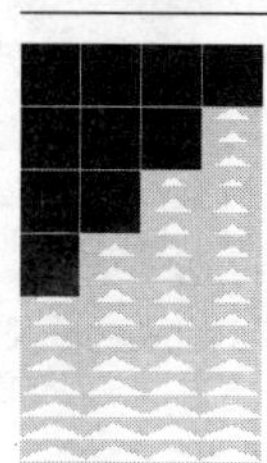

参考资料

1. 莫于川等. 法治视野下的行政指导. 北京：中国人民大学出版社，2006
2. 余凌云. 行政契约论. 北京：中国人民大学出版社，2000
3. 莫于川. 应将行政指导纳入我国行政诉讼受案范围——兼析国外行政指导诉讼的典型案例和特点. 重庆社会科学，2005 (8)
4. 杨建顺. 计划行政的本质特征与政府职能定位. 中国人民大学学报，2007 (3)
5. 章剑生. 行政规划初论. 法治研究，2007 (7)
6. 周佑勇. 我国行政裁决制度的改革和完善. 法治论丛，2006 (5)
7. 金艳. 行政调解的制度设计. 行政法学研究，2005 (2)

本章提要

本章主要介绍在我国法治实践中出现的一些新的行政行为方式，包括行政合同、行政指导、行政计划与规划、行政裁决、行政调解，重点揭示这些新型行政行为的概念、特征、原则、程序及监督救济方式。

第一节 行政合同

【案例12—1】民航海口航空大酒店诉海口市国土海洋资源局无偿收回土地使用权纠纷上诉案

【基本案情】

上诉人（原审原告）：民航海口航空大酒店，住所地海口市华信路3号。

法定代表人：邢淑媛，总经理。

被上诉人（原审被告）：海口市国土海洋资源局，住所地海口市国贸大道二横路。

法定代表人：何和诚，局长。

上诉人民航海口航空大酒店因诉被上诉人海口市国土海洋资源局无偿收回土地使用权纠纷一案，不服海口市新华区人民法院（2002）新行初字第2号行政判决，向法院提起上诉。法院受理后，依法组成合议庭，于2002年4月15日公开开庭进行了审理。上诉人的委托代理人周沂林、万兴迈，被上诉人的委托代理人陈孝义、王国捷到庭参加了诉讼。

二审法院经审理查明，被上诉人于1992年9月作出市土字（1992）1139号《关于依法出让土地给海口航空大酒店使用的批复》，同意出让位于坡博村东边的土地3391.246平方米给上诉人作为航空大酒店建设用地。双方并签订了“国有土地使用权协议出让合同书”，约定在该出让地块上的投资总额为500万元，土地使用年限为70年，上诉人必须在取得土地使用权后2年内投资开发，否则，被上诉人有权依法无偿收回土地使用权。同年10月，海口市人民政府给上诉人颁发了海口市国有（籍）字第J0019号《国有土地使用证》。在海口市处置闲置土地活动期间，被上诉人对该用地情况进行了调查，发现上诉人名下的这块土地现状为空地，至今投资额不足投资总额的25%，土地闲置已达8年之久。被上诉人遂于2000年8月17日分别在《海南日报》和《海口晚报》刊登了《无偿收回国有土地使用权事先通知书》。并根据原告申请，举行了处置闲置土地听证会。后经报市政府批准，被上诉人于8月30日作出了《关于依法无偿收回海口航空大酒店国有土地使用权的决定》，上诉人不服，向海口市人民政府申请复议。海口市人民政府以海府复决字（2001）第28号行政复议决定书维持了被上诉人的决定。上诉人不服，遂诉至一审法院。

一审法院认定，原告于1992年受让得到坡博村东边的3 391.246平方米土地使用权后，未按合同约定进行投资开发，该宗土地至今仍为空地。原告在土地上的投资不足项目总投资额500万元的25%，已造成土地闲置超过2年的事实。根据《中华人民共和国城市房地产管理法》第26条规定，满2年未动工开发的，可以无偿收回土地使用权。被告作出无偿收回国有土地使用权的决定，符合法律规定。原告以被告出让的土地中有高压线通过，作为土地不能开发的理由不成立。造成土地闲置的原因，系原告不投资开发，并非政府行为或不可抗力造成。综上，被告作出的行政行为事实清楚，证据确凿，且经事先告知、举行听证会、上报市政府批准等程序，程序合法，应予维持。故依照《行政诉讼法》第54条第1项的规定，判决：维持被告海口市国土海洋资源局于2000年8月30日作出的市土海处字（2000）032号《关于依法无偿收回海口航空大酒店国有土地使用权的决定》。民航海口航空大酒店不服上述判决，遂提出上诉。

上诉人诉称：(1) 上诉人已按合同交付了各项费用（包括“三通补偿费”），但被上诉人提供的土地不符合合同约定的“提供的土地应能够交付乙方（上诉人）顺利使用”的要求，该宗地当时连路都不通，至今仍有高压线占地，故应确认被上诉人严重违约；(2) 一审判决缺乏证据，以简单认定否认客观存在的事实；(3) 本案争议地已抵押给海南发展银行，依照惯例，抵押给银行的土地应是有偿收回，无偿收回土地显失公平。请求二审法院撤销原判，并撤销被上诉人所作出的市土海处字（2000）032号决定。

被上诉人辩称：(1)（2000）032号决定有充分事实根据。上诉人自1993年11月取得土地使用权后，不按照规定开发利用土地，至今投资总额不足总投资的25%，土地闲置已达8年之久。上诉人的行为已违反了土地出让合同及1139号用地批文的规定，属不履行行政合同义务的行为，并已符合国家的《闲置土地处理办法》中认定闲置土地的标准。(2) 上诉人闲置土地是自身原因造成，并非政府原因造成。上诉人称其无法开发建设土地是因为政府没有投资开发“五通一平”，这一抗辩理由不成立。该用地实际上已具备开发条件。且出让合同中并没有约定政府投资开发“五通一平”作为被上诉人的义务和上诉人开发建设的前提条件。(3) 上诉人所称地上有高压线通过是致使土地无法开发建设及土地闲置的政府原因这一抗辩事由也不成立。用地上存在高压线的事由不属造成土地闲置的政府原因的范围。(4) 被上诉人所作（2000）032号决定程序合法，适用法律正确。

二审法院认为，上诉人于1992年受让得到坡博村东边3 391.246平方米的土地使用权后，未按合同约定投资开发，致使该土地长期闲置达8年之久，既未规划，也未报建，无意启动开发，其投资不足项目总投资额500万元的25%，闲置期间远远超过法律规定2年的期限。被上诉人依法作出无偿收回国有土地使用证的决定，于法有据。上诉人提出该块地上有高压线通过，造成不能开发政府有责任。据查，征地前就有高压线通过，如要开发建设移动高压线，应先由土地使用权人将规划报规划部门审查同意后，再协调土地、供电等有关部门拿出方案，其费用当然由土地使用权人投资。移动高压线工作固然不易，但作为使用权人的海口航空大酒店未启动任何程序，亦未请人作规划，根本无意开发，造成闲置的责任当然由权益人自己承担，并非政府行为。综上，一审判决认定事实清楚，适用法律、法规正确。上诉人的上诉理由不能成立。

依照《行政诉讼法》第54条第1项、第61条第1项的规定，二审法院判决：驳回上诉，维持原判。二审诉讼费100元，由上诉人负担。

【法律问题】

1. 如何认定双方所签订的“国有土地使用权协议出让合同书”的性质？
2. 行政合同中的行政主体具有哪些民事合同中所不具备的权利？

【法律链接】

《中华人民共和国城镇国有土地使用权出让和转让暂行条例》

第八条　土地使用权出让是指国家以土地所有者的身份将土地使用权在一定年限内让与土地使用者，并由土地使用者向国家支付土地使用权出让金的行为。

土地使用权出让应当签订出让合同。

第十七条　土地使用者应当按照土地使用权出让合同的规定和城市规划的要求，开发、利用、经营土地。

未按合同规定的期限和条件开发、利用土地的，市、县人民政府土地管理部门应当予以纠正，并根据情节可以给予警告、罚款直至无偿收回土地使用权的处罚。

《中华人民共和国城市房地产管理法》

第二十六条　以出让方式取得土地使用权进行房地产开发的，必须按照土地使用权出让合同约定的土地用途、动工开发期限开发土地。超过出让合同约定的动工开发日期满一年未动工开发的，可以征收相当于土地使用权出让金百分之二十以下的土地闲置费；满二年未动工开发的，可以无偿收回土地使用权；但是，因不可抗力或者政府、政府有关部门的行为或者动工开发必需的前期工作造成动工开发迟延的除外。

【案例分析】

行政主体在行政合同中，同时扮演着两种角色：一是作为管理者的行政主体，一是作为合同一方的行政主体。而与其相对的行政相对方，也就同时具有了两种“身份”：一是作为被管理者的行政相对人，二是作为合同一方的行政相对人。正是由于合同双方都同时具有两种不同的角色，使得行政合同与民事合同具有了显著的区别。

本案中，突出体现了行政主体一方海口市国土海洋资源局所具有的诸种权力：合同文本确定优先权、文本解释权、单方合同变更权、单方合同解除权、执行监督权和行政处罚权。这些权利是一般的民事合同中一方当事人所没有的。可以说，行政合同的签订与执行过程就是行政执法的过程。

同时，必须看到的是，行政合同中行政主体一方还具有合同当事人的角色。由于合同的本质是双方基于意思表示而达成的权利义务关系的合意，因而行政主体也必须履行合同中所规定的诸项义务。本案中所涉及的“五通一平”的基础设施之提供，便属于行政主体在合同中所应承担的义务。假设本案上诉人民航海口航空大酒店所主张的事实被法院认定，即上诉方是由于行政主体原因造成不能如期进行开发，则应由被上诉方海口市国土海洋资源局承担违约责任。

【探讨】

《中华人民共和国城镇国有土地使用权出让和转让暂行条例》和《中华人民共和国城市房地产管理法》中都规定了行政主体具有“无偿收回土地”的权力，这样的规定符合公平原则吗？行政主体在合同执行过程中行使这一权力时应当有哪些限定条件？

【学理研习】

（一）行政合同的概念和特征

1. 行政合同的概念

行政合同也称为行政契约。英、美等普通法国家的行政法中没有“行政合同”的概念，凡政府作为一方当事人的合同统称为“政府合同”。法国是行政合同制度应用最早也最广的国家，但其行政法上不直接规定行政合同，其法院采用公务理论，根据合同目的和判例归纳确认行政合同的标准。在德国也有行政合同法律规范，德国《行政程序法》第54条规定，“除非法律另有规定，行政主体可以行政合同代替其他行政行为”，但要求行政主体签订公法合同必须有法律的授权，或者有明确的法律依据。

我国行政法学界关于行政合同的概念较多地受到法、德行政合同理论的影响，注意从与民事合同的区别中来加以理解。关于行政合同的概念，学者提出各种各样的观点，这里仅列出其中主要的几种：（1）行政合同是指行政机关之间、行政机关与法人或公民之间，为了执行公共事务，依双方意思表示的一致，确立、变更或消灭相互权利和义务的协议。[①]（2）行政合同是指以行政主体为一方当事人的发生、变更或消灭行政法律关系的合意。[②]（3）行政合同指行政机关以实施行政管理为目的，与被管理方的公民、法人或其他组织（以下简称行政相对人）意思表示一致而签订的协议。[③]

归纳起来，上述观点的争论主要集中在：行政合同是否仅限于行政主体与行政相对人之间的契约，抑或还包括行政主体之间的协定，即行政合同是否包含行政协定。对此，目前学界尚未形成一致的意见。肯定说认为：行政主体之间可以缔结行政契约。行政优益权只是行政契约作为实现行政目的的行政手段所派生出来的内容，不能反过来以此为识别行政契约的标准。以行政机关间缔结契约属于行政内部事务而排斥法院的司法审查的观念是落伍的。现代行政法越来越强调法院对行政纠纷的消弭作用，强调发挥司法对行政法治的引导作用，并将这种功能扩大到行政机关间的行政纠纷的解决之中。[④] 否定说则认为：行政合同仅限于行政主体与行政相对人之间签订的协议，把行政主体之间签订的行政协定排除

---

① 参见应松年主编：《行政法学新论》，318页，北京，中国政法大学出版社，1988。

② 参见余凌云：《行政契约论》，31页，北京，中国人民大学出版社，2000。

③ 参见应松年主编：《行政法学新论》，344页，北京，中国方正出版社，1998。

④ 参见余凌云：《行政契约论》，31页，北京，中国人民大学出版社，2000。

在行政合同之外。[①] 该观点主要有两种理由：(1) 行政机关的合同不适用行政优益权并且不宜由法院管辖。[②] (2) 行政法学主要研究行政主体与行政相对人之间的权利义务关系，而行政主体之间的协议基本上不涉及或不直接涉及相对人的权利义务。总体来看，目前大多数学者持否定说。本书采用通说。

行政合同（administrative contract，也称为行政契约），是指行政主体与相对人之间为执行公共事务，实现行政管理目标，适用行政法规则，依双方意思表示一致，设立相互权利和义务的协议。理解此定义，需要注意以下几点：(1) 行为目的——执行公共事务，实现行政管理目标；(2) 行为规则——适用行政法规则；(3) 行为要求——双方意思表示一致；(4) 行为性质——设立相互权利义务的协议。

2. 行政合同的特征

关于行政合同的特征，学者们从不同角度加以研究，主要提出以下观点：

有的学者认为，行政合同具有下列特征：(1) 必有一方是行政机关；(2) 双方当事人的地位不同；(3) 目的在于实现国家行政管理的目标；(4) 以双方当事人意思表示一致为成立要件；(5) 行政机关享有行政优先权；(6) 在法律上的救济手段不同。[③]

有的学者认为，行政合同的法律特征主要有以下几点：(1) 行政合同的主体至少有一方是行使国家行政权的行政机关；(2) 行政合同的内容要受到一定的限制；(3) 行政合同双方当事人的地位在本质上是一种平等关系；(4) 行政合同是双方当事人为实现彼此之间不同的但相对应的目的或相同的目的而签订的协议；(5) 行政合同是行政机关享有行政权和相对人要求享受优惠待遇和支持权利的有机结合。[④]

还有学者提出：首先，从形式意义上讲，行政合同中的一方当事人为行政主体。但在法律有特别规定时，非行政主体间也可能缔结行政合同。如供需双方必须根据国家订货计划签订订货合同，这里的供需双方可能都是以企业形式出现的，但并不妨碍该合同性质为行政合同。这时对契约性质的衡量标准是实质标准而非形式标准。其次，从实质意义上讲，行政合同的本质特征是发生、变更或消灭行政法律关系的合意。这是行政法将此类契约纳入调整范围的根本依据。[⑤]

（二）行政合同的产生发展

关于行政合同产生、发展的背景（或原因），学者们有不同论述。有的学者认为，宽松

---

① 罗豪才主编的高等教育法学教材《行政法学》、应松年主编的《行政法学新论》、刘莘所著的《行政合同刍议》、姜明安主编的全国高等学校法学专业核心课程教材《行政法与行政诉讼法》、马怀德主编的《行政法与行政诉讼法》、陈新民所著的《中国行政法学原理》等均持该观点。在1997年行政法学研究会上提交的论文中，沈开举的《行政合同纠纷应纳入我国行政诉讼的受案范围》、朱新力的《行政合同的基本理论》、王克稳的《论行政合同与民事合同的分离》等论文也持该观点。

② 参见刘莘：《行政合同刍议》，载《中国法学》，1995 (5)。

③ 参见罗豪才主编：《行政法学》，228～229页，北京，中国政法大学出版社，1989。

④ 参见许建兵：《行政合同浅探》，载《行政法学研究》，1993 (3)。

⑤ 参见余凌云：《行政契约论》，25～286页，北京，中国人民大学出版社，2000。

的、非权力的契约行政方式广泛应用的原因有：(1) 民主概念的变化；(2) 经济改革的兴起；(3) 社会问题的出现；(4) 行政法学的发展。[①] 还有学者认为，行政合同广泛存在的原因是：(1) 从社会背景看，现代社会是福利国家时代；(2) 从行政趋势看，政府发挥职能的手段多样化、范围扩大化；(3) 从法律目的看，法律支持符合民主的行政方式，希望行政非权力化，因此逐渐导致公法私法化。[②] 下面主要从行政的民主化、法治化方面进行分析，并对中国行政合同产生、发展的背景进行简要介绍。

从行政的民主化、法治化来看，随着政府对市场经济的干预力度和广度不断强化扩张，政府职能逐步扩大、丰富与活跃，以及世界范围的民主化潮流的推动和国家的福利性质逐渐增强，传统的管理行政、秩序行政模式逐步转向以给付行政、服务行政为特点的现代行政模式，在此转型发展过程中出现了行政方式的多样化、柔软化、民主化和法治化趋势，广泛采用非权力强制性的行政方式方法就是其中一个突出现象。现在，有越来越多的国家在行政给付领域里，原则上要求应当采取行政合同这种体现民主性的行政管理方式。这是因为，所谓“民主”，必须具备“自由”和“平等”这两大要素；而现代行政法治的一个基本理念是通过制度创新来保障行政过程中的民主性，也即参与性、互动性、协商性和可选择性，追求行政机关与行政相对人在行政法律关系中的地位平等，实现行政权力与公民权利的总体平衡。行政合同就是一种充分体现参与性、互动性、协商性和可选择性的行政管理方式方法，因此，行政合同是行政民主化潮流的产物，其产生、发展带有现代市场经济和民主政治发展的时代背景特点。

在我国，由于过去长期在经济与社会生活中实行高度集中的行政管理体制（与传统计划经济相配套），政府只重视运用单一的行政命令手段（即命令型的单方行政行为）而忽视运用具有平等性质的行政合同方式来管理经济和社会公共事务，即便在现实生活中采用了一些带有行政合同性质的管理手段，也是不自觉和不规范的，是变味的，甚至背离行政合同的基本原理和规则。随着市场导向的经济体制改革的发展，行政管理方式也开始发生变化，更符合现代市场经济民主化要求的参与性、协商性、合同性、非权力强制性的管理手段，例如行政指导、行政契约等开始受到重视。可以说，中国的行政合同制度创新起始于改革开放后的工农业管理体制改革，如土地承包经营合同、企业承包经营合同等。特别是社会主义市场经济正式确立为我国经济体制改革的目标模式后，由于现代市场经济是（具有平等、自由这两大要素的）民主经济和法治经济，相应的政治体制改革和行政改革就成为紧要的现实课题，根据经济与社会生活的需要而拓展新的行政管理手段，特别是采用与之相应的法律调整方式也就成为必然的选择。

(三) 行政合同的功能和分类

1. 行政合同的功能

行政合同具有什么功能或者说有什么作用，也是学者们认真探讨的一个问题。弄清这

---

① 参见应松年主编：《行政行为法》，595 页以下，北京，人民出版社，1992。

② 参见孙笑侠：《法律对行政的控制——现代行政法的法理解释》，266～268 页，济南，山东人民出版社，1999。

个问题对于构建行政合同制度和积极运用行政合同手段具有重要意义。有学者对此进行了专门研究，认为行政合同的作用可以归纳为两个方面：（1）对行政机关来说，订立行政合同既可以更好地保证国家行政目标的实现，又可以因合同双方权利义务关系的明确性而避免推诿塞责，杜绝不负责任的官僚主义。（2）对作为当事人的个人或组织来说，订立合同既可以使人们更好地发挥积极性和创造性，又可以使合同争议发生后上告有门，解决有据。① 有的学者将行政合同的功能概括为：（1）扩大服务领域；（2）代替行政干预；（3）增强平等性；（4）提高行政效率；（5）降低行政成本。②

还有的学者具体论述了行政合同的功能，主要包括以下几个方面：一是扩大行政参与，实现行政民主化。二是弥补立法不足、替代立法规制。三是搞活国有企业、提高国有资产使用效率、促进国有资产的增值、推进经济体制改革。四是弥补公共服务竞争不足、带动内部制度建设、强化行政组织运行管理、提供良好公共服务。五是使纠纷处理和法律救济简单化、明确化。③

2. 行政合同的分类

关于行政合同的分类，学者提出的观点很多。

有的学者认为，对行政合同，可以依据不同的标准进行分类，主要有以下几种：（1）根据合同基于的行政关系的范围，分为内部合同和外部合同。（2）根据合同的内容，分为承包合同、转让合同和委托合同等。（3）根据合同是否涉及金钱给付，分为有金钱给付内容的合同和无金钱给付内容的合同。（4）根据合同事项所涉及的行政管理领域，分为工业、农业、科技、教育等不同领域的专业合同。④

有的学者认为，行政合同的种类主要有：（1）对等合同与主从合同，如德国联邦行政程序法。（2）和解合同和双务合同，如德国和我国台湾地区的有关规定。（3）一般行政合同与特殊行政合同。⑤

还有的学者认为，综合概括起来，行政合同的主要类别有：（1）国家订货合同；（2）公用征收合同；（3）行政委托合同（如我国普遍推行的科研合同）；（4）国有土地使用权有偿出让合同；（5）国有企业承包、租赁合同；（6）公共工程合同（包括政府特许权协议即BOT主合同），等等。⑥

【思考】

有的学者对行政合同的种类作了特别的划分，即分为混合契约、纯粹契约与假契约。

---

① 参见应松年主编：《行政行为法》，598页以下，北京，人民出版社，1992；罗豪才主编：《行政法学》（修订本），250～255页，北京，中国政法大学出版社，1999；王连昌主编：《行政法学》（修订本），260～283页，北京，中国政法大学出版社，1999。

② 参见胡锦光、莫于川：《行政法与行政诉讼法概论》，151页，北京，中国人民大学出版社，2002。

③ 参见余凌云：《行政契约论》，12～37页，北京，中国人民大学出版社，2000。

④ 参见罗豪才主编：《行政法学》，261～264页，北京，北京大学出版社，1996。

⑤ 参见应松年主编：《比较行政程序法》，252～255页，北京，中国法制出版社，1999。

⑥ 参见胡锦光、莫于川：《行政法与行政诉讼法概论》，151～152页，北京，中国人民大学出版社，2002。

第一，“混合契约”很接近民事合同，如政府采购合同、国有土地使用权出让合同、农业承包合同等。从目前有关的法律规定或司法解释来看，也基本上是按照民法和合同法来处理。但是，涉及这类合同中行政性内容的规定和审查，又使得用民商法的方法来处理有问题。所以，我国行政法学者普遍认为这是一种行政合同，目前的状况实际上是“公法遁入私法”。第二，“纯粹契约”是在行政管理上使用的、具有完全法律意义的行政合同，比如，治安处罚中的担保合同，将行政处罚权或者其他行政权依法委托给事业单位而签订的行政委托协议。由于这类合同是以行政法上的权利义务为内容的，所以，无论民商法还是行政法学者都不太会否认其是一种行政合同形态。第三，“假契约”是具有协议形式但又不是完全法律意义上的合同，目前行政诉讼上很少受理。它又细分为两类：一类是行政机关与所属部门、工作人员之间签订的责任书，比如，在行政机关内部签订的执法责任书；在英国，这类契约也叫“内部契约”(internal contract)。另一类是行政机关和相对人之间签订的各类责任书，比如，门前三包协议、夜间摊点治安责任书、计划生育合同。[①]

请思考：这里的“假契约”是不是行政合同？

(四) 行政合同中的权利和义务

基于行政合同自身的特点，在考虑行政合同中权利义务的配置时，应注意既要赋予行政主体在合同中适度的主导性权利，又要积极发挥相对一方对行政主体履行义务的监督作用。基于行政合同的根本目的是实现特定行政目的的认识，我们可以将以确保特定行政目的优先实现的权利义务配置作为第一层次，而将保证相对一方利益实现的权利义务配置作为第二层次。这种层次的划分，只是我们在制度设计上考虑问题的先后顺序，以及在这两种权利义务配置所代表的公共利益与私人利益发生冲突时的价值选择趋向，并不意味着后者无关紧要。

1. 行政主体适度的主导性权利以及相应义务

(1) 行政主体的主导性权利。[②] 主导性权利在行政合同订立时一般是作为强制性条款规定的，对相对一方来说，要签订合同，就必须接受。一般来说，主要包括以下几个方面：

1) 对合同履行的指导与监督权。

2) 对不履行合同义务的相对一方的直接强制执行权。若相对人无正当理由不履行合同，而且公共利益迫切要求尽快履行行政合同时，行政主体享有直接强制执行权。当然，如果强制执行发生错误，行政主体应当赔偿当事人因此遭受的损失。

3) 作为制裁手段的直接解除合同权。只有在相对一方严重违约，且具有时间上的急迫性，如不径行解除合同，将对公共利益造成不可挽回的重大损害时，行政主体才能直接解除合同。在一般情况下，应申请法院裁决，取得执行名义。而且，由于导致采取这种制裁措施的原因是相对人不履行合同义务，因而，相对人要对其违约独自承担这种不利益的结果。

4) 对严重违约构成违法的相对一方处以行政制裁措施的权利。

---

① 参见余凌云：《对行政法上“假契约”现象的理论思考——以警察法上各类“责任书”为考察对象》，载《法学研究》，2001 (5)。

② 参见余凌云：《行政契约论》，20～45 页，北京，中国人民大学出版社，2000。

5）在情势变迁情况下单方变更与解除合同的权利。如在缔结行政合同之后遇到情势变迁，应当允许行政主体根据公共利益的需要随时变更合同履行标的或内容，或者解除合同。具体的程序是，行政主体可以与相对一方协商改变合同内容或标的，或者解除已完全失去履行可能的合同；如果行政合同的变更、解除具有急迫性，为防止或免除公共利益遭受重大损失，也应允许行政主体享有单方变更、解除权。但是，为了保障相对人的合法权益，必须要求行政主体书面作出变更、解除的理由说明。

6）对行政合同的解释权。为保障相对人合法权益不会因为行政机关滥用解释权而受到侵害，应允许相对人申请行政救济。

（2）行政主体的义务。主要包括：1）向合同他方兑现应给予的优惠或照顾；2）给付价金；3）给予单方行为引起的物质损害赔偿，也即行政主体变更或解除行政合同，如果给相对人造成经济上的损失，那么从平衡相对人利益的角度，应当按照"经济平衡原则"给予相对人补偿。

2. 合同相对一方的权利和义务

承认行政主体应享有主导性权利，实际上就是保证行政主体对相对一方拥有强制性、主导性的督促后者履行合同义务的能力。但与此同时，也必须认识到行政合同所预期的特定行政目的的实现，实际上取决于行政主体与相对一方各自切实履行彼此的义务。因此，从权利义务配置上，也应考虑发挥相对一方对作为合同一方当事人的行政主体履行合同义务的督促作用。概括起来，行政合同相对一方的权利主要包括：（1）获得报酬权（报酬权不能由行政主体单方面变更）；（2）享受优惠或照顾的请求权；（3）给予物质损害赔偿或补偿请求权；（4）必要或有益的额外费用偿还请求权；（5）不可预见的意外和特殊困难补偿请求权；（6）"统治者行为"的补偿请求权等。行政合同相对一方的义务包括履行合同、接受监督和指挥等。

（五）行政合同的程序制度

1. 签订合同的基本方式

（1）招标。招标是通过竞标方法，按照一定的标准与政策选择行政合同的相对一方，多适用于具有经济目的的行政合同。比如，政府采购项目多是通过招标来签订采购合同的。

（2）协议。这是行政合同签订的最主要的方式。也就是通过行政合同双方当事人就合同的内容等问题进行协商，最终达成的一种协议。

2. 行政合同的基本程序

在我国行政合同制度的构建中，出于保证行政机关所预期的特定行政目标的达成的考虑，在处于隶属关系的当事人间缔结的合同中，需要维持双方的不对等状态，以及赋予行政机关较大的主导性权利，而这在实际操作中又会引发诸多失范。因此，在法律制度的设计和具体运作上，应当考虑借助行政程序来进行规范与控制。

关于行政合同的程序，有学者认为应包含以下几个方面：（1）行政合同的签订。1）行政合同的形式；2）第三人的同意；3）其他行政机关的同意或者批准；4）相对人的选择；5）行政行为程序的准用。（2）行政合同的履行和执行。1）行政机关的监督和指导；2）行政机关的单方面变更或者解除；3）情势变更；4）行政合同的强制执行。[①]

还有学者认为，在我国的行政合同制度构建中，从程序上应当确立协商制度、听证制度、书面形式制度、公开、回避、平等竞争原则、说明理由制度、上级机关的“参与保留”制度等重要的程序制度，同时要确立“行政合同容许性”原则，以保持行政合同所固有的灵活处理非常态案件的特性，弥补组织法对行政机关缔约权规定的不足。

下面简要介绍一下签订行政合同应遵循的基本程序：

（1）协商。通过协商有利于取得相对一方对行政机关所要推行的政策的理解和支持，以及协调可能发生冲突的公共利益和其他程序参加者的利益之间的关系。因此，协商制度在行政合同制度中占据着枢纽的位置，在行政合同的缔结、内容的形成以及执行等各个阶段都应当贯彻协商的精神。

（2）听证。为保证行政机关能考量公共利益而及时行使主导性权利，要尽量避免行政程序上的过分牵制，仅在涉及相对人重大利益时，要求行政机关必须举行听证；在其他情况下则由行政机关自由斟酌是举行听证，还是用说明理由方式来替代。

（3）书面形式。当然，不分合同的种类、大小，不管情况如何，都要求采取书面形式、而一概排斥采取电传或口头等其他形式，这种僵硬的态度显然是不可取的，不符合实际需要以及效益原则。因此，法律应当为行政机关根据实际情况以及成本核算采取其他的缔约形式留有一定的选择余地。

（4）公开、回避、平等竞争原则。在行政合同的缔结以及执行阶段，除公开将危害公共利益的情况外，行政机关有义务将所有与合同有关的情况予以公开，包括拟将缔结的行政合同的基本情况、参加竞争的条件、资格的审查及甄选的结果等。

（5）说明理由。说明理由是行政机关在存在多名符合资格的竞争者中间进行利益的分配时，对最终决定的依据所作的解释，或者作为听证的替代方式对主导性权利行使的理由进行的书面的阐述。

（6）参与保留。在缔结行政合同时必须征得其他行政机关（多为上级行政机关）的核准、同意或会同办理的程序，也能在一定程度上抑制行政恣意，增加决定的正确性。这在行政法理论上称为“参与保留”。

（7）对第三人的保护。在行政合同侵害第三人权利时，应当以该第三人书面同意作为合同生效的必要条件。[②]

（六）行政合同的救济制度

关于行政合同的救济，有学者认为，对于履行行政合同中出现的问题和纠纷，双方当事人应事先规定一套处理办法。一般是先由双方友好协商解决，协商不成，可以提交上级行政机关裁决。在不服裁决的情况下，可以向人民法院起诉，也可以直接向人民法院起诉。[③] 还

---

① 参见应松年主编：《比较行政程序法》，261～265页，北京，中国法制出版社，1999。

② 参见余凌云：《行政契约论》，142～159页，北京，中国人民大学出版社，2000。

③ 参见罗豪才主编：《行政法学》，239页，北京，中国政法大学出版社，1989。

有学者将行政合同的救济方式归纳为三种：一是司法救济，法院对行政契约的保护从实体法上应适用行政法律规则，从程序上应适用行政诉讼程序规则；二是行政裁决；三是行政复议。[①] 下面将行政合同的救济分为司法外救济途径和司法救济途径，并分别进行论述。[②]

1. 司法外救济途径

（1）协商或者由政府出面调处。由双方当事人通过非正式的谈判与意见交流来消弭彼此对合同条款理解的差异以及有关纷争，是诸种解决方法中成本最低且效益最高的解决方式，在我国传统文化背景下对于处理当事人彼此间存在隶属关系的合同争议极具价值。

（2）仲裁。目前为解决特定行政合同纠纷，行政机关在体系内部专门设立了仲裁机构，比如，人事部成立了人事仲裁公证厅，受理因履行聘任合同或聘用合同发生的争议。这种模式对于解决行政合同，特别是行政机关之间、行政机关与所属下级行政机构及公务员之间缔结的行政合同引发的纠纷，具有较强的示范与借鉴作用，落实在制度设计上就是能否考虑在行政机关体系内设立专门的具有一定独立地位的仲裁机构。

（3）行政复议。尽管在行政实践中存在运用行政复议解决农村集体经济承包合同案件的实例[③]，《行政复议法》第6条第6项中也进一步明确了可以受理因行政机关变更或者废止农业承包合同而引发的争议，但是，我们认为，这种处理问题的方法，不是将行政合同纠纷作为有机整体来解决，而是将行政合同中类似于行政权力的主导性权利引发的纠纷拆解出来单独解决，因此是不可取的。

目前，我国行政复议制度的构造尚不适合解决行政合同纠纷，应当对行政复议制度作相应的修改。之所以如此，是因为在我们所要建立的行政合同制度中，行政机关所享有的主导性权利是以公共利益必需为限度的，因而是有节制的、适度的。在这种制度运作过程中，除行政机关行使主导性权利情况下可以将自己对合同履行的预期与要求通过单方的行为实现外，在一般情况下，合同双方当事人发生纷争，都只能诉请第三方进行裁决。而现行行政复议制度中仅对相对人救济的单向性结构根本不符合行政合同纠纷解决的要求。因此，制定专门解决行政合同纠纷的特别规则，也就是在行政复议制度原有的单向性救济结构之外建立专门解决行政合同纠纷的双向性救济结构，应当成为行政复议制度改革的题中应有之义。

2. 司法救济途径

我国学者研究行政合同司法救济制度的结论多倾向于将行政合同案件纳入行政诉讼范畴。[④] 这是有道理的。但在具体操作过程中，应对原有的行政诉讼制度框架进行一些改进[⑤]：第一，在行政合同的审查依据和法律适用上应更多地适用混合规则，其中公法因素应

---

① 参见应松年主编：《行政行为法》，624页以下，北京，人民出版社，1992。

② 参见余凌云：《行政契约论》，145～188页，北京，中国人民大学出版社，2000。

③ 参见张志华：《南漳县政府授权政府法制机构严肃查处村级行政组织单方面撕毁经济承包合同案件》，载《行政法制》，1996（3）。

④ 这方面的著文与专著较多，参见许崇德、皮纯协主编：《新中国行政法学研究综述（1949—1990）》，487页，北京，法律出版社，1991。

⑤ 参见余凌云：《论行政契约的救济制度》，载《法学研究》，1998（2）。

当使用公法规则，与此同时，不排斥在合同共有规律上适用私法规则。第二，在审查模式上实行双向性审查结构，法院不仅要判断合同当事人有没有违法问题，也要判断当事人有没有不恰当履行行政合同的行为。第三，在原告、被告的资格方面，传统行政诉讼上的原告与被告具有恒定性的特点，这与行政合同的诉求不相契合。因此，应在传统的行政诉讼之外建立特别规则，允许行政机关就合同纠纷问题提起行政诉讼，成为原告。另外，假如行政机关与合同当事人之间的协议侵害了第三人的利益，第三人也应有资格作为原告提起行政诉讼。第四，在举证责任上，行政诉讼中表现出来的行政机关举证责任较重是因为在行政执法阶段通常由行政机关行使权力，其实质仍然没有逃脱民事诉讼上"谁主张、谁举证"的樊篱。因此，在行政合同纠纷的解决上，也没有必要制定出另外的、特别的举证责任分配规则。第五，围绕行政行为建立起来的传统行政诉讼制度之中不需要反诉制度，但行政合同作为一种双方行为，是合意的产物，这意味着它不能够通过行政机关单方意志来运作，行政机关自身的解决纠纷能力有限，必须依靠法院的力量来推动。因此，与原告诉求相反的意见和主张也需要提交给法院，由后者裁断是非，需要有反诉制度。第六，在判决形式上，需要完善整个行政诉讼类型，以适应解决行政合同纠纷的需要。

第二节 行政指导

【案例 12—2】福建省泉州市泉港区工商局行政指导案

【基本案情】

2006 年年初，部分中小学生家长对当地一家电信企业——福建省泉州市泉港区电信局开通的"家校通"亲情卡业务进行了集体投诉，泉港区工商局接到投诉后了解到，这种电信业务具有帮助家长及时掌握学生动态、便于履行监护义务的功能，但在具体展开这项业务的过程中，该企业的工作粗糙、方法简单、操作失当，加之宣传不够、缺乏沟通，涉嫌一定程度的强制推销，造成学生家长不满，侵犯了消费者合法权益。泉港区工商局没有匆忙简单地采取处罚和取消的措施，而是首先采用调停性行政指导来调处争议、缓解矛盾，该企业接受了指导意见，诚恳赔礼道歉、退回已缴费用，采取妥善措施纠正错误行为、消除侵权后果，得到学生家长的原谅，化解了电信企业与消费者之间的矛盾；同时，泉港区工商局通过调查了解到，该电信企业还拟定了若干与"家校通"亲情卡配套或类似的电信业务发展计划，一旦推出也有可能造成与"家校通"亲情卡类似的侵权后果，于是采取规制性行政指导的方式劝阻其放弃正准备实施的那些不当计划，从而防患于未然；随后泉港区工商局又应该企业的请求，实施了助成性行政指导，帮助其深入具体了解有关法律规定，尽快完善内部规章制度，努力改善经营管理。[①] 企业根据这些指导意见，对“家校通”亲情卡业务作了调整，规范了其业务办理程序，并加大宣传力度，最终获得消费者的认可，“家校通”亲情卡的使用率迅速上升到70%以上，其他方面的业务也更加规范，同时取得了良好的社会效益和更好的经济效益。

【法律问题】

1. 在哪些情形下实施行政指导比较合适?
2. 在上述案例中，工商局采用了哪几种行政指导方式?
3. 行政指导具有哪些实际功能?

【法律链接】

《中华人民共和国宪法》

第三条第四款　中央和地方的国家机构职权的划分，遵循在中央的统一领导下，充分发挥地方的主动性、积极性的原则。

第八条第三款　国家保护城乡集体经济组织的合法的权利和利益，鼓励、指导和帮助集体经济的发展。

第十一条第二款　国家保护个体经济、私营经济等非公有制经济的合法的权利和利益。国家鼓励、支持和引导非公有制经济的发展，并对非公有制经济依法实行监督和管理。

第十九条第四款　国家鼓励集体经济组织、国家企业事业组织和其他社会力量依照法律规定举办各种教育事业。

第二十六条第二款　国家组织和鼓励植树造林，保护林木。

第四十二条第三款　国家提倡社会主义劳动竞赛，奖励劳动模范和先进工作者。国家提倡公民从事义务劳动。

【案例分析】

在行政管理过程中，行政主体需要面对整个社会。随着全球一体化、信息化、现代化的发展趋势，一方面新的行为方式层出不穷，另一方面各种矛盾和纠纷也不断出现。作为一个负责公共事务管理的政府，需要面对上述两个层面的巨大挑战。而依据一般的行政规律，立法显然要落后于时代的发展，实施中的法律、法规也对政府行使权力设定了诸多的限制。因此，在现实与需求的强大张力面前，尤其需要灵活的、柔软的、有效的管理手段。

---

① 主要是对泉港区电信局今后发展该项业务及后续服务工作提出了6点行政指导意见，包括：(1) 电信企业应充分尊重用户的选择权，未经用户同意的情况下，不得为其开通任何一项业务；(2) 开通新业务时应注意协议的真实有效性，注意在业务协定上签字的人员是否具有民事权利能力和民事行为能力，意思表示是否真实，是否违反法律或者社会公共利益；(3) 要改进和提高电信服务质量；(4) 在开展电信业务应用中应注意可能出现的一些问题，比如加强技术研究，防止出现学生互相代替打卡的现象；(5) 要做好格式合同条款的解释工作，同时，提供格式合同条款时，应按照消费者的要求，对该条款予以说明；(6) 开展新业务应认真对待服务承诺的问题。泉港区工商局还指导该电信企业建立健全了消费者投诉分析通报制度、电信新业务评估制度、定期法律法规宣传制度。

本案中，工商局所面对的就是"家校通"亲情卡所带来的执法压力。论法律依据，尚没有找到恰切的规定；论现实需要，激化的矛盾又急需处理。在这样的情形下，如果断然采取行政强制、行政处罚等强制性手段，不但解决不了问题，反而容易激化矛盾。因此，泉港区工商局采取了三类主要的行政指导方式，即调停性行政指导、规制性行政指导、助成性行政指导，有效、圆满地解决了问题，使得行政指导措施更为深入，指导效果更加明显，有效协调了各方利益关系，使原本尖锐的社会矛盾得以缓解、转化、消失，最终维持了当地电信市场秩序和社会秩序的稳定，帮助了有关电信企业健康发展。

对于社会公共事务管理中的各种矛盾，也有各种解决的办法，但双方能够和解的就不用调停解决，能用非诉讼解决的就不用诉讼解决。这是一个解决纷争的顺序。在这样的一个顺序等级当中，行政指导显然处于优先地位，只有行政指导解决不了问题，才能令当事人去行政复议或者行政诉讼。作为行政机关，不能一遇到相对人之间起了矛盾就将他们推到其他部门、其他渠道中去。行政机关在进行行政指导时，首先要有积极的态度，有负责任的精神，这也是受到《宪法》保障的。

行政指导是一种十分有效的现代行政管理方式，它具有多方面的现实功能。在合法性与正当性的冲突中，行政指导一方面满足合法性的要求，同时对行政行为内在正当性给予更深层次的关注；在国家与公民、权力与权利、实体与程序、市场与政府的对立中，从传统行政法学偏重一方的范式中走出来，力图保持矛盾双方协调共处；在规范与事实的冲突中，行政指导更强调用生活的无限性去填补法律的局限性和保守性；在行政机关与相对人的二元对立的矛盾中，行政指导用民主、协商和参与的方式整合社会意志，使民主在最基本的社会现实中生根发芽；在法律的事后补救功能和事先防范功能的选择上，行政指导显然在向积极预防的方向上迈进。总之，行政指导在协调多种对立的矛盾关系当中，显示出中庸、现实、灵活、积极、唯美的清新风格，它的独特功能是全面而温和的，这一点应该引起行政法学界的高度重视。

【探讨】

行政指导是在什么背景下产生发展的？在充分发挥行政指导积极功能的同时，如何探索建立科学合理的行政指导程序机制和责任机制，以抑制其负面效应？

【学理研习】

（一）行政指导的概念和重要特征

1. 行政指导的概念

行政指导是行政机关在其职能、职责或管辖事务范围内，为适应复杂多样化的经济和社会管理需要，适时灵活地采取符合法律精神、原则、规则或政策的指导、劝告、建议等不具有国家强制力的方法，谋求相对人同意或协力，以有效地实现一定行政目的之行为。简言之，行政指导就是行政机关在其职责范围内为实现一定行政目的而采取的符合法律精神、原则、规则或政策的指导、劝告、建议等不具有国家强制力的行为。对此定义，需要把握如下要点：

（1）行政机关实施行政指导的范围较宽，只要在行政机关的职能、职责范围内（职责即职务和责任，它是职能的具体化)，均可实施指导行为。

(2) 施行政指导的动因和宗旨或曰价值前提，必须是适应现代市场经济条件下日益复杂多样化的社会发展对行政管理的需求，其重点是经济行政管理需求。这意味着必须考虑行政指导行为的正当性，实施行政指导要有正当的行政目的。

(3) 尽管一部分行政指导行为具有行政作用法（行政作用法是指对具体行政管理事项作出规定的专项法律法规及其规范，相当于行为法）上的具体依据，即依据法律规则进行指导，但多数行政指导行为则是本着上述宗旨并基于法律（这里指广义的法律，即“法”）的精神和原则以及行政组织法有关行政职能、职责的规定作出的，有的则是依据政策作出的。

(4) 行政指导在一般情况下是行政机关主动采取的一种积极行为，当然也可应行政相对人要求而作出行政指导；它主要是一种具有特殊性的事实行为，并不直接引起法律关系的变化，不直接产生法律效果，也不必然产生其他的行为后果。

2. 行政指导的重要特征

结合前述定义和实证研究结果，可将行政指导的基本特征概括为如下八项：一是非强制性：从行为的法律关系和拘束力度看，行政指导是不具有强制性、无法律拘束力的行为；二是主动补充性：从行为动因和目的角度看，行政指导是适应多样化的社会管理需求的主动行为；三是主体优势性：从行为主体的角度看，行政指导主要是由具有综合优势和权威性的行政机关实施的行为；四是相对单方性：从行为本身的角度看，尽管行政指导追求相对人的同意和协力，但行政指导毕竟是由行政机关单方实施即可成立的行为；五是行为引导性：从行为品格的角度看，行政指导是具有利益诱导性或综合引导性、示范性的行为；六是方法多样性：从行为方式的角度看，行政指导是适用范围广泛、方法灵活多样的行为；七是实质合法性：从行为受约束的角度看，尽管某些行政指导行为可以没有行政作用法上的具体依据即可作出，但所有行政指导行为都是受到实质法治主义约束的行为；八是事实行为性：从行为过程来看，行政指导是不改变法律关系、不直接产生法律效果的行为。①

从上述特征可以看出，行政指导行为既不同于设立法律规范的行政立法行为，也不同于执行法律规范的行政执法行为，而且区别于直接产生法律效果的行政合同行为。它与这些行为方式共同构成当代行政活动的基本行为方式体系。

(二) 行政指导的构成要件和基本功能

1. 行政指导的构成要件。行政指导的构成要件包括如下五个方面：

(1) 指导主体（指导方)。也即作出行政指导行为的行政机关，包括一些得到授权而实施行政指导行为的组织。此系行政指导的最基本要素。

(2) 指导对象（受指导方)。指导行为所指向的行政相对人，包括特定的行政相对人和非特定的行政相对人，这也是行政指导的基本要素。但受指导方是否接受某行政指导的内容并不是必然的，接受与否也不影响该指导行为的作出和成立。

---

① 参见莫于川：《行政指导要论——以行政指导法治化为中心》，26～32页，北京，人民法院出版社，2002。

(3) 指导内容。是指指导方为一定行政目的而作出的指向受指导方的指导行为之具体内容，如劝告或建议相对人作出或不作出某种行为。

(4) 指导方式。是指指导方采取的指导行为的具体方式。其表现各异、种类繁多，可分为抽象的指导行为和具体的指导行为（下文将具体讨论）。

(5) 指导后果。是指受指导方接受或不接受该项行政指导行为可能产生的实际结果，包括积极后果和消极后果，但不是直接和必然会产生。

2. 行政指导的基本功能。在现代市场经济条件下，行政指导广泛运用于经济、科技和社会管理领域，特别是在经济管理领域运用得更为普遍，并发挥着多方面功能。这些功能往往是交叉复合而非孤立的。从各国行政指导的实践效果来看，符合现代行政民主和法治精神的行政指导，在现代行政管理过程中具有如下基本功能或曰作用：

(1) 行政指导的补充和替代作用。这一作用又可分为三种情况：其一，由于经济与社会生活加速发展等原因，难免存在“法律空域”的现象，因而及时灵活地采取行政指导措施予以调整，以补充单纯法律手段之不足，就成为客观的要求。其二，已有关于作出行政命令行为的具体法律规定，但采用法律强制手段尚不必要或不及时，或成本太高、效果较差、后遗问题较多时，也可先行采取行政指导措施，来替代法律强制手段进行调整，以期更为及时有效地实现行政目标。其三，法律明确规定可单独采取或作为行政命令行为的前置程序采取行政指导措施的，当然就应依法采取行政指导行为。

(2) 行政指导的辅导和促进作用。由于行政机关在掌握知识、信息、政策上的优越性和宏观性，其实施的行政指导具有一种特殊的启发、导向和促进作用。特别是在现代市场经济条件下，行政机关与行政相对人之间更多地具有一种平等协商、相互尊重的关系，采取柔和的行政指导措施可起到引导、影响相对人的行为选择之作用，以增进和保护社会公益。

(3) 行政指导的协调和疏通作用。社会生活的多元主体之间的利益矛盾和冲突需要协调，由于行政指导的非强制性和自主抉择性，以及指导主体所具有的相对于利益冲突各方的某种超脱性和中立性，使其在协调、缓解和平衡各方之间的矛盾冲突过程中，能通过行政指导措施发挥协调和斡旋作用。还有某些一时发生隔阂、障碍的社会关系，也需要采用行政指导措施及时便利地予以疏通和调停。

(4) 行政指导的预防和抑制作用。社会组织和个人往往存在一种为增加自身利益而不惜损害社会利益的倾向（经济学称此为“外部效应”），对此需要加以有效抑制。而在损害社会利益的行为尚处于酝酿和萌芽状态或初现弊端时，最宜采用行政指导进行调整。换言之，行政指导对于可能发生的妨害经济秩序和社会公益的行为可起到防患于未然的预防作用，对于刚萌芽的妨害行为则可起到防微杜渐的抑制作用。

(三) 行政指导的分类、方式和程序

1. 行政指导的基本分类

关于行政指导的类型，可以从不同的角度加以划分。从国内外情况看，学者们大致是从行政指导具有何种功能、有无具体依据、如何加以救济等角度来划分的，其中又主要是从行政指导具有何种功能（作用）的角度来加以划分，各种划分方法存在某些交叉、相似和相通之处。其中运用较多的是“功能角度三分说”的分类。这种分类是从功能分析的角度将行政指导划分为助成性指导、规制性指导、调停性指导三大类型，往下再划分为若干层次。

除从功能角度划分以外，有的学者也从行政指导行为有无具体的法律依据这一角度，将行政指导行为划分为如下三类：其一，有行政指导的具体法律依据，可径行采取劝告、鼓励、建议等行政指导行为；其二，无行政指导的具体法律依据，但就该事项来说已有可作出行政命令、许可、认可的具体法律依据，则可在行使行政权而作出命令、许可、认可行为之前，作为其前置程序先行采取行政指导行为；其三，无任何行政作用法上的具体依据（既无行政指导的法律规定又无相关行政命令方面的法律规定），但该事项属于行政机关的职能、职责或管辖事务范围内之事项，则可基于行政组织法的一般授权而采取行政指导行为。①

2. 行政指导的常用方式

行政指导行为最突出的特点是灵活多样、不拘一格和追求效率，这与行政指导作为非权力强制行为的性质是相适应的。这些特点对于行政指导在行政实务中发挥积极作用来说具有重要意义，同时也是其伴生负面作用的原因之一。结合国内外行政指导的实施现状和研究成果，可以将行政指导的常用方式大致概括为抽象行政指导行为、具体行政指导行为、抽象具体两可型行政指导行为，及其往下更具体的表现方式。主要是：(1) 导向性行政政策、行政纲要；(2) 发布信息、公布实情；(3) 指导、引导、辅导、帮助；(4) 劝告、劝诫、劝阻、说服；(5) 告知、指点、提醒、提议；(6) 商讨、协商、沟通；(7) 斡旋、调解、调和、协调；(8) 建议、意见、主张；(9) 赞同、表彰、提倡；(10) 宣传、示范、推荐、推广；(11) 鼓励、激励、勉励。上述行政指导方式方法相辅相成、相互配合、相互补充，其作用和意义非常重要。随着科学技术和社会生活的不断发展以及政府角色的演化，行政指导的方式方法将会日益增多。②

3. 行政指导的程序制度

(1) 行政指导程序的概念。所谓行政指导程序，也即行政指导操作程序、行政指导实施程序，是行政机关实施行政指导行为应依循的方式方法和步骤的总和。它具有简明化的特点。对于行政指导而言，完善相应的程序制度，通过适当的程序约束来规范行政活动，提高行政效率，实现行政目标，有效地保护行政相对人，富有现实意义。

(2) 行政指导的一般程序。综观各国的行政指导实践，多样化的行政指导程序尽管存在不完全定型化、法定化程度不高等问题，但如下程序规定和实际做法是比较普遍的（其中一部分属于惯常做法而非法定程序），值得认真研究，可谓行政指导一般程序：1) 关于行政指导行为之发动方式的规定和做法，大致分为依职权的发动方式和依申请的发动方式；2) 调查了解真实情况，确定有无进行该指导行为的必要性；3) 在进行技术指导类的行政

① 参见林纪东：《行政法》，3版，437～438页，台北，三民书局股份有限公司，1988。

② 按照对行政指导行为最广义的理解，抽象行政指导行为中还应包括指导性计划、规划。由于本节采用比较狭义的行政指导行为定义，在上一节已专门讨论了行政计划、规划，所以这里不再列入加以讨论。

指导时，向专家和专业部门进行咨询论证；4）与有关相对人进行商谈、协商或其他方式的交流，以取得理解、谅解和配合；5）关于进行指导之时机的规定和做法；6）关于指导行为的目的、内容、负责人员等的告知和说明，分为书面方式和口头方式；7）主动或应请求提供与该指导行为有关的文件、资料、数据供利害关系人和有关方面参考；8）主动听取利害关系人和其他行政相对人的意见；9）提供机会给利害关系人辩明理由、提出意见，并作书面记载；10）重大的行政指导行为，还可应行政相对人的申请举行或主动举行听证会、专题审议会。

（3）行政指导程序方面的问题探讨。综观各国的行政指导制度，应当说在有关行政指导程序的法律规定方面还存在不少问题，主要包括：1）行政指导的程序规定过于粗疏；2）对于已有的行政指导程序规范不予认真执行；3）行政指导的暗箱操作、变相强制现象突出；4）对行政指导行为的程序约束的规范执行不力。

（4）完善行政指导程序制度的思路。在我国行政实务中，尽管不能以过于烦琐复杂的程序规则来束缚和抵消行政指导的灵活多样化的特点，但也应建立健全基本的程序规范。故须坚持公开、科学、民主和法治等原则，采取多方面的有效措施加以完善：1）对最基本、最常用的行政指导一般程序，如商谈、告知、说明事由、听取意见、交付资料等，应作出明确具体而又有一定弹性的法律规定；2）进一步增强行政指导程序规定的公开性、参与性和民主性，从程序保障的角度为实现行政民主创造更好的条件；3）逐步完善对行政指导行为进行监督和制约的程序规定，包括建立健全行政指导程序责任机制，能够依法追究不按有关法律规定来实施行政指导行为者的责任；4）在我国将出台的统一行政程序法典中，应就行政指导行为作出最必要、最基本、以程序为主的法律规范，将行政指导行为更好地纳入法治化轨道。

（四）行政指导的现实问题和完善路径

1. 行政指导制度在实践中存在的问题

行政指导也存在一些不可忽视的缺陷，在其制度实践中会产生一定的负面效应，这正是行政指导制度还不够成熟和完善的表现。除了人们对行政指导的性质、作用、方式等的认识尚不一致以外，从各国行政指导实务来看还较普遍地存在如下带共性的负面问题：（1）行为不够透明；（2）动机不尽纯正；（3）关系尚未理顺；（4）保障变成强制；（5）责任不甚明确；（6）救济缺乏力度。

2. 完善行政指导的责任机制

（1）行政指导责任的概念。所谓行政指导责任，是指行政指导方作出指导行为，如果产生了不良后果发生了行政争议，经过法定程序所认定的由行政指导当事人（即指导方和受指导方）各自应当承担的相应法律责任和其他责任后果，它是实施权利救济的基础。

（2）按行政指导法治化的要求建立健全科学合理的责任机制。具体来说，可从三个方面来考虑：

第一，关于指导方的法律责任。尽管行政指导行为不具有国家强制力，是否听从指导依行政相对人的自愿，但如果行政指导行为本身违法、违反政策（其原因可能是指导者没有尽到注意的义务)，而行政相对人在接受指导时无法识别判断出这一点，因此听从指导并产生了危害后果，其责任应由指导方即实施该指导行为的行政机关承担（包括承担赔偿责任）[①]；如果实施行政指导行为之后又出尔反尔予以否认，给行政相对人造成信赖利益损失，则应由指导者承担责任；如果理应实施行政指导却害怕承担责任而不作出行政指导，则该行政机关（及其公务员）就未能尽到职责，应当受到行政效能监察的监督，承担违背行政组织法（以及公务员法）的失职责任；如果行政指导行为既不违反法律和政策，又无不当之处，则该行政机关不承担法律责任，如果产生了不良后果则由自愿接受指导而采取行动的相对人承担，而不是一味由行政机关承担责任。

第二，关于受指导方的法律责任。行政机关在行政相对人可能作出违法行为时，对之进行劝告、告诫、提醒、建议等行政指导，如果行政相对人不听从指导，仍然实施了违法行为，其违法责任当然由行政相对人承担，这一点并无疑问；如果行政相对人在接受行政指导时已识别判断出该行政指导措施违法、违反政策或不当，却出于个体利益的某些考虑而自愿服从指导并产生了损害后果，其责任由受指导方即该行政相对人自己承担；在行政相对人虽已识别判断出该行政指导行为违法、违反政策或不当，本来也不愿服从该行政指导，但事实上又服从了该行政指导的情况下，如果该行政相对人能提供关于行政机关实施行政指导时实际上已为此采取了或变相采取了强制措施来迫使自己就范之证明（实际强制力之证明），而且此证明能够得到确认，则该相对人可以免责，而由指导方承担责任。

第三，关于建立科学合理的行政指导责任与救济机制。行政指导行为难免会发生失误和造成损害，必须建立相应机制以明确和追究责任，在此基础上实施救济。就行政机关即指导方而言，其承担行政指导责任的原因、条件和形式是多种多样的，相应的救济渠道和方式也应是多种多样的。建立科学合理的行政指导的责任机制和相应的救济制度，其目的是保护行政相对人的合法权益，同时保障行政机关认真履行职责，通过实施行政指导来维护社会公益、达成行政目标。

3. 行政指导的立法约束思路

要解决法律对行政指导的拘束力问题，可从多方面入手，如下两条准则尤需加以重视：一是行政指导不得与现行法律规则相抵触，即遵循法律优先原理；二是行政指导要受法律一般原则的拘束，也即行政指导行为不得违反比例原则、平等原则、公开原则、诚实信用原则、禁止反言原则、正当程序原则等最一般的法律原则，一些国家的有关立法和判例也体现了这一共识。20世纪90年代以来，一些国家通过立法特别是有关行政程序立法来规范行政指导行为，体现出“以行政程序立法约束方式来实现行政指导法治化”的思路。

通过专门立法特别是行政程序立法作出制度安排，例如通过听取意见、协商、听证、提供陈述事实和辩明理由的机会、国民参与、专家咨询、行为过程公开、多样化的权利救

---

① 当然，如果指导方履行了法定职责并尽到了注意的义务，只是由于一般意义上的有限理性（科学认识过程中在某一发展阶段客观存在的普遍认识局限本身的原因）导致的指导失误，则可减轻其责任，因为这理应属于各方承担的社会成本。

济方式等程序设计，建立起对行政指导行为的有效监督与救济机制，乃是一个符合现代法治理性和实际的行政指导法治化路径选择，因而自20世纪后期以来日益受到各国和地区重视和采用。例如，日本于1993年、韩国于1996年通过的《行政程序法》及我国台湾地区于1999年通过的“行政程序法”都以专章（分别为第四章、第六章、第六章）规定了行政指导程序约束的有关内容。这一动向值得重视和研究。

4. 我国行政指导立法约束的路径选择

尽管以往我国各层次法规文件中对行政指导行为作过一些分散的规定，2000年3月10日起实施的《行政诉讼法司法解释》也以排除性的方式对行政指导作出了规定，但还远不适应发展市场经济和推进民主法治的客观要求。在实施依法治国方略、全面推进依法行政的新形势下，我国应加快相关立法步伐，完善行政指导法律规范，加大对行政指导行为的法律约束力度，为行政指导制度建设提供必要的法律保障。为此，宜从如下四个方面加以立法完善：一是通过完善行政诉讼法律规范将行政指导行为纳入司法审查范围；二是在行政程序法典中专门设置行政指导行为约束条款；三是在条件成熟之际适时制定专门的行政指导行为法典；四是在各层次法规中制定和完善配套的相关法律规范。

【思考】

日本鸟取县的X公司拟在某地修建旅店，为确认预定修建旅店的地块是否处于需要得到特别建筑许可的国立公园所属地域内，遂于1971年12月初向该县公署自然保护科进行咨询，并从该科主任N先生处得到大意为“那块土地处于国立公园地域之外”的确认性答复。接受该确认性答复即确认指教（属于一种行政指导行为）后，X公司便只去有关部门办理了一般的建筑确认手续，该工程就于1972年1月11日开始动工了。之后，X公司闻知那块土地可能处于国立公园地域内的说法，加之出于需要扩大建筑规模等考虑，遂于同年9月20日按日本《自然公园法》的有关规定，向该县知事（日本的县知事相当于我国的省长）提出新修建筑物的许可申请；而该县知事在1974年1月29日以该块土地处于山阴海岸国立公园的特别地域内，修建旅店会“严重妨碍风景”为由，作出了不予许可的行政处分行为，并命令X公司将未得到许可就修建起来的建筑物自动撤去并恢复该块土地原状。X公司对此不服，于是向鸟取县地方法院提起诉讼，提出两项请求：其一，撤销该县知事作出的不予许可处分，及其作出的自动撤去建筑物并恢复原状的命令；其二，由鸟取县公署赔偿X公司因信赖该项行政指导（确认性答复）而实施修建旅店工程所支出的费用。判决结果是：驳回诉讼请求之一，认可诉讼请求之二，原告部分胜诉。此案在一审终结。①

从本案判决本身来看，主要是弄清该案件的真实情况，根据法律的具体规定来判断是非和纠正违法。在此案件中，无论主观原因如何，从事实上看，X公司确实将旅店修建在国立公园地域内了，这显然属于违法行为（直接违反了《自然公园法》的有关规定），行政执法机关和司法机关理应加以纠正，以保护该风景区处于良好状态。所以，法院判决驳回X公司的诉讼请求之一，维持该县知事的行政处分和行政命令行为，以维护正常的行政管

① 载日本鸟取县地方法院1980年1月31日行政诉讼判例集第31卷第1号第83页。

理秩序和公共利益（仅仅对于需利用山阴海岸国立公园的日本国民而言已是巨大的社会公共利益），满足依法保护环境的社会需求，这应当说是正确的。

从行政指导行为及其影响来看，我们还需要弄清该纠纷的背景、起因和矛盾所在以及责任归属。X公司之所以在国立公园的地域内违法修建了旅店，是因为相信了N先生所作的行政指导，形成了“那块土地处于国立公园地域之外”的确信所致。当然，如果N先生的指导行为是符合实际的，则不会发生后面的事情了。然而N先生作为鸟取县公署自然保护科的主任，明知有关在国立公园内设置建筑物的许可和认可权限属于鸟取县知事，并且N先生又熟悉山阴海岸国立公园所属特别地域的范围界限（N先生系承担有关管理业务的行政官员），故在行政相对人来咨询上述有关问题时，理应在慎重问清地块后很容易地就能予以明白无误的回答；但却不知为何他竟随意作出了错误的指导，这不能不被推定为一种过失。同样可以推定的是，如果没有上述错误的行政指导，X公司判明了那块土地是位于国立公园的特别地域内，则会进行更加慎重的调查，以判断能否得到该县知事的许可，在得到许可或至少能够有把握地预计到能够获得许可之前，X公司是不会贸然动工修建那个旅店的。因此，X公司最终由于不予许可的行政处分而支出的建筑费用，在信赖该行政指导行为（即该确认性答复）所受影响范围内，应认为是由N先生的过失性职务行为造成的损害后果，该县公署须承担相应的赔偿责任。此案中的受指导者受到的损害与指导者的过失之间显然存在因果关系，基于对行政相对人的信赖利益保护，该判决支持诉讼请求之二，这也是正确和必要的。

这里有必要进一步考察该行政指导诉讼案件的社会现实、社会需求和社会效果。在该案件发生的20世纪70年代初的日本，环境保护（此系社会共识和国民根本利益所在，但成本很高）与事业开发（有利可图且钻营者众，但往往以环境恶化作为代价）之间的矛盾已成为一个日益尖锐突出的严重社会问题，加紧制定和严格实施有关治理环境污染、保护自然生态的法律法规成为强烈的社会呼声，国民普遍希望政府拿出权威来认真履行职责，维护好本区域长远的和公共的利益；同时，国民也普遍认识到，基于“有损害必有救济”的原则，即便作出该行政指导行为者本身也许并无故意和恶意，但行政相对人的合法权益也应受到社会的尊重和法律的保护，如果相对人的个体权益受到损害时得不到有效保护，那么由无数行政相对人组成的社会共同体（国家和地方自治体）的公共利益最终也难以得到切实保护，可以说兼顾和平衡行政权威与行政责任、行政权力与公民权利、公共利益与个体利益等，已成为日益增强的社会需求、社会心理和行政法理念。该行政指导行为纠纷就是在此背景下发生的，并得到了适当的法律调整。由此观之，此案件的生效判决考虑到了多方面因素和关系，纠正了不当的行政指导行为，是一种妥善的处理结果，产生了较好的社会效果：它既从长远和公共利益出发，依法（《自然公园法》）保护了自然环境；又从信赖利益保护出发，切实维护了行政相对人的合法权益；还通过维持行政机关的合法职务行为和必要权威，以及实事求是地回应行政相对人的诉讼请求，改善并稳定了正常的社会环境和社会关系（特别是官民关系和政企关系），客观上起到了敦促行政机关不仅要积极主动而且要认真负责地实施行政指导行为，促进行政科学化、高效化和法治化的作用。

请思考：比较日本的行政指导在司法救济方面与中国有什么区别？哪一种救济方式更有效率？

第三节　行政计划与行政规划

【案例 12—3】刘土荣等 12 人诉龙游县规划建设局行政争议上诉案

【基本案情】

上诉人（原审原告）：刘土荣等 12 人。

诉讼代表人：刘土荣，男，1974 年 11 月 16 日出生，汉族，浙江省龙游县人，住龙游县龙游镇新华路 58—1 号。

被上诉人（原审被告）：龙游县规划建设局，住所地龙游县太平路建设大厦。

法定代表人：赵骏，该局局长。

原审第三人：龙游县广昌房地产开发有限公司，住所地龙游县龙游镇幸福路 1—21号。

法定代表人：傅旭昌，该公司董事长。

上诉人刘土荣等 12 人诉龙游县规划建设局规划行政争议一案，衢州市中级人民法院于 2002 年 2 月 5 日作出（2002）衢中行初字第 1 号行政判决，刘土荣等 12 人不服，向法院提出上诉。法院依法组成合议庭，公开开庭审理了本案。上诉人刘土荣等 12 人的诉讼代表人刘土荣、姜菊花及其委托代理人许正华，被上诉人龙游县规划建设局的委托代理人吴建平、江决荣，原审第三人龙游县广昌房地产开发有限公司（以下称广昌公司）的法定代表人傅旭昌及其委托代理人陈荣伟等到庭参加诉讼。

原审法院根据原、被告的举证并经庭审质证后认为，被告龙游县规划建设局于 2001 年 10 月 10 日，颁发（2001）浙规证 085055 号建设工程规划许可证事实清楚，证据充分，适用法律和规范性文件正确，颁发该建设工程规划许可证的具体行政行为并无不当。第三人广昌公司按规划许可证建设的综合楼符合城市居住区规划设计的规范和要求，应予支持。刘土荣、姜菊花等原告诉称被告颁发该规划许可证准予第三人建设的综合楼严重影响其住宅的日照、采光及通行，影响绿化及带来噪声、不安全因素等理由不能成立；其请求撤销被告龙游县规划建设局于 2001 年 10 月 10 日颁发的（2001）浙规证 085055 号建设工程规划许可证的具体行政行为理由不充分，不予支持。据此，依照《行政诉讼法》第 54 条第 1 项之规定，判决维持龙游县规划建设局颁发（2001）浙规证 085055 号建设工程规划许可证的具体行政行为。

上诉人刘土荣等 12 人上诉称，一审判决认定事实不清，证据不足，表现在规划综合楼与住宅楼其间距法定标准应是几米不清楚，规划综合楼与住宅楼之间空地是绿地或地上车库或地下车库或地下储藏室不清楚，规划综合楼与住宅楼之绿地其标高在室外地坪之上0.8～0.5米间，还是室外地坪以下不清楚，其建设是否经过规划审批不清楚。一审判决对被上诉人违法颁发建设工程规划许可证行为不作审查有悖法律。一审判决适用法律、法规不当，请求二审法院依法处理，作出公正判决。

被上诉人龙游县建设规划局答辩称，其已依《行政诉讼法》的规定提供了证明所颁发（2001）浙规证085055号建设工程规划许可证合法的证据材料；从规划红线图看出，许建综合楼与住宅之间的间距符合规定；上诉人所称的车库建设不属于（2001）浙规证085055号建设工程规划许可证的许建范围，与本案无关；其是依我国《城市规划法》第31条、第32条规定的程序发证的。一审判决认定事实清楚，适用法律正确，请求二审法院维持一审判决，驳回上诉人的上诉。

原审第三人广昌公司答辩称，一审判决认定事实清楚，该综合楼工程不会造成对各上诉人住宅的相邻权侵害，其申领规划许可证的程序也是完全合法的，请求二审法院维持一审判决。

庭审中，各方当事人围绕被上诉人龙游县规划建设局颁发（2001）浙规证085055号建设工程规划许可证，准许原审第三人广昌公司建综合楼是否侵犯上诉人的相邻权，被上诉人龙游县规划建设局颁发（2001）浙规证085055号建设工程规划许可证的程序是否违法等争议焦点，进行了举证、质证和辩论。综合各方质证、辩论的情况，法院经审查，确认如下：

上诉人称龙游县规划建设局颁发（2001）浙规证085055号建设工程规划许可证，准许原审第三人广昌公司建综合楼侵犯其相邻权，缺乏相应的证据证实。本案诉争的主要问题是两楼之间的间距是否符合规定，根据国家《城市居住区规划设计规范》的要求，“住宅间距，应以满足日照要求为基础，综合考虑采光、通风、消防、防灾、管线埋设、视觉卫生等要求确定”。住宅日照标准方面，中小城市大寒日不低于1小时。本案上诉人住宅位于综合楼的南面，而产生日照影响只能是南面影响北面，现综合楼与上诉人住宅之间的间距为7米，可满足日照的要求。因上诉人住宅朝向偏东南，出入通道是门前道路，综合楼在上诉人的住宅后，故对上诉人住户的通行及通风影响甚微。综上，上诉人称涉讼建设工程规划许可证侵犯其日照、采光、通行等相邻权，缺乏相应的证据证实，法院不予采信。

被上诉人龙游县规划建设局颁发（2001）浙规证085055号建设工程规划许可证的程序合法。根据我国《城市规划法》第31条、第32条规定的颁发规划许可证程序，被上诉人龙游县规划建设局根据原审第三人广昌公司的申请，在审核其提供的审批材料后，颁发（2001）浙规证085055号建设工程规划许可证。经法院审查该颁证的具体行政行为，认定事实清楚，证据充分，程序基本合法。上诉人称，该颁证行为违法，缺乏相应的证据证实。

二审法院认为，根据有关法律、法规的规定，住宅间距应以满足日照为基础，综合考虑其他相关因素。根据两楼之间的位置关系及已有的距离，上诉人称被上诉人颁证行为侵犯其相邻权的上诉理由不能成立。被上诉人龙游县规划建设局根据原审第三人广昌公司的申请，在履行了必要的审核程序后，向其颁发涉讼的建设工程规划许可证的程序合法。上诉人称其颁证程序违法的上诉理由亦不能成立，二审法院没有采纳。原判认定事实清楚，适用法律、法规正确，审判程序合法。依照《行政诉讼法》第61条第1项之规定，二审法院判决驳回上诉，维持原判。二审案件受理费人民币80元，由上诉人刘土荣等12人负担。

【法律问题】

本案当中涉及哪几种法律关系？哪一种法律关系是关键的？假设本案发生在2008年以后，依据新的《中华人民共和国城乡规划法》（自2008年1月1日起施行）进行处理的话，处理结果会有什么不同？仔细阅读《城乡规划法》，看一看其中有哪些新的规定？

【法律链接】

《中华人民共和国城市规划法》（2008年1月1日废止）

第三十一条 在城市规划区内进行建设需要申请用地的，必须持国家批准建设项目的有关文件，向城市规划行政主管部门申请定点，由城市规划行政主管部门核定其用地位置和界限，提供规划设计条件，核发建设用地规划许可证。建设单位或者个人在取得建设用地规划许可证后，方可向县级以上地方人民政府土地管理部门申请用地，经县级以上人民政府审查批准后，由土地管理部门划拨土地。

第三十二条 在城市规划区内新建、扩建和改建建筑物、构筑物、道路、管线和其他工程设施，必须持有关批准文件向城市规划行政主管部门提出申请，由城市规划行政主管部门根据城市规划提出的规划设计要求，核发建设工程规划许可证件。建设单位或者个人在取得建设工程规划许可证件和其他有关批准文件后，方可申请办理开工手续。

《中华人民共和国城乡规划法》（自2008年1月1日起施行）

第二条 制定和实施城乡规划，在规划区内进行建设活动，必须遵守本法。

本法所称城乡规划，包括城镇体系规划、城市规划、镇规划、乡规划和村庄规划。城市规划、镇规划分为总体规划和详细规划。详细规划分为控制性详细规划和修建性详细规划。

第八条 城乡规划组织编制机关应当及时公布经依法批准的城乡规划。但是，法律、行政法规规定不得公开的内容除外。

第四十条 在城市、镇规划区内进行建筑物、构筑物、道路、管线和其他工程建设的，建设单位或者个人应当向城市、县人民政府城乡规划主管部门或者省、自治区、直辖市人民政府确定的镇人民政府申请办理建设工程规划许可证。

申请办理建设工程规划许可证，应当提交使用土地的有关证明文件、建设工程设计方案等材料。需要建设单位编制修建性详细规划的建设项目，还应当提交修建性详细规划。对符合控制性详细规划和规划条件的，由城市、县人民政府城乡规划主管部门或者省、自治区、直辖市人民政府确定的镇人民政府核发建设工程规划许可证。

城市、县人民政府城乡规划主管部门或者省、自治区、直辖市人民政府确定的镇人民政府应当依法将经审定的修建性详细规划、建设工程设计方案的总平面图予以公布。

第四十五条　县级以上地方人民政府城乡规划主管部门按照国务院规定对建设工程是否符合规划条件予以核实。未经核实或者经核实不符合规划条件的，建设单位不得组织竣工验收。

建设单位应当在竣工验收后六个月内向城乡规划主管部门报送有关竣工验收资料。

第六十四条　未取得建设工程规划许可证或者未按照建设工程规划许可证的规定进行建设的，由县级以上地方人民政府城乡规划主管部门责令停止建设；尚可采取改正措施消除对规划实施的影响的，限期改正，处建设工程造价百分之五以上百分之十以下的罚款；无法采取改正措施消除影响的，限期拆除，不能拆除的，没收实物或者违法收入，可以并处建设工程造价百分之十以下的罚款。

【案例分析】

本案中所涉及的法律关系有两种，一是民事法律关系，二是行政法律关系。民事法律关系是基于上诉人（原审原告）刘土荣等12人与原审第三人龙游县广昌房地产开发有限公司之间因相邻关系而发生的法律关系。行政法律关系是被上诉人（原审被告）龙游县规划建设局与原审第三人龙游县广昌房地产开发有限公司之间因核发建设工程规划许可证而发生的法律关系。本案当中，民事法律关系是以行政法律关系为基础的，如果龙游县规划建设局核发的建设工程规划许可证合法有效，则龙游县广昌房地产开发有限公司就不当承担侵权责任，否则就应当承担侵权责任。至于龙游县广昌房地产开发有限公司承担侵权责任之后是否再向龙游县规划建设局索赔，就应当根据情况再行确定。因此，在这两种法律关系中，行政法律关系更为关键。

本案发生于2008年之前，法院处理本案时依据的是《中华人民共和国城市规划法》，在这一部法律中由于没有规定“审定的修建性详细规划、建设工程设计方案的总平面图予以公布”的法定程序，则龙游县规划建设局核发建设工程规划许可证的程序就是合法的。而如果本案发生于2008年1月1日之后，则必须遵守《中华人民共和国城乡规划法》的规定，将审定的修建性详细规划、建设工程设计方案的总平面图予以公布；法院也必须根据新法规的规定，对龙游县规划建设局核发建设工程规划许可证的程序进行审查。

此外，自2008年1月1日起施行的《中华人民共和国城乡规划法》确定了“城乡规划”的范围，“包括城镇体系规划、城市规划、镇规划、乡规划和村庄规划。城市规划、镇规划分为总体规划和详细规划。详细规划分为控制性详细规划和修建性详细规划”。《城乡规划法》还将规划分为“制订规划”和“实施规划”两个程序，分别以第二章和第三章两个整章的篇幅进行规定，在逻辑和结构上显得更为科学合理。

我国《城乡规划法》还在总则当中规定了公开原则，规定了城乡规划组织编制机关及时公布经依法批准的城乡规划的义务。这无疑有利于保障相对人的知情权，对相对人合理地处分自己的合法权益是一项重大的促进措施。

【探讨】

行政计划与规划之间是否有区别？行政计划产生发展的背景是什么？行政计划的主要程序包括哪些方面？

【学理研习】

（一）行政计划与规划的概念、特点和性质

1. 行政计划、规划的概念

（1）关于行政计划的概念。行政计划也简称计划，是现代行政管理的常用手段和行政法学的重要范畴，但其法律品格并不十分明晰。

【思考】

请从下面引述的一组定义中，总结并概括出行政计划的内涵：

定义之一：行政计划是“行政机关在实施公共事业及其他活动之前，综合地提示有关行政目标，制定出规划蓝图以具体明确行政目标，并进一步制定出为实现行政目标所必需的各项政策性大纲的活动过程”①。

定义之二：“行政计划是指为处理行政事务、实施行政事业或制定行政政策，由行政机关确定的行政指导目标。”②

定义之三：“所谓行政计划，是指为谋求行政计划化，规定应达到的目标及其实现的顺序以及为实现目标所表示的必要手段的行政方针行为的总称。”③

定义之四：“计划行为是指为了以最好的方式实现根据现有条件确定的目标而进行系统准备和理性设计的过程，是为了实现特定的制度设计而协调各种不同的，甚至相互冲突的利益的过程。”“计划是预先确定的目标及有关必要实现手段的主观设计，是有关安全、简便和迅速地实现预定结果的草案，是计划行为的结果。”④

定义之五：行政计划是“行政机关为了将来一定期限内达成特定之目的，或实现一定之构想，事前就达成该目的或实现该构想之方法、步骤或措施等所为之设计与规划。”⑤

定义之六：行政计划“是指行政主体在实施公共事业及其活动之前，首先综合地提示有关行政目标，事前制定出规划蓝图，以作为具体的行政目标，并进一步制定为实现该综合性目标所必需的各项政策性大纲的活动”⑥。

---

① ［日］原田尚彦：《行政法要论》，全订2版，90页，东京，学阳书房，1986。

② ［日］南博方著，杨建顺、周作彩译：《日本行政法》，60页，北京，中国人民大学出版社，1988。

③ ［日］室井力著，吴微译：《日本现代行政法》，53页，北京，中国政法大学出版社，1995。

④ ［德］汉斯·J·沃尔夫、奥托·巴霍夫、罗尔夫·施托贝尔著，高家伟译：《行政法》，180～181页，北京，商务印书馆，2002。

⑤ 此系我国台湾地区“行政程序法”第163条的定义。但也有学者对这个定义（该定义由廖义男教授在1990年经建会版本中提出，后被立法采纳）提出严厉批评，认为其采用描述方式下定义，界定范围虚无空泛，犹如辞书释义，无助于行政计划在行政法意义上之操作，形同赘文，应予删除。参见董保城：《行政计划》，载翁岳生主编：《行政法》，800～801页，北京，中国法制出版社，2002。

⑥ 应松年、王成栋主编：《行政法和行政诉讼法案例教程》，157页，北京，中国法制出版社，2003。

概括上述定义，本章所讨论的行政计划，在静态上是指为处理行政事务、实施行政事业或制定行政政策而由行政机关确定的行政指导性目标；在动态上是指行政机关在实施公共事业及其他活动之前综合地提示有关行政目标和制定出规划蓝图以具体明确行政目标，并进一步制定出为实现行政目标所必需的各项政策性大纲的活动过程。①

（2）关于行政规划的概念。严格说来，计划与规划是有所区别的。一般来说在行政管理实务中，规划往往是指比较全面的长远的发展计划。例如，在我国的经济与社会生活中，中短期（5年以内）的叫计划，如人们熟知的年度计划、五年计划；长期（超过5年）的叫规划，如《国民经济与社会发展××年远景规划》。在现实的语言生活中，规划往往还含有具体规定的意思，是指由某个政府机关对某一事物或项目做出关于方式方法或数量质量等方面的具有强制性的决定及其决定的内容，有关行政相对人只能服从。例如现阶段一些地方实施的公益性（有些是名为公益性、实属商业性）土地开发规划，就是由当地政府机关单方意志决定和操作的，利益相关的行政相对人却不能参与土地开发规划的形成过程以表达意愿，对规划内容也毫无自主选择余地。这种含义上的规划实为行政指令性的决定（有的已具备专项地方政府规章或行政规范性文件的性质和外观）。但总的来说，行政规划与行政计划的相同之处甚多（从前述定义也可看出）；而且有学者专门对此进行比较研究后认为，在立法上使用“计划”和“规划”是混乱的，并无一定之规，可将行政计划与行政规划视为一个概念的两种不同表达，并且统一使用行政计划的称谓可能更恰当一些。② 出于讨论问题的便利，本文将行政规划列入行政计划中统一进行讨论。

2. 行政计划的重要特点

从当今各主要市场经济国家的情况来看，行政计划具有如下特点：（1）它是用于实现一定政策的手段和工具；（2）它是实现行政目标的一个过程；（3）在时间上，它具有动态展开的要素；（4）行政计划的内容具有非完结性，并留有一定的余地；（5）一般来说，单纯的综合性计划或指导性计划，并不一定要有具体的法律根据，但当行政计划（指拘束性计划）的决定将产生各种权利限制的效果时，则必须要有行政作用法上的具体法律根据。③

具有上述特点的行政计划行为，主要由行政计划的主体、对象（客体）、内容、形式等要素构成。

---

① 首先需要说明的是，人们对于行政计划有广义和狭义的理解。广义的行政计划包括指导性（非拘束性）行政计划和指令性（拘束性）行政计划，还可包括介于这二者之间的影响性行政计划。在现代市场经济国家，少有指令性行政计划，行政法学著述中提到的行政计划一般是指导性行政计划。我国实行市场导向改革后，指令性行政计划日益减少，在市场经济体制条件下的行政计划主要是指导性行政计划，故本章的讨论对象也主要是指导性行政计划。还需说明的是，由于讨论问题的需要和角度不同，国内外行政法学著作中，有的将行政计划作为与行政指导并列的行政活动方式加以论述，有的则将行政计划作为行政指导的一种具体方式而放在行政指导范畴内加以论述，这里采取前一种方式来处理。

② 参见王克稳：《经济行政法》，253页，北京，北京大学出版社，2004；黄海华：《行政计划理论初探》，5页，苏州大学2003年法学硕士学位论文。

③ 参见［日］和田英夫著，倪建民等译：《现代行政法》，216页，北京，中国广播电视出版社，1993。

3. 行政计划的性质

行政计划类似于行政立法行为，是针对不特定多数人适用，关系到一般公共秩序；但一些拘束性行政计划产生的权利限制效果却又类似于具体行政行为，指向非常明确具体。因而可以说，凡是具有直接限制国民权益的效果之拘束性行政计划，应视为一种权力行政方式；凡是不直接影响国民权益的非拘束性行政计划，则属于一种非权力行政方式。①

行政计划虽然一般不直接影响行政相对人的权利和义务（某些拘束性行政计划除外），但由于它也是行政机关的活动标准，所以计划实施机关必须遵守它；同时，由于行政计划是行政机关的行政活动标准，相对人也能以此预测行政活动。从这一角度说，行政计划具有引导中央和地方国家机关的预算、立法的功能，具有引导民间活动的功能，而这些功能也从某种角度体现了行政计划的本质。②

（二）行政计划的运用背景与现实意义

1. 行政计划的运用背景

在市场经济成熟国家和转型为市场经济的国家，也广泛运用行政计划并发挥其特殊调整作用，行政计划的运用背景在经济计划领域表现得特别明显。这是因为，“在实施市场经济的国家，讲求自由竞争，但是国家也不能够采取放任的态度，必须以国家整体的立场规划出一个经济政策，且必须具有前瞻性，并且拟定执行与完成的年限。这是调和了市场经济制度的自由动力优点与计划经济的整体性与积极性特色。”③

考察主要市场经济国家运用行政计划的情况不难看出，政府制订的关于经济发展的行政计划对于行政相对人来说并不具有国家强制性，往往仅表明今后的奋斗目标，主要包括对增长率、物价水平、国际收支等指标作出预测，旨在为企业、公民从事经济活动提供参考。可以说，这也是在现代市场经济条件下行政计划有其地位和作用并获得发展的重要原因之一。

2. 行政计划的现实意义

在排斥市场机制作用的传统计划经济体制下，计划（主要是指令性计划）的作用被严重夸大、放大，成为资源配置的主体性、基础性手段甚至唯一手段，实践证明这并不能保证资源配置和经济发展的高效率。在现代市场经济条件下，市场作为资源配置的基础性手段在调节经济运行中发挥着重要作用；同时，计划（主要是指导性计划和影响性计划）仍然作为宏观调控的有效手段，在社会经济运行中发挥着重要作用。从我国市场经济体制下经济领域的情况看，行政计划无论在形式上还是在作用上都根本不同于传统计划经济体制下的行政计划，它主要是通过计划所体现的经济发展的方针、政策和战略考虑（如产业政策、收入政策、技术政策、区域政策、进出口政策、基础设施建设方针等），来引导经济总量平衡和重大结构优化，促使国民经济快速、健康和稳定发展。

---

① 参见杨建顺：《日本行政法通论》，563页，北京，中国法制出版社，1998。

② 参见［日］室井力著，吴微译：《日本现代行政法》，54～55页，北京，中国政法大学出版社，1995。

③ 陈新民：《中国行政法学原理》，239页，北京，中国政法大学出版社，2002。

行政计划的必要性还表现在它对行政机关自身的行为也具有指引作用，有助于整体推进各种行政活动，有利于完整和协调地实现行政目标。这是因为在行政活动呈多样化、扩大化的今天，如果缺乏计划性地孤立实施个别的行政活动，这与其他行政活动之间产生摩擦或冲突的可能性很大。

（三）行政计划的基本功能和适用范围

1. 行政计划的基本功能

行政计划的基本功能或曰作用，总的来说是设定指标性的行政目标来引导相对人以及行政主体自身的行为。由于在现代社会中计划行政的日益展开和计划手段的广泛运用，行政计划的功能日趋复杂多样化，这包括：（1）引导和指导行政相对人的预期和行为；（2）引导、联系和协调其他行政手段（包括行政法律手段）；（3）通过确立科学、合理的行政目标来有效调动行政资源、实施行政活动；（4）通过取得有关行政机关的共识和协调行政政策来提高整体行政效果；等等。

2. 行政计划的适用范围

在传统的市场经济国家，有限运用的行政计划主要是在国防事业、防灾救急、城市管理等方面，表现为国防计划、防灾计划、城市计划等保安性质的行政计划，其适用面较窄、政治色彩较浓。正如德国学者分析的那样："计划的适用范围和强度，取决于国家活动的范围和强度。在19世纪的自由法治国家时代，国家管理的范围限于排除危险，计划自然萎缩……在现代社会法治国家，危险排除行政之外的给付行政和社会塑造活动任务，使计划成为国家活动的重要手段。"①

第二次世界大战以后，随着国家干预增多和行政民主发展这一双向强化过程，行政计划在越来越广泛的领域特别是经济领域以及社会领域得到日益增多的运用，行政计划的经济性和社会性大大增强。例如，日本在战后制定了综合经济计划、区域开发计划、土地利用计划等全国规模或地区规模的行政计划，根据这些计划处理具体事务，实施具体事业，其行政计划的对象广泛涉及政治、财政、社会、教育、文化等几乎所有行政领域；特别是在空间保护行政领域里，行政计划的运用和发展尤为显著。②

（四）行政计划的类型、程序与救济

1. 行政计划的基本类型

行政计划的法律形式和内容非常多，可从多种角度分类。例如：根据制订计划的主体不同，可分为中央政府的国家计划、中央各部的行业性计划、地方政府的区域发展计划，等等；根据计划内容可分为经济计划、开发计划、教育计划、产业计划等③；根据计划的时

---

① ［德］哈特穆特·毛雷尔著，高家伟译：《行政法学总论》，407页，北京，法律出版社，2000。

② 参见［日］南博方著，杨建顺、周作彩译：《日本行政法》，60页，北京，中国人民大学出版社，1988。

③ 也有学者和机构认为，这种单纯的经济计划（以及军事计划、科技计划）具有太多的刚性和特殊性，不宜归入行政计划中，行政法学者研究的应是经济计划以外的一类狭义的行政计划，也可将其称为非经济性计划，它们受人的因素影响更大，程序要求更高。参见（我国台湾地区）"行政院研究发展考核委员会"编：《行政计划之理论与实务》，1页，台北，鲁风印书有限公司，1983。

间长短可分为长期计划、中期计划、短期计划、年度计划、临时计划；根据计划的适用地域可分为全国计划、大区计划、省计划、市镇计划等；根据计划事项的范围可分为综合计划、专题计划等。

根据不同的标准可以对计划作不同的分类，其中主要是法律、经济和社会学方面的标准。被广泛采用的一个标准是计划的约束力，也即计划影响行政相对人行为的强度。根据该标准，计划可以分为指导性计划、调控性计划和命令性（处理性）计划。这是最有意义的分类。①

2. 行政计划的程序制度

（1）行政计划程序的概念。行政法学界比较注重从程序法制的角度研究行政计划，有的国家（如德国）和地区（如我国台湾地区）甚至在其行政程序法中作出专门规定，力图通过程序约束将行政计划纳入法治化轨道。所谓行政计划程序，是指行政计划主体作出行政计划行为所必须遵循的方式和步骤的总和，它属于特别要式程序。其要点有三：其一，行政计划的主体是行政机关；其二，行政计划行为包括行政计划的制订、实施和监督等行为；其三，它是行政计划行为的方式和步骤所构成的完整动态过程。这里所谓方式，是行政计划行为的空间表现形式，如调查了解情况、收集信息、公布草案、听取意见、说明理由等等；所谓步骤，是行政计划行为的时间表现形式，包括行为方式的先后顺序和每种方式、每一环节的时间限制。

（2）行政计划程序的规范形态。行政计划程序是通过各种具体规定和惯常做法来表达的，这些具体规定和惯常做法就是行政计划程序的规范形态。目前各国的行政计划程序的规范形态是多种多样多层次的，其中最主要的有：1）宪法中规定的；2）法律中规定的；3）法规（法令）中规定的；4）政府（行政）规章中规定的；5）一般规范性文件规定的；6）纲要性文件附带规定的；7）在政府（行政机关）工作中长期形成并惯常运用的。

（3）行政计划的最低限度程序要求。许多学者认为，出于程序正义的起码要求，对于涉及多数人权益的通盘式行政计划，应规定最基本的程序标准来衡量行政计划行为，也即实行行政程序最低限度保障原则。有学者提出，这一最起码的要求包括行政计划的草拟程序、磋商程序、审议程序等三大步骤。② 也有学者提出，符合程序中立、程序公正、程序理性、程序经济等要求的行政计划程序制度，最低限度应涵括：1）公开制度，包括依据公开、资讯公开和行政决定公开；2）沟通制度，包括当事人参与行政计划过程发表意见和行政机关听取行政相对人意见；3）时限制度，包括披露信息的时限和作出决定的时限。③

（4）行政计划的主要程序。行政计划程序大致分为行政计划的制订程序、行政计划的实

---

① 参见［德］汉斯·J·沃尔夫、奥托·巴霍夫、罗尔夫·施托贝尔著，高家伟译：《行政法》，181～182页，北京，商务印书馆，2002。德国行政法学的上述划分标准也可表述为：建议性计划（Indikativer Plan）、影响性计划（Influenzierender Plan）、拘束性计划（Imperativer Plan）。参见陈新民：《中国行政法学原理》，239页，北京，中国政法大学出版社，2002。

② 参见杨解君、肖泽晟：《行政法学》，361页，北京，法律出版社，2000。

③ 参见黄海华：《行政计划理论初探》，40～42页，苏州大学2003年法学硕士学位论文。

施程序、对于行政计划制订和实施进行监督的程序等三大类，其中最主要的是行政计划的制订程序（或称为确定程序）。综观各国关于制定行政计划程序的规定和惯常做法，最主要的行政计划制定程序包括：1）确定计划主体（行政计划的制订机关）和计划对象（行政计划的范围和主题内容）；2）调查情况、收集信息、汇总资料和数据；3）考虑直接有关的利益因素和比较分析相关因素、数据；4）拟订草案并准备计划的背景说明及有关参考资料；5）在官方文件和有关传媒预告出来征求利害关系人和广大民众及专家、专业部门的意见；6）由各个方面提出意见；7）由制定行政计划的机关负责向公众说明理由和解释疑问；8）召开公听会（必要时还可召开专门的审议会）；9）采纳合理意见，修改草案；10）对有关的期日（如民众提出意见的时限等）加以规定；11）经有关机关审批；12）正式公告，告知民众。

3. 行政计划的法律救济

行政计划法治化过程中必须重点解决三个方面的问题：一是行政计划的依据；二是行政计划的程序；三是行政计划的司法控制。它们分别属于行政法上特别关键的实体法问题、程序法问题和救济法问题。行政计划的救济请求权取决于有关计划的形式和内容。具体包括：计划存续请求权，计划执行请求权，过渡措施和补救措施请求权，补偿请求权等等。行政计划的目标通过行政相对人遵循行政计划去行动来加以实现。但行政计划是基于对未来的预测作出的，伴随着不确定性，而且要适应不断变化的情况进行着具有弹性的变更。对信赖行政计划而获得信赖利益的行政相对人给予保护，与对行政计划进行具有弹性的变更之间，就存在冲突且难以通过传统补救机制加以解决，故需创造出更适合行政计划的争讼方法来加以救济。①

（五）行政计划的现实问题与完善路径

1. 行政计划制度在实践中存在的问题

由于认识、体制和操作上的种种原因，各国在采用行政计划这一手段以达成行政目标的过程中，程度不同地存在一些问题和矛盾，最主要的有：（1）关于如何认识和处理行政计划与行政法治的关系，人们尚有很多分歧；（2）行政计划的法律责任和政策责任尚不够明确，纠错性和救济性较差；（3）当出现行政计划特别是某些拘束性计划的再分配功能失当造成相对人负担不公平的情况时，尚无有效机制对此加以必要调整；（4）某些行政计划庞杂琐细，面面俱到，预测性和前瞻性较差，科学性和针对性不足，指导性和导向性不强；（5）行政计划制定过程中的民众参与、民意吸纳和公益协调机制尚不完善，公开性和民主协商性不足；（6）行政计划的制订和实施的制度化不够，制订计划的主观随意性和实施计划的不彻底等现象比较普遍。

在我国的行政计划制度实践中，目前存在的主要问题是：（1）在行政计划的立法上，以分散立法为主，缺少统一的行政计划基本法的指引；（2）在行政计划的程序上，行政计划的确定过程的民主性不足，基本上是在行政机关内部封闭运行，忽视行政相对人的参与作用；（3）在行政计划的内容、手段和进度上，科学性、合理性比较差，而且朝令夕改的

① 参见［日］山下淳、小幡纯子、桥本博之：《行政法》，日文版，155～156页，东京，有斐阁，2001。

现象严重；（4）在行政计划的效果上，行政计划的关系人的合法权益难以得到有效的救济和保障，而随意变更计划的行政机关却难以被追究法律责任。[1]

2. 行政计划制度的完善路径

鉴于上述问题和矛盾，应系统地采取切实有效的措施，来促使我国行政计划走向规范化、制度化、高效化和法治化。在现阶段至少需要采取如下举措：（1）进一步深化对行政计划的认识；（2）切实增强行政计划制度的民主性；（3）建立健全行政计划的信赖保护和权利救济机制；（4）完善行政计划程序制度；（5）加强行政计划立法的力度，将行政计划纳入法治化轨道。

第四节　行政裁决

【案例12—4】A、B两村取水权纠纷行政裁决案

【基本案情】

2001年4月，某省甲县A村与乙县B村因对一条自然水源的取水权产生纠纷，A村认为该水源源头在甲县境内，历史上该村村民均在此取水，且此水源一直作为该村的人畜饮水及灌溉用水，故应由其对此水源享有取水权。B村认为该水源流经乙县境内，本村人口多于对方，且A村还有其他水源可取水，因此取水权应属于B。双方互不相让进而发生冲突。管理甲、乙县的市人民政府经调查后对此作出处理决定：双方对该水源均享有取水权。A村、B村对此决定皆不服，均向省政府提出行政复议申请。复议机关经审理后查明，争执水源为自然河流，依据省政府对甲、乙两县行政区域界线的勘定，该水源是甲、乙两县的界河，根据水法及其他有关规定，双方均有取水权。故被申请人作出的该水事纠纷处理决定程序合法，适用依据正确，内容适当，依法作出了维持的行政复议最终裁决决定。

【法律问题】

1. 政府所作出的行政处理是否属于行政裁决？是何种类型的行政裁决？
2. 行政裁决是否属于《行政复议法》的受理范围？
3. 本案行政复议机关所作出的裁决是否是终局裁决？

【法律链接】

《中华人民共和国水法》

第五十六条　不同行政区域之间发生水事纠纷的，应当协商处理；协商不成的，由上一级人民政府裁决，有关各方必须遵照执行。在水事纠纷解决前，未经各方达成协议或者共同的上一级人民政府批准，在行政区域交界线两侧一定范围内，任何一方不得修建排水、

---

① 参见王克稳：《经济行政法》，264～266页，北京，北京大学出版社，2004。

阻水、取水和截（蓄）水工程，不得单方面改变水的现状。

第五十七条　单位之间、个人之间、单位与个人之间发生的水事纠纷，应当协商解决；当事人不愿协商或者协商不成的，可以申请县级以上地方人民政府或者其授权的部门调解，也可以直接向人民法院提起民事诉讼。县级以上地方人民政府或者其授权的部门调解不成的，当事人可以向人民法院提起民事诉讼。

《行政复议法》

第六条　有下列情形之一的，公民、法人或者其他组织可以依照本法申请行政复议：

…………

（四）对行政机关作出的关于确认土地、矿藏、水流、森林、山岭、草原、荒地、滩涂、海域等自然资源的所有权或者使用权的决定不服的；

…………

第三十条　公民、法人或者其他组织认为行政机关的具体行政行为侵犯其已经依法取得的土地、矿藏、水流、森林、山岭、草原、荒地、滩涂、海域等自然资源的所有权或者使用权的，应当先申请行政复议；对行政复议决定不服的，可以依法向人民法院提起行政诉讼。根据国务院或者省、自治区、直辖市人民政府对行政区划的勘定、调整或者征用土地的决定，省、自治区、直辖市人民政府确认土地、矿藏、水流、森林、山岭、草原、荒地、滩涂、海域等自然资源的所有权或者使用权的行政复议决定为最终裁决。

【案例分析】

1. 本案所涉及的事实是一件典型的以行政裁决的方式处理与行政管理有关的民事纠纷案例。在这一案例中，A村与B村是具有平等资格的民事主体，但是这两者相争执的取水权和用水权问题却并不单一具有民事法律关系的性质。因为水是一种自然资源和公共资源，因而必须受行政法调整，政府以行政权的方式进行干预是十分必要的。对处于争议状态的公共资源进行裁处本身就是行使行政权的一种方式。在行政裁决的三种类型当中，本案属于以权属纠纷为内容的行政裁决类型。

2. 本案是对自然资源的行政裁决行为不服引起的行政复议。行政确权裁决，是行政主体依据法律、法规的规定对行政管理相对人之间发生的自然资源所有权或使用权纠纷，在查清事实的基础上依法作出权属归属的一种具体行政行为。《行政复议法》第6条第4项规定，行政管理相对人对行政机关作出的关于确认土地、矿藏、水流、森林、山岭、草原、荒地、滩涂、海域等自然资源的所有权或者使用权的决定不服的，可以申请行政复议。本案中甲县A村与乙县B村不服市政府对自然水流的使用权纠纷作出的处理决定，依法向省政府提出行政复议申请。

3.《行政复议法》第30条第2款规定：根据国务院或者省、自治区、直辖市人民政府对行政区划的勘定、调整或者征用土地的决定，省、自治区、直辖市人民政府确认土地、矿藏、水流、森林、山岭、草原、荒地、滩涂、海域等自然资源的所有权或者使用权的行政复议决定为最终裁决。本案正是适用了这一规定。需要注意的是：（1）这类复议决定的作出必须是根据国务院或者省、自治区、直辖市人民政府对行政区划的勘定、调整或者征用土地的决定；(2) 这类复议决定是终局复议决定，即使申请人不服，也不得再向法院提起行政诉讼；(3) 必须是省、自治区、直辖市人民政府作出的这类复议决定才是终局的。本案中，复议机关就是根据省政府对行政区划的勘定，作出了确认水流使用权的决定，并且是由省政府作出，因此，该决定为最终裁决。

【探讨】

1. 以权属纠纷为内容的行政裁决与以侵权纠纷为内容的行政裁决有何种区别和联系？

2. 行政裁决具有何种功能和意义？

【学理研习】

(一) 行政裁决的概念与特征

1. 行政裁决的概念

行政裁决也称为行政专门裁决，是指行政主体依照法律授权，对平等主体之间发生的、与行政管理活动密切相关的、特定的民事纠纷（争议）进行审查并作出裁决的具体行政行为。它是一种行政司法行为。在我国的行政法制实践中，行政司法行为除了行政裁决以外，还包括行政仲裁和行政复议。

2. 行政裁决的特征

(1) 行政裁决的主体（即裁决者）是法律授权的特定的行政机关。其特定性表现在：1) 行使裁决权的主体是对与民事纠纷有关的行政事项具有管理职权的行政机关；2) 这样的行政机关也只有经法律明确授权后，才拥有对该类民事纠纷的行政裁决权。如《专利法》、《商标法》、《著作权法》、《土地管理法》、《森林法》、《草原法》、《食品卫生法》、《药品管理法》、《治安管理处罚法》等都规定了对权属争议或侵权争议，授权有关行政机关可以通过裁决予以解决。但是这些法律大多没有规定专门的行政裁决机构。但从理论上讲，这些单行法律中有关行政裁决的规定，构成了具有我国特色的行政裁决制度。

(2) 行政裁决的对象是特定的民事纠纷。行政裁决的对象具有特定性，行政机关不能对所有的民事纠纷都进行行政裁决，而只能裁决那些法律规定的与行政管理事项有关的民事纠纷。传统上，民事纠纷是由法院裁判的，行政机关一般只行使行政权，通常情况下不能裁决属于司法权范畴的民事争议案件。但为适应客观现实的需要，在特定情况下，为实现行政管理的目标，对个别种类的民事案件，法律授权行政主体先予裁决并保留法院对之进行司法审查的权力。

(3) 行政裁决程序的启动往往因当事人的申请而开始。争议双方当事人在争议发生后，可以依据有关法律、法规的规定，在法定期间内向法定裁决机构申请裁决。申请裁决通常要递交申请书，并载明法定事项。

(4) 行政裁决是行政主体行使行政裁判权的活动，具有法律权威性。[①] 在现代社会里，

① 这里的行政裁判权，有时又称行政司法权，专指行政机关基于法律授权以第三者的身份对特定的民事争议和行政争议进行裁判的权力，它是现代国家行政权“膨胀”与发展的一种重要表现。

行政裁判权已成为国家行政权的一个重要组成部分，因此，行政裁判权的行使也是国家行政权的一种行使方式，行政裁决活动具有行政权行使的特征。无论民事纠纷的双方当事人是否接受或同意，都不影响行政裁决的进行和成立，也不影响行政裁决应有的法律效力。

（5）行政裁决是一种特殊的具体行政行为。所谓特殊，一是因为行政裁判权是法律授予的，行政机关只能依法律的授权实施，而非依宪法或组织法规定的职权主动实施；二是因为行政机关是居间裁决的公断人而非以管理者的身份出现；三是因为行政裁决依照的是一种准司法程序，不同于一般具体行政行为程序，它要求行政主体客观公正地审查证据，调查事实，然后依法作出公正的裁决。尽管行政裁决具有以上特性，但它仍是一种具体行政行为。因为，行政裁决对已发生的特定民事纠纷在行政上予以法律确认，使处于不确定状态的法律关系被确认下来，其行为具有具体行政行为的性质和特征。所以，对行政裁决不服而产生的纠纷应属行政纠纷范畴。但是这里应当注意，行政裁决不包括单纯以调解方式处理而其调解处理协议并不发生强制性法律效力的行为。我国的有关法律、法规和司法解释也已明确规定了对行政裁决不服可依法申请行政复议或提起行政诉讼①，而对行政调解等不服的，不能提起行政复议或行政诉讼，只能向法院提起民事诉讼。

【思考】

行政仲裁是指行政机关设立的特定行政仲裁机构以第三者的身份，对双方当事人之间的纠纷依法予以公断的制度。就其特征而言，行政仲裁与行政裁决有相似之处，它们都是行政机关以第三者的身份居间裁断，所处理的对象都是民事争议等。但是，行政裁决与行政仲裁又有较大的区别：

1. 从起源上看，行政裁决作为行政行为的一种方式出现，即行政机关以第三者的身份居间对双方当事人的纠纷予以裁决。而行政仲裁则作为一种类似民间的活动出现。正因如此，近年来的改革，仲裁逐步在淡化行政色彩而向民间性质过渡。特别是《仲裁法》颁布与实施以来，曾作为典型的行政仲裁之一的经济合同仲裁的性质已经完全改变。

2. 从法律后果上看，行政裁决是行政机关运用行政权力的过程，对之作出的裁决不服仍可申请复议或起诉。而行政仲裁则基于双方当事人的自愿，并非行政机关运用行政权的体现。双方当事人对仲裁决定不服，仍可作为民事纠纷向仲裁机构申请仲裁或者向法院提起民事诉讼。②

（二）行政裁决的作用

由法律授权的行政机关对特定民事纠纷进行裁决，是当今世界许多国家普遍存在的一

① 参见原《行政复议条例》（1990年12月24日国务院发布，1991年1月1日施行）第10条第3项；最高人民法院《关于贯彻执行〈中华人民共和国行政诉讼法〉若干问题的意见（试行）》（1991年）第4条、第7条的规定。最近的可以参见《行政复议法》和《行政诉讼法司法解释》（2000年）的相关内容。

② 可以参见《劳动争议处理办法》、最高人民法院《关于贯彻执行〈中华人民共和国行政诉讼法〉若干问题的意见（试行）》（1991年）第6条；《行政复议法》第8条第2款；《行政诉讼法司法解释》（2000年）第1条第2款第3项。从实定法规定的角度看，如《道路交通安全法》第74条规定：对交通事故损害赔偿的争议，当事人可以请求公安机关交通管理部门调解，也可以直接向人民法院提起民事诉讼。经公安机关交通管理部门调解，当事人未达成协议或者调解书生效后不履行的，当事人可以向人民法院提起民事诉讼。

个事实，也是现代行政表现出的一个显著特征。行政裁决的产生和发展适应和满足了社会经济发展的需要，是对国家职能分工的调整和完善，也是历史发展的一种趋势。值得指出的是，尽管行政裁决大量涌现和大规模地扩大，但从根本上说由于它并不是对问题的最终解决，不服行政裁决一般仍可向法院提起诉讼。因此，我们说行政裁决的出现和发展并非行政权与司法权的错位，也不是行政机关与司法审判机关的融合，而只是国家职能分工的一种自我调节与完善。

行政裁决的作用表现在以下几个方面：

1. 行政裁决可以及时有效地解决当事人之间的民事纠纷，保护当事人的合法权益。行政裁决的民事纠纷都与行政管理事务有关，有些如专利、商标等知识产权争议、医疗事故、工伤事故赔偿争议、环境污染争议等事务还具有很强的专业性。而行政裁决收费低廉，程序简便，工作人员知识化、专业化程度高，为行政机关及时有效地解决民事纠纷、保护当事人合法的民事权益提供了切实的保障。

2. 行政裁决减轻了人民法院的工作量。行政裁决是解决特定民事纠纷的一条有效途径，行政机关通过行政裁决承担解决部分民事纠纷的任务。这些纠纷经过行政机关的裁决，大多数可以得到解决，当事人不必再诉之于法院。这就大大减轻了法院审理与裁判案件的负担。

3. 行政裁决程序简便，费用低廉，也有利于减轻当事人的讼累，有利于当事人积极地谋求行政机关解决纠纷，有利于行政管理顺利有效地进行。

（三）行政裁决的种类

在我国，行政裁决是在党的十一届三中全会以后才发展起来的。目前，这类法律的数量较多，如《治安管理处罚法》、《土地管理法》、《森林法》、《环境保护法》、《专利法》、《商标法》、《食品卫生法》、《计量法》等。涉及的领域主要有：资源行政管理、社会治安管理、卫生医疗行政管理、工商行政管理、标准计量管理和知识产权管理等领域。可见，行政裁决作为一项解决社会纠纷的法律制度，随着我国市场经济的建立与发展正在逐步建立和完善。

根据目前有关法律的规定，我国行政裁决归纳起来有以下几种：

1. 损害赔偿裁决。这是指行政机关对在平等主体之间发生的因涉及与行政管理相关的合法权益受到侵害而引起的赔偿争议所作的裁决。例如，甲出售变质的食品，致乙食物中毒住院治疗，食品卫生监督部门在对甲进行处罚的同时，裁决甲赔偿乙的误工费和医药费。诸如这类涉及食品卫生、环境保护、医疗卫生、产品质量、社会福利、自然资源利用等领域的行政裁决，在我国应用得最广最多。当双方当事人就损害赔偿责任和数额等产生纠纷后，权益受损方可依法要求有关行政机关进行裁决，确认赔偿责任和赔偿金额，使其受到损害的权益得到恢复和赔偿。

2. 权属纠纷裁决。这是指行政主体对平等主体之间，因涉及与行政管理相关的某一财物的所有权、使用权的归属而发生的争议所作出的确定性裁决。如行政机关在进行土地行政管理时，对甲与乙就某一土地的使用权的归属发生的争议进行确认，并作出裁决归乙使用。此类裁决常用于解决土地、草原、森林、水面、滩涂、矿产等资源所有权、使用权的纠纷。[①]

3. 侵权纠纷裁决。这是指在作为平等主体一方当事人的涉及行政管理的合法权益受到另一方侵犯时，当事人依法申请行政机关进行制止，行政机关就此争议作出的制止侵权行为的裁决。例如，甲假冒乙的注册商标推销自己的同类商品，乙请求工商行政机关予以制止。工商行政机关依照《商标法》第39条的规定，作出责令甲停止侵犯乙已注册商标的行为的裁决。这种裁决通常与损害赔偿裁决一起使用，单独作出的比较少。目前，规定有这种裁决的法律主要有《商标法》、《专利法》、《著作权法》、《土地管理法》等。

侵权争议与确认权属关系及侵权确认后的损害赔偿相互连接，不可分割。因为权属关系的确定是侵权事实得以确定的基础，侵权事实的确定又为损害赔偿请求提供了依据。但就它们之间的区别而言，侵权争议的焦点是权益是否受到侵犯；权属争议的焦点是财产所有权及使用权的归属；损害赔偿争议的焦点为是否被损害，损害的范围、程度如何。所以，争议的标的不同，裁决的具体目的或直接目的并不完全相同，如裁决侵权争议的目的在于制止侵权行为，保障当事人的合法权益。当然，从宏观上说，它们又都是为了解决当事人之间的争议，都是为了保护当事人的合法权益，在这点上又是一致的。

（四）行政裁决的程序

尽管有关行政裁决的法律、法规大量出现，但它们大多限于对行政裁决权的确认，对行政裁决程序的规定却寥寥无几，更谈不上对统一的行政裁决程序作出规定。其实，行政裁决程序应是一个极其重要的问题，它直接关系到行政裁决的具体实施，行政裁决的作用能否发挥，关系到行政裁决的目标与功能能否实现。结合我国目前零散的法律、法规的规定和行政管理实践，从理论上将行政裁决的程序规则或步骤、方式概括如下：

1. 申请。当事人应当首先提出请求行政机关保护自己合法民事权益的申请书。申请必须符合下列条件：（1）申请人适格，即申请人必须是民事权益发生争议的当事人或其法定代理人、监护人；（2）申请必须向有管辖权的行政机关提出；（3）申请必须在法定期限内提出；（4）申请原则上需提交申请书，口头申请作为例外。

2. 受理。行政机关收到当事人的申请书后，应当对申请书进行初步审查，如果符合上述条件，行政机关应当受理；不符合条件的，行政机关应及时通知当事人并说明理由。

3. 调查、审理。受理的行政机关将申请书副本送交对方当事人，对方当事人必须在法定期限内作出答复。行政裁决人员如果与案件有利害关系的应自动回避或应当事人的要求回避。行政机关对纠纷的事实和证据进行查证核实，看事实是否清楚，证据是否充分确凿。如事实不清，行政机关可召集当事人进行调查、询问和辩论，也可以向有关证人了解情况；如证据不足，行政机关有权责令当事人举证，也可以自行依法调查或向有关组织调取证据。

4. 裁决。行政机关通过审查，认为事实清楚、证据确凿的应及时裁决。裁决书应载明

① 如《土地管理法》第16条规定：土地所有权和使用权争议，由当事人协商解决；协商不成的，由人民政府处理。单位之间的争议，由县级以上人民政府处理；个人之间、个人与单位之间的争议，由乡级人民政府或者县级以上人民政府处理。

双方当事人及法定代理人或委托代理人的姓名、住址、身份、纠纷争议的内容、对争议的裁决以及裁决的根据和理由。还要告知当事人能否起诉以及起诉期限和管辖法院。[①]

第五节　行政调解

【案例 12—5】鸡西市工商行政管理局调解合同纠纷案[②]

【基本案情】

1998 年秋季，在天津糖酒交易会上，河北省易名酒厂与黑龙江省鸡西市佳茂物资供应处初步达成白酒购销合作意向。之后，双方经协商于 1999 年 4 月 27 日，签订了太弓牌散装白酒购销合同。合同标的为4 000件散装白酒，总价款为 43.2 万元，1999 年 5 月 20 日到货。结算方式及期限为：按铁路运单，佳茂物资供应处应及时付清合同规定的货款及运费，按此限算，超出 3 天后，每天按货款总额的 3%承担违约金。

合同签订后，由于酒箱外包装厂温州市达利纸箱厂交货延期，易名酒厂厂长刘泉明与佳茂物资供应处业务经理陈银德协商（有电话记录），同意发货日期顺延。1999 年 6 月 2 日，易名酒厂按合同规定的供酒数量向佳茂物资供应处发货。

发货后，易名酒厂派人到佳茂结账。佳茂物资供应处以边贸不能结账为由，一再推诿，拒交货款。易名酒厂认为对方没有付款诚意，于 6 月 22 日向鸡西市工商局提出申请，请求调解。

鸡西市工商局接到调解申请后，通知双方于 6 月 24 日到市工商局合同科接受调查。

鸡西市工商局经过调查后认为：第一，供需双方签订的合同有效；第二，易名酒厂有佳茂物资供应处同意延迟发货的确凿证据，足以认定双方合同交货期限的变更；第三，易名酒厂交货地点及佳茂供应处接货后的验收等有关法定手续没有任何瑕疵；第四，佳茂物资供应处一直未按合同规定结算，并以各种理由拒不付款。从当时现实状况查明，佳茂物资供应处账户上仅有一千元左右存款，还有欠款几十万。本合同货物只销出 500 件，根本无法按合同约定及时付款。佳茂物资供应处在明知无履行付款事项能力的情况下，隐瞒事实真相，违反了《合同法》第 6 条和第 60 条的规定，应承担违约责任。

---

① 需要说明的是，曾经有些法律规定行政裁决为终局裁决，即使当事人不服行政裁决也不得向人民法院起诉，如 2001 年修改前的《商标法》、《专利法》和《著作权法》的一些规定。但后来由于中国加入 WTO，更因为这些法律制度不断健全、完善的内在要求，《商标法》、《专利法》和《著作权法》中有关行政裁决的内容，都可以接受人民法院的司法审查了。

② 国家工商行政管理总局市场规范管理司主编：《工商行政管理案例精评 · 合同监督管理卷》，北京，中国工商出版社，2003。

经调解，双方达成和解协议：(1) 需方分两期付清货款，第一次在1999年10月20日偿付20万元，余款年底前付清。(2) 供方留一名工作人员负责监督销货情况，如到期不能兑现，仍按照原合同规定的每超一天罚货款总额3%的违约金。

【法律问题】

1. 工商行政管理机关对此是否享有管辖权？

2. 工商行政管理机关在调解过程中可否强制他人达成协议？为什么？

【法律链接】

《合同争议行政调解办法》

第二条 工商行政管理机关调解合同争议，适用本办法的规定。

第三条 调解合同争议，实行双方自愿原则。

第六条 工商行政管理机关受理法人、个人合伙、个体工商户、农村承包经营户以及其他经济组织相互之间发生的以实现一定经济目的为内容的合同争议，法律、行政法规另有规定的从其规定。

第七条 申请调解合同争议应当符合下列条件：

（一）申请人必须是与本案有直接利害关系的当事人；

（二）有明确的被申请人、具体的调解请求和事实根据；

（三）符合本办法第六条规定的受案范围。

第八条 下列调解申请不予受理：

（一）已向人民法院起诉的；

（二）已向仲裁机构申请仲裁的；

（三）一方要求调解，另一方不愿意调解的。

第十五条 调解员调解合同争议，应当拟定调解提纲，认真听取双方当事人的意见，如实做好调解笔录，积极促使双方当事人互相谅解，达成调解协议。

第十九条 调解成立的，双方当事人应当签署调解协议，或者签订新的合同。

第二十二条 调解终结后，应当制作调解终结书。

《中华人民共和国合同法》

第一百零七条 当事人一方不履行合同义务或者履行合同义务不符合约定的，应当承担继续履行、采取补救措施或者赔偿损失等违约责任。

第一百二十七条 工商行政管理部门和其他有关行政主管部门在各自的职权范围内，依照法律、行政法规的规定，对利用合同危害国家利益、社会公共利益的违法行为，负责监督处理；构成犯罪的，依法追究刑事责任。

第一百二十八条 当事人可以通过和解或者调解解决合同争议。当事人不愿和解、调解或者和解、调解不成的，可以根据仲裁协议向仲裁机构申请仲裁……当事人没有订立仲裁协议或者仲裁协议无效的，可以向人民法院起诉。当事人应当履行发生法律效力的判决、仲裁裁决、调解书；拒不履行的，对方可以请求人民法院执行。

第一百五十九条 买受人应当按照约定的数额支付价款。

第一百六十一条　买受人应当按照约定的时间支付价款。

【案例分析】

1. 从《合同法》第107条和《合同争议行政调解办法》第6条来看，工商行政管理机关具有受理法人、个人合伙、个体工商户、农村承包经营户以及其他经济组织相互之间发生的以实现一定经济目的为内容的合同争议的行政职权，因此具有本案的管辖权，但这种管辖必须以双方当事人的自愿为原则。

2. 从《合同争议行政调解办法》第3条的规定来看，工商行政管理机关调解合同争议，实行双方自愿原则。因而不能强制双方达成调解协调。如果双方调解不成，任何一方都有权利另行向人民法院起诉。

【探讨】

鸡西市工商局接到调解申请后，通知双方于6月24日到市工商局合同科接受调查的行为是强制性行政行为还是非强制性的行为？理由何在？

【学理研习】

（一）行政调解的概念

在我国，调解制度一般包括司法调解、人民调解和行政调解三种。行政调解，是指由行政机关主持的，以国家政策、法律为依据，以自愿为原则，通过说服教育的方法，促使双方当事人友好协商，达成协议，从而解决争议的方法和活动。

（二）行政调解的特征

1. 行政调解是由行政机关主持的，其调解主体仅限于行政机关。行政调解的这一特征使其与人民法院主持的诉讼调解和民间调解区分开来。

2. 行政调解以当事人自愿为基本原则。违反了这一原则的行政调解不能发生预期效力。

3. 行政调解方式具有非强制性，仅其中的一部分具有强制执行力，如正式的行政调解；而另外一些行政调解不具有强制执行力，其约束力仅建立在当事人自愿遵守的基础上。这一特点使得行政调解与行政仲裁、行政复议和诉讼调解区别开来。

4. 行政调解的对象既可以是民事争议又可以是行政争议。行政调解以民事争议为主要对象，但也包括如行政赔偿争议的调解等行政争议。

5. 行政调解是诉讼外的调解，原则上并非诉讼必经的前置程序。

（三）行政调解的性质

从行政调解的相关理论研究来看，明显滞后于制度实践。2000年《行政诉讼法司法解释》第1条第2款第3项规定，行政机关对民事争议的调解行为不属于人民法院的受案范围，那么，行政调解究竟是一种什么性质的行为？

在行政法学界，对行政调解的性质争议颇大。有学者把行政调解当作为具体行政行为，和行政许可、行政确认、行政裁决等并列①；另有学者则认为行政调解不属于具体行政行

① 参见姜明安主编：《行政法与行政诉讼法》，177页，北京，北京大学出版社、高等教育出版社，1999。

为，而是一种与行政相关的行为[①]；也有学者认为，行政调解从本质上说不具有权力的性质，只要某种纠纷与其行政管理职权有一定程度的联系，不需要法律、法规的特别授权，该行政机关就可以对此纠纷进行调解。[②] 还有学者认为行政调解是行政指导行为。[③] 其理由，第一，行政调解属于一种非强制性行为。这是由调解的本质决定的，调解程序的启动、进行和终结，主动权取决于纠纷的当事人双方，调解者只是居间劝和。调解者所拥有的调解权力是一种合意性的权力，以合同关系为基础的权力，其特征类似于仲裁机构依仲裁协议而取得的对案件的仲裁权。而行政许可、行政裁决则更多体现出行政权的单方性和强制性，其行为在法律上被视为行政意志的最后决定；第二，行政调解作为行政指导活动需要法律授权。依法行政强调一切行政活动于法有据，并且行政调解不同于和解。和解属于当事人之间的一种合同关系，只要双方当事人约定让步以终止争执，或防止争执发生而签订合同即可，原则上无须任何司法权或行政权的介入或协助，和解人员的资格、和解程序的进行、和解的内容，只要和解双方当事人均无异议，法律不必加以任何限制。但调解是一种法定机制，调解人员的资格、程序的进行、调解的内容，法律上均须加以一定的规定。

我们认为，行政调解在功能上虽然与行政指导中的调停性行政指导有很大的类似性，但从我国目前行政指导的立法现实来看，还没有一部单独规范行政指导的法律，而如果将行政调解归于行政指导，势必以降低行政调解这种制度的规范性为代价。特别值得我们注意的是，行政调解已经成为一种可以单独存在的行政行为制度了，如劳动争议调解、消费者纠纷的调解、交通事故处理及调解、土地和林木权属争议的调解、医疗纠纷协商与行政调解、知识产权纠纷的调解等等。因此从现实的角度，不宜将行政调解归于行政指导。此外，由于行政指导中的法律关系主要存在于行政主体与行政相对人之间，以线性结构为特征，而在行政调解中，法律关系却主要存在于争议当事人之间，行政机关的职能是居间调解，三者之间呈现等腰三角形结构。二者逻辑结构的不同也表明，将行政调解归于行政指导不是十分恰当的。

至于行政调解的性质，我们认为是一种较为典型的非强制性行政行为。强制性行政行为与非强制性行政行为是对行政行为的一种新的分类方式，这种分类方式的特点是以双方主体之间的意志强弱关系作为界分点，凡以行政主体的意思表示作为最终决断的行政行为，称为强制性行政行为，而以相对方主体的意思表示作为最终决断的行政行为，称为非强制性行政行为。从现实经验来看，强制性行政行为包括行政许可、行政命令、行政处罚、行政强制等方式，非强制性行政行为包括行政指导、行政合同、行政资助、行政调解、行政经营、行政服务等新型的行政行为。

（四）行政调解的种类

行政调解的种类有不同的划分方法，依据行政调解的效力，可以分为正式调解和非正

---

① 参见胡建淼：《行政法学》2版，368页，北京，法律出版社，2003。

② 参见应松年主编：《当代中国行政法》（下卷），1107～1108页，北京，中国方正出版社，2005。

③ 参见喻少如：《多元纠纷解决机制中的行政调解》，载《学术界》，2007（6）。

式调解。正式调解，是指调解协议生效后即产生法律效力，具有强制执行力的行政调解。目前我国法律规定的正式调解仅限于行政仲裁中的调解。非正式的调解，是指调解协议生效后不具有强制执行力，而依赖于当事人自觉履行的行政调解。目前我国的行政调解大部分是非正式调解。

根据行政调解的对象，可以分为民事争议调解和行政争议调解。根据现实法律的规定，行政调解主要以民事争议为调解对象，此外行政调解也以部分行政争议为调解对象，这仅限于行政赔偿争议和行政补偿争议。

（五）行政调解的功能

随着市场经济的发展，行政法治不断深入，行政调解作为一种独具特色的行政管理方式，具有其他行政法律制度不可替代的功能。

1. 有利于树立正确的行政法理念，从管理、控权转向服务。行政调解有助于政府转变行为方式，摒弃过去单纯依靠行政命令，动辄实施强制处罚的管理方式，向着更多依靠平等协商、说服教育的行为方式转变。

2. 行政调解有助于提高全社会的权利意识，增强法制观念。

3. 行政调解有利于提高行政效率，减少讼争的发生。

4. 行政调解有助于维护社会秩序，增进安定团结。行政调解不仅运用了法律手段，而且多用讲道理、说利弊的方式化解双方当事人的矛盾，使双方当事人明白事理，消除心中的芥蒂，这必将对稳定社会秩序产生积极的影响。

5. 行政调解有助于行政机关积极主动行政。行政调解不仅在最低要求上完成对纠纷的解决，又在更高层次上，使政府行为脱离单纯为维护既定秩序服务，进一步采取积极主动的方式，创立一种既为法律所允许，又为当事人和政府所共同认可和赞同的更合理、更完善的社会关系，从而使行政机关在更全面、更彻底的意义上履行自己的职责。这种由被动消极行政向积极主动行政的转变，恰恰反映了现代行政精神的基本要求。

（六）行政调解的程序

我国长期没有行政调解的统一程序规定，行政调解在程序上具有很大的灵活性。2008年10月1日起施行的《湖南省行政程序规定》用7个法条对行政调解制度作出了基本的规范。①

一般来说，行政调解包括以下几个必要的程序：(1) 提交调解申请。行政调解既可以由行政机关依职权主动实施，也可以由争议当事人向行政机关提出申请。这种申请既可以是书面形式，也可以是口头形式，但法律要求以书面形式提出的，必须依法提出书面形式

---

① 该地方政府规章第115～121条作出的调解程序规范大致有：行政机关收到请求调解民事纠纷的申请后，经审查符合条件的，应及时告知纠纷他方，如其同意调解的，应当受理并组织调解；不符合条件或者一方不同意调解的，不予受理并向申请人说明理由；行政机关应指派具有一定法律知识、政策水平和实际经验的工作人员主持调解；调解人员应根据具体情况采取多种方式做好说服疏导工作，引导、帮助纠纷双方达成调解协议；调解应当制作笔录；一般应在30日内调结；调解达成协议的，根据纠纷双方的要求或者需要可制作调解协议书，上面应有纠纷双方和调解人员的签名，并加盖行政机关印章；纠纷双方当事人应当履行调解协议，等等。

的申请。(2) 征求意见。行政调解要遵循自愿的原则，行政机关在进行调解之前应当征询当事人双方的意见，行政机关不可以违背当事人的意愿强行进行调解。(3) 调查事实。行政机关要在对争议事实有充分了解的前提下，在查证核实了有关证据的基础上主持调解活动。(4) 调停、斡旋。行政机关应当在查明事实、分清责任的基础上，在遵循法律和政策的原则下，主持双方当事人当面协商，进行说服教育，以求达到解决争议的目的。达成协议之后应当制作调解协议书并由行政调解机关和双方当事人签字盖章。(5) 调解协议书的送达。调解协议书制作后，自调解协议书送达当事人之日起生效。

(七) 行政调解制度存在的意义和问题

中国法律制度最引人注目的一个方面是调解在解决纠纷中具有重要地位。特别是行政调解制度，作为一种"东方经验"在中国源远流长，而近些年来，伴随着包括美国一般意义上的非诉讼纠纷解决方式 (ADR) 在内的许多欧美国家的调解再生运动，调解作为中国本土资源日益受到世界性的关注。美国最高法院的前任首席大法官 Warren Barger 对中国的调解机制加以赞许，并且倡议西方国家在这方面应向中国学习。[①] 深入研究中国的行政调解制度，无论在理论上还是在实践上都具有积极意义。特别是湖南等地的立法建制创新实践值得关注和推广。

从我国行政法制实践来看，行政调解制度还存在许多问题，主要表现为调解机关不履行或不愿履行行政调解职责。行政机关本应根据法律规定主动履行调解职责或根据当事人的申请及时调解民间纠纷，化解这些纠纷是行政调解的优势所在；但有些行政机关认为调解费时费力，"吃力不讨好"，因而推诿责任、不愿调解。特别是一些跨区域、跨行业的重大疑难纠纷，矛盾容易激化，一些关乎群众基本生活的热点、难点问题，处理不好易引起大规模的上访活动，行政机关对此应及时调解、疏导、防范，防止或减少矛盾激化，维护社会稳定。但有的行政机关怕承担责任，有畏难情绪，或干脆不管，仅仅走一个形式，缺乏耐心、细致的工作。

【思考】

有学者提出，应尽快着手制定《行政调解法》，明确规定调解的原则、范围、程序、救济等，同时还应该建立行政调解与其他纠纷解决机制的衔接制度，切实保护行政相对方的利益。针对行政调解不成或行政调解达成协议后，当事人反悔而未予履行的情况，当事人同意选择行政仲裁机关解决的或选择行政裁决程序进行行政裁决的，调解机关应主动移送有关材料并告知当事人提起行政仲裁或行政裁决的程序。当事人要求提起诉讼的，调解机关应支持并积极与法庭搞好工作沟通、协调，向法院移送当事人在调解中的陈述材料和协议书，在不违反法律规定的情况下，建议法院在审判时将其作为证据。当然，这些都是以当事人的自愿、同意为前提的。[②] 对于上述建议，你有什么看法？

---

① 参见《美国大法官在上海》，载 British Broadcasting Corporation, Summary of World Broadcasts, Part 3: The Far East I SWB/FEI, Sept, 10, 1981, at A1/1。

② 参见许玉镇、李洪明：《在调解中寻求平衡——试论当代中国的行政调解》，载《行政与法》，2003 (1)。

【问题与思考】

1. 上诉人（一审原告）：张铎，男，1973年出生，汉族，歙县人，律师，原住歙县小北街15号。

被上诉人（一审被告）：歙县人民政府。住所地歙县徽城镇中和街130号。

法定代表人：倪建胜，县长。

一审第三人：黄山徽兰房地产开发有限公司。住所地歙县徽城镇中和街91号。

法定代表人：朱启强，总经理。

上诉人张铎因诉歙县人民政府土地行政合同一案，不服黄山市中级人民法院（2004）黄中行初字第01号行政判决，向法院提起上诉。

一审根据被告的举证并经庭审质证认定，2001年8月9日，歙县人民政府与浙江兰溪市贤成房地产公司即后来的黄山徽兰房地产开发有限公司签订了“小北街改造项目协议书”，约定了小北街改造项目开发的四至范围。同时还约定了拆迁补偿费（含土地出让金）数额以及该笔费用支付方式和期限。该协议书约定的改造项目开发范围包括原告持有的歙国用（2000）字第813号国有土地使用证的小北街15号地块。2002年8月18日，第三人黄山徽兰房地产开发有限公司以（歙）房预售证第005号预售许可证向社会公开预售上述协议书项目开发范围内新建房屋。2003年3月31日，小北街15号地块的房屋被拆除。

一审法院认为，被告歙县人民政府与第三人签订的“小北街改造项目协议书”是具体行政行为，与原告有法律上的利害关系，原告依法有权提起行政诉讼。诉讼中，被告没有按照法律的规定和法庭的要求提供作出被诉具体行政行为的全部证据和所依据的规范性文件，应视为该具体行政行为没有证据、依据，依法应予撤销。考虑到小北街15号地块事实上已被纳入小北街地段整体改造，且整体改造已全部完成，如判决撤销可能造成重大损失。依照《行政诉讼法司法解释》第58条规定，判决确认被告歙县人民政府以“小北街改造项目协议书”形式规划、管理和利用小北街15号地块的行为违法，责令被告采取相应的补救措施。案件受理费500元，由被告歙县人民政府负担。

上诉人张铎上诉的主要理由是，一审判决认定事实不清，小北街地段是商业开发，而非整体改造；一审判决适用法律错误，撤销被诉的具体行政行为不会给国家利益或者公共利益造成重大损失，本案不应适用《行政诉讼法司法解释》第58条规定，请求撤销被诉的具体行政行为。

被上诉人歙县人民政府答辩的主要理由是，一审判决认定事实清楚，小北街地段是整体改造；一审判决适用法律正确。请求驳回上诉，维持原判。

一审第三人黄山徽兰房地产开发有限公司在庭审中辩称的主要理由与被上诉人歙县人民政府答辩的主要理由相同。

一审被告向一审法院提交的证据材料有：（1）2001年7月19日县长办公会议纪要；

(2)“小北街改造项目协议书”;(3)2001年10月15日歙县计划委员会计投字(2001)第129号《关于同意小北街改造项目立项的批复》;(4)2002年11月11日原歙县土地管理局签订的一份“国有土地使用权出让合同”,证明被告签订的项目改造协议书是民事行为。

一审原告向一审法院提交的证据材料有:(1)2000年12月13日歙县人民政府颁发的歙国用(2000)字第813号国有土地使用证;(2)2001年8月9日歙县人民政府与浙江兰溪市贤成房地产公司签订的“小北街改造项目协议书”;(3)2002年8月18日黄山徽兰房地产开发有限公司向社会公开预售小北街地段房屋的公告。证明被告以协议书形式出让了小北街地段的土地使用权,且已侵害了原告拥有小北街15号土地使用权的合法权益。

经庭审质证,二审法院确认一审法院认证及认定事实正确。

二审法院认为,为了适应经济和城市建设的发展,各级人民政府对其辖区内城市国有土地进行规划和管理,以满足人民群众日益增长的物质和文化的需要,符合社会公共利益。根据行政法治原则的要求,相关行政机关在规划和管理时,应当在法律赋予的权限内并按照法定程序行使职权。上诉人张铎认为被上诉人歙县人民政府对国有土地的开发利用侵犯了其合法权益,有权依法提起行政诉讼。被上诉人也应依法应诉,并按法律和法院要求提供作出被诉具体行政行为的事实和法律依据,以证明其合法性。本案中,被上诉人未依法提交应当提供的证据,根据《行政诉讼法》第32条和《行政诉讼法司法解释》第26条第2款的规定,被诉具体行政行为依法应予撤销。一审法院认为撤销被诉具体行政行为会造成社会公共利益重大损失,且小北街地段整体改造已全部完成,而判决确认被诉具体行政行为违法并责令采取相应的补救措施,符合《行政诉讼法司法解释》第58条规定。此外,上诉人的合法权益如有损害,被上诉人应依法予以救济。

因此,一审判决认定事实清楚,适用法律正确,审判程序合法,上诉人的上诉理由不能成立。二审法院依照《行政诉讼法》第61条第1项规定,判决驳回上诉,维持原判。

请问:

(1)如何确定本案的性质,是行政合同还是民事合同引起的纠纷?

(2)本案是行政合同纠纷还是行政规划纠纷?

2. 应急机制与规划机制的结合

(1)规划背景。美国的各种灾害事件一直比较频繁,尤其是近年来随着人类对自然环境破坏程度的加深和恐怖活动的猖獗,应急任务更加艰巨。其实,自1803年新汉普夏镇发生特大火灾,联邦政府制定第一部反灾害法以来,美国的各级政府就在应对灾害事件方面进行着不懈的努力。从1979年具有综合应急管理功能的美国联邦应急管理局成立,到2003年新的国土安全部接管国家综合应急管理职能的24年时间里,美国的各级应急管理体系已经比较完善,尤其是城市应急能力得到了极大的提高,他们在应对各种事件的规范性管理方面值得我们借鉴。

(2)规划的基本内容。应急反应规划是以国家为整体进行的,美国在应急反应规划方面不但做了大量工作,而且将规划作为应急反应的核心,注重应急管理和应急工作的提前防御。目前美国使用的规划对应急反应过程中的资源配置、人力组织和救助程序以及快速行动都做了具体安排。因此，它代表着全美应急反应能力和对应急设施的使用水平。该规划不但对所涉及的救助和反应行动以及步骤进行了比较具体的界定，而且对规划的宗旨、实施、编制基础等都给予了一定程度的说明，使实施规划的人员更能比较清楚地了解规划中的具体细节，非常便于操作。

在应急反应规划中，组织体系和内容结构是规划实施的重要保证。它决定了规划的工作框架、基本概念、操作步骤，明确了联邦各部门的职责，以及相关的政策，保证了规划的完整性。美国的应急反应总体规划以基本规划为主，并附以支持功能规划、恢复规划和意外事故反应规划。每种规划都由介绍工作框架、政策、规划假设条件、运行操作概念、反应和恢复行动、责任等六部分组成。

（3）规划的组织。协调组织作为管理的基本职能之一，是实施计划的具体管理行为。应急管理是一个从个人、地方到国家，从自然到经济、社会，涉及多方面的复杂而又综合的管理工作，协调组织职能就显得尤为必要。作为在这方面起领导作用的国家机构，联邦应急管理局的组织协调和指挥职能既体现在内部机构之间的协调、上下级各机构之间的协调，还包括不同业务部门之间行动的协调一致。

美国联邦应急管理局与同级别的其他联邦机构、各级地方机构和团体以及与私人部门都保持着良好的合作关系。它不但表现在相互之间的合作，还表现在工作的互补与协调。尤其是针对应急反应规划，联邦应急管理局为全国的应急管理系统提供统一的应急程序和规范的行动安排；通过该规划，应急管理局为各组织配置资源和救援物资；同时，规划还利用联邦下属的应急事件管理学院进行模拟训练，使各州和地方的应急专家与地方政府官员学会如何与政府、私人和非赢利机构进行协助。这些组织协调职能在应急反应规划中都得到了很好的体现。①

阅读以上资料，结合我国2008年春节雪灾，总结中美两国在应急法制和行政规划两个方面的异同。

① 参见姚永玲：《美国应急反应规划的管理》，载《国外城市规划》，2006（1）。

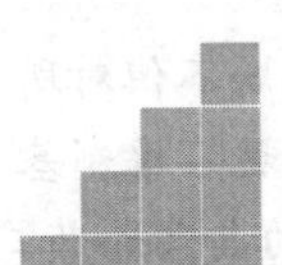

第十三章 行政程序

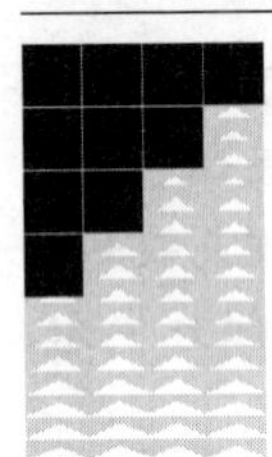

参考资料

1. 姜明安主编. 行政程序研究. 北京：北京大学出版社，2006
2. 王万华主编. 中国行政程序法汇编. 北京：中国法制出版社，2005
3. 王万华. 中国行政程序法立法研究. 北京：中国法制出版社，2005
4. 章剑生主编. 行政程序法学. 北京：中国政法大学出版社，2004
5. 杨惠基主编. 听证程序理论与实务. 上海：上海人民出版社，1997

本章提要

行政程序是现代行政法的重要内容之一，其作用在于提高行政效率、限制行政权力恣意行使以及保障行政相对人的合法权益。本章对行政程序的概念、特征、原则进行了说明，并对行政程序中的重要制度进行了着重介绍。

第一节 行政程序概述

【案例 13—1】建设局对王某作出行政处罚案

【基本案情】

2002 年 12 月 11 日，王某驾驶一辆机动车途经某县城区，在城区内违章停放车辆，将道路排水管压坏，该县建设局，当即决定对王某罚款10 000元，同时向王某送达了行政处罚告知书和行政处罚决定书，后因王某未交付罚款，建设局于2003年4月25日向人民法院申请强制执行。法院审查认为，某县建设局对王某作出罚款10 000元的行政处罚程序严重违法，依照《行政诉讼法司法解释》第95条的规定，对该局作出的处罚决定裁定不准予执行。

【法律问题】

县建设局的行政处罚程序违法是否达到情节严重的标准？

【法律链接】

《行政处罚法》

第四十一条　行政机关在作出行政处罚决定之前，应当向当事人告知予以行政处罚的事实、理由和依据，并告知当事人依法享有陈述、申辩的权利。

《行政诉讼法司法解释》

第九十三条　人民法院受理行政机关申请执行其具体行政行为的案件后，应当在30日内由行政审判庭组成合议庭对具体行政行为的合法性进行审查……

【案例分析】

第一，本案王某在道路排水管网上停放车辆，并造成排水管道的损坏，建设局对王某违法事实的认定，事实清楚。根据《城市道路管理条例》的规定，对王某应当予以处罚。但建设局执法人员在对王某制作询问笔录的同时，即作出了罚款10 000元的决定，并当场送达了行政处罚告知书及行政处罚决定书，该处罚程序与法相悖。《行政处罚法》第33条规定，对公民违法行为当场作出行政处罚的罚款数额为50元以下，而本案的处罚数额高达10 000元，显然应当适用一般程序予以处罚。建设局简单适用当场处罚的简易程序，对王某实施高额罚款，程序严重违法。

第二，《行政处罚法》第41条规定，行政机关在作出行政处罚决定之前，应当向当事人告知予以行政处罚的事实、理由和依据，并告知当事人依法享有陈述、申辩的权利。该程序是行政机关在实施行政处罚时所必须履行的义务。若拒绝听取当事人的陈述、申辩，其所作出的行政处罚决定依法不能成立。本案建设局对王某送达行政处罚决定书的同时一并送达告知通知书，未给相对人王某必要的陈述申辩期间，客观上剥夺了王某的陈述、申辩权，显然也违反了行政处罚的法定程序。

综上，建设局对王某的行政处罚程序严重违法，其所作出的行政处罚决定依法不能成立。因此，法院裁定不准予执行该县建设局的行政处罚决定是正确的。

【探讨】

违反行政处罚程序应承担哪些法律责任？

【学理研习】

（一）行政程序的概念和特征

行政程序系指由一定的行为方式、步骤、时间、顺序构成的行政行为的过程。行政程序的主体是行政机关。行政程序存在于行政活动之中，是行政机关代表国家行使行政权力的运行程序，不是行政相对人应遵循的程序。同时，行政程序也不等同于行政诉讼程序，行政诉讼程序系指司法机关行使司法权力解决行政诉讼纠纷作出判决的程序，两者不能混同。

(二) 行政程序的种类

行政程序的种类主要包括：内部行政程序和外部行政程序；抽象行政行为程序和具体行政行为程序；法定行政程序和任意行政程序；事前行政程序和事后行政程序。

(三) 行政程序的基本原则

公平、公正、公开原则、效率原则、参与原则、复审原则、诚实信用原则以及信赖保护原则，是行政程序所应遵循的主要原则。

【思考】

行政程序法在行政法律体系中的作用与价值。

第二节　行政程序的主要制度

【案例 13—2】乔占祥诉铁道部春运期间部分旅客列车票价上浮案

【基本案情】

上诉人（一审原告）：乔占祥，河北三和时代律师事务所律师。

被上诉人（一审被告）：中华人民共和国铁道部。

一审第三人：北京铁路局。

一审第三人：上海铁路局。

一审第三人：广州铁路（集团）公司。

2000年12月21日，铁道部下发《关于2001年春运期间部分旅客列车票价实行上浮的通知》（以下简称《通知》）。该通知规定2001年春节前10天及春节后23天北京、上海铁路局、广州铁路（集团）公司等始发的部分直通列车实行票价上浮20%至30%。由于票价上浮，河北省律师乔占祥两次乘车共多支付9元。乔占祥认为铁道部发布的通知侵害了其合法权益，向铁道部提起行政复议。铁道部在复议中维持了票价上浮行为。乔遂以铁道部上浮票价未经价格听证程序为由，诉至北京市第一中级人民法院，请求判决铁道部撤销复议决定，撤销票价上浮通知。一审判决驳回原告的诉讼请求，乔占祥不服上诉。

上诉人乔占祥认为一审判决没有对被诉具体行政行为的合法性进行全面审查，铁道部所作《通知》未举行听证会，未经国务院批准，违反法定程序；在复议过程中铁道部未履行其转送审查国家计委1960号批复的请求，属不履行法定职责。因此，向二审法院提起上诉，请求二审法院撤销一审判决，撤销铁道部所作《通知》，判决确认被上诉人未履行转送职责的行为违法。

被上诉人铁道部答辩认为其作出《通知》符合法定程序，上诉人提出对国家计委1960号批复的转送请求不符合转送条件，故一审判决正确、合法，请求二审法院驳回上诉，维持原判。第三人均同意被上诉人铁道部的答辩意见。

北京市高级人民法院经审理认为，铁道部的《通知》是向主管部门上报了具体通知方案并得到批准之后所作出的。在价格法配套措施出台前，铁道部价格上浮行为并无不当之处，遂依法驳回乔占祥的上诉请求，维持第一审判决。①

【法律问题】

法院判决认为，虽然《价格法》第23条规定，制定关系群众切身利益的公用事业价格、公益性服务价格、自然垄断经营的商品价格等政府指导价、政府定价，应当建立听证会制度。但是，由于在铁道部制定《通知》时，国家尚未建立和制定规范的价格听证制度，要求铁道部申请价格听证缺乏具体的法规和规章依据。法院的意见是否合理？

【法律链接】

《中华人民共和国价格法》

第十八条　政府在必要时可以实行政府指导价或者政府定价。

第二十三条　制定关系群众切身利益的公用事业价格、公益性服务价格、自然垄断经营的商品价格等政府指导价、政府定价，应当建立听证会制度。

《中华人民共和国铁路法》

第二十五条　国家铁路的旅客票价率和货物、包裹、行李的运价率由国务院铁路主管部门拟订，报国务院批准。国家铁路的旅客、货物运输杂费的收费项目和收费标准由国务院铁路主管部门规定。国家铁路的特定运营线的运价率、特定货物的运价率和临时运营线的运价率，由国务院铁路主管部门商得国务院物价主管部门同意后规定。

【案例分析】

听证制度理论基础包括自然公正原则——任何人或团体在行使权利可能使别人受到不利影响时必须听取对方意见，每一个人都有为自己辩护和防卫的权利、任何人或团体不能作为自己案件的法官以及正当法律程序原则（美国宪法1791年的第五修正案中的正当程序条款规定："任何人不经正当法律程序，不得被剥夺生命、自由或财产。"）。我国听证制度的宪法依据是宪法规定人民有权通过法律规定的各种途径和形式，管理国家事务，管理经济和文化事业，管理社会事务。

原告乔占祥认为列车票价上浮没有举行听证会而导致程序违法的说法是正确的。按照《价格法》第23条的规定，制定关系群众切身利益的公用事业价格、公益性服务价格、自然垄断经营的商品价格等政府指导价、政府定价，应当建立听证会制度。政府的价格主管部门应举行听证会。本案仍在二审期间，国家计委就2002年铁路春运票价调整举行了有史以来的第一次国家级价格听证会。该案促进了听证制度的法律规范的完善，推动了价格法的贯彻落实。

---

① 参见北京市高级人民法院（2001）年高行终字第39号行政判决书。

【探讨】

在本案中，原告乔占祥认为铁道部没有举行听证会而导致程序违法的说法是错误的。[①]由于政府的价格主管部门是国家计委，即国家计委负有举行关于旅客列车票价上浮的听证会的义务。而国家计委并没有举行听证会，即擅自批准铁道部关于在春运期间部分旅客列车票价上浮的方案，因此，是国家计委的行为违法，而不是铁道部违法。

【案例 13—3】黄兰芳不服海门市劳动局行政处理决定案

【基本案情】

上诉人：黄兰芳。

被上诉人：海门市劳动局。

1999 年 11 月，黄兰芳通过所在单位提请海门市劳动局为其办理了退休手续，后劳动局发现黄兰芳的身份证与档案记载的出生时间不一致。按照劳动和社会保障部劳社部发（1999）8 号文件规定，身份证与档案记载的出生时间不一致，应以本人档案中最先记载的出生时间为准。以黄兰芳档案中最先记载的出生时间为准，黄兰芳并没有达到法定退休年龄。于是，海门市劳动局作出了注销黄兰芳退休审批表和退休养老证的行政处理决定。黄兰芳不服提起行政诉讼，江苏省启东市人民法院受理了此案。该院经审理认为：根据劳社部发（1999）8 号文件规定，对原告出生时间的认定应当以原告档案中最先记载为准。且原告在庭审中提出的证据不具有证明力，故维持海门市劳动局的行政处理决定。宣判后，黄兰芳不服，提起上诉。

上诉人称：其出生时间为 1944 年 10 月，有户口簿及身份证为证。劳社部发（1999）8 号文件不符合法律、法规的规定，对上诉人的退休行为不适用。一审维持判决显属不当，请求二审判决撤销一审判决和被上诉人作出注销上诉人退休审批表、退休养老证的行政处理决定。

被上诉人辩称：根据劳社部发（1999）8 号文件的规定，原审法院判决是正确的，请求二审法院驳回上诉，维持原判。

二审法院经审理认为：上诉人黄兰芳出生时间为 1944 年 10 月，有其本人身份证、户口簿、证人证言及其个人档案中绝大多数材料记载辅佐，符合女干部退休年龄。虽然上诉人个人档案中出生年龄栏填写“1946.11”字样，但在该表右上方由用人单位用红色圆珠笔注有“1944”字样，说明该表中所填年龄属有争议的年龄，被上诉人未经核实即作出决定，属于程序违法。此外，身份证是国家法定的证明公民个人身份的证件，可用作办理离退休手续。据此，判决撤销一审判决及被上诉人作出的行政处理决定。

---

① 参见胡锦光、林毅：《乔占祥诉铁道部 2001 年春运价格上浮案研究》，载中国民商法律网，http://www.civillaw.com.cn/。

【法律问题】

本案举证责任应如何分配？海门市劳动局的行为是否符合行政程序？

【法律链接】

《行政诉讼法》

第三十二条 被告对作出的具体行政行为负有举证责任，应当提供作出该具体行政行为的证据和所依据的规范性文件。

《行政诉讼法司法解释》

第二十七条 原告对下列事项承担举证责任：

（一）证明起诉符合法定条件，但被告认为原告起诉超过起诉期限的除外；

（二）在起诉被告不作为的案件中，证明其提出申请的事实；

（三）在一并提起的行政赔偿诉讼中，证明因受被诉行为侵害而造成损失的事实；

（四）其他应当由原告承担举证责任的事项。

【案例分析】

这是一起不服劳动局行政处理决定的行政案件，本案的法律关系并不复杂，但一、二审法院却作出了截然不同的判决，其争议的焦点就在于举证责任分配及被上诉人程序违法问题。

《行政诉讼法》第32条明确规定被告对作出的具体行政行为负有举证责任。《行政诉讼法司法解释》第27条规定原告承担举证责任也只限于符合法定起诉条件的证据；起诉被告不作为的案件中，提出申请的事实及提起行政赔偿诉讼中，受被诉行为侵害而造成损失的事实。而一审法院却错误地将黄兰芳档案中有争议的出生时间的举证责任分配给了原告，从而导致原告败诉，举证责任分配明显不当。故一审法院判决有误。

组通字（1990）24号文件中规定，凡干部居民身份证同干部本人档案记载的出生时间不一致的，组织、人事部门在办理其退（离）休手续时，应当会同干部常住户口所在地户口登记机关进行查证核实，按干部管理权限和户口管理权限批准后查实的出生时间作为计算年龄和户口登记的依据。本案中，被上诉人并未履行这一重要程序，仅仅根据有争议的档案记载出生时间即作出注销上诉人退休审批表和退休养老证的行政处理决定显然不当，属于违反法定程序且认定事实不清，证据不足。故二审法院的撤销判决正确无误。

先取证后裁决是行政机关必须依据的规则。由于我国目前并没有制定完备的《行政程序法》，对行政程序中的举证责任问题尚缺乏明确的规定。毋庸置疑，举证责任问题是行政程序中的一个重要问题，每项具体行政行为都不可避免地会涉及这个问题，因此，行政程序中的举证责任问题亟待解决。我们认为，在依职权启动的行政行为的程序中，举证责任应由行政主体承担。因为在此程序中，行政机关处于优势地位，掌握着大量可供利用的资源，而行政相对人则明显处于劣势，基于平衡行政主体与行政相对人之间关系及保障相对人合法权益的考虑，应由行政机关提供作出行政行为的事实依据和法律依据。而在依申请启动的行政行为的程序中，举证责任的分配则恰恰相反，应由行政相对人承担相应的举证责任。因为行政相对人是利益的享有者，其有义务向行政主体提供充分有效的证据证明其申请的合法性。

行政诉讼审查的是被诉具体行政行为的合法性问题，是对行政程序中的证明标准是否得到实现进行的审查，由于现实法律的缺失，本案二审法院并未从行政程序中的举证责任入手，而是另辟蹊径，通过组通字（1990）24号文件确定行政机关程序违法，从而公正地解决了此案。

【探讨】

1. 行政诉讼举证责任与行政执法程序证明责任之间有何联系？
2. 在依职权的行政行为和依申请的行政行为中，行政相对人的举证责任有何区别？
3. 行政诉讼中的举证责任是如何体现诉讼公平原则的？

【学理研习】

（一）程序的启动

以行政行为的发动由谁引起为标准，可以将行政程序的启动分为依职权启动和依申请启动。

依职权启动是指行政主体依照职权主动启动行政程序，是行政程序启动的主要方式。行政主体依职权启动行政程序时应符合以下两个条件：(1) 行政主体享有相应的行政职权；(2) 行政主体已经初步掌握了启动行政程序的事实情况。行政主体依职权启动时负有及时通知行政相对人及利害关系人的义务。

依申请启动是指行政相对人通过向行政主体申请而开始的行政程序。申请的形式既包括书面形式也包括口头形式。只要行政相对人依法向行政主体提出申请，行政主体就负有对行政相对人提交的申请材料进行审查并做出相应处理决定的义务。行政主体对申请进行审查后，会根据不同情况作出以下几种处理决定：受理、不受理、责令补正或告知向有权机关申请。

（二）调查

调查是指行政主体为了查明案件事实依职权所进行的资料收集及证据调取活动。行政程序中的调查和行政检查及行政监督是不同的概念。调查的主要方法包括：询问当事人和证人、讯问违法嫌疑人、向有关单位或个人调取法定文件、报告和记录、专业机构出具意见书、责令当事人提供证据、检查、听证、鉴定、现场勘验等多种方法。其主要程序包括事前告知、表明身份、说明理由、告知权利、组织调查及制作笔录。

（三）行政程序证据

行政程序证据是行政证据中的一种。它是行政机关用以证明和认定行政案件事实的依据，先取证后裁决是行政机关必须依据的规则。其法定形式包括以下几种：书证；物证；视听资料；证人证言；当事人陈述；鉴定结论；勘验笔录；现场笔录。

行政程序中的证明标准是指在行政程序中利用证据对行政案件事实或争议事实加以证明所要达到的程度。行政程序中需要证明的事实包括两项：一是实体性事实，二是程序性事实。由于我国目前并没有统一的行政程序法典，对于证明标准没有明确规定。根据少数的程序性法规、规章以及我国“以事实为依据，以法律为准绳”的办案原则，可将证明标准界定为“确实、充分”。

（四）说明理由

说明理由是指行政主体在作出对相对人合法利益产生不利影响的行政行为时，除法律有特别规定外，必须向相对人说明其作出该行政行为的事实因素、法律依据以及进行自由裁量所考虑的政策、公益等因素。说明理由的内容包括行政行为合法性理由及正当性理由。我国《行政处罚法》第31条规定：“行政机关在作出行政处罚决定之前，应当告知当事人作出行政处罚决定的事实、理由及依据，并告知当事人依法享有的权利。”说明理由体现了行政主体对相对人利益和人格的尊重，有利于减少摩擦，增进理解，保证行政行为的顺利实施。

（五）陈述意见

陈述意见指行政相对人就行政案件所涉及的事实向行政主体做出陈述。陈述意见的内容既包括对行政主体对事实的认可或否认，也包括对未在当时发现的事实的补充说明。陈述意见可以通过书面及口头等多种方式进行。陈述意见可以尽量减少行政错误的发生，保护行政相对人的合法权益。陈述意见是说明理由制度的重要保障。

（六）听证制度

听证（hearing）是行政程序的核心，其内涵是“听取当事人的意见”，其广泛适用于司法领域、立法领域和行政领域。听证源于英美普通法系的“自然公正原则”，这个原则包含两项基本内容：一是听取对方的意见；二是不能作自己案件的法官。行政程序听证制度，是指有关行政机关在制定影响相对人合法权益的行政法规、规章、规范性文件、行政决策，以及作出行政处理决定之前，由行政主体告知相对人拟作出的决定的主要内容、理由、主要依据、相对人的听证权利，行政相对人据此向行政主体提供证据、发表意见，以及行政主体听取其意见、接纳其证据的一系列法律规范所构成的基本程序制度。[①] 广义上的听证是“听取意见”的泛称，狭义的听证仅指以听证会等方式听取意见的制度。

我国目前已建立了三种不同的听证制度，包括：《行政处罚法》规定的行政机关在作出责令停产停业、吊销许可证和执照、数额较大的罚款时进行的听证；《价格法》规定的在制定关系群众切身利益的公用事业价格、公益性服务价格、自然垄断经营的商品价格等政府指导价、政府定价时所应建立听证制度以及《立法法》规定的在起草行政法规时所采取的听证。

1. 听证的适用范围

影响相对人合法权益的行政法规、规章、规范性文件、行政决策都属于听证的范围，在具体的法律中也明确规定了行政处理决定听证。目前，行政听证只限于行政立法、政府指导价和政府定价的确定、环境影响评价、行政处罚和行政许可，对于行政强制、行政征收、行政征用、行政给付以及除行政立法以外的其他抽象性行政行为等没有规定听证程序。而且《行政处罚法》只规定了听证仅限于责令停产停业、吊销许可证和执照、较大数额罚

① 参见姜明安主编：《行政程序研究》，43～44页，北京，北京大学出版社，2006。

款等行政处罚决定，《治安管理处罚法》规定吊销许可证以及处2 000元以上罚款的治安管理处罚决定可以听证，其他的具体行政行为被排除在听证程序外。同时应注意，行政机关执行军事和外交任务的行政行为以及在特殊情况下采取的紧急行为等可以排除适用听证程序。

2. 听证主体

听证主体包括听证主持人、听证当事人及其代理人、行政机关调查人员和其他听证参加人等。听证主持人负责听证活动组织工作的调解和控制，保证听证程序依法顺利进行，其由作出行政决策或处理决定的行政机关内部工作人员担任，排除了行政处理决定的调查人员。听证当事人是指合法权益受行政行为影响的公民、法人或其他组织，当事人可以亲自参加听证，也可以聘请代理人参加听证。行政机关调查人员是指行政机关处理具体案件时承担调查取证职责的工作人员。其他听证参加人包括证人、鉴定人、翻译人员等。

3. 听证的基本程序

(1) 告知和通知。听证程序的启动包括行政机关自行决定和应行政相对人的申请进行听证。告知是行政机关在作出决定前将决定的事实和法律理由以及要求听证的权利等依法定形式告知利害关系人。通知是行政机关将有关听证的事项（听证的时间、地点以及涉及的事实、法律问题等）在法定期限内通告利害关系人，以使利害关系人有充分的时间准备参加听证。

(2) 公开听证。除涉及国家秘密、商业秘密和个人隐私，听证可以不公开进行外，听证必须公开举行。

(3) 委托代理。行政相对人可以自己参加听证，也可以委托代理人参加听证，以维护自己的合法权益。

(4) 对抗辩论。对抗辩论是由行政机关提出决定的事实和法律依据，行政相对人对此提出质疑和反诘，从而使案件事实更趋真实可靠，行政决定更趋于公正、合理。

(5) 制作笔录。听证全部过程必须以记录的形式保存下来，对当事人在听证中提出的意见，应认真考虑，作出接受与否的决定并说明理由，行政机关的决定应依据听证笔录作出。

听证制度是行政程序法基本制度的核心，其他行政程序制度在听证制度中亦有体现，主要包括：

(1) 回避制度。回避制度是指行政机关的公务员在行使职权过程中因其与所处理的法律事务有利害关系，为保证实体处理结果和程序进展的公平性，依法使其回避的一种法律制度。回避有自行回避和申请回避两种方式，其范围主要包括亲属回避、地域回避和公务回避等。我国《公务员法》、《行政处罚法》、《行政监察法》等都规定了回避制度。在听证程序中，听证主持人和案件的调查人员都适用回避的规定，不能与听证事项有直接利害关系。《行政处罚法》第42条中规定："听证由行政机关指定的非本案调查人员主持；当事人认为主持人与本案有直接利害关系的，有权申请回避。"再如《司法行政机关行政处罚听证程序规定》第8条规定："听证主持人有下列情形之一的，应当自行回避，当事人有权以口头或者书面方式申请其回避：（一）本案当事人或者委托代理人的近亲属；（二）与本案有利害关系；（三）与案件当事人有其他关系，可能影响听证公正进行的。”

（2）职能分离制度。职能分离制度指在行政机关内部运用分权原则，要求行政机关将其内部的某些相关职能加以分离使之分属于不同的机构或不同的工作人员掌管或行使，如行政处罚中调查、控告职能与作出处罚职能的分离，处罚决定职能和决定执行职能的分离等。通过行政机关内部分权，达到相互制约，保护相对人合法权益的目的。听证程序中，听证主持人由行政机关中非案件调查人员的工作人员担任，案件调查人员与听证人员职能分离。

（3）案卷制度。案卷制度是指行政主体的行政行为所依据的证据、记录和法律文书等，根据一定的顺序组成的书面材料。案卷是行政行为作出过程和支持行政行为合法性的重要依据。[①] 它具备以下特点：通过合法手段获得的与案件有关的材料；在行政程序结束之后调取的证据或其他书面材料不得成为案卷的一部分；根据案卷排他性原则，行政行为只能依据案卷作出。案卷制度可以防止行政机关恣意行使职权、为行政复议或行政诉讼对行政行为进行审查提供事实材料。《行政许可法》第 48 条中规定：“听证应当制作笔录，听证笔录应当交听证参加人确认无误后签字或者盖章。行政机关应当根据听证笔录，作出行政许可决定。”

（七）信息公开

信息公开也称情报公开，是现代行政程序的一项重要制度。信息公开的范围非常广泛，涉及行政法规、规章、行政政策、行政决定以及行政机关据以作出相应决定的有关材料，行政统计资料，行政机关的有关工作制度，办事规则及手续等。所有这些行政情报资料，凡是涉及行政相对人权利义务的，只要不属于法律、法规规定应予保密的范围，都应依法向社会公开，任何公民、组织均可依法查阅和复制。信息公开有利于公民参政和实现自己的权利，并可以有效地防止行政腐败。我国有关信息公开制度的规定很少，《行政复议法》中申请人卷宗阅览权的规定属其中一则。

（八）电子政务

电子政务是指政府通过信息通信技术手段的密集性和战略性，应用组织公共管理的方式，旨在提供效率、增强政府的透明度、改善财政约束、改进公共政策的质量和决策的科学性，建立良好的政府之间、政府与社会、社区以及政府与公民之间的关系，提供公共服务的质量，赢得广泛的社会参与度。

电子政务的种类包括政府间电子政务、政府一商业机构间电子政务和政府一公民间电子政务三种。

（九）简易程序

简易程序是相对于一般行政程序而言的，是指对于某些事实清楚、情节简单、争议不大，且对行政相对人权益影响程度较低的行政管理事务，或者在紧急情况下，为了维护社会公共利益的需要，行政主体可以当场作出相应处理决定的制度。简化程序的价值在于提

① 参见姜明安主编：《行政法与行政诉讼法》，277 页，北京，北京大学出版社、高等教育出版社，1999。

高行政效率，而这不可避免地与行政程序中的公正价值发生冲突。为了协调效率和公正的价值冲突，在简易程序中必须包含说明理由、听取意见、告知、回避等程序，从而保证简易程序的正当性。在我国行政立法中，简易程序作为一种独立的程序制度首次出现在1996年《行政处罚法》中的当场处罚程序之中。

【思考】

1. 探讨在宪政（从控制权力到规范权力）视野下我国行政程序的意义。
2. 探讨公开、公正、公平原则在我国行政程序中的体现与完善。
3. 探讨“法典化”在我国行政程序立法中的必要性。

第三节　行政程序的法律责任

【案例13—4】罗万林诉阜康司法局公证行政决定案

【基本案情】

原告：罗万林。

被告：新疆维吾尔自治区昌吉回族自治州阜康市司法局。

第三人：阜康市公证处。

第三人公证处就原告罗万林与借款人胡兆文间的贷款合同作出（1994）阜证字第945号公证书。后借款人胡兆文逾期未偿还借款，罗万林向人民法院起诉请求抵押担保人张浩承担责任，法院以担保人张浩在公证时未到场，该担保无效为由判决予以驳回。罗万林遂又向被告司法局提出申请，要求撤销（1994）阜证字第945号公证书。该司法局作出（2003）阜司决字第1号行政处理决定书，确认公证处的公证行为合法、正确，决定（1994）阜证字第945号公证书予以维持。故原告起诉请求人民法院依法撤销被告司法局的行政处理决定。

原告诉称：第三人公证处在担保人未出席的情况下对原告与借款人的借款合同作出公证。在原告起诉要求张浩承担担保责任诉讼中，该担保效力未被法院确认，造成原告承担败诉的后果。为此申请司法局撤销公证处错误决定，但被告维持了该公证行为。故请求人民法院撤销司法局的行政处理决定。

被告司法局辩称：阜康市公证处出具的公证书，程序和内容并无错误，担保人张浩虽未到场，但提供的材料足以证明其同意担保的意思表示，且当时法律、法规并无担保人必须到场的规定。因此司法局作出的维持公证的行政处理决定事实清楚、程序合法、适用法律正确，请求法院维持。

第三人公证处同意司法局的答辩意见。

一审判决：（1）撤销司法局（2003）阜司决字第1号行政处理决定。（2）撤销公证处（1994）阜证字第945号公证书。

司法局、公证处不服，上诉请求二审法院撤销原判，驳回罗万林的诉讼请求。

二审法院判决：(1) 维持阜康市人民法院 (2003) 阜行初字第 8 号行政判决第 1 项，撤销阜康市人民法院 (2003) 阜行初字第 8 号行政判决第 2 项；(2) 阜康市司法局在判决生效后 30 日内重新作出行政处理决定。

【法律问题】

公证处的公证行为是否违反了法定程序？如果违反了法定程序，法院可否直接予以撤销？

【法律链接】

《中华人民共和国公证暂行条例》①

第十六条　当事人申请公证，应当亲自到公证处提出书面或口头申请。如果委托别人代理的，必须提出有代理权的证件。但申请公证证明委托、声明书、收养子女、遗嘱、签名印鉴的，不得委托别人代理；当事人确有困难时，公证员可到当事人所在地办理公证事务。

第二十六条　公证处或者它的同级司法行政机关、上级司法行政机关，如发现已经发出的公证文书有不当或者错误，应当撤销。

《行政诉讼法》

第五十四条　人民法院经过审理，根据不同情况，分别作出以下判决：

(一) 具体行政行为证据确凿，适用法律、法规正确，符合法定程序的，判决维持。

(二) 具体行政行为有下列情形之一的，判决撤销或者部分撤销，并可以判决被告重新作出具体行政行为：

1. 主要证据不足的；

2. 适用法律、法规错误的；

3. 违反法定程序的；

4. 超越职权的；

5. 滥用职权的。

(三) 被告不履行或者拖延履行法定职责的，判决其在一定期限内履行。

(四) 行政处罚显失公正的，可以判决变更。

【案例分析】

这是一则不服司法局公证行政决定的行政案件，本案的焦点问题在于程序违法的法律责任。

《公证暂行条例》第 16 条规定了严格的公证办理程序。在本案中，第三人公证处在公证涉及抵押担保的借款合同时，在担保人未到场的情况下，仅仅审查了借款合同债权人和债务人提供的材料，对尚不存在的担保合同做了公证，该公证行为违反了法定程序，其监督机关应对此予以撤销。但是，一审法院在判决中直接撤销违反程序的公证书是不妥的。这涉及行政诉讼中的事实审查标准问题，法院只对被诉具体行政行为的合法性问题进行审

① 现已被《中华人民共和国公证法》(2005 年) 所取代。本案发生时，适用当时施行有效的上述公证暂行条例。

查。在行政诉讼中，法官和行政官员分别在法律和事实问题上有着各自的优势，如果法官可以任意地以自己的判决替代行政官员的行政决定，将导致行政权和审判权的严重失衡。本案中，公证行为不是行政诉讼的审查对象，公证处也不是行政诉讼的被告，因而二审法院依法撤销阜康市人民法院（2003）阜行初字第8号行政判决第2项是正确的。

根据《公证暂行条例》第26条的规定，被告司法局作为公证处的同级司法机关应该对公证处的公证予以撤销。由于被告司法局的行政处理决定维持了程序违法的错误公证，根据《行政诉讼法》第54条第2项的规定，法院应撤销该行政处理决定。因此，一审法院的撤销判决是正确的。但是由于一审法院仅仅判决撤销司法局的行政处理决定，如果司法局不重新作出行政处理决定撤销程序违法的错误公证，那么原告罗万林的诉讼目的仍然无法达到。二审法院正是基于此点考虑，在维持一审法院撤销被告司法局行政处理决定判决的同时，加判上诉人司法局重新作出具体行政行为是十分妥当的，不仅充分保障了原告的合法权益，而且确保行政秩序得以实现。

【探讨】

1. 行政主体程序违法应承担哪些形式的法律责任？
2. 行政程序瑕疵补正的方式有哪些？
3. 违反法定程序的授益行政行为是否应当撤销或宣告无效？

【学理研习】

（一）行政决定的无效、撤销、责令补正

行政决定的无效是指行政机关的处理决定因不具备有效条件而完全失效。我国《行政处罚法》第41条规定："行政机关及其执法人员在作出行政处罚决定之前，不依照本法第三十一条、第三十二条的规定向当事人告知给予行政处罚的事实、理由和依据，或者拒绝听取当事人的陈述、申辩，行政处罚决定不能成立；当事人放弃陈述或者申辩权利的除外。"

行政决定的撤销是指行政机关对已生效的决定予以取消，从而使该行政决定自始无效。撤销具有溯及既往的效力。

行政决定的责令补正是指对于违法的行政行为在行政复议或行政诉讼等行政救济中经审查后发现的，由有关国家机关依法责令行政主体补正。经补正的行政行为，与合法行政行为一样具有法律效力，即其法律效力不受影响。但是应补正的行政行为在补正前或者行政主体拒绝补正的，除个别情况外，不具有法律效力。

（二）行政程序的法律责任

目前，我国法律对程序违法的法律责任有两种规定，一种是《行政诉讼法》规定的程序违法，判决撤销，同时判决行政机关重新作出具体行政行为。这样做的目的就是使行政机关由于程序违法而承担败诉责任，体现依法行政的要求。另一种是《行政处罚法》的规定，如果执法者程序违法时主观上有故意，那就应该追究其损害国家、社会利益的责任，除承担败诉责任外，还应由行政机关主动或经司法建议后，视情节轻重给予执法工作人员以行政处分。在《湖南省行政程序规定》等地方行政立法中，对于程序违法的法律责任也作出了规范，值得关注和研究。①

【思考】

1. 行政程序法律责任裁量空间的限度。

2. 行政程序法律责任的理论基础（比较：正当法律程序原则、自然正义原则、正当行政程序原则等）。

3. 行政程序法律责任的价值。

【问题与思考】

非典期间，某省为了从重从快打击擅自提高药品价格、扰乱市场的行为，发出题为《关于要求在“非典”防治时期提高听证程序规定罚款标准的紧急请示的答复》（某府法函（2003）59 号）的紧急通知，全文如下：

省物价局：

你局《关于要求在“非典”防治时期提高听证程序规定罚款标准的紧急请示》收悉。鉴于当前价格违法案件增多，依法罚款的数额较大等情况，为尽快查处与“非典”防治有关的价格违法行为，保证市场秩序的稳定，同时，为减少人员聚集，有利于“非典”防治工作，经研究，并报省政府同意，现答复如下：

在“非典”防治的特殊时期，全省各级物价部门作为价格行政主管部门，在作出对公民处以1 000元以上的罚款、对法人或其他组织处以10 000元以上的罚款决定之前，可不举行听证，但应将此情况告知当事人。“非典”疫情解除后，对公民、法人或其他组织处以较大数额罚款前，仍按《某省行政处罚听证程序规定》（某政（1997）66 号）举行听证。本省其他行政执法部门查处与“非典”防治有关的违法行为，对公民、法人或其他组织处以较大数额罚款涉及听证的，按本答复执行。

而《某省行政处罚听证程序规定》第 3 条规定：行政机关作出责令停产停业、吊销许可证或者执照，较大数额罚款等行政处罚决定之前，应当告知当事人有要求举行听证的权利；当事人要求听证的，该行政机关应当组织听证。前款中较大数额罚款是指对公民处以1 000元以上的罚款，对法人或其他组织处以10 000元以上的罚款。国家有关部门对较大数额罚款已有规定的，从其规定。

请问：

1. 对于某省在“非典”时期对本应该遵循听证程序的案件加以特殊处理的做法，应当如何进行评价？

2. 比例原则在紧急状态下对权力限制是否适用？

---

① 在《湖南省行政程序规定》第九章对此用 7 个法条（第 167～173 条）规定了责任追究机制。

第四编

行政法上的监督与救济

导读：对行政的监督是指享有监督权的公民或组织对行政主体一方（行政主体、法律法规授权组织以及行政公务人员）的监督，也有学者称之为“监督行政”或“行政法制监督”。对行政的监督是控制行政权行使的一种有效制度，能够预防和惩治逾越、滥用和放弃行政权的行为，维护正常的行政秩序，保障公民的权利。具体说来，有以下两方面的作用：一是监督行政权的行使。行政主体掌控着丰富的政治、经济、文化和社会资源，因此行政权极易被滥用或不作为，必须接受监督。而享有监督权的国家机关、社会组织和公民采用各种方式进行的监督，既可及时发现行政主体一方的违法情况，并作出相应的处理，从而纠正行政违法现象；也可促使处于被监督状态之下的行政机关加强自律机制，改善内部管理，规范行政公务人员的行为，防患于未然。二是保障公民的合法权利。强大的行政权常常会对公民的权利造成巨大威胁，因此对行政的监督在纠正了行政违法的同时，也保障了公民的合法权利。此外，通过国家机关、新闻媒体、政党、社会团体等对行政主体一方进行的监督，公民可以充分地行使知情权、参政权等民主权利。如果公民的合法权利受到侵害，可以通过救济机制予以补救。俗话说，没有监督，势必滥用权力；没有救济，也就没有权利。因此，本编以较大的篇幅，透过一些典型案例，分析讨论对行政的监督，包括国家权力性的监督和非国家权力性的监督，专门讨论行政违法、行政不当、监督行政、行政责任、行政救济等监督救济法制的一些重要范畴。在此基础上，逐一研究行政复议、行政赔偿、行政补偿等广义行政救济制度。其中，行政诉讼制度是广义行政救济法制的最重要制度设计之一，建立于资产阶级革命胜利之后，其理论基础源自古希腊亚里士多德和法国孟德斯鸠的权力分立与制衡的思想，以及有关法治理念和宪政理念，其基本理念是“以权力制约权力”，行使国家行政权力的过程必须依法加以强有力的外部监督约束。现代国家建立行政诉讼制度的目的，在于解决行政争议，保障和救济公民、法人和其他组织的合法权益，同时更要对国家行政活动的合法性加以监督，从而也就更有效地保障公民、法人和其他组织的合法权益。就推进依法行政、建设法治政府而言，行政诉讼是一支重要的外部监督力量和社会稳定力量，是常规状态下公民合法权利救济的最后一道主要的法律保障线，在现代宪政和行政法治体系中扮演了不可替代的重要角色。由于篇幅所限，本编没有专门设置行政诉讼章节，但本编以及全书已选用了许多行政诉讼案例，可结合起来思考讨论。

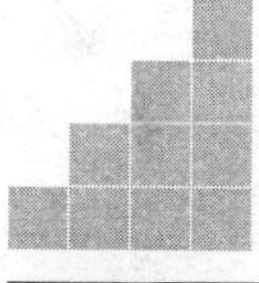

第十四章

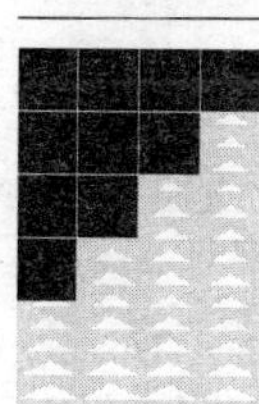

行政法上的监督与救济概述

参考资料

1. 蔡定剑. 国家权力机关的监督. 见：应松年主编. 当代中国行政法. 北京：中国方正出版社，2005

2. 朱维究主编. 政府法制监督论. 北京：中国政法大学出版社，1994

3. 皮纯协主编. 行政法学. 北京：群众出版社，2000

4. 王周户. 行政系统监督. 见：应松年主编. 当代中国行政法. 北京：中国方正出版社，2005

5. 张献辉主编. 行政监察法新释与例解. 北京：同心出版社，2001

本章提要

对行政的监督是指享有监督权的公民或组织对行政主体及其公务员的监督。不同的监督主体和监督内容会产生对行政的监督制度的不同设计，本章主要阐述对行政的监督的概念、类型和原则，对我国的国家权力性监督制度包括立法机关监督、司法监督、行政内部监督和行政信访等进行系统介绍。

第一节 对行政的监督的概念、类型和原则

【案例14—1】广东省人大代表对省环保局行使质询权

【基本案情】

2000年，出席广东省九届人大三次会议的佛山代表团20名人大代表就南江工业园电镀城污染问题质询省环保局，人大代表对省环保局的答复进行了表决，满意与不满意比为5∶23，受质询机关再作了答复。但代表对于第二次答复更加不满，进而联名提出撤销环保局一名副局长的建议。这在全国引起了较大的反响。①

【法律问题】

本案中，存在着哪种对行政的监督方式？除了这一监督方式之外，对于行政还可以采用哪些监督方式？

【法律链接】

《中华人民共和国宪法》

第七十三条 全国人民代表大会代表在全国人民代表大会开会期间，全国人民代表大会常务委员会组成人员在常务委员会开会期间，有权依照法律规定的程序提出对国务院或者国务院各部、各委员会的质询案。受质询的机关必须负责答复。

《地方组织法》

第二十八条 地方各级人民代表大会举行会议的时候，代表十人以上联名可以书面提出对本级人民政府和它所属各工作部门以及人民法院、人民检察院的质询案。质询案必须写明质询对象、质询的问题和内容。

质询案由主席团决定交由受质询机关在主席团会议、大会全体会议或者有关的专门委员会会议上口头答复，或者由受质询机关书面答复。在主席团会议或者专门委员会会议上答复的，提质询案的代表有权列席会议，发表意见；主席团认为必要的时候，可以将答复质询案的情况报告印发会议。

质询案以口头答复的，应当由受质询机关的负责人到会答复；质询案以书面答复的，应当由受质询机关的负责人签署，由主席团印发会议或者印发提质询案的代表。

【案例分析】

本案中的监督是人民代表大会对行政的监督，属于立法机关对行政的监督。除此之外，还可以有行政内部监督、政党监督、社会组织监督、公民个人监督及新闻媒体监督等方式。

【探讨】

对行政的监督的概念如何界定？对行政的监督共有哪些类型？对行政的监督需要遵循哪些基本原则？

---

① 参见田必耀：《对人大质询制度设计和实践的审视》，载《人大研究》，2005（11）。

【学理研习】

（一）概念

对行政的监督，顾名思义，是指享有监督权的公民或组织对行政主体及其公务员的监督，也有学者称之为“监督行政”、“行政法制监督”或“政府法制监督”①。

有些行政法教科书中所称的“行政监督”与我们这里的对行政的监督不是同一个概念，它是指由行政主体对行政相对人是否依法行使权利和履行义务进行的监督。② 实际上等同于行政执法中的行政监督检查，二者的区别在于：第一，监督对象不同。对行政的监督的对象是行政主体及公务员，而行政监督的对象是行政相对人。第二，监督主体不同。对行政的监督的主体是国家权力机关、司法机关、行政系统内部的监督机关以及国家机关的之外的公民、组织，而行政监督的主体是行政主体。第三，监督的内容不同。对行政的监督主要是对行政主体行为合法性和公务员遵纪守法的监督；而行政监督是对行政相对人遵守法律和履行法律上的义务的监督。第四，监督的方式不同。对行政的监督主要采取权力机关调查、质询、评议、行政监察、审计、司法机关的抗诉、行政诉讼等方式进行，而行政监督主要采取检查、检验、统计、鉴定等方式。

也有的教材把行政监督界定为行政机关以及其他行政主体的内部监督及对公民、法人和其他组织实施的外部监督。③ 这个概念包括了行政主体的内部监督和行政主体对行政相对人的外部监督。但我们认为，这种概念过于宽泛，把两种性质完全不同的制度杂糅在一起，反而不利于对监督行政权的研究。

因此，本章所界定的对行政的监督包括了两部分内容：一是对行政的内部监督，即行政系统内所进行的监督，这属于国家权力性监督；二是对行政的外部监督，既包括属于国家权力性监督的立法监督和司法监督，也包括非国家权力性监督的政党监督、社会组织监督、公民个人监督及新闻媒体监督等。

【思考】

我国行政法学者按自己对监督主体、监督对象、监督内容等要素的不同理解和研究题目的侧重，而对行政法上的监督问题作出了不同的划分和表述。例如，从对监督主体范围的理解之角度看，除了“行政监督”这个概念通常被理解为仅指行政系统内部进行的监督制约而较少歧见以外，学者们对行政法上的监督可以说理解不一。从监督主体的角度来看，可大致分为五种：（1）最狭义理解，认为监督主体是除行政机关以外的国家机关；（2）狭义理解，认为监督主体是各级各类国家机关（按此种理解，罗豪才教授主编教材称之为“监督行政行为”、应松年教授主编教材称之为“对行政的监督”）；（3）较狭义理解，认为监督主体是除行政机关以外的有监督权的国家机关和各类社会组织；（4）较广义理解，认

① 莫于川：《行政法治监督与救济概述》，载皮纯协主编：《行政法学》，223 页，北京，群众出版社，2000。

② 参见王岷灿主编：《行政法概要》，136 页，北京，法律出版社，1983。

③ 参见皮纯协、张成福主编：《行政法学》，399 页，北京，中国人民大学出版社，2002。

为监督主体是有监督权的国家机关和各类社会组织；（5）广义理解，认为监督主体是有监督权的国家机关和各类社会组织、公民（按此种理解，王连昌教授主编教材称之为“监督行政”、许崇德教授和皮纯协教授主编的著作称之为“行政法制监督”、朱维究教授主编的著作称之为“政府法制监督”①）。请思考：你赞成哪种理解？理由何在？

（二）类型

1. 按照监督的主体不同，可以分为：（1）国家权力性监督，包括立法机关的监督、司法机关的监督（包括审判机关和检察机关的监督），包括层级监督、专门监督（如审计机关和行政监察机关的监督）。（2）非国家权力性监督，也称社会政治民主监督，包括：执政党——中国共产党的监督、民主党派和政协的监督、社会团体的监督、新闻媒体的监督、公民个人的监督，等等。

2. 按照监督的对象不同，可以分为：（1）侧重于对行政机关的监督，如行政复议、行政诉讼等；（2）侧重于对公务员的监督，如行政监察等；（3）同时针对行政机关和公务员的监督，如立法机关的监督。

3. 按照监督范围的不同，可以分为：（1）对抽象行政行为的监督，比如立法机关或上级行政机关对规范性文件的撤销或改变；（2）对具体行政行为的监督，如法院撤销违法的具体行政行为。

4. 按照监督的内容的不同，可以分为：（1）合法性监督，如法院对具体行政行为合法性审查；（2）合理性监督，如上级行政机关在行政复议中对下级行政机关的行为的合理性进行的审查。

5. 按照监督程序的不同，可以分为：（1）事前监督，这是一种预防性的监督，如人大代表视察行政机关的工作并提出建议；（2）事后监督，其目的在于事后纠错和补救，如行政复议、行政诉讼等；（3）全程监督，如上级行政机关对下级行政机关进行的层级监督，包括事前建议、事中检查、事后纠错。

6. 按照监督的法律效力的不同，可以分为：（1）直接产生法律效力的监督，如立法机关作出的撤销地方政府规章的决定，法院作出的撤销具体行政行为的判决；（2）不直接产生法律效力的监督，如政党、社团、媒体、公民对行政机关提出的批评和建议，不直接产生法律效力，但会产生一定的影响力，如启动立法监督程序，转化为相应的法律效力。②

（三）原则

对行政的监督的原则是指贯穿于对行政的监督全过程的基本准则。综合而言，对行政的监督的基本原则应包括以下八方面：（1）高位原则，即应通过立法赋予监督职能机构以

---

① 罗豪才主编：《行政法学》，北京，中国政法大学出版社，1996；应松年主编：《行政法学新论》，北京，中国方正出版社，1998；王连昌主编：《行政法学》，北京，中国政法大学出版社，1997；许崇德、皮纯协主编：《新中国行政法学研究综述》，北京，法律出版社，1991；朱维究主编：《政府法制监督论》，北京，中国政法大学出版社，1994。

② 参见许崇德、皮纯协主编：《新中国行政法学研究综述》，577～580页，北京，法律出版社，1991；应松年主编：《行政法学新论》，545～547页，北京，中国方正出版社，1998。

较高的地位和较大的职权，增强其权威性；（2）强效原则，即应使监督职能机构拥有强硬、高效和完备的监督手段[①]；（3）专职原则，即应切实做到监督机构必须专司监督之职，不要兼司他职；（4）独立原则，即应使监督者在人、财、物和监督工作等方面具有必要的自主独立性；（5）网络原则，即形成以立法机关监督委员会牵头的网络化监督组织体系；（6）民主原则，即充分发挥民主党派、人民团体、各种社会组织、传媒和人民群众在监督工作中的特殊作用；（7）责任原则，即从制度上、组织上明确规定对某一行政权力行使过程的监督由谁负责及其失职责任，做到“监督者受监督”；（8）保障原则，即从各个方面对监督职能部门及其工作人员（包括对各种社会监督力量）予以充分的法律和政策保障。[②]

第二节　我国的国家权力性监督

【案例14—2】北京市朝阳区人民法院向国家认监委和卫生部发出司法建议书

【基本案情】

朝阳区人民法院在审理李刚因卫生部下设的专家咨询性组织全国牙防组涉嫌非法认证口腔保健用品而起诉乐天木糖醇口香糖的生产商乐天（中国）食品有限公司、销售商北京家乐福和物美商业有限公司及全国牙防组的设立和主管机关中华人民共和国卫生部一案中，发现全国牙防组超出卫生部的授权范围擅自对外开展口腔保健用品的认证活动，违反了《中华人民共和国认证认可条例》的规定，遂分别向卫生部和国家认监委发出司法建议书，其中，建议国家认监委切实行使监管职能，对全国牙防组对外开展的认证活动进行审查，并依照有关规定作出处罚等处理决定；建议卫生部加强对全国牙防组业务活动的监管，对其违法认证行为展开调查并依法作出处理。2006年11月，国家认监委率先就其解决和规范认证认可活动的有关情况向法院作出专门函复，表示要积极采取措施，加强对全国范围内认证活动和认证市场的监督管理。12月25日，继国家认监委的复函之后，朝阳区人民法院再次收到卫生部就此问题的复函，卫生部在复函中表示对法院提出的司法建议十分重视，针对司法建议中提到的问题，卫生部有关部门迅速采取了一系列措施，并表示已经与国家认监委共同协商，决定将口腔保健品纳入国家认证认可管理工作，并正在和国家认监委着手建立我国统一的口腔保健用品认证制度，并制定口腔保健用品的认证认可管理办法和行业标准。[③]

---

① 参见许崇德、皮纯协：《新中国行政法学研究综述》，575～577页，北京，法律出版社，1991。

② 参见黎国智、王连昌、莫于川：《强化和完善我国监督法制的宏观思考》，载《理论建设》，1994（2）。

③ 参见赵艳群：《卫生部重视司法建议　建立制度彻底杜绝伪认证》，载中国法院网，http：//www.chinacourt.org/，2006-12-25。

【法律问题】

朝阳区人民法院向国家认监委及卫生部发出司法建议书的行为如何定性?

【法律链接】

《行政诉讼法司法解释》

第五十九条　根据《行政诉讼法》第五十四条第（二）项规定判决撤销违法的被诉具体行政行为，将会给国家利益、公共利益或者他人合法权益造成损失的，人民法院在判决撤销的同时，可以分别采取以下方式处理：

（一）判决被告重新作出具体行政行为；

（二）责令被诉行政机关采取相应的补救措施；

（三）向被告和有关机关提出司法建议；

（四）发现违法犯罪行为的，建议有权机关依法处理。

【案例分析】

在法院对行政权的各种监督方式中，司法建议书对于行政机关纠正和改进行政行为发挥了一定的积极作用，法院对于行政机关行为的建议被采纳之后可以预防今后类似行政纠纷的发生，有利于依法行政。

【探讨】

法院对于行政的监督还存在哪些方式？除了法院之外，检察院承担了哪些对行政的监督职能？

【案例14—3】市监察局对第三施工队监察案

【基本案情】

刘某系某市政工程处市政工程实业公司第三施工队队长兼会计。按规定，市政工程实业公司只收取施工队上缴的管理费，并以公司的名义代各施工队支付税金，施工队队长工资及施工队工人工资全部由施工队自理，自负盈亏。刘某以市政工程实业公司名义承揽地区粮食站大坑、市废旧物资公司等多项工程，共收入工程费7万元，除上缴给市政工程实业公司管理费、税金、运土费、工人工资等共计6万元外，刘某还涂改、伪造工资单，加大支出，虚报土方，制作假账，将结余现款1万元据为己有。市监察局根据举报对第三施工队进行了检查。①

【法律问题】

本案中，市监察局对第三施工队的监督如何定性？市监察局有无管辖权？

【法律链接】

《中华人民共和国行政监察法》

第十五条　国务院监察机关对国务院各部门及其国家公务员、国务院及国务院各部门任命的其他人员、省、自治区、直辖市人民政府及其领导人员进行监察。

① 案例来源：张献辉主编：《行政监察法新释与例解》，89～90页，北京，同心出版社，2001。

第十六条　县级以上地方各级人民政府监察机关对本级人民政府各部门及其国家公务员、本级人民政府及本级人民政府各部门任命的其他人员，下一级人民政府及其领导人员实施监察，县、自治县、不设区的市、市辖区人民政府监察机关还对本辖区所属的乡、民族乡、镇人民政府的国家公务员以及乡、民族乡、镇人民政府任命的其他人员实施监察。

【案例分析】

行政监察是指行政系统中专门设置的监察机关对行政机关及公务员的行为进行监察及惩戒的一种监督形式。其监察对象是行政机关及公务员的行为。而本案中第三施工队实质上与市政工程实业公司不具有行政隶属关系，刘某也不是市人民政府或其所属部门任命的人员，因此，不属于监察对象，市监察局对其无管辖权。

【探讨】

除了行政监察之外，行政内部的监督还包括哪些形式？

【学理研习】

（一）立法机关的监督

1. 概念。立法机关的监督是享有立法权的机关对行政主体及公务员进行的监督。在我国，根据宪法规定，国家的一切权力属于人民，而人民行使国家权力的机关是人民代表大会，行政机关由人民代表大会产生，是权力机关的执行机关，对它负责，受它监督。因此，我国的立法机关监督是指全国人民代表大会和地方各级人民代表大会及其常委会对行政主体及公务员行使行政权的行为所进行的监督。而西方国家的立法监督则主要指的是议会监督。

2. 特征。立法机关监督行政具有如下三个特征：

(1) 民主性。由于立法机关是由人民选举的代表组成的，它代表人民行使对行政权的监督权，因而具有广泛的民主基础。

(2) 权威性。在我国，作为立法机关的人民代表大会是国家权力机关，因此它的监督具有最高的权威性，它有权撤销行政机关制定的行政法规、规章或规范性文件，也有权罢免行政机关的组成人员，具有高度的权威性。

(3) 综合性。相比其他监督方式而言，立法机关的监督更加全面综合，既可以监督行政主体的抽象行政行为，也可以监督具体行政行为；既可以监督行政主体，也可以监督公务员；既是一种法律监督，也是一种政治监督。

3. 内容。立法机关对行政的监督的内容及采取的方式是十分广泛的，概括而言，主要可以分为三方面内容：法律监督、工作监督和人事监督。

(1) 法律监督。主要体现在两方面：

第一，对行政立法的备案与审查。行政立法包括行政法规、部门规章、自治条例、单行条例和地方政府规章。备案是指行政立法在公布后的一定期限内，由法定机关报送人大存档，以备审查。根据《立法法》第89条的规定，在公布后的30日内，行政法规应当向全国人大常委会备案，地方政府规章应当向本级人大常委会备案，较大的市制定的规章应当报本级人大常委会和省、自治区的人大常委会备案。

审查是指人大对报送备案的法规是否与宪法和法律相抵触进行审查，并提出审查意见。根据《宪法》和《立法法》的规定，全国人大常委会有权撤销国务院制定的同宪法、法律相抵触的行政法规、决定和命令，《立法法》第90、91条以及2005年修订的《法规备案审查工作程序》对于提请全国人大常委会审查行政法规的主体和程序作了具体规定。

根据《宪法》、《地方组织法》、《立法法》及《中华人民共和国各级人民代表大会常务委员会监督法》（以下简称《人大常委会监督法》）的规定，地方各级人大及其常委会有权撤销本级人民政府不适当的决定和命令，地方人大常委会有权撤销本级人民政府制定的不适当的规章。所谓不适当包括以下情形：超越法定权限，限制或者剥夺公民、法人和其他组织的合法权利，或者增加公民、法人和其他组织的义务的；同法律、法规规定相抵触的；应当予以撤销的其他不适当的情形。

第二，对授权立法的监督。我国的授权立法主要包括：全国人大及其常委会授权国务院制定有关行政法规，全国人大常委会在授权地方人大立法的同时授予同级地方政府立法权。授权决定应当明确授权的目的、范围，被授权机关应当严格按照授权目的和范围行使该项权力，在没有授权机关明确允许的情况下，被授权者不得进行再授权。关于对授权立法的监督，《立法法》第89条规定，根据授权制定的法规应当报授权决定规定的机关备案。该法第88条规定，授权机关有权撤销被授权机关制定的超越授权范围或者违背授权目的的法规，必要时可以撤销授权。

（2）工作监督。

1）听取政府工作报告 。我国《宪法》第92条明确规定，国务院对全国人民代表大会负责并报告工作；第110条规定，地方各级人民政府对本级人民代表大会负责并报告工作。

听取报告主要包括三个方面：第一，人大全体代表会议听取政府工作报告，对本级本届政府所作的工作报告进行审议，对政府工作进行全面评价，并通过大会决议。第二，人大及人大常委会听取和审议政府的专题工作报告，一般涉及的都是人民群众较为关心的问题，比如，十届全国人大常委会2006年2月听取了国务院关于农业和农村问题的专题工作报告。《人大常委会监督法》中设专章规定了人大常委会听取报告的程序。第三，人大各委员会听取政府有关部门的情况汇报，目的在于帮助人大的各委员会及时了解和掌握有关情况，协助人大及其常委会对政府工作的监督，比如，各级人大的财经委员会听取计划、经贸、财政、统计等各经济部门的工作汇报，从而了解经济运行情况。

2）对国民经济和社会发展计划（规划）与财政预算的监督。由于政府的一切工作都要建立在一定的计划（规划）[①] 和财政预算的基础之上，因而对计划（规划）和预算的监督是

① 从1953年开始的“一五”计划算起，中国编制实施国民经济和社会发展五年计划的框架体制，已有五十多年的历史。自2006年起，原来的“国民经济与社会发展五年计划”改称“国民经济与社会发展五年规划”，这一字之差体现了政府将更加注重对社会经济的宏观调控，发挥市场对社会资源的基础性作用，淡化过多过细的具体指标，从而实现职能转变。

立法机关的一项重要职权。

审批国家经济和社会发展计划（规划）制度包括以下内容：全国人大行使审查和批准全国的计划（规划）和计划（规划）执行情况的报告的权力；县级以上人民代表大会行使审查和批准本行政区域内的计划（规划）和计划（规划）执行情况的报告的权力；乡镇人民代表大会行使根据国家计划（规划）决定本行政区域内的经济、文化事业和公共事业的建设计划（规划）的权力；全国人大常委会行使在全国人大闭会期间，审查和批准计划（规划）在执行过程中所必须作的部分调整方案的权力；地方各级人大常委会行使根据本级人民政府的建议，决定本行政区域内计划（规划）部分变更的权力。根据《人大常委会监督法》规定，国务院和县级以上地方各级政府应当在每年6月至9月期间，向本级人大常委会报告本年度上一阶段国民经济和社会发展计划、预算的执行情况。常委会组成人员对国民经济和社会发展计划执行情况报告的审议意见交由本级政府研究处理，政府应当将研究处理情况向常委会提出书面报告。常委会听取的国民经济和社会发展计划执行情况报告及审议意见，政府对审议意见研究处理情况或者执行决议情况的报告，应当向本级人大代表通报并向社会公布。国民经济和社会发展五年规划经人大批准后，在实施的中期阶段，政府应当将规划实施情况的中期评估报告提请本级人大常委会审议。规划经中期评估需要调整的，人民政府应当将调整方案提请本级人大常委会审查和批准。

我国现行《宪法》、《地方组织法》、《预算法》、《审计法》、《人大常委会监督法》等均明确规定了各级人大及其常委会审批监督预算的职权，并赋予人大常委会审查批准决算和调整、变更部分预算的权力。各省也制定了加强预算监督的地方性法规。全国人大设立了财政经济委员会专门负责审查国家预算和监督预算的执行情况，全国人大常委会也成立了专门负责预算监督的预算工作委员会。而地方各级人大则多数在财经委员会下设立预算监督处，少数省、市人大常委会还设立了预算工作委员会。

人大对政府预算的审批程序主要包括三个步骤：第一，审查批准预算，即由财政部门向财经委员会和预算委员会通报预算编制情况，并由财经委员会对预算方案进行初审，形成审查报告的初步方案，然后，在人大召开会议期间，财经委员会根据各代表团和专门委员会的意见对预算进行审查，提出审查结果报告，提交大会主席团进行表决；第二，听取和审议财政审计报告，《审计法》明确规定，我国审计署和地方各级审计机关每年要接受本级政府的委托向本级人大常委会提出对预算执行和其他财政收支的审计工作报告，接受人大监督；第三，审议批准预算变更和调整，预算调整是指各级人大常委会在人大闭会期间对政府部门预算变更和调整的审批。①《人大常委会监督法》中还对各级人大常委会对国民经济和社会发展计划及预算、决算监督的程序进行了具体的规定。

3）询问、质询。询问是指人大及其代表在人大全体会议、代表团会议或专门委员会会议上审议政府工作报告或者议案的过程中，对政府及其领导人就有关行政活动提出疑问、

① 参见赵巨鹏：《预算监督专题研究》。转引自蔡定剑：《国家权力机关的监督》，载应松年主编：《当代中国行政法》，1599页，北京，中国方正出版社，2005。

了解情况的行为。《人大常委会监督法》中规定，各级人民代表大会常务委员会会议审议议案和有关报告时，本级人民政府或者有关部门、人民法院或者人民检察院应当派有关负责人员到会，听取意见，回答询问。询问一般以口头方式提出，要求当场答复，也可以在一定时期内作出答复。询问是人大及其代表行使知情权的体现，其程序比较灵活，因此在地方人大工作中被广泛采用。

质询是指人大及其代表对政府的某些行政行为提出质问，要求被质问的政府及部门在法定时间内正式作出答复的活动。与询问相比，质询涉及的问题更为重要，往往关系到公共利益。我国《全国人民代表大会组织法》规定，在全国人大审议议案时，代表可以向有关国家机关提出询问，由有关机关派人在代表小组或者代表团会议上进行说明。在全国人大会议期间，一个代表团或20名以上的代表，可以书面提出对国务院部委的质询案，由主席团决定交受质询机关书面答复，或者由受质询机关的领导人在主席团会议上或者专门委员会会议上口头答复；在主席团会议或专门委员会会议上答复的，提出质询案的代表团团长或提质询案的代表可以列席会议，发表意见。《人大常委会监督法》规定，在常委会会议期间，常委会组成人员10人以上，省、自治区、直辖市、自治州、设区的市人大常委会组成人员5人以上联名，县级人大常委会组成人员3人以上联名，可以向常委会书面提出对本级人民政府及其部门的质询案，质询案应当写明质询对象、质询的问题和内容。质询案由委员长会议或者主任会议决定交由受质询的机关答复。委员长会议或者主任会议可以决定由受质询机关在常委会会议上或者有关专门委员会会议上口头答复，或者由受质询机关书面答复。在专门委员会会议上答复的，提质询案的常委会组成人员有权列席会议，发表意见。委员长会议或者主任会议认为必要时，可以将答复质询案的情况报告印发常委会会议。提质询案的常委会组成人员的过半数对受质询机关的答复不满意的，可以提出要求，经委员长会议或者主任会议决定，由受质询机关再作答复。质询案以口头答复的，由受质询机关的负责人到会答复。质询案以书面答复的，由受质询机关的负责人签署。

4）特定问题调查。我国《宪法》规定，全国人大和全国人大常委会认为必要的时候，可以组织关于特定问题的调查委员会，对特定问题展开调查，并根据调查委员会的报告，作出相应的决议。《中华人民共和国全国人民代表大会常务委员会议事规则》对调查委员会作了具体的规定：主席团、3个以上的代表团或1/10以上的代表联名，可以提议组织关于特定问题的调查委员会，由主席团提请大会全体会议决定；调查委员会进行调查时，一切有关的国家机关、社会团体和公民都有义务如实向它提供必要的材料。调查委员会应当向全国人大提出调查报告，全国人大根据调查委员会的报告，可以作出相应的决议，全国人大可以授权全国人大常委会在全国人大闭会期间，听取调查委员会的报告，并可以作出相应的决议，报全国人大下次会议备案。《人大常委会监督法》规定，各级人大常委会对属于其职权范围内的事项，需要作出决议、决定，但有关重大事实不清的，可以组织关于特定问题的调查委员会。委员长会议或者主任会议可以向本级人大常委会提议组织关于特定问题的调查委员会，提请常务委员会审议。1/5以上常委会组成人员书面联名，可以向本级人大常委会提议组织关于特定问题的调查委员会，由委员长会议或者主任会议决定提请常委会审议，或者先交有关的专门委员会审议、提出报告，再决定提请常务委员会审议。调查委员会由主任委员、副主任委员和委员组成，由委员长会议或者主任会议在本级人民代表大会常务委员会组成人员和本级人民代表大会代表中提名，提请常务委员会审议通过。调查委员会可以聘请有关专家参加调查工作。与调查的问题有利害关系的常务委员会组成人员和其他人员不得参加调查委员会。调查委员会进行调查时，有关的国家机关、社会团体、企业事业组织和公民都有义务向其提供必要的材料。提供材料的公民要求对材料来源保密的，调查委员会应当予以保密。调查委员会在调查过程中，可以不公布调查的情况和材料。调查委员会应当向产生它的常委会提出调查报告。人大常委会根据报告，可以作出相应的决议、决定。《地方组织法》也对组织特定问题调查委员会作出了规定。

5）对政府工作的评议。这是我国地方人大及其常委会在监督方面探索出的新形式，即对政府部门及其领导实行工作评议和述职评议。

工作评议是指人大代表对于政府工作进行评议，由评议人员对被评议单位进行调查研究，形成评议意见，然后由评议对象提出整改方案，并在一定期限内完成整改任务，并向人大常委会反馈。

对政府领导的述职评议，指的是人大常委会对由它选举或任命的本级政府领导人或部门首长在一定任期内的工作听取汇报和进行评议的活动。参评的人大代表先组成调查组了解评议对象的情况，然后举行大会听取评议对象作述职报告，随后提出评议意见，由评议对象进行整改，人大及其常委会通过检查、听取汇报等形式，跟踪监督，促进整改，在3～6个月后，再召开述职评议整改情况的汇报会议，听取并审议评议对象关于整改情况的报告，作出评议结论。①

【思考】

在国外，议会通常采取信任与不信任投票的方式来对政府进行评议，如果信任投票没有获得通过或不信任投票获得通过，就会导致内阁的解散，以及政府首脑或部门首长的辞职或免职，甚至导致议会解散，重新举行大选。如2005年11月28日，由于“联邦赞助丑闻”，加拿大众议院通过了反对党提出的对政府不信任案，致使以马丁为总理的该届自由党政府垮台，并提前举行大选。②

请思考：国外议会对政府的不信任案与我国人大对政府的监督方式存在哪些不同？

6）对行政执法的监督。对行政执法的监督主要表现为行政执法检查的方式，行政执法检查是由各级人大及其常委会、人大的专门委员会对行政机关依法行政情况进行的检查和监督。《人大常委会监督法》对各级人大常委会的执法检查程序作了具体规定：

---

① 参见蔡定剑：《国家权力机关的监督》，载应松年主编：《当代中国行政法》，1609～1670页，北京，中国方正出版社，2005。

② 参见《加拿大议会通过对政府不信任案》，载人民网，http://world.people.com.cn/GB/1029/42355/3898054.html，2005-11-29。

第一，执法检查对象。各级人大常委会每年选择若干关系改革发展稳定大局和群众切身利益、社会普遍关注的重大问题，有计划地对有关法律、法规实施情况组织执法检查。常委会年度执法检查计划，经委员长会议或者主任会议通过，印发常务委员会组成人员并向社会公布。

第二，实施机构。常委会执法检查工作由本级人大有关专门委员会或者常委会有关工作机构具体组织实施。常委会根据年度执法检查计划，按照精干、效能的原则，组织执法检查组。执法检查组的组成人员，从本级人大常委会组成人员以及本级人大有关专门委员会组成人员中确定，并可以邀请本级人大代表参加。全国人大常委会和省、自治区、直辖市的人大常委会根据需要，可以委托下一级人大常委会对有关法律、法规在本行政区域内的实施情况进行检查。受委托的人大常委会应当将检查情况书面报送上一级人大常委会。

第三，执法检查结果。执法检查结束后，执法检查组应当及时提出执法检查报告，由委员长会议或者主任会议决定提请常委会审议。执法检查报告包括：对所检查的法律、法规实施情况进行评价，提出执法中存在的问题和改进执法工作的建议；对有关法律、法规提出修改完善的建议。常委会组成人员对执法检查报告的审议意见连同执法检查报告，一并交由本级政府研究处理。政府应当将研究处理情况由其办事机构送交本级人大有关专门委员会或者常委会有关工作机构征求意见后，向常委会提出报告。必要时，由委员长会议或者主任会议决定提请常务委员会审议，或者由常委会组织跟踪检查；常委会也可以委托本级人大有关专门委员会或者常委会有关工作机构组织跟踪检查。常委会的执法检查报告及审议意见，政府对其研究处理情况的报告，应当向本级人大代表通报并向社会公布。

(3) 对人事的监督。人大对行政的监督还体现在任免权和罢免权的行使上。根据《宪法》、《全国人民代表大会组织法》、《地方组织法》的规定，行政机关的主要负责人均由人大任免，在中央，包括总理、副总理、国务委员、主任、部长、审计长、秘书长，在地方，包括省长、市长、县长以及各职能部门的正职负责人。其中，罢免权的行使是最为有力的监督手段之一。西方国家还有针对不称职公职人员的弹劾制度。《人大常委会监督法》规定，县级以上地方各级人大常委会在本级人大闭会期间，可以决定撤销本级政府个别副省长、自治区副主席、副市长、副州长、副县长、副区长的职务；县级以上地方各级人民政府或县级以上地方各级人大常委会主任会议可以向本级人大常委会提出上述国家机关工作人员的撤职案。县级以上地方各级人大常委会 1/5 以上的组成人员书面联名，可以向本级人大常委会提出上述国家机关工作人员的撤职案，由主任会议决定是否提请常委会会议审议；或者由主任会议提议，经全体会议决定，组织调查委员会，由以后的常委会会议根据调查委员会的报告审议决定。撤职案应当写明撤职的对象和理由，并提供有关的材料。撤职案在提请表决前，被提出撤职的人员有权在常委会会议上提出申辩意见，或者书面提出申辩意见，由主任会议决定印发常委会会议。撤职案的表决采用无记名投票的方式，由常委会全体组成人员的过半数通过。

（二）司法机关的监督

司法机关的监督是指人民法院和人民检察院依法对行政主体及公务员的行政活动行使

审判权和检察权，从而监督其合法行使职权的活动，包括法院监督和检察院监督两方面。

1. 法院监督

法院监督是指人民法院通过依法行使审判权，对行政主体及公务员的行为进行的监督。该监督具有以下特征：（1）事后性，由于法院实行不告不理，具有被动性，因而不能主动发现和制止行政机关及工作人员的违法行为，只有当事人起诉时，才会启动监督程序；（2）合法性，目前，法院对行政进行的监督是有限的，只限于对具体行政行为的合法性监督，不涉及合理性、恰当性等问题，也不涉及对抽象行政行为的监督；（3）程序性，法院的监督要遵循一套完整的诉讼程序的规定。

法院监督的方式包括：（1）在一审、二审及再审的行政诉讼程序中对具体行政行为作出撤销、确认违法、变更等判决。（2）对非诉行政强制执行行为进行审查，法院受理行政机关申请执行其具体行政行为的案件后，应对其合法性进行审查，认为行政机关申请执行的行政行为明显缺乏事实根据的，明显缺乏法律依据的，或有其他明显违法并损害被执行人合法权益的行为的，应当裁定不予执行。（3）向行政机关提出司法建议。（4）对公务员违反政纪的监督。《行政诉讼法》第56条规定，人民法院在审理行政案件中，认为行政机关的主管人员、直接责任人员违反政纪的，应当将有关材料移送该行政机关或者其上一级行政机关或者监察、人事机关；认为有犯罪行为的，应当将有关材料移送公安或检察机关。

2. 检察院监督

检察院监督是指检察院对于行政主体及公务员的行为运用检察权进行监督的活动。检察院的监督包括以下几种方式：（1）查处行政机关及公务员的职务犯罪行为，主要是贪污贿赂、挪用公款等经济犯罪和渎职侵权犯罪。（2）对劳改、劳教场所及其管教人员实施日常监督，处理劳改、劳教工作中的违法行为。国务院《关于劳动教养的补充规定》第5条规定，人民检察院对劳动教养机关的活动实行监督。（3）对行政诉讼进行监督。《行政诉讼法》规定，人民检察院有权对行政诉讼实行法律监督。对于法院已经发生法律效力的判决、裁定违反法律、法规规定的，有权按照审判监督程序提出抗诉。

根据《人民检察院民事行政抗诉案件办案规则》，人民法院开庭审理抗诉案件，人民检察院应当派员出席再审法庭，宣读抗诉书；发表出庭意见；发现庭审活动违法的，向再审法院提出建议。在有关行政机关存在制度隐患或有关行政机关工作人员严重违背职责，应当追究其纪律责任等情况下，人民检察院可以向行政机关提出检察建议。

（三）行政内部监督

行政内部监督是指行政组织系统内部自上而下的监督，或者设立专门的行政监督机构对行政主体及公务员进行的监督。为了保证行政权力行使的高效、有序，行政权内部也需要分工和制约。行政内部监督是一种保证政令畅通的形式，它借助于行政系统内部的反馈机制，具有全面性、实效性和便捷性。行政内部监督可以分为上下级行政机关之间的层级监督和专门监督机关的监督两大类。

1. 层级监督

(1) 概念与特征

层级监督是行政内部监督中最基本的监督机制，是指上级行政机关对下级行政机关实施的监督，既包括上级行政机关对其领导的下级行政机关和所属部门的监督，也包括上级主管部门对其主管的下级工作部门的监督。

层级监督具有下列特点：1）全面性。因为上级行政机关对下级行政机关具有领导权，不仅能够对下级行政机关进行监督，还能够对下级行政机关的公务员进行监督；不仅能针对下级行政机关的具体行政行为进行监督，也能对其抽象行政行为进行监督；不仅能对行政行为的合法性进行监督，也能对行政行为的合理性进行监督。2）及时性。根据行政机关的组织和运作规律，上级行政机关在对下级行政机关进行领导或指导的同时，必然要对其工作进行监督和检查，而下级行政机关也要经常性地向上级行政机关汇报工作或进行请示，因此上级行政机关能快速及时地了解情况，对违法现象作出处理。3）实效性。上级行政机关可以采取多种方式对下级行政机关进行监督，包括执法检查、规范性文件的备案审查、行政复议等，以及责令改正、行政处分等多种处理措施，由于行政系统内部的严格的组织纪律性，因而上级行政机关的监督检查的实效性往往比较强。

(2) 类型

1）上级行政机关对其领导的下级行政机关和所属部门的监督。该类型监督的法律依据主要如下：根据《宪法》第89条和第108条的规定，国务院规定各部和各委员会的任务和职责，统一领导各部和各委员会，统一领导全国地方各级国家行政机关的工作，规定中央和省、自治区、直辖市的国家行政机关的职权的具体划分，改变或者撤销各部、各委员会发布的不适当的命令、指示和规章。县级以上的地方各级人民政府领导所属各工作部门和下级人民政府的工作，有权改变或者撤销所属各工作部门和下级人民政府的不适当的决定。根据《地方组织法》第59条的规定，县级以上的地方各级人民政府领导所属各工作部门和下级人民政府的工作，改变或撤销所属各工作部门不适当的命令、指示和下级人民政府不适当的决定、命令。上述法律中的“领导”、“改变或撤销”实际上就包括了监督权的含义在内。

2）上级主管部门对其主管的下级工作部门的监督。包括两种类型：第一，对下级行政机关相应的工作部门的监督，此时上级主管部门实行的监督，主要针对的是下级机关实施职能管理和业务执法行为的监督，并不是全面的监督，一般不对其人事和财务等事项享有直接管理和决定权。第二，实行垂直领导体制的上级职能机关对下级职能机关的监督。根据《地方组织法》第66条的规定，省、自治区、直辖市的人民政府的各工作部门受人民政府统一领导，并且依照法律或者行政法规的规定受国务院主管部门的业务指导或者领导。我国目前在海关、金融、国税、外汇管理等部门实行垂直领导，在工商、技术监督、公路、供电、食品药品监督、国土资源等部门实行省级以下垂直领导。

(3) 监督的方式

1）备案审查。这是一种事后审查制度。根据《立法法》、《规章制定程序条例》和《法规规章备案条例》的规定，上级行政机关应当对下级行政机关制定的规章和规范性文件进行备案审查。

2）行政执法监督检查。上级行政机关有权对下级行政机关执法情况进行监督检查。根据《行政处罚法》第55条、《行政许可法》第60条的规定，上级行政机关应当对下级行政机关实施的行政处罚、行政许可行为进行监督检查。行政执法监督检查采取的手段主要包括：定期或不定期的巡视检查与实地查访、查阅执法案卷、走访被处罚单位、参与执法活动和开展定期执法情况调查等。①

3）信访制度。信访是指公民、法人或者其他组织采用书信、电子邮件、传真、电话、走访等形式，向各级人民政府、县级以上人民政府工作部门反映情况，提出建议、意见或者投诉请求，依法由有关行政机关处理的活动。2005年5月1日起施行的《信访条例》对于信访制度进行了规定。

4）行政复议制度。行政复议是指行政相对人要求原处理机关或其上级行政机关进行依法重新处理或者纠正原处理决定的一种行政救济制度。

5）专项调查活动。上级行政机关就某一重大行政审批违法行为可以组成调查组，对下级行政机关的行政活动展开调查。

6）请示报告制度。由下级政府或本级政府的工作部门向上级政府报告行政工作的开展情况。

7）行政执法情况统计报告制度。行政机关对行政执法情况进行综合统计和分类分析，并将统计结果向上级机关报告，接受上级机关的指导和监督。

2. 专门监督

在我国，专门监督包括了行政监察和审计监督。

（1）行政监察

1）概念。行政监察是指行政系统中专门设置监察机关对行政机关及公务员的行为进行检查及惩戒的一种监督形式。行政监察的目的是保证政令畅通、维护行政纪律，督促行政机关及公务员依法行政，履行法定职责，改善行政管理，提高行政效能。

【思考】

监察制度在我国古已有之。最早在秦朝就有御史大夫府；汉承秦制，设御史府；唐朝设御史台，下设台院、殿院、察院；明改御史台为都察院，成为六部的独立监察机构；清朝以皇帝的名义制定了我国古代最完整的一部监察法典《钦定合规》，至此，我国古代监察系统达到了高度的统一和严密，中国封建监察制度已发展到了历史的顶峰。但古代的监察制度主要依附于皇权，并不独立。②

---

① 参见王周户：《行政系统监督》，载应松年主编：《当代中国行政法》，1644～1645页，北京，中国方正出版社，2005。

② 参见崔江西：《从对中国古代御使监察制度的借鉴看现代检察制度的完善》，载东方法眼，http：//www.dffy.com，2004-09-19。

国外的监察监督最为典型的是瑞典的议会司法监察专员制度。瑞典设议会司法监察专员署（Office of the Parliamentary Justice Ombudsman），它是一个独立机构，现有4名监察专员，由议会选举产生。监察专员署自主开展工作，对公民举报展开调查，也可主动实施监察。监察专员每年都要抽出时间赴各地巡察，发现问题，就地解决。监察专员署的监察对象包括所有政府机构及其工作人员。工作重点是处理违纪违法行为，纠正行政不良对公民造成的伤害，维护公民的权益。监察专员靠“权威”工作，以威服人，虽没有处分权，却可以向议会报告，或将案件向社会公布。这种监察制度被许多欧美国家所采纳，如英国就设有议会行政监察专员。①

2）原则。根据《行政监察法》的规定，行政监察遵循以下基本原则：

第一，依法独立行使监察权原则。该原则是指行政监察机关在履行职能的过程中，只服从于法律并忠实于法律，不受其他行政机关、社会团体和个人的非法干预。

第二，实事求是原则。监察工作必须实事求是，重证据、重调查研究。

第三，适用法律和政纪人人平等原则。这是指监察机关开展监察工作时，对任何监察对象都应当平等对待，不允许有超越法律和行政纪律的特权存在。这也符合我国《宪法》规定的公民在法律面前一律平等的原则。

第四，教育与惩处相结合原则。这是指监察机关在开展监察工作的时候，既要对违反法律和政纪的行为依法予以惩处，又要将教育贯穿于惩处的始终，启发、提高其觉悟，促进其悔改，将惩处与教育、治标与治本结合在一起。

第五，监督检查与改进工作相结合原则。这是指监察机关在开展工作时不仅要对监察对象的行为进行监督检查，也要针对在监督检查过程中发现的缺点、错误以及漏洞等向监察对象提出监察建议，促使其改进工作。行政监察的最终目的是促进行政管理，提高行政效能，因此改进工作是十分重要的环节。

第六，依靠群众原则。监察机关建立举报制度，公民对于任何国家行政机关、国家公务员和国家行政机关任命的其他人员的违反失职行为，有权向监察机关提出控告或检举。

3）监察机关及监察人员。根据《行政监察法》的规定，行政监察职权由行政监察机关及监察人员具体行使。

第一，领导体制。《行政监察法》第7条规定，国务院监察机关即监察部主管全国监察工作，县级以上地方各级人民政府监察机关负责本行政区域内的监察工作，对本级人民政府和上一级监察机关负责并报告工作，监察业务以上级监察机关领导为主。我国监察机关实行的是双重领导体制，即监察部受国务院领导，地方各级行政监察机关受所在地人民政府和上级行政监察机关的领导，地方各级行政监察机关既要对本级人民政府负责，又要对上级行政监察机关负责。地方各级行政监察机关主要领导干部的任免，必须征求上级监察机关的意见；在查办案件时，既要报告所在政府，也要向上级监察机关报告。这种行政监

① 参见孔祥仁：《瑞典：“监察网”无处不在》，载深圳行政审批网，http://www.sz-jc.gov.cn/forum/show.jsp?id=20050712170447734720&selectpageno=1，2005-02-02。

察机关的领导体制考虑到了我国现行的行政管理体制，即监察机关既要保持一定的独立性，又离不开地方政府的支持。

第二，监察机关。监察机关负责对国家行政机关、公务员以及国家行政机关任命的其他人员执行国家法律、法规、政策和决定、命令等情况以及违法违纪行为进行监察检察。根据《行政监察法》第8条规定，县级以上各级人民政府监察机关根据工作需要，经本级人民政府批准，可以向政府所属部门派出监察机构或者监察人员，派出监察机构或者监察人员对派出的监察机关负责并报告工作。监察机关根据工作需要，可以在国家行政机关、企业、事业单位、社会团体中聘请特邀监察员。在实行垂直管理的国家行政机关中，监察机关派出的监察机构根据工作需要，经派出它的监察机关批准，可以向驻在部门的下属行政机构再派出监察机构或者监察人员。

第三，监察人员。监察人员是指依法在行政监察机关或者派出监察机构的监察职位上从事行政监察工作的国家公务员。行政监察人员必须遵纪守法、忠于职守、秉公执法、清正廉洁、保守秘密，熟悉监察业务，具备相应的文化水平和专业知识。办理的监督事项与本人或者其他近亲属有利害关系的，监察人员应当回避，接受监察机关对其执行职务和遵守纪律情况的监督。监察人员依法执行职务，受法律保护，任何组织和个人不得拒绝、阻碍其依法执行职务，不得打击报复监察人员。

4）监察权限。

第一，管辖权。管辖权是指监察机关在查办案件上的职权划分，《行政监察法》第17条对此作了规定，上级监察机关可以办理下一级监察机关管辖范围内的监察事项，必要时也可以办理所辖各级监察机关管辖范围内的监察事项。监察机关对管辖范围有争议的，由其共同的上级监察机关确定。

第二，监察职责。根据《行政监察法》的规定，监察机关履行以下职责：检查行政机关在遵守和执行法律、法规和人民政府的决定、命令中的问题。这主要是检查行政机关是否行使了职权，是否履行了职责，是否违反了法律的规定。受理对国家行政机关、国家公务员和国家行政机关任命的其他人员违反行政纪律行为的控告、检举。调查处理行政机关、国家公务员和国家行政机关任命的其他人员违反行政纪律的行为。受理国家公务员和国家行政机关任命的其他人员不服主管行政机关给予行政处分决定的申诉，以及法律、行政法规规定的其他由监察机关受理的申诉。此外，行政监察机关还履行法律、行政法规规定的其他职责。

第三，监察权限。

A. 检查权。这是监察机关享有的对行政机关遵守和执行法律、法规和人民政府的决定、命令的情况及其存在问题进行检查和了解的权力。监察机关行使检查权的措施有：要求被监察的机关和人员提供与监察事项有关的文件、资料、财务账目及其他有关的材料，进行查阅或者予以复制；要求被监察的部门和人员就监察事项涉及的问题作出解释；责令被监察的部门停止违反法律、法规和行政纪律的行为，对监察事项涉及的单位和个人有权进行查询。

B. 调查权。调查权建立在检查权的基础上，是在对有违法违纪行为的行政机关和人员已经立案的前提下才能行使，且应遵循严格的程序。行使调查权可以采取以下措施：暂予扣留、封存可以证明行政纪律行为的文件、资料、财务账目及其他有关的材料；责令案件涉嫌单位和涉嫌人员在调查期间不得变卖、转移与案件有关的财物；责令有违反行政纪律嫌疑的人员在指定的时间、地点就调查事项涉及的问题作出解释和说明；建议有关机关暂停有严重违反行政纪律嫌疑的人员执行职务；在调查贪污、贿赂、挪用公款等违反行政纪律的行为时，经县级以上人民政府监察机关领导人员批准，可以暂予扣留与贪污、贿赂、挪用公款等有关的财物，可以查询案件涉嫌单位和涉嫌人员在银行或者其他金融机构的存款，必要时，可以提请人民法院采取保全措施，依法冻结此类案件涉嫌人员在银行或其他金融机构的存款。

C. 请求协助权。这是指监察机关在办理行政违纪案件过程中，基于自身条件的限制和公务需要，而享有的依法请求有关行政机关予以协助的权力。监察机关在办理行政违纪案件中，可以提请公安、审计、税务、海关、工商行政管理等机关予以协助。

D. 列席有关会议权。监察机关的领导人员可以列席本级人民政府的有关会议，监察人员可以列席被监察部门召开的与监察事项有关的会议。

E. 监察建议权。这指的是监察机关在检查和调查的基础上就发现并确认的法定监察事项向有关机关提出一定的处理意见的权力。监察建议具有一定的法律约束力，有关机关无正当理由的，应当予以采纳。监察机关行使监察建议权的情形有：对拒不执行法律、法规或者违反法律、法规以及人民政府的决定、命令的行为，应当予以纠正的，建议予以纠正；对本级人民政府所属部门和下级人民政府作出决定、命令、指示违反法律、法规或者国家政策，应当予以纠正或撤销的，建议纠正或撤销；对给国家利益、集体利益和公民合法权益造成损害，需要采取补救措施的，建议采取补救措施；对录用、任免、奖惩决定明显不适当，应当予以纠正的，建议予以纠正；对依照法律、法规的规定，应当予以行政处罚的，建议给予行政处罚；对违反行政纪律，依法应当予以行政处分的，建议给予行政处分；违反行政纪律取得的财物，依法应当没收、追缴或者责令退赔的，建议作出相应处理，等等。

F. 监察决定权。这是指监察机关根据检查与调查的结果，依法在权限范围内就一定监察事项，对监察对象作出行政处分或其他处理决定的权力。监察决定具有法律效力，有关部门和人员必须执行。监察决定权包括：a. 行政处分决定权，即对国家公务员和行政机关任命的其他人员违反行政纪律，依法应当给予警告、记过、记大过、降级、撤职、开除行政处分的，监察机关按照国家有关人事管理权限和处理程序的规定，依法给予一定的行政处分；b. 其他行政处理权，对于公务员和行政机关任命的其他人员违反行政纪律取得的财物，应当依法没收、追缴或者责令退赔的，监察机关有权作出相应的监察处理决定。

5）监察程序。监察程序包括三方面：检查程序、调查程序和救济程序。

第一，检查程序。是指行政监察机关依法对其监察对象在行政管理活动中贯彻执行国家法律、法规和政策、决定、命令等情况进行考查的监察活动。监察机关应先对其确定的需要检查的事项进行立项，对于重要的检查事项的立项，应当报本级人民政府和上一级监察机关备案；随后，应根据检查事项的性质、特点、复杂程度等情况组成检查组，制定检查方案并组织实施；监察机关在对被检查部门存在的问题进行检查后，应当向本级人民政府或上级监察机关提交说明监察对象检查情况及处理意见和建议的书面报告；最后，根据检查结果和本级人民政府或上级监察机关的意见，作出监察决定或提出监察建议。

第二，调查程序。这是指监察机关对监察对象违反国家法律、法规以及违反行政纪律的行为，经过立案，对涉案情况与事实进行核查与收集证据，以确定监察对象是否有违法违纪行为，并在此基础上对案件本身进行程序性处理和对案件涉及的部门、人员和财物进行实体性处理的监察活动。调查程序具体包括：A. 立案。监察机关对需要调查处理的事项进行初步审查，认为有违反行政纪律的事实，需要追究行政责任的，予以立案，立案需要撰写立案报告，并经领导审批和备案。B. 调查。监察机关在立案之后，应组成调查组，制订调查方案，采取相应措施，收集证据，审查判断证据，提请有关部门协助，制作调查报告，提出初步处理意见等。C. 审理。监察机关对于经过调查终结并有证据证明违反行政纪律，需要给予行政处分或者作出其他处理的案件，应当对案件的全部资料进行审核，判断案件是否事实清楚、证据确凿、定性准确、处理恰当、程序合法。D. 处理，即作出监察决定或提出监察建议。行为人有违法违纪事实的，作出监察决定或提出监察建议；对于违法违纪事实不存在，或不需要作出监察决定或提出监察建议的，撤销案件，重大、复杂案件的撤销，应当报本级人民政府和上一级监察机关备案。

第三，救济程序。

A. 对行政处分不服的救济程序。国家公务员和国家行政机关任命的其他人员对主管行政机关作出的行政处分决定不服的，可以自收到行政处分决定之日起 30 日内向监察机关提出申诉，监察机关应当自收到申诉之日起 30 日内作出复查决定；对复查决定仍不服的，可以自收到复查决定之日起 30 日内向上一级监察机关申请复核，上一级监察机关应当自收到复核申请之日起 60 日内作出复核决定。对主管行政机关作出的行政处分的复核决定不服的，可以向该主管行政机关同级的监察机关提出申诉。复查、复核期间，不停止原决定的执行。监察机关对受理的不服主管行政机关行政处分决定的申诉，经复查认为原决定不适当的，可以建议原决定予以变更或者撤销，监察机关在职权范围内，也可以直接作出变更或者撤销的决定。

B. 对监察决定不服的救济程序。受到监察决定处理的单位和国家行政机关工作人员及国家行政机关任命的其他人员，可以自收到监察决定之日起 30 日内向作出决定的监察机关申请复审，监察机关应当自收到复审申请之日起 30 日内作出复审决定；对复审决定仍不服的，可以自收到复审决定之日起 30 日内向上一级监察机关申请复核，上一级监察机关应当自收到复核申请之日起 60 日内作出复核决定。复审、复核期间，不停止原决定的执行。上一级监察机关认为下一级监察决定不适当的，可以责成下一级监察机关予以变更或者撤销，必要时也可以直接作出变更或者撤销的决定。上一级监察机关的复核决定和国务院监察机关的复查决定或者复核决定为最终决定。

C. 对监察建议的异议程序。当依据的事实不存在或者证据不足；适用法律、法规、规章错误；提出的程序不合法；涉及事项超出被建议单位或者人员法定职责范围时，有关单位可以自收到监察建议之日起30日内向作出监察建议的监察机关提出异议，监察机关应当自收到异议之日起30日内回复，对回复仍有异议的，由监察机关提请本级人民政府或者上一级监察机关裁决；本级人民政府或上一级监察机关的裁决具有终局效力。

监察机关和监察人员违法行使职权，侵犯公民、法人和其他组织的合法权益，造成损害的，应当依法赔偿。

（2）审计监督

1）概述。审计监督是指国家审计机关对被审计的财政、财务收支的真实性、合法性、效益性进行审查和评价的独立性经济监督活动。审计监督的对象包括国务院各部门、地方各级人民政府及各部门、国有金融机构和企事业单位、法律、行政法规规定的其他单位以及行政机关工作人员，特别是主管人员。我国于1994年制定了《审计法》，并于2006年2月进行了第一次较大幅度的修改，2006年6月开始实施。修改后的《审计法》明确扩大了审计机关的执法依据、审计范围及内容，强化了审计监督手段和保障机制。审计监督的特征如下：第一，独立性。根据《审计法》的规定，审计监督机关是独立于被审计单位之外的专职机关和专职人员，审计机关依法独立行使审计监督权，不受其他行政机关、社会团体和个人的干涉，审计机关履行职责所必需的经费，应当列入财政预算并由本级人民政府予以保证。第二，对象的特定性，审计监督的对象是国务院各部门和地方各级人民政府及其各工作部门，国有的金融机构和企事业单位，审计范围是财政收支、财务收支。第三，目标是真实、合法、效益。真实是指有关经济活动是否客观存在，有关会计资料是否反映客观实际，有无虚假隐瞒的情况发生；合法是指财政收支、财务收支及有关经济活动是否遵守法律、法规和有关规章制度的规定；效益是指财政收支、财务收支及其有关经济活动的经济效益和效果。

2）审计监督的主体。审计机关是依法承担国家审计监督职能并独立履行审计监督职责和行使审计监督权限的专门机关。审计机关实行双重领导制：一是受本级行政首长领导，对本级政府负责，向其汇报工作；二是受上级审计机关领导，向其负责并汇报工作，审计业务主要受上级审计机关领导。我国现行的审计体制是：国务院设立审计署，在国务院总理领导下，主管全国的审计工作。省、自治区、直辖市、设区的市、自治州、县、自治县、不设区的市、市辖区的人民政府的审计机关，分别在省长、自治区主席、市长、州长、县长、区长和上一级审计机关的领导下，负责本行政区域内的审计工作。审计机关负责人依照法定程序任免，地方各级审计机关负责人的任免，应当事先征求上一级审计机关的意见。为保证审计机关的独立性，审计机关负责人没有违法失职或者其他不符合任职条件的情况的，不得随意撤换。审计机关根据工作需要，可以在其审计管辖范围内派出机构。派出机构根据审计机关的授权，依法进行审计工作。政府向人大常委会提出的审计工作报告，应当重点报告预算执行的审计情况；必要时，人大常委会可以对审计工作报告作出决议；政府对审计工作报告中指出的问题的纠正情况和处理结果，也应当向人大常委会报告。

审计人员是审计机关中行使审计监督权、从事审计事务的人员。审计人员应当具备公务员资格和具备与其从事的审计工作相适应的专业知识和业务能力。审计人员办理审计事项，与被审计单位或者审计事项有利害关系的，应当回避。审计人员对其在执行职务中知悉的国家秘密和被审计单位的商业秘密，负有保密的义务。审计人员依法执行职务，受法律保护，任何组织和个人不得拒绝、阻碍审计人员依法执行职务，不得打击报复审计人员。

3）监督职责及职权。

第一，职责。

A. 对财政收支的审计监督。审计机关对本级各部门（含直属单位）和下级政府预算的执行情况和决算，以及预算外资金的管理和使用情况，进行审计监督。审计署在国务院总理领导下，对中央预算执行情况进行审计监督，向国务院总理提出审计结果报告。地方各级审计机关分别在本级行政首长和上一级审计机关的领导下，对本级预算执行情况进行审计监督，向本级人民政府和上一级审计机关提出审计结果报告。

B. 对财务收支的审计监督。包括：对国有金融机构的资产、负债、损益的监督；对国家的事业组织和使用财政资金的其他事业组织的财务收支的监督；对国有企业的资产、负债、损益的监督；对政府投资和以政府投资为主的建设项目的预算执行情况和决算的监督；对政府部门管理的和其他单位受政府委托管理的社会保障基金、社会捐赠资金以及其他有关基金、资金的财务收支的监督；对国际组织和外国政府援助、贷款项目的财务收支的监督。

C. 对内部审计机构的业务指导和监督。依法属于审计机关审计监督对象的单位，应当按照国家有关规定建立健全内部审计制度，其内部审计工作应当接受审计机关的业务指导和监督。

D. 对社会审计机构的监督。审计机关按照国务院的规定，有权对社会审计机构出具的相关审计报告进行核查。

E. 审计机关按照国家有关规定，对国家机关和依法属于审计机关审计监督对象的其他单位的主要负责人，在任职期间对本地区、本部门或者本单位的财政收支、财务收支以及有关经济活动应负经济责任的履行情况，进行审计监督。

1999年，中共中央办公厅、国务院办公厅发布了《县级以下党政领导干部任期经济责任审计暂行规定》和《国有企业及国有控股企业领导人员任期经济责任审计暂行规定》，县级以下党政领导干部任期届满，或者任期内办理调任、转任、轮岗、免职、辞职、退休等事项前，应当接受任期经济责任审计。组织人事部门应当将审计机关提交的领导干部任期经济责任审计结果报告，作为对领导干部的调任、免职、辞职、退休等提出审查处理意见时的参考依据。应当给予党纪政纪处分的，由任免机关或纪检监察机关处理。应当依法追究刑事责任的，移送司法机关处理。国有企业及国有控股企业领导人员任期届满，或者任期内办理调任、免职、辞职、退休等事项前，以及在企业进行改制、改组、兼并、出售、拍卖、破产等国有资产重组的同时，应当按国家现行规定进行审计。但实践中，50%以上的领导干部是先离任后审计，致使“先审计、后离任”的规定难以执行到位，审计效果不明显。造成这一现象的原因如下：a. 我国组织人事部门提拔任用领导干部有严格的程序，时间性强，在任用之前一般严格保密，一旦公布就要按期到任，公示时间短。而离任审计又有其自身的审计内容、审计深度及较为严格的程序，需要的时间较长，在时间上就与领导干部的按时到任相冲突，公示期内不可能公布审计结果，有关部门也不可能等审计结果出来后再任用干部。b. 现行的离任审计制度对离任审计的对象、内容、方法、评价标准以及责任界定等方面的规定不够具体明确。c. 离任审计属于事后审计，具有明显的滞后性，当离任审计发现问题时，违纪违规行为已经既成事实，无法做到及时发现和处理，也难以挽回损失。因此我国应当建立对领导干部任职全程的审计制度。

F. 审计机关对其他法律、行政法规规定的应当由审计机关进行审计的事项，依照《审计法》和有关法律、行政法规的规定进行审计监督。

我国目前的审计还基本上停留在财务审计阶段，只侧重于审计政府花了多少钱，不审计花钱的效果，实践中形象工程、国有资产流失、官员腐败等现象难以在现有的审计制度下得到有效遏制。因此，我国应当建立绩效审计制度，对政府经济活动的有效性进行事前、事中、事后的审计，审计的重点不仅是资金量的大小，更要审计财政资金项目对社会经济发展的影响力，真正搞清楚资金安排是否合适，是否符合效率，效果如何。

第二，管辖范围。审计机关根据被审计单位的财政、财务隶属关系或者国有资产监督管理关系，确定审计管辖范围。审计机关之间对审计管辖范围有争议的，由其共同的上级审计机关确定。上级审计机关可以将其审计管辖范围内的某些审计事项[①]，授权下级审计机关进行审计；上级审计机关对下级审计机关审计管辖范围内的重大审计事项，可以直接进行审计，但是应当防止不必要的重复审计。

4）监督权限。

A. 监督监察权。审计机关有权要求被审计单位按照审计机关的规定提供预算或者财务收支计划、预算执行情况、决算、财务会计报告，运用电子计算机储存、处理的财政收支、财务收支电子数据和必要的电子计算机技术文档，在金融机构开立账户的情况，社会审计机构出具的审计报告，以及其他与财政收支或者财务收支有关的资料，被审计单位不得拒绝、拖延、谎报。审计机关进行审计时，有权检查被审计单位的会计凭证、会计账簿、财务会计报告和运用电子计算机管理财政收支、财务收支电子数据的系统，以及其他与财政收支、财务收支有关的资料和资产，被审计单位不得拒绝。

B. 调查取证权。审计机关进行审计时，有权就审计事项的有关问题向有关单位和个人进行调查，并取得有关证明材料。有关单位和个人应当支持、协助审计机关工作，如实向审计机关反映情况，提供有关证明材料。审计机关经县级以上人民政府审计机关负责人批准，有权查询被审计单位在金融机构的账户。审计机关有证据证明被审计单位以个人名义存储公款的，经县级以上人民政府审计机关主要负责人批准，有权查询被审计单位以个人名义在金融机构的存款。

C. 制止违法行为或建议制止、纠正违法行为权。审计机关对被审计单位转移、隐匿、

① 参见《审计法》第18条第2款至第25条所规定的事项。

篡改、毁弃会计凭证、会计账簿、财务会计报告以及其他与财政收支或者财务收支有关的资料，转移、隐匿所持有的违反国家规定取得的资产的行为，有权予以制止。审计机关对被审计单位正在进行的违反国家规定的财政收支、财务收支行为，有权予以制止。

D. 行政强制措施权。必要时，经县级以上人民政府审计机关负责人批准，审计机关有权封存有关资料和违反国家规定取得的资产；对其中在金融机构的有关存款需要予以冻结的，应当向人民法院提出申请。经县级以上人民政府审计机关负责人批准，通知财政部门和有关主管部门暂停拨付与违反国家规定的财政收支、财务收支行为直接有关的款项，已经拨付的，暂停使用。但审计机关采取措施不得影响被审计单位合法的业务活动和生产经营活动。

E. 建议处理权。审计机关认为被审计单位所执行的上级主管部门有关财政收支、财务收支的规定与法律、行政法规相抵触的，应当建议有关主管部门纠正；有关主管部门不予纠正的，审计机关应当提请有权处理的机关依法处理。

F. 通报及公布审计结果权。审计机关可以向政府有关部门通报或者向社会公布审计结果，但应当依法保守国家秘密和被审计单位的商业秘密，遵守国务院的有关规定。

G. 行政协作请求权。审计机关履行审计监督职责，可以提请公安、监察、财政、税务、海关、价格、工商行政管理等机关予以协助。

5）程序。

第一，审计准备阶段。应先建立审计工作计划，再根据审计工作计划确定的审计事项组成审计组，并在实施审计 3 日前，向被审计单位送达审计通知书；遇有特殊情况，经本级人民政府批准，审计机关可以直接持审计通知书实施审计。被审计单位应当配合审计机关的工作，并提供必要的工作条件，审计机关应当提高审计工作效率。

第二，审计实施阶段。该阶段中，审计人员通过审查会计凭证、会计账簿、财务会计报告，查阅与审计事项有关的文件、资料，检查现金、实物、有价证券，向有关单位和个人调查等方式进行审计，并取得证明材料。审计人员向有关单位和个人进行调查时，应当出示审计人员的工作证件和审计通知书副本。

第三，审计处理阶段。A. 编写并提出审计报告。审计组对审计事项实施审计后，应当向审计机关提出审计组的审计报告。审计组的审计报告报送审计机关前，应当征求被审计对象的意见。被审计对象应当自接到审计组的审计报告之日起 10 日内，将其书面意见送交审计组。审计组应当将被审计对象的书面意见一并报送审计机关。B. 审议审计报告。审计机关按照审计署规定的程序对审计组的审计报告进行审议，并对被审计对象对审计组的审计报告提出的意见一并研究后，提出审计机关的审计报告；对违反国家规定的财政收支、财务收支行为，依法应当给予处理、处罚的，在法定职权范围内作出审计决定或者向有关主管机关提出处理、处罚的意见。C. 送达审计报告。审计机关应当将审计机关的审计报告和审计决定送达被审计单位和有关主管机关、单位。

第四，审计决定执行阶段。审计决定自送达之日起生效。审计决定生效之后，被审计单位应当予以执行，并将应当缴纳的款项按照财政管理体制和国家有关规定缴入专门账户，对被依法没收的违法所得和罚款，全部缴入国库。同时，被审计单位和协助执行的有关主管部门应当自审计决定生效之日起30日内，将审计决定的执行情况书面报告审计机关。审计机关应当自审计决定生效之日起3个月内检查审计决定的执行情况，对被审计单位未按照规定期限和要求执行审计决定的，审计机关应先责令执行，经责令仍不执行的，申请人民法院强制执行。审计机关在法定职权范围内作出的审计决定，被审计单位应当执行。审计机关依法责令被审计单位上缴应当上缴的款项，被审计单位拒不执行的，审计机关应当通报有关主管部门，有关主管部门应当依照有关法律、行政法规的规定予以扣缴或者采取其他处理措施，并将结果书面通知审计机关。

第五，对审计决定不服的救济。被审计单位对审计机关作出的有关财务收支的审计决定不服的，可以依法申请行政复议或者提起行政诉讼。被审计单位对审计机关作出的有关财政收支的审计决定不服的，可以提请审计机关的本级人民政府裁决，本级人民政府的裁决为最终决定。上级审计机关认为下级审计机关作出的审计决定违反国家有关规定的，可以责成下级审计机关予以变更或者撤销，必要时也可以直接作出变更或者撤销的决定。

（四）行政信访

1. 概念

行政信访是指公民、法人或者其他组织采用书信、电子邮件、传真、电话、走访等形式，向各级人民政府、县级以上人民政府工作部门反映情况，提出建议、意见或者投诉请求，依法由有关行政机关处理的活动。信访依照信访受理主体的不同，可以分为人大信访、行政信访和司法信访。1951年政务院颁布了《关于处理人民来信和接见人民工作的决定》，标志着我国信访制度的确立。我国《宪法》第41条关于公民的批评、建议、申诉、控告、检举等监督权的规定成为信访制度的宪法基础。有学者把信访制度的发展划分为三个阶段：一是1951年至1979年的大众动员型信访。这时期的信访主要以揭发问题和要求落实政策为主。二是1979年至1982年的拨乱反正型信访。这一时期，信访迅速从国家政治生活中的边缘走到了中心，信访规模史无前例，主要内容是要求解决历史遗留问题，平反冤假错案。三是1982年至今的安定团结型信访。信访制度最主要的功能转变为化解纠纷、实现救济。[①] 我国正处于社会转型和制度变迁过程之中，近年来大规模、群体性信访事件与日俱增，对社会影响极大，故而引发了对信访制度改革的高度关注。2005年，国务院对1996年生效的《信访条例》进行了修改，对信访制度进行了重新调整和规范。

2. 信访人的权利和义务

（1）根据修改后的《信访条例》，信访人主要享有以下四项权利：第一，信访事项提出权。信访人对行政主体及其工作人员的职务行为反映情况，提出建议、意见，或者不服其职务行为，可以向有关行政机关提出信访事项。公民、法人或者其他组织发现可能造成社会影响的重大、紧急信访事项和信访信息时，可以就近向有关行政机关报告。第二，要求保密权。信访人的信访行为受到保护，行政机关及其工作人员不得将信访人的检举、揭发材料及有关情况透露或者转给被检举、揭发的人员或者单位。第三，请求复查权、复核权。

① 参见应星：《作为特殊行政救济的信访救济》，载《法学研究》，2004（3）。

信访人对行政机关作出的信访事项处理意见不服的，可以自收到书面答复之日起30日内请求原办理行政机关的上一级行政机关复查。收到复查请求的行政机关应当自收到复查请求之日起30日内提出复查意见，并予以书面答复。信访人对复查意见不服的，可以自收到书面答复之日起30日内向复查机关的上一级行政机关请求复核。收到复核请求的行政机关应当自收到复核请求之日起30日内提出复核意见。第四，了解权。信访人可以持行政机关出具的投诉请求受理凭证，到当地人民政府的信访工作机构或者有关工作部门的接待场所查询其所提出的投诉请求的办理情况。有关行政机关收到信访事项后，能够当场答复是否受理的，应当当场书面答复；不能当场答复的，应当自收到信访事项之日起15日内书面告知信访人。对已经或者依法应当通过诉讼、仲裁、行政复议等法定途径解决的，不予受理，但应当告知信访人依照有关法律、行政法规规定的程序向有关机关提出。

（2）义务。第一，遵守信访程序的义务。信访人应当遵守法定期限、向有权机关、依照法定的形式提起信访。第二，如实反映情况的义务。信访人提出信访事项，应当客观真实，对其所提供材料内容的真实性负责，不得捏造、歪曲事实，不得诬告、陷害他人。第三，遵守禁止性规定的义务。信访人在信访过程中应当遵守法律、法规，不得损害国家、社会、集体的利益和其他公民的合法权益，自觉维护社会公共秩序和信访秩序。

3. 信访机关的职责

（1）公开有关信息。各级人民政府、县级以上人民政府工作部门应当向社会公布信访工作机构的通信地址、电子信箱、投诉电话、信访接待的时间和地点、查询信访事项处理进展及结果的方式等相关事项，应当在其信访接待场所或者网站公布与信访工作有关的法律、法规、规章，信访事项的处理程序，以及其他为信访人提供便利的相关事项。国家信访工作机关应充分利用现有政务信息网络资源，建立全国信访信息系统，为信访人在当地提出信访事项、查询信访事项办理情况提供便利。县级以上地方人民政府应当充分利用现有政务信息网络资源，建立或者确定本行政区域的信访信息系统，并与上级人民政府、政府有关部门、下级人民政府的信访信息系统实现互联互通。

（2）便民。设区的市级、县级人民政府及其工作部门，乡、镇人民政府应当建立行政机关负责人信访接待日制度，由行政机关负责人协调处理信访事项。信访人可以在公布的接待日和接待地点向有关行政机关负责人当面反映信访事项。

（3）及时告知及处理信访事项。县级以上人民政府信访工作机构收到信访事项，应当予以登记，并在15日内予以分别处理。第一，对属于人大、法院、检察院等其他机关处理的信访事项，应当告知信访人分别向有关机关提出，对已经或者依法应当通过诉讼、仲裁、行政复议等法定途径解决的，不予受理，但应当告知信访人依法向有关机关提出。第二，对依照法定职责属于本级人民政府或者其工作部门处理决定的信访事项，应当转送有权处理的行政机关；情况重大、紧急的，应当及时提出建议，报请本级人民政府决定。第三，信访事项涉及下级行政机关或者其工作人员的，按照“属地管理、分级负责，谁主管、谁负责”的原则，直接转送有权处理的行政机关，并抄送下一级人民政府信访工作机构。第四，对转送信访事项中的重要情况需要反馈办理结果的，可以直接交由有权处理的行政机关办理，要求其在指定办理期限内反馈结果，提交办结报告。第五，对于公民、法人或者其他组织报告的可能造成社会影响的重大、紧急信访事项和信访信息，地方各级人民政府应当立即报告上一级人民政府；必要时，通报有关主管部门。

（4）督办。县级以上人民政府信访工作机构发现有关行政机关无正当理由未按规定的办理期限办结信访事项的、未按规定反馈信访事项办理结果的、未按规定程序办理信访事项的、办理信访事项推诿、敷衍、拖延的、不执行信访处理意见的，应当及时督办，并提出改进建议，收到改进建议的行政机关应当在30日内书面反馈情况；未采纳改进建议的，应当说明理由。

4. 有关行政机关的职责

（1）决定是否受理。有关行政机关应当自收到转送、交办的信访事项之日起15日内决定是否受理并书面告知信访人，并按要求通报信访工作机构。

（2）听取意见。对信访事项有权处理的行政机关办理信访事项，应当听取信访人陈述事实和理由；必要时可以要求信访人、有关组织和人员说明情况；需要进一步核实有关情况的，可以向其他组织和人员调查。对重大、复杂、疑难的信访事项，可以举行听证。

（3）作出决定。对信访事项有权处理的行政机关经调查核实，应当依法作出支持、不予支持或进行解释的决定，并书面答复信访人。信访事项应当自受理之日起60日内办结；情况复杂的，经本行政机关负责人批准，可以适当延长办理期限，但延长期限不得超过30日。

【思考】

2003年，中国社会科学院于建嵘博士等人向中央提交了《信访的制度缺失和政治后果》的调查报告，指出当前中国社会信访问题的严重性和信访制度改革的紧迫性，引起领导对信访问题的高度重视。于建嵘等人认为，中国现有的信访制度作为历史产物已经无法适应当前的形势，目前信访制度的最大问题是功能错位，信访制度本质应该是收集和传达老百姓民意的一种制度设计，相当于一个秘书的角色，但现在却成为老百姓最后一种救济方式，而且被视为优于其他行政救济甚至国家司法救济的最后一根“救命稻草”。并建议撤销各部门的信访机构，把信访集中到各级人民代表大会，通过人民代表来监督“一府两院”的工作。

于建嵘等人的观点一提出就引起了激烈的争议。批评者认为，中国信访制度长期存在的根本原因在于它与中国国情和民间传统之间存在契合，有中国特色的信访制度是各级政府密切联系人民群众的渠道，是公民行使政治参与和行政监督等权利的政治制度形式之一。然而，新中国成立以来，信访机构一直是政府部门的一个办事机构，充任领导的秘书角色，这种状况制约了其应有功能的发挥。因此，中国信访制度改革不应该是取消信访机构，而应该是赋予信访机构以独立性和权威性，加强信访机构的权力和职能。[①]

请思考：如何看待信访制度的改革问题？

---

① 参见李新华：《现阶段中国信访制度创新的问题与改革取向》，载天益网，http：//www. tecn. cn/data/detail. php? id=5917。

【问题与思考】

1. 温州探索出了一种新闻监督的新模式，将舆论监督和人大监督结合在一起。该市在电视台开设了《代表在线》和《实事面对面》两个栏目，现场报道人大代表对政府进行监督的情况，取得了良好的社会效果。一个身为县人大代表的私营企业主，让部属办理厂房土地使用权证，经历了70天劳而无功的奔波，最终仰仗舆论和人大的双重监督，该私营企业主终于拿回了土地使用权证。①

请问：该事例中存在几种对行政的监督方式？各自具有何种效力？

2. 2003年1月7日夜晚，韶关青年潘文烽因盗窃钢厂废料被当地派出所抓获，第二天下午潘母见到躺在医院里的儿子时，21岁的潘文烽已因颅脑外伤成为了植物人。派出所对此的解释是“潘自己拒捕骑摩托车冲关所致”，而家属方面则认为是派出所有违法行为。2003年1月21日，潘文烽的家属向韶关市检察机关投诉，韶关市检察机关以涉嫌刑讯逼供进行立案侦查派出所的经办干警，并对潘文烽的伤情作了鉴定，结果为“损伤主要为颅脑外伤，且为钝性外力作用导致，但外力来源是什么，还有待调查研究解决”。迟迟得不到满意答复的潘的家人于同年6月2日向韶关市中级人民法院提起行政赔偿诉讼，要求确认韶关市公安局松山分局派出所的行为违法，并请求国家赔偿256万元。10天后，韶关市中级人民法院以起诉违反程序为由不予受理此案。法院认为，案件涉及警方履行侦查职责中是否存在殴打潘文烽致残的违法犯罪问题，依据有关的法律规定，该类案件应该由检察院进行管辖，因此不属于法院受理的范围。潘的家人随后上诉到广东省高级人民法院，广东省高级人民法院同样认为案件不属于法院受理范围，并要求潘的家人请求国家赔偿应该先向赔偿义务机关提出，因此终审驳回起诉。2004年11月3日，最高人民检察院以高检行抗(2004)1号行政抗诉书，向最高人民法院提起抗诉。2005年1月11日，最高人民法院以(2004)行抗字1号函指令广东省高级人民法院对“潘文烽国家赔偿案”进行再审。②

请问：本案中最高人民检察院的抗诉如何定性？意义何在？

① 参见章敬平：《舆论监督的温州模式》，载《南风窗》，2005-01-17。

② 参见《最高检向最高法抗诉　“潘文烽国家赔偿案”再审》，载新华网，http://news.xinhuanet.com/legal/2006－01/20/content_4077332.htm，2006-01-20。

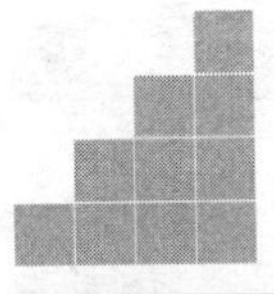

第十五章

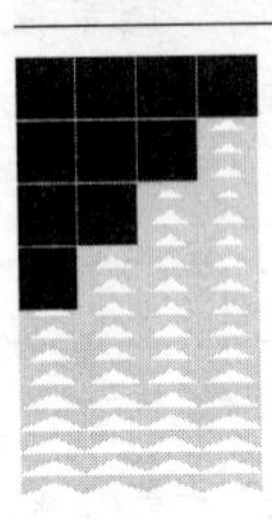

行政复议

参考资料

1. 毕可志．论行政救济．北京：北京大学出版社，2005
2. 张越．行政复议法学．北京：中国法制出版社，2007
3. 青锋，方军，张越编．韩国行政复议法．北京：中国法制出版社，2005

本章提要

行政复议是一种特殊的行政行为，它是行政系统内部的一种监督制度，也是一种独立的行政救济制度。行政复议制度具有监督行政机关依法行政，为公民、法人或其他组织的合法权益的保护提供救济，以化解行政纠纷、维护良好有序的行政管理秩序的功能。本章主要介绍行政复议的基本原则、受案范围、管辖、复议参加人、复议程序及复议决定的效力等，以更为深入、系统地理解行政复议制度。

第一节 行政复议概述

【案例 15—1】赵某不服市劳动局行政处罚申请复议案

【基本案情】

赵某原为某县一中外合资经营企业合同工，被聘到该公司企管部工作，工资标准2 500元/月，试用期为3个月，期间工资按80%执行。试用期满后，公司将其调入综合管理部工作。后来，公司鉴于其本人工作表现，决定予以辞退。赵某以试用期满后该公司未按2 500元/月的标准发放工资和未给其办理社保为由，向市劳动局投诉，要求对公司予以查处，保护其本人合法权益。市劳动局调查后，对该公司进行了处罚，同时责成妥善处理赵某反映的有关情况。赵某认为市劳动局对公司处罚过轻，向市人民政府申请行政复议。被申请人认为本案源于申请人与其所属公司发生的纠纷，行政处罚也与申请人无关，申请人无权提起行政复议申请。市政府经研究，依法受理了赵某的行政复议申请。

【法律问题】

本案解决的关键在于分析行政机关行为的性质以及赵某是否有权申请行政复议。

【法律链接】

《行政复议法》

第二条 公民、法人或者其他组织认为具体行政行为侵犯其合法权益，向行政机关提出行政复议申请，行政机关受理行政复议申请、作出行政复议决定，适用本法。

【案例分析】

1. 本案涉及行政机关的哪些行为？

本案涉及市劳动局的行政处罚行为以及市人民政府的行政复议行为。行政处罚行为是行政主体对违反行政法律规范的相对人给予的一种法律制裁。在本案中，市劳动局根据赵某的投诉，调查了该公司未按约定标准发放工资以及未依法给职工办理社保的事实，并作出处罚决定。而市人民政府则是根据赵某的申请，作为行政复议机关，对于市劳动局的处罚决定进行合法性与合理性审查，其行为是行政复议。

2. 赵某是否有权申请行政复议？

尽管本案最初源于赵某与所属公司之间的劳动关系纠纷，但是由于赵某不服市劳动局对公司所作的行政处罚决定，向市人民政府提出了复议申请，本案已经转变为赵某与市劳动局之间的行政争议了，依法属于行政复议范围。而且根据我国行政复议制度，只要公民、法人或者其他组织认为自己的合法权益受到行政机关具体行政行为的侵犯，就有权向法定机关提出行政复议申请。尽管市劳动局的行政处罚行为并非针对赵某作出，但是市劳动局对公司的处罚与赵某有利害关系。赵某认为市劳动局作出的行政处罚过轻，没有对其本人反映的问题进行妥当处理，因此，赵某可以对劳动局作出的行政处罚提出行政复议。本案中，市人民政府受理了赵某的申请，通过审查，可以判断市劳动局的行政处罚是否合法、合理，实现一级人民政府对其部门工作的监督；同时，也可对赵某的诉求予以回应，维护其合法权益，这正是行政复议制度的功能所在。

【探讨】

行政复议制度的功能何在？在行政复议过程中，应遵循哪些基本原则？

【学理研习】

（一）行政复议的概念和特征

行政复议是指行政相对人认为行政主体的具体行政行为侵犯其合法权益，依法向行政复议机关提出复查申请，由行政复议机关审查该具体行政行为的合法性与合理性，并作出行政复议决定的法律制度。

从我国行政复议制度来看，行政复议具有以下特征：

1. 从行政复议的前提来看，须有公民、法人或者其他组织提出申请。行政复议是行政复议机关根据相对人的申请，审查被申请的行政行为是否合法、适当，进而作出复议决定的。而一般的行政行为的作出既有行政主体依申请作出的，也有依职权作出的。

2. 行政复议所处理的争议是行政争议，而不同于行政调解、行政裁决对民事纠纷的处理。

3. 行政复议的审查对象主要是具体行政行为。行政复议就是复议机关对被申请人作出的具体行政行为进行审查的过程，所作复议决定也是判定被申请的具体行政行为的合法性与合理性。但是，根据申请人的申请，行政复议机关也可附带审查部分抽象行政行为。不过，可一并审查的抽象行政行为只限于规章以下的行政规范性文件，而且是作为被申请具体行政行为的依据。行政复议机关不能直接受理单独对抽象行政行为提起的审查申请。

4. 行政复议的审查主体是行政复议机关，虽然本身是行政机关，但它是申请人和被申请人之间行政争议的裁判者。而一般行政行为的实施主体是作为行政事务管理者的行政机关。而行政诉讼中的审查主体则是人民法院。

5. 在审查方式上，行政复议主要采取书面审查的方式。也就是主要通过对双方当事人提交的证据材料进行审查来认定事实、作出决定，这与司法机关的审查有着明显区别。根据《行政复议法》和《行政复议法实施条例》的规定，行政复议原则上采取书面审查的办法，但是申请人提出要求或者行政复议机构认为有必要时，可以向有关组织和人员调查情况，听取申请人、被申请人和第三人的意见，可以实地调查核实证据；对重大、复杂的案件，还可以采取听证的方式审理。

6. 行政复议对具体行政行为的审查范围不仅在于合法性，还包括合理性。行政复议机关可以审查具体行政行为是否适当的问题，如果具体行政行为明显不当，行政复议机关应当依法撤销或者变更该具体行政行为。而行政诉讼对具体行政行为的审查范围原则上限于合法性审查，一般无权变更不当的具体行政行为。

(二) 行政复议的性质和功能

1. 行政复议的性质

【思考】

关于行政复议的性质问题，学术界主要有以下一些观点：第一种观点可以概括为行政行为说，即认为行政复议是行政机关的行政行为，而且属于行政活动的范畴。第二种观点可以概括为司法说，即认为行政复议是对行政争议的裁判，是一种行政救济。第三种则持双重性质的观点，即认为行政复议兼具行政性和司法性，是一种行政司法活动。因为一方面，复议机关本身是行政机关，行使着行政复议的行政职能；另一方面，复议机关是以第三者的身份采取类似于司法审判的一些方式解决行政争议的。上述观点尽管都存在一定的不足之处，但可以作为我们从整体上认识行政复议性质的基础。

我们认为，从多角度全面地来认识行政复议的性质是目前较为普遍的观点，行政复议的性质至少应当从以下几个方面来认识：

(1) 行政复议是一种特殊的行政行为。行政复议是国家行政机关依据当事人申请，依法单方面行使行政权力的一种行为。但同时，它又有别于一般的行政行为。一般而言，行政主体的行政行为的作出是直接出于管理行政事务的目的，而行政复议顾名思义是要对争议的行政行为进行复查，处理行政主体与行政相对人之间的行政争议，具有一定的司法裁判性。

(2) 行政复议是行政系统内部的一种监督机制。行政系统内部的监督包括层级监督和专门机关的监督。行政复议正是属于建立在行政隶属关系基础上的一种层级监督形式。行政复议机关一般是被申请人的设立机关或者上一级机关，它们之间是领导或指导关系，通过行政复议实现上级对下级机关的违法或不当行为的认定和纠正，反映了行政系统内部上下级之间的监督关系。

(3) 行政复议是一种独立的行政救济制度。行政复议的目的之一在于为行政相对人的合法权益提供保障和补救。行政复议机关以第三人的身份解决因具体行政行为引起的行政相对人与行政机关之间的行政纠纷。这种救济不同于司法机关行使司法权的诉讼审判路径，但是所作的生效复议决定在相对人未对其提起行政诉讼前同样具有强制执行的效力，对申请人而言，无疑是一种法定的权利救济途径。

2. 行政复议的功能

行政复议的功能与其性质有着密切联系。总的来说，行政复议制度主要具备以下几方面的功能：

(1) 监督行政，促进依法行政，建设法治国家。行政复议工作是政府工作的重要组成部分，是全面推进依法行政的重要内容，是建设法治国家的重要制度保障。作为一种行政系统的层级监督制度，行政复议制度的首要功能就是通过强化内部层级监督，防止和纠正行政机关违法或者不当行使行政权力，保障行政机关依法履行职责。而且由于行政复议有了行政相对人的参与，还可以促进各级政府及部门及时发现和纠正违法或不当的决策行为，提高行政决策的科学性和民主性。

(2) 救济公民、法人和其他组织的合法权益。行政复议是一种行政救济制度，因此，行政复议机关不仅要通过发挥监督职能纠正违法或不当的行政行为，而且要对合法权益受到侵害的行政相对人给予及时有效的补救。行政复议不仅对行政机关的具体行政行为进行合法性审查，还进行合理性审查，而且可以附带审查部分抽象行政行为，这就使得利益诉求人的合法权益能够获得更为全面的保障。行政复议制度集中了诉求表达机制、利益协调机制、矛盾调处机制、权益保障机制几个方面的内容，核心就是保护人民群众的合法权益。

(3) 化解行政纠纷，维护良好有序的行政管理秩序。行政复议机关作为行政权力的行使者对于特定的行政管理事务具有专业优势。同时，行政复议机关又是以裁判者的身份来解决行政纠纷，按照专门的法律程序并且在一定程度上借鉴司法规则。这样就在很大程度上兼顾了效率和公正，对于相应的行政争议能够较为准确有效地处理。而且由行政机关自我纠错，也有利于增强政府的公信力和行政执行力。2006 年 9 月，中共中央办公厅、国务院办公厅联合下发了《关于预防和化解行政争议健全行政争议解决机制的意见》，对充分发挥行政复议在解决行政争议、化解社会矛盾、构建和谐社会中的重要作用，作了明确规定。而且 2007 年 5 月国务院发布《行政复议法实施条例》的直接目的也在于进一步发挥行政复议制度在解决行政争议、建设法治政府、构建社会主义和谐社会中的作用。目前行政复议工作中积极探索和解、调解等多种手段的运用，也有利于化解矛盾、平衡利益，促进争议双方的互谅互信。

近二十年来，我国行政复议制度获得了较大的发展，逐渐成为行政机关依法解决行政争议、化解社会矛盾、加强层级监督的一项重要法律制度平台。1989 年《行政诉讼法》的颁布不仅是我国行政诉讼制度确立的标志，同时其中部分条款也开启了我国行政复议制度由分散走向统一、从例外规定走向专门制度的大门。此后，1990 年国务院发布《行政复议条例》，首次专门系统地规定了行政复议的法律程序。其后，在 1994 年国务院对该条例进行了一次修订。据统计，从 1991 年 1 月至 1997 年年底，全国共有行政复议案件约二十二万件，平均每年约三万件。1999 年全国人大常委会制定《行政复议法》，以法律的形式取代了这一行政法规。为了进一步发挥行政复议制度在解决行政争议中的作用，2007 年 5 月 23 日国务院第 177 次常务会议通过《行政复议法实施条例》，自 2007 年 8 月 1 日起施行。近几年来，全国平均每年通过行政复议这个制度平台解决行政争议八万多起，纠正了一大批违法或者不当的具体行政行为。但是，据最高人民法院公布的数据，近两年行政诉讼案件数每年平均在十万件左右，多于复议案件数。我国行政复议案件与行政诉讼案件的比例说明，我们在利用行政复议手段化解行政纠纷方面与一些发达国家尚有较大差距。有关部门的相关调研显示，在美国、韩国、日本等国，行政复议的数量远远超过行政诉讼案件。行政复议案件与行政诉讼案件的比例在美国是 24∶1，在日本大约为 8∶1，在韩国约为 7∶1。而且我国有 70%的行政诉讼案件在起诉前未经过行政复议。我国立法、执法等多方面因素决定了“行政复议作为一种主要的非诉讼性纠纷解决方式，与行政诉讼相比，其应有效率和潜力远未充分发挥”[①]。因此，行政复议上述功能的充分发挥，需要我们进一步创新行政复议方式方法，加强基层行政复议能力建设，不断完善行政复议制度和机制，规范行政复议行为。

（三）行政复议的基本原则

行政复议的基本原则是指导并贯穿行政复议活动全过程的、行政复议机关履行行政复议职责所必须遵循的基本行为准则。《行政复议法》第4条规定，行政复议机关履行行政复议职责，应当遵循合法、公正、公开、及时、便民的原则，坚持有错必纠，保障法律、法规的正确实施。

1. 合法原则。行政复议合法原则是指行政复议机关审查行政复议案件，必须按照法律规定的职责权限，履行行政复议职责，作出行政复议决定。这一原则要求：（1）行政复议主体合法。复议机关必须是依法享有行政复议职权的机关，而且依法对被申请事项具有管辖权，并且由复议机关的负责法制工作的机构具体办理复议事项。（2）行政复议依据合法。行政复议机关办理行政复议案件，应当以宪法、法律、法规、规章以及上级行政机关依法制定的其他规范性文件为依据。如果发现有关规定违法，或者经申请人申请审查发现具体行政行为所依据的有关规定违法，可以依职权纠正或者向有权机关提出建议。（3）行政复议程序合法。行政复议是行政系统内部的一种救济手段，其程序的合法与否在很大程度上决定了其公正性。《行政复议法》、《行政复议法实施条例》以及其他法律、法规对于行政复议程序有明确规定，行政复议机关和行政复议参加人都必须遵守。

2. 公正原则。行政复议公正原则是指行政复议审查具体行政行为，不仅要审查其合法性，还要审查其合理性。监督行政的一个很重要的方面就是控制行政裁量权不被滥用。这一原则要求：（1）行政复议机关应当一视同仁，没有偏私，同等情况同等对待，不同情况不同对待。（2）在行政复议过程中，应当给复议参加人充分陈述和申辩的机会。（3）行政复议机关应当查明案件事实，在作出行政复议决定时考虑所有应当考虑的因素，排除不应考虑的问题。（4）对于明显不公正的具体行政行为，复议机关依法可以撤销或者变更，必要时还可责令被申请人重新作出具体行政行为。

3. 公开原则。行政复议公开原则是行政复议一项重要的程序法原则，是指与行政复议案件有关的所有依法应当公开的信息、材料都应当向复议参加人和社会公开。这一原则要求：（1）行政复议资讯公开。与案件有关的一切材料，复议参加人都有权查阅，而且行政复议机关应当为申请人、第三人查阅有关材料提供必要条件。根据《行政复议法》的规定，申请人、第三人可以查阅被申请人提出的书面答复、作出具体行政行为的证据、依据和其他有关材料，除涉及国家秘密、商业秘密或者个人隐私外，行政复议机关不得拒绝。（2）行政复议过程公开。行政复议过程应当有行政复议参加人最大限度的参与，使其有充分条件监督复议过程，表达诉求、说明理由、发表意见。尽管行政复议原则上采取书面审查方式，但是行政复议机关也应当听取申请人、被申请人和第三人的意见，对重大、复杂的案

---

① 莫于川教授语。参见刘晓鹏：《政府强化“自我纠错”，依法化解行政争议》，载《人民日报》，2007-08-02，10版。

件，如果申请人提出要求或者行政复议机构认为必要时，可以采取听证的方式审理。(3) 行政复议结果公开。对于案件是否受理、复议机关作出何种决定，都应当明确及时地以法定形式告知当事人，公开复议结果。

4. 及时原则。行政复议及时原则是指行政复议机关应当在法定期限内并且尽可能用较短时间完成行政复议的各项程序，作出复议决定。这一原则要求：(1) 及时审查决定是否受理申请。行政复议机关收到行政复议申请后，应当在5日内进行审查决定受理与否。(2) 及时审理案件。(3) 及时作出复议决定。行政复议机关应当自受理申请之日起60日内作出行政复议决定；但是法律规定的行政复议期限少于60日的除外。符合条件获得延长的，延长期限最多也不超过30日。(4) 及时敦促当事人遵守法定期限。为了避免被申请人拖延作出具体行政行为，《行政复议法实施条例》还明确了行政复议机关责令被申请人重新作出具体行政行为时，被申请人重新作出具体行政行为的时限。(5) 及时处理当事人不履行复议决定的情况。

5. 便民原则。行政复议便民原则是指行政复议机关应当为行政复议当事人，尤其是申请人提供必要的便利，尽量降低其参加行政复议的成本。这一原则要求：(1) 方便申请行政复议。对于符合法定情形的，申请人也可以向具体行政行为发生地的县级地方人民政府提出行政复议申请，由接受申请的县级地方人民政府依照《行政复议法》第18条的规定办理转送。申请人申请行政复议，可以书面申请，也可以口头申请。口头申请的，行政复议机关应当当场记录申请人的基本情况、行政复议请求、申请行政复议的主要事实、理由和时间。申请人书面申请行政复议的，可以采取当面递交、邮寄或者传真等方式提出行政复议申请。有条件的行政复议机构可以接受以电子邮件形式提出的行政复议申请。而且也不向申请人收取任何行政复议费用。(2) 方便参与行政复议。行政复议机关应当为申请人、第三人查阅有关材料提供必要条件，并且允许当事人根据自己意愿就特定事项进行和解、调解。

第二节　行政复议范围

【案例15—2】第一村民小组诉某县人民政府土地权属争议裁决案

【基本案情】

某县A乡B村第一村民小组（以下简称第一村民小组）与某县A乡B村村民委员会（以下简称村委会）对一块土地的权属发生争议。第一村民小组主张1969年因B村建村小学，无偿占用其4亩土地，当时协商等学校搬迁后，土地仍归其使用。此后，其又多次向村委会主张要回土地，1993年学校搬迁，其又向村委会提出归还土地，但一直没有解决。2003年，村委会申请某县人民政府对所争议的土地权属问题进行处理，2004年4月29日，某县人民政府作出处理决定，认定自1969年起至1993年止，村委会连续使用该宗土地已超过20年，第一村民小组无可靠证据证明其曾向村委会提出过归还土地，根据《土地管理法》第16条和原国家土地管理局《确定土地所有权和使用权的若干规定》第21条的规定，确认争议土地归B村集体所有。第一村民小组对该处理决定不服，于是向某县人民法院提起行政诉讼。

【法律问题】

某县人民法院应当如何处理该案，取决于第一村民小组可以寻求哪些维护权益的法律途径，以及这些法律救济途径间的关系。

【法律链接】

《行政复议法》

第六条　有下列情形之一的，公民、法人或者其他组织可以依照本法申请行政复议：

…………

（四）对行政机关作出的关于确认土地、矿藏、水流、森林、山岭、草原、荒地、滩涂、海域等自然资源的所有权或者使用权的决定不服的；

…………

第三十条　公民、法人或者其他组织认为行政机关的具体行政行为侵犯其已经依法取得的土地、矿藏、水流、森林、山岭、草原、荒地、滩涂、海域等自然资源的所有权或者使用权的，应当先申请行政复议；对行政复议决定不服的，可以依法向人民法院提起行政诉讼。

【案例分析】

1. 第一村民小组不服县人民政府的处理决定，可以通过什么法律途径维护权益？

本案涉及对于地方人民政府作出的确认土地等自然资源的所有权或使用权的具体行政行为不服引起争议的案件的主管问题。对此，我们需要确定本案争议的性质。本案中某县人民政府根据B村村委会的申请对于该宗土地的所有权进行了确认，认定归属B村集体所有。虽然，最初的权属争议是发生在第一村民小组和村委会之间，但是由于县人民政府对此作出了具有强制力的处理决定，而第一村民小组不服该确权决定，使得案件实际上已转为行政争议。因此，第一村民小组不服县人民政府的处理决定，应当寻求解决行政争议而非民事争议的法律途径。根据《行政复议法》第6条第4项的规定，行政相对人“对行政机关作出的关于确认土地、矿藏、水流、森林、山岭、草原、荒地、滩涂、海域等自然资源的所有权或者使用权的决定不服的”，可以提起行政复议。因此，第一村民小组可以对县人民政府的处理决定提起行政复议申请。另外，根据《行政诉讼法》的规定，行政相对人认为行政主体的具体行政行为侵犯其合法权益的，有权向人民法院提起行政诉讼，而且本案中的行政确权引发的争议也不属于行政诉讼的法定排除范围，因此该争议亦属于行政诉讼的受案范围，就此争议提起行政诉讼也是第一村民小组的合法权利。

2. 某县人民法院应当如何处理该案？

既然本案争议属于行政复议和行政诉讼的受案范围，那么某县人民法院是否应当受理呢？虽然我国行政法律制度对于绝大多数的行政案件确立的是选择复议或者诉讼的原则，但是针对特定事项又确立了复议前置的规则，也就是说对于特定事项应当先经过复议程序，对于复议决定不服的才可以提起行政诉讼。本案即属此列。根据《行政复议法》第30条第1款的规定，“公民、法人或者其他组织认为行政机关的具体行政行为侵犯其已经依法取得的土地、矿藏、水流、森林、山岭、草原、荒地、滩涂、海域等自然资源的所有权或者使用权的，应当先申请行政复议；对行政复议决定不服的，可以依法向人民法院提起行政诉讼”。因此，第一村民小组对于县人民政府的处理决定不服，依法应当先申请行政复议，而不可未经复议直接向县人民法院起诉。该县人民法院不应受理第一村民小组的起诉，而应告知其在法定期限内向市人民政府申请行政复议。

【探讨】

行政复议的范围包括哪些？它与行政诉讼的受案范围有何不同之处？

【学理研习】

行政复议范围是指行政相对人认为行政机关作出的行政行为侵犯其合法权益，依法可以向行政复议机关请求重新审查的范围，也即行政复议机关依法受理行政复议案件的主管权限。《行政复议法》第2条规定，“公民、法人或者其他组织认为具体行政行为侵犯其合法权益，向行政机关提出行政复议申请，行政机关受理行政复议申请、作出行政复议决定，适用本法”，这可以视为对行政复议范围的一个概括式规定。该法还在第二章专章规定了行政复议范围，其对于行政复议范围的立法采取的是概括式规定和列举式规定相结合的模式，规定了可以申请行政复议和不可申请行政复议的若干事项。

（一）可申请行政复议的事项

《行政复议法》第6条采用列举和概括相结合的模式从正面规定了行政复议范围。分别为以下情形：

1. 对行政处罚决定不服

行政处罚是最为常见的行政行为之一，它是行政主体对违反行政法律规范的相对人给予的一种法律制裁，因其对人身权、财产权的直接影响较大，成为各级行政机关收到的复议申请中涉及最多的事项。《行政复议法》第6条规定，“对行政机关作出的警告、罚款、没收违法所得、没收非法财物、责令停产停业、暂扣或者吊销许可证、暂扣或者吊销执照、行政拘留等行政处罚决定不服的”，可以申请行政复议。该项规定列举了《行政处罚法》规定的全部行政处罚种类①，同时，“等”字说明没有列举的其他法律规范所设定的行政处罚，也都属于行政复议的范围。

2. 对行政强制措施决定不服

行政强制措施是指国家行政机关为了维护和实施行政管理秩序，预防与制止社会危害事件与违法行为的发生与存在，依照法律、法规规定，针对特定公民、法人或者其他组织

---

① 《行政处罚法》第8条规定：“行政处罚的种类：（一）警告；（二）罚款；（三）没收违法所得、没收非法财物；（四）责令停产停业；（五）暂扣或者吊销许可证、暂扣或者吊销执照；（六）行政拘留；（七）法律、行政法规规定的其他行政处罚。”

的人身、行为及财产进行临时约束或处置的限权性强制行为。[①] 主要包括对财产的查封、扣押、冻结、强制拆除建筑物、强制转让专利权、变卖拍卖财物等，以及对人身的强制隔离、强制戒毒、强制治疗、收容教养、强制遣回原地等措施。行政强制措施的表现形式多样，法律规范中的用语也不统一，仅据某课题组从手段、形式或名称上的统计，我国从 1949 年至 1999 年的法律、行政法规、部门规章所规定的行政强制措施就有 263 种[②]，立法、执法的混乱局面有待《行政强制法》的制定来解决。行政强制措施直接影响到相对人的人身权、财产权，《行政复议法》确认了相对人可以复议方式救济强制措施带来的权益损害。《行政复议法》第 6 条规定，“对行政机关作出的限制人身自由或者查封、扣押、冻结财产等行政强制措施决定不服的”，可以申请行政复议。

3. 对变更、中止、撤销行政许可决定不服

《行政复议法》第 6 条规定，“对行政机关作出的有关许可证、执照、资质证、资格证等证书变更、中止、撤销的决定不服的”，可以申请行政复议。这类事项可以归纳为不服行政许可行为而申请复议的情形。由于在《行政许可法》颁布之前，并未形成统一的法律用语，《行政复议法》更多的是从行政许可的主要表现形式上作出规定的。另外，我们认为这里应当从广义上理解“行政许可”的概念，因为经过各级政府清理行政审批项目和《行政许可法》颁布之后，部分审批事项被划入非许可行政审批的范围，但是只要行政相对人认为这些审批行为侵犯其合法权益的，就应当允许其依法提起行政复议申请。

4. 对自然资源的行政确权决定不服

在我国，自然资源依法属于国家或者集体所有，公民、法人或者其他组织若要获得对自然资源合法的所有权或者使用权，需经过有关行政管理机关的确认，如果对自然资源的权属发生争议，还需通过相关行政管理机关的裁决来确定。行政相对人“对行政机关作出的关于确认土地、矿藏、水流、森林、山岭、草原、荒地、滩涂、海域等自然资源的所有权或者使用权的决定不服的”，可以申请行政复议。而且，如果公民、法人或者其他组织认为行政机关的具体行政行为侵犯其已经依法取得的土地、矿藏、水流、森林、山岭、草原、荒地、滩涂、海域等自然资源的所有权或者使用权的，依法应当先申请行政复议；对行政复议决定不服的，可以依法向人民法院提起行政诉讼。

5. 认为行政机关侵犯经营自主权

行政相对人认为行政机关侵犯合法的经营自主权的，也可以申请行政复议。经营自主权是指市场主体依法享有的按照自己的意愿在产、供、销各环节中，调配、使用人力、物力、财力进行生产经营，不受他人干涉的权利。例如，《全民所有制工业企业法》、《全民所有制工业企业转换经营机制条例》、《城镇集体所有制企业条例》、《私营企业暂行条例》、《公司法》、《个人独资企业法》等均规定了各类企业的经营自主权，主要是生产经营决策

---

① 参见胡建淼：《行政法学》，330 页，北京，法律出版社，2003。

② 参见胡建淼、金伟峰等：《中国现行法律法规规章所涉行政强制措施之现状及实施分析》，载《法学论坛》，2000 (6)。

权、产品定价权、物资购销权、资产处置权、联营兼并权、劳动用工权、人事管理权、内部机构设置权等。

6. 认为行政机关变更或废止农业承包合同侵犯其合法权益

农业承包合同是农业生产合作社等农业集体经济组织与其成员为了发包、承包集体所有的土地等生产资料以及依法确定给农户集体长期使用的国有自然资源，明确相互间在生产、经营、分配过程中的权利义务关系而订立的协议。一般可按承包项目划分为耕地、果(茶、桑)园、林木、水面、草原、荒地、农业机械、水利设施等承包合同。农业承包合同一经签订，即具有法律约束力，合同双方虽有组织与成员的关系，但是法律地位平等，双方合法权益均受法律保护。法定的农业承包合同管理机关依法管理农业承包合同，运用指导、组织、监督检查等行政手段，促使农业承包合同当事人依法签订、履行、变更、解除农业承包合同和承担违约责任，制止和查处利用农业承包合同的违法活动，维护合同双方当事人合法权益。但是法定主管机关对农业承包合同的管理、监督行为必须依法进行，不得随意变更、废止承包合同，其他行政机关也应尊重双方当事人的权利。实践中，行政机关非法干涉农业承包合同的签订、履行、变更、解除的事件时有发生，给农民经营承包户带来巨大损失。因此，《农村土地承包法》第61条规定："国家机关及其工作人员有利用职权干涉农村土地承包，变更、解除承包合同，干涉承包方依法享有的生产经营自主权，或者强迫、阻碍承包方进行土地承包经营权流转等侵害土地承包经营权的行为，给承包方造成损失的，应当承担损害赔偿等责任；情节严重的，由上级机关或者所在单位给予直接责任人员行政处分；构成犯罪的，依法追究刑事责任。"与原《行政复议条例》相比，《行政复议法》也增加规定，"认为行政机关变更或者废止农业承包合同，侵犯其合法权益的"，可以申请行政复议，从而，更加全面地保护农业承包合同当事人的利益。

7. 认为违法要求相对人履行义务

公民、法人或者其他组织应当担负怎样的义务，是由法律、法规加以规定的，行政机关不得违法要求相对人履行义务。行政机关违法要求相对人履行义务一般表现为：(1)法律、法规并未设定某种义务，行政机关无任何法律依据或者依据自行制定的文件，要求相对人履行某种义务；(2)法律、法规虽然规定了某种义务，但是行政机关超出规定的条件、幅度、方式、程序等，要求相对人履行某种义务；(3)行政相对人已经履行了某种法定义务，行政机关无故重复要求相对人履行某种义务，等等。行政机关违法要求行政相对人履行义务的形式多样，其中行政机关违法集资、征收财物、摊派费用的现象比较突出，因此，《行政复议法》将之专门列出，规定"认为行政机关违法集资、征收财物、摊派费用或者违法要求履行其他义务的"，可以申请复议。

其实上述第5、6、7类情形之间存在交叉甚至同一的问题，例如行政机关的违法征收行为，可能既是对相对人合法的经营自主权的侵害，也可能涉及对农业承包合同关系的破坏，同时也是违法要求相对人履行义务。《行政复议法》对这些事项的列举只是反映了立法技术上的一种考虑。因此，问题的关键还在于只要公民、法人或者其他组织认为行政机关侵害了其合法权益就有权申请行政复议。

8. 认为行政机关不依法办理行政许可事项

《行政复议法》第6条规定，“认为符合法定条件，申请行政机关颁发许可证、执照、资质证、资格证等证书，或者申请行政机关审批、登记有关事项，行政机关没有依法办理的”，可以申请行政复议。这类事项其实就是行政许可不作为案件。在《行政复议法》修改时，适宜与前述第3类事项合并。这里所说的“行政机关没有依法办理”包括行政机关明确拒绝办理以及不予答复，无论对于何种情况，行政相对人都可以依法申请复议。

9. 认为行政机关不履行保护人身权、财产权、受教育权的法定职责

某些特定的行政机关依法承担保护公民、法人或者其他组织的人身权利、财产权利、受教育权利的法定职责。当行政相对人认为自己的合法权利受到损害或威胁时，有权申请有关国家机关给予保护，如果行政机关不予答复或者无正当理由拒绝的，则是对法定职责的违反，属违法失职。因此，《行政复议法》规定，“申请行政机关履行保护人身权利、财产权利、受教育权利的法定职责，行政机关没有依法履行的”，可以申请行政复议。从20世纪90年代开始，有关受教育权利的行政案件纷纷出现，立法机关也关注到这一领域的突出问题，这里增加对“受教育权利”保护的规定，是对于原先《行政复议条例》规定的完善，也是对宪法规定的公民受教育权的有力保障。

10. 认为行政机关不依法履行行政给付职责

随着我国社会保障制度的建立、发展，服务行政理念的树立，以及一些重大社会问题的出现，国家行政给付职能的发挥日趋重要。发放抚恤金、社会保险金或者最低生活保障费等，是国家通过行政给付方式对特定弱势人群进行的行政救助，也是有关行政机关的法定职责。目前，主要承担行政给付职责的机关是民政、劳动社会保障等部门。我国《宪法》规定，公民在年老、疾病或者丧失劳动能力的情况下，有从国家和社会获得物质帮助的权利。因此，当相对人“申请行政机关依法发放抚恤金、社会保险金或者最低生活保障费，行政机关没有依法发放”时，可以提起行政复议申请。

【思考】

上述第8、9、10类事项可以概括为行政不作为案件。其实，行政不作为的范围很广，远不止上述三种类型，只是实践中，这三类不作为出现得较多，对行政相对人的影响也较大。而且，行政不作为显然也不限于这三类所代表的依申请行政行为，对于行政机关的依职权行政行为出现不作为时，利害关系人同样有权申请行政复议。例如，虽然根据《道路交通安全法》的规定和全国人民代表大会常务委员会法制工作委员会的批复，公安机关交通管理部门制作的交通事故认定书，作为处理交通事故案件的证据使用，交通事故责任认定行为不属于具体行政行为，不能向人民法院提起行政诉讼。如果当事人对交通事故认定书所牵连的民事赔偿不服的，可以向人民法院提起民事诉讼。但是，我们认为，如果公安机关怠于处理交通事故，不进行交通事故责任认定或者未依法在规定期限内进行交通事故责任认定，当事人是有权就此提起行政复议申请的。

11. 对其他具体行政行为不服

《行政复议法》第6条在最后一项规定，“认为行政机关的其他具体行政行为侵犯其合法权

益的"，可以申请行政复议。这是对行政复议范围的一个兜底条款，这一概括性规定说明行政机关的所有具体行政行为都属于行政复议的范围，行政复议的范围大于行政诉讼的受案范围。

(二) 行政复议附带审查的范围

长期以来，我国的行政复议机关限于受理行政相对人就行政机关的具体行政行为提起的复议案件，如果行政机关依据一个违法的行政规定作出具体行政行为，行政相对人也只能申请复议审查、请求撤销该具体行政行为，而不能直接影响相关行政规定的效力。《行政复议法》第7条的规定为这一问题的解决投射了一线曙光。

1. 附带审查部分行政规定的范围

《行政复议法》第7条规定，公民、法人或者其他组织认为行政机关的具体行政行为所依据的下列规定不合法，在对具体行政行为申请行政复议时，可以一并向行政复议机关提出对该规定的审查申请：(1) 国务院部门的规定；(2) 县级以上地方各级人民政府及其工作部门的规定；(3) 乡、镇人民政府的规定。而且上述所列规定不含国务院部、委员会规章和地方人民政府规章。规章的审查依照法律、行政法规办理。这一条文或多或少突破了长期以来具体行政行为和抽象行政行为的界分在行政复议范围问题上的意义，说明抽象行政行为也存在接受某种程度的复议审查的可能性。

不过，这种审查只是部分的。作为抽象行政行为的结果的规范性文件，包括国务院根据宪法和法律，规定的行政措施，制定的行政法规，发布的具有普遍约束力的决定和命令；国务院的各部、委员会根据法律和国务院的决定，在本部门的权限范围内发布的具有普遍约束力的命令、指示以及规章；省、自治区、直辖市的人民政府根据法律、行政法规和本省、自治区、直辖市的地方性法规，制定的行政规章；省、自治区的人民政府所在地的市和经国务院批准的较大市的人民政府，根据法律、行政法规和本省、自治区及本市的地方性法规，制定的行政规章；县级以上各级人民政府及其工作部门规定的行政措施，发布的具有普遍约束力的决定和命令；乡、镇人民政府发布的具有普遍约束力的决定和命令。但是，《行政复议法》所规定的可一并申请审查的"规定"仅限于国务院部门的规定、县级以上地方人民政府及其工作部门的规定以及乡、镇人民政府的规定，而不包括行政法规、行政规章。这一规定并非严格意义上对抽象行政行为的审查，只能在个案中间接地进行。而且行政复议机关对抽象行政行为并不当然地有处理权。如果复议机关发现具体行政行为所依据的规定与上位法相抵触，只能在其职权范围内予以撤销或改变。也就是说，如果复议机关并非发布该规定的行政机关或其上级机关，则无权处理该规定，而应提请有权机关依法处理。这也会直接引起行政复议程序的中止。①

2. 附带审查部分行政规定的原因

其实围绕能否将抽象行政行为纳入复议范围的争议一直都有。反对的理由无非是，抽象行政行为不直接对相对人发生法律效果；对抽象行政行为进行复议审查没有现行法的

① 根据《行政复议法实施条例》第41条的规定，行政复议期间，案件涉及法律适用问题，需要有权机关作出解释或者确认的，行政复议中止。

程序和传统；时机尚不成熟，等等。但是这些理由在今天看来，已经不那么理所当然了。有学者归纳了将抽象行政行为纳入复议范围的必要性①：(1) 正本清源的需要。抽象行政行为与具体行政行为密不可分，是具体行政行为的依据和源头，要纠正违法和不当的具体行政行为，必须同时正本清源，从源头开始审查和纠正。(2) 现有的对抽象行政行为的监督制度不能有效地解决抽象行政行为中的问题。目前，我国对抽象行政行为的监督途径主要是：1) 人大和上级行政机关的监督；2) 备案审查和规范性文件集中清理；3) 行政复议机关审查具体行政行为时的间接监督；4) 人民法院审查具体行政行为时的间接监督。这些看似完备的监督制度，实际上由于缺少有效的程序规则和利害相关人的参与而收效甚微。(3) 上级行政机关对下级行政机关的全面监督的需要。(4) 加强救济的需要。(5) 允许对抽象行政行为进行复议符合宪法原则。(6) 维护法制统一的需要。(7) 行政复议制度的实践为审查抽象行政行为积累了经验。(8) 国外行政复议制度提供了审查抽象行政行为的经验。

总的来说，我们认为，目前的行政复议制度确立对部分行政规定的附带审查制度，主要还是出于加强对行政的监督的考虑。在行政管理实践中，在法律、法规、规章之外，大量存在着各级各类行政机关制定的“红头文件”，它们虽然不属于法的范畴②，却往往是行政机关作出具体行政行为的直接依据。然而，这些行为依据的合法性却不容乐观。如果行政机关依据一个违法的规定作出具体行政行为，那么对于复议机关而言，审查具体行政行为的合法性和适当性，毋宁去审查作为其行为依据的行政规定更为实际而必要。不仅能够在个案中纠正违法，救济损害，也可普遍地杜绝类似的“合规却违法”的具体行政行为。

3. 附带审查部分行政规定的条件

《行政复议法》确立的对部分行政规定的附带审查制度不仅是针对部分的，还是有条件的。行政法规、规章以外的其他抽象行政行为才受到审查，而且只能是在对具体行政行为不服申请复议的同时，一并要求对作为依据的规定进行审查。也就是说，行政复议并不直接审查抽象行政行为。

对于“一并向行政复议机关提出对该规定的审查申请”也曾存在争议。有人认为必须在提起对具体行政行为的复议申请时一同提出对相关规定的审查请求。根据《行政复议法实施条例》第 26 条的规定，申请人认为具体行政行为所依据的规定不合法的，可以在对具体行政行为申请行政复议的同时，一并提出对该规定的审查申请；申请人在对具体行政行为提出行政复议申请时，尚不知道该具体行政行为所依据的规定的，可以在行政复议机关作出行政复议决定前向行政复议机关提出对该规定的审查申请。

（三）不可申请行政复议的事项

《行政复议法》几乎将行政主体的所有具体行政行为纳入复议范围，但同时也将几类特

---

① 参见张越：《行政复议法学》，93～95 页，北京，中国法制出版社，2007。

② 一般认为，在我国法律体系中，宪法、法律、行政法规、地方性法规、行政规章、国际条约等属于法的范畴，而行政机关制定行政法规、规章以外的其他规范性文件的行为更多具有行政性质，而不具备立法性质。

殊事项排除出了行政复议范围，然而这并不意味对于这些事项没有救济的途径。

1. 人事处理行为

所谓人事处理行为专指行政机关对与其有隶属关系的工作人员作出任免、考核、奖惩等人事处理决定的行为，包括行政机关作出的行政处分以及其他人事处理决定。根据《公务员法》的规定，行政处分包括警告、记过、记大过、降级、撤职、开除。此外，其他人事处理行为还包括在任用、辞退、降职、考核、薪金待遇等方面作出的处理决定。

一般认为，人事处理行为是基于身份隶属关系针对内部事务而作出的，属于我们通常讲的内部行政行为的范畴，对外部行政相对人的权益不产生影响，因此不采用适用于外部行政管理关系的复议救济方式，当事人可以采取其他的法定方式保障自己的权益。《行政复议法》第8条规定，不服行政机关作出的行政处分或者其他人事处理决定的，依照有关法律、行政法规的规定提出申诉。

对于人事处理行为的申诉救济主要规定在公务员制度和行政监察制度当中。根据《公务员法》的规定，公务员对涉及本人的人事处理不服的，可以自知道该人事处理之日起30日内向原处理机关申请复核；对复核结果不服的，可以自接到复核决定之日起15日内，按照规定向同级公务员主管部门或者作出该人事处理的机关的上一级机关提出申诉；也可以不经复核，自知道该人事处理之日起30日内直接提出申诉。其中，对省级以下机关作出的申诉处理决定不服的，可以向作出处理决定的上一级机关提出再申诉。这些人事处理主要包括：（1）处分；（2）辞退或者取消录用；（3）降职；（4）定期考核定为不称职；（5）免职；（6）申请辞职、提前退休未予批准；（7）未按规定确定或者扣减工资、福利、保险待遇；（8）法律、法规规定可以申诉的其他情形。另外，行政机关公务员对处分不服还可以向行政监察机关申诉。按照《行政监察法》的规定，国家公务员和国家行政机关任命的其他人员对主管行政机关作出的行政处分决定不服的，可以自收到行政处分决定之日起30日内向监察机关提出申诉，监察机关应当自收到申诉之日起30日内作出复查决定。监察机关对受理的不服主管行政机关行政处分决定的申诉，经复查认为原决定不适当的，可以建议原决定机关予以变更或者撤销；监察机关在职权范围内，也可以直接作出变更或者撤销的决定。对复查决定仍不服的，可以自收到复查决定之日起30日内向上一级监察机关申请复核，上一级监察机关应当自收到复核申请之日起60日内作出复核决定。当然，复查、复核期间，并不停止原人事处理决定的执行。

2. 民事纠纷调处行为

根据《行政复议法》第8条的规定，“不服行政机关对民事纠纷作出的调解或者其他处理，依法申请仲裁或者向人民法院提起诉讼”。所谓民事纠纷调处行为是指行政机关根据民事纠纷当事人的申请，居间对平等民事主体间的与行政管理密切相关的纠纷进行的调解、仲裁等处理行为。行政机关作出的这类行为本质上是为了解决民事纠纷，相应的调解处理协议并不发生强制性法律效力，是否能够产生定纷止争的效果取决于当事人的意愿，任何一方当事人如果对行政机关的处理不服，可以向仲裁机关申请仲裁或者向人民法院提起民事诉讼，以最终解决纠纷。这类纠纷本质上是民事争议，无须转化为行政争议来解决，否则会降低解决纠纷的效率，也达不到最终排解争议的效果。例如，对于农业承包合同的主管机关而言，不仅要指导、监督农业承包合同的签订、履行，还要负责对农业承包合同纠纷案件进行调解或仲裁。尽管前面我们提到，行政相对人认为行政机关变更或者废止农业承包合同，侵犯其合法权益的，可以申请行政复议。但是，主管机关对于农业承包合同纠纷的调解、仲裁行为则不属于行政复议范围，当事人如果不服，可以针对合同关系本身通过民事途径解决。再比如，环境污染赔偿纠纷的处理等。

但是，并非行政机关对一切民事纠纷的处理行为均不属于复议范围。例如，前述行政机关对自然资源的确权行为就涉及相关民事纠纷的处理，属于《行政复议法》明确规定的可复议范围，原因在于这类民事纠纷实际上需要行政机关来确定权利归属，行政机关的确认行为具有法律上的拘束力。

第三节 行政复议机关和管辖

【案例 15—3】林某等不服某县某区公所综合执法队行政处罚案①

【基本案情】

2000 年 7 月 4 日，某县某区公所综合治理执法队的 4 名工作人员去某村处理一起偷电事件。当路过林某家门口时，见晒谷坪上有几小段毛竹，即怀疑林家有在封山育林区毛竹林场砍伐毛竹的行为，遂对林家进行了搜查，在林家后屋发现三根毛竹。于是 4 个执法队员对林某妻子谢某进行询问，谢某称毛竹是在自家承包山上的竹林子里砍的，准备用于修补簸箕。但执法队员不相信，一口咬定林家到毛竹林场偷伐毛竹，违反了《森林法》，当即宣布处以每根毛竹罚款 200 元共计 600 元的处罚，限两天内交清，逾期不交每天加处罚款 100 元，并当场扣押林家的电视机。此后在与执法队员的争执中，林家兄弟被电警棍击倒，又被铐在村委会门口的电线杆上长达三个多小时，身心受到严重损害。事后，林某兄弟和谢某到该县政府法制办申请复议，要求撤销区公所的处罚，并赔偿损失。

【法律问题】

本案涉及林某等人是否可以到该县政府法制办申请行政复议的问题，解决的关键在于行政复议机关以及行政复议机构的确定。

【法律链接】

《地方组织法》

第六十八条第二款　县、自治县的人民政府在必要的时候，经省、自治区、直辖市的人民政府批准，可以设立若干区公所，作为它的派出机关。

---

① 案例来源：佘国华等主编：《行政复议法实例说》，170～173 页，长沙，湖南人民出版社，2001。转引自吴鹏主编：《行政救济法典型案例》，53～55 页，北京，中国人民大学出版社，2003。

《行政复议法》

第十五条 对本法第十二条、第十三条、第十四条规定以外的其他行政机关、组织的具体行政行为不服的，按照下列规定申请行政复议：

（一）对县级以上地方人民政府依法设立的派出机关的具体行政行为不服的，向设立该派出机关的人民政府申请行政复议；

…………

【案例分析】

本案涉及对于地方人民政府依法设立的派出机关作出的具体行政行为申请行政复议的管辖机关问题。

第一，我们需要确定本案中某县某区公所的法律地位。根据《地方组织法》第68条的规定，在我国，县级以上地方各级人民政府根据需要，经上一级国家行政机关批准，可在其辖区内设立一定的派出机关，委托它们指导下级国家行政机关的工作和办理各类行政事务。具体来说，省、自治区的人民政府在必要的时候，经国务院批准，可以设立若干派出机关，即行政公署。县、自治县的人民政府在必要的时候，经省、自治区、直辖市的人民政府批准，可以设立若干区公所，作为它的派出机关。市辖区、不设区的市的人民政府，经上一级人民政府批准，可以设立若干街道办事处，作为它的派出机关。这类行政机关并非一级国家政权，但实际上却承担着类似于一级人民政府的职责，根据设立机关的委托管理其辖区内的经济、社会、文化事务，以自己的名义作出行政行为，并承担相应的法律后果，具备行政主体资格。本案中的某县某区公所即为某县人民政府依法设立的派出机关。

第二，我们需要明确某县某区公所综合治理执法队的工作人员在本案中对林某等人作出的具体行政行为的法律效果归属。虽然处罚决定是某区公所综合治理执法队的工作人员作出的，但是综合治理执法队只是某区公所的内部机构，不具备行政主体资格，其行为的法律后果应当归属于具备行政主体资格的该区公所。

第三，确定了被申请人，我们就可以进而确定相应的复议机关了。根据《行政复议法》第15条的规定，对县级以上地方人民政府依法设立的派出机关的具体行政行为不服的，向设立该派出机关的人民政府申请行政复议。因此，林某等人应当向设立该区公所的某县人民政府申请行政复议。本案中，林某等人到该县政府法制办申请复议是符合法律规定的。在行政复议机关中具体办理行政复议事项的是其中负责法制工作的机构，也就是本案中的县政府法制办，但是它仅是行政复议机构，不是行政复议机关，必须以行政复议机关的名义作出行政复议决定。

【探讨】

行政复议机关和行政复议机构的法律性质、地位和职责有何不同？在确定行政复议管辖时应遵循哪些规则？

【学理研习】

（一）行政复议机关

1. 行政复议机关的概念和种类

行政复议活动依法由行使行政复议职权的机关主持。行政复议机关指依法受理复议申请，对被申请的具体行政行为进行合法性、适当性审查并作出裁决的行政机关。

对于行政复议机关的认识应当着重把握以下两个方面：第一，行政复议机关是依法履行行政复议职责的行政机关。根据《行政复议法》的明确规定，行政复议机关是法定的履行行政复议职责的机关。行政复议机关是行政机关，但是并非任何行政机关都能作为行政复议机关，例如乡镇人民政府就不具有行政复议职能。除非法律、法规特别授权，行政机关以外的其他组织不能成为行政复议机关。在我国，行政复议机关并非专司行政复议职能的专门组织，行政复议权是作为部分行政机关的行政职权的组成部分存在的。第二，行政复议机关具备行政主体资格。行政复议机关能够以自己的名义行使行政复议权，并对其行为后果独立承担法律责任，具备行政主体资格。

我国行政复议机关的种类主要有：作出被申请行政行为的行政主体的上一级行政机关；作出被申请行政行为的行政主体所属人民政府或派出机关；作出被申请行政行为的行政主体，等等。此外，在我国行政复议机关中还有一种特殊类型，是特定的行政机关的内设机构。这种类型的行政复议机关目前只有两个，即国家商标局内设的"商标评审委员会"和国家专利局内设的"专利复审委员会"，它们都是根据相关法律特设的。

2. 行政复议机关的职责

根据《行政复议法实施条例》第 2 条的规定，各级行政复议机关应当认真履行行政复议职责，领导并支持本机关行政复议机构依法办理行政复议事项，并依照有关规定配备、充实、调剂专职行政复议人员，保证行政复议机构的办案能力与工作任务相适应。据此，行政复议机关履行行政复议职责主要包括以下几方面：

（1）领导行政复议机构办理复议事项。对于复议机构具体办理的复议案件，行政复议机关承担领导责任。根据中共中央办公厅、国务院办公厅联合下发的《关于预防和化解行政争议健全行政争议解决机制的意见》和全国行政复议工作座谈会的要求和部署，领导职责主要包括：各级行政复议机关都要统一思想、提高认识，把加强行政复议工作，增强通过行政复议解决行政争议的能力作为促进政府职能转变的重要内容；把行政复议工作摆到政府工作的重要位置，统筹规划，突出重点，积极稳妥地加以推进；抓紧建立健全行政复议机关履行行政复议职责的责任制，并纳入各级政府的考核体系；依据职责权限，加强对行政复议工作的监督检查；加强宣传，引导群众通过行政复议理性合法地表达利益诉求等内容。

（2）支持行政复议机构办理复议事项。支持行政复议机构办理复议案件要求行政复议机关配合、鼓励复议机构及其工作人员的工作，并为其排忧解难。支持责任的履行主要体现在：行政复议机关的行政首长要经常听取行政复议机构的工作汇报，认真研究解决行政复议工作中遇到的困难和问题；排除有关方面对行政复议机构审理案件的非法干预，保证行动政复议机构依法、公正审理案件；采取有效措施加强行政复议机构队伍建设；定期总结行政复议工作，对在行政复议工作中取得显著成绩的单位和个人给予表彰和奖励；为行政复议机构开展工作创造良好的工作条件和工作环境，等等。

（3）保障行政复议机构的办案能力。行政复议机构的办案能力是行政复议质量和效率的重要保障，因此行政复议机关还必须确保其人员、物资等方面到位，具体来说就是复议机关应当依照有关规定配备、充实、调剂专职行政复议人员，保证行政复议机构的办案能力与工作任务相适应。专职行政复议人员是专门从事行政复议案件办理和相关具体工作的行政机关工作人员，应当具备与履行行政复议职责相适应的品行、专业知识和业务能力，并取得相应资格。《行政复议法》颁布后，江苏、安徽、河北、山东、宁夏等一些省、自治区、直辖市先后建立了行政复议人员资格管理制度，主要包括考试制度、培训制度、资格注销制度等。据《关于预防和化解行政争议健全行政争议解决机制的意见》和全国行政复议工作座谈会的要求，各地区、各部门特别是市、县两级政府都要采取有效措施，切实解决行政复议机构建设和人员配备问题，把政治思想好、业务能力强、有较高法律素质的干部充实到行政复议机构中去，保证一般案件至少有2人承办，重大复杂案件有3人承办。另外，行政复议机关还应保证有适应工作任务需要的工作条件和足够的办案经费。

（二）行政复议机构

1. 行政复议机构的概念

依法履行行政复议职责的行政机关是行政复议机关，但是具体办理行政复议事项的则是行政复议机关中负责法制工作的机构，称为行政复议机构。行政复议机构是享有行政复议权的行政机关内部设立的一种专门负责复议案件受理、审查和裁决工作的办事机构，简言之，行政复议机构是行政复议机关的内设机构，对其所属行政复议机关负责。与复议机关不同，复议机构本身不能以自己的名义行使行政复议职权，不具备行政主体资格。

2. 行政复议机构的职责

根据《行政复议法》第3条的规定，行政复议机构履行下列职责：（1）受理行政复议申请；（2）向有关组织和人员调查取证，查阅文件和资料；（3）审查申请行政复议的具体行政行为是否合法与适当，拟订行政复议决定；（4）处理或者转送对该法第7条所列有关规定的审查申请；（5）对行政机关违反该法规定的行为依照规定的权限和程序提出处理建议；（6）办理因不服行政复议决定提起行政诉讼的应诉事项；（7）法律、法规规定的其他职责。

此外，《行政复议法实施条例》又梳理了《行政复议法》中其他条文涉及的行政复议机构的具体职责：（1）依照《行政复议法》第18条的规定转送有关行政复议申请；（2）办理《行政复议法》第29条规定的行政赔偿等事项；（3）按照职责权限，督促行政复议申请的受理和行政复议决定的履行；（4）办理行政复议、行政应诉案件统计和重大行政复议决定备案事项；（5）办理或者组织办理未经行政复议直接提起行政诉讼的行政应诉事项；（6）研究行政复议工作中发现的问题，及时向有关机关提出改进建议，重大问题及时向行政复议机关报告。

（三）行政复议管辖

行政复议管辖是指不同行政复议机关之间在受理行政复议案件上的权限和分工。它不仅确定了行政复议机关受理复议案件的规则，也为行政复议申请人选择复议机关划定了范围，将每个具体的行政争议落实到一个明确的复议机关。

我国行政复议制度主要按照被申请的具体行政行为的实施主体，确定了不同的行政复议机关。根据《行政复议法》和《行政复议法实施条例》的规定，行政复议机关的确定主要遵循以下规则：

1. 对县级以上地方各级人民政府工作部门的具体行政行为不服的，由申请人选择，可以向该部门的本级人民政府申请行政复议，也可以向上一级主管部门申请行政复议。

2. 对海关、金融、国税、外汇管理等实行垂直领导的行政机关和国家安全机关的具体行政行为不服的，向上一级主管部门申请行政复议。

【思考】

《行政复议法》只是笼统地规定了实行垂直领导的行政机关的具体行政行为的复议管辖问题，而没有具体规定实行省级以下垂直领导的行政机关的具体行政行为的复议管辖问题，实践中的争议也比较大。对此，《行政复议法实施条例》作了明确规定，该条例第24条规定，申请人对经国务院批准实行省以下垂直领导的部门作出的具体行政行为不服的，可以选择向该部门的本级人民政府或者上一级主管部门申请行政复议；省、自治区、直辖市另有规定的，依照省、自治区、直辖市的规定办理。目前在我国实行省以下垂直领导的行政机关主要是工商、地税、质量技术监督、食品药品监督管理等。

3. 对国务院部门或者省、自治区、直辖市人民政府的具体行政行为不服的，向作出该具体行政行为的国务院部门或者省、自治区、直辖市人民政府申请行政复议。对行政复议决定不服的，可以向人民法院提起行政诉讼；也可以向国务院申请裁决，国务院作出最终裁决。

4. 对地方各级人民政府的具体行政行为不服的，向上一级地方人民政府申请行政复议。

5. 对省、自治区人民政府依法设立的派出机关所属的县级地方人民政府的具体行政行为不服的，向该派出机关申请行政复议。

6. 对县级以上地方人民政府依法设立的派出机关的具体行政行为不服的，向设立该派出机关的人民政府申请行政复议。

7. 对政府工作部门依法设立的派出机构依照法律、法规或者规章规定，以自己的名义作出的具体行政行为不服的，向设立该派出机构的部门或者该部门的本级地方人民政府申请行政复议。

8. 对法律、法规授权的组织的具体行政行为不服的，可以向直接管理该组织的地方人民政府、地方人民政府工作部门或者国务院部门申请行政复议。

9. 对两个或者两个以上行政机关以共同的名义作出的具体行政行为不服的，向其共同上一级行政机关申请行政复议；申请人对两个以上国务院部门共同作出的具体行政行为不服的，依照《行政复议法》第 14 条的规定，可以向其中任何一个国务院部门提出行政复议申请，由作出具体行政行为的国务院部门共同作出行政复议决定。

10. 对被撤销的行政机关在撤销前所作出的具体行政行为不服的，向继续行使其职权的行政机关的上一级行政机关申请行政复议。

11. 管辖冲突的解决。申请人就同一事项向两个或者两个以上有权受理的行政机关申请行政复议的，由最先收到行政复议申请的行政机关受理；同时收到行政复议申请的，由收到行政复议申请的行政机关在 10 日内协商确定；协商不成的，由其共同上一级行政机关在 10 日内指定受理机关。协商确定或者指定受理机关所用时间不计入行政复议审理期限。

第四节　行政复议参加人

【案例 15—4】宁夏某制药股份有限公司不服山东省卫生厅行政许可案①

【基本案情】

山东某药业有限公司（以下简称山东公司）拥有国家知识产权局授予的"甲鱼钙口服液及其生产方法"发明专利，以及该产品包装盒外观设计专利，经过多年的艰辛努力，将"甲鱼钙"作为山东公司的主打产品逐渐获得知名度。然而，从 2002 年下半年开始，市场上出现了仿冒的"甲鱼钙口服液"，至 2005 年年初，"搭便车"的国内企业已有二十余家之多。2004 年 5 月 20 日，山东公司诉其中一家公司即宁夏某制药股份有限公司（以下简称宁夏公司）仿冒"甲鱼钙口服液"案胜诉，法院判令宁夏公司立即停止侵权并赔偿山东公司经济损失 20 万元。2004 年 10 月 15 日宁夏公司向卫生部提起行政复议申请，对山东省卫生厅批准山东公司生产特殊营养食品"甲鱼钙口服液"的行政审批行为不服，认为该审批行为适用法律错误，欺骗、误导消费者，侵犯了宁夏公司生产的"甲鱼钙营养液"（宁卫食准字（2002）第 008 号）的合法权益，请求撤销山东省卫生厅批准山东公司生产特殊营养食品"甲鱼钙口服液"的"鲁卫特食准字（2003）第 18 号"批准文号。卫生部经审查受理了其申请。在复议审查期间，山东公司一直未予理会，但当其意识到如果卫生部同意宁夏公司的申请，撤销卫生厅的批准文号，则会导致其拱手让出"甲鱼钙口服液"市场的严重后果后，于 12 月 10 日匆忙向卫生部提出申请，要求作为第三人参与复议，但此时卫生部已对复议材料审议完毕，即将作出复议决定，卫生部未同意其请求。最后，卫生部决定维持该审批行为。

【法律问题】

本案主要涉及宁夏公司是否具有就山东省卫生厅的审批行为提起行政复议申请的资格，

---

① 案例来源：王宝明主编：《解决社会矛盾纠纷的路径选择》，112～116 页，北京，国家行政学院出版社，2006。

以及卫生部拒绝山东公司作为第三人参加行政复议是否正确的问题。解决问题的关键在于分析本案中行政诉讼申请人和第三人的资格。

【法律链接】

《行政复议法》

第二条 公民、法人或者其他组织认为具体行政行为侵犯其合法权益，向行政机关提出行政复议申请，行政机关受理行政复议申请、作出行政复议决定，适用本法。

第十条第三款 同申请行政复议的具体行政行为有利害关系的其他公民、法人或者其他组织，可以作为第三人参加行政复议。

《行政复议法实施条例》

第九条第二款 行政复议期间，申请人以外的公民、法人或者其他组织与被审查的具体行政行为有利害关系的，可以向行政复议机构申请作为第三人参加行政复议。

【案例分析】

在宁夏公司是否具有行政复议申请人资格的问题上，尽管宁夏公司并非山东省卫生厅所作批准生产特殊营养食品的行政许可行为的直接相对人，但是，山东省卫生厅的许可行为会影响到“甲鱼钙口服液”的市场以及该市场中的竞争主体，作为山东公司的竞争者的宁夏公司正与该许可行为之间存在利害关系，因此具备行政复议申请人的资格。我们认为，卫生部受理该复议申请是妥当的。

在山东公司能否作为第三人参加行政复议的问题上，有两个方面要考虑：一是，山东公司是否具备本案第三人资格。《行政复议法》第 10 条第 3 款规定：“同申请行政复议的具体行政行为有利害关系的其他公民、法人或者其他组织，可以作为第三人参加行政复议。”《行政复议法实施条例》第 9 条第 2 款也规定：“行政复议期间，申请人以外的公民、法人或者其他组织与被审查的具体行政行为有利害关系的，可以向行政复议机构申请作为第三人参加行政复议。”山东公司是被申请人所作行政许可行为的相对人，与之有直接利害关系，依法可以作为第三人参加行政复议。二是，第三人参加行政复议的时限。《行政复议法》并未规定第三人参加复议的时限，《行政复议法实施条例》第 9 条也只是笼统地规定了第三人参加复议是在“行政复议期间”。因此，从理论上来讲，只要在复议决定作出前，利害关系人即可申请以第三人身份参加复议。本案中，宁夏公司于 2004 年 10 月 15 日向卫生部提起行政复议申请，而直至 12 月 10 日山东公司才申请参加复议，此时复议期限已临近届满，复议机关亦即将作出复议决定，便拒绝了山东公司的申请。虽然本案复议机关作出维持决定并未给山东公司造成权益影响，但是，如果复议机关的决定不利于山东公司的话，其之前拒绝山东公司以第三人身份参加复议就很可能引发争议。

【探讨】

尽管，尚无有关第三人参加行政复议的具体时限规定，但是，实际上，如果第三人参加复议过晚，不利于案件审理。因此，我们认为，《行政复议法》有必要完善有关第三人参加复议的期限规定，同时，也可以通过复议机关通知有关利害关系人参加复议而尽量减少这类争议的发生。有鉴于此，《行政复议法实施条例》第 9 条第 1 款增加规定：“行政复议期间，行政复议机构认为申请人以外的公民、法人或者其他组织与被审查的具体行政行为有利害关系的，可以通知其作为第三人参加行政复议。”请考虑第三人参加复议的时限应如何规定？

【学理研习】

1990年国务院《行政复议条例》曾经在第五章专章规定了“复议参加人”。《行政复议法》以及《行政复议法实施条例》基本保留并扩充了相关规定，但是没有采用“复议参加人”的概念。一般而言，学理上将行政复议参加人归纳为与争议的具体行政行为有利害关系而参加行政复议的当事人以及与行政复议当事人法律地位相类似的人，从范围上来讲，包括复议申请人、复议被申请人、复议第三人、复议代理人。而行政复议参与人则是一个范围更宽的概念，除了行政复议参加人以外，还包括参与到行政复议中的证人、鉴定人员、翻译人员等。以下分别介绍复议申请人、复议被申请人、复议第三人和复议代理人。

（一）行政复议申请人

行政复议申请人是指认为行政主体的具体行政行为侵犯其合法权益，以自己名义向行政复议机关提出申请，请求复议机关复查该具体行政行为并依法作出裁决的人。在种类上包括公民、法人、其他组织。

1. 行政复议申请人的条件

（1）行政复议申请人是与具体行政行为有利害关系的人。行政复议申请人并非一定是具体行政行为的直接相对人。对于行政复议申请人资格问题的认识和探讨，反映了我国行政法治理念的转变。行政复议制度就是要提供快捷、高效的途径来监督行政，救济公民、法人和其他组织的权益，因此，过多地限制申请人资格不符合这项制度的设置初衷以及服务行政、责任行政的趋势。早期将申请人限定为行政机关具体行政行为的直接相对人的认识已被突破，具体行政行为的间接相对人或者其他相关人都被赋予提起行政复议的资格。从世界发展趋势来看，各国对于行政复议申请人的资格限制是越来越少了，行政复议机关在受理行政复议申请时，较多地考虑提出申请的人是否与具体行政行为有某种利害关系，而不再单纯地从明确的行政法律关系来划定，只要其有可能因具体行政行为遭受某种损失、被附加某种义务、被限制某种权益，就不得否认其提起行政复议的申请权。我们不赞成认为“其权益只是间接受到具体行政行为影响的，不能成为行政复议申请人”① 的观点。

（2）行政复议申请人是认为行政主体的具体行政行为侵犯其合法权益的人。提起行政复议申请并非以合法权益实际受到具体行政行为侵害为条件，只要当事人认为其合法权益因之受损，即具备了提起行政复议申请的主观要素。即便后来经过复议机关审查认定其合法权益并未受到具体行政行为侵害，这也不能排除其之前提起行政复议申请的资格。而且，当一个行政机关处于与另一行政主体形成的行政法律关系中的行政相对方的地位时，只要认为其合法权益受到具体行政行为侵害，它也完全有可能成为行政复议申请人。

---

① 胡建淼主编：《行政法学》，357页，上海，复旦大学出版社，2003。

这里需要强调的一点是，行政复议申请人是以自己名义提出行政复议申请的人。行政复议申请人是要救济自身的合法权益，须以自己名义申请，如果以他人名义提起申请，则应是复议代理人、代表人等。而且以自己的名义提出申请，也要求其具备行政复议权利能力，但并不一定要求其具备行政复议行为能力。

2. 几类特殊的行政复议申请人

以上是对于行政复议申请人资格的一般要求，法律、法规还规定了一些特殊情况下，行政复议申请人的确定原则。

（1）基于主体的特定性质。《行政复议法实施条例》针对合伙企业、其他合伙组织、股份制企业明确了其提起行政复议时的申请人。根据该条例第 6 条的规定，合伙企业申请行政复议的，应当以核准登记的企业为申请人；其他合伙组织申请行政复议的，由合伙人共同申请行政复议。该条例第 7 条规定，股份制企业的股东大会、股东代表大会、董事会认为行政机关作出的具体行政行为侵犯企业合法权益的，可以以企业的名义申请行政复议。

（2）基于法定事由的发生。有权申请行政复议者出现法定事由时，行政复议申请人资格可能发生转移。一般来说，行政复议申请人是受到具体行政行为侵害的人，但是，行政复议申请人的资格在一些法定情形出现时可能在特定关系者之间发生转移。根据《行政复议法》第 10 条第 2 款的规定，有权申请行政复议的公民死亡的，其近亲属可以申请行政复议。有权申请行政复议的公民为无民事行为能力人或者限制民事行为能力人的，其法定代理人可以代为申请行政复议。有权申请行政复议的法人或者其他组织终止的，承受其权利的法人或者其他组织可以申请行政复议。在这些情况下，近亲属、法定代理人、权利承受者本身就是行政复议申请人，而非原先具有申请资格者的复议代理，因而具有行政复议申请人的一切权利，并须承担相应义务。

3. 行政复议代表人

行政复议代表人，是依法代表行政复议申请人参加行政复议的人，他不等同于行政复议申请人，但是与申请人有着密切关系，从其个体而言，一般从属于行政复议申请人整体。其参加行政复议是基于法律规定或者行政复议申请人授权，其行为效力及于行政复议申请人整体。《行政复议法》没有规定行政复议代表人制度。一般来说，法人代表依法代表法人并以法人名义参加行政复议。在这里，法人是行政复议的申请人，而法人代表是作为复议代表人参加进来的。《行政复议法实施条例》对于行政复议代表人还规定了以下情形：（1）合伙企业等不具备法人资格的其他组织申请行政复议的情形。合伙企业申请行政复议的，由执行合伙事务的合伙人代表该企业参加行政复议。合伙组织以外的不具备法人资格的其他组织申请行政复议的，由该组织的主要负责人代表该组织参加行政复议；没有主要负责人的，由共同推选的其他成员代表该组织参加行政复议。（2）共同复议的情形。同一行政复议案件申请人超过 5 人的，推选 1 至 5 名代表参加行政复议。

（二）行政复议被申请人

行政复议被申请人是相对于行政复议申请人而言的，是指行政复议申请人不服其具体行政行为，由行政复议机关通知参加行政复议的行政主体。行政复议被申请人具有以下特征：

1. 行政复议被申请人是行政主体。行政复议被申请人是行政法律关系中作为行政主体的行政机关或者法律、法规授权的组织。被申请人一定是行使行政职权的行政主体，而非个人。虽然具体行政行为是由某个或某些公务人员具体实施的，但是公务人员个人不能作为被申请人，其职务行为的法律后果归属于其所隶属的行政主体。

2. 行政复议被申请人是被申请复议的具体行政行为的实施者。作为行政复议被申请人的行政主体不仅具有某种行政职权，还应当作出相应的具体行政行为。当然，也存在某行政主体虽然不具有某种行政职权，但是却作出相应的行政行为的情况，此时该行政主体也应当被确定为行政复议被申请人，行政复议机关不得以缺乏职权依据为由不受理当事人的复议申请。对于不作为行为提出复议申请的，行政复议被申请人应当是某项具体行政职权的合法承担者。

根据《行政复议法》和《行政复议法实施条例》的规定，作出具体行政行为的行政机关是被申请人。此外，《行政复议法》没有再对行政复议被申请人加以细致规定，只是在有关行政复议机关的条文中模糊可见不同情形下被申请人的情况。《行政复议法实施条例》第12条、第13条、第14条具体规定了几种情形下行政复议被申请人的确定依据。行政机关与法律、法规授权的组织以共同的名义作出具体行政行为的，行政机关和法律、法规授权的组织为共同被申请人。行政机关与其他组织以共同名义作出具体行政行为的，行政机关为被申请人。下级行政机关依照法律、法规、规章规定，经上级行政机关批准作出具体行政行为的，批准机关为被申请人。行政机关设立的派出机构、内设机构或者其他组织，未经法律、法规授权，对外以自己名义作出具体行政行为的，该行政机关为被申请人。

具体而言，行政复议被申请人主要有以下情形：

(1) 作出具体行政行为的行政机关以及法律、法规授权的组织。

(2) 作出具体行政行为的县级以上人民政府依法设立的派出机关。在我国存在一些由县级以上人民政府设立的派出机关，主要是行政公署、区公所、街道办事处等，它们虽然不是一级政府，但是以自己的名义依法行使一定的行政管理职权，并对其所为具体行政行为承担法律责任，具有行政主体资格。该派出机关是被申请人。

(3) 委托机关。申请人对受行政机关委托的组织作出的具体行政行为不服而申请复议的，受委托组织的行为归属于委托的行政机关，委托机关是被申请人。

(4) 设立派出机构、内设机构或者其他组织的行政机关。行政机关设立的派出机构、内设机构或者其他组织，未经法律、法规授权，对外以自己名义作出具体行政行为的，该行政机关为被申请人。

(5) 批准机关。下级行政机关依照法律、法规、规章规定，经上级行政机关批准作出具体行政行为的，批准机关为被申请人。

【思考】

对于申请复议经上级行政机关批准作出的具体行政行为的被申请人的确定问题，存在不同意见。有人认为，鉴于上级机关的批准程序属于内部程序，应当以在行政处理决定书上签章的行政机关为被申请人。而且，在《行政诉讼法司法解释》中也规定，当事人不服经上级行政机关批准的具体行政行为，向人民法院提起诉讼的，应当以在对外发生法律效力的文书上署名的机关为被告。对于这一问题，《行政复议法》未作规定，但是我们认为，行政复议制度的特殊性决定了在这个问题上，我们不能机械地比照行政诉讼制度。由于行政复议机关不外乎行为机关所属的本级人民政府或者其上一级主管机关，因而对于经上级行政机关批准作出的具体行政行为，如果将报批机关作为被申请人，就很可能由批准机关作为行政复议机关，这就等于是复议机关自己当自己的法官，复议程序也就形同虚设了。[①]为此，《行政复议法实施条例》第 13 条明确规定“下级行政机关依照法律、法规、规章规定，经上级行政机关批准作出具体行政行为的，批准机关为被申请人”。

（6）继续行使被撤销机关职权的行政机关。如果作出具体行政行为的行政机关被撤销，则行政复议被申请人是继续行使其职权的行政机关。

（7）作出撤销行政机关的决定的行政机关。如果作出具体行政行为的行政机关被撤销，又无继续行使职权的行政机关，则作出撤销决定的行政机关是被申请人。

（8）共同被申请人。对两个或者两个以上行政机关或者法律、法规授权的组织以共同的名义作出的具体行政行为不服而申请复议的，共同作出具体行政行为的行政机关或者法律、法规授权的组织是共同被申请人。

（三）行政复议第三人

行政复议第三人是指与被申请复议的具体行政行为有利害关系，经申请或者行政复议机关通知，参加到行政复议中的公民、法人或者其他组织。行政复议第三人既可能是通过复议机关的通知而参加行政复议的，也可能是自己申请参加的。第三人制度的设置目的主要在于为有利害关系者提供权益保护的途径，同时也有利于行政复议机关查明案件事实。第三人是为了维护自己的合法权益而参加到已经开始的行政复议当中，在行政复议中具有独立的法律地位，享有与申请人基本相同的复议权利。其实在第三人资格问题上，实务中采用的也是与行政复议申请人基本相同的标准，都强调其与被申请复议的具体行政行为有利害关系，因此，从这个意义上来说，行政复议第三人往往也具备复议申请人的资格，只是由于某些原因没有或者不愿提出行政复议申请。但是，如果第三人经复议机关通知却不参加行政复议的，并不影响行政复议案件的审理。

实践中，行政复议第三人一般有以下一些情形：

1. 行政处罚案件中的被处罚人或者受侵害人。例如，在治安管理处罚案件中，如果被处罚人提起行政复议，则受害人可以作为第三人参加行政复议；如果受害人提起行政复议，则被处罚人可以作为第三人参加行政复议。

2. 共同行政相对人中的非复议申请人。如果一个具体行政行为针对多人作出，其中一部分人提起行政复议，则其余没有申请复议的人可以作为第三人参加行政复议。

3. 在行政机关裁决、确权的案件中主张权利的人。在由行政机关裁决或者确权的案件

---

① 例如，中电通信科技有限责任公司不服浦东区检验检疫局的行政处罚，于 2003 年 9 月向上海市检验检疫局提出了行政复议，之后又提起行政诉讼。在进入诉讼程序后，中电通信科技有限责任公司才发现浦东区检验检疫局作出的行政处罚决定是经过了上海市检验检疫局的审批的，于是引发了对行政复议机关的双重身份的质疑。

中，争议方通常为两人或多人，其中一部分人对于裁决、确权等结果不服而提起行政复议，则其他人可以作为第三人参加行政复议。

4. 报批机关。依照法律、法规、规章规定，经上级行政机关批准作出具体行政行为的，批准机关是被申请人，则报批机关可以作为第三人参加复议。

5. 两个以上行政机关共同作出具体行政行为，而申请人仅要求复议其中部分行政机关的具体行政行为的，则其余共同作出具体行政行为的行政机关可以作为第三人参加到行政复议中。

6. 行政机关和非行政机关共同作出具体行政行为，行政机关是被申请人，非行政机关可以作为第三人参加行政复议。

（四）行政复议代理人

行政复议代理人是指根据法律规定或者由当事人委托或者由复议机关指定，为了行政复议当事人的利益，以行政复议当事人的名义，在代理权限内进行行政复议活动的人。这里行政复议当事人仅限于行政复议申请人和第三人。立法排除了被申请人参加复议时委托代理人的可能，因此，被申请人必须亲自参加行政复议。需要说明的是，代表被申请人一方参加行政复议的人一般是基于职务的原因进行复议活动，而非被申请人的代理人。

《行政复议法》和《行政复议法实施条例》都只规定了委托代理的形式，其实根据委托代理制度的基本分类来看，代理行政复议也存在法定代理、指定代理和委托代理的区分。法定代理人是依法代替无民事行为能力或者限制行为能力的自然人进行行政复议活动的人。指定代理人是当法定代理人缺位时由复议机关指定代替申请人或第三人参加复议活动的人。委托代理人是指接受申请人或者第三人的委托，在授权范围内代为参加行政复议活动的人，这在行政复议制度中有明确规定。《行政复议法》第 10 条第 5 款确定了申请人、第三人可以委托代理人代为参加行政复议的权利。《行政复议法实施条例》第 10 条具体规定，申请人、第三人可以委托 1 至 2 名代理人参加行政复议。申请人、第三人委托代理人的，应当向行政复议机构提交授权委托书。授权委托书应当载明委托事项、权限和期限。公民在特殊情况下无法书面委托的，可以口头委托。口头委托的，行政复议机构应当核实并记录在卷。申请人、第三人解除或者变更委托的，应当书面报告行政复议机构。

第五节　行政复议程序

【案例 15—5】中建物业公司不服某区人防办查封人防工程及发放人防工程使用证案①

【基本案情】

1998 年 3 月 11 日，中建物业公司受阜光北里小区的五家投资单位中建总公

① 案例来源：贺荣主编：《行政执法与行政审判实务——行政复议与行政赔偿》，139～146 页，北京，人民法院出版社，2005。

司、经济投资公司、建设部设计院、华夏银行、神华集团的委托，对该小区实行物业管理。后来，中建物业公司将位于小区地上的人防工程出入口管理房设为办公用房。1999年5月20日，某区人防办接管了该人防工程。同年7月，区人防办口头责令中建物业公司从该人防工程搬出，并以加锁方式将人防工程查封。后区人防办与荣世杰物业中心订立使用人防工程协议书，同意荣世杰物业中心使用阜光北里的人防工程762平方米，于2000年4月13日向其发放了海防字106号人防工程使用证，用途为物业管理。该使用人防工程的协议及发放人防工程使用证均未取得投资方同意。中建物业公司不服，认为区人防办责令其搬出人防工程以及向荣世杰物业中心下发人防工程使用证的行为违法，向区人民政府提起行政复议申请。区人民政府受理后，于2000年7月27日作出以下复议决定：(1) 确认区人防办查封阜光北里小区人防工程的行为违法；(2) 撤销区人防办对荣世杰物业中心下发的人防工程使用证。

【法律问题】

本案涉及区人防办责令中建物业公司搬出人防工程并且查封阜光北里小区人防工程的行为是否合法，以及区政府作出撤销区人防办对荣世杰物业中心下发的人防工程使用证的决定是否正确的问题。解决问题的关键在于明确行政机关的具体行政行为的合法要件以及行政复议机关应当如何审查具体行政行为。

【法律链接】

《中华人民共和国人民防空法》

第五条第二款 ……人民防空工程平时由投资者使用管理，收益归投资者所有。

第七条第三款 县级以上地方各级人民政府人民防空主管部门管理本行政区域的人民防空工作。

第二十五条第一款 人民防空主管部门对人民防空工程的维护管理进行监督检查。

第四十九条 有下列行为之一的，由县级以上人民政府人民防空主管部门对当事人给予警告，并责令限期改正违法行为，可以对个人并处五千元以下的罚款、对单位并处一万元至五万元的罚款；造成损失的，应当依法赔偿损失：

(一) 侵占人民防空工程的；

…………

《北京市人民防空工程建设与使用管理规定》(2001年已修订)

第二十七条 平时使用人防工程，应当按照规定报人防工程管理部门审查批准，并向人防工程管理部门和公安消防监督管理机构申请办理《人防工程使用证》和《使用人防工程消防安全许可证》。

使用人防工程从事经营的，经营者应当持《人防工程使用证》和《使用人防工程消防安全许可证》，向有关主管部门申请办理相关证照。

第三十条 侵占人防工程的，由人防工程管理部门对当事人给予警告、责令限期改正，可以对个人并处5 000元以下罚款，对单位并处1万元至5万元罚款；造成损失的，应当依法赔偿损失。

北京市房屋土地管理局、北京市人民防空办公室联合发布的《关于加强居住小区内人防工程使用管理的通知》

第四条 小区物业管理企业需使用人防工程，应向所在区县人防办申请，人防办应优先给予安排，并适当降低人防工程使用费。

《行政复议法》

第二十八条 行政复议机关负责法制工作的机构应当对被申请人作出的具体行政行为进行审查，提出意见，经行政复议机关的负责人同意或者集体讨论通过后，按照下列规定作出行政复议决定：

…………

（三）具体行政行为有下列情形之一的，决定撤销、变更或者确认该具体行政行为违法；决定撤销或者确认该具体行政行为违法的，可以责令被申请人在一定期限内重新作出具体行政行为：

1. 主要事实不清、证据不足的；
2. 适用依据错误的；
3. 违反法定程序的；
4. 超越或者滥用职权的；
5. 具体行政行为明显不当的。

【案例分析】

本案中，区人防办分别作出了查封阜光北里小区人防工程以及向荣世杰物业中心发放人防工程使用证的行为。要分析区人防办行为的合法性，非常重要的一点就是明确这些行为是否属于其职权范围。

第一，人民防空是国防的组成部分，但是人民防空实行长期准备、重点建设、平战结合的方针，贯彻与经济建设协调发展、与城市建设相结合的原则，国家鼓励平时利用人民防空工程为经济建设和人民生活服务。《人民防空法》规定，县级以上地方各级人民政府人民防空主管部门管理本行政区域的人民防空工作。人民防空主管部门对人民防空工程的维护管理进行监督检查。国家鼓励平时利用人民防空工程为经济建设和人民生活服务，但是平时利用人民防空工程不得影响其防空效能。因此，《北京市人民防空工程建设与使用管理规定》第27条规定，平时使用人防工程，应当按照规定报人防工程管理部门审查批准，并向人防工程管理部门和公安消防监督管理机构申请办理《人防工程使用证》和《使用人防工程消防安全许可证》。所以，本案中作为本地区人防主管部门，区人防办对于辖区内人防工程平时的使用有审查批准的职权，并且依法办理人防工程使用证，任何个人、单位使用人防工程须经其许可，否则是非法使用。本案中，区人防办对于中建物业公司未经审批使用阜光北里小区人防工程的行为有权依法查处。此外，根据《人民防空法》第49条以及《北京市人民防空工程建设与使用管理规定》第30条的规定，人防工程管理部门应当加强对人防工程使用安全的监督检查。对可能造成人防工程重大安全隐患的行为，人防工程管理部门有权予以制止。对于侵占人民防空工程的，由县级以上人民政府人民防空主管部门对当事人给予警告，并责令限期改正违法行为，可以对个人并处5 000元以下的罚款、对单位并处 1 万元至 5 万元的罚款。可见，法律、行政规章规定了人防主管部门的监督检查权、审批权、行政处罚权等，但是并未规定人防主管部门可以查封人防工程。因此，我们认为，鉴于中建物业公司未经审批使用阜光北里小区人防工程的事实，区人防办可以责令其搬出人防工程，甚至进行相应处罚，但是，无权以加锁的方式查封人防工程。区人防办查封人防工程没有法律依据，属于超越职权，根据《行政复议法》第 28 条第 3 项的规定，复议机关确认该行为违法是正确的。

第二，根据前述分析可知，区人防办向荣世杰物业中心颁发人防工程使用证的行为，符合区人防办的职权，并无违法之处。但是，在本案中，有一个问题值得考虑，即人防办在批准使用人防工程时是否应当考虑相关主体的意愿。《人民防空法》第 5 条规定人民防空工程平时由投资者使用管理，收益归投资者所有。而且，1997 年北京市房屋土地管理局、北京市人民防空办公室联合发布的《关于加强居住小区内人防工程使用管理的通知》第 4 条规定，小区物业管理企业需使用人防工程，应向所在区县人防办申请，人防办应优先给予安排，并适当降低人防工程使用费。可见，在本案中，中建总公司等五家投资者拥有阜光北里小区的人防工程平时的使用管理权；与他人相比，作为阜光北里小区合法的物业管理公司，中建物业公司对于小区人防工程，在申请使用上具有优先权。因此，区人防办在审批时有必要征求投资者以及小区物业的意见，如果它们也有使用意愿，应当优先安排。但是，荣世杰物业中心并非投资者，也非小区的合法受托物业公司，区人防办仅仅因为荣世杰物业中心首先申请即为其办理使用证，显属不当。虽然，没有任何法律规范要求人防主管部门在审查批准人防工程的使用时必须征得投资者以及小区物业的同意，但是这对于无争议且有效地使用人防工程来说，却是非常必要的。这一点虽不是人防工程使用许可的合法要件，但是决定了行为的适当性。所以，本案中，区人防办向荣世杰物业中心颁发人防工程使用证的行为，虽然合法，但不合理。根据《行政复议法》第 28 条第 3 项的规定，区政府决定撤销区人防办对荣世杰物业中心下发的人防工程使用证是妥当的。对于这个问题的分析恰恰说明，行政复议对具体行政行为的审查范围不仅包括合法性，同时也包括适当性。仅仅是合法的行为并不一定会得到复议机关的支持，这也是行政复议与行政诉讼的一个显著区别。

【探讨】

行政复议程序具体包括哪些环节？行政复议决定的类型除了确认违法决定和撤销决定还包括哪些？

【学理研习】

行政复议程序是行政复议机关审理行政复议案件以及行政复议参加人参加行政复议依法应当遵循的步骤。从性质上来看，行政复议程序属于行政程序，但由于行政复议又具有准司法性，对行政争议发挥重要的裁判作用，因而行政复议程序在一定程度上借鉴了司法审判规则，以确保其公正性。行政复议程序主要就是规范公民、法人或者其他组织在何种条件下、以何种方式、按照哪些程序提出复议申请，行政复议机关又如何确定是否受理、如何审查并进而作出行政复议决定。整体来看，行政复议要经过申请、受理、审理、决定、送达、执行等环节。

（一）行政复议申请

行政复议申请是公民、法人或者其他组织向复议机构提出其复议请求的行为。对于行政复议这种依申请行政行为而言，复议申请是启动行政复议程序的首要环节。如果没有申请，任何复议机构不可能自行启动行政复议程序。

1. 关于“行政复议申请的条件”问题

长期以来，大量的行政法教材在介绍行政复议程序时都会专门论述行政复议申请的条件问题，以及受理行政复议申请的审查事项。大体上，同一本教材将这两块内容分列，而且列举出具体的申请条件、审查事项，通常所列举的申请条件和审查事项既有重叠又不完全相同。但几乎所有强调两者不同的人都无法解释清楚为什么所列举的内容中有些归入行政复议申请的条件之下，有些归入审查行政复议申请的事项之下，而又有些项目在两者之下都有提及。

我们认为，其实这种区分是有问题的。对于行政复议而言，讨论行政复议申请的条件实际上没有什么意义。既然是“申请条件”，那么就说明是对申请人提出的条件，是用来限制申请人的。但其实，我们并不能要求每个提出行政复议申请的人都能明确理解这些“条件”，并且准确判断自己是否符合这些“条件”，否则复议机构的审查也就没有任何必要了；而且实际上是否符合这些条件，并不决定申请人是否能向复议机构提交申请，丝毫不影响其申请行为。如果申请最终不被受理，那也是因为复议机构经过审查，发现其有不符合受理标准的情形存在。规定所谓的“复议申请条件”，在逻辑上不合理，在操作时也没有意义。当然，行政复议申请送到行政复议机构时，工作人员会有一个简单的形式审查。如果一定要说有申请复议的条件的话，那么就只能是对于申请的形式上的最低要求，即提交申请的人是否书面写明或者口头说明了明确的申请人、被申请人、被申请的具体行政行为以及具体的复议请求和事实根据。如果有缺漏，申请人填补上即可。至于申请人、被申请人是否适格，具体行政行为是否存在等，则不应属这个阶段考虑的范围。

1990年《行政复议条例》第31条就曾列举规定了申请行政复议应当符合的条件，分别是：（1）申请人是认为具体行政行为直接侵犯其合法权益的公民、法人或者其他组织；（2）有明确的被申请人；（3）有具体的复议请求和事实根据；（4）属于申请复议范围；（5）属于受理复议机关管辖；（6）法律、法规规定的其他条件。从内容上来看，这一规定是意图说明提出复议申请要符合哪些要求才会被受理。但是在实务中，这一作为“行政复议申请条件”的规定往往成为行政复议机关用以拒绝公民、法人或者其他组织的复议申请，限制其申请权的借口，应用效果不理想。为了有效地保护公民、法人或者其他组织的合法权益以及相应的复议申请权，《行政复议法》没有采用这种规定方式，我们认为这更加符合行政复议制度的立法宗旨。只要公民、法人或者其他组织认为具体行政行为侵犯其合法权益，就可以提出行政复议申请，不应有所谓的条件限制。至于能否被受理，属于复议机构的审查职责。有关复议机构对复议申请的审查事项（或者标准），我们将在后面介绍。

2. 申请复议的期限

与原先《行政复议条例》相比，《行政复议法》在行政复议申请期限上作出了较为宽松的规定，充分体现了行政复议的便民原则以及保护公民、法人或者其他组织合法权益的宗旨。一方面，申请期限从原来的15日改为60日；另一方面，明确了因不可抗力或者其他正当理由耽误法定申请期限的，当然地引起时效中止，申请期限自障碍消除之日起继续计算，而不再需要申请和复议机关的准许。具体来说，《行政复议法》规定了两类申请期限。一般情况下，公民、法人或者其他组织认为具体行政行为侵犯其合法权益的，可以自知道该具体行政行为之日起60日内提出行政复议申请。另一类是特别法规定的申请期限，如果法律规定的申请期限超过60日的，遵其规定。这就为其他法律规定60日以上的申请期限提供了法律依据。据此，申请行政复议的法定期限不可能低于60日。

关于申请复议期限的起算问题，《行政复议法》只是概括地规定了"知道该具体行政行为之日"为申请期限的起算日，行政复议期间的计算和行政复议文书的送达，依照民事诉讼法关于期间、送达的规定执行。至于在不同情况下如何具体确定起算日，《行政复议法实施条例》第15条、第16条作出了明确规定：（1）当场作出具体行政行为的，自具体行政行为作出之日起计算。（2）载明具体行政行为的法律文书直接送达的，自受送达人签收之日起计算。（3）载明具体行政行为的法律文书邮寄送达的，自受送达人在邮件签收单上签收之日起计算；没有邮件签收单的，自受送达人在送达回执上签名之日起计算。（4）具体行政行为依法通过公告形式告知受送达人的，自公告规定的期限届满之日起计算。（5）行政机关作出具体行政行为时未告知公民、法人或者其他组织，事后补充告知的，自该公民、法人或者其他组织收到行政机关补充告知的通知之日起计算。（6）被申请人能够证明公民、法人或者其他组织知道具体行政行为的，自证据材料证明其知道具体行政行为之日起计算。（7）公民、法人或者其他组织依照《行政复议法》第6条第8项、第9项、第10项的规定申请行政机关履行法定职责，行政机关未履行的，行政复议申请期限依照下列规定计算：1）有履行期限规定的，自履行期限届满之日起计算；2）没有履行期限规定的，自行政机关收到申请满60日起计算。另外，如果公民、法人或者其他组织是在紧急情况下请求行政机关履行保护人身权、财产权的法定职责，行政机关不履行的，行政复议申请期限不受此规定的限制，也就是说可以提前起算。

通常情况下，相对人知道具体行政行为是通过行政机关的告知行为实现的。法律上一般以相应法律文书的送达作为告知具体行政行为的标志。显然，送达法律文书与知道具体行政行为之间具有推定的一致性。因此，法律文书何时送达决定了如何计算复议申请期限，直接影响到相对人的行政复议权。《行政复议法实施条例》也规定，行政机关作出具体行政行为，依法应当向有关公民、法人或者其他组织送达法律文书而未送达的，视为该公民、法人或者其他组织不知道该具体行政行为。实践中还可能出现一些特殊情况。例如，由于行政机关作出具体行政行为与相应法律文书送达之间一般存在一定的时间差，相对人有可能在受送达前通过某种途径已经知道具体行政行为的准确内容。对此，如果行政机关能够证明公民、法人或者其他组织知道具体行政行为的，自证据材料证明其知道具体行政行为之日起计算。

另外，《行政复议法实施条例》第17条在一定程度上确立了行政主体的告知复议权利的义务。行政机关作出的具体行政行为对公民、法人或者其他组织的权利、义务可能产生不利影响的，应当告知其申请行政复议的权利、行政复议机关和行政复议申请期限。但是条例并未规定如果行政主体违反此告知义务会影响申请期限的起算，这与行政诉讼起诉期限的相关规定不同。①

3. 申请复议的方式

申请人申请行政复议，可以书面申请，也可以口头申请。申请行政复议的方式并非构成申请行政复议的条件。

申请人书面申请行政复议的，可以采取当面递交、邮寄或者传真等方式提出行政复议申请。有条件的行政复议机构可以接受以电子邮件形式提出的行政复议申请。《行政复议法实施条例》明确规定了行政复议申请书应当载明下列事项：(1) 申请人的基本情况，包括：公民的姓名、性别、年龄、身份证号码、工作单位、住所、邮政编码；法人或者其他组织的名称、住所、邮政编码和法定代表人或者主要负责人的姓名、职务。(2) 申请人的名称。(3) 行政复议请求、申请行政复议的主要事实和理由。(4) 申请人的签名或者盖章。(5) 申请行政复议的日期。

口头申请的，行政复议机关应当依照复议申请书必须载明的事项，主要是申请人的基本情况、被申请人名称、行政复议请求、申请行政复议的主要事实、理由和时间等，当场制作行政复议申请笔录交申请人核对或者向申请人宣读，并由申请人签字确认。

另外，有下列情形之一的，申请人应当提供证明材料：(1) 认为被申请人不履行法定职责的，提供曾经要求被申请人履行法定职责而被申请人未履行的证明材料；(2) 申请行政复议时一并提出行政赔偿请求的，提供受具体行政行为侵害而造成损害的证明材料；(3) 法律、法规规定需要申请人提供证据材料的其他情形。

(二) 行政复议申请的审查与受理

尽管行政复议申请是启动行政复议程序的首要环节，但是并非申请了就一定复议。一份行政复议申请是否能真正带来一个完整的行政复议程序，还要取决于复议机构对复议申请审查的结果。

1. 审查事项与标准

复议机构审查行政复议申请的标准，基本也就对应于受理复议申请的条件。《行政复议法实施条例》第28条明确规定了行政复议申请被受理应当满足的若干条件，分别是：

---

① 根据《行政诉讼法司法解释》第41条的规定，行政机关作出具体行政行为时，未告知公民、法人或者其他组织诉权或者起诉期限的，起诉期限从公民、法人或者其他组织知道或者应当知道诉权或者起诉期限之日起计算，但从知道或者应当知道具体行政行为内容之日起最长不得超过2年。

（1）申请人适格。《行政复议法实施条例》对行政复议申请中有关申请人的要求，提了两点，一是有明确的申请人，二是申请人与具体行政行为有利害关系。对此，我们已在前一节有所介绍。关键是看被申请的具体行政行为是否涉及申请人的合法权益，与申请人是否有利害关系。没有利害关系而提出复议申请，复议机关是不会受理的。

（2）被申请人适格。从复议申请的形式而言，应当有明确的被申请人。但是决定是否受理时，还必须审查所列被申请人是否符合规定。行政复议被申请人一方面应当是被申请复议的具体行政行为的实施者，另一方面还须具备行政主体资格。如果不符合任何一者，复议机关是不会受理申请的。但是对于所列被申请人不符合规定的，如果能够纠正，复议机关则不宜直接作出不予受理决定，而应依法办理。根据《行政复议法实施条例》第22条的规定，申请人提出行政复议申请时错列被申请人的，行政复议机构应当告知申请人变更被申请人。因此，严格来讲，这一标准并非复议机关不予受理的充分条件，只要申请人依法变更了被申请人，其他方面又都符合受理条件的，复议机关就应予以受理。

（3）有具体的行政复议请求和理由。申请人向复议机关提出复议申请是为了维护自己的合法权益，因此在一个具体的复议案件中，复议申请必须能够说明申请人针对被申请的具体行政行为向复议机关提出的具体要求以及相应的理由。这里只要求复议请求符合规定的类型，属于复议机关能够处理的范围即可。复议请求大致有以下几类：一是请求复议机关撤销具体行政行为；二是请求复议机关变更具体行政行为；三是请求复议机关确认具体行政行为违法；四是请求复议机关责令被申请人履行法定职责；五是请求复议机关责令被申请人赔偿；六是请求复议机关审查相关行政规定的合法性。[①] 对理由的审查，只要能够说明事实经过、自己与该具体行政行为的联系以及有无受到损失等即可，并不要求有充分确凿的证据，行政复议中举证责任的承担主要在于被申请人。至于判断所述理由是否充分、复议请求是否成立，则是案件进入审理阶段以后的工作。

（4）申请期限合法。行政复议申请必须在法定申请期限内提出，才可能被受理。时效的规定就是为了警醒那些“躺在权利上睡觉的人”，如果已经超出法定申请期限，申请人的行政复议权就实质性地丧失了，只能寻求其他法律途径提供的救济了。当然，如果申请人主张存在延期的理由，还应审查是否存在法定的耽误申请期限的事由而应延期。

（5）符合行政复议范围。复议机关必须审查申请复议的事项是否属于行政复议法规定的行政复议范围。对是否属于复议范围的审查是审查事项中最为关键的，在实践中，由于不符合行政复议范围而不予受理的复议申请也是最为常见的。如果，申请事项确实不符合行政复议范围，那么不仅收到复议申请的机关不可受理，任何复议机关都无权受理该申请。

---

① 《行政复议法》出台的一个重大意义在于一定程度上将抽象行政行为纳入行政复议范围，规定公民、法人或者其他组织认为行政机关的具体行政行为所依据的规章以下的规定不合法，在对具体行政行为申请行政复议时，可以一并向行政复议机关提出对该规定的审查申请。《行政复议法实施条例》进一步补充规定，申请人在对具体行政行为提出行政复议申请时尚不知道该具体行政行为所依据的规定的，可以在行政复议机关作出行政复议决定前向行政复议机关提出对该规定的审查申请。据此，在行政复议决定作出之前，申请人均可就相关规定提出审查申请，但是这种复议请求不可单独提出，必须有请求审查以其为依据的具体行政行为作为前提。

虽然行政复议范围进一步扩大了，但是毕竟有法定排除事项决定了行政复议机关与其他行政监察机关、法律监督机关、司法审判机关等的分工。

(6) 符合行政复议管辖。复议申请还必须属于收到行政复议申请的行政复议机构的职责范围，也就是说被申请人及其具体行政行为应当属于接受申请的机关的管辖范围。如果不属于接受申请机关管辖的，就不可越权受理。不过，申请是否必须符合复议管辖，也非导致申请最终不能被受理的充分原因。因为根据《行政复议法》第15条、第18条的规定，对于符合法定情形的，申请人也可以向具体行政行为发生地的县级地方人民政府提出行政复议申请，由接受申请的县级地方人民政府依照该法第18条的规定办理转送。只要申请人根据接受申请的复议机构的告知重新向正确的复议管辖机构提出申请，或者由接受申请的县级地方人民政府依法转送，该申请就有可能被受理。

(7) 未被受理。实践中可能出现行政复议申请人为了万无一失地维护自己的权利，向多家法定机关提出申请的情况，有的向两个以上的行政机关提出复议申请，有的既申请行政复议，同时又向法院提起行政诉讼。对于这类情形，法律的基本态度是不得重复受理。如果公民、法人或者其他组织向人民法院提起行政诉讼，人民法院已经依法受理的，不得申请行政复议，收到复议申请的机关不得受理。如果申请人就同一事项向两个或者两个以上有权受理的行政机关申请行政复议的，由最先收到行政复议申请的行政机关受理；同时收到行政复议申请的，由收到行政复议申请的行政机关在10日内协商确定；协商不成的，由其共同上一级行政机关在10日内指定受理机关。总之，无论如何，不得两个以上行政机关都受理，只能确定一个管辖机关。另外，如果申请人之前提起过行政复议申请，在复议决定作出前撤回了行政复议申请的，不得再以同一事实和理由提出行政复议申请，因此，后来又收到相同申请的复议机关不得受理。但是，申请人能够证明撤回行政复议申请违背其真实意思表示的除外。因此，审查申请时，复议机关还应当确定其他行政复议机关尚未受理同一行政复议申请，人民法院尚未受理同一主体就同一事实提起的行政诉讼。

【思考】

在行政复议与行政诉讼的关系和程序衔接上，一般由当事人选择直接诉讼或者先复议再诉讼。公民、法人或者其他组织申请行政复议，行政复议机关已经依法受理的，或者法律、法规规定应当先向行政复议机关申请行政复议、对行政复议决定不服再向人民法院提起行政诉讼的（即法定复议前置的情形），在法定行政复议期限内不得向人民法院提起行政诉讼。只有待行政复议机关作出决定后以及决定不予受理或者受理后超过行政复议期限仍不作答复时，不服的公民、法人或者其他组织才能依法向人民法院提起行政诉讼。而且公民、法人或者其他组织如果先提起诉讼且被依法受理的，不得再行申请行政复议。

2. 审查申请的期限

行政复议机关收到行政复议申请后，必须在法定期限内，根据上述审查标准审查决定是否立案受理，并作出不同处理。该法定期限在原《行政复议条例》中规定的是10日，为了提高行政复议效率，《行政复议法》将这一期限缩短为5日。

3. 审查结果

行政复议机关对行政复议申请进行审查后，会作出以下几种处理：

(1) 受理。行政复议机关对复议申请审查后，认为符合法律规定的，应予受理。不过，在受理问题上，与原先《行政复议条例》相比，《行政复议法》作出了突破性的规定，确立了推定受理制度。根据《行政复议法》第17条的规定，除依法不应受理外，行政复议申请自行政复议机关负责法制工作的机构收到之日起即为受理。换言之，在5日的审查期限内，如果复议机关并未决定不予受理或者告知变更管辖，就推定复议申请已被受理，而且法律上确认的受理日还有一个回溯的问题，复议机构收到申请之日即为受理之日。这一规定，还有另一方面的意义，即明确了行政复议案件审理期限的起算时间。

(2) 决定不予受理。对不符合《行政复议法》规定的行政复议申请，决定不予受理，并书面告知申请人。也就是说，在这种情况下，复议机关应当作出不予受理决定书。

但是，如果是行政复议机关无正当理由不予受理的，上级行政机关应当责令其受理；必要时，上级行政机关也可以直接受理。对于"责令受理"，考虑到先与复议机关进行沟通获得其配合的效果更好，《行政复议法实施条例》又进一步拆分为两步：上级行政机关可以先行督促其受理；经督促仍不受理的，应当责令其限期受理。当然，先行督促并非必经程序，可由上级行政机关根据情况灵活掌握。如果上级行政机关认为行政复议申请不符合法定受理条件的，应当告知申请人。

(3) 通知补正。对于行政复议申请存在单纯的形式缺陷或者所需证据资料的缺漏，行政复议机关不得直接作出不予受理决定，基于及时、便民原则的考虑，应当尽快通知申请人补正。根据《行政复议法实施条例》的规定，行政复议申请材料不齐全或者表述不清楚的，行政复议机构可以自收到该行政复议申请之日起5日内书面通知申请人补正。补正通知应当载明需要补正的事项和合理的补正期限。无正当理由逾期不补正的，视为申请人放弃行政复议申请。补正申请材料所用时间不计入行政复议审理期限。

(4) 告知变更复议机关。对符合《行政复议法》规定，但是不属于本机关受理的行政复议申请，应当告知申请人向有关行政复议机关提出。也就是说，在这种情况下，复议机关应当作出行政复议告知书。在实务中，不予受理决定书不同于告知书。前者针对的是所有复议机关都不应该受理的情形，而后者则是在本机关不能受理、其他机关有管辖权情形下的法律文书。[①]

(5) 转送有管辖权的机关。对于行政复议机关经审查认为不属于本机关管辖的，除了告知申请人变更复议机关外，还有另一种处理方式，即转送，主要适用于《行政复议法》第15条规定的情形。不服《行政复议法》第15条第1款所列的行政机关、组织的具体行政行为的，申请人也可以向具体行政行为发生地的县级地方人民政府提出行政复议申请，由接受申请的县级地方人民政府依照该法第18条的规定，自接到该行政复议申请之日起7日内，转送有关行政复议机关，并告知申请人。

---

① 参见张越：《行政复议法学》，299页，北京，中国法制出版社，2007。

另外，对于《行政复议法》第12、13、14条所规定的情形，如果申请人选择复议机关不正确，是否也可以由接受申请机关转送，法律未予明确。一般认为，从便民的角度考虑，接受机关直接进行转送也是可以的。

（三）行政复议的审理

行政复议的审理是行政复议机关受理行政复议申请后，对行政复议案件的审查活动，主要是全面审查被申请的具体行政行为。

1. 行政复议审前准备

行政复议机构应当自行政复议申请受理之日起7日内，将行政复议申请书副本或者行政复议申请笔录复印件发送被申请人。被申请人应当自收到申请书副本或者申请笔录复印件之日起10日内，提出书面答复，并提交当初作出具体行政行为的证据、依据和其他有关材料。如果被申请人违反《行政复议法》规定，不提出书面答复或者不提交作出具体行政行为的证据、依据和其他有关材料，或者阻挠、变相阻挠公民、法人或者其他组织依法申请行政复议的，对直接负责的主管人员和其他直接责任人员依法给予警告、记过、记大过的行政处分；进行报复陷害的，依法给予降级、撤职、开除的行政处分；构成犯罪的，依法追究刑事责任。对于被申请人提交的这些材料，除涉及国家秘密、商业秘密或者个人隐私的，申请人、第三人有权查阅。

2. 行政复议审理方式

行政复议机构审理行政复议案件，应当由2名以上行政复议人员参加。行政复议的审理方式明显有别于行政诉讼的审理方式，行政复议原则上采取书面审查的方式。书面审查的材料包括申请人的行政复议申请书、被申请人提交的书面答复以及当初作出具体行政行为的证据、依据和其他有关材料。书面审查方式的主要优点在于高效，但是对于一些复杂的情况，仅仅依据当事人提供的有限的书面资料难以作出准确判断。因此，除了书面审理方式以外，法律、法规还确立了其他审理方式以进一步提高行政复议的公正性，如调查、听证。如果申请人提出要求或者行政复议机构认为有必要时，可以向有关组织和人员调查情况，听取申请人、被申请人和第三人的意见；行政复议机构认为必要时，可以实地调查核实证据；对重大、复杂的案件，申请人提出要求或者行政复议机构认为必要时，可以采取听证的方式审理。行政复议人员向有关组织和人员调查取证时，可以查阅、复制、调取有关文件和资料，向有关人员进行询问。调查取证时，行政复议人员不得少于2人，并应当向当事人或者有关人员出示证件。被调查单位和人员应当配合行政复议人员的工作，不得拒绝或者阻挠。如果拒绝或者阻挠行政复议人员调查取证、查阅、复制、调取有关文件和资料的，对有关责任人员依法给予处分或者治安处罚；构成犯罪的，依法追究刑事责任。

3. 行政复议审理范围

行政复议对被申请具体行政行为的审查是全面审查。行政复议机关既要审查其实体方面，也要审查其程序方面；既要审查其事实根据，也要审查其法律适用；既要审查其是否合法，也要审查其是否适当。复议机关的审查并不限于申请人的申请范围。

《行政复议法》规定，审查申请行政复议的具体行政行为是否合法与适当是行政复议机构的法定职责。行政合法与行政适当是行政法的基本原则，也是对具体行政行为的基本要求。对具体行政行为合法性的审查，主要包括审查行政主体是否合法、行政权限是否合法、具体行政行为所认定的事实是否正确、其证据①是否充分、行政程序是否合法、行为依据是否合法。对具体行政行为适当性的审查，是对基于行政裁量权作出的具体行政行为的审查，行政机关在法定范围和幅度内行使裁量权一般只涉及适当性问题，因此，主要需审查作出具体行政行为是否符合法定目的、动机是否正当、是否考虑了相关因素、是否排除了不相关因素、是否一视同仁、是否符合比例原则的要求等。

4. 行政复议审理期限

行政复议审理期限是指法律规定的自行政复议机构受理复议申请后，对复议案件进行审理并作出决定的期间。法律规定了一般期限和特殊期限。行政复议法对一般期限的规定是行政复议机关应当自受理申请之日起 60 日内作出行政复议决定。特殊期限包括两类期限，一是法律规定的少于 60 日的行政复议期限，例如，根据《食品卫生法》的规定，当事人不服食品卫生处罚决定而提起的行政复议，复议机关作出的行政复议决定的期限为 15 日；二是复杂情况下的延期，即情况复杂，不能在规定期限内作出行政复议决定的，经行政复议机关的负责人批准，可以适当延长，并告知申请人和被申请人；但是延长期限最多不超过 30 日。《行政复议法实施条例》还明确了协商确定或者指定受理机关所用时间、在行政复议期间现场勘验、鉴定②所用时间不计入行政复议审理期限。

针对申请人一并提出对抽象行政行为审查申请的，《行政复议法》也规定了处理期限。行政复议机关对该规定有权处理的，应当在 30 日内依法处理；无权处理的，应当在 7 日内按照法定程序转送有权处理的行政机关依法处理，有权处理的行政机关应当在 60 日内依法处理。处理期间，中止对具体行政行为的审查。也就是说，此时对具体行政行为的审理活动停滞，待恢复审理继续计算审理期限。如果是行政复议机关在对被申请人作出的具体行政行为进行审查时，认为其依据不合法，本机关有权处理的，应当在 30 日内依法处理；无权处理的，应当在 7 日内按照法定程序转送有权处理的国家机关依法处理。处理期间，中止对具体行政行为的审查。

5. 行政复议中止和终止

行政复议中止和终止是指由于某些法定原因的发生，行政复议审理程序暂时或者永久停止，是引起行政复议审理阻却的两类制度。《行政复议法》规定的复议中止和终止的适用范围非常狭窄，极其不适应行政复议的实践，一些复议机关只能就具体案件请示上级机关或者经过有关法院同意，从而扩大复议中止或者终止的适用范围。《行政复议法实施条例》第 41、42 条专门规定了复议中止和复议终止，完善了行政复议审理程序。

---

① 这里的证据一般应当是行政机关作出具体行政行为时掌握的证据。在行政复议过程中，被申请人不得自行向申请人和其他有关组织或者个人收集证据。

② 行政复议期间涉及专门事项需要鉴定的，当事人可以自行委托鉴定机构进行鉴定，也可以申请行政复议机构委托鉴定机构进行鉴定。鉴定费用由当事人承担。

(1) 行政复议中止。行政复议中止是指行政复议案件被受理后，由于一定事由的发生影响案件审理，使得复议活动无法正常进行，必须等待该事由消除审理才能继续进行，因而暂时停止复议审理的制度。行政复议中止的原因消除后，应当及时恢复行政复议案件的审理。行政复议机构中止、恢复行政复议案件的审理，应当告知有关当事人。

行政复议期间有下列情形之一，影响行政复议案件审理的，行政复议中止：

1）作为申请人的自然人死亡，其近亲属尚未确定是否参加行政复议的。

2）作为申请人的自然人丧失参加行政复议的能力，尚未确定法定代理人参加行政复议的。

3）作为申请人的法人或者其他组织终止，尚未确定权利义务承受人的。

上述三种情形都可归结为申请人或其法定代理人尚不确定。因此，行政复议申请人一方缺少时，复议只能暂时中止。

4）作为申请人的自然人下落不明或者被宣告失踪的。

5）申请人、被申请人因不可抗力，不能参加行政复议的。

上述两种情形主要是因为当事人缺席而中止复议，需待障碍消除或者申请人重新出现。发生不可抗力，有时受影响的不止是当事人，复议机关同样会受到影响，从根本上妨碍了复议活动的进行。正如，国务院法制办针对国土资源部《关于请明确行政复议案件审查程序有关问题的函》所作复函中指出，因防治“非典型肺炎”疫情，致使行政复议机关无法正常开展调查核实证据工作，或者妨碍申请人、第三人依法行使行政复议参与权并且该当事人明确表示不放弃相应权利的，行政复议机关可以决定在疫情持续期间中止有关行政复议案件的审查，并通知申请人、被申请人和第三人。疫情解除后，应当立即恢复对有关行政复议案件的审查。①

6）案件涉及法律适用问题，需要有权机关作出解释或者确认的。

行政复议案件涉及的法律适用问题，包括对有关法律规范立法原意的解释、对所适用法律规范效力的确认、对不同法律规范间的冲突的选择等问题。《行政复议法》第26条规定，申请人在申请行政复议时，一并提出对规章以下的有关规定的审查申请的，行政复议机关对该规定有权处理的，应当在30日内依法处理；无权处理的，应当在7日内按照法定程序转送有权处理的行政机关依法处理，有权处理的行政机关应当在60日内依法处理。处理期间，中止对具体行政行为的审查。该条规定的是申请人一并提出的对于规章以下规定的审查处理。第27条规定，行政复议机关在对被申请人作出的具体行政行为进行审查时，认为其依据不合法，本机关有权处理的，应当在30日内依法处理；无权处理的，应当在7日内按照法定程序转送有权处理的国家机关依法处理。处理期间，中止对具体行政行为的审查。这条规定的则是行政复议机关主动对具体行政行为依据的审查处理，这里“不合法的依据”不限于规章以下的行政规定，还包括行政法规、地方性法规、行政规章等，因此，有权处理的机关也不限于行政机关，可能是其他有权的国家机关。

---

① 参见国法函（2003）203号。

7）案件审理需要以其他案件的审理结果为依据，而其他案件尚未审结的。

实践中，有的行政复议案件当事人同时也涉及民事诉讼、刑事诉讼等其他相关联案件，这样行政复议案件的审理就有可能要以其他案件的审理结果和生效裁判为依据，因此，行政复议应当中止，等待相关案件的审理结果。

8）其他需要中止行政复议的情形。

这是一条兜底条款，以便灵活适应实践中出现的其他复杂情况。

（2）行政复议终止。行政复议终止是指行政复议案件被受理后，由于一定法定事由的发生导致复议活动没有必要继续进行，从而完全停止复议审理的制度。行政复议终止导致整个行政复议程序的结束，不存在恢复审理。行政复议期间有下列情形之一的，行政复议终止：

1）申请人要求撤回行政复议申请，行政复议机构准予撤回的。

关于撤回行政复议申请，《行政复议法》规定，行政复议决定作出前，申请人要求撤回行政复议申请的，经说明理由，可以撤回；撤回行政复议申请的，行政复议终止。这也是《行政复议法》关于复议终止的唯一规定。据此可知，撤回行政复议申请将导致行政复议终止，但是对于是否只要申请人要求撤回就能实际上撤回，该条的规定并不明确，只要求说明理由。《行政复议法实施条例》对于撤回的程序中明确规定了复议机构的批准权，即申请人在行政复议决定作出前自愿撤回行政复议申请的，经行政复议机构同意，可以撤回。申请人要求撤回行政复议申请说明对其行政复议权利的放弃，复议机构应当尊重申请人对其复议权的处分，但是考虑到对其他相关人权益或者公益的维护，还是有必要规定行政复议机构的批准权。与原《行政复议条例》不同，这种限制只在于复议机构同意即可，而无须复议机关同意，也就是无须复议机关的主要负责人批准，在确保公正的同时也兼顾了复议效率。

要求撤回复议申请，既可能是申请人单方的意愿，也可能是当事人双方协商的结果。但是即便行政复议期间被申请人为了达到使申请人撤回申请的目的而改变原具体行政行为，也并非必然影响行政复议案件的审理。只有行政复议申请实际上依法被撤回，案件才能终止审理。

撤回复议申请直接导致复议终止的法律效果。此外，由于要求撤回行政复议申请是申请人自主意愿的表达，因而撤回行政复议申请的，就不得再以同一事实和理由提出行政复议申请。但是，申请人能够证明撤回行政复议申请违背其真实意思表示的除外。

2）作为申请人的自然人死亡，没有近亲属或者其近亲属放弃行政复议权利的。

3）作为申请人的法人或者其他组织终止，其权利义务的承受人放弃行政复议权利的。

上述两种情形是申请人消灭而没有权利承受者或者其权利承受者放弃复议权利，由于申请人实际上永久性地缺位，行政复议已失去保护对象，复议应当终止。

4）申请人与被申请人依照《行政复议法实施条例》第40条的规定，经行政复议机构准许达成和解的。

行政复议和解是指行政复议申请人与被申请人在复议中自愿达成谅解，经复议机构审查准许，而结束复议案件。对于是否应确立行政复议和解制度，一直存在争议。《行政复议法》并未涉及和解，但是在实践中，由于和解往往能够达到较好的社会效果，已经成为解决行政纠纷的一种有效方式。这也符合《全面推进依法行政实施纲要》有关“完善行政复议工作制度，积极探索提高行政复议工作质量的新方式、新举措”的要求。因此，《行政复议法实施条例》最终确立了行政复议中的和解制度，成为行政复议的一种法定结案方式。对于行政复议和解，该条例规定了几项要求：一是只能针对行政机关行使法律、法规规定的自由裁量权而作出的具体行政行为；二是当事人和解应当在复议决定作出之前；三是和解须基于自愿；四是和解内容不损害社会公共利益和他人合法权益；五是应当形成书面和解协议并提交复议机构审查决定。

5）申请人对行政拘留或者限制人身自由的行政强制措施不服申请行政复议后，因申请人同一违法行为涉嫌犯罪，该行政拘留或者限制人身自由的行政强制措施变更为刑事拘留的。

由于原行政拘留或者行政强制措施已变更为刑事拘留，说明案件性质已发生转变，不再适合由行政复议机关继续审理了，案件及其材料也要移交公安机关或者检察机关，因而要终结复议程序。

6）由于作为申请人的自然人死亡，其近亲属尚未确定是否参加行政复议；或者作为申请人的自然人丧失参加行政复议的能力，尚未确定法定代理人参加行政复议；或者作为申请人的法人或者其他组织终止，尚未确定权利义务承受人，而中止行政复议，满60日行政复议中止的原因仍未消除的，行政复议终止。

这类情形主要是为了防止行政复议无限期地中止下去，而规定一个期限，确保复议效率以及行政管理秩序的稳定。

（四）行政复议决定

行政复议决定是行政复议机关对复议案件审理后得出的结论。行政复议过程中会涉及各种形式的法律文书，但是复议决定是有关审理的结论性的法律文书，是最终确定案件当事人责任、权利的法律文书。[①] 行政复议机构负责审查被申请的具体行政行为是否合法与适当，并且拟订行政复议决定；而后经行政复议机关的负责人同意或者集体讨论通过后，方可以行政复议机关的名义依法作出行政复议决定。行政复议机关应当在法定期限内作出行政复议决定，制作行政复议决定书，并加盖印章。

行政复议决定书一经送达，即发生法律效力。被申请人不履行或者无正当理由拖延履行行政复议决定的，行政复议机关或者有关上级行政机关应当责令其限期履行。对直接负责的主管人员和其他直接责任人员依法给予警告、记过、记大过的行政处分；经责令履行仍拒不履行的，依法给予降级、撤职、开除的行政处分。申请人、第三人逾期不起诉又不

---

① 我们这里所指的行政复议决定是行政复议机关主要就被申请的具体行政行为的合法性和适当性所作的审查结论。其实，从广义上理解“决定”，可以看到行政复议机关在行政复议活动中还会以决定书的形式解决一些具体问题，例如不予受理决定书、终止复议审查决定书等。

履行行政复议决定的，或者不履行最终裁决的行政复议决定的，按照下列规定分别处理：(1) 维持具体行政行为的行政复议决定，由作出具体行政行为的行政机关依法强制执行，或者申请人民法院强制执行；(2) 变更具体行政行为的行政复议决定，由行政复议机关依法强制执行，或者申请人民法院强制执行。

根据法律、法规规定，我国行政复议决定主要有以下几种类型：

1. 维持决定

根据《行政复议法》第 28 条第 1 款第 1 项和《行政复议法实施条例》第 43 条的规定，具体行政行为认定事实清楚，证据确凿，适用依据正确，程序合法，内容适当的，行政复议机关应当决定维持。维持决定实际上就是对原具体行政行为合法有效的肯定，是对申请人和被申请人已形成的行政法律关系的认可。复议机关作出维持决定，须同时满足以下条件：

(1) 认定事实清楚，证据确凿。具体行政行为依据明确的事实和确实充分的证据而作出才是合法有效的。如果行政机关仅仅掌握片面信息，尚未弄清事实全貌，或者并未获得足够的证据，或者认定的事实根本就不存在，就作出具体行政行为，则犯了认定事实不清的错误，属于行政违法。而且，法律上对于能够作为定案依据的证据也要求具备合法性、客观性和关联性。如果被申请人提供的证据存在这些方面的瑕疵，或者各证据之间无法形成一个完整、严谨的证据链，就不符合证据确凿的要求。

(2) 适用依据正确。适用依据正确至少包括两层含义：一是，行政机关作出具体行政行为时，适用了正确的法律规范，没有选择不应适用的规范；二是，所适用依据本身是合法有效的，不存在与上位法的抵触。

(3) 程序合法。被申请人所作具体行政行为不仅在实体上应当合法，在程序上也须合法。程序合法的具体要求：一是具体行政行为符合法定方式，例如依法举行了听证会、告知相关事宜或权利；二是符合法定形式，例如依法出示执法证件、采取法定的书面形式制作处理决定书；三是符合法定手续，例如当场收缴罚款的须出具省、自治区、直辖市财政部门统一制发的罚款收据；四是符合法定步骤，例如行政机关应当先调查取证而后作出裁决，切不可先裁决再取证；五是符合法定期限。

(4) 内容适当。行政复议不仅是对具体行政行为合法与否的审查，同时还要判断其是否适当。维持的复议决定和维持的诉讼判决之间一个很大的区别，即在于对具体行政行为合理性的分析判断。内容适当主要针对的是行政机关行使裁量权的行为。行政机关在法定范围、幅度内的决定的内容均可认为是合法的，但行为适当则还要求该具体行政行为符合比例原则。

根据各省的行政复议案件办理情况，自《行政复议法》实施以来，各省各部门维持原具体行政行为的行政复议决定几乎占全部行政复议决定的半数甚至半数以上。复议机关应当严格把握以上条件，依法作出维持决定。

2. 撤销决定

撤销决定是复议机关对原具体行政行为的否定，是对申请人复议请求的充分支持。具备以下情形之一，复议机关就可作出撤销决定，还可以责令被申请人在一定期限内重新作出具体行政行为：(1) 主要事实不清、证据不足的；(2) 适用依据错误的；(3) 违反法定程序的；(4) 超越或者滥用职权的；(5) 具体行政行为明显不当的。

另外，根据《行政复议法》确定的被申请人的举证责任以及《行政复议法实施条例》第46条的规定来看，如果被申请人在法定期限内无正当理由未提出书面答复、未提供当初作出具体行政行为的证据、依据和其他有关材料的，视为该具体行政行为没有证据、依据，复议机关应当决定撤销该具体行政行为。

3. 变更决定

《行政复议法》将撤销、变更、确认违法的决定合并规定在一起，从此规定来看，作出变更决定和作出撤销决定采取的是基本相同的标准。但是，它们在使用上还是有较为明显的区别的。撤销决定虽然是对原具体行政行为彻底的否定，但是在实践中，作出撤销决定一般有两种结果。一种是因为原具体行政行为严重违法，应当彻底消除其不利影响，一旦生效，原具体行政行为引发的行政法律关系就应当回复原状。另一种是复议机关虽然作出撤销决定，但是原具体行政行为的相关人并非不应受到处理，因此可以责令被申请人在一定期限内重新作出具体行政行为，而复议机关并不代行处理。而变更决定是用复议机关的决定来取代原具体行政行为，是复议机关对有关当事人和事实的重新处理。而且，如果是被申请人不适当履行举证责任的，就只应作撤销决定。

对于一些违法情形，也不宜由复议机关变更。《行政复议法实施条例》第47条就在一定程度上将适用变更决定的范围缩小了，明确了适用变更决定的情形。具体行政行为有下列情形之一的，行政复议机关可以决定变更：(1) 认定事实清楚，证据确凿，程序合法，但是明显不当或者适用依据错误的；(2) 认定事实不清，证据不足，但是经行政复议机关审理查明事实清楚，证据确凿的。这说明对于违反法定程序以及超越职权的，该条例的态度是不适用变更决定。条例这样规定可能是基于以下考虑：一方面，通过审查，复议机关对案件有了较为全面清晰的了解，为了方便申请人，也是基于复议的层级监督功能，对于适用依据、适当性、事实证据方面的错漏，复议机关可以直接进行变更，当然如果复议机关经审查仍未查明案件事实、仍未获得确凿证据的，不可变更。另一方面，适用变更决定应当具有可变更的内容。而具体行政行为超越职权或者违反法定程序的情形，对于复议机关而言就不具有可变更性。职权法定是行政法一项传统的原则要求，对于超越职权的，复议机关应当尊重其他行政主体的法定职权，而且由于往往还涉及其他国家机关，复议机关不宜直接变更，除非被超越的职权依法应当由复议机关行使。因此，复议机关可以决定确认违法，并且通过复议建议书的形式向其他执法机关提出建议。在现代行政法理念当中，行政程序的合法已经被提高到一个前所未有的高度。对于违反法定程序的，一般可以作出撤销决定或者确认违法决定。但是如果具体行政行为的其他方面均合法，只是由于超过法定期限作出具体行政行为而违反法定程序的，则作确认违法决定比撤销决定更恰当。总的来说，《行政复议法实施条例》的规定使《行政复议法》对变更决定的适用规定更加明晰化了。

对于变更决定，《行政复议法实施条例》还借鉴刑事诉讼和行政诉讼相关制度，规定了“禁止不利变更”原则。条例第51条规定，行政复议机关在申请人的行政复议请求范围内，不得作出对申请人更为不利的行政复议决定。这里所指“更为不利的行政复议决定”包括行政复议决定加重对申请人的处罚程度、增加处罚种类、课以更多义务、限制既得利益或权利等。这一限制性规定目的在于保障申请人的行政复议权，排除申请人的顾虑，促进复议功能的发挥。其实早在2001年全国人大法工委就曾针对国家环保总局关于行政复议机关能否加重对申请人处罚的问题作出答复，认为行政复议机关在对被申请人作出的行政处罚决定或者其他具体行政行为进行复议时，作出的行政复议决定不得对该行政处罚或者该具体行政行为增加处罚种类或加重对申请人的处罚。① 当然，我们认为这一原则也有例外，如果不是具体行政行为的直接相对人提出复议申请，而是其他利害关系人申请复议的，则不应受其限制，否则其复议权在很大程度上就失去了意义。

4. 确认违法决定

确认具体行政行为违法的决定的适用情形与撤销决定、变更决定基本相同，但一般用于不宜撤销或者变更的场合。其一，行政机关的有些行为本身不具有可撤销性，例如并未实际成立的行政行为、无效行政行为、行政机关工作人员违法致人损害的行为等。其二，如果复议期间，被申请人已经自行撤销了原具体行政行为的，复议机关就不合适作撤销决定了。其三，对于不作为案件，也无法适用撤销决定，只能确认被申请人不履行法定职责违法，如果有必要，还应责令其限期履行。其四，有一些具体行政行为虽然违法，但是如果撤销将给公共利益带来重大损失，也不宜撤销。

对于决定撤销具体行政行为或者确认具体行政行为违法的，复议机关还可以责令被申请人在一定期限内重新作出具体行政行为，而且被申请人不得以同一的事实和理由作出与原具体行政行为相同或者基本相同的具体行政行为。为了有效落实对被申请人重作具体行政行为的要求，《行政复议法实施条例》第49条还增加规定了重作具体行政行为的期限，并且明确了相应的法律责任。行政复议机关责令被申请人重新作出具体行政行为的，被申请人应当在法律、法规、规章规定的期限内重新作出具体行政行为；法律、法规、规章未规定期限的，重新作出具体行政行为的期限为60日。公民、法人或者其他组织对被申请人重新作出的具体行政行为不服，可以依法申请行政复议或者提起行政诉讼。被申请人在规定期限内未按照行政复议决定的要求重新作出具体行政行为，或者违反规定重新作出具体行政行为的，依照《行政复议法》第37条的规定追究法律责任。

此外，确认违法决定还有另一种法律上的作用，即根据《国家赔偿法》的规定，公民、法人或者其他组织可以据以启动行政赔偿程序。

5. 履行决定

根据《行政复议法》第28条第1款第2项和《行政复议法实施条例》第44条的规定，被申请人不履行法定职责的，行政复议机关应当决定其在一定期限内履行法定职责。

---

① 参见法工委复字（2001）21号。

履行决定是指对于被申请人无正当理由拒绝履行或者拖延履行法定职责的，复议机关作出的责令其在一定期限内履行该法定职责的复议决定。适用履行决定需要满足以下条件：(1) 被申请人负有某项法定职责。复议申请人当初请求被申请人作出的具体行政行为应当属于被申请人的法定职责范围。行政机关担负的法定职责是多种多样的，目前，行政机关不作为的案件较多地集中在行政许可、保护人身权、财产权或受教育权、发放社会福利等领域。(2) 被申请人无正当理由未履行该法定职责。被申请人实际上没有履行法定职责，既可能是直接拒绝申请人，也可能是拖延不答复，而且没有正当理由。(3) 责令被申请人履行仍有实际意义。如果被申请人履行法定职责只是在复议前的特定时期有意义，而其后再履行对于申请人而言已经起不到保护其合法权利的作用的话，继续履行已无意义，复议机关就不宜作出履行决定。此外，对于需依申请人申请而履行职责的案件，申请人应能够证明曾经要求被申请人履行法定职责而被申请人未履行。虽然行政复议举证责任主要由被申请人承担，但是对于这一内容的证明则在于申请人，也直接关系到其复议请求能否得到支持。

6. 驳回申请决定

驳回行政复议申请决定，在《行政复议法》中未作规定，是《行政复议法实施条例》对于复议决定类型的一个重要补充。实践中，有时复议机构立案审查不够严谨或者受理后发现不应受理的新情况时，由于缺少驳回申请的法律依据，案件处理起来较为尴尬。为此，《行政复议法实施条例》第48条规定，有下列情形之一的，行政复议机关应当决定驳回行政复议申请：(1) 申请人认为行政机关不履行法定职责申请行政复议，行政复议机关受理后发现该行政机关没有相应法定职责或者在受理前已经履行法定职责的；(2) 受理行政复议申请后，发现该行政复议申请不符合行政复议法和本条例规定的受理条件的。同时，为了防止行政复议机关借以达到不受理复议申请的目的，还规定了上级行政机关的监督权，即上级行政机关认为行政复议机关驳回行政复议申请的理由不成立的，应当责令其恢复审理。这样的规定也与《行政复议法》第20条、《行政复议法实施条例》第31条的规定相协调。

7. 赔偿决定

根据《国家赔偿法》的规定，赔偿请求人要求赔偿应当先向赔偿义务机关提出，也可以在申请行政复议和提起行政诉讼时一并提出。因此行政复议机关有权受理审查复议申请人的行政赔偿请求。《行政复议法》第29条规定，申请人在申请行政复议时可以一并提出行政赔偿请求，行政复议机关对符合国家赔偿法的有关规定应当给予赔偿的，在决定撤销、变更具体行政行为或者确认具体行政行为违法时，应当同时决定被申请人依法给予赔偿。如果申请人在申请行政复议时没有提出行政赔偿请求的，行政复议机关在依法决定撤销或者变更罚款，撤销违法集资、没收财物、征收财物、摊派费用以及对财产的查封、扣押、冻结等具体行政行为时，应当同时责令被申请人返还财产，解除对财产的查封、扣押、冻结措施，或者赔偿相应的价款。

8. 对抽象行政行为的处理决定

《行政复议法》第7条规定了行政复议机关可以审查的抽象行政行为的范围，第26条、第27条规定了复议机关审查后对抽象行政行为的处理程序，但是没有明确规定这种审查和处理最终应当以怎样的决定形式表现出来。其实，有可能作出决定的是针对复议机关有权处理的情况，不外乎决定撤销或变更该规定。而对于复议机关无权处理的，就应依法转送有权处理的机关。而且，如果行政复议期间行政复议机构发现法律、法规、规章实施中带有普遍性的问题，可以制作行政复议建议书，向有关机关提出完善制度和改进行政执法的建议。

除了作出以上复议决定，行政复议机关还可能作出调解书，以调解方式结案。调解不同于当事人的和解，是在行政复议机关的主持下，双方当事人就行政争议达成调解协议。在原《行政复议条例》中曾有"行政复议不适用调解"的规定，但是《行政复议法》删去了这一规定。尽管《行政复议法》没有明确规定调解制度，但是在行政复议实践中调解已被大量运用到行政纠纷的解决当中，并且取得了较好的效果，促进了矛盾的化解，也提高了解决争议的效率。为此，《行政复议法实施条例》确立了调解的结案方式，适用调解应当注意把握以下几点：

1. 调解的原则。行政复议机关进行调解应当符合自愿、合法的原则。

2. 复议机关可以调解的情形。(1) 公民、法人或者其他组织对行政机关行使法律、法规规定的自由裁量权作出的具体行政行为不服申请行政复议的；(2) 当事人之间的行政赔偿或者行政补偿纠纷。

3. 调解书及其效力。当事人经调解达成协议的，行政复议机关应当制作行政复议调解书。调解书应当载明行政复议请求、事实、理由和调解结果，并加盖行政复议机关印章。行政复议调解书经双方当事人签字，即具有法律效力。调解书生效后，双方当事人应当履行调解书的内容。

4. 调解不成的处理。调解未达成协议或者调解书生效前一方反悔的，行政复议机关应当及时作出行政复议决定。

第六节 行政复议决定的效力

【案例15—6】某省环保局申请法院强制执行行政复议决定案[①]

【基本案情】

1999年8月，某化纤厂万吨粘胶纤维技术改造工程投入生产，但污水处理站及处理装置未按原设计建设，致使大量废水未经处理直接外排。根据某省环境监

① 案例来源：王贞琼、任东文主编：《行政复议法新释与例解》，395～397页，北京，同心出版社，2001。作者根据教学需要对案例进行了较大改编。

测中心站提供的《化纤厂万吨粘胶纤维技术改造工程环保设施竣工验收监测报告》，外排废水中主要污染物锌、硫分别超标1倍和4倍，造成污染，给周围渔业养殖户造成重大损失。经周围渔业养殖户投诉，某市环保局根据《水污染防治法实施细则》第31条第4款，于2001年2月15日对化纤厂倾倒、排放污染物的行为作出罚款5 000元的处罚决定。渔业养殖户对该行政处罚决定不服，认为处罚过轻，遂向省环保局申请行政复议。省环保局审查认为某市环保局的行政处罚决定适用法律不正确，于2001年3月10日对该行政处罚作出以下复议决定：决定变更市环保局行政处罚决定书的第一项内容，对某化纤厂处以4万元罚款；从2001年4月1日起加3倍征收排污费；责令未完成的环境保护设施必须在2001年年底以前完成，投入使用，并报市局验收。

但是复议决定作出后，该化纤厂在法定期限内既未向人民法院起诉，又拒不履行复议决定。于是，某省环保局于2001年7月15日向其所在地的区人民法院提出申请，要求法院强制执行该行政处罚决定。

申请执行人主张，被申请执行人严重污染周围水环境，违反了相关法律规定。然而，被申请执行人在法定期限内既未向人民法院起诉，又不履行复议决定，因此，申请人民法院强制执行该行政复议决定。被申请执行人认为省环保局的行政复议决定加重了处罚，拒不履行复议决定的内容。

某区人民法院经审查认为省环保局的行政复议决定合法，依据《行政诉讼法》第66条、《行政诉讼法司法解释》第93条的规定，裁定准予强制执行。

【法律问题】

本案涉及周围渔业养殖户有无权利提出行政复议申请，以及某省环保局可否申请人民法院强制执行该行政复议决定等法律问题。解决问题的关键在于明确行政复议申请人的资格和范围，行政复议决定的效力，以及申请执行人的资格等。

【法律链接】

《行政复议法》

第三十一条　行政复议决定书一经送达，即发生法律效力。

第三十二条　被申请人应当履行行政复议决定。

被申请人不履行或者无正当理由拖延履行行政复议决定的，行政复议机关或者有关上级行政机关应当责令其限期履行。

第三十三条　申请人逾期不起诉又不履行行政复议决定的，或者不履行最终裁决的行政复议决定的，按照下列规定分别处理：

（一）维持具体行政行为的行政复议决定，由作出具体行政行为的行政机关依法强制执行，或者申请人民法院强制执行；

（二）变更具体行政行为的行政复议决定，由行政复议机关依法强制执行，或者申请人民法院强制执行。

《行政处罚法》

第二十三条　行政机关实施行政处罚时，应当责令当事人改正或者限期改正违法行为。

《行政诉讼法》

第六十六条　公民、法人或者其他组织对具体行政行为在法定期限内不提起诉讼又不履行的，行政机关可以申请人民法院强制执行，或者依法强制执行。

《行政诉讼法司法解释》

第九十三条　人民法院受理行政机关申请执行其具体行政行为的案件后，应当在 30 日内由行政审判庭组成合议庭对具体行政行为的合法性进行审查，并就是否准予强制执行作出裁定；需要采取强制执行措施的，由本院负责强制执行非诉行政行为的机构执行。

【案例分析】

1. 化纤厂周围渔业养殖户有无权利提出行政复议申请？

这一问题的解决取决于对行政复议申请人的资格和范围的认识。在“行政复议参加人”一节我们已经专门讨论过这个话题，我们认为从世界范围来看，对行政复议申请人的资格限制越来越少，行政复议申请人的范围越来越宽。曾经最狭窄的界定仅限于具体行政行为的直接相对人，后来扩展到具体行政行为的间接相对人，而如今行政复议机关在受理行政复议申请时更倾向于考虑提起申请者是否与具体行政行为具有某种利害关系。只要具体行政行为可能将其置于某种不利境地，造成损失，或者附加了某种义务，抑或有碍其行使权利，我们就不能否认其基于这种利害关系提起行政复议申请的权利。在本案中，化纤厂周围的渔业养殖户虽然并非市环保局行政处罚决定直接指向的对象，但是这一处罚决定的合法、合理与否决定了排污者在多大程度上受到惩罚和威慑，这足以影响他们对自己合法权益的合理期待。因此，只要他们认为该行政处罚侵犯其合法权益，就可以提出行政复议申请。

2. 市环保局作出行政处罚决定时事实认定、适用法律是否正确？

本案中，某化纤厂在技术改造工程生产中，由于污水处理站及处理装置未按原设计建设，致使大量含有超标污染物的废水未经处理直接外排，对水体造成污染。根据当时施行的 1989 年《水污染防治法实施细则》第 31 条第 4 项的规定，属于“倾倒、排放污染物”的行为，依法应当处以“五千元以上十万元以下”罚款。市环保局据此对化纤厂处以5 000元罚款。但是，化纤厂超标排放污染物同时违反了当时施行的 1996 年《水污染防治法》第 15 条的规定。根据该条规定，企业事业单位向水体排放污染物，超过国家或者地方规定的污染物排放标准的，按照国家规定缴纳超标准排污费。然而，市环保局未对化纤厂超标排放污染物征收超标准排污费。

此外，我们认为市环保局的这一处罚决定仍然存在疏漏。该化纤厂不仅有排放污染物的行为，还存在水污染防治设施未建成就投入生产的行为，而市环保局仅认定了前者，却未认定后一事实。因此，市环保局同时还应适用 1989 年《水污染防治法实施细则》第 31 条第 2 项规定，即“水污染防治设施没有建成而投入生产的，可以处以一万元以上五万元以下罚款”。

对于行政处罚案件，我们还应明确的是，处罚并非行政机关的执法目的，行政主体的管理行为应当致力于维护社会公共利益、保护行政相对人的合法权益，因此，不可简单地“一罚了之”，违法行为必须获得纠正。根据《行政处罚法》的规定，行政机关实施行政处罚时，应当责令当事人改正或者限期改正违法行为。所以，行政复议决定“责令未完成的环境保护设施必须在2001年年底以前完成，投入使用，并报市局验收”是恰当的。

由此看来，市环保局的行政处罚行为的确存在事实认定、法律适用方面的瑕疵。也正是因此，省环保局才会在行政复议决定书中作出相应变更。

3. 某省环保局可否申请人民法院强制执行其行政复议决定?

对于这一问题的回答首先涉及行政复议决定的效力问题。基于前面对于行政复议的特征和性质的认识，我们认为作为一种特殊的行政行为，行政复议决定的效力的一个重要方面就是其执行力。行政复议决定的这种执行力既可以表现为当事人的自觉履行，也可以表现为有权机关的强制执行。在本案中，行政复议决定作出后，作为行政复议决定所确定的义务人的化纤厂在法定期限内既不履行复议决定，又未向人民法院起诉。因此，省环保局行政复议决定的落实就只能依赖于强制执行了。根据《行政诉讼法》第66条的规定，公民、法人或者其他组织对具体行政行为在法定期限内不提起诉讼又不履行的，行政机关可以申请人民法院强制执行，或者依法强制执行。由于法律并未赋予环保局以强制执行权，只能申请人民法院强制执行。

根据《行政诉讼法》、《行政诉讼法司法解释》的规定，行政机关以及享有权利的公民、法人或者其他组织都有权申请人民法院强制执行。在本案中，周围渔业养殖户提出过行政复议申请，市环保局和省环保局都曾向化纤厂开出罚单，那么，到底谁有资格向法院申请强制执行呢？我国现行立法根据行政复议决定与被申请复议的具体行政行为之间的关系区分了申请强制执行的不同主体，在行政复议决定维持具体行政行为的情况下，由最初作出具体行政行为的行政机关申请人民法院强制执行；在行政复议决定变更具体行政行为的情况下，则由行政复议机关申请人民法院强制执行。因此，本案中省环保局可以申请人民法院强制执行。而且根据《行政诉讼法司法解释》第89条的规定，这里的人民法院特指作为申请机关的省环保局所在地的基层人民法院。人民法院受理省环保局申请执行其行政复议决定的案件后，应当依据第93条的规定，在30日内由行政审判庭组成合议庭对该行政复议决定的合法性进行审查，并就是否准予强制执行作出裁定；需要采取强制执行措施的，由该院负责强制执行非诉行政行为的机构执行。在本案中，省环保局所在地的区人民法院经审查认为省环保局的行政复议决定合法的，应依法裁定准予强制执行，行政复议决定的效力也将最终得以全面实现。

【探讨】

行政复议决定的效力主要体现在哪些方面?

【学理研习】

行政复议制度的功能最终取决于行政复议机关所作的行政复议决定具有怎样的法律效力，这一部分我们就着重介绍行政复议决定的效力问题。根据《行政复议法》的规定，行政复议机关作出行政复议决定，应当制作行政复议决定书，并加盖印章。完成这些步骤后，相应的行政复议行为也就成立了。但是，法律行为的成立并不等于生效。《行政复议法》明确规定，行政复议决定书一经送达，即发生法律效力。这说明行政复议决定的生效存在法定的时间界限和条件。即在行政复议决定书作出之后并不立即发生法律效力，须待决定书送达，行政复议决定才生效。总体来看，行政复议决定的效力主要体现于其确定力、约束力和执行力等方面。

（一）行政复议决定的确定力

所谓行政复议决定的确定力是指行政复议决定一旦作出，其所涉及的申请人和被申请人之间的权利义务关系就确定下来，任何人、任何机关未经法定程序不得变更行政复议决定的内容。相对于其他行政行为而言，行政复议决定的确定力同时还在于对于所争议的具体行政行为的效力的认定，通过维持、撤销、履行、变更、确认等形式排除行政争议引起的不稳定因素。

（二）行政复议决定的拘束力

所谓行政复议决定的拘束力是指行政复议决定对于申请人、被申请人、行政复议机关乃至其他有关机关、组织、个人的约束力。根据《行政复议法》第 32 条的规定，被申请人应当履行行政复议决定。其实，行政复议决定的约束力不只体现在被申请人一方，对于申请人以及行政复议机关都具有相应的拘束力，他们的行为都不得与行政复议决定相抵触。例如，申请人不得再就同一事实和理由提出行政复议申请。此外，相关的国家机关、组织和个人如有配合执行等义务，行政复议决定的拘束力在此也有延伸。

（三）行政复议决定的执行力

所谓行政复议决定的执行力是指行政复议决定的内容必须得到落实，如果当事人不主动履行行政复议决定，则有权机关将依法强制实现。因此，行政复议决定的执行力表现为两种形式，一是当事人自觉履行；二是由有权机关强制执行。当事人自觉履行是最为理想的状态，也应当成为实现行政复议决定效力的常态，即便对于非终局性复议决定的当事人提起行政诉讼的情形而言，仍然不排除其在诉讼中自觉履行的可能性。对于当事人不履行而由有权机关强制执行的来说，目前我国的行政机关有些具有法定的行政强制执行权，有些不具有。对于工商、税务、公安等具有强制执行权的行政机关以外的其他行政机关而言，必须依法申请人民法院来执行。

如果是行政复议申请人一方不履行复议决定，根据行政复议结果的不同存在不同的强制执行主体、不同的强制执行申请者。根据《行政复议法》第 33 条的规定，申请人逾期不起诉又不履行行政复议决定的，或者不履行终局的行政复议决定的，按照下列规定分别处理：（1）如果行政复议决定维持或者确认被申请人的具体行政行为合法的，仍然由最初作出具体行政行为的行政机关依法强制执行或者申请人民法院执行；（2）如果行政复议决定改变原具体行政行为的，则由行政复议机关依法强制执行，或者申请人民法院强制执行。

但是，如果是行政复议被申请人一方不履行复议决定，则不存在强制执行的问题。行政复议申请人不存在申请行政复议机关或者人民法院强制执行的权利，行政复议机关和人民法院也没有对于行政复议被申请人的强制执行权，只能依赖行政系统的内部监督机制，责令限期履行以及施以行政处分。根据《行政复议法》第 32 条、第 37 条的规定，行政复议被申请人不履行或者无正当理由拖延履行行政复议决定的，行政复议机关或者有关上级行政机关应当责令其限期履行。对直接负责的主管人员和其他直接责任人员依法给予警告、记过、记大过的行政处分；经责令履行仍拒不履行的，依法给予降级、撤职、开除的行政处分。

【思考】

需要进一步思考的问题是对于责令限期履行的期限规定。尽管，《行政复议法实施条例》已在第 49 条考虑到了行政复议机关责令被申请人重作具体行政行为的期限，但是对于行政复议机关或者有关上级行政机关责令不履行或恶意拖延履行复议决定的被申请人限期履行的，却仍然没有规定期限的长短。恰当规定限期履行的期限无疑将更有利于保障行政复议申请人的合法权益，实现行政复议的功能。此外，仅仅规定对直接负责的主管人员和其他直接责任人员科以行政处分，并不能直接、彻底解决行政复议决定的执行问题。

第七节　行政复议指导和监督

【案例 15—7】王某等不服某区政府责令限期搬迁决定案①

【基本案情】

2000 年 3 月，某市政府决定对本市汉滨区人民街等地进行拆迁改造，发出了拆迁公告，通知居住在上述街区的居民与有关的拆迁单位签订拆迁协议。当地居民得知后，有一部分与拆迁单位达成协议，进行了搬迁。一部分居民没有与拆迁单位签订搬迁协议。于是区政府向因未达成协议而未搬迁的 69 户居民每户发出了一份责令限期搬迁决定，要求这些居民在区政府规定的时间内搬迁完毕。逾期不搬，一切后果及经济损失自负。如不服限期搬迁决定，可在 15 日内向市政府申请复议。居民王某等 22 人不服限期搬迁决定，对拆迁安置具体方案有意见，按照责令限期搬迁决定交代的复议申请权和期限，向市政府递交了行政复议申请书，要求撤销区政府的限期搬迁决定，依照法律规定的标准对他们进行安置补偿。市政府收了他们的申请书，只作了登记，并没有按规定进行复议，而是口头通知申请人不予受理。于是这些申请人到省政府请求责令市政府受理他们的复议申请。省政府对他们所陈述的情况作了初步了解，并与市政府有关部门核实上述情况基本属实，经过研究，责令市政府受理他们的复议申请，依法作出决定。市政府后来受理了 22 人的复议申请。

---

① 案例来源：王宝明主编：《解决社会矛盾纠纷的路径选择》，173～174 页，北京，国家行政学院出版社，2006。

【法律问题】

本案争议焦点在于市政府应否受理王某等人的复议申请以及省政府应当如何处理该案的问题，解决问题的关键在于明晰行政复议申请受理程序以及对复议机关的监督制度。

【法律链接】

《行政复议法》

第九条　公民、法人或者其他组织认为具体行政行为侵犯其合法权益的，可以自知道该具体行政行为之日起六十日内提出行政复议申请；但是法律规定的申请期限超过六十日的除外。

第十七条　行政复议机关收到行政复议申请后，应当在五日内进行审查，对不符合本法规定的行政复议申请，决定不予受理，并书面告知申请人；对符合本法规定，但是不属于本机关受理的行政复议申请，应当告知申请人向有关行政复议机关提出。

第二十条　公民、法人或者其他组织依法提出行政复议申请，行政复议机关无正当理由不予受理的，上级行政机关应当责令其受理；必要时，上级行政机关也可以直接受理。

《行政复议法实施条例》

第二十七条　公民、法人或者其他组织认为行政机关的具体行政行为侵犯其合法权益提出行政复议申请，除不符合行政复议法和本条例规定的申请条件的，行政复议机关必须受理。

第三十一条　依照行政复议法第二十条的规定，上级行政机关认为行政复议机关不予受理行政复议申请的理由不成立的，可以先行督促其受理；经督促仍不受理的，应当责令其限期受理，必要时也可以直接受理；认为行政复议申请不符合法定受理条件的，应当告知申请人。

【案例分析】

本案中，复议机关的行为存在以下问题：第一，从形式上来讲，口头通知申请人不予受理不符合法律规定。根据《行政复议法》第 17 条的规定，行政复议机关收到行政复议申请后，应当在 5 日内进行审查，对不符合本法规定的行政复议申请，决定不予受理，并书面告知申请人。因此，如果市政府认为不应当受理复议申请，也应当以不予受理决定书的书面形式告知申请人，而不应口头告知。第二，不受理决定错误。公民、法人或者其他组织认为行政机关的具体行政行为侵犯其合法权益的，就可以在法定期限内提出行政复议申请。在本案中，区政府针对未搬迁的住户作出的限期搬迁决定是一项具体行政行为，属于行政复议范围，王某等 22 人也是在法定期限内向市政府提起了复议申请。从案件本身来看，王某等 22 人有行政复议申请权，其申请也符合法律规定，复议机关应当受理他们的申请。对此，后来施行的《行政复议法实施条例》第 27 条也予以明确。我们认为，无论申请人的复议请求是否合法、合理，在决定是否受理时，只要申请人明确具体地表达了其复议请求即应受理，而合法、合理的判断应当是案件受理后进入审理阶段的事。这里还需指出区政府的一个错误，其告知未搬迁居民如不服限期搬迁决定，可在 15 日内向市政府申请复议，是违反法律规定的。根据《行政复议法》第 9 条的规定，一般情况下，行政复议的申请期限是自知道该具体行政行为之日起60日内。本案发生在《行政复议法》施行之后，就应当适用《行政复议法》规定的申请期限，然而区政府告知的期限仍然是依据原先《行政复议条例》的规定。

省政府责令市政府受理复议申请的决定是正确的。行政复议制度本身就是利用行政系统内部的层级监督优势来监督行政、纠正错误的一种机制，而行政复议活动也是受到有关机关的监督的。《行政复议法》就明确规定了上级机关对行政复议机关不予受理决定的监督制度。该法第20条规定，公民、法人或者其他组织依法提出行政复议申请，行政复议机关无正当理由不予受理的，上级行政机关应当责令其受理；必要时，上级行政机关也可以直接受理。后来的《行政复议法实施条例》第31条也有类似规定。因此，省政府经审查认为，市政府不予受理决定无正当理由，应当责令其受理。当然，法律规定有监督权的"上级机关"并不限于上一级机关，只要是复议机关的上级机关都有对其不予受理决定的监督权。

另外，对于本案申请人遇到的情况，还可以通过诉讼途径获得救济。行政复议机关决定不予受理的，公民、法人或者其他组织可以自收到不予受理决定书之日起15日内，依法向人民法院提起行政诉讼。这也说明书面形式的不予受理决定对于申请人维权而言是非常重要的。

【探讨】

除了上述对于不予受理决定的监督，现行法律规定还存在哪些对行政复议活动的监督制度？

【学理研习】

任何公权力的行使都应当受到监督，行政复议职权的行使当然也不例外。况且行政复议是一项政策性、专业性很强的工作，只有加强指导和监督，才能确保不同地区对同类案件裁决结果的基本一致，确保不同行政复议机关对同一法律法规适用意见的基本一致，这是法制统一、政令畅通和行政复议工作顺利开展的基本要求。然而长期以来，实践中我们并未形成完善的行政复议监督体系。自1990年国务院《行政复议条例》实施以来，行政复议制度不断完善，但是行政复议解决行政争议的重要功能始终没有充分发挥出来，不少行政纠纷被拒于复议大门之外，行政诉讼中败诉屡有发生，一个相当重要的原因就是行政系统自身对复议活动的指导、监督不到位。为了保证复议工作的顺利开展，提高复议活动的公正性，除了《行政复议法》中的相关规定外，《行政复议法实施条例》还专章规定了"行政复议指导和监督"。

（一）行政复议机关的领导和监督

行政复议机关应当加强对行政复议工作的领导和对其行政复议机构履行行政复议职责的监督。主要表现在以下方面：

1. 行政复议机关对其复议机构的领导和监督

行政复议机关应当依法履行对其复议机构工作的领导、支持、保障的职责。行政复议机构也应在本级行政复议机关的领导下，按照职责权限对行政复议工作进行督促、指导。

2. 上级机关对下级复议机关的监督

（1）对不予受理决定的监督。对行政复议申请，行政复议机关无正当理由不予受理的，上级行政机关应当责令其受理；必要时，上级行政机关也可以直接受理。《行政复议法实施条例》还规定了上级行政机关责令受理之前，可以先行督促其受理；经督促仍不受理的，应当责令其限期受理。这主要是考虑尽量通过督导的方式使复议机关更有效地履行复议职责。

（2）备案制度。下级行政复议机关应当及时将重大行政复议决定报上级行政复议机关备案。复议备案制度并非适用于所有复议案件，是针对重大行政复议决定而言的，主要是人数众多、矛盾尖锐、社会影响较大的一些案件。上级机关可以通过下级复议机关报送备案的复议决定，掌握其工作动态，发现复议工作中存在的问题，及时提出指导意见、纠正错误。其实，早在1999年国务院就曾在《关于贯彻实施〈行政复议法〉的通知》中明确提出“建立、健全重大行政复议决定备案制度”，但是实践中这项制度的落实情况并不理想。《行政复议法实施条例》明确规定了这一制度。

3. 行政复议机关对下级机关的监督以及行政复议机构的建议权

（1）行政复议意见书制度。行政复议意见书是以行政复议机关的名义制发的，主要用于行政复议机关督促下级行政机关纠正违法或者不当的相关行政行为或者要求下级行政机关就个案做好善后工作。有关行政机关收到行政复议意见书后，必须严格按照意见书的要求立即纠正违法或者不当的具体行政行为或者认真做好相关善后工作，并应当自收到行政复议意见书之日起60日内将执行意见书的情况通报行政复议机构。对不履行行政复议意见书的行为可以依法追究相关责任人的法律责任。

（2）行政复议建议书制度。行政复议建议书则是由行政复议机构制发，主要用于行政复议机构向立法机关或者其他有关机关就复议中发现的带有普遍性的法律问题提出完善立法、改善执法的建议。复议建议书的内容不具有复议意见书的执行力。

（二）人民政府的监督

1. 履行复议职责的监督制度

县级以上各级人民政府应加强对所属工作部门和下级人民政府履行行政复议职责的监督。行政复议机关或者行政复议机构不履行行政复议法及其实施条例规定的行政复议职责，经有权监督的行政机关督促仍不改正的，对直接负责的主管人员和其他直接责任人员依法给予警告、记过、记大过的处分；造成严重后果的，依法给予降级、撤职、开除的处分。

2. 工作分析报告制度

县级以上各级人民政府应查阅其复议机构定期提交的行政复议工作状况分析报告。在行政复议工作中要建立复议机构对本级政府的定期报告制度，这就要求复议机构在日常办理行政复议事项的同时，还要注意对工作的总结、分析。本级政府可以通过工作状况分析报告掌握行政复议工作的整体情况，复议机构可以通过分析报告将工作中的经验以及难点、重点问题向本级政府提出，以获得支持和重视。

3. 行政复议工作责任制

县级以上地方各级人民政府应建立健全行政复议工作责任制，将行政复议工作纳入本级政府目标责任制。行政复议工作责任制是指将行政复议工作任务分解配置到各个岗位，将行政复议人员的职责明确化、具体化，并以评议考核和责任追究为监督保障的机制。在依法治国、全面推进依法行政的战略指导和要求下，各地政府的工作绩效不仅在于经济发展方面，同时也体现于解决行政争议、化解社会矛盾的能力上。因此，要将行政复议工作的绩效作为一项指标纳入一级政府的目标责任制的考核评价体系。

4. 定期检查制度

县级以上地方各级人民政府应当按照职责权限，通过定期组织检查、抽查等方式，对所属工作部门和下级人民政府行政复议工作进行检查，并及时向有关方面反馈检查结果。这种检查既可以是全面的，也可以是专项的，检查方式也可以多样，但关键要将检查中发现的问题及时提出并督促纠正。我们认为，政府部门也可以对其下级机关的复议工作组织这样的检查，尤其是一些实行垂直管理的部门。

上述前两项内容是对县级以上各级政府的要求，包括中央政府，后两项则只是对县级以上地方各级政府的要求。

（三）对行政复议人员的培训和激励

1. 各级行政复议机构应当定期组织对行政复议人员进行业务培训，提高行政复议人员的专业素质。行政复议人员要通过考试、考核等方式获得从业资格，对已经取得行政复议应诉人员资格证书的工作人员，仍然要定期组织业务培训，并建立严格的监督措施。

2. 各级行政复议机关应当定期总结行政复议工作，对在行政复议工作中取得显著成绩的单位和个人，依照有关规定给予表彰和奖励。根据《公务员法》规定，对工作表现突出，有显著成绩和贡献，或者有其他突出事迹的公务员或者公务员集体，给予奖励。奖励坚持精神奖励与物质奖励相结合、以精神奖励为主的原则。奖励分为：嘉奖、记三等功、记二等功、记一等功、授予荣誉称号。对受奖励的公务员或者公务员集体予以表彰，并给予一次性奖金或者其他待遇。当然，行政复议机关工作人员在行政复议活动中，徇私舞弊或者有其他渎职、失职行为的，依法给予警告、记过、记大过的行政处分；情节严重的，依法给予降级、撤职、开除的行政处分；构成犯罪的，依法追究刑事责任。

【思考】

为了有效地监督行政复议机关依法行使复议权，《行政复议法》还规定了一种监督形式，即赋予复议申请人知情权，以保证其积极有效地参与复议过程，增强对复议决定的信赖感。该法第23条第2款规定，申请人、第三人可以查阅被申请人提出的书面答复、作出具体行政行为的证据、依据和其他有关材料，除涉及国家秘密、商业秘密或者个人隐私外，行政复议机关不得拒绝。

【问题与思考】

1.2004 年 1 月 3 日，经国务院批准，国土资源部对江苏省《关于报批无锡市 2003 年度城市建设用地的请示》作出第 544 号批复。2 月 18 日，无锡市人民政府在无锡市滨湖区鸿桥村张贴征用集体土地的公告。唐玉林等 150 名村民对征地有异议，5 月 21 日，他们在无锡市相关政府机关复印了国土资源部的相关批复，获悉了批复的内容。5 月 25 日，得知对批复有异议可以复议、诉讼。7 月 20 日，唐玉林等人以邮寄方式向国土资源部提出复议申请，举报无锡市政府在土地报批和征用土地方面的违法情况，并请求国土资源部明确批复的标的。7 月 30 日，国土资源部以唐玉林等人的复议申请超过法律规定的 60 日的复议申请期限为由，作出不予受理的决定。

请问：国土资源部对唐玉林等人的行政复议申请所作不予受理的决定是否正确?

2. 周某为某县职业技术学校教工，自 1999 年《住房公积金管理条例》生效后，其多次向某市住房资金管理中心举报县职工技术学校不为职工办理住房公积金，但该中心始终不履行其法定职责。2002 年 9 月 18 日，周某以该中心不作为向市人民政府提出行政复议申请，要求被申请人履行法定职责，责令其所在单位交纳住房公积金并赔偿损失人民币3 000 元。申请人提供了给市住房资金管理中心的申请信函和 1 月 22 日的挂号信函收据复印件。市人民政府受理了这一申请。然而被申请人某市住房资金管理中心则认为其并未收到此申请信函。经查，由于周某写错了地址，周某的申请信函实际上被房管所签收，而某市住房资金管理中心确实没有收到。据此，市人民政府认为现有证据不能说明被申请人没有履行法定职责，以行政复议终止结案。

请问：

(1) 被申请人某市住房资金管理中心是否不履行法定职责?

(2) 某市人民政府决定终止行政复议是否正确?

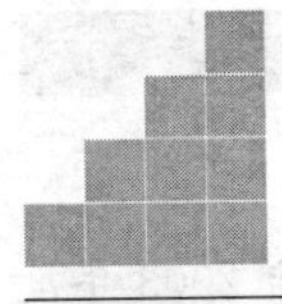

第十六章 行政赔偿

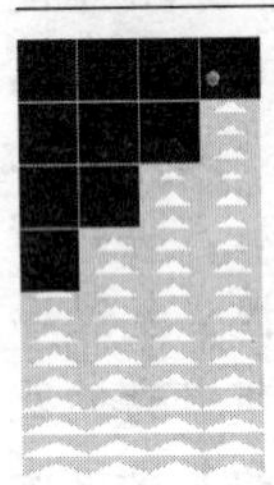

参考资料

1. 顾昂然．新中国的诉讼、仲裁和国家赔偿制度．北京：法律出版社，1996
2. 高家伟．国家赔偿法．北京：商务印书馆，2004
3. 徐静村主编．国家赔偿法实施程序研究．北京：法律出版社，2000
4. 田思源．论政府责任法制化．清华大学学报（哲学社会科学版），2006（2）
5. 应松年，杨小君．国家赔偿若干理论与实践问题．中国法学，2005（1）
6. 王建民．行政赔偿范围与标准分析．法律适用，2002（4）

本章提要

行政赔偿是行政救济中的重要一环。相对人因违法或不当的行政行为遭受各种损害，国家在提供救济时能否给予相对人以赔偿，则体现了政府是否负责的态度。但是行政赔偿与民事赔偿有何区别？行政赔偿的理念是什么？其归责原则如何？公民遭受违法行政后请求赔偿的程序，以及赔偿的计算方法如何？对此我们将在本章中一一加以介绍。

第一节　行政赔偿的概念和特征

【案例 16—1】牛建宇诉北京市海淀区人民政府八里庄街道办事处行政侵权赔偿案

【基本案情】

牛建宇原系北京华兴开发公司（以下简称华兴公司）的职工，承包经营该公司所有的位于海淀区定慧寺东里5号楼前的报刊亭。根据租赁承包协议，华兴公司为牛建宇提供报刊亭及各种许可证，牛建宇自负盈亏，自行缴纳水、电费及占地费，且每月应向华兴公司缴纳租金、管理费、税金共计600元。华兴公司仅于1993年向公安交通管理部门领取了当年有效的临时占用道路执照，1994年、1995年两年均未领取棚、亭、阁临建占路许可证。1995年8月17日，牛建宇对报刊亭内的待售书刊进行清点后暂停营业，经清点书刊码洋为8 097.03元。当月，八里庄街道办事处根据海淀区政府的要求对辖区内定慧寺小区的环境进行整治，对其认定为违法建设、违法占地的，通知房主限期拆除；违者，则由其会同规划局、综合治理办公室依法强制执行拆除，损失自负。由于牛建宇当时未营业，八里庄街道办事处未通知到其本人，而是将载有上述内容的紧急通知贴在报刊亭上。同年8月25日，在牛建宇未到场的情况下，八里庄街道办事处将报刊亭拆除存放他处，对亭内书刊、杂物未予登记、指定专人看管，上述物品现已灭失。另查，当时北京图书批发市场通行的批发折扣率为75%。

法院认为，被告作为区人民政府的派出机关，应在其辖区内依法履行法律赋予的行政管理职能。现行法律、法规、规章均未规定被告拥有对违法建设、违法占地的处罚权和强制拆除权。被告将原告经营承包的报刊亭予以拆除，超越法定权限，系越权、违法的行政行为；而且，被告在拆除过程中，对亭内原告所有的书刊、杂物不予登记、保管，以致遗失，应当承担由此给原告造成的实际损失。其中书刊损失应从总价中扣除批发折扣，杂物损失法院予以酌情认定。原告连续两年未持有占道许可证，其经营手续不齐全，其要求被告赔偿经营性收入损失及生活费用的请求证据不足，法院不予支持。

【法律问题】

本案的案情简单，可以通过分析本案来思考行政赔偿的理念。

【法律链接】

《中华人民共和国国家赔偿法》

第二条　国家机关和国家机关工作人员违法行使职权侵犯公民、法人和其他组织的合法权益造成损害的，受害人有依照本法取得国家赔偿的权利。

第四条　行政机关及其工作人员在行使行政职权时有下列侵犯财产权情形之一的，受害人有取得赔偿的权利：

…………

（二）违法对财产采取查封、扣押、冻结等行政强制措施的；

…………

【案例分析】

根据国家赔偿法，国家机关及其工作人员违法行使职权侵犯公民合法权益造成损害的，受害人可以取得国家赔偿。本案中，八里庄街道办事处没有法律法规的授权，即缺乏对违法建设、违法占地的处罚权和强制拆除权，其行为严重违法。另外，其程序上存在严重瑕疵：没有当面告知相对人强制拆除的事项，以及没有按照法律规定对亭内原告所有的书刊、杂物予以登记、保管，行为违法，且已造成了相对人的损失，因此需向原告承担行政赔偿责任。

【探讨】

街道办事处的法律地位如何？其能否在行政诉讼中具有被告资格？

【学理研习】

（一）行政赔偿的概念

行政赔偿，是指国家行政机关和国家行政机关工作人员在行使行政职权时，因违法而侵犯公民、法人或其他组织的合法权益造成损害的，由国家行政机关承担赔偿责任的制度。

在理解这个概念时要注意把握以下几点：

1. 行政赔偿必须是由行政机关及其工作人员的行为引起的。也就是说行政机关及其工作人员是侵权行为的主体。行政机关工作人员的范围不限于公务员，《国家赔偿法》第2条之所以用“工作人员”而非“公务员”，显然是将所有在行政机关任职的人员包括在内。行政赔偿采用“机关工作人员”所呈现出的“机关隶属论”，而非“公务员身份论”，体现了我国较进步的立法例精神。[①]

2. 行政机关及其工作人员的行为必须是行使职权的行为。即行政机关及其工作人员只有在执行职务的范围内违法侵害相对人权益，国家才负有赔偿的义务。《国家赔偿法》第5条第1项将“与行使职权无关的个人行为”排除在行政赔偿的范围外，正体现了这一点。

3. 行为须具备违法性。《国家赔偿法》规定国家承担行政赔偿必须是行政机关工作人员“违法”行使职权。如果是合法的行为，即使造成了相对人利益受到损害，也不属于行政赔偿的调整范围。比如交警对违章的司机进行罚款，或者政府为防洪紧急避险，而临时征用了某人的汽车等。

4. 国家是行政赔偿的责任主体。尽管在行政赔偿中，赔偿义务机关是行政机关和法律、法规授权的组织，但实际上它们都是代表国家行使职权，其收益归于国家和社会，而这笔钱也最终是纳税人的钱，其最终的责任主体还是国家。

---

① 参见陈新民：《中国行政法学原理》，153页，北京，中国政法大学出版社，2002。

(二)行政赔偿的特征(参见图16—1)

行政赔偿的特征
- (1) 行政赔偿义务机关是行政机关或法律、法规授权的组织
- (2) 行政赔偿的范围是特定的
- (3) 行政赔偿的途径是多渠道的

图16—1 行政赔偿的特征

【思考】

国家赔偿的理论基础:

1. 公共负担说。该说来自法国,它认为政府的活动是为了公共利益而实施,因而,应由社会全体成员平等地分担费用。行政活动对公民造成的损害,实际上是受害人在一般纳税负担以外的额外负担,这种负担不应当由受害人个人承担,应平等分配于全体社会成员。其分配方式就是由国家以全体纳税人缴纳的金钱补偿受害人蒙受的损失。[①] 该学说对法国国家赔偿制度的建构起到了重要影响。同时,其将国家承担责任视作公民普遍义务的平衡,而不是国家机关及其公务人员违法的后果,因此又可以作为行政补偿制度的理论基础。

2. 国家危险责任说。危险责任的概念,原本存在于英美法系的民事侵权赔偿领域中,后来为大陆法系国家所接受,并在行政法领域发展成为国家危险责任说。该学说认为任何人由于某种行为而得到利益时,必须对该行为产生的危险负担责任,任何人均不能只求获取利益而不负责任。国家因其工作人员的活动而受益,而国家工作人员的活动具有侵犯人民合法权益的客观危险,因此国家应对其工作人员的侵权行为承担无过错责任。[②]

3. 人权保护说。该说主要是在欧洲一体化影响下,《欧洲人权公约》在欧盟各国的司法实践中产生了越来越重要的影响的背景下产生的。表现在目前行政诉讼的受案范围逐渐扩大,将人权标准作为判断是否属于行政诉讼的受案范围的标准,取消了原来对于受案范围的诸多限制。因此,国家本来是要保护人权的,当政府工作人员在执行职务中侵犯了公民的合法权益时,理应要给予赔偿,这也正体现对人权的尊重和保护。

第二节 行政赔偿的归责原则

【案例16—2】田志生不服珲春市公安局控告申诉答复意见书案[③]

【基本案情】

1995年8月15日下午,原告田志生与他人在自家喝酒后,骑自行车去光明街市场送东西,从市场出来,听有人说:“你车带瘪了。”田看自己的车带有气,便

① 参见皮纯协主编:《国家赔偿法释论》,27～28页,北京,中国法制出版社,1994。
② 参见姜明安主编:《行政法与行政诉讼法》,2版,648页,北京,北京大学出版社、高等教育出版社,2005。
③ 案例来源:李国光主编:《国家赔偿法分解适用集成》,329页,北京,人民法院出版社,2006。

与其（殷振波）争吵并厮打起来。被告工作人员金光洙、丁立波执行公务回来时，遇见有人打架，金光洙上前抱住殷振波，丁立波从后面抱住田志生，并说："你们不要打了，我是派出所的。"田欲挣脱丁的约束与殷评理，丁便将田的牛皮腰带解下，套住其左手腕部，当要套绑其右手时，田向前挣脱，丁某手抓住腰带另一头，田某失去平衡，头部左侧先着地倒下，丁、金见状将田扶起，送往英安煤矿医院处置，后转珲春市医院治疗44天，费用2 077.50元（被告已支付）。

经延边朝鲜族自治州人民检察院法医鉴定字（1995）第8号法医鉴定：（1）田志生左眼视神经萎缩初期。（2）左眼损伤程度为重伤。（3）左眼损伤医疗终结为4个月。

原告向被告珲春市公安局控告申诉要求赔偿，被告于1995年12月25日受理控告申诉，答复意见如下：（1）光明街派出所民警丁立波同志系依法协助维护治安秩序。（2）损伤系本人行为所致。（3）不存在非法侵害，无责任。原告不服，遂向珲春市人民法院提起赔偿诉讼。

【法律问题】

本案的关键在于派出所民警的行为有无违法情形。如果没有，造成相对人的损害是否要承担赔偿责任。

【法律链接】

《中华人民共和国国家赔偿法》

第二条　国家机关和国家机关工作人员违法行使职权侵犯公民、法人和其他组织的合法权益造成损害的，受害人有依照本法取得国家赔偿的权利。

【案例分析】

在本案中，丁某的行为是正当的职权行为，不具有违法性。违法性是构成国家赔偿责任的要件之一。本案中丁某作为民警，负有维护社会治安的职责，其制止田、殷二人在公共场所的争吵、厮打是正当的职务行为，且已表明自己的身份，在田某欲挣脱其约束的时候，丁某用腰带套绑田某手腕的行为并无不妥，不属违法行为。而且，田某的损伤与丁某的职务行为没有直接必然的因果关系。损害结果与职务行为之间必然的因果关系，是构成国家赔偿责任的又一要件。在本案中，丁某用腰带套绑田某手腕的行为并不必然会导致田某倒地受伤，田某的损伤，是因自己不接受民警的职务行为，用力挣脱所致，因而丁某的职务行为与田某的损伤不具有必然的因果关系。

【探讨】

上述案例中如果丁某上前劝阻田某时没有表明身份，则对该案的最后定性有无影响？另外思考警察在执行职务时有哪些表明身份的做法？

【学理研习】

行政赔偿的归责原则是指确定和判断行政机关及其工作人员行政侵权责任的根据和标准。它对于确定行政赔偿责任的构成要件及免责条件、举证责任的负担以及承担责任的程序都有重大意义。

很多同学对归责原则的了解最早是从侵权行为法中获得的。行政赔偿也的确是从民事赔偿的规则原则发展而来，因此也带有其很多痕迹，当然可以说二者之间存在一些共同的地方，使得借鉴成为可能。我国的民事赔偿采用以过错责任原则为主，以无过错责任原则、公平责任原则为辅的规则原则体系。而我国国家赔偿法中采取的是违法归责原则，即只有在致害行为具有违法性的情况下，国家才承担赔偿责任。

所谓违法归责原则，是指行政赔偿以职务违法为归责标准，而不考虑侵权的公务人员有无过错。何为违法？根据行政诉讼的实践来看，既包括违反国家的法律、法规等明文规定，也包括违反行政法的原则（包括合理性、正当程序、比例原则等）。① 目前采用违法归责原则的国家典型的有瑞士和奥地利。我国在制定《国家赔偿法》时对归责原则的问题曾有过很多争议，最后之所以选择了违法归责原则，主要是考虑到该原则比较容易辨识，简单明了，同时又与行政复议和行政诉讼中的合法性原则相一致；与行政赔偿和补偿的区别理论相协调；还同被告对其行政行为合法性负举证责任相配合，有利于减轻受害人的举证责任，使得受害人及时获得赔偿。

【思考】

从目前的理论和各国实践来看，除了违法归责原则外，行政赔偿的归责原则还有以下几种：

1. 过错责任原则。同民事侵权领域的过错责任原则一样，它是指致害行为人存在过错或过失致人损害时，方构成承担赔偿责任的基础。由于近代国家赔偿责任理论是从民事侵权责任理论演绎过来，过错归责原则又是民事侵权理论的基石，所以许多受民法学说影响较深的国家，在确立国家赔偿责任制度时，纷纷采用该归责原则。② 但是该原则的缺陷也是存在的，首先对于主观过错的判定比较模糊；其次过错原则一般须由原告证明被告的过错，无疑加重了受害人的责任和负担。

2. 无过错责任原则。又称危险责任原则或严格责任原则。是指国家公务人员在公务活动中，只要对相对人造成了损害的后果，就要承担赔偿责任，无须考虑其有无过错。这是一种基于结果的国家责任，它体现了“公共负担平等”的理念，可以说与过错责任相比，显然更有利于保护受害人的合法权益。但是由于其赔偿的范围非常大，因而必须限制在一定范围内，而不能在所有行政赔偿的领域都采此原则，否则会超过公共财政的负担能力。

3. 违法加过错原则。该原则是指国家机关及其工作人员故意或过失不法侵害相对人合法权益的，国家才需承担赔偿责任的归责原则。该原则要求必须具备违法和过错两个条件，国家才承担赔偿责任，其在某种程度上限制了国家赔偿的范围。

---

① 参见“王丽萍诉中牟县交通局行政赔偿纠纷案”，载《中华人民共和国最高人民法院公报》，2003（3）；“张成银诉徐州市人民政府房屋登记案”，载《中华人民共和国最高人民法院公报》，2005（3）。

② 参见姜明安主编：《行政法与行政诉讼法》，2版，651页，北京，北京大学出版社、高等教育出版社，2005。

第三节　行政赔偿的范围

【案例16—3】尹琛琰诉卢氏县公安局110接到报警不作为行政赔偿案[①]

【基本案情】

原告尹琛琰开办的“工艺礼花渔具门市部”发生盗窃时，卢氏县公安局“110指挥中心”接到报警后没有受理，尹琛琰认为，卢氏县公安局的失职造成其财产损失，遂向河南省卢氏县人民法院提起行政诉讼。

原告诉称：2002年6月26日夜，原告在卢氏县东门开办的“工艺礼花渔具门市部”被盗。小偷行窃时惊动了门市部对面“劳动就业培训中心招待所”的店主和旅客。他们即向卢氏县公安局“110指挥中心”报案，但接到报警的值班人员拒不处理。二十多分钟后，小偷将所盗物品装上摩托车拉走。被盗货物价值24 546.5元，被毁坏物品折价455元，共计25 001.5元。被告卢氏县公安局接到报警后不出警，违反了职责，是行政不作为。事后，原告虽多次交涉，要求被告赔偿损失，但其一直推辞不赔。请求法院根据国家赔偿法的规定，责令被告赔偿其全部损失。

被告卢氏县公安局辩称：“110指挥中心”接到报案后未出警是事实，但对原告尹琛琰主张的损失数额有异议。请求法院划清其承担损失的责任。

卢氏县公安局未提供证据。

卢氏县人民法院经审理查明：

2002年6月27日凌晨3时许，原告尹琛琰位于卢氏县县城东门外的“工艺礼花渔具门市部”（以下简称门市部）发生盗窃，作案人的撬门声惊动了在街道对面“劳动就业培训中心招待所”住宿的旅客吴古栾、程发新，他们又叫醒了该招待所负责人任春风，当他们确认有人行窃时，即打电话110向警方报案，前后两次打通了被告卢氏县公安局“110指挥中心”并报告了案情，但卢氏县公安局始终没有派人出警。二十多分钟后，作案人将盗窃物品装上1辆摩托车后驶离了现场。尹琛琰被盗的物品为渔具、化妆品等货物，价值总计24 546.5元人民币。案发后，尹琛琰向卢氏县公安局提交了申诉材料，要求卢氏县公安局惩处有关责任人，尽快破案，并赔偿其损失。卢氏县公安局一直没有作出答复。

卢氏县人民法院认为：

《中华人民共和国人民警察法》第2条规定：“人民警察的任务是维护国家安全，维护社会治安秩序，保护公民的人身安全、人身自由和合法财产，保护公共财产，预防、制止和惩治违法犯罪活动。”第21条规定：“人民警察遇到公民人身、财产安全受到侵犯或者处于其他危难情形，应当立即救助；对公民提出解决

① 案例来源：《中华人民共和国最高人民法院公报》，2003（2）。

纠纷的要求，应当给予帮助；对公民的报警案件，应当及时查处。”

《国家赔偿法》第2条规定：“国家机关和国家机关工作人员违法行使职权侵犯公民、法人和其他组织的合法权益造成损害的，受害人有依照本法取得国家赔偿的权利。”

依法及时查处危害社会治安的各种违法犯罪活动，保护公民的合法财产，是公安机关的法律职责。被告卢氏县公安局在本案中，两次接到群众报警后，都没有按规定立即派出人员到现场对正在发生的盗窃犯罪进行查处，不履行应该履行的法律职责，其不作为的行为是违法的，该不作为行为相对原告尹琛琰的财产安全来说，是具体行政行为，且与门市部的货物因盗窃犯罪而损失在法律上存在因果关系。因此，尹琛琰有权向卢氏县公安局主张赔偿。

《国家赔偿法》第13条规定：“赔偿义务机关应当自收到申请之日起两个月内依照本法第四章的规定给予赔偿；逾期不予赔偿或者赔偿请求人对赔偿数额有异议的，赔偿请求人可以自期间届满之日起三个月内向人民法院提起诉讼。”

原告尹琛琰在门市部被盗窃案发后，向被告卢氏县公安局提交了书面申诉材料，要求给予赔偿，符合法律规定的申请国家赔偿程序。卢氏县公安局在国家赔偿法规定的两个月的期间内没有答复尹琛琰，尹琛琰以卢氏县公安局逾期不受理为由提起行政诉讼，符合行政诉讼的受理程序。

原告尹琛琰主张的损失数额，有合法的依据，被告卢氏县公安局虽然对具体数额表示怀疑，但由于没有提供相关的具体证据予以否认，因此，对尹琛琰主张的财产损失数额应予以认定。尹琛琰门市部的财产损失，是有人进行盗窃犯罪活动直接造成的，卢氏县公安局没有及时依法履行查处犯罪活动的职责，使尹琛琰有可能避免的财产损失没能得以避免，故应对盗窃犯罪造成的财产损失承担相应的赔偿责任。尹琛琰的门市部发生盗窃犯罪时，尹琛琰没有派人值班或照看，对财产由于无人照看而被盗造成损失，也应承担相应的责任。

综上，卢氏县人民法院根据《行政诉讼法》第67条第1款、第2款，第68条之规定，于2002年12月12日判决：卢氏县公安局赔偿尹琛琰25 001.5元损失的50%，即12 500.75元，在判决生效后10日内给付。

宣判后，双方当事人均未上诉。

【法律问题】

本案涉及行政不作为导致相对人的财产损失是否属于行政赔偿的范围，如果属于的话，如何确定赔偿的数额等问题。

【法律链接】

《中华人民共和国国家赔偿法》

第四条　行政机关及其工作人员在行使行政职权时有下列侵犯财产权情形之一的，受害人有取得赔偿的权利：

…………

（四）造成财产损害的其他违法行为。

第五条 属于下列情形之一的，国家不承担赔偿责任：

（一）行政机关工作人员与行使职权无关的个人行为；

（二）因公民、法人和其他组织自己的行为致使损害发生的；

（三）法律规定的其他情形。

最高人民法院《关于审理行政赔偿案件若干问题的规定》

第一条 《中华人民共和国国家赔偿法》第三条、第四条规定的其他违法行为，包括具体行政行为和与行政机关及其工作人员行使行政职权有关的，给公民、法人或者其他组织造成损害的，违反行政职责的行为。

【案例分析】

《国家赔偿法》没有明确规定行政不作为是否可以申请行政赔偿，不过从其第3条和第4条的兜底条款规定，以及最高人民法院司法解释对该条款中"其他违法行为"的界定——具体行政行为和与行政机关及其工作人员行使行政职权有关的，给公民、法人或者其他组织造成损害的，违反行政职责的行为，可以推断出来这种情况下相对人是可以申请行政赔偿的。之后最高人民法院在给重庆市高级人民法院和四川省高级人民法院的两个批复中①，明确指出了行政机关不履行法定职责，致使公民、法人和其他组织的合法权益受损害的，应当承担行政赔偿的责任，但在确定赔偿数额时应综合考虑该不履行法定职责的行为在损害发生过程和结果中所起的作用等因素。至此，行政不作为正式纳入了行政赔偿的范围，尽管也有学者对最高人民法院作出的此种解释提出批评。在本案中，卢氏县公安局在接到报警后没有出警，致使小偷得以有足够的时间完成偷盗行为，并逃走。首先，公安局保护公民的人身安全、人身自由和合法财产是其法定义务，《人民警察法》第21条规定，"人民警察遇到公民人身、财产安全受到侵犯或者处于其他危难情形，应当立即救助"，如果其不履行该义务就是违法。其次，原告的损失与卢氏公安局的不出警存在因果关系，符合行政赔偿的构成要件。因此卢氏公安局应承担赔偿义务，至于赔偿数额，要考虑到不履行法定职责的行为在损害发生过程和结果中所起的作用等因素。

【探讨】

行政机关不作为的行政赔偿与加害人的民事赔偿之间有什么关系？在找不到加害人的情况下，行政机关是否要承担全部的直接损失？如果加害人承担了部分或全部受害人的损失，它是否影响行政机关的行政赔偿？

【学理研习】

（一）行政赔偿的范围

行政赔偿的范围是指国家对哪些违法行政行为造成的损害予以赔偿，对哪些行为造成的损害不予赔偿，亦即国家承担行政赔偿责任的界限。目前，《国家赔偿法》只规定了对行

① 这两个批复分别是最高人民法院《关于劳动教养管理所不履行法定职责是否承担行政赔偿责任问题的批复》和最高人民法院《关于公安机关不履行法定行政职责是否承担行政赔偿责任问题的批复》。

政主体侵犯人身权、财产权的行为给予赔偿，未规定对于侵犯政治权、受教育权等其他权利给予赔偿。之所以这样规定，主要是立法时考虑到国库的承受能力，为扩大对公民权益的保护，本法修改时有必要扩大。

《国家赔偿法》中是按照行政机关侵犯公民人身权和财产权分别列举的，并且分别设置了兜底条款。以下分别介绍：

1. 对侵犯人身权的行政赔偿。(1) 违法拘留或者违法采取限制公民人身自由的行政强制措施的；(2) 非法拘留或者以其他方法非法剥夺公民人身自由的；(3) 以殴打等暴力行为或者唆使他人以殴打等暴力行为造成公民身体伤害或者死亡的；(4) 违法行使武器、器械造成公民身体伤害或者死亡的；(5) 造成公民身体伤害或者死亡的其他违法行为。

2. 对侵害财产权的行政赔偿。(1) 违法实施罚款、吊销许可证和执照、责令停产停业、没收财物等行政处罚的；(2) 违法对财产采取查封、扣押、冻结等行政强制措施的；(3) 违反国家规定征收财物、摊派费用的；(4) 造成财产损害的其他违法行为。

对于“其他违法行为”的范围，最高人民法院《关于审理行政赔偿案件若干问题的规定》界定为：具体行政行为和与行政机关及其工作人员行使行政职权有关的，给公民、法人或者其他组织造成损害的，违反行政职责的行为。

(二) 不予赔偿的事项

除从正面规定了上述行政赔偿的范围以外，《国家赔偿法》还从反面作出规定，将下述情形排除在行政赔偿的范围之外：(1) 行政机关工作人员与行使职权无关的个人行为；(2) 因公民、法人和其他组织自己的行为致使损害发生的；(3) 法律规定的其他情形。

【思考】

公共设施致损的赔偿目前在我国国家赔偿法中没有规定，但德国、日本、我国台湾地区等都已经将公共设施致损的情况纳入行政赔偿的范围。对公共设施因设置或管理瑕疵而造成损害的侵权行为的赔偿问题，主要有两种立法例：一种是在国家赔偿法中确立国家赔偿责任。如日本《国家赔偿法》第2条第(1)项规定：“因道路、河川或其他公共营造物之设置或管理有瑕疵致他人受损害时，国家或公共团体对此应负赔偿责任。”另一种是将公共设施因设置或管理瑕疵而生的侵权赔偿责任纳入民法和其他相关特别法的调整范围，受害人应依照民法或有关特别法向负管理责任的企业、事业单位主张赔偿，或是通过保险渠道解决。我国对此情况的处理即属上述第二种立法例。其理由主要有两点：一是公有公共设施因设置或管理瑕疵而造成的损害，不属违法行使职权的问题；二是我国对公有公共设施，如道路、河川、土地等的管理已趋于企业化。因公有公共设施的设置或管理瑕疵而生的损害赔偿属私权范畴，国家不负赔偿责任。我国的司法实践中已经发生多起有关公共设施致人损害的案例，法院都是按照民事侵权或违约来处理的。①

---

① 参见“王烈风诉千阳县公路管理段人身损害赔偿案”，载《中华人民共和国最高人民法院公报》，1990(2)；“江宁县东山镇副业公司与江苏省南京机场高速公路管理处损害赔偿纠纷上诉案”，载《中华人民共和国最高人民法院公报》，2000(1)。

第四节　行政赔偿请求人与赔偿义务机关

【案例16—4】尹瑞兰、尹桂英诉玛纳斯县公安局行政行为违法并申请行政赔偿案[①]

【基本案情】

死者尹文祥系甘肃来新疆打工的民工。1999年11月21日晚23时许，尹文祥醉酒后，在玛纳斯县供销社职工楼道内吵闹，玛纳斯县公安局城镇派出所接报案后，将尹文祥带回警务区醒酒室醒酒，次日早晨尹文祥死亡。玛纳斯县检察院根据死者家属的要求，委托昌吉回族自治州人民检察院、昌吉回族自治州公安局法医对死者尹文祥进行了尸检，其结论为："1. 严重颅脑损伤死亡。2. 心脏、肺脏、肾脏损伤性出血，其中心、肺损伤出血时加速死亡，起促进作用。"玛纳斯县人民检察院根据此法医鉴定和调查，作出了关于尹文祥死亡一案的调查报告。该调查报告认为："1. 县公安局民警将醉酒的尹文祥拉到警务区醒酒室醒酒，符合《治安管理处罚条例》第十二条之规定，完全正确合法。2. 死者尹文祥被关入黑房间醒酒，无专人看护，可排除因疾病所致的死因。3. 由于县公安民警责任心不强，对醉酒的尹文祥约束醒酒过程中看护不当，造成尹文祥不慎摔倒颅脑损伤死亡。"死者尹文祥在甘肃原籍的亲属尹文彪、王建成等4人来新疆处理尹文祥后事，县公安局给上述四人支付了部分食宿费、交通费等。死者姐妹尹桂英、尹瑞兰作为原告要求公安局赔偿损失未果向法院提起行政诉讼，要求依法确认被告县公安局约束尹文祥醒酒致其死亡的行为违法，要求被告县公安局赔偿死亡赔偿金45 000元，食宿费、交通费、误工费等5 000元，并要求被告承担本案的诉讼费用。

原告尹桂英、尹瑞兰诉称，1999年11月21日晚，尹文祥在外饮酒，被玛纳斯县公安局关入黑房内醒酒，第二天早晨死亡。经县人民检察院和州公安局进行尸检，结论为：死者因关入黑房间内无人看护，其头枕部受暴力撞击，致严重颅脑损伤，同时多处脏器受损而死亡。因此，认为公安人员对尹文祥约束醒酒应该确保尹文祥的人身安全，而公安局疏于保护死者的生命安全，违反法律规定，导致了尹文祥的死亡，给死者亲属造成极大的经济损失和精神痛苦。故要求依法确认被告县公安局约束尹文祥醒酒致其死亡的行为违法，并要求被告赔偿死亡赔偿金、丧葬费45 000元，食宿费、交通费、误工费等5 000元及承担本案的诉讼费用。

【法律问题】

本案涉及尹桂英、尹瑞兰是否有申请行政赔偿的申请人资格，以及被告在约束尹文祥

---

① 案例来源：最高人民法院中国应用法学研究所编：《人民法院案例选——2004年行政·国家赔偿专辑》，496页，北京，人民法院出版社，2005。

的过程中是否尽到了法定职责。

【法律链接】

《行政诉讼法》

第二十四条　依照本法提起诉讼的公民、法人或者其他组织是原告。

有权提起诉讼的公民死亡，其近亲属可以提起诉讼。

《中华人民共和国国家赔偿法》

第六条　受害的公民、法人和其他组织有权要求赔偿。

受害的公民死亡，其继承人和其他有扶养关系的亲属有权要求赔偿。

受害的法人或者其他组织终止，承受其权利的法人或者其他组织有权要求赔偿。

《治安管理处罚条例》①

第十二条　醉酒的人违反治安管理的，应予处罚。醉酒的人在醉酒状态中，对本人有危险或者对他人的安全有威胁的，应当将其约束到酒醒。

【案例分析】

该案件在审理过程中，被告质疑两原告没有申请行政赔偿的资格，同时被告认为自己约束受害人的行为是符合法律规定的，同时也尽到了法定职责，受害人的死亡完全是出于意外，与被告毫无关系。根据《国家赔偿法》的规定，受害的公民死亡，其继承人和其他有扶养关系的亲属有权要求赔偿。本案中的两原告是死者的亲姐妹，根据继承法的相关规定，配偶、父母、子女、兄弟姐妹等都是被继承人的法定继承人，因此本案中的死者的两姐妹具备行政赔偿诉讼的原告资格。

另一个需要法官加以判断的是被告的约束行为是否违法，或者其是否尽到了应尽的合理义务。根据当时施行的《治安管理处罚条例》，公安机关有权对处于醉酒状态中对本人有危险或对他人安全有威胁的人进行约束，直至其酒醒。但是公安机关如何履行该职责才算是尽到了义务呢？从立法的目的来看，约束醉酒人是为了保障他人的安全不受威胁，同时也是为了保障醉酒人不伤害到自己，危害自己的人身安全（人醉酒后精神受到酒精的麻痹，行动不便，极易出现自我伤害或意外受伤的情况）。因此，公安机关是否采取了必要的防护措施，使得既能保障他人的安全不受威胁，又能保护醉酒人的安全，则是判断其是否尽到了注意义务的关键。具体到本案中，公安机关仅仅是将受害人关在一屋内，没有专人看管，虽然能保障其不会威胁到他人的安全，但却无法保障其自身安全，因此仅仅将受害人约束在一屋内并不能算是履行了《治安管理处罚条例》第12条为公安机关设定的义务。所以应认为被告县公安局没有认真履行法定职责，属一种不作为的违法行为。由于被告的不作为，导致尹文祥死亡，其死亡结果的发生与被告的不作为行为有因果关系，因而被告对死者尹文祥的死亡后果有不可推卸的责任。

【探讨】

在本案中判断公安机关是否尽到法律规定的义务时，法官在判决书中提到了《治安管

① 该条例已被2006年颁布的《治安管理处罚法》取代。本案发生时，仍适用当时施行生效的《治安管理处罚条例》。

理处罚条例》第12条的立法目的是……如果同学们留心阅读最高人民法院中国应用法学研究所编辑的《人民法院案例选》中的案件评析的话，会发现在一些疑难问题的解决上，尤其是涉及一些关键法条的理解时，法官经常会去探讨某一法条的立法目的，以证明法官判断的正确性。为什么法官对于立法目的的探求就是真实的、正确的立法者的立法意图呢？如果当事人对某法律的理解与法官对某法律的理解发生冲突时，当事人在现行制度框架内有哪些救济途径可供选择？

【学理研习】

(一) 行政赔偿的请求人

行政赔偿请求人，是指因国家行政机关及其工作人员违法行使行政职权而遭受损害，有权请求国家予以赔偿的人。

根据我国《国家赔偿法》的规定，行政赔偿的请求人可分为以下两大类：

1. 一般情况下的行政赔偿请求人。在一般情况下，根据《国家赔偿法》的规定，因行政侵权行为受到直接损害的公民、法人或者其他组织是行政赔偿的请求人，依法享有行政赔偿请求权。

2. 特殊情况下的行政赔偿请求人。(1) 受害的公民死亡的，其继承人是行政赔偿请求人；(2) 受害的公民死亡的，与其有扶养关系的其他亲属也是行政赔偿请求人；(3) 受害的法人或者其他组织终止，承受其权利的法人或者其他组织有权作为行政赔偿请求人。

【思考】

在受害人死亡的情况下，请求人资格发生转移。但是要注意其与行政诉讼中原告资格转移的不同。具有行政赔偿请求人资格的公民死亡的，请求人资格转移到受害人的继承人和其他具有扶养关系的亲属，而具有行政诉讼原告资格的公民死亡的，其近亲属可以提起诉讼。为什么会有这种不同呢？原因在于两个诉讼的目的不同，行政赔偿诉讼目的是填补受害人损失，而行政诉讼还有监督行政机关依法行政的功能。

(二) 行政赔偿的义务机关

行政赔偿义务机关是指代表国家接受行政赔偿请求，参加行政赔偿诉讼，对行政赔偿请求负有行政赔偿责任，需支付赔偿费用的行政机关。

行政赔偿的义务机关不同于行政赔偿的责任主体。国家是行政赔偿的最终承担者，也是最终的责任主体。但是由于国家是一个抽象的实体，受害人无法直接请求国家这个抽象的实体来赔偿，因此各国都普遍采用"国家责任，机关赔偿"的做法①，由具体的行政机关来负责对当事人的赔偿请求进行受理，参与因赔偿问题引起的行政复议或诉讼，并最后履行赔偿的义务。

根据《国家赔偿法》第7条和第8条的规定，行政赔偿义务机关有行政机关和法律法规授权的组织两类。具体如下：

1. 行政机关

(1) 单个行政机关致害时的赔偿义务机关。行政机关及其工作人员行使行政职权侵犯

① 参见姜明安主编：《行政法与行政诉讼法》，2版，681页，北京，北京大学出版社、高等教育出版社，2005。

公民、法人和其他组织的合法权益造成损害的，该行政机关为赔偿义务机关。

（2）多个行政机关共同致害时的赔偿义务机关。两个以上行政机关共同行使行政职权时侵犯公民、法人和其他组织的合法权益造成损害的，共同行使行政职权的行政机关为共同赔偿义务机关。需要注意的是，此时共同赔偿义务机关之间承担的是连带责任，受害人可以向共同赔偿义务机关中的任何一个要求赔偿，该赔偿义务机关应先予赔偿，赔偿后可以向另外的义务机关要求承担相应份额。

（3）行政机关委托的组织或个人致害时的赔偿义务机关。受行政机关委托的组织或者个人在行使受委托的行政权力时侵犯公民、法人和其他组织的合法权益造成损害的，委托的行政机关为赔偿义务机关。

（4）赔偿义务机关被撤销时的赔偿义务机关。赔偿义务机关被撤销的，继续行使其职权的行政机关为赔偿义务机关；没有继续行使其职权的行政机关的，撤销该赔偿义务机关的行政机关为赔偿义务机关。

【思考】

如果赔偿义务机关是被当地人大撤销，并且没有继续履行其职能的行政机关，此时该由哪个机关来作为赔偿义务机关呢？

（5）经行政复议的赔偿义务机关。经复议机关复议的，最初造成侵权行为的行政机关为赔偿义务机关，但复议机关的复议决定加重损害的，复议机关对加重的部分履行赔偿义务。

但是需要注意，最高人民法院《关于审理行政赔偿案件若干问题的规定》第18条规定：复议机关的复议决定加重损害的，赔偿请求人只对作出原决定的行政机关提起行政赔偿诉讼，作出原决定的行政机关为被告；赔偿请求人只对复议机关提起行政赔偿诉讼的，复议机关为被告。

2. 法律、法规授权的组织

法律、法规授权的组织在行使授予的行政权力时侵犯公民、法人和其他组织的合法权益造成损害的，被授权的组织为赔偿义务机关。

从上面的分析可以看出，我国行政赔偿义务机关的确定比较复杂，不利于确认，也不方便受害人及时获得救济。能否考虑改革该制度，从有利于相对人确认的角度，将各级政府作为统一的赔偿义务机关，相对人拿到判决书后，便可以依据判决书找当地政府的财政部门申请支付。当然这种改革还需要综合考虑各方面的因素。

第五节　行政赔偿的程序

【案例16—5】陈莉诉徐州市泉山区城市管理局行政处罚案[①]

【基本案情】

2002年8月21日，江苏省徐州市泉山区城市管理局（以下简称城市管理局）

① 案例来源：《中华人民共和国最高人民法院公报》，2003（6）。

执法人员以陈莉擅自占用道路经营冷饮并影响市容为由，以城市环境综合整治指挥部（以下简称综合整治指挥部）的名义，扣押了陈莉经营用的冰柜等物品。陈莉不服，认为城市管理局和徐州市泉山区人民政府（以下简称区政府）扣押财产的行政强制措施违法，于2003年1月6日向江苏省徐州市中级人民法院提起行政诉讼。

原告陈莉及诉讼代理人认为，综合整治指挥部无行政处罚权，有关工作人员在暂扣物品时未现场制作扣押物品清单和笔录，亦未在作出暂扣决定后7日内对暂扣物品进行处理，违反法律规定的行政处罚程序，故暂扣行为应予撤销，同时应返还违法扣押的冰柜、遮阳伞，赔偿手推车损失200元及食品、饮料损失1 000元。

被告城市管理局认为，城市管理局在统一采取强制措施前已下发了通知，原告陈莉未停止非法经营，对其采取行政强制措施并无不当；扣押陈莉冰柜时已将里面的食品和饮料移交给陈莉本人，暂扣物品后曾通知陈莉领回冰柜和遮阳伞，由于对方拒领，故不存在违法扣押的情况，也不应该承担有关责任。

被告区政府认为，城市管理局能够依法独立承担法律责任，区政府对其行为不应承担责任。

徐州市中级人民法院认为：

被告城市管理局在收到原告起诉状副本后的法定期限内，未向法庭提交暂扣原告陈莉物品的证据和依据，依照《行政诉讼法司法解释》第26条规定，应认定该暂扣行为无证据和依据，属于违法行政行为，应予撤销。城市管理局应返还违法扣押陈莉的海尔314型冰柜1台、遮阳伞1把。违法暂扣的手推车和冰柜内的食品、饮料也应予返还；但鉴于城市管理局现在已无法返还手推车和冰柜内的食品、饮料，故应予折价赔偿。

根据《行政诉讼法司法解释》第27条第1款第3项的规定，原告陈莉要求返还手推车及冰柜内食品和饮料的诉讼主张，应对被扣押的手推车价值及食品、饮料的品种和数量承担举证责任，但考虑到陈莉的手推车是自制的，陈莉的经营属于流动性的零售摊点，没有销售记录，客观无法准确举证，且被告城市管理局的工作人员在执法时未现场制作扣押清单或笔录，亦是造成该事实难以确定的主要原因，故手推车按陈莉主张的价值200元认定比较合理，应予支持；食品、饮料损失根据陈莉冰柜型号和经营品种等情况认定为800元比较合理，对陈莉主张赔偿其食品、饮料损失1 000元的主张，不予支持。

依据《行政诉讼法》第54条第2项第1目、第2目、《国家赔偿法》第4条第2项、第28条第2项、第4项之规定，徐州市中级人民法院于2003年6月10日判决：(1) 撤销被告徐州市泉山区城市管理局2002年8月22日对原告陈莉作出的编号为8113号的暂扣物品决定；(2) 被告徐州市泉山区城市管理局于判决生效之日起3日内返还原告陈莉的海尔314型冰柜1台及遮阳伞1把；(3) 被告徐州市泉山区城市管理局赔偿原告陈莉冰柜推车的损失200元和食品饮料损失800元，合计1 000元，于判决生效之日起3日内支付。案件受理费100元，由被告徐州市泉山区城市管理局负担。

【法律问题】

本案的焦点在于因被告城市管理局的违法暂扣行为导致原告陈莉哪些物品受损这一事实应该由谁来承担举证责任。

【法律链接】

《行政诉讼法》

第三十二条　被告对作出的具体行政行为负有举证责任，应当提供作出该具体行政行为的证据和所依据的规范性文件。

最高人民法院《关于行政诉讼证据若干问题的规定》

第五条　在行政赔偿诉讼中，原告应当对被诉具体行政行为造成损害的事实提供证据。

【案例分析】

在该案中，双方对行政机关扣押的物品存有争议，原告坚持认为被告除了冰箱外，还扣押了自己的自制推车和冰箱内的食品，但是被告对此否认。此时，法官如何确定该事实，是认同原告的陈述还是认同被告的陈述？这是一个问题，而举证责任此时便成为我们探讨的关键。举证责任若是在被告，那么如果被告拿不出相关的证据证明其主张，法官将对该争议的事实作出对其不利的推定，反之，如果原告负举证责任，效果是一样的。

举证责任的分配是一种诉讼中不利风险的分配，由于其将影响到诉讼的结果以及当事人以后的行为模式的选择，因而对举证责任的分配体现了立法者以及法官的价值选择。按照最高人民法院《关于行政诉讼证据若干问题的规定》，原告应当对被诉具体行政行为造成损害的事实提供证据。这样的话陈莉必须拿出证据，证明自己主张的损失的存在。但是正如法院的判决中所说的，该手推车是自制的，其经营又属流动性摊点，没有销售记录，客观上无法举证。

原告的举证无法很好地完成是由于被告的违法行为所致，此时被告要对此承担责任吗？根据相关的法律法规，行政机关在扣押当事人的财物时，必须当场制作清单，并经当事人确认签字。之所以这样做，是为了防止行政机关违法扣押并侵占或损害当事人的物品，同时也为当事人以后的救济留有证据，一旦该法定的程序没有履行，其后果便是相对人的举证能力受到极大的损害。在这种情况下，如果还是要原告拿出证据证明因违法扣押所遭受的具体损失，那么将是极大的不公平。在本案中，法官以原告陈莉的举证受客观限制，以及被告违反程序造成了原告的举证无法完成为由，降低了对原告的举证责任的要求，并根据举证妨碍的原理，对被告作了不利的事实推定。像本案中的这种情形，在行政诉讼法中没有明确规定，但是我们从最高人民法院公布的司法解释中却可以看出类似的精神。最高人民法院《关于行政诉讼证据若干问题的规定》第4条第2款规定："在起诉被告不作为的案件中，原告应当提供其在行政程序中曾经提出申请的证据材料。但有下列情形的除外：……（二）原告因被告受理申请的登记制度不完备等正当事由不能提供相关证据材料并能够作出合理说明的。"第69条规定："原告确有证据证明被告持有的证据对原告有利，被告无正当事由拒不提供的，可以推定原告的主张成立。"前者，由于被告的备案登记制度不完善，使得原告无法提供曾提出申请的证据，此时只要原告作出合理说明，便可以免除其举证责任；后者是一种法律上的推定，由于原告的举证必须借助于被告的配合，但被告无正当理由拒不提供，导致原告的举证无法完成、法院无法查明事实，通过价值上的考量，故对被告作了不利的推定。

除了这个推理过程外，法官还考虑到其判决作出的制度效应。如果在本案中原告败诉的话，实际上是对行政机关此类情形中的违法作为的放纵，那么以后行政机关在作出违法行为后，为掩盖其违法的事实，完全可以去破坏证据，使得原告在赔偿之诉中因举不出证据而败诉。那么公民的处境将更加不利，行政诉讼的实践也将成为为行政机关"护短"的一道程序而已。

从本案中我们可以得出几点结论：首先，举证责任的分配并非由几个具体的法律规定便可以解决，在很多时候需要法官在具体个案中，依据基本的法理念，凭借其内心对法律的理解和公平正义的直觉在具体情形中具体分配举证责任。其次，举证责任的分配并不仅仅是在事实无法查明下的裁判规则，也不仅仅关涉到个案中当事人的诉讼结果，它更重要的意义在于影响人们在今后的行为模式的选择。承担举证责任的那一类主体在今后的行为中会逐渐改变自己的行为模式，以符合立法者或法官对他们的期待。

【探讨】

在上述案例分析中我们发现，我们找不到解决本案举证责任归属的明确的法律条文，而是借助法理、相关法条的推理，以及有关的价值衡量最后得出本案应当由被告承担举证责任的结论。思考法官这样做的正当性或合法性何在？在法官充分地说明判决理由的前提下，是否可以消解人们对于法无明文规定下法官判决的正当性的质疑？

【学理研习】

（一）单独提起的行政赔偿请求

根据《国家赔偿法》规定，受害人单独提起行政赔偿请求的，应该首先向行政赔偿义务机关提出，在赔偿义务机关不予赔偿或赔偿请求人对赔偿数额有异议时，赔偿请求人才可以依法直接向法院提起诉讼。这通常适用于双方对行政行为的违法性基本没有争议但对赔偿问题达不成一致，或者行政行为已被有权机关确认为违法或已被撤销、变更等情况。

实行行政先行处理原则，其主旨在于便民。它的优越性在于：（1）程序简单、迅速，有利于对权利受损者的保护和行政机关正常职责的履行；（2）减轻法院的负担；（3）有利于调动赔偿义务机关纠正错误的积极性和主动性。

但是如果行政赔偿义务机关逾期不予赔偿，或者赔偿请求人对赔偿数额有异议的，赔偿请求人可以自赔偿期间（2个月）届满之日起3个月内向人民法院提起诉讼。但是赔偿义务机关作出赔偿决定时没有告知诉权或者起诉期限，致使赔偿请求人逾期向人民法院起诉的，其起诉期限从赔偿请求人实际知道诉权或者起诉期限时计算，但逾期的期间自赔偿请求人收到赔偿决定之日起不得超过1年。

（二）一并提起的行政赔偿请求

一并提起的行政赔偿请求，是指赔偿请求人在申请行政复议或者提起行政诉讼时一并提出赔偿请求。《国家赔偿法》第 9 条第 2 款规定：赔偿请求人要求赔偿应当先向赔偿义务机关提出，也可以在申请行政复议和提起行政诉讼时一并提出。在这类一并提起的赔偿请求的案件处理中，行政复议机关或人民法院通常先对行政侵权行为的违法性予以确认，然后再决定是否应给予赔偿。

公民、法人或其他组织在提起行政诉讼的同时一并提出行政赔偿请求的，其起诉期限按照《行政诉讼法》关于起诉期限的规定执行。

（三）行政赔偿诉讼的举证制度

我国行政赔偿诉讼的举证制度依《行政诉讼法》的规定为，被告对作出的具体行政行为负有举证责任，应当在收到起诉状副本之日起 10 日内，提供据以作出被诉具体行政行为的全部证据和所依据的规范性文件。被告不提供或者无正当理由逾期提供证据，视为被诉具体行政行为没有相应的证据。① 同时，鉴于行政赔偿诉讼的特殊性，人民法院要求原告承担一部分举证责任。原告在行政赔偿诉讼中承担举证责任的事项也经历了一些变化，这主要体现在最高人民法院的两个司法解释上。在 2000 年的最高人民法院《行政诉讼法司法解释》中，第 27 条规定：“原告对下列事项承担举证责任：……（三）在一并提起的行政赔偿诉讼中，证明因受被诉行为侵害而造成损失的事实……”此时原告不仅要证明遭受损害的事实，还需证明该事实是由被诉行政行为造成的，即证明损害事实与行为之间存在因果关系。此时实际上加重了原告的举证责任，该条因此也遭到了一些学者的质疑。在 2002 年通过的最高人民法院《关于行政诉讼证据若干问题的规定》中，则对此进行了改造。其第 5 条规定：在行政赔偿诉讼中，原告应当对被诉具体行政行为造成损害的事实提供证据。此时原告不再对因果关系举证，只需证明损害事实即可，减轻了原告的举证责任，有利于原告在诉讼中维护自己的合法权益。从两个司法解释对原告举证责任规定的演变，可以看出最高人民法院对举证责任分配的相关态度。

【思考】

关于单独提起的行政赔偿要求行政程序先行，我们前面提到了它的优越性，但是在现实中，该制度也是存在问题的。首先，现行行政赔偿是以违法性的确认为前提的，然而随着目前的行政执法责任制以及执法考评制度的实施，很多政府部门一般都将行政机关的违法情况、行政复议以及诉讼的败诉情况纳入到年终考核的范围，这使得行政机关在受理要求赔偿的案件时，不愿意确认自己行为的违法性，因此将行为违法的确认作为赔偿的前提将会限制赔偿义务机关与受害人在先行处理程序中相互妥协以达致折中方案的空间，架空了行政赔偿中行政先行处理制度的设计目的。其次，现行国家赔偿法规定如果行政赔偿义务机关逾期（2 个月）不予赔偿的，相对人可以向法院起诉。这一条的规定使一些行政机关得以将不愿意受理的行政赔偿事宜，转移到法院，使得对相对人的救济延迟。最后，《国家赔偿法》对于单独提起的行政赔偿请求中先行处理程序的具体方式没有具体明确的规定。《行政诉讼法》第 67 条规定：“公民、法人或者其他组织单独就损害赔偿提出请求，应当先由行政机关解决。”实际上，先行处理程序实行的是“申请—处理”模式，受害人提起行政

① 参见最高人民法院《关于行政诉讼证据若干问题的规定》第 1 条。

赔偿诉讼之前，应当首先向赔偿义务机关提出书面申请，由赔偿义务机关处理。这种处理模式最突出的特点是程序完全由赔偿义务机关主导，赔偿义务机关对受害人的请求采用“决定”形式处理，一般不与受害人进行协商，受害人只能被动接受或拒绝此决定。[①] 基于以上的问题，未来国家赔偿法的修改[②]，行政先行处理程序是继续作为单独申请赔偿的前置程序，还是改造成可供相对人选择的程序，孰优孰劣值得学界进一步探讨。

第六节　行政赔偿的方式和计算标准

【案例16—6】麻旦旦不服公安局治安管理处罚决定案

【基本案情】

2001年元月8日晚，麻旦旦和姐夫、外甥一起正在看电视时，王海涛和泾阳县公安局蒋路派出所聘用的司机胡安定两人在没有出示任何证件的情况下将麻旦旦拉走。到派出所后，王、胡两人轮流讯问，逼迫麻旦旦承认有过“卖淫行为”。其间，曾对麻旦旦进行殴打、辱骂，并将其铐在派出所门外的篮球杆上。非法拷问一直延续到第二天凌晨4时许，派出所所长彭亮将麻旦旦带到他的办公室“做思想工作”，其实是继续讯问，要麻旦旦承认曾有过“卖淫行为”。在近一天一夜的非法刑讯逼供过程中，麻旦旦没有吃一口饭、喝一口水。麻旦旦被非法讯问23小时后被释放。元月9日，泾阳县公安局出具了一份《治安管理处罚裁决书》，该裁决书以“嫖娼”为由决定对麻旦旦拘留15日。裁决书上，麻旦旦的性别被写成男性，落款的日期居然是2001年2月9日。

如此荒唐的裁决使麻旦旦非常生气，遂向咸阳市公安局提出行政复议申请。在复议期间，为证明自己清白，麻旦旦应公安局要求多次到医院做了处女膜检查，结果是完好无损。随后咸阳市公安局撤销了泾阳县公安局的处罚裁决书，并于2月9日向麻旦旦送达。

麻旦旦认为咸阳市公安局仅撤销县公安局的荒唐裁决，未就申请人提出的索赔要求作出答复，因此，于2月13日以咸阳市公安局作为被告、泾阳县公安局为第三人，向咸阳市中级人民法院提起行政诉讼，请求人民法院确认：泾阳县公安局作出的《治安管理处罚裁决书》违法；被告及第三人强制传唤、非法限制人身自由事实行为违法；判令赔偿精神损失费500万元，以及误工费、医疗费、交通费、通信费共计59 560元，并由被告承担全部诉讼费用等9项请求。

5月9日，咸阳市秦都区人民法院对此案作了一审判决，除误工费和医疗损失费外，受害者麻旦旦仅获得了74.66元的赔偿。麻旦旦对一审判决不服，提起上

① 参见赵元成：《功能视角下的行政赔偿先行处理程序》，载《政治与法律》，2007（4）。

② 《国家赔偿法》的修改已于2006年2月被列入十届全国人大常委会立法规划。

诉。二审法院认为，咸阳市、泾阳县两级公安局的行政违法行为给麻旦旦造成了一定精神损害，泾阳县公安局应在其侵权范围内为麻旦旦消除影响、恢复名誉、赔礼道歉；麻旦旦提出的500万元精神损害赔偿的请求不符合国家赔偿法规定，请求公安机关在媒体上公开赔礼道歉也没有事实依据，不予支持。最后判决如下：确认泾阳县公安局对麻旦旦讯问时使用械具并殴打、限制其人身自由的行政行为违法；确认咸阳市公安局委托医院对麻旦旦做医学鉴定的具体行政行为违法；自判决书生效后10日内，泾阳县公安局支付麻旦旦违法限制其人身自由两天的赔偿金74.66元，赔偿麻旦旦医疗费1 671.44元，交通、住宿费669.50元，180天误工费6 719.40元，共计9 135元整。一审及二审诉讼费用360元由两级公安局承担。

【法律问题】

本案的关键是如何确定麻旦旦的损失，其主张的精神损害赔偿能否被满足。

【法律链接】

《中华人民共和国国家赔偿法》

第二十五条　国家赔偿以支付赔偿金为主要方式。

能够返还财产或者恢复原状的，予以返还财产或者恢复原状。

第二十六条　侵犯公民人身自由的，每日的赔偿金按照国家上年度职工日平均工资计算。

第二十七条　侵犯公民生命健康权的，赔偿金按照下列规定计算：

（一）造成身体伤害的，应当支付医疗费，以及赔偿因误工减少的收入。减少的收入每日的赔偿金按照国家上年度职工日平均工资计算，最高额为国家上年度职工年平均工资的五倍；

…………

第三十条　赔偿义务机关对依法确认有本法第三条第（一）、（二）项、第十五条第（一）、（二）、（三）项规定的情形之一，并造成受害人名誉权、荣誉权损害的，应当在侵权行为影响的范围内，为受害人消除影响，恢复名誉，赔礼道歉。

最高人民法院《关于人民法院执行〈中华人民共和国国家赔偿法〉几个问题的解释》

第六条　赔偿法第二十六条关于“侵犯公民人身自由的，每日的赔偿金按照国家上年度职工日平均工资计算”中规定的上年度，应为赔偿义务机关、复议机关或者人民法院赔偿委员会作出赔偿决定时的上年度；复议机关或者人民法院赔偿委员会决定维持原赔偿决定的，按作出原赔偿决定时的上年度执行。

国家上年度职工日平均工资数额，应当以职工年平均工资除以全年法定工作日数的方法计算。年平均工资以国家统计局公布的数字为准。

【案例分析】

该案在当时具有轰动效应，国内许多著名行政法学者对此案提出了严厉批评。实际上，我们客观地分析二审判决，会发现其中所列的赔偿项目有一些是国家赔偿法中没有明确规定的，我们可以揣测法官的动机，可能是出于怜悯，也可能是出于对受害人权益的保障，但即使是这样，受害人所受到的伤害远非九千多元所能补偿。但是由于多方面的局限性，法官在现行制度面前无能为力。对于精神损害能否给予赔偿，在国家赔偿法里，只规定了对受害人的直接物质损失给予赔偿，如果造成受害人名誉权、荣誉权损害的，应当在侵权行为影响的范围内，为受害人消除影响，恢复名誉，赔礼道歉，仅此而已。也正因为此，本案中麻旦旦精神损害赔偿的请求未能获得法院的支持。

【探讨】

如果本案中麻旦旦为了获得国家赔偿而寻求法律帮助，为此支出律师费、交通费等诸费用，可否就这些开支请求国家赔偿？

【学理研习】

（一）行政赔偿的方式

所谓行政赔偿的方式，是指国家承担行政赔偿责任的各种形式。根据我国《国家赔偿法》第25条的规定，行政赔偿以支付金钱为主要方式。能返还财产或者恢复原状的，予以返还财产或者恢复原状。这一规定表明，我国行政赔偿采取的是以金钱赔偿为主、恢复原状和返还财产为辅的方式。

1. 金钱赔偿。金钱赔偿方式是以货币形式支付赔偿金额的一种行政赔偿方式。金钱赔偿方式的特点是具有很强的适应性，几乎各种情况的损害都可适用。另外，金钱赔偿方式在具体执行上也比较简便易行，容易操作。

2. 恢复原状。恢复原状是指公民、法人或者其他组织的财产因国家行政机关及其工作人员的违法分割或毁损而遭到破坏后，若有可能恢复的，应当由行政赔偿义务机关负责修复以恢复财产原状的一种行政赔偿方式。一般说来，恢复原状的前提条件是：（1）需要有受害人的请求；（2）侵权后客观上能够恢复到原来的状态；（3）采用恢复原状方式给予赔偿，符合法律规定的条件且不会造成违法结果。

3. 返还财产。返还财产是指赔偿义务机关将违法占有或控制的受害人的财产返还给受害人的一种行政赔偿方式。返还财产应具备的条件有：（1）原物存在，未被毁损；（2）比金钱赔偿更便捷；（3）不影响行政公务活动的正常进行。

（二）行政赔偿的计算标准

行政赔偿的计算标准，是国家行政赔偿立法所确立的根据损害程度确定赔偿金额的尺度和准则。它是行政侵权行为的受害人获得实际赔偿的重要依据。我国《国家赔偿法》第26条、第27条、第28条分别从侵犯公民人身自由、侵犯公民生命健康权和侵犯财产权造成的损害这三个方面，具体规定了行政赔偿的计算标准。

1. 侵犯公民人身自由的行政赔偿计算标准。行政机关及其工作人员侵犯公民人身自由的，每日的赔偿金按照国家上年度职工日平均工资计算。国家上年度职工年平均工资的数额，以国家统计局发布的数字为准。

2. 侵犯公民生命健康权的行政赔偿计算标准。（1）造成身体伤害的，应当支付医疗费，以及赔偿因误工减少的收入。减少的收入每日的赔偿金按照国家上年度职工日平均工资计算，最高额为国家上年度职工年平均工资的5倍。（2）造成部分或者全部丧失劳动能力的，应当支付医疗费，以及残疾赔偿金。残疾赔偿金根据丧失劳动能力的程度确定，部分丧失劳动能力的，最高赔偿金额为国家上年度年平均工资的10倍；全部丧失劳动能力的，最高赔偿金额为国家上年度职工年平均工资的20倍。造成全部丧失劳动能力的，对其扶养的无劳动能力的人，还应当支付生活费。(3) 造成死亡的，应当支付死亡赔偿金、丧葬费，总额为国家上年度职工年平均工资的20倍。对死者生前扶养的无劳动能力的人，还应当支付生活费。

关于生活费的发放标准，参照当地民政部门有关生活救济的规定办理。被扶养的人是未成年人的，生活费给付至18周岁止；其他无劳动能力的人，生活费给付至死亡时止。

3. 侵犯财产权的行政赔偿计算标准。(1) 处罚款、追缴、没收财产或者违反国家规定征收财物、摊派费用的，返还财产；(2) 查封、扣押、冻结财产的，解除对财产的查封、扣押、冻结，造成财产损坏或者灭失的，按照损害程度给予相应的赔偿金；(3) 应当返还的财产损坏的，能够恢复原状的恢复原状，不能恢复原状的，按照损害程度给付相应的赔偿金；(4) 应当返还的财产灭失的，给付相应的赔偿金；(5) 财产已经拍卖的，给付拍卖所得的价款；(6) 吊销许可证和执照、责令停产停业的，赔偿停产停业期间必要的经常性费用开支；(7) 对财产权造成其他损害的，按照直接损失给予赔偿。

【思考】

从上面的赔偿标准中，我们会发现两个值得关注的现象：

一是没有规定有关精神损害的赔偿，仅仅就受害人的物质损失，而且是直接损失给予赔偿。之所以当初没有规定对精神损害的赔偿，一个考虑因素是在立法的当初，学界对于精神损害赔偿的认识不像今天已形成广泛的共识，很多人对用金钱来弥补精神损害的做法不甚赞同；另一个考虑因素是国库的承受能力，毕竟在20世纪90年代国库的承受能力无法与今天相比。当前行政法上对相对人权益保护的日益升级，以及2001年最高人民法院《关于确定民事侵权精神损害赔偿责任若干问题的解释》的颁布，都为国家赔偿领域确立精神损害赔偿的制度奠定了基础。

二是国家赔偿法对限制人身自由和造成人身伤害及死亡的损害赔偿确立了一个全国统一的标准，而且多是以上一年度的职工年平均工资收入作为标准。根据国家统计局2007年第2号公告显示，2006年全国在岗职工年平均工资为21 001元，比上年增加2 596元，日平均工资为83.66元，比上年增加10.36元。[①] 据此，我们可以大致计算出侵犯人身自由的每日的赔偿金和因误工减少的收入每日赔偿金应为83.66元，而造成公民死亡的死亡赔偿金约为42万元。而2003年最高人民法院《关于审理人身损害赔偿案件适用法律若干问题的解释》第29条对死亡赔偿金的规定为“死亡赔偿金按照受诉法院所在地上一年度城镇居民人均可支配收入或者农村居民人均纯收入标准，按二十年计算。但六十周岁以上的，年龄每增加一岁减少一年；七十五周岁以上的，按五年计算”。这引起了社会对所谓“同命不同价”的普遍质疑。

---

① 参见《国家赔偿金标准提高，侵犯公民人身自由权日赔偿金升为83.66元》，载《人民法院报》，2007-03-27。

【问题与思考】

1. 1996年2月29日上午8时许，原告李献富之子李永涛驾驶原告的豫R—02596东风牌五吨柴油货车由东南向西行驶至宝丰县城南环路转盘时，因逆向行驶、无证驾驶，被宝丰县公安交通队执勤民警陶德军等人扣押。该车被陶德军扣押途中调车时发生故障，这时陶德军没有采取制动措施，继续加油行驶，致使引擎报废，机体损坏。1996年3月18日，被告在“关于豫R—02596车发生机械事故的处理意见”中认定：“该车事故原因系机械装备有误所致，非本局干警操作技术造成，该车主应向原发动机大修厂家索赔，我局不负此机械事故责任。”原告认为该处理意见认定的事实与给自己车辆造成损害的事实不符，遂向平顶山市公安局申请复议，平顶山市公安局维持了宝丰县公安局1996年3月18日作出的处理意见。原告不服，于1996年3月26日单独向宝丰县人民法院提起行政赔偿请求：(1)要求被告单位将原告驾驶的豫R—02596大型东风柴油货车恢复原状，并完好返还原告；(2)要求被告单位赔偿原告人因其行政侵害致使车辆停止营运的车辆延滞费每天200元，顺延至实际返还之日(从1996年2月29日计算)；(3)被告赔偿因其行政侵害给原告造成的其他损失、养路费、管理费、维修费、保险费每月共1 190元（自1996年2月29日计算至实际返还之日）。

请问：在本案中原告在宝丰县公安局的具体行政行为（扣车行为）未被确认为违法的情况下，单独就损害赔偿提出请求，是否符合国家赔偿法规定的赔偿程序？其所要求的各项赔偿是否属于国家赔偿法所规定的赔偿范围？

2. 原告：刘冰，女，1974年10月生，汉族，住沛县王店乡王店村。

被告：江苏省沛县公安局。法定代表人：刘序武，局长。

1995年7月25日江苏省沛县公安局王店派出所以刘冰“卖淫”为由对其强制传唤关押26小时，刘冰通过医院检查，证明自己“处女膜未婚式”，是清白的。8月9日沛县公安局又以“流氓”为由对刘冰非法收容审查。1995年9月19日，沛县公安局对刘冰解除收容审查。同时采取“取保候审”。之后，刘冰因该冤案得不到及时处理先后到北京、南京、徐州、沛县等处上访申诉。直到1996年4月10日沛县公安局确认对刘冰收容审查行为违法，并作出了行政赔偿决定书，赔偿刘冰632.94元，并分别于1996年3月10日、15日在刘冰所在的王店乡及其理发生意所在地沛城镇对原告进行赔礼道歉、恢复名誉。刘冰不服，于1996年10月8日向沛县人民法院提起行政诉讼。

原告刘冰诉称，被告沛县公安局以卖淫为由非法拘禁原告26小时，后又以“流氓罪”为由收审42天，致使原告及其父母在名誉上、精神上受到很大创伤，使原告身体受到损害，视力减退造成延迟性精神障碍，原告理发生意不能做，父母农活受影响，要求赔偿原告误工损失28 000元，精神损害10万元，父母农活误工及精神补偿35 000元，其弟弟精神损失10 000元，上访、告状费用10 000元，合计183 800元。

被告沛县公安局在答辩期限内未予答辩。

请问：如何确定本案中原告所受到的损失和赔偿数额？

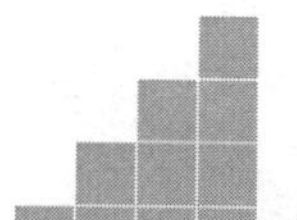

第十七章 行政补偿

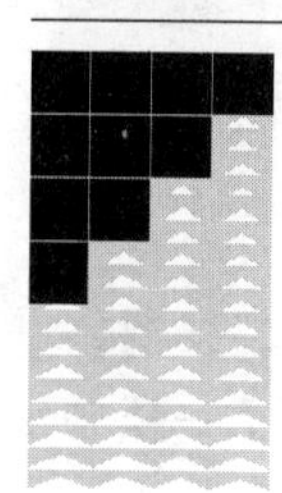

参考资料

1. 王名扬．法国行政法．北京：中国政法大学出版社，1997
2. 杨建顺．日本行政法通论．北京：中国法制出版社，1998
3. 姜明安主编．行政法与行政诉讼法．3版．北京：北京大学出版社，高等教育出版社，2007
4. 司坡森．论国家补偿．北京：中国法制出版社，2005
5. 沈开举主编．行政补偿法研究．北京：法律出版社，2004
6. 莫于川．私有财产权的保护与行政补偿法制的完善．浙江工商大学学报，2005（2）

本章提要

行政补偿是指公民、法人或者其他组织的合法权益因行政主体的合法行政行为或因国家、社会公共利益的需要而受到损失，由国家对其损失给予补偿的制度。行政补偿制度的产生要早于行政赔偿制度，但其发展速度和体系化程度远不及后者。我国目前尚未制定专门的行政补偿法，有关行政补偿的规定散见于各单行的法律、法规、规章中，许多行政补偿因无法可依而不能为受害人的损害提供有效的救济。本章结合实际案例分析行政补偿的概念和特征、构成要件和种类、范围和方式、标准和程序等基本内容。

第一节 行政补偿概述

【案例 17—1】某外资企业不服某市政府关闭其采石场案

【基本案情】

广东省某市因城市建设需要，于 20 世纪 90 年代陆续批准了若干企业（包括一家外资企业）在城市郊区建石场开采石料，批准期分别为 5 年到 10 年。但到 1998 年，该市为了加强环境保护，提高城市环境质量，市人大常委会通过了一项地方性法规，要求郊区所有石场关闭和外迁，并平整开采区的土地和在该土地上进行绿化。一家外资企业对市政府和市矿资办责令其关闭的通知不服，认为自己开办石场是经过市政府批准的，自己为此投入了大量的资金和设备，现在不仅成本没能收回（更不要说赢利），还要承担石场关闭善后的大量费用。为此该企业进行申诉、申请复议和提起诉讼，要求政府赔偿，但最终亦未能获得赔偿。因为根据我国国家赔偿法，行政赔偿必须以政府行为违法为前提，而该市政府责令其关闭石场的行为是依法（地方性法规）进行的。①

【法律问题】

该外资企业可否通过行政补偿获得救济？

【法律链接】

《行政许可法》

第八条 公民、法人或者其他组织依法取得的行政许可受法律保护，行政机关不得擅自改变已经生效的行政许可。

行政许可所依据的法律、法规、规章修改或者废止，或者准予行政许可所依据的客观情况发生重大变化的，为了公共利益的需要，行政机关可以依法变更或者撤回已经生效的行政许可。由此给公民、法人或者其他组织造成财产损失的，行政机关应当依法给予补偿。

【案例分析】

行政补偿是对合法行政行为造成的损失给予补偿，而行政赔偿是对违法行政行为造成的损失给予赔偿。行政许可行为一经作出，不得随意变更，否则构成违法，要承担赔偿责任。而本案某市政府要求关闭该外资企业采石场的行为虽然变更了之前的行政许可行为，但这一变更行为是依据地方性法规作出的，而且是为了公共利益的需要（即加强环境保护、提高城市环境质量），属于《行政许可法》第 8 条第 2 款规定的合法变更，由此给相对人造成的损失应当给予补偿。因此，该外资企业可通过行政补偿获得救济。

【探讨】

行政补偿和行政赔偿有哪些异同点？

---

① 参见姜明安：《行政补偿制度研究》，载《法学杂志》，2001（9）。

【学理研习】

（一）行政补偿的概念和特征

行政补偿是指公民、法人或者其他组织的合法权益因行政主体的合法行政行为或因国家、社会公共利益的需要而受到损失，由国家对其损失给予补偿的制度。

行政补偿制度的产生早于行政赔偿制度，最初主要适用于国家征用或征收行为。早在法国大革命时期，《人权宣言》第17条就明确规定："财产是神圣不可侵犯的权利。除非由于合法认定的公共需要的明显的要求，并且在事先公平补偿的条件下，任何人的财产不能被剥夺。"[①] 随后的1804年《法国民法典》重新确认了该原则。《美国宪法修正案》第5条规定："……不经正当法律程序，不得被剥夺生命、自由或财产。不给予公平补偿，私有财产不得充作公用。"随着国家职能的迅速扩展及其危险性的增加，行政补偿责任由征用或征收行为扩展到合法行政行为侵害相对人合法权益及特定个人或组织为维护公共利益而使自己合法权益受损的情形。我国人民司法制度中有关行政补偿的条款最早出现在1944年1月颁布的《陕甘宁边区地权条例》中："由于建筑国防工事，兴修交通道路，进行改良市政工作以及举办其他公共利益为目的而经边区政府批准的事业，政府得租用、征用或以其他土地交换任何人民或团体所有的土地。"其中租用、征用或者以其他土地为交换，就是行政补偿的初期表现形式。[②] 新中国成立后，许多法律法规中都规定了行政补偿制度，行政补偿制度得到进一步发展。值得一提的是，2003年《行政许可法》第8条关于信赖保护原则和补偿的规定，2004年通过的宪法修正案也直接规定了国家为了公共利益的需要依照法律规定征收或者征用土地、公民的私有财产时应给予补偿。2007年通过的《物权法》[③] 第42条、第43条和第44条对征用、征收补偿作了更加详细明确的规定。这为我国行政补偿法律制度的完善提供了更加明晰的制定法依据和良好契机。

【思考】

在现代社会法治国家中，行政补偿是平衡私人利益与公共利益的制度设计。行政补偿

---

① 王名扬：《法国行政法》，366页，北京，中国政法大学出版社，1988。

② 参见青锋、张水海：《中国行政补偿制度综论——历史、现状与发展趋势》，载《社会科学论坛》，2005（9）。

③ 《物权法》（该法自2007年10月1日起施行）第42条第1款规定："为了公共利益的需要，依照法律规定的权限和程序可以征收集体所有的土地和单位、个人的房屋及其他不动产。"根据该规定，为了公共利益的需要征收城镇国有土地上单位、个人的房屋应当由法律规定。但目前对于城镇国有土地上单位和个人房屋的征收与拆迁的权限和程序尚无法律规定，适用的是国务院2001年公布的《城市房屋拆迁管理条例》。《物权法》10月1日施行后，《城市房屋拆迁管理条例》与《物权法》的有关规定不一致，面临停止执行的问题，城市房屋征收与拆迁工作可能出现无法可依的状况。为了解决这一问题，国务院有关方面经过认真研究，建议根据立法法的有关规定，在有关征收法律出台前，通过修改城市房地产管理法，授权国务院就征收国有土地上单位、个人房屋与拆迁补偿先制定行政法规。具体修改建议是，在《城市房地产管理法》第一章总则中增加一条："为了公共利益的需要，国家可以征收国有土地上单位和个人的房屋，并依法给予拆迁补偿，维护被征收人的合法权益；征收个人住宅的，还应当保障被征收人的居住条件。具体办法由国务院规定。"2007年8月30日，第十届全国人大常委会第二十九次会议已经表决通过了《关于修改〈中华人民共和国城市房地产管理法〉的决定》。

责任基于合法行政行为，但国家为何要对其合法行为承担损害补偿责任呢？即行政补偿的理论基础何在？对此主要有下列一些观点：

1. 既得权利保护说。该学说认为，国家之所以对其合法行为造成的损害给予补偿，是为了保障宪法和法律所保护的公民基本权利的实现。

2. 结果责任说。该学说认为，无论行政行为合法还是违法，以及行为人有无故意或过失，只要行政行为所造成的损害不为一般社会观念所允许，国家就必须承担补偿责任。国家补偿的根据在于给私人带来了无法回避的危险，所以该学说又称为结果责任说。鉴于其在主观上不区分故意或过失，所以又称为无过失责任。①

3. 特别牺牲说。该学说源于德国。1793 年《普鲁士基本法》第 75 条规定为了公共利益，在必要时，个人必须牺牲其权益，同时社会必须从其设立的公共资金中对个人给予补偿。19 世纪末，德国学者奥托·迈耶提出了特别牺牲理论，他认为，任何财产权的行使都要受到一定的限制，这是所有公民都必须平等承受的一定负担，不需要赔偿，只有当对财产的限制超过必要限度而成为某一个公民的负担时，它就变成了一种特别的牺牲，须进行补偿。

4. 公共负担平等说。该学说认为，行政行为的实施是为了公共利益，由此支出的成本和费用（包括造成的损害）不应由某个人承担，而应由社会全体成员平等负担，因此国家应以全体纳税人的税收来补偿受害人受到的损失。

此外，还有社会保险说、社会协作说、人权保障说等观点。通说认为，特别牺牲说和公共负担平等说是行政补偿的主要理论基础，相对圆满地解决了行政补偿的本质属性问题。其中，特别牺牲说为原因，公共负担平等说为结果，正因为个别人因公共利益遭受了特别牺牲，社会公众才应当公平负担这种牺牲，通过国库支付的形式来补偿个别人的损失。

为进一步理解行政补偿的概念，有必要分析行政补偿不同于其他行政救济制度的特征。概括起来，主要有以下几个方面②：

1. 行政补偿的前提是行政主体的合法行政行为给相对人的合法权益造成损失，或者相对人为维护公共利益而受到损失，如见义勇为、协助执行公务的行为。它不同于基于违法行政行为而产生的行政赔偿责任。

2. 行政补偿的主体是国家，补偿义务机关是行政机关或被授权组织。

3. 行政补偿的对象是因国家合法行为而受到特别损害的特定公民、法人或其他组织。

4. 行政补偿的依据具有多样性，包括法律、法规、规章、其他规范性文件或政策。

5. 行政补偿发生的时间可以在实际损失产生之后，也可以在实际损失产生之前，即事先补偿。

---

① 参见［日］南博方著，杨建顺、周作彩等译：《日本行政法》，107～109 页，北京，中国人民大学出版社，1988。

② 参见姜明安主编：《行政法与行政诉讼法》，3 版，716～717 页，北京，北京大学出版社、高等教育出版社，2007。

6. 行政补偿的范围一般为直接损失。如果损失的发生可部分归因于受到损失的相对人或第三人，则补偿义务机关仅在合理范围内给予适当补偿即可。

7. 行政补偿的标准，有适当补偿、相应补偿、完全补偿、公平补偿等规定。有学者提出，采用公平补偿比较好。因为公平补偿的基本要求是尽可能运用市场机制、贴近市场价格、发挥看不见的手的作用，而行政补偿本身是一只看得见的手。实践证明，运用“双手操作”比较稳当，能够减少行政两造互动的后遗症。[①]

8. 行政补偿的方式多种多样，除了金钱补偿、恢复原状外，还包括返还财产、产权调换、提供减免税费、授予特许权、晋级晋职、安排就业、解决农转非户口指标等政策性补偿。

9. 行政补偿费一般不单独在国家财政中列支，而由各补偿义务机关分散管理。

（二）行政补偿的构成要件和种类

行政补偿的构成要件是指国家承担行政补偿责任所应当具备的条件。一般认为，行政补偿的构成要件包括：

1. 主体要件，即引起行政补偿责任的行为主体为行政主体，包括行政机关和法律、法规授权的组织。任何个人或其他组织的行为都不能引起行政补偿。

2. 行为要件，即相对人是因合法行政行为或为了公共利益而使其合法权益受到损失。因违法行为或为了特定集团的利益和私人利益而实施的行为则不能引起行政补偿。

3. 结果要件，即存在对公民、法人或其他组织合法权益的确定损害。未来可能发生损害或不确定的损害不能引起行政补偿。另外，这种损害还应当是特别损害，即受害人对其所受损害不负有特定的法律义务或责任。如果只是相对人应予忍受的合理限度内的一般损害，一般不予补偿。

4. 因果关系要件，即合法行政行为与损害后果之间存在因果关系。

另外，有学者提出，行政补偿的构成要件还应包括程序要件，即受害人必须及时向有关机关申报损失，并在法定时限内主张补偿权利。若受害人能够从其他途径获得补偿，如社会保险、公费医疗等，通常也可免除或部分免除行政主体的补偿义务。

行政补偿的分类有助于加深对行政补偿的了解和认识。根据不同的标准可以将行政补偿划分为不同的类型。如根据行政补偿发生的原因，分为因行政主体合法行政行为的补偿和因公共利益而遭受特别损失的补偿；根据法律、法规和规章对行政补偿规定的明确程度，分为法定补偿和裁量补偿；根据行政补偿行为发生的时间，分为事前补偿和事后补偿；根据行政补偿的不同方式，分为直接补偿和间接补偿；根据受害人所受损害的权益种类，分为对人身权的补偿和对财产权的补偿。

【思考】

有学者依照引起行政补偿的原因，将行政补偿分为行政合法侵害补偿、行政公务受益补偿和社会补偿。[②] 其中，合法侵害补偿是指对合法行政行为所造成的特别牺牲给予补偿，

---

① 参见莫于川：《私有财产权的保护与行政补偿法制的完善》，载《浙江工商大学学报》，2005（2）。

② 参见司坡森：《论国家补偿》，15～21页，北京，中国法制出版社，2005。

如征收征用、房屋拆迁等。行政公务受益补偿是指无特定义务的公民、法人或其他组织为维护公共利益而致自己合法权益受损所给予的补偿，如协助执行公务、见义勇为以及基于公共利益的需要而实施的无因管理行为等。社会补偿是指对非公权力主体合法侵害所造成的损害给予补偿，如对因自然灾害、暴力犯罪、政治事件或战争等所受的损失给予补偿。社会补偿与一般意义的行政补偿存在很大区别，在社会补偿中公权力主体并没有造成任何损害，而是根据国家政治和社会政策创设的制度。它是基于社会国家和福利国家的理念，由国家对处于弱势的公民提供的福利保障，以弥补社会自发调节的缺陷，实现公平公正的社会秩序。因此，社会补偿实际上属于社会保障制度的一部分，我国的行政优抚、行政救助等亦可以视作社会补偿。立法者在社会补偿立法中拥有极大的裁量空间，可以斟酌国家所处的环境、社会的公平感觉以及国库的支付能力等因素，来决定是否给予补偿，以及可以自由地决定补偿额度。社会补偿立法属于社会立法的范畴，从社会学角度来讨论其重要性胜过行政法学的讨论。①

第二节　行政补偿的范围和方式

【案例17—2】武汉市治理“麻木”事件

【基本案情】

三轮摩托车在武汉俗称“麻木”。武汉城区有证“麻木”1.8万多辆，无证“麻木”1.7万多辆，此外还有两千多辆人力“麻木”。长期以来，“麻木”满街跑一直是武汉三镇一大怪，不仅污染环境、危害交通安全，对城市形象的影响也日益突出。取缔三轮摩托车是日益高涨的民众呼声，是大势所趋。然而，“麻木”车主大多是残疾人或下岗失业职工，武汉市政府虽曾数次发文予以取缔，都因车主大规模上访、闹事，最终不得不半途而废。

2003年，武汉市下决心妥善解决三轮摩托车问题，并将之写入《政府工作报告》，明确作为当年政府工作一项必须完成的任务。在特定历史时期，为了解决就业压力，武汉市曾给车主们发证，使开“麻木”成为他们的就业出路，从而认可了其经营的合法性。而武汉市人大常委会1998年颁布实施的《武汉市城市道路交通管理若干规定》中只明确了对无证“麻木”的管理规定和处理手段，没有说明有证“麻木”可不可以营运。为了避免市政府对“麻木”治理的措施与地方性法规相冲突，武汉市政府吸收法学专家和市人大代表的意见，拟定出该地方性法规的修正稿和配套措施，送市人大常委会审议通过，报湖北省人大常委会批准后，向社会公布，并广泛宣传。随后，武汉市政府确立了“依法整治、有情操作、回收车辆、帮助择业”的原则，并着手落实具体的治理方案。具体做法是：对车辆

① 参见陈新民：《中国行政法学原理》，272页，北京，中国政法大学出版社，2002。

从优折价回收；对自觉交车者给予现金奖励并发放过渡期生活补贴；对自愿谋生也不要求政府帮助就业的车主，给予一次性职业补贴；对从事个人经营的，享受减免有关税费的优惠政策等。残疾人车主还可获得购置代步车补贴，对符合"低保"条件的车主，简化手续及时办理。主动交车的最高可领回补偿金一万余元，而且现场兑现，不打白条。同时，为了将"麻木"的客源拉到出租车里来，"禁麻"政策出台后，有关部门将出租车的起步价调低。有关部门还调整了全市公交车的运行线路，尽可能将公交车开到每个新小区、小街巷，以便利市民出行。2004年3月起，武汉市政府着手分阶段实施"禁麻"方案，最终使武汉市彻底告别了困扰其14年的"麻木"时代。①

【法律问题】

该事件中"麻木"车主的损失是否属于行政补偿的范围？武汉市政府在治理"麻木"事件中运用了哪些有效的行政补偿方式？

【法律链接】

《行政许可法》

第八条　公民、法人或者其他组织依法取得的行政许可受法律保护，行政机关不得擅自改变已经生效的行政许可。

行政许可所依据的法律、法规、规章修改或者废止，或者准予行政许可所依据的客观情况发生重大变化的，为了公共利益的需要，行政机关可以依法变更或者撤回已经生效的行政许可。由此给公民、法人或者其他组织造成财产损失的，行政机关应当依法给予补偿。

【案例分析】

该事件中"麻木"分为有证"麻木"和无证"麻木"。对于有证"麻木"车主来说，"禁麻"政策属于行政许可法规定的"行政主体根据政策需要变更行政许可的行为"，根据信赖保护原则，应获得补偿。对于无证"麻木"车主来说，"禁麻"政策属于对公民财产权实施的限制与剥夺，公民财产权因该限制而遭受了特别牺牲，政府也应给予补偿。但目前在我国，公共利益至上的价值观仍然在很大程度上支配着社会生活，在很多情况下，即使对财产权限制与剥夺的行政行为给私人财产造成重大、特别的损失，但因缺乏有关法律制度的保障，私人也无法得到应有的补偿。而该事件中的无证"麻木"车主却是幸运的，根据武汉市政府的政策获得了补偿。

另外，在补偿方式上，武汉市政府在"禁麻"事件中，在考量制度的规定、车主的需要、政府的能力等因素的基础上综合运用了多种补偿方式，以金钱补偿为主（如发放补偿金、补贴费、回收金、金钱奖励），并配合减免税费、帮助就业、办理低保、提供政策优惠等其他方式，收到良好的社会效果。

【探讨】

行政补偿的范围具体包括哪些内容？我国的行政补偿方式是什么？

---

① 案例来源：杨小君编：《重大行政案件选编》，393～394页，北京，中国政法大学出版社，2006。

【学理研习】

(一) 行政补偿的范围

行政补偿的范围是行政补偿制度的重要内容之一。从各国的法律规定来看，行政补偿的范围通常小于行政赔偿的范围。行政补偿一般限于直接损失，如果发生的损失可部分归责于相对人或第三人的话，行政主体只需在合理范围内给予适当补偿。

我国目前缺乏行政补偿的专门法律[①]，行政补偿的规定散见于各单行法中，既分散又不规范。对于行政补偿的范围，有的规定包括人身损害和财产损失（如《人民警察法》第34条），有的规定只包括直接经济损失（如《国防法》第48条）。理论上对行政补偿范围的研究也刚刚开始，且大多从致损行为的种类或受损权益的性质来探讨，缺乏对行政补偿范围的全面考察。

针对上述情况，有学者提出行政补偿的范围应包含三个方面的内容，即行为范围、事项范围和权益范围[②]：

1. 行政补偿的行为范围，是指行政主体对何种性质的行为致相对人损害而承担补偿责任。从行政补偿原因行为的性质来看，包括合法行政行为和出于公共利益目的的行政事实行为。其中，合法行政行为又分为抽象行政行为和具体行政行为。凡合法的具体行政行为致相对人合法权益受损的，都应当承担行政补偿责任。但抽象行政行为因其涉及面广、对象不确定，一般不承担补偿责任。基于公益目的而实施的行政事实行为，如行政机关的纯指导性行为、核设施等高度危险性的活动、因保护国家和地方重点保护的野生动物，造成农作物或其他损失（参见《野生动物保护法》第14条）等，都应当进行补偿。

2. 行政补偿的事项范围，是指行政主体应对哪些事项承担补偿责任。一般来说，行政补偿主要发生在下列领域：(1) 行政征收或征用；(2) 行政主体根据政策需要撤销或改变行政许可、行政合同、行政计划等原行政行为；(3) 具有高度危险性的行政行为（如核电站的修建、警察持枪追捕罪犯等）；(4) 公民主动协助公务或见义勇为而受损；(5) 部队平时军事演习和军事训练而致损等（参见《国防法》第55条）。但对下列行为造成的损失，国家一般不给予补偿，主要包括：国家实行宏观调控政策所造成的损失；受害人可从社会保险或公费医疗等其他途径获得救济的；受害人的自我损害行为虽客观上使行政主体受益但主观上并无为公共利益自我牺牲的目的；对造成重大污染的设备予以拆除、对患有严重传染性疾病的牲畜予以捕杀等其他不宜给予补偿的情形。[③]

3. 行政补偿的权益范围，是指行政主体应对哪些权益承担补偿责任，包括权益内容范

---

① 为解决目前许多行政补偿无法可依的局面，有学者提出可先修改《国家赔偿法》或《行政诉讼法》，对行政补偿的基本问题作出规定，同时抓紧制定和完善各单行行政补偿法，为将来条件成熟时制定专门的行政补偿法积累经验。

② 参见祁小敏：《试论我国行政补偿范围》，载《理论探索》，2003 (3)。

③ 参见姜明安主编：《行政法与行政诉讼法》，3版，732页，北京，北京大学出版社、高等教育出版社，2007。

围和权益损失范围。在权益内容范围上，与现阶段《国家赔偿法》所规定的行政赔偿范围相对应，行政补偿目前只补偿实体权益（包括人身权和财产权），不补偿程序权益，对政治权、劳动权、受教育权等不予补偿。在权益损失范围上，目前仅对物质损害进行补偿，对精神损害不予补偿，但确定精神补偿是必然趋势；以补偿直接损失为主，原则上不补偿间接损失，但随着行政补偿范围的不断扩大，间接损失也应纳入补偿范围。

（二）行政补偿的方式

行政补偿方式是指行政主体承担补偿责任的各种形式或方法。正确地适用行政补偿的方式，对于弥补受害人的损害具有重要意义，直接关系到能否对受害人合法权益提供适当的补救。

从各国的立法规定来看，补偿方式具有灵活多样性，但一般都以支付补偿金为主要方式，此外，还配合采用其他一些方式，如调换土地、支付有价证券等。从我国行政补偿的实践来看，行政补偿方式有直接补偿和间接补偿两大类。其中直接补偿是指以金钱或实物的方式直接填补受害人所受到的损害，包括金钱补偿、返还财产、恢复原状、实物补偿（如产权调换、开发荒地滩涂、调剂土地、外迁等）等。间接补偿是指间接地填补受害人所受的损害，如政策优惠、减免税费、授予特许权、给予修养照顾、晋级晋职或农转非等特别照顾、给予医疗或抚恤、提供其他政策性优惠和照顾。[①] 上述诸种行政补偿方式各有优势，在实践中多配合使用。如在拆迁补偿过程中，有时采取作价补偿与产权调换相结合的方式。[②] 总体来看，我国的行政补偿方式应以金钱补偿为原则，以恢复原状等其他补偿方式为补充，同时进一步完善其他补偿方式，并保障相对人对补偿方式的最后选择权。

【思考】

英国的“强制卖出制度”。强制卖出是相对强制征收而言。强制征收是公共机构对公民所具有的权力，强制卖出是公民对公共机构所具有的权利。根据英国1971年城乡计划法的规定，公民的土地或房屋因受公共机构执行计划的影响而不能合理地有益利用时，可以请求执行计划的机构购买公民因此而不能利用的地产。英国1973年的土地补偿法扩大强制卖出的范围，包括已经宣布尚未执行的计划所产生的损害在内。例如某一土地已预订作为公路或公园使用，所有者因此不能在市场上出卖该地，或只是在极不利条件下才能出卖该地。如土地所有者需要出卖该地时，可以请求执行计划机构按正常价格收买。同时，法律也规定了计划机构拒绝购买的理由，如执行计划的机构可以公开声明该地不在征购范围以内，或声明该计划在15年内不会执行等而拒绝购买。关于强制卖出的诉讼也由土地裁判所管辖。[③] 这种强制卖出制度实际上可以看作行政补偿的一种特殊方式。

---

① 《长江三峡工程建设移民条例》规定，对移民安置区发展种植业、林业、畜牧业、渔业和乡镇企业以及旅游业的，国家在专项贷款、技术改造、科技开发等方面给予照顾和扶持等。

② 参见司坡森：《论国家补偿》，207～221页，北京，中国法制出版社，2005。

③ 参见王名扬：《英国行政法》，231页，北京，中国政法大学出版社，1997。

第三节　行政补偿的标准与程序

【案例17—3】村民集体诉村委会单方解除承包协议案

【基本案情】

某县镇河村发生一起土地承包纠纷案。村委会强行收回农民的承包田，改做养蟹苗用地，称此举有助于将低产田改造为高产田。但村委会对农民的补偿不够，每亩每年只补偿180元，而农民种粮每亩每年可收入400元，因此，承包农民普遍不满。

【法律问题】

本案中村委会的补偿标准是否合理?

【法律链接】

《中华人民共和国土地管理法》

第四十七条　征收土地的，按照被征收土地的原用途给予补偿。

征收耕地的补偿费用包括土地补偿费、安置补助费以及地上附着物和青苗的补偿费……

依照本条第二款的规定支付土地补偿费和安置补助费，尚不能使需要安置的农民保持原有生活水平的，经省、自治区、直辖市人民政府批准，可以增加安置补助费。但是，土地补偿费和安置补助费的总和不得超过土地被征收前三年平均年产值的三十倍。

国务院根据社会、经济发展水平，在特殊情况下，可以提高征收耕地的土地补偿费和安置补助费的标准。

【案例分析】

实质上，该案不属于行政补偿，而属于行政合同变更补偿。根据行政合同的一般原理，作为合同一方的行政主体在特定情况下，为了维护公共利益，可以依据行政优益权单方面变更或解除行政合同，但应对相对人的损失给予必要的补偿。本案中，村委会为了提高土地使用效率和增加农民收入提前解除承包合同，应当是允许的。但应对村民的损失给予相当的、必要的补偿。至于补偿的标准，由于没有专门的规定，可以参照《土地管理法》的规定，至少应使村民保持原有生活水平，否则就应当增加补偿费。

【探讨】

行政补偿的标准有几种?如何确定我国的行政补偿标准?

【案例17—4】湖南嘉禾县违法拆迁事件

【基本案情】

嘉禾县珠泉商贸城是一个以商业营业用房为主的房地产开发项目，工程总占地面积超过12万平方米。2003年8月，嘉禾县委、县政府办联合下发“四包”、“两停”政策，要求全县党政机关和企事业单位工作人员做好珠泉商贸城拆迁对象中自己亲属的工作，否则将受到降职、开除等处分。嘉禾县建设部门在缺乏拆迁计划、拆迁方案和拆迁补偿安置资金足额到位证明等要件的情况下，为拆迁人发放《房屋拆迁许可证》。在没有按规定程序举行听证的情况下，对11户被拆迁人下达强制拆迁执行书。该县一些领导人在项目实施过程中，滥用行政权力强制推进房屋拆迁，并在拆迁动员会上挂起了“谁影响嘉禾发展一阵子，我影响他一辈子”这类标语，产生了恶劣的社会影响。①

【法律问题】

试从行政补偿程序的角度分析该事件。

【法律链接】

《城市房屋拆迁管理条例》

第十三条 拆迁人与被拆迁人应当依照本条例的规定，就补偿方式和补偿金额、安置用房面积和安置地点、搬迁期限、搬迁过渡方式和过渡期限等事项，订立拆迁补偿安置协议。

《土地管理法实施条例》

第二十五条 征用土地方案经依法批准后，由被征用土地所在地的市、县人民政府组织实施，并将批准征地机关、批准文号、征用土地的用途、范围、面积以及征地补偿标准、农业人员安置办法和办理征地补偿的期限等，在被征用土地所在地的乡（镇）、村予以公告。

被征用土地的所有权人、使用权人应当在公告规定的期限内，持土地权属证书到公告指定的人民政府土地行政主管部门办理征地补偿登记。

市、县人民政府土地行政主管部门根据经批准的征用土地方案，会同有关部门拟订征地补偿、安置方案，在被征用土地所在地的乡（镇）、村予以公告，听取被征用土地的农村集体经济组织和农民的意见。征地补偿、安置方案报市、县人民政府批准后，由市、县人民政府土地行政主管部门组织实施。对补偿标准有争议的，由县级以上地方人民政府协调；协调不成的，由批准征用土地的人民政府裁决。征地补偿、安置争议不影响征用土地方案的实施。

征用土地的各项费用应当自征地补偿、安置方案批准之日起3个月内全额支付。

【案例分析】

作为一个曾在全国引起强烈反响的事件，嘉禾县拆迁事件有诸多值得分析和反思的地方。具体从行政补偿程序的角度看，目前我国尚未制定《行政程序法》，只有个别的法律、法规对行政补偿程序作了原则性的规定，如《土地管理法实施条例》在《土地管理法》的基础上进一步规定了征地补偿程序，即（1）征地公告—补偿登记—听取意见；（2）报政府批准后，组织实施；（3）对补偿标准存在争议的，由县级以上地方人民政府协调，如协调不成，由批准征地的人民政府裁决。② 很显然，嘉禾县政府在拆迁过程中置法律法规规定的行政补偿程序于不顾，滥用行政权力，通过行政命令的手段强制实施拆迁，极大地损害了

① 案例来源：杨小君编：《重大行政案件选编》，388～389页，北京，中国政法大学出版社，2006。

② 参见姜明安主编：《行政法与行政诉讼法》，3版，735页，北京，北京大学出版社、高等教育出版社，2007。

被拆迁人的合法权益，产生恶劣的影响。

【探讨】

行政补偿程序具体包括哪些内容？如何完善我国的行政补偿程序？

【学理研习】

（一）行政补偿的标准

理论上可将行政补偿标准概括为两种，即完全补偿说和适当补偿说[①]：（1）完全补偿说。完全补偿说认为，应对被征用对象的财产的客观价值按其全额给予补偿。日本学者提出，补偿必须将不平等还原为平等，即对于所产生损失的全部进行补偿。按照日本《宪法》第29条第3款的规定，需要补偿全部损失，即补偿被收用财产的一般市场交易价格。（2）适当补偿说。适当补偿说又称相当补偿说，该学说认为，宪法关于补偿的规定并不一定要求全额补偿，只要参照补偿时社会的一般观念，按照客观、公正、妥当的补偿计算基准计算出合理的金额予以补偿，就足够了。实际上，无论是完全补偿说，还是适当补偿说，在具体执行过程中往往可以基于对公正价值的理解，对受害人作出基本一致的补偿。正如田中二郎博士指出："何为正当的补偿，必须考虑承认具体的权利侵害的法律目的以及侵害行为的形态，根据受侵害利益的性质及程度，依照当时可以予以补偿的社会一般理念，从社会正义的视角出发，来判断、决定是否在客观上是公正、合理的。"

从补偿程度的角度分析，确定行政补偿标准的原则可以表述为：有损害即应予补偿，以便通过补偿达到犹如损害未曾发生时的情形。该原则可以从两个不同意义上来理解[②]：其一，从行政补偿的理想境界来理解，行政补偿应充分填补受害人基于其所处的特别主观环境而所受的全部损害，使受害人能够借行政补偿恢复到在他看来如同损害发生前、未受损害时的应有状况。当然，这种补偿效果在实践中不可能真正达到，也没有必要达到。其二，从行政补偿的合理境界来理解，行政补偿只需按照社会中性第三人的，或者说是按照合乎一般具有正常理性的人的公平标准给受害人予以补偿，使补偿达到全部或部分弥补损害，使受害人得到抚慰或感到满意等不同的效果即可。

我国2004年宪法修正案增加了补偿条款，但没有规定补偿标准。有关行政补偿标准的规定散件于法律、法规、规章及其他规范性文件中，主要有适当补偿标准、相应补偿标准、合理补偿标准、完全补偿标准等类别。立法规定不统一，执行中存在随意性大、抚慰色彩浓的特点，不利于当事人合法权益的保护。通说认为，确定我国行政补偿标准时，应当以正当或公平补偿为标准。具体来讲，主要包括以下几方面：其一，一般应当坚持完全补偿标准，即根据受害人的全部损害并充分考虑对当事人生存和发展利益的长远影响，来确定补偿的具体数额。其二，这里的"全部损害"既不是受害人眼中的全部，也不是补偿义务机关眼中的全部，而是社会中性第三人眼中的全部。其三，应当按照引起补偿的原因发生

---

① 参见杨建顺：《日本行政法通论》，605～607页，北京，中国法制出版社，1998。

② 参见沈开举：《论行政补偿的标准》，载《河南社会科学》，2005（1）。

时损害利益的市场价值或价格来确定损害的大小，并由具有相对独立性的机构或社会中介组织通过公平市场的评估程序来确定具体的补偿标准。其四，当事人有过错时，不排除“适当补偿”标准的适用。

（二）行政补偿的程序

行政补偿的程序是指受害人获得补偿的步骤、顺序、方式、方法和时限等的总称。《美国宪法修正案》第5条确定了包括行政补偿在内的一切公权力行使必须遵循的正当程序原则。我国宪法没有正当程序条款，目前也尚无统一的行政程序法，只有个别的法律、法规对行政补偿程序作了原则性的规定，如《土地管理法》及其实施条例和《城市房地产管理法》，但这些规定过于笼统抽象，且缺乏起码的时限规定和时效制度，可操作性不强，再加上长期以来“重实体，轻程序”的法制观念，使得违反正当程序成为行政补偿过程中一个突出的问题，引发不少社会矛盾，应引起理论界和实务界的充分重视。

综观各国行政补偿制度，一般都规定了行政机关的先行处理程序（或诉前处理程序），这种处理程序通常是由行政主体主持的行政程序。如果通过行政程序满足了受害人的请求，受害人依法获得了补偿，则行政补偿程序即可终结。如果补偿义务机关拒绝受害人的请求，或受害人不服补偿义务机关单方面作出的裁决，即开始司法程序。在一定意义上说，行政补偿程序是司法程序的前置程序。因此，从理论上讲，行政补偿程序应包括行政程序和司法程序，其中，行政程序又包括主动补偿程序和依申请补偿程序。①

【思考】

法国公用征收程序。② 一方面，法国传统观念认为普通法院是私人自由和财产的可靠保障，只有它有权剥夺私人的财产权利，所以在公用征收的程序中必须有普通法院参加。另一方面，公用征收的目的是满足公共利益的需要，行政机关是公共利益的判断者，是否进行公用征收应由行政机关决定。所以，公用征收程序应分为两个阶段，即行政阶段和司法阶段。其中，行政阶段包括下列程序，即事前调查、批准公用目的、具体位置的调查、可以转让的决定。司法阶段主要包括所有权的移转和公用补偿金的确定两个程序。具体说，前者包括：提出申请、进行裁判、通知和公布三个程序；后者包括：确定补偿权利人、协商补偿金额、法庭审理、判决、不服一审判决、付清补偿金和取得占有。经过行政和司法两个阶段后，一个征收行为方能完成。

1. 行政补偿的行政程序

（1）主动补偿程序。一般而言，行政补偿是由行政主体合法行政行为所引起，因此，必须先经过行政主体，由行政主体先行处理。主动补偿程序一般应经过下列几个步骤：1）发布补偿通知，通知包括补偿的事由、依据、补偿金额、计算标准等事项；2）协商并达成补偿协议，包括听取被补偿人意见（必要时举行听证）、回答被补偿人提出的问题、向被补偿人说明理由等；3）裁决，即达不成补偿协议的，由上级机关或有关机关裁决；4）复议

① 参见姜明安主编：《行政法与行政诉讼法》，553～555页，北京，法律出版社，2003。

② 参见王名扬：《法国行政法》，374～392页，北京，中国政法大学出版社，1997。

或诉讼，即受害人对裁决不服时应允许当事人提起行政复议或行政诉讼。

（2）应申请补偿程序。应申请补偿的基本程序包括：1）提出申请，申请应以书面形式提出，并在申请书中写明要求补偿的事实和理由；2）审查，由补偿义务机关对补偿申请进行审查；3）补偿义务机关通知申请人审查结果，并将拟作出的审查决定告知申请人，听取申请人意见；4）协商并达成补偿协议；5）裁决；6）复议或诉讼。有学者指出，在行政补偿程序的设计中，突出协商和听证程序，建立科学、合理、公正的损害评估机制，是完善行政补偿程序机制的关键环节。[①]

2. 行政补偿的司法程序

对于行政补偿可否提起诉讼，各国的做法并不完全一致。有的国家规定可以提起诉讼，如法国、日本等。有的国家规定除个别情形可以提起诉讼外，大多数行政补偿不能通过诉讼途径解决。在我国，从现有法律、法规、规章的规定来看，没有明确规定行政补偿纠纷可以直接提起行政诉讼，只在《土地管理法实施条例》、《城市房屋拆迁管理条例》、《土地复垦规定》及最高人民法院《关于受理房屋拆迁、补偿、安置等案件问题的批复》等法律规范中规定一些补偿纠纷可经由行政裁决纳入行政诉讼受案范围。但在实践中行政补偿很少通过诉讼去解决，一些法院往往以补偿方案为抽象行政行为为由不予受理，使受害人的合法权益无法得到及时有效的救济。对此，有学者提出，行政补偿是指因合法行政行为造成相对人合法权益受损，或相对人因公共利益而受损时，行政机关依法弥补相对人损失的一种行政救济行为。行政补偿与行政责任应具备的违法、过错、侵权损害、因果关系等要件存在着明显的区别。因此，行政补偿应是一种具体行政行为[②]，当然属于人民法院行政诉讼的受案范围。而且，最高人民法院2000年3月颁布的《行政诉讼法司法解释》也没有将行政补偿排除在受案范围之外。行政补偿作为一种行政行为，理应纳入行政诉讼受案范围，这也符合2004年宪法修正案所确立的人权保障和私有财产权保护的理念。

【问题与思考】

2002年6月16日，北京蓝极速网吧一场大火，在全国各地引起连锁反应。一些地方以维护公共安全为名，采取“一刀切”的方式对辖区内的网吧进行停业整顿。在郑州，有关部门从是年6月25日起，以口头通知的形式让数百家网吧关了门。这种“休克疗法”让业主们叫苦不迭。一位业主透漏：“每个月房租5 000元，专线费用3 000元，电费、人工加上税费和折旧，一个月净赔一两万元。这还是中小网吧，100台以上的大网吧赔的钱就更多了，如果停业三五个月，整个网吧就完了。”而且网吧这一行电脑折旧很快，全新的配置过不了几个月就落伍了，收回投资时机器也该淘汰了。最让业主们苦恼的是，这种停业状态

① 参见许占鲁、韩兆柱：《我国行政补偿程序现状及其完善》，载《陕西省经济管理干部学院学报》，2006（8）。

② 参见方世荣主编：《行政法与行政诉讼法》，188页，北京，中国政法大学出版社，1999。

不知何时才能结束。他们的网吧都是手续齐全的合法经营，但有关部门一句简单的口头通知，就让他们遭受那么大的损失，这个损失该怎么办？[①]

请问：网吧经营者的损失应否得到补偿？补偿的范围和标准是什么？

① 参见《河南商报》，2002-07-18，1版。

附录：我国行政法制常用法律文件

一、总论

1.《中华人民共和国宪法》（1982年12月4日通过，经1988年、1993年、1999年、2004年四次修正，共31条修正案）

2.《全面推进依法行政实施纲要》（2004年3月22日国发（2004）10号国务院文件）

3. 国务院《关于加强市县政府依法行政的决定》（2008年5月12日国发（2008）17号文件）

二、行政组织法

1.《中华人民共和国国务院组织法》（1982年12月10日通过，同日起实施）

2.《中华人民共和国地方各级人民代表大会和地方各级人民政府组织法》（1979年7月1日通过，同日起施行，2004年10月27日第四次修正）

3.《中华人民共和国公务员法》（2005年4月27日通过，2006年1月1日起施行）

4.《行政机关公务员处分条例》（2007年4月4日通过，2007年6月1日起施行）

5.《地方各级人民政府机构设置和编制管理条例》（2007年2月14日通过，2007年5月1日起施行）

6.《公安机关组织管理条例》（2006年11月1日通过，2007年1月1日起施行）

7.《中华人民共和国人民警察法》（1995年2月28日通过，同日公布并施行）

8.《中华人民共和国法官法》（1995年2月28日通过，1995年7月1日起施行，2001年6月30日修正）

9.《中华人民共和国检察官法》（1995年2月28日通过，1995年7月1日起施行，2001年6月30日修正）

三、抽象行政行为法

1.《中华人民共和国立法法》（2000年3月15日通过，自2000年7月1日起施行）

2.《行政法规制定程序条例》（2001年11月16日通过，2002年1月1日起施行）

3.《规章制定程序条例》（2001年11月16日通过，2002年1月1日起施行）

4.《法规规章备案条例》（2001年12月14日通过，2002年1月1日起施行）

四、具体行政行为法

1.《中华人民共和国行政许可法》（2003年8月27日通过，2004年7月1日起施行）

2.《中华人民共和国行政处罚法》（1996年3月17日通过，1996年10月1日起施行）

3.《中华人民共和国治安管理处罚法》（2005年8月28日通过，2006年3月1日起施行）

4.《中华人民共和国政府采购法》（2002年6月29日通过，2003年1月1日起施行）

5.《中华人民共和国突发事件应对法》（2007年8月30日通过，2007年11月1日起施行）

6.《中华人民共和国戒严法》（1996年3月1日通过，同日公布并施行）

7.《中华人民共和国城乡规划法》（2007年10月28日通过，2008年1月1日起施行）

8.《罚款决定与罚款收缴分离实施办法》（1997年11月17日通过，1998年1月1日起施行）

9. 国务院《关于加强食品等产品安全监督管理的特别规定》（2007年7月25日通过，2007年7月26日起施行）

五、行政程序法

1.《中华人民共和国政府信息公开条例》（2007年1月17日通过，2008年5月1日起施行）

2.《生产安全事故报告和调查处理条例》（2007年3月28日通过，2007年6月1日起施行）

3.《中华人民共和国电子签名法》（2004年8月28日通过，2005年4月1日起施行）

六、行政监督法

1.《中华人民共和国各级人民代表大会常务委员会监督法》（2006年8月27日通过，2007年1月1日起施行）

2.《中华人民共和国行政监察法》（1997年5月9日通过，同日起施行）

3.《中华人民共和国行政监察法实施条例》（2004年9月17日通过，2004年10月1日施行）

4.《中华人民共和国审计法》（1994年8月31日通过，1995年1月1日起施行，2006年2月28日修正）

5.《中华人民共和国劳动争议调解仲裁法》（2007年12月29日通过，2008年5月1日起施行）

6.《中华人民共和国审计法实施条例》（1997年10月21日通过，同日起施行）

7.《信访条例》（2005年1月5日修订通过，2005年5月1日起施行）

七、行政复议法

1.《中华人民共和国行政复议法》（1999年4月29日通过，1999年10月1日起施行）

2.《中华人民共和国行政复议法实施条例》（2007年5月23日通过，2007年8月1日起施行）

3. 最高人民法院《关于适用〈行政复议法〉第三十条第一款有关问题的批复》(2003年1月9日通过，2003年2月28日起施行)

八、行政诉讼法

1.《中华人民共和国行政诉讼法》(1989年4月4日通过，1990年10月1日起施行)

2. 最高人民法院《关于执行〈中华人民共和国行政诉讼法〉若干问题的解释》(1999年11月24日通过，2000年3月10日起施行)

3.《人民检察院民事行政抗诉案件办案规则》(2001年9月30日通过，同日起施行)

4. 最高人民法院《关于行政诉讼证据若干问题的规定》(2002年6月4日通过，2002年10月1日起施行)

5. 最高人民法院《关于审理国际贸易行政案件若干问题的规定》(2002年8月27日通过，2002年10月1日起施行)

6. 最高人民法院《关于审理反补贴行政案件应用法律若干问题的规定》(2002年9月11日通过，2003年1月1日起施行)

7. 最高人民法院《关于审理反倾销行政案件应用法律若干问题的规定》(2002年9月11日通过，2003年1月1日起施行)

8. 最高人民法院《关于审理行政案件适用法律规范问题的座谈会纪要》(2004年5月18日印发，同日起参照执行)

9. 最高人民法院《关于行政案件管辖若干问题的规定》(2007年12月17日通过，2008年2月1日起施行)

10. 最高人民法院《关于行政诉讼撤诉若干问题的规定》(2007年12月17日通过，2008年2月1日起施行)

九、国家赔偿法

1.《中华人民共和国国家赔偿法》(1994年5月12日通过，1995年1月1日起施行)

2. 最高人民法院《关于人民法院执行〈中华人民共和国国家赔偿法〉几个问题的解释》(1996年5月6日通过，同日起施行)

3. 最高人民法院《关于审理行政赔偿案件若干问题的规定》(1997年4月29日通过，同日起施行)

4. 最高人民法院、最高人民检察院《关于办理人民法院、人民检察院共同赔偿案件若干问题的解释》(1997年6月27日通过，同日起施行)

5. 最高人民法院《关于民事、行政诉讼中司法赔偿若干问题的解释》(2000年9月14日通过，2000年9月21日起施行)

6.《国家赔偿费用管理办法》(1995年1月16日通过，1995年1月25日起施行)

图书在版编目（CIP）数据

行政法案例研习教程/莫于川主编．
北京：中国人民大学出版社，2009
（21世纪法学系列教材/曾宪义，王利明总主编）
ISBN 978-7-300-10409-6

Ⅰ．行…
Ⅱ．莫…
Ⅲ．行政法-案例-中国-高等学校-教材
Ⅳ．D922.105

中国版本图书馆CIP数据核字（2009）第031524号

全国法律硕士专业学位教育指导委员会秘书处推荐教材
21世纪法学系列教材
总主编　曾宪义　王利明
行政法案例研习教程
主编　莫于川

出版发行　中国人民大学出版社
社　　址　北京中关村大街31号　　**邮政编码**　100080
电　　话　010－62511242（总编室）　010－62511398（质管部）
010－82501766（邮购部）　010－62514148（门市部）
010－62515195（发行公司）　010－62515275（盗版举报）
网　　址　http://www.crup.com.cn
http://www.ttrnet.com(人大教研网)
经　　销　新华书店
印　　刷　北京东君印刷有限公司
规　　格　185 mm×240 mm　16开本　　**版　　次**　2009年4月第1版
印　　张　27插页1　　**印　　次**　2013年8月第2次印刷
字　　数　597 000　　**定　　价**　38.00元